重金属污染防治规划与法规政策

生态环境部环境规划院　编

中国环境出版集团・北京

图书在版编目（CIP）数据

重金属污染防治规划与法规政策/生态环境部环境规划院编. —北京：中国环境出版集团，2019.5
ISBN 978-7-5111-3985-6

Ⅰ. ①重… Ⅱ. ①生… Ⅲ. ①重金属污染—污染防治—环境规划—法规—中国 Ⅳ. ①D922.683

中国版本图书馆 CIP 数据核字（2019）第 091183 号

出 版 人 武德凯
责任编辑 葛 莉 曹 玮
责任校对 任 丽
封面设计 宋 瑞

出版发行 中国环境出版集团
（100062 北京市东城区广渠门内大街 16 号）
网 址：http://www.cesp.com.cn
电子邮箱：bjgl@cesp.com.cn
联系电话：010-67112765（编辑管理部）
010-67113412（第二分社）
发行热线：010-67125803，010-67113405（传真）
印 刷 北京建宏印刷有限公司
经 销 各地新华书店
版 次 2019 年 5 月第 1 版
印 次 2019 年 5 月第 1 次印刷
开 本 787×1092 1/16
印 张 51
字 数 1020 千字
定 价 198.00 元

《重金属污染防治规划与法规政策》
编 委 会

前 言

重金属污染具有长期性、累积性、潜伏性等特点，对人体健康和生态环境危害突出。2011 年 2 月，国务院批复实施《重金属污染综合防治“十二五”规划》，经过综合整治，重金属污染防治工作取得积极成效，涉重金属突发环境事件高发态势得到基本遏制。但是我国重金属污染防控总体形势依然不容乐观，一些地区重金属污染问题仍然比较突出，威胁群众健康和农产品质量安全，重金属污染防治工作任重道远。

本书收集、整理了近年来国家发布的重金属污染防治相关法规、规划、政策和标准等，并将其编辑成册，供各级环境管理部门、涉重金属行业企业在开展重金属环境管理和污染防治相关工作业务时参考借鉴。

在本书编写过程中，得到了生态环境部领导及有关司（局）的大力支持和指导，在此表示衷心感谢。

由于编者水平和经验所限，本书难免有缺漏，敬请读者批评指正。

编 者

2018 年 5 月

目　录

第一篇　法律法规

第二篇　规划计划

第三篇　涉重金属管理政策文件

第四篇　产业政策

第五篇　污染防治技术与政策

第六篇 重点行业排放标准

第七篇 重点行业清洁生产

第一篇

法律法规

中华人民共和国环境保护法

中华人民共和国主席令　第9号

（1989年12月26日第七届全国人民代表大会常务委员会第十一次会议通过
2014年4月24日第十二届全国人民代表大会常务委员会第八次会议修订）

第一章　总　则

第一条　为保护和改善环境，防治污染和其他公害，保障公众健康，推进生态文明建设，促进经济社会可持续发展，制定本法。

第二条　本法所称环境，是指影响人类生存和发展的各种天然的和经过人工改造的自然因素的总体，包括大气、水、海洋、土地、矿藏、森林、草原、湿地、野生生物、自然遗迹、人文遗迹、自然保护区、风景名胜区、城市和乡村等。

第三条　本法适用于中华人民共和国领域和中华人民共和国管辖的其他海域。

第四条　保护环境是国家的基本国策。

国家采取有利于节约和循环利用资源、保护和改善环境、促进人与自然和谐的经济、技术政策和措施，使经济社会发展与环境保护相协调。

第五条　环境保护坚持保护优先、预防为主、综合治理、公众参与、损害担责的原则。

第六条　一切单位和个人都有保护环境的义务。

地方各级人民政府应当对本行政区域的环境质量负责。

企业事业单位和其他生产经营者应当防止、减少环境污染和生态破坏，对所造成的损害依法承担责任。

公民应当增强环境保护意识，采取低碳、节俭的生活方式，自觉履行环境保护义务。

第七条　国家支持环境保护科学技术研究、开发和应用，鼓励环境保护产业发展，促进环境保护信息化建设，提高环境保护科学技术水平。

第八条　各级人民政府应当加大保护和改善环境、防治污染和其他公害的财政投入，提高财政资金的使用效益。

第九条 各级人民政府应当加强环境保护宣传和普及工作，鼓励基层群众性自治组织、社会组织、环境保护志愿者开展环境保护法律法规和环境保护知识的宣传，营造保护环境的良好风气。

教育行政部门、学校应当将环境保护知识纳入学校教育内容，培养学生的环境保护意识。

新闻媒体应当开展环境保护法律法规和环境保护知识的宣传，对环境违法行为进行舆论监督。

第十条 国务院环境保护主管部门，对全国环境保护工作实施统一监督管理；县级以上地方人民政府环境保护主管部门，对本行政区域环境保护工作实施统一监督管理。

县级以上人民政府有关部门和军队环境保护部门，依照有关法律的规定对资源保护和污染防治等环境保护工作实施监督管理。

第十一条 对保护和改善环境有显著成绩的单位和个人，由人民政府给予奖励。

第十二条 每年6月5日为环境日。

第二章 监督管理

第十三条 县级以上人民政府应当将环境保护工作纳入国民经济和社会发展规划。

国务院环境保护主管部门会同有关部门，根据国民经济和社会发展规划编制国家环境保护规划，报国务院批准并公布实施。

县级以上地方人民政府环境保护主管部门会同有关部门，根据国家环境保护规划的要求，编制本行政区域的环境保护规划，报同级人民政府批准并公布实施。

环境保护规划的内容应当包括生态保护和污染防治的目标、任务、保障措施等，并与主体功能区规划、土地利用总体规划和城乡规划等相衔接。

第十四条 国务院有关部门和省、自治区、直辖市人民政府组织制定经济、技术政策，应当充分考虑对环境的影响，听取有关方面和专家的意见。

第十五条 国务院环境保护主管部门制定国家环境质量标准。

省、自治区、直辖市人民政府对国家环境质量标准中未作规定的项目，可以制定地方环境质量标准；对国家环境质量标准中已作规定的项目，可以制定严于国家环境质量标准的地方环境质量标准。地方环境质量标准应当报国务院环境保护主管部门备案。

国家鼓励开展环境基准研究。

第十六条 国务院环境保护主管部门根据国家环境质量标准和国家经济、技术条件，制定国家污染物排放标准。

省、自治区、直辖市人民政府对国家污染物排放标准中未作规定的项目，可以制定地方污染物排放标准；对国家污染物排放标准中已作规定的项目，可以制定严于国家污染物排放标准的地方污染物排放标准。地方污染物排放标准应当报国务院环境保护主管部门备案。

第十七条　国家建立、健全环境监测制度。国务院环境保护主管部门制定监测规范，会同有关部门组织监测网络，统一规划国家环境质量监测站（点）的设置，建立监测数据共享机制，加强对环境监测的管理。

有关行业、专业等各类环境质量监测站（点）的设置应当符合法律法规规定和监测规范的要求。

监测机构应当使用符合国家标准的监测设备，遵守监测规范。监测机构及其负责人对监测数据的真实性和准确性负责。

第十八条　省级以上人民政府应当组织有关部门或者委托专业机构，对环境状况进行调查、评价，建立环境资源承载能力监测预警机制。

第十九条　编制有关开发利用规划，建设对环境有影响的项目，应当依法进行环境影响评价。

未依法进行环境影响评价的开发利用规划，不得组织实施；未依法进行环境影响评价的建设项目，不得开工建设。

第二十条　国家建立跨行政区域的重点区域、流域环境污染和生态破坏联合防治协调机制，实行统一规划、统一标准、统一监测、统一的防治措施。

前款规定以外的跨行政区域的环境污染和生态破坏的防治，由上级人民政府协调解决，或者由有关地方人民政府协商解决。

第二十一条　国家采取财政、税收、价格、政府采购等方面的政策和措施，鼓励和支持环境保护技术装备、资源综合利用和环境服务等环境保护产业的发展。

第二十二条　企业事业单位和其他生产经营者，在污染物排放符合法定要求的基础上，进一步减少污染物排放的，人民政府应当依法采取财政、税收、价格、政府采购等方面的政策和措施予以鼓励和支持。

第二十三条　企业事业单位和其他生产经营者，为改善环境，依照有关规定转产、搬迁、关闭的，人民政府应当予以支持。

第二十四条　县级以上人民政府环境保护主管部门及其委托的环境监察机构和其他负有环境保护监督管理职责的部门，有权对排放污染物的企业事业单位和其他生产经营者进行现场检查。被检查者应当如实反映情况，提供必要的资料。实施现场检查的部门、机构及其工作人员应当为被检查者保守商业秘密。

第二十五条　企业事业单位和其他生产经营者违反法律法规规定排放污染物，造成或者可能造成严重污染的，县级以上人民政府环境保护主管部门和其他负有环境保护监督管理职责的部门，可以查封、扣押造成污染物排放的设施、设备。

第二十六条 国家实行环境保护目标责任制和考核评价制度。县级以上人民政府应当将环境保护目标完成情况纳入对本级人民政府负有环境保护监督管理职责的部门及其负责人和下级人民政府及其负责人的考核内容，作为对其考核评价的重要依据。考核结果应当向社会公开。

第二十七条 县级以上人民政府应当每年向本级人民代表大会或者人民代表大会常务委员会报告环境状况和环境保护目标完成情况，对发生的重大环境事件应当及时向本级人民代表大会常务委员会报告，依法接受监督。

第三章 保护和改善环境

第二十八条 地方各级人民政府应当根据环境保护目标和治理任务，采取有效措施，改善环境质量。

未达到国家环境质量标准的重点区域、流域的有关地方人民政府，应当制定限期达标规划，并采取措施按期达标。

第二十九条 国家在重点生态功能区、生态环境敏感区和脆弱区等区域划定生态保护红线，实行严格保护。

各级人民政府对具有代表性的各种类型的自然生态系统区域，珍稀、濒危的野生动植物自然分布区域，重要的水源涵养区域，具有重大科学文化价值的地质构造、著名溶洞和化石分布区、冰川、火山、温泉等自然遗迹，以及人文遗迹、古树名木，应当采取措施予以保护，严禁破坏。

第三十条 开发利用自然资源，应当合理开发，保护生物多样性，保障生态安全，依法制定有关生态保护和恢复治理方案并予以实施。

引进外来物种以及研究、开发和利用生物技术，应当采取措施，防止对生物多样性的破坏。

第三十一条 国家建立、健全生态保护补偿制度。

国家加大对生态保护地区的财政转移支付力度。有关地方人民政府应当落实生态保护补偿资金，确保其用于生态保护补偿。

国家指导受益地区和生态保护地区人民政府通过协商或者按照市场规则进行生态保护补偿。

第三十二条 国家加强对大气、水、土壤等的保护，建立和完善相应的调查、监测、评估和修复制度。

第三十三条 各级人民政府应当加强对农业环境的保护，促进农业环境保护新技术的使用，加强对农业污染源的监测预警，统筹有关部门采取措施，防治土壤污染和土地沙化、盐渍化、贫瘠化、石漠化、地面沉降以及防治植被破坏、水土流失、水体富营养化、水源枯竭、种源灭绝等生态失调现象，推广植物病虫害的综合防治。

县级、乡级人民政府应当提高农村环境保护公共服务水平，推动农村环境综合整治。

第三十四条 国务院和沿海地方各级人民政府应当加强对海洋环境的保护。向海洋排放污染物、倾倒废弃物，进行海岸工程和海洋工程建设，应当符合法律法规规定和有关标准，防止和减少对海洋环境的污染损害。

第三十五条 城乡建设应当结合当地自然环境的特点，保护植被、水域和自然景观，加强城市园林、绿地和风景名胜区的建设与管理。

第三十六条 国家鼓励和引导公民、法人和其他组织使用有利于保护环境的产品和再生产品，减少废弃物的产生。

国家机关和使用财政资金的其他组织应当优先采购和使用节能、节水、节材等有利于保护环境的产品、设备和设施。

第三十七条 地方各级人民政府应当采取措施，组织对生活废弃物的分类处置、回收利用。

第三十八条 公民应当遵守环境保护法律法规，配合实施环境保护措施，按照规定对生活废弃物进行分类放置，减少日常生活对环境造成的损害。

第三十九条 国家建立、健全环境与健康监测、调查和风险评估制度；鼓励和组织开展环境质量对公众健康影响的研究，采取措施预防和控制与环境污染有关的疾病。

第四章 防治污染和其他公害

第四十条 国家促进清洁生产和资源循环利用。

国务院有关部门和地方各级人民政府应当采取措施，推广清洁能源的生产和使用。

企业应当优先使用清洁能源，采用资源利用率高、污染物排放量少的工艺、设备以及废弃物综合利用技术和污染物无害化处理技术，减少污染物的产生。

第四十一条 建设项目中防治污染的设施，应当与主体工程同时设计、同时施工、同时投产使用。防治污染的设施应当符合经批准的环境影响评价文件的要求，不得擅自拆除或者闲置。

第四十二条 排放污染物的企业事业单位和其他生产经营者，应当采取措施，防治在生产建设或者其他活动中产生的废气、废水、废渣、医疗废物、粉尘、恶臭气体、放射性物质以及噪声、振动、光辐射、电磁辐射等对环境的污染和危害。

排放污染物的企业事业单位，应当建立环境保护责任制度，明确单位负责人和相关人员的责任。

重点排污单位应当按照国家有关规定和监测规范安装使用监测设备，保证监测设备正常运行，保存原始监测记录。

严禁通过暗管、渗井、渗坑、灌注或者篡改、伪造监测数据，或者不正常运行防治污染设施等逃避监管的方式违法排放污染物。

第四十三条 排放污染物的企业事业单位和其他生产经营者，应当按照国家有关规定缴纳排污费。排污费应当全部专项用于环境污染防治，任何单位和个人不得截留、挤占或者挪作他用。

依照法律规定征收环境保护税的，不再征收排污费。

第四十四条 国家实行重点污染物排放总量控制制度。重点污染物排放总量控制指标由国务院下达，省、自治区、直辖市人民政府分解落实。企业事业单位在执行国家和地方污染物排放标准的同时，应当遵守分解落实到本单位的重点污染物排放总量控制指标。

对超过国家重点污染物排放总量控制指标或者未完成国家确定的环境质量目标的地区，省级以上人民政府环境保护主管部门应当暂停审批其新增重点污染物排放总量的建设项目环境影响评价文件。

第四十五条 国家依照法律规定实行排污许可管理制度。

实行排污许可管理的企业事业单位和其他生产经营者应当按照排污许可证的要求排放污染物；未取得排污许可证的，不得排放污染物。

第四十六条 国家对严重污染环境的工艺、设备和产品实行淘汰制度。任何单位和个人不得生产、销售或者转移、使用严重污染环境的工艺、设备和产品。

禁止引进不符合我国环境保护规定的技术、设备、材料和产品。

第四十七条 各级人民政府及其有关部门和企业事业单位，应当依照《中华人民共和国突发事件应对法》的规定，做好突发环境事件的风险控制、应急准备、应急处置和事后恢复等工作。

县级以上人民政府应当建立环境污染公共监测预警机制，组织制定预警方案；环境受到污染，可能影响公众健康和环境安全时，依法及时公布预警信息，启动应急措施。

企业事业单位应当按照国家有关规定制定突发环境事件应急预案，报环境保护主管部门和有关部门备案。在发生或者可能发生突发环境事件时，企业事业单位应当立即采取措施处理，及时通报可能受到危害的单位和居民，并向环境保护主管部门和有关部门报告。

突发环境事件应急处置工作结束后，有关人民政府应当立即组织评估事件造成的环境影响和损失，并及时将评估结果向社会公布。

第四十八条 生产、储存、运输、销售、使用、处置化学物品和含有放射性物质的物品，应当遵守国家有关规定，防止污染环境。

第四十九条 各级人民政府及其农业等有关部门和机构应当指导农业生产经营者

科学种植和养殖，科学合理施用农药、化肥等农业投入品，科学处置农用薄膜、农作物秸秆等农业废弃物，防止农业面源污染。

禁止将不符合农用标准和环境保护标准的固体废物、废水施入农田。施用农药、化肥等农业投入品及进行灌溉，应当采取措施，防止重金属和其他有毒有害物质污染环境。

畜禽养殖场、养殖小区、定点屠宰企业等的选址、建设和管理应当符合有关法律法规规定。从事畜禽养殖和屠宰的单位和个人应当采取措施，对畜禽粪便、尸体和污水等废弃物进行科学处置，防止污染环境。

县级人民政府负责组织农村生活废弃物的处置工作。

第五十条　各级人民政府应当在财政预算中安排资金，支持农村饮用水水源地保护、生活污水和其他废弃物处理、畜禽养殖和屠宰污染防治、土壤污染防治和农村工矿污染治理等环境保护工作。

第五十一条　各级人民政府应当统筹城乡建设污水处理设施及配套管网，固体废物的收集、运输和处置等环境卫生设施，危险废物集中处置设施、场所以及其他环境保护公共设施，并保障其正常运行。

第五十二条　国家鼓励投保环境污染责任保险。

第五章　信息公开和公众参与

第五十三条　公民、法人和其他组织依法享有获取环境信息、参与和监督环境保护的权利。

各级人民政府环境保护主管部门和其他负有环境保护监督管理职责的部门，应当依法公开环境信息、完善公众参与程序，为公民、法人和其他组织参与和监督环境保护提供便利。

第五十四条　国务院环境保护主管部门统一发布国家环境质量、重点污染源监测信息及其他重大环境信息。省级以上人民政府环境保护主管部门定期发布环境状况公报。

县级以上人民政府环境保护主管部门和其他负有环境保护监督管理职责的部门，应当依法公开环境质量、环境监测、突发环境事件以及环境行政许可、行政处罚、排污费的征收和使用情况等信息。

县级以上地方人民政府环境保护主管部门和其他负有环境保护监督管理职责的部门，应当将企业事业单位和其他生产经营者的环境违法信息记入社会诚信档案，及时向社会公布违法者名单。

第五十五条　重点排污单位应当如实向社会公开其主要污染物的名称、排放方式、排放浓度和总量、超标排放情况，以及防治污染设施的建设和运行情况，接受社会监督。

第五十六条　对依法应当编制环境影响报告书的建设项目，建设单位应当在编制时向可能受影响的公众说明情况，充分征求意见。

负责审批建设项目环境影响评价文件的部门在收到建设项目环境影响报告书后，除涉及国家秘密和商业秘密的事项外，应当全文公开；发现建设项目未充分征求公众意见的，应当责成建设单位征求公众意见。

第五十七条 公民、法人和其他组织发现任何单位和个人有污染环境和破坏生态行为的，有权向环境保护主管部门或者其他负有环境保护监督管理职责的部门举报。

公民、法人和其他组织发现地方各级人民政府、县级以上人民政府环境保护主管部门和其他负有环境保护监督管理职责的部门不依法履行职责的，有权向其上级机关或者监察机关举报。

接受举报的机关应当对举报人的相关信息予以保密，保护举报人的合法权益。

第五十八条 对污染环境、破坏生态，损害社会公共利益的行为，符合下列条件的社会组织可以向人民法院提起诉讼：

（一）依法在设区的市级以上人民政府民政部门登记；

（二）专门从事环境保护公益活动连续五年以上且无违法记录。

符合前款规定的社会组织向人民法院提起诉讼，人民法院应当依法受理。

提起诉讼的社会组织不得通过诉讼牟取经济利益。

第六章 法律责任

第五十九条 企业事业单位和其他生产经营者违法排放污染物，受到罚款处罚，被责令改正，拒不改正的，依法作出处罚决定的行政机关可以自责令改正之日的次日起，按照原处罚数额按日连续处罚。

前款规定的罚款处罚，依照有关法律法规按照防治污染设施的运行成本、违法行为造成的直接损失或者违法所得等因素确定的规定执行。

地方性法规可以根据环境保护的实际需要，增加第一款规定的按日连续处罚的违法行为的种类。

第六十条 企业事业单位和其他生产经营者超过污染物排放标准或者超过重点污染物排放总量控制指标排放污染物的，县级以上人民政府环境保护主管部门可以责令其采取限制生产、停产整治等措施；情节严重的，报经有批准权的人民政府批准，责令停业、关闭。

第六十一条 建设单位未依法提交建设项目环境影响评价文件或者环境影响评价文件未经批准，擅自开工建设的，由负有环境保护监督管理职责的部门责令停止建设，处以罚款，并可以责令恢复原状。

第六十二条 违反本法规定，重点排污单位不公开或者不如实公开环境信息的，由县级以上地方人民政府环境保护主管部门责令公开，处以罚款，并予以公告。

第六十三条　企业事业单位和其他生产经营者有下列行为之一，尚不构成犯罪的，除依照有关法律法规规定予以处罚外，由县级以上人民政府环境保护主管部门或者其他有关部门将案件移送公安机关，对其直接负责的主管人员和其他直接责任人员，处十日以上十五日以下拘留；情节较轻的，处五日以上十日以下拘留：

（一）建设项目未依法进行环境影响评价，被责令停止建设，拒不执行的；

（二）违反法律规定，未取得排污许可证排放污染物，被责令停止排污，拒不执行的；

（三）通过暗管、渗井、渗坑、灌注或者篡改、伪造监测数据，或者不正常运行防治污染设施等逃避监管的方式违法排放污染物的；

（四）生产、使用国家明令禁止生产、使用的农药，被责令改正，拒不改正的。

第六十四条　因污染环境和破坏生态造成损害的，应当依照《中华人民共和国侵权责任法》的有关规定承担侵权责任。

第六十五条　环境影响评价机构、环境监测机构以及从事环境监测设备和防治污染设施维护、运营的机构，在有关环境服务活动中弄虚作假，对造成的环境污染和生态破坏负有责任的，除依照有关法律法规规定予以处罚外，还应当与造成环境污染和生态破坏的其他责任者承担连带责任。

第六十六条　提起环境损害赔偿诉讼的时效期间为三年，从当事人知道或者应当知道其受到损害时起计算。

第六十七条　上级人民政府及其环境保护主管部门应当加强对下级人民政府及其有关部门环境保护工作的监督。发现有关工作人员有违法行为，依法应当给予处分的，应当向其任免机关或者监察机关提出处分建议。

依法应当给予行政处罚，而有关环境保护主管部门不给予行政处罚的，上级人民政府环境保护主管部门可以直接作出行政处罚的决定。

第六十八条　地方各级人民政府、县级以上人民政府环境保护主管部门和其他负有环境保护监督管理职责的部门有下列行为之一的，对直接负责的主管人员和其他直接责任人员给予记过、记大过或者降级处分；造成严重后果的，给予撤职或者开除处分，其主要负责人应当引咎辞职：

（一）不符合行政许可条件准予行政许可的；

（二）对环境违法行为进行包庇的；

（三）依法应当作出责令停业、关闭的决定而未作出的；

（四）对超标排放污染物、采用逃避监管的方式排放污染物、造成环境事故以及不落实生态保护措施造成生态破坏等行为，发现或者接到举报未及时查处的；

（五）违反本法规定，查封、扣押企业事业单位和其他生产经营者的设施、设备的；

（六）篡改、伪造或者指使篡改、伪造监测数据的；

（七）应当依法公开环境信息而未公开的；

（八）将征收的排污费截留、挤占或者挪作他用的；

（九）法律法规规定的其他违法行为。

第六十九条 违反本法规定，构成犯罪的，依法追究刑事责任。

第七章 附 则

第七十条 本法自 2015 年 1 月 1 日起施行。

中华人民共和国水污染防治法

中华人民共和国主席令　第 70 号

（1984 年 5 月 11 日第六届全国人民代表大会常务委员会第五次会议通过　根据 1996 年 5 月 15 日第八届全国人民代表大会常务委员会第十九次会议《关于修改〈中华人民共和国水污染防治法〉的决定》第一次修正　2008 年 2 月 28 日第十届全国人民代表大会常务委员会第三十二次会议修订　根据 2017 年 6 月 27 日第十二届全国人民代表大会常务委员会第二十八次会议《关于修改〈中华人民共和国水污染防治法〉的决定》第二次修正）

第一章　总　则

第一条　为了保护和改善环境，防治水污染，保护水生态，保障饮用水安全，维护公众健康，推进生态文明建设，促进经济社会可持续发展，制定本法。

第二条　本法适用于中华人民共和国领域内的江河、湖泊、运河、渠道、水库等地表水体以及地下水体的污染防治。

海洋污染防治适用《中华人民共和国海洋环境保护法》。

第三条　水污染防治应当坚持预防为主、防治结合、综合治理的原则，优先保护饮用水水源，严格控制工业污染、城镇生活污染，防治农业面源污染，积极推进生态治理工程建设，预防、控制和减少水环境污染和生态破坏。

第四条　县级以上人民政府应当将水环境保护工作纳入国民经济和社会发展规划。

地方各级人民政府对本行政区域的水环境质量负责，应当及时采取措施防治水污染。

第五条　省、市、县、乡建立河长制，分级分段组织领导本行政区域内江河、湖泊的水资源保护、水域岸线管理、水污染防治、水环境治理等工作。

第六条　国家实行水环境保护目标责任制和考核评价制度，将水环境保护目标完成情况作为对地方人民政府及其负责人考核评价的内容。

第七条　国家鼓励、支持水污染防治的科学技术研究和先进适用技术的推广应用，加强水环境保护的宣传教育。

第八条 国家通过财政转移支付等方式，建立健全对位于饮用水水源保护区区域和江河、湖泊、水库上游地区的水环境生态保护补偿机制。

第九条 县级以上人民政府环境保护主管部门对水污染防治实施统一监督管理。

交通主管部门的海事管理机构对船舶污染水域的防治实施监督管理。

县级以上人民政府水行政、国土资源、卫生、建设、农业、渔业等部门以及重要江河、湖泊的流域水资源保护机构，在各自的职责范围内，对有关水污染防治实施监督管理。

第十条 排放水污染物，不得超过国家或者地方规定的水污染物排放标准和重点水污染物排放总量控制指标。

第十一条 任何单位和个人都有义务保护水环境，并有权对污染损害水环境的行为进行检举。

县级以上人民政府及其有关主管部门对在水污染防治工作中做出显著成绩的单位和个人给予表彰和奖励。

第二章 水污染防治的标准和规划

第十二条 国务院环境保护主管部门制定国家水环境质量标准。

省、自治区、直辖市人民政府可以对国家水环境质量标准中未作规定的项目，制定地方标准，并报国务院环境保护主管部门备案。

第十三条 国务院环境保护主管部门会同国务院水行政主管部门和有关省、自治区、直辖市人民政府，可以根据国家确定的重要江河、湖泊流域水体的使用功能以及有关地区的经济、技术条件，确定该重要江河、湖泊流域的省界水体适用的水环境质量标准，报国务院批准后施行。

第十四条 国务院环境保护主管部门根据国家水环境质量标准和国家经济、技术条件，制定国家水污染物排放标准。

省、自治区、直辖市人民政府对国家水污染物排放标准中未作规定的项目，可以制定地方水污染物排放标准；对国家水污染物排放标准中已作规定的项目，可以制定严于国家水污染物排放标准的地方水污染物排放标准。地方水污染物排放标准须报国务院环境保护主管部门备案。

向已有地方水污染物排放标准的水体排放污染物的，应当执行地方水污染物排放标准。

第十五条 国务院环境保护主管部门和省、自治区、直辖市人民政府，应当根据水污染防治的要求和国家或者地方的经济、技术条件，适时修订水环境质量标准和水污染物排放标准。

第十六条　防治水污染应当按流域或者按区域进行统一规划。国家确定的重要江河、湖泊的流域水污染防治规划，由国务院环境保护主管部门会同国务院经济综合宏观调控、水行政等部门和有关省、自治区、直辖市人民政府编制，报国务院批准。

前款规定外的其他跨省、自治区、直辖市江河、湖泊的流域水污染防治规划，根据国家确定的重要江河、湖泊的流域水污染防治规划和本地实际情况，由有关省、自治区、直辖市人民政府环境保护主管部门会同同级水行政等部门和有关市、县人民政府编制，经有关省、自治区、直辖市人民政府审核，报国务院批准。

省、自治区、直辖市内跨县江河、湖泊的流域水污染防治规划，根据国家确定的重要江河、湖泊的流域水污染防治规划和本地实际情况，由省、自治区、直辖市人民政府环境保护主管部门会同同级水行政等部门编制，报省、自治区、直辖市人民政府批准，并报国务院备案。

经批准的水污染防治规划是防治水污染的基本依据，规划的修订须经原批准机关批准。

县级以上地方人民政府应当根据依法批准的江河、湖泊的流域水污染防治规划，组织制定本行政区域的水污染防治规划。

第十七条　有关市、县级人民政府应当按照水污染防治规划确定的水环境质量改善目标的要求，制定限期达标规划，采取措施按期达标。

有关市、县级人民政府应当将限期达标规划报上一级人民政府备案，并向社会公开。

第十八条　市、县级人民政府每年在向本级人民代表大会或者其常务委员会报告环境状况和环境保护目标完成情况时，应当报告水环境质量限期达标规划执行情况，并向社会公开。

第二章　水污染防治的监督管理

第十九条　新建、改建、扩建直接或者间接向水体排放污染物的建设项目和其他水上设施，应当依法进行环境影响评价。

建设单位在江河、湖泊新建、改建、扩建排污口的，应当取得水行政主管部门或者流域管理机构同意；涉及通航、渔业水域的，环境保护主管部门在审批环境影响评价文件时，应当征求交通、渔业主管部门的意见。

建设项目的水污染防治设施，应当与主体工程同时设计、同时施工、同时投入使用。水污染防治设施应当符合经批准或者备案的环境影响评价文件的要求。

第二十条　国家对重点水污染物排放实施总量控制制度。

重点水污染物排放总量控制指标，由国务院环境保护主管部门在征求国务院有关部门和各省、自治区、直辖市人民政府意见后，会同国务院经济综合宏观调控部门报国务院批准并下达实施。

省、自治区、直辖市人民政府应当按照国务院的规定削减和控制本行政区域的重点水污染物排放总量。具体办法由国务院环境保护主管部门会同国务院有关部门规定。

省、自治区、直辖市人民政府可以根据本行政区域水环境质量状况和水污染防治工作的需要，对国家重点水污染物之外的其他水污染物排放实行总量控制。

对超过重点水污染物排放总量控制指标或者未完成水环境质量改善目标的地区，省级以上人民政府环境保护主管部门应当会同有关部门约谈该地区人民政府的主要负责人，并暂停审批新增重点水污染物排放总量的建设项目的环境影响评价文件。约谈情况应当向社会公开。

第二十一条 直接或者间接向水体排放工业废水和医疗污水以及其他按照规定应当取得排污许可证方可排放的废水、污水的企业事业单位和其他生产经营者，应当取得排污许可证；城镇污水集中处理设施的运营单位，也应当取得排污许可证。排污许可证应当明确排放水污染物的种类、浓度、总量和排放去向等要求。排污许可的具体办法由国务院规定。

禁止企业事业单位和其他生产经营者无排污许可证或者违反排污许可证的规定向水体排放前款规定的废水、污水。

第二十二条 向水体排放污染物的企业事业单位和其他生产经营者，应当按照法律、行政法规和国务院环境保护主管部门的规定设置排污口；在江河、湖泊设置排污口的，还应当遵守国务院水行政主管部门的规定。

第二十三条 实行排污许可管理的企业事业单位和其他生产经营者应当按照国家有关规定和监测规范，对所排放的水污染物自行监测，并保存原始监测记录。重点排污单位还应当安装水污染物排放自动监测设备，与环境保护主管部门的监控设备联网，并保证监测设备正常运行。具体办法由国务院环境保护主管部门规定。

应当安装水污染物排放自动监测设备的重点排污单位名录，由设区的市级以上地方人民政府环境保护主管部门根据本行政区域的环境容量、重点水污染物排放总量控制指标的要求以及排污单位排放水污染物的种类、数量和浓度等因素，商同级有关部门确定。

第二十四条 实行排污许可管理的企业事业单位和其他生产经营者应当对监测数据的真实性和准确性负责。

环境保护主管部门发现重点排污单位的水污染物排放自动监测设备传输数据异常，应当及时进行调查。

第二十五条 国家建立水环境质量监测和水污染物排放监测制度。国务院环境保护主管部门负责制定水环境监测规范，统一发布国家水环境状况信息，会同国务院水行政等部门组织监测网络，统一规划国家水环境质量监测站（点）的设置，建立监测数据共享机制，加强对水环境监测的管理。

第二十六条 国家确定的重要江河、湖泊流域的水资源保护工作机构负责监测其所在流域的省界水体的水环境质量状况，并将监测结果及时报国务院环境保护主管部门和国务院水行政主管部门；有经国务院批准成立的流域水资源保护领导机构的，应当将监测结果及时报告流域水资源保护领导机构。

第二十七条 国务院有关部门和县级以上地方人民政府开发、利用和调节、调度水资源时，应当统筹兼顾，维持江河的合理流量和湖泊、水库以及地下水体的合理水位，保障基本生态用水，维护水体的生态功能。

第二十八条 国务院环境保护主管部门应当会同国务院水行政等部门和有关省、自治区、直辖市人民政府，建立重要江河、湖泊的流域水环境保护联合协调机制，实行统一规划、统一标准、统一监测、统一的防治措施。

第二十九条 国务院环境保护主管部门和省、自治区、直辖市人民政府环境保护主管部门应当会同同级有关部门根据流域生态环境功能需要，明确流域生态环境保护要求，组织开展流域环境资源承载能力监测、评价，实施流域环境资源承载能力预警。

县级以上地方人民政府应当根据流域生态环境功能需要，组织开展江河、湖泊、湿地保护与修复，因地制宜建设人工湿地、水源涵养林、沿河沿湖植被缓冲带和隔离带等生态环境治理与保护工程，整治黑臭水体，提高流域环境资源承载能力。

从事开发建设活动，应当采取有效措施，维护流域生态环境功能，严守生态保护红线。

第三十条 环境保护主管部门和其他依照本法规定行使监督管理权的部门，有权对管辖范围内的排污单位进行现场检查，被检查的单位应当如实反映情况，提供必要的资料。检查机关有义务为被检查的单位保守在检查中获取的商业秘密。

第三十一条 跨行政区域的水污染纠纷，由有关地方人民政府协商解决，或者由其共同的上级人民政府协调解决。

第四章 水污染防治措施

第一节 一般规定

第三十二条 国务院环境保护主管部门应当会同国务院卫生主管部门，根据对公众健康和生态环境的危害和影响程度，公布有毒有害水污染物名录，实行风险管理。

排放前款规定名录中所列有毒有害水污染物的企业事业单位和其他生产经营者，应当对排污口和周边环境进行监测，评估环境风险，排查环境安全隐患，并公开有毒有害水污染物信息，采取有效措施防范环境风险。

第三十三条 禁止向水体排放油类、酸液、碱液或者剧毒废液。

禁止在水体清洗装贮过油类或者有毒污染物的车辆和容器。

第三十四条 禁止向水体排放、倾倒放射性固体废物或者含有高放射性和中放射性物质的废水。

向水体排放含低放射性物质的废水，应当符合国家有关放射性污染防治的规定和标准。

第三十五条 向水体排放含热废水，应当采取措施，保证水体的水温符合水环境质量标准。

第三十六条 含病原体的污水应当经过消毒处理；符合国家有关标准后，方可排放。

第三十七条 禁止向水体排放、倾倒工业废渣、城镇垃圾和其他废弃物。

禁止将含有汞、镉、砷、铬、铅、氰化物、黄磷等的可溶性剧毒废渣向水体排放、倾倒或者直接埋入地下。

存放可溶性剧毒废渣的场所，应当采取防水、防渗漏、防流失的措施。

第三十八条 禁止在江河、湖泊、运河、渠道、水库最高水位线以下的滩地和岸坡堆放、存贮固体废物和其他污染物。

第三十九条 禁止利用渗井、渗坑、裂隙、溶洞，私设暗管，篡改、伪造监测数据，或者不正常运行水污染防治设施等逃避监管的方式排放水污染物。

第四十条 化学品生产企业以及工业集聚区、矿山开采区、尾矿库、危险废物处置场、垃圾填埋场等的运营、管理单位，应当采取防渗漏等措施，并建设地下水水质监测井进行监测，防止地下水污染。

加油站等的地下油罐应当使用双层罐或者采取建造防渗池等其他有效措施，并进行防渗漏监测，防止地下水污染。

禁止利用无防渗漏措施的沟渠、坑塘等输送或者存贮含有毒污染物的废水、含病原体的污水和其他废弃物。

第四十一条 多层地下水的含水层水质差异大的，应当分层开采；对已受污染的潜水和承压水，不得混合开采。

第四十二条 兴建地下工程设施或者进行地下勘探、采矿等活动，应当采取防护性措施，防止地下水污染。

报废矿井、钻井或者取水井等，应当实施封井或者回填。

第四十三条 人工回灌补给地下水，不得恶化地下水质。

第二节 工业水污染防治

第四十四条 国务院有关部门和县级以上地方人民政府应当合理规划工业布局，要求造成水污染的企业进行技术改造，采取综合防治措施，提高水的重复利用率，减少废水和污染物排放量。

第四十五条 排放工业废水的企业应当采取有效措施，收集和处理产生的全部废水，防止污染环境。含有毒有害水污染物的工业废水应当分类收集和处理，不得稀释排放。

工业集聚区应当配套建设相应的污水集中处理设施，安装自动监测设备，与环境保护主管部门的监控设备联网，并保证监测设备正常运行。

向污水集中处理设施排放工业废水的，应当按照国家有关规定进行预处理，达到集中处理设施处理工艺要求后方可排放。

第四十六条 国家对严重污染水环境的落后工艺和设备实行淘汰制度。

国务院经济综合宏观调控部门会同国务院有关部门，公布限期禁止采用的严重污染水环境的工艺名录和限期禁止生产、销售、进口、使用的严重污染水环境的设备名录。

生产者、销售者、进口者或者使用者应当在规定的期限内停止生产、销售、进口或者使用列入前款规定的设备名录中的设备。工艺的采用者应当在规定的期限内停止采用列入前款规定的工艺名录中的工艺。

依照本条第二款、第三款规定被淘汰的设备，不得转让给他人使用。

第四十七条 国家禁止新建不符合国家产业政策的小型造纸、制革、印染、染料、炼焦、炼硫、炼砷、炼汞、炼油、电镀、农药、石棉、水泥、玻璃、钢铁、火电以及其他严重污染水环境的生产项目。

第四十八条 企业应当采用原材料利用效率高、污染物排放量少的清洁工艺，并加强管理，减少水污染物的产生。

第三节 城镇水污染防治

第四十九条 城镇污水应当集中处理。

县级以上地方人民政府应当通过财政预算和其他渠道筹集资金，统筹安排建设城镇污水集中处理设施及配套管网，提高本行政区域城镇污水的收集率和处理率。

国务院建设主管部门应当会同国务院经济综合宏观调控、环境保护主管部门，根据城乡规划和水污染防治规划，组织编制全国城镇污水处理设施建设规划。县级以上地方人民政府组织建设、经济综合宏观调控、环境保护、水行政等部门编制本行政区域的城镇污水处理设施建设规划。县级以上地方人民政府建设主管部门应当按照城镇污水处理设施建设规划，组织建设城镇污水集中处理设施及配套管网，并加强对城镇污水集中处理设施运营的监督管理。

城镇污水集中处理设施的运营单位按照国家规定向排污者提供污水处理的有偿服

务，收取污水处理费用，保证污水集中处理设施的正常运行。收取的污水处理费用应当用于城镇污水集中处理设施的建设运行和污泥处理处置，不得挪作他用。

城镇污水集中处理设施的污水处理收费、管理以及使用的具体办法，由国务院规定。

第五十条 向城镇污水集中处理设施排放水污染物，应当符合国家或者地方规定的水污染物排放标准。

城镇污水集中处理设施的运营单位，应当对城镇污水集中处理设施的出水水质负责。

环境保护主管部门应当对城镇污水集中处理设施的出水水质和水量进行监督检查。

第五十一条 城镇污水集中处理设施的运营单位或者污泥处理处置单位应当安全处理处置污泥，保证处理处置后的污泥符合国家标准，并对污泥的去向等进行记录。

第四节 农业和农村水污染防治

第五十二条 国家支持农村污水、垃圾处理设施的建设，推进农村污水、垃圾集中处理。

地方各级人民政府应当统筹规划建设农村污水、垃圾处理设施，并保障其正常运行。

第五十三条 制定化肥、农药等产品的质量标准和使用标准，应当适应水环境保护要求。

第五十四条 使用农药，应当符合国家有关农药安全使用的规定和标准。

运输、存贮农药和处置过期失效农药，应当加强管理，防止造成水污染。

第五十五条 县级以上地方人民政府农业主管部门和其他有关部门，应当采取措施，指导农业生产者科学、合理地施用化肥和农药，推广测土配方施肥技术和高效低毒低残留农药，控制化肥和农药的过量使用，防止造成水污染。

第五十六条 国家支持畜禽养殖场、养殖小区建设畜禽粪便、废水的综合利用或者无害化处理设施。

畜禽养殖场、养殖小区应当保证其畜禽粪便、废水的综合利用或者无害化处理设施正常运转，保证污水达标排放，防止污染水环境。

畜禽散养密集区所在地县、乡级人民政府应当组织对畜禽粪便污水进行分户收集、集中处理利用。

第五十七条 从事水产养殖应当保护水域生态环境，科学确定养殖密度，合理投饵和使用药物，防止污染水环境。

第五十八条 农田灌溉用水应当符合相应的水质标准，防止污染土壤、地下水和农产品。

禁止向农田灌溉渠道排放工业废水或者医疗污水。向农田灌溉渠道排放城镇污水以及未综合利用的畜禽养殖废水、农产品加工废水的，应当保证其下游最近的灌溉取水点的水质符合农田灌溉水质标准。

第五节 船舶水污染防治

第五十九条 船舶排放含油污水、生活污水，应当符合船舶污染物排放标准。从事海洋航运的船舶进入内河和港口的，应当遵守内河的船舶污染物排放标准。

船舶的残油、废油应当回收，禁止排入水体。

禁止向水体倾倒船舶垃圾。

船舶装载运输油类或者有毒货物，应当采取防止溢流和渗漏的措施，防止货物落水造成水污染。

进入中华人民共和国内河的国际航线船舶排放压载水的，应当采用压载水处理装置或者采取其他等效措施，对压载水进行灭活等处理。禁止排放不符合规定的船舶压载水。

第六十条 船舶应当按照国家有关规定配置相应的防污设备和器材，并持有合法有效的防止水域环境污染的证书与文书。

船舶进行涉及污染物排放的作业，应当严格遵守操作规程，并在相应的记录簿上如实记载。

第六十一条 港口、码头、装卸站和船舶修造厂所在地市、县级人民政府应当统筹规划建设船舶污染物、废弃物的接收、转运及处理处置设施。

港口、码头、装卸站和船舶修造厂应当备有足够的船舶污染物、废弃物的接收设施。从事船舶污染物、废弃物接收作业，或者从事装载油类、污染危害性货物船舱清洗作业的单位，应当具备与其运营规模相适应的接收处理能力。

第六十二条 船舶及有关作业单位从事有污染风险的作业活动，应当按照有关法律法规和标准，采取有效措施，防止造成水污染。海事管理机构、渔业主管部门应当加强对船舶及有关作业活动的监督管理。

船舶进行散装液体污染危害性货物的过驳作业，应当编制作业方案，采取有效的安全和污染防治措施，并报作业地海事管理机构批准。

禁止采取冲滩方式进行船舶拆解作业。

第五章 饮用水水源和其他特殊水体保护

第六十三条 国家建立饮用水水源保护区制度。饮用水水源保护区分为一级保护区和二级保护区；必要时，可以在饮用水水源保护区外围划定一定的区域作为准保护区。

饮用水水源保护区的划定，由有关市、县人民政府提出划定方案，报省、自治区、直辖市人民政府批准；跨市、县饮用水水源保护区的划定，由有关市、县人民政府协商提出划定方案，报省、自治区、直辖市人民政府批准；协商不成的，由省、自治区、直辖市人民政府环境保护主管部门会同同级水行政、国土资源、卫生、建设等部门提出划定方案，征求同级有关部门的意见后，报省、自治区、直辖市人民政府批准。

跨省、自治区、直辖市的饮用水水源保护区，由有关省、自治区、直辖市人民政府商有关流域管理机构划定；协商不成的，由国务院环境保护主管部门会同同级水行政、国土资源、卫生、建设等部门提出划定方案，征求国务院有关部门的意见后，报国务院批准。

国务院和省、自治区、直辖市人民政府可以根据保护饮用水水源的实际需要，调整饮用水水源保护区的范围，确保饮用水安全。有关地方人民政府应当在饮用水水源保护区的边界设立明确的地理界标和明显的警示标志。

第六十四条 在饮用水水源保护区内，禁止设置排污口。

第六十五条 禁止在饮用水水源一级保护区内新建、改建、扩建与供水设施和保护水源无关的建设项目；已建成的与供水设施和保护水源无关的建设项目，由县级以上人民政府责令拆除或者关闭。

禁止在饮用水水源一级保护区内从事网箱养殖、旅游、游泳、垂钓或者其他可能污染饮用水水体的活动。

第六十六条 禁止在饮用水水源二级保护区内新建、改建、扩建排放污染物的建设项目；已建成的排放污染物的建设项目，由县级以上人民政府责令拆除或者关闭。

在饮用水水源二级保护区内从事网箱养殖、旅游等活动的，应当按照规定采取措施，防止污染饮用水水体。

第六十七条 禁止在饮用水水源准保护区内新建、扩建对水体污染严重的建设项目；改建建设项目，不得增加排污量。

第六十八条 县级以上地方人民政府应当根据保护饮用水水源的实际需要，在准保护区内采取工程措施或者建造湿地、水源涵养林等生态保护措施，防止水污染物直接排入饮用水水体，确保饮用水安全。

第六十九条 县级以上地方人民政府应当组织环境保护等部门，对饮用水水源保护区、地下水型饮用水水源的补给区及供水单位周边区域的环境状况和污染风险进行调查评估，筛查可能存在的污染风险因素，并采取相应的风险防范措施。

饮用水水源受到污染可能威胁供水安全的，环境保护主管部门应当责令有关企业事业单位和其他生产经营者采取停止排放水污染物等措施，并通报饮用水供水单位和供水、卫生、水行政等部门；跨行政区域的，还应当通报相关地方人民政府。

第七十条 单一水源供水城市的人民政府应当建设应急水源或者备用水源，有条件的地区可以开展区域联网供水。

县级以上地方人民政府应当合理安排、布局农村饮用水水源，有条件的地区可以采取城镇供水管网延伸或者建设跨村、跨乡镇联片集中供水工程等方式，发展规模集中供水。

第七十一条 饮用水供水单位应当做好取水口和出水口的水质检测工作。发现取水口水质不符合饮用水水源水质标准或者出水口水质不符合饮用水卫生标准的，应当及时采取相应措施，并向所在地市、县级人民政府供水主管部门报告。供水主管部门接到报告后，应当通报环境保护、卫生、水行政等部门。

饮用水供水单位应当对供水水质负责，确保供水设施安全可靠运行，保证供水水质符合国家有关标准。

第七十二条 县级以上地方人民政府应当组织有关部门监测、评估本行政区域内饮用水水源、供水单位供水和用户水龙头出水的水质等饮用水安全状况。

县级以上地方人民政府有关部门应当至少每季度向社会公开一次饮用水安全状况信息。

第七十三条 国务院和省、自治区、直辖市人民政府根据水环境保护的需要，可以规定在饮用水水源保护区内，采取禁止或者限制使用含磷洗涤剂、化肥、农药以及限制种植养殖等措施。

第七十四条 县级以上人民政府可以对风景名胜区水体、重要渔业水体和其他具有特殊经济文化价值的水体划定保护区，并采取措施，保证保护区的水质符合规定用途的水环境质量标准。

第七十五条 在风景名胜区水体、重要渔业水体和其他具有特殊经济文化价值的水体的保护区内，不得新建排污口。在保护区附近新建排污口，应当保证保护区水体不受污染。

第六章 水污染事故处置

第七十六条 各级人民政府及其有关部门，可能发生水污染事故的企业事业单位，应当依照《中华人民共和国突发事件应对法》的规定，做好突发水污染事故的应急准备、应急处置和事后恢复等工作。

第七十七条 可能发生水污染事故的企业事业单位，应当制定有关水污染事故的应急方案，做好应急准备，并定期进行演练。

生产、储存危险化学品的企业事业单位，应当采取措施，防止在处理安全生产事故过程中产生的可能严重污染水体的消防废水、废液直接排入水体。

第七十八条 企业事业单位发生事故或者其他突发性事件，造成或者可能造成水污染事故的，应当立即启动本单位的应急方案，采取隔离等应急措施，防止水污染物进入水体，并向事故发生地的县级以上地方人民政府或者环境保护主管部门报告。环境保护主管部门接到报告后，应当及时向本级人民政府报告，并抄送有关部门。

造成渔业污染事故或者渔业船舶造成水污染事故的，应当向事故发生地的渔业主管部门报告，接受调查处理。其他船舶造成水污染事故的，应当向事故发生地的海事管理机构报告，接受调查处理；给渔业造成损害的，海事管理机构应当通知渔业主管部门参与调查处理。

第七十九条 市、县级人民政府应当组织编制饮用水安全突发事件应急预案。

饮用水供水单位应当根据所在地饮用水安全突发事件应急预案，制定相应的突发事件应急方案，报所在地市、县级人民政府备案，并定期进行演练。

饮用水水源发生水污染事故，或者发生其他可能影响饮用水安全的突发性事件，饮用水供水单位应当采取应急处理措施，向所在地市、县级人民政府报告，并向社会公开。有关人民政府应当根据情况及时启动应急预案，采取有效措施，保障供水安全。

第七章 法律责任

第八十条 环境保护主管部门或者其他依照本法规定行使监督管理权的部门，不依法作出行政许可或者办理批准文件的，发现违法行为或者接到对违法行为的举报后不予查处的，或者有其他未依照本法规定履行职责的行为的，对直接负责的主管人员和其他直接责任人员依法给予处分。

第八十一条 以拖延、围堵、滞留执法人员等方式拒绝、阻挠环境保护主管部门或者其他依照本法规定行使监督管理权的部门的监督检查，或者在接受监督检查时弄虚作假的，由县级以上人民政府环境保护主管部门或者其他依照本法规定行使监督管理权的部门责令改正，处二万元以上二十万元以下的罚款。

第八十二条 违反本法规定，有下列行为之一的，由县级以上人民政府环境保护主管部门责令限期改正，处二万元以上二十万元以下的罚款；逾期不改正的，责令停产整治：

（一）未按照规定对所排放的水污染物自行监测，或者未保存原始监测记录的；

（二）未按照规定安装水污染物排放自动监测设备，未按照规定与环境保护主管部门的监控设备联网，或者未保证监测设备正常运行的；

（三）未按照规定对有毒有害水污染物的排污口和周边环境进行监测，或者未公开有毒有害水污染物信息的。

第八十三条 违反本法规定，有下列行为之一的，由县级以上人民政府环境保护主管部门责令改正或者责令限制生产、停产整治，并处十万元以上一百万元以下的罚款；情节严重的，报经有批准权的人民政府批准，责令停业、关闭：

（一）未依法取得排污许可证排放水污染物的；

（二）超过水污染物排放标准或者超过重点水污染物排放总量控制指标排放水污染物的；

（三）利用渗井、渗坑、裂隙、溶洞，私设暗管，篡改、伪造监测数据，或者不正常运行水污染防治设施等逃避监管的方式排放水污染物的；

（四）未按照规定进行预处理，向污水集中处理设施排放不符合处理工艺要求的工业废水的。

第八十四条　在饮用水水源保护区内设置排污口的，由县级以上地方人民政府责令限期拆除，处十万元以上五十万元以下的罚款；逾期不拆除的，强制拆除，所需费用由违法者承担，处五十万元以上一百万元以下的罚款，并可以责令停产整治。

除前款规定外，违反法律、行政法规和国务院环境保护主管部门的规定设置排污口的，由县级以上地方人民政府环境保护主管部门责令限期拆除，处二万元以上十万元以下的罚款；逾期不拆除的，强制拆除，所需费用由违法者承担，处十万元以上五十万元以下的罚款；情节严重的，可以责令停产整治。

未经水行政主管部门或者流域管理机构同意，在江河、湖泊新建、改建、扩建排污口的，由县级以上人民政府水行政主管部门或者流域管理机构依据职权，依照前款规定采取措施、给予处罚。

第八十五条　有下列行为之一的，由县级以上地方人民政府环境保护主管部门责令停止违法行为，限期采取治理措施，消除污染，处以罚款；逾期不采取治理措施的，环境保护主管部门可以指定有治理能力的单位代为治理，所需费用由违法者承担：

（一）向水体排放油类、酸液、碱液的；

（二）向水体排放剧毒废液，或者将含有汞、镉、砷、铬、铅、氰化物、黄磷等的可溶性剧毒废渣向水体排放、倾倒或者直接埋入地下的；

（三）在水体清洗装贮过油类、有毒污染物的车辆或者容器的；

（四）向水体排放、倾倒工业废渣、城镇垃圾或者其他废弃物，或者在江河、湖泊、运河、渠道、水库最高水位线以下的滩地、岸坡堆放、存贮固体废物或者其他污染物的；

（五）向水体排放、倾倒放射性固体废物或者含有高放射性、中放射性物质的废水的；

（六）违反国家有关规定或者标准，向水体排放含低放射性物质的废水、热废水或者含病原体的污水的；

（七）未采取防渗漏等措施，或者未建设地下水水质监测井进行监测的；

（八）加油站等的地下油罐未使用双层罐或者采取建造防渗池等其他有效措施，或者未进行防渗漏监测的；

（九）未按照规定采取防护性措施，或者利用无防渗漏措施的沟渠、坑塘等输送或者存贮含有毒污染物的废水、含病原体的污水或者其他废弃物的。

有前款第三项、第四项、第六项、第七项、第八项行为之一的，处二万元以上二十万元以下的罚款。有前款第一项、第二项、第五项、第九项行为之一的，处十万元以上一百万元以下的罚款；情节严重的，报经有批准权的人民政府批准，责令停业、关闭。

第八十六条 违反本法规定，生产、销售、进口或者使用列入禁止生产、销售、进口、使用的严重污染水环境的设备名录中的设备，或者采用列入禁止采用的严重污染水环境的工艺名录中的工艺的，由县级以上人民政府经济综合宏观调控部门责令改正，处五万元以上二十万元以下的罚款；情节严重的，由县级以上人民政府经济综合宏观调控部门提出意见，报请本级人民政府责令停业、关闭。

第八十七条 违反本法规定，建设不符合国家产业政策的小型造纸、制革、印染、染料、炼焦、炼硫、炼砷、炼汞、炼油、电镀、农药、石棉、水泥、玻璃、钢铁、火电以及其他严重污染水环境的生产项目的，由所在地的市、县人民政府责令关闭。

第八十八条 城镇污水集中处理设施的运营单位或者污泥处理处置单位，处理处置后的污泥不符合国家标准，或者对污泥去向等未进行记录的，由城镇排水主管部门责令限期采取治理措施，给予警告；造成严重后果的，处十万元以上二十万元以下的罚款；逾期不采取治理措施的，城镇排水主管部门可以指定有治理能力的单位代为治理，所需费用由违法者承担。

第八十九条 船舶未配置相应的防污染设备和器材，或者未持有合法有效的防止水域环境污染的证书与文书的，由海事管理机构、渔业主管部门按照职责分工责令限期改正，处二千元以上二万元以下的罚款；逾期不改正的，责令船舶临时停航。

船舶进行涉及污染物排放的作业，未遵守操作规程或者未在相应的记录簿上如实记载的，由海事管理机构、渔业主管部门按照职责分工责令改正，处二千元以上二万元以下的罚款。

第九十条 违反本法规定，有下列行为之一的，由海事管理机构、渔业主管部门按照职责分工责令停止违法行为，处一万元以上十万元以下的罚款；造成水污染的，责令限期采取治理措施，消除污染，处二万元以上二十万元以下的罚款；逾期不采取治理措施的，海事管理机构、渔业主管部门按照职责分工可以指定有治理能力的单位代为治理，所需费用由船舶承担：

（一）向水体倾倒船舶垃圾或者排放船舶的残油、废油的；

（二）未经作业地海事管理机构批准，船舶进行散装液体污染危害性货物的过驳作业的；

（三）船舶及有关作业单位从事有污染风险的作业活动，未按照规定采取污染防治措施的；

（四）以冲滩方式进行船舶拆解的；

（五）进入中华人民共和国内河的国际航线船舶，排放不符合规定的船舶压载水的。

第九十一条　有下列行为之一的，由县级以上地方人民政府环境保护主管部门责令停止违法行为，处十万元以上五十万元以下的罚款；并报经有批准权的人民政府批准，责令拆除或者关闭：

（一）在饮用水水源一级保护区内新建、改建、扩建与供水设施和保护水源无关的建设项目的；

（二）在饮用水水源二级保护区内新建、改建、扩建排放污染物的建设项目的；

（三）在饮用水水源准保护区内新建、扩建对水体污染严重的建设项目，或者改建建设项目增加排污量的。

在饮用水水源一级保护区内从事网箱养殖或者组织进行旅游、垂钓或者其他可能污染饮用水水体的活动的，由县级以上地方人民政府环境保护主管部门责令停止违法行为，处二万元以上十万元以下的罚款。个人在饮用水水源一级保护区内游泳、垂钓或者从事其他可能污染饮用水水体的活动的，由县级以上地方人民政府环境保护主管部门责令停止违法行为，可以处五百元以下的罚款。

第九十二条　饮用水供水单位供水水质不符合国家规定标准的，由所在地市、县级人民政府供水主管部门责令改正，处二万元以上二十万元以下的罚款；情节严重的，报经有批准权的人民政府批准，可以责令停业整顿；对直接负责的主管人员和其他直接责任人员依法给予处分。

第九十三条　企业事业单位有下列行为之一的，由县级以上人民政府环境保护主管部门责令改正；情节严重的，处二万元以上十万元以下的罚款：

（一）不按照规定制定水污染事故的应急方案的；

（二）水污染事故发生后，未及时启动水污染事故的应急方案，采取有关应急措施的。

第九十四条　企业事业单位违反本法规定，造成水污染事故的，除依法承担赔偿责任外，由县级以上人民政府环境保护主管部门依照本条第二款的规定处以罚款，责令限期采取治理措施，消除污染；未按照要求采取治理措施或者不具备治理能力的，由环境保护主管部门指定有治理能力的单位代为治理，所需费用由违法者承担；对造成重大或者特大水污染事故的，还可以报经有批准权的人民政府批准，责令关闭；对直接负责的主管人员和其他直接责任人员可以处上一年度从本单位取得的收入百分之五十以下的罚款；有《中华人民共和国环境保护法》第六十三条规定的违法排放水污染物等行为之一，尚不构成犯罪的，由公安机关对直接负责的主管人员和其他直接责任人员处十日以上十五日以下的拘留；情节较轻的，处五日以上十日以下的拘留。

对造成一般或者较大水污染事故的，按照水污染事故造成的直接损失的百分之二十计算罚款；对造成重大或者特大水污染事故的，按照水污染事故造成的直接损失的百分之三十计算罚款。

造成渔业污染事故或者渔业船舶造成水污染事故的，由渔业主管部门进行处罚；其他船舶造成水污染事故的，由海事管理机构进行处罚。

第九十五条 企业事业单位和其他生产经营者违法排放水污染物，受到罚款处罚，被责令改正的，依法作出处罚决定的行政机关应当组织复查，发现其继续违法排放水污染物或者拒绝、阻挠复查的，依照《中华人民共和国环境保护法》的规定按日连续处罚。

第九十六条 因水污染受到损害的当事人，有权要求排污方排除危害和赔偿损失。

由于不可抗力造成水污染损害的，排污方不承担赔偿责任；法律另有规定的除外。

水污染损害是由受害人故意造成的，排污方不承担赔偿责任。水污染损害是由受害人重大过失造成的，可以减轻排污方的赔偿责任。

水污染损害是由第三人造成的，排污方承担赔偿责任后，有权向第三人追偿。

第九十七条 因水污染引起的损害赔偿责任和赔偿金额的纠纷，可以根据当事人的请求，由环境保护主管部门或者海事管理机构、渔业主管部门按照职责分工调解处理；调解不成的，当事人可以向人民法院提起诉讼。当事人也可以直接向人民法院提起诉讼。

第九十八条 因水污染引起的损害赔偿诉讼，由排污方就法律规定的免责事由及其行为与损害结果之间不存在因果关系承担举证责任。

第九十九条 因水污染受到损害的当事人人数众多的，可以依法由当事人推选代表人进行共同诉讼。

环境保护主管部门和有关社会团体可以依法支持因水污染受到损害的当事人向人民法院提起诉讼。

国家鼓励法律服务机构和律师为水污染损害诉讼中的受害人提供法律援助。

第一百条 因水污染引起的损害赔偿责任和赔偿金额的纠纷，当事人可以委托环境监测机构提供监测数据。环境监测机构应当接受委托，如实提供有关监测数据。

第一百零一条 违反本法规定，构成犯罪的，依法追究刑事责任。

第八章 附 则

第一百零二条 本法中下列用语的含义：

（一）水污染，是指水体因某种物质的介入，而导致其化学、物理、生物或者放射性等方面特性的改变，从而影响水的有效利用，危害人体健康或者破坏生态环境，造成水质恶化的现象。

（二）水污染物，是指直接或者间接向水体排放的，能导致水体污染的物质。

（三）有毒污染物，是指那些直接或者间接被生物摄入体内后，可能导致该生物或者其后代发病、行为反常、遗传异变、生理机能失常、机体变形或者死亡的污染物。

（四）污泥，是指污水处理过程中产生的半固态或者固态物质。

（五）渔业水体，是指划定的鱼虾类的产卵场、索饵场、越冬场、洄游通道和鱼虾贝藻类的养殖场的水体。

第一百零三条　本法自 2018 年 1 月 1 日起施行。

中华人民共和国大气污染防治法

中华人民共和国主席令　第 31 号

（1987 年 9 月 5 日第六届全国人民代表大会常务委员会第二十二次会议通过
根据 1995 年 8 月 29 日第八届全国人民代表大会常务委员会第十五次会议
《关于修改〈中华人民共和国大气污染防治法〉的决定》修正
2000 年 4 月 29 日第九届全国人民代表大会常务委员会第十五次会议第一次修订
2015 年 8 月 29 日第十二届全国人民代表大会常务委员会第十六次会议第二次修订）

第一章　总　则

第一条　为保护和改善环境，防治大气污染，保障公众健康，推进生态文明建设，促进经济社会可持续发展，制定本法。

第二条　防治大气污染，应当以改善大气环境质量为目标，坚持源头治理，规划先行，转变经济发展方式，优化产业结构和布局，调整能源结构。

防治大气污染，应当加强对燃煤、工业、机动车船、扬尘、农业等大气污染的综合防治，推行区域大气污染联合防治，对颗粒物、二氧化硫、氮氧化物、挥发性有机物、氨等大气污染物和温室气体实施协同控制。

第三条　县级以上人民政府应当将大气污染防治工作纳入国民经济和社会发展规划，加大对大气污染防治的财政投入。

地方各级人民政府应当对本行政区域的大气环境质量负责，制定规划，采取措施，控制或者逐步削减大气污染物的排放量，使大气环境质量达到规定标准并逐步改善。

第四条　国务院环境保护主管部门会同国务院有关部门，按照国务院的规定，对省、自治区、直辖市大气环境质量改善目标、大气污染防治重点任务完成情况进行考核。省、自治区、直辖市人民政府制定考核办法，对本行政区域内地方大气环境质量改善目标、大气污染防治重点任务完成情况实施考核。考核结果应当向社会公开。

第五条　县级以上人民政府环境保护主管部门对大气污染防治实施统一监督管理。

县级以上人民政府其他有关部门在各自职责范围内对大气污染防治实施监督管理。

第六条　国家鼓励和支持大气污染防治科学技术研究，开展对大气污染来源及其变化趋势的分析，推广先进适用的大气污染防治技术和装备，促进科技成果转化，发挥科学技术在大气污染防治中的支撑作用。

第七条　企业事业单位和其他生产经营者应当采取有效措施，防止、减少大气污染，对所造成的损害依法承担责任。

公民应当增强大气环境保护意识，采取低碳、节俭的生活方式，自觉履行大气环境保护义务。

第二章　大气污染防治标准和限期达标规划

第八条　国务院环境保护主管部门或者省、自治区、直辖市人民政府制定大气环境质量标准，应当以保障公众健康和保护生态环境为宗旨，与经济社会发展相适应，做到科学合理。

第九条　国务院环境保护主管部门或者省、自治区、直辖市人民政府制定大气污染物排放标准，应当以大气环境质量标准和国家经济、技术条件为依据。

第十条　制定大气环境质量标准、大气污染物排放标准，应当组织专家进行审查和论证，并征求有关部门、行业协会、企业事业单位和公众等方面的意见。

第十一条　省级以上人民政府环境保护主管部门应当在其网站上公布大气环境质量标准、大气污染物排放标准，供公众免费查阅、下载。

第十二条　大气环境质量标准、大气污染物排放标准的执行情况应当定期进行评估，根据评估结果对标准适时进行修订。

第十三条　制定燃煤、石油焦、生物质燃料、涂料等含挥发性有机物的产品、烟花爆竹以及锅炉等产品的质量标准，应当明确大气环境保护要求。

制定燃油质量标准，应当符合国家大气污染物控制要求，并与国家机动车船、非道路移动机械大气污染物排放标准相互衔接，同步实施。

前款所称非道路移动机械，是指装配有发动机的移动机械和可运输工业设备。

第十四条　未达到国家大气环境质量标准城市的人民政府应当及时编制大气环境质量限期达标规划，采取措施，按照国务院或者省级人民政府规定的期限达到大气环境质量标准。

编制城市大气环境质量限期达标规划，应当征求有关行业协会、企业事业单位、专家和公众等方面的意见。

第十五条　城市大气环境质量限期达标规划应当向社会公开。直辖市和设区的市的大气环境质量限期达标规划应当报国务院环境保护主管部门备案。

第十六条　城市人民政府每年在向本级人民代表大会或者其常务委员会报告环境

状况和环境保护目标完成情况时，应当报告大气环境质量限期达标规划执行情况，并向社会公开。

第十七条 城市大气环境质量限期达标规划应当根据大气污染防治的要求和经济、技术条件适时进行评估、修订。

第三章 大气污染防治的监督管理

第十八条 企业事业单位和其他生产经营者建设对大气环境有影响的项目，应当依法进行环境影响评价、公开环境影响评价文件；向大气排放污染物的，应当符合大气污染物排放标准，遵守重点大气污染物排放总量控制要求。

第十九条 排放工业废气或者本法第七十八条规定名录中所列有毒有害大气污染物的企业事业单位、集中供热设施的燃煤热源生产运营单位以及其他依法实行排污许可管理的单位，应当取得排污许可证。排污许可的具体办法和实施步骤由国务院规定。

第二十条 企业事业单位和其他生产经营者向大气排放污染物的，应当依照法律法规和国务院环境保护主管部门的规定设置大气污染物排放口。

禁止通过偷排、篡改或者伪造监测数据、以逃避现场检查为目的的临时停产、非紧急情况下开启应急排放通道、不正常运行大气污染防治设施等逃避监管的方式排放大气污染物。

第二十一条 国家对重点大气污染物排放实行总量控制。

重点大气污染物排放总量控制目标，由国务院环境保护主管部门在征求国务院有关部门和各省、自治区、直辖市人民政府意见后，会同国务院经济综合主管部门报国务院批准并下达实施。

省、自治区、直辖市人民政府应当按照国务院下达的总量控制目标，控制或者削减本行政区域的重点大气污染物排放总量。

确定总量控制目标和分解总量控制指标的具体办法，由国务院环境保护主管部门会同国务院有关部门规定。省、自治区、直辖市人民政府可以根据本行政区域大气污染防治的需要，对国家重点大气污染物之外的其他大气污染物排放实行总量控制。

国家逐步推行重点大气污染物排污权交易。

第二十二条 对超过国家重点大气污染物排放总量控制指标或者未完成国家下达的大气环境质量改善目标的地区，省级以上人民政府环境保护主管部门应当会同有关部门约谈该地区人民政府的主要负责人，并暂停审批该地区新增重点大气污染物排放总量的建设项目环境影响评价文件。约谈情况应当向社会公开。

第二十三条 国务院环境保护主管部门负责制定大气环境质量和大气污染源的监测和评价规范，组织建设与管理全国大气环境质量和大气污染源监测网，组织开展大气环境质量和大气污染源监测，统一发布全国大气环境质量状况信息。

县级以上地方人民政府环境保护主管部门负责组织建设与管理本行政区域大气环境质量和大气污染源监测网，开展大气环境质量和大气污染源监测，统一发布本行政区域大气环境质量状况信息。

第二十四条 企业事业单位和其他生产经营者应当按照国家有关规定和监测规范，对其排放的工业废气和本法第七十八条规定名录中所列有毒有害大气污染物进行监测，并保存原始监测记录。其中，重点排污单位应当安装、使用大气污染物排放自动监测设备，与环境保护主管部门的监控设备联网，保证监测设备正常运行并依法公开排放信息。监测的具体办法和重点排污单位的条件由国务院环境保护主管部门规定。

重点排污单位名录由设区的市级以上地方人民政府环境保护主管部门按照国务院环境保护主管部门的规定，根据本行政区域的大气环境承载力、重点大气污染物排放总量控制指标的要求以及排污单位排放大气污染物的种类、数量和浓度等因素，商有关部门确定，并向社会公布。

第二十五条 重点排污单位应当对自动监测数据的真实性和准确性负责。环境保护主管部门发现重点排污单位的大气污染物排放自动监测设备传输数据异常，应当及时进行调查。

第二十六条 禁止侵占、损毁或者擅自移动、改变大气环境质量监测设施和大气污染物排放自动监测设备。

第二十七条 国家对严重污染大气环境的工艺、设备和产品实行淘汰制度。

国务院经济综合主管部门会同国务院有关部门确定严重污染大气环境的工艺、设备和产品淘汰期限，并纳入国家综合性产业政策目录。

生产者、进口者、销售者或者使用者应当在规定期限内停止生产、进口、销售或者使用列入前款规定目录中的设备和产品。工艺的采用者应当在规定期限内停止采用列入前款规定目录中的工艺。

被淘汰的设备和产品，不得转让给他人使用。

第二十八条 国务院环境保护主管部门会同有关部门，建立和完善大气污染损害评估制度。

第二十九条 环境保护主管部门及其委托的环境监察机构和其他负有大气环境保护监督管理职责的部门，有权通过现场检查监测、自动监测、遥感监测、远红外摄像等方式，对排放大气污染物的企业事业单位和其他生产经营者进行监督检查。被检查者应当如实反映情况，提供必要的资料。实施检查的部门、机构及其工作人员应当为被检查者保守商业秘密。

第三十条 企业事业单位和其他生产经营者违反法律法规规定排放大气污染物，造成或者可能造成严重大气污染，或者有关证据可能灭失或者被隐匿的，县级以上人民政府环境保护主管部门和其他负有大气环境保护监督管理职责的部门，可以对有关设施、设备、物品采取查封、扣押等行政强制措施。

第三十一条 环境保护主管部门和其他负有大气环境保护监督管理职责的部门应当公布举报电话、电子邮箱等，方便公众举报。

环境保护主管部门和其他负有大气环境保护监督管理职责的部门接到举报的，应当及时处理并对举报人的相关信息予以保密；对实名举报的，应当反馈处理结果等情况，查证属实的，处理结果依法向社会公开，并对举报人给予奖励。

举报人举报所在单位的，该单位不得以解除、变更劳动合同或者其他方式对举报人进行打击报复。

第四章 大气污染防治措施

第一节 燃煤和其他能源污染防治

第三十二条 国务院有关部门和地方各级人民政府应当采取措施，调整能源结构，推广清洁能源的生产和使用；优化煤炭使用方式，推广煤炭清洁高效利用，逐步降低煤炭在一次能源消费中的比重，减少煤炭生产、使用、转化过程中的大气污染物排放。

第三十三条 国家推行煤炭洗选加工，降低煤炭的硫分和灰分，限制高硫分、高灰分煤炭的开采。新建煤矿应当同步建设配套的煤炭洗选设施，使煤炭的硫分、灰分含量达到规定标准；已建成的煤矿除所采煤炭属于低硫分、低灰分或者根据已达标排放的燃煤电厂要求不需要洗选的以外，应当限期建成配套的煤炭洗选设施。

禁止开采含放射性和砷等有毒有害物质超过规定标准的煤炭。

第三十四条 国家采取有利于煤炭清洁高效利用的经济、技术政策和措施，鼓励和支持洁净煤技术的开发和推广。

国家鼓励煤矿企业等采用合理、可行的技术措施，对煤层气进行开采利用，对煤矸石进行综合利用。从事煤层气开采利用的，煤层气排放应当符合有关标准规范。

第三十五条 国家禁止进口、销售和燃用不符合质量标准的煤炭，鼓励燃用优质煤炭。

单位存放煤炭、煤矸石、煤渣、煤灰等物料，应当采取防燃措施，防止大气污染。

第三十六条 地方各级人民政府应当采取措施，加强民用散煤的管理，禁止销售不符合民用散煤质量标准的煤炭，鼓励居民燃用优质煤炭和洁净型煤，推广节能环保型炉灶。

第三十七条 石油炼制企业应当按照燃油质量标准生产燃油。

禁止进口、销售和燃用不符合质量标准的石油焦。

第三十八条 城市人民政府可以划定并公布高污染燃料禁燃区，并根据大气环境质量改善要求，逐步扩大高污染燃料禁燃区范围。高污染燃料的目录由国务院环境保护主管部门确定。

在禁燃区内，禁止销售、燃用高污染燃料；禁止新建、扩建燃用高污染燃料的设施，已建成的，应当在城市人民政府规定的期限内改用天然气、页岩气、液化石、油气、电或者其他清洁能源。

第三十九条 城市建设应当统筹规划，在燃煤供热地区，推进热电联产和集中供热。在集中供热管网覆盖地区，禁止新建、扩建分散燃煤供热锅炉；已建成的不能达标排放的燃煤供热锅炉，应当在城市人民政府规定的期限内拆除。

第四十条 县级以上人民政府质量监督部门应当会同环境保护主管部门对锅炉生产、进口、销售和使用环节执行环境保护标准或者要求的情况进行监督检查；不符合环境保护标准或者要求的，不得生产、进口、销售和使用。

第四十一条 燃煤电厂和其他燃煤单位应当采用清洁生产工艺，配套建设除尘、脱硫、脱硝等装置，或者采取技术改造等其他控制大气污染物排放的措施。

国家鼓励燃煤单位采用先进的除尘、脱硫、脱硝、脱汞等大气污染物协同控制的技术和装置，减少大气污染物的排放。

第四十二条 电力调度应当优先安排清洁能源发电上网。

第二节 工业污染防治

第四十三条 钢铁、建材、有色金属、石油、化工等企业生产过程中排放粉尘、硫化物和氮氧化物的，应当采用清洁生产工艺，配套建设除尘、脱硫、脱硝等装置，或者采取技术改造等其他控制大气污染物排放的措施。

第四十四条 生产、进口、销售和使用含挥发性有机物的原材料和产品的，其挥发性有机物含量应当符合质量标准或者要求。

国家鼓励生产、进口、销售和使用低毒、低挥发性有机溶剂。

第四十五条 产生含挥发性有机物废气的生产和服务活动，应当在密闭空间或者设备中进行，并按照规定安装、使用污染防治设施；无法密闭的，应当采取措施减少废气排放。

第四十六条 工业涂装企业应当使用低挥发性有机物含量的涂料，并建立台账，记录生产原料、辅料的使用量、废弃量、去向以及挥发性有机物含量。台账保存期限不得少于三年。

第四十七条 石油、化工以及其他生产和使用有机溶剂的企业，应当采取措施对管道、设备进行日常维护、维修，减少物料泄漏，对泄漏的物料应当及时收集处理。

储油储气库、加油加气站、原油成品油码头、原油成品油运输船舶和油罐车、气罐车等，应当按照国家有关规定安装油气回收装置并保持正常使用。

第四十八条 钢铁、建材、有色金属、石油、化工、制药、矿产开采等企业，应当加强精细化管理，采取集中收集处理等措施，严格控制粉尘和气态污染物的排放。

工业生产企业应当采取密闭、围挡、遮盖、清扫、洒水等措施，减少内部物料的堆存、传输、装卸等环节产生的粉尘和气态污染物的排放。

第四十九条 工业生产、垃圾填埋或者其他活动产生的可燃性气体应当回收利用，不具备回收利用条件的，应当进行污染防治处理。

可燃性气体回收利用装置不能正常作业的，应当及时修复或者更新。在回收利用装置不能正常作业期间确需排放可燃性气体的，应当将排放的可燃性气体充分燃烧或者采取其他控制大气污染物排放的措施，并向当地环境保护主管部门报告，按照要求限期修复或者更新。

第三节 机动车船等污染防治

第五十条 国家倡导低碳、环保出行，根据城市规划合理控制燃油机动车保有量，大力发展城市公共交通，提高公共交通出行比例。

国家采取财政、税收、政府采购等措施推广应用节能环保型和新能源机动车船、非道路移动机械，限制高油耗、高排放机动车船、非道路移动机械的发展，减少化石能源的消耗。

省、自治区、直辖市人民政府可以在条件具备的地区，提前执行国家机动车大气污染物排放标准中相应阶段排放限值，并报国务院环境保护主管部门备案。

城市人民政府应当加强并改善城市交通管理，优化道路设置，保障人行道和非机动车道的连续、畅通。

第五十一条 机动车船、非道路移动机械不得超过标准排放大气污染物。

禁止生产、进口或者销售大气污染物排放超过标准的机动车船、非道路移动机械。

第五十二条 机动车、非道路移动机械生产企业应当对新生产的机动车和非道路移动机械进行排放检验。经检验合格的，方可出厂销售。检验信息应当向社会公开。

省级以上人民政府环境保护主管部门可以通过现场检查、抽样检测等方式，加强对新生产、销售机动车和非道路移动机械大气污染物排放状况的监督检查。工业、质量监督、工商行政管理等有关部门予以配合。

第五十三条 在用机动车应当按照国家或者地方的有关规定，由机动车排放检验机构定期对其进行排放检验。经检验合格的，方可上道路行驶。未经检验合格的，公安机关交通管理部门不得核发安全技术检验合格标志。

县级以上地方人民政府环境保护主管部门可以在机动车集中停放地、维修地对在用机动车的大气污染物排放状况进行监督抽测；在不影响正常通行的情况下，可以通过遥感监测等技术手段对在道路上行驶的机动车的大气污染物排放状况进行监督抽测，公安机关交通管理部门予以配合。

第五十四条 机动车排放检验机构应当依法通过计量认证，使用经依法检定合格的机动车排放检验设备，按照国务院环境保护主管部门制定的规范，对机动车进行排放检验，并与环境保护主管部门联网，实现检验数据实时共享。机动车排放检验机构及其负责人对检验数据的真实性和准确性负责。

环境保护主管部门和认证认可监督管理部门应当对机动车排放检验机构的排放检验情况进行监督检查。

第五十五条 机动车生产、进口企业应当向社会公布其生产、进口机动车车型的排放检验信息、污染控制技术信息和有关维修技术信息。

机动车维修单位应当按照防治大气污染的要求和国家有关技术规范对在用机动车进行维修，使其达到规定的排放标准。交通运输、环境保护主管部门应当依法加强监督管理。

禁止机动车所有人以临时更换机动车污染控制装置等弄虚作假的方式通过机动车排放检验。禁止机动车维修单位提供该类维修服务。禁止破坏机动车车载排放诊断系统。

第五十六条 环境保护主管部门应当会同交通运输、住房城乡建设、农业行政、水行政等有关部门对非道路移动机械的大气污染物排放状况进行监督检查，排放不合格的，不得使用。

第五十七条 国家倡导环保驾驶，鼓励燃油机动车驾驶人在不影响道路通行且需停车三分钟以上的情况下熄灭发动机，减少大气污染物的排放。

第五十八条 国家建立机动车和非道路移动机械环境保护召回制度。

生产、进口企业获知机动车、非道路移动机械排放大气污染物超过标准，属于设计、生产缺陷或者不符合规定的环境保护耐久性要求的，应当召回；未召回的，由国务院质量监督部门会同国务院环境保护主管部门责令其召回。

第五十九条 在用重型柴油车、非道路移动机械未安装污染控制装置或者污染控制装置不符合要求，不能达标排放的，应当加装或者更换符合要求的污染控制装置。

第六十条 在用机动车排放大气污染物超过标准的，应当进行维修；经维修或者采用污染控制技术后，大气污染物排放仍不符合国家在用机动车排放标准的，应当强制报废。其所有人应当将机动车交售给报废机动车回收拆解企业，由报废机动车回收拆解企业按照国家有关规定进行登记、拆解、销毁等处理。

国家鼓励和支持高排放机动车船、非道路移动机械提前报废。

第六十一条 城市人民政府可以根据大气环境质量状况，划定并公布禁止使用高排放非道路移动机械的区域。

第六十二条 船舶检验机构对船舶发动机及有关设备进行排放检验。经检验符合国家排放标准的，船舶方可运营。

第六十三条 内河和江海直达船舶应当使用符合标准的普通柴油。远洋船舶靠港后应当使用符合大气污染物控制要求的船舶用燃油。

新建码头应当规划、设计和建设岸基供电设施；已建成的码头应当逐步实施岸基供电设施改造。船舶靠港后应当优先使用岸电。

第六十四条 国务院交通运输主管部门可以在沿海海域划定船舶大气污染物排放控制区，进入排放控制区的船舶应当符合船舶相关排放要求。

第六十五条 禁止生产、进口、销售不符合标准的机动车船、非道路移动机械用燃料；禁止向汽车和摩托车销售普通柴油以及其他非机动车用燃料；禁止向非道路移动机械、内河和江海直达船舶销售渣油和重油。

第六十六条 发动机油、氮氧化物还原剂、燃料和润滑油添加剂以及其他添加剂的有害物质含量和其他大气环境保护指标，应当符合有关标准的要求，不得损害机动车船污染控制装置效果和耐久性，不得增加新的大气污染物排放。

第六十七条 国家积极推进民用航空器的大气污染防治，鼓励在设计、生产、使用过程中采取有效措施减少大气污染物排放。

民用航空器应当符合国家规定的适航标准中的有关发动机排出物要求。

第四节 扬尘污染防治

第六十八条 地方各级人民政府应当加强对建设施工和运输的管理，保持道路清洁，控制料堆和渣土堆放，扩大绿地、水面、湿地和地面铺装面积，防治扬尘污染。

住房城乡建设、市容环境卫生、交通运输、国土资源等有关部门，应当根据本级人民政府确定的职责，做好扬尘污染防治工作。

第六十九条 建设单位应当将防治扬尘污染的费用列入工程造价，并在施工承包合同中明确施工单位扬尘污染防治责任。施工单位应当制定具体的施工扬尘污染防治实施方案。

从事房屋建筑、市政基础设施建设、河道整治以及建筑物拆除等施工单位，应当向负责监督管理扬尘污染防治的主管部门备案。

施工单位应当在施工工地设置硬质围挡，并采取覆盖、分段作业、择时施工、洒水抑尘、冲洗地面和车辆等有效防尘降尘措施。建筑土方、工程渣土、建筑垃圾应当及时清运；在场地内堆存的，应当采用密闭式防尘网遮盖。工程渣土、建筑垃圾应当进行资源化处理。

施工单位应当在施工工地公示扬尘污染防治措施、负责人、扬尘监督管理主管部门等信息。

暂时不能开工的建设用地，建设单位应当对裸露地面进行覆盖；超过三个月的，应当进行绿化、铺装或者遮盖。

第七十条 运输煤炭、垃圾、渣土、砂石、土方、灰浆等散装、流体物料的车辆应当采取密闭或者其他措施防止物料遗撒造成扬尘污染，并按照规定路线行驶。

装卸物料应当采取密闭或者喷淋等方式防治扬尘污染。

城市人民政府应当加强道路、广场、停车场和其他公共场所的清扫保洁管理，推行清洁动力机械化清扫等低尘作业方式，防治扬尘污染。

第七十一条 市政河道以及河道沿线、公共用地的裸露地面以及其他城镇裸露地面，有关部门应当按照规划组织实施绿化或者透水铺装。

第七十二条 贮存煤炭、煤矸石、煤渣、煤灰、水泥、石灰、石膏、砂土等易产生扬尘的物料应当密闭；不能密闭的，应当设置不低于堆放物高度的严密围挡，并采取有效覆盖措施防治扬尘污染。

码头、矿山、填埋场和消纳场应当实施分区作业，并采取有效措施防治扬尘污染。

第五节 农业和其他污染防治

第七十三条 地方各级人民政府应当推动转变农业生产方式，发展农业循环经济，加大对废弃物综合处理的支持力度，加强对农业生产经营活动排放大气污染物的控制。

第七十四条 农业生产经营者应当改进施肥方式，科学合理施用化肥并按照国家有关规定使用农药，减少氨、挥发性有机物等大气污染物的排放。

禁止在人口集中地区对树木、花草喷洒剧毒、高毒农药。

第七十五条 畜禽养殖场、养殖小区应当及时对污水、畜禽粪便和尸体等进行收集、贮存、清运和无害化处理，防止排放恶臭气体。

第七十六条 各级人民政府及其农业行政等有关部门应当鼓励和支持采用先进适用技术，对秸秆、落叶等进行肥料化、饲料化、能源化、工业原料化、食用菌基料化等综合利用，加大对秸秆还田、收集一体化农业机械的财政补贴力度。

县级人民政府应当组织建立秸秆收集、贮存、运输和综合利用服务体系，采用财政补贴等措施支持农村集体经济组织、农民专业合作经济组织、企业等开展秸秆收集、贮存、运输和综合利用服务。

第七十七条 省、自治区、直辖市人民政府应当划定区域，禁止露天焚烧秸秆、落叶等产生烟尘污染的物质。

第七十八条 国务院环境保护主管部门应当会同国务院卫生行政部门，根据大气污染物对公众健康和生态环境的危害和影响程度，公布有毒有害大气污染物名录，实行风险管理。

排放前款规定名录中所列有毒有害大气污染物的企业事业单位，应当按照国家有关规定建设环境风险预警体系，对排放口和周边环境进行定期监测，评估环境风险，排查环境安全隐患，并采取有效措施防范环境风险。

第七十九条 向大气排放持久性有机污染物的企业事业单位和其他生产经营者以及废弃物焚烧设施的运营单位，应当按照国家有关规定，采取有利于减少持久性有机污染物排放的技术方法和工艺，配备有效的净化装置，实现达标排放。

第八十条 企业事业单位和其他生产经营者在生产经营活动中产生恶臭气体的，应当科学选址，设置合理的防护距离，并安装净化装置或者采取其他措施，防止排放恶臭气体。

第八十一条 排放油烟的餐饮服务业经营者应当安装油烟净化设施并保持正常使用，或者采取其他油烟净化措施，使油烟达标排放，并防止对附近居民的正常生活环境造成污染。

禁止在居民住宅楼、未配套设立专用烟道的商住综合楼以及商住综合楼内与居住层相邻的商业楼层内新建、改建、扩建产生油烟、异味、废气的餐饮服务项目。

任何单位和个人不得在当地人民政府禁止的区域内露天烧烤食品或者为露天烧烤食品提供场地。

第八十二条 禁止在人口集中地区和其他依法需要特殊保护的区域内焚烧沥青、油毡、橡胶、塑料、皮革、垃圾以及其他产生有毒有害烟尘和恶臭气体的物质。

禁止生产、销售和燃放不符合质量标准的烟花爆竹。任何单位和个人不得在城市人民政府禁止的时段和区域内燃放烟花爆竹。

第八十三条 国家鼓励和倡导文明、绿色祭祀。

火葬场应当设置除尘等污染防治设施并保持正常使用，防止影响周边环境。

第八十四条 从事服装干洗和机动车维修等服务活动的经营者，应当按照国家有关标准或者要求设置异味和废气处理装置等污染防治设施并保持正常使用，防止影响周边环境。

第八十五条 国家鼓励、支持消耗臭氧层物质替代品的生产和使用，逐步减少直至停止消耗臭氧层物质的生产和使用。

国家对消耗臭氧层物质的生产、使用、进出口实行总量控制和配额管理。具体办法由国务院规定。

第五章　重点区域大气污染联合防治

第八十六条　国家建立重点区域大气污染联防联控机制，统筹协调重点区域内大气污染防治工作。国务院环境保护主管部门根据主体功能区划、区域大气环境质量状况和大气污染传输扩散规律，划定国家大气污染防治重点区域，报国务院批准。

重点区域内有关省、自治区、直辖市人民政府应当确定牵头的地方人民政府，定期召开联席会议，按照统一规划、统一标准、统一监测、统一的防治措施的要求，开展大气污染联合防治，落实大气污染防治目标责任。国务院环境保护主管部门应当加强指导、督促。

省、自治区、直辖市可以参照第一款规定划定本行政区域的大气污染防治重点区域。

第八十七条　国务院环境保护主管部门会同国务院有关部门、国家大气污染防治重点区域内有关省、自治区、直辖市人民政府，根据重点区域经济社会发展和大气环境承载力，制订重点区域大气污染联合防治行动计划，明确控制目标，优化区域经济布局，统筹交通管理，发展清洁能源，提出重点防治任务和措施，促进重点区域大气环境质量改善。

第八十八条　国务院经济综合主管部门会同国务院环境保护主管部门，结合国家大气污染防治重点区域产业发展实际和大气环境质量状况，进一步提高环境保护、能耗、安全、质量等要求。

重点区域内有关省、自治区、直辖市人民政府应当实施更严格的机动车大气污染物排放标准，统一在用机动车检验方法和排放限值，并配套供应合格的车用燃油。

第八十九条　编制可能对国家大气污染防治重点区域的大气环境造成严重污染的有关工业园区、开发区、区域产业和发展等规划，应当依法进行环境影响评价。规划编制机关应当与重点区域内有关省、自治区、直辖市人民政府或者有关部门会商。

重点区域内有关省、自治区、直辖市建设可能对相邻省、自治区、直辖市大气环境质量产生重大影响的项目，应当及时通报有关信息，进行会商。

会商意见及其采纳情况作为环境影响评价文件审查或者审批的重要依据。

第九十条　国家大气污染防治重点区域内新建、改建、扩建用煤项目的，应当实行煤炭的等量或者减量替代。

第九十一条　国务院环境保护主管部门应当组织建立国家大气污染防治重点区域的大气环境质量监测、大气污染源监测等相关信息共享机制，利用监测、模拟以及卫星、航测、遥感等新技术分析重点区域内大气污染来源及其变化趋势，并向社会公开。

第九十二条　国务院环境保护主管部门和国家大气污染防治重点区域内有关省、自治区、直辖市人民政府可以组织有关部门开展联合执法、跨区域执法、交叉执法。

第六章 重污染天气应对

第九十三条 国家建立重污染天气监测预警体系。

国务院环境保护主管部门会同国务院气象主管机构等有关部门、国家大气污染防治重点区域内有关省、自治区、直辖市人民政府，建立重点区域重污染天气监测预警机制，统一预警分级标准。可能发生区域重污染天气的，应当及时向重点区域内有关省、自治区、直辖市人民政府通报。

省、自治区、直辖市、设区的市人民政府环境保护主管部门会同气象主管机构等有关部门建立本行政区域重污染天气监测预警机制。

第九十四条 县级以上地方人民政府应当将重污染天气应对纳入突发事件应急管理体系。

省、自治区、直辖市、设区的市人民政府以及可能发生重污染天气的县级人民政府，应当制定重污染天气应急预案，向上一级人民政府环境保护主管部门备案，并向社会公布。

第九十五条 省、自治区、直辖市、设区的市人民政府环境保护主管部门应当会同气象主管机构建立会商机制，进行大气环境质量预报。可能发生重污染天气的，应当及时向本级人民政府报告。省、自治区、直辖市、设区的市人民政府依据重污染天气预报信息，进行综合研判，确定预警等级并及时发出预警。预警等级根据情况变化及时调整。任何单位和个人不得擅自向社会发布重污染天气预报预警信息。

预警信息发布后，人民政府及其有关部门应当通过电视、广播、网络、短信等途径告知公众采取健康防护措施，指导公众出行和调整其他相关社会活动。

第九十六条 县级以上地方人民政府应当依据重污染天气的预警等级，及时启动应急预案，根据应急需要可以采取责令有关企业停产或者限产、限制部分机动车行驶、禁止燃放烟花爆竹、停止工地土石方作业和建筑物拆除施工、停止露天烧烤、停止幼儿园和学校组织的户外活动、组织开展人工影响天气作业等应急措施。

应急响应结束后，人民政府应当及时开展应急预案实施情况的评估，适时修改完善应急预案。

第九十七条 发生造成大气污染的突发环境事件，人民政府及其有关部门和相关企业事业单位，应当依照《中华人民共和国突发事件应对法》《中华人民共和国环境保护法》的规定，做好应急处置工作。环境保护主管部门应当及时对突发环境事件产生的大气污染物进行监测，并向社会公布监测信息。

第七章　法律责任

第九十八条　违反本法规定，以拒绝进入现场等方式拒不接受环境保护主管部门及其委托的环境监察机构或者其他负有大气环境保护监督管理职责的部门的监督检查，或者在接受监督检查时弄虚作假的，由县级以上人民政府环境保护主管部门或者其他负有大气环境保护监督管理职责的部门责令改正，处二万元以上二十万元以下的罚款；构成违反治安管理行为的，由公安机关依法予以处罚。

第九十九条　违反本法规定，有下列行为之一的，由县级以上人民政府环境保护主管部门责令改正或者限制生产、停产整治，并处十万元以上一百万元以下的罚款；情节严重的，报经有批准权的人民政府批准，责令停业、关闭：

（一）未依法取得排污许可证排放大气污染物的；

（二）超过大气污染物排放标准或者超过重点大气污染物排放总量控制指标排放大气污染物的；

（三）通过逃避监管的方式排放大气污染物的。

第一百条　违反本法规定，有下列行为之一的，由县级以上人民政府环境保护主管部门责令改正，处二万元以上二十万元以下的罚款；拒不改正的，责令停产整治：

（一）侵占、损毁或者擅自移动、改变大气环境质量监测设施或者大气污染物排放自动监测设备的；

（二）未按照规定对所排放的工业废气和有毒有害大气污染物进行监测并保存原始监测记录的；

（三）未按照规定安装、使用大气污染物排放自动监测设备或者未按照规定与环境保护主管部门的监控设备联网，并保证监测设备正常运行的；

（四）重点排污单位不公开或者不如实公开自动监测数据的；

（五）未按照规定设置大气污染物排放口的。

第一百零一条　违反本法规定，生产、进口、销售或者使用国家综合性产业政策目录中禁止的设备和产品，采用国家综合性产业政策目录中禁止的工艺，或者将淘汰的设备和产品转让给他人使用的，由县级以上人民政府经济综合主管部门、出入境检验检疫机构按照职责责令改正，没收违法所得，并处货值金额一倍以上三倍以下的罚款；拒不改正的，报经有批准权的人民政府批准，责令停业、关闭。进口行为构成走私的，由海关依法予以处罚。

第一百零二条　违反本法规定，煤矿未按照规定建设配套煤炭洗选设施的，由县级以上人民政府能源主管部门责令改正，处十万元以上一百万元以下的罚款；拒不改正的，报经有批准权的人民政府批准，责令停业、关闭。

违反本法规定，开采含放射性和砷等有毒有害物质超过规定标准的煤炭的，由县级以上人民政府按照国务院规定的权限责令停业、关闭。

第一百零三条 违反本法规定，有下列行为之一的，由县级以上地方人民政府质量监督、工商行政管理部门按照职责责令改正，没收原材料、产品和违法所得，并处货值金额一倍以上三倍以下的罚款：

（一）销售不符合质量标准的煤炭、石油焦的；

（二）生产、销售挥发性有机物含量不符合质量标准或者要求的原材料和产品的；

（三）生产、销售不符合标准的机动车船和非道路移动机械用燃料、发动机油、氮氧化物还原剂、燃料和润滑油添加剂以及其他添加剂的；

（四）在禁燃区内销售高污染燃料的。

第一百零四条 违反本法规定，有下列行为之一的，由出入境检验检疫机构责令改正，没收原材料、产品和违法所得，并处货值金额一倍以上三倍以下的罚款；构成走私的，由海关依法予以处罚：

（一）进口不符合质量标准的煤炭、石油焦的；

（二）进口挥发性有机物含量不符合质量标准或者要求的原材料和产品的；

（三）进口不符合标准的机动车船和非道路移动机械用燃料、发动机油、氮氧化物还原剂、燃料和润滑油添加剂以及其他添加剂的。

第一百零五条 违反本法规定，单位燃用不符合质量标准的煤炭、石油焦的，由县级以上人民政府环境保护主管部门责令改正，处货值金额一倍以上三倍以下的罚款。

第一百零六条 违反本法规定，使用不符合标准或者要求的船舶用燃油的，由海事管理机构、渔业主管部门按照职责处一万元以上十万元以下的罚款。

第一百零七条 违反本法规定，在禁燃区内新建、扩建燃用高污染燃料的设施，或者未按照规定停止燃用高污染燃料，或者在城市集中供热管网覆盖地区新建、扩建分散燃煤供热锅炉，或者未按照规定拆除已建成的不能达标排放的燃煤供热锅炉的，由县级以上地方人民政府环境保护主管部门没收燃用高污染燃料的设施，组织拆除燃煤供热锅炉，并处二万元以上二十万元以下的罚款。

违反本法规定，生产、进口、销售或者使用不符合规定标准或者要求的锅炉，由县级以上人民政府质量监督、环境保护主管部门责令改正，没收违法所得，并处二万元以上二十万元以下的罚款。

第一百零八条 违反本法规定，有下列行为之一的，由县级以上人民政府环境保护主管部门责令改正，处二万元以上二十万元以下的罚款；拒不改正的，责令停产整治：

（一）产生含挥发性有机物废气的生产和服务活动，未在密闭空间或者设备中进行，未按照规定安装、使用污染防治设施，或者未采取减少废气排放措施的；

（二）工业涂装企业未使用低挥发性有机物含量涂料或者未建立、保存台账的；

（三）石油、化工以及其他生产和使用有机溶剂的企业，未采取措施对管道、设备进行日常维护、维修，减少物料泄漏或者对泄漏的物料未及时收集处理的；

（四）储油储气库、加油加气站和油罐车、气罐车等，未按照国家有关规定安装并正常使用油气回收装置的；

（五）钢铁、建材、有色金属、石油、化工、制药、矿产开采等企业，未采取集中收集处理、密闭、围挡、遮盖、清扫、洒水等措施，控制、减少粉尘和气态污染物排放的；

（六）工业生产、垃圾填埋或者其他活动中产生的可燃性气体未回收利用，不具备回收利用条件未进行防治污染处理，或者可燃性气体回收利用装置不能正常作业，未及时修复或者更新的。

第一百零九条　违反本法规定，生产超过污染物排放标准的机动车、非道路移动机械的，由省级以上人民政府环境保护主管部门责令改正，没收违法所得，并处货值金额一倍以上三倍以下的罚款，没收销毁无法达到污染物排放标准的机动车、非道路移动机械；拒不改正的，责令停产整治，并由国务院机动车生产主管部门责令停止生产该车型。

违反本法规定，机动车、非道路移动机械生产企业对发动机、污染控制装置弄虚作假、以次充好，冒充排放检验合格产品出厂销售的，由省级以上人民政府环境保护主管部门责令停产整治，没收违法所得，并处货值金额一倍以上三倍以下的罚款，没收销毁无法达到污染物排放标准的机动车、非道路移动机械，并由国务院机动车生产主管部门责令停止生产该车型。

第一百一十条　违反本法规定，进口、销售超过污染物排放标准的机动车、非道路移动机械的，由县级以上人民政府工商行政管理部门、出入境检验检疫机构按照职责没收违法所得，并处货值金额一倍以上三倍以下的罚款，没收销毁无法达到污染物排放标准的机动车、非道路移动机械；进口行为构成走私的，由海关依法予以处罚。

违反本法规定，销售的机动车、非道路移动机械不符合污染物排放标准的，销售者应当负责修理、更换、退货；给购买者造成损失的，销售者应当赔偿损失。

第一百一十一条　违反本法规定，机动车生产、进口企业未按照规定向社会公布其生产、进口机动车车型的排放检验信息或者污染控制技术信息的，由省级以上人民政府环境保护主管部门责令改正，处五万元以上五十万元以下的罚款。

违反本法规定，机动车生产、进口企业未按照规定向社会公布其生产、进口机动车车型的有关维修技术信息的，由省级以上人民政府交通运输主管部门责令改正，处五万元以上五十万元以下的罚款。

第一百一十二条　违反本法规定，伪造机动车、非道路移动机械排放检验结果或者出具虚假排放检验报告的，由县级以上人民政府环境保护主管部门没收违法所得，并处十万元以上五十万元以下的罚款；情节严重的，由负责资质认定的部门取消其检验资格。

违反本法规定，伪造船舶排放检验结果或者出具虚假排放检验报告的，由海事管理机构依法予以处罚。

违反本法规定，以临时更换机动车污染控制装置等弄虚作假的方式通过机动车排放检验或者破坏机动车车载排放诊断系统的，由县级以上人民政府环境保护主管部门责令改正，对机动车所有人处五千元的罚款；对机动车维修单位处每辆机动车五千元的罚款。

第一百一十三条 违反本法规定，机动车驾驶人驾驶排放检验不合格的机动车上道路行驶的，由公安机关交通管理部门依法予以处罚。

第一百一十四条 违反本法规定，使用排放不合格的非道路移动机械，或者在用重型柴油车、非道路移动机械未按照规定加装、更换污染控制装置的，由县级以上人民政府环境保护等主管部门按照职责责令改正，处五千元的罚款。

违反本法规定，在禁止使用高排放非道路移动机械的区域使用高排放非道路移动机械的，由城市人民政府环境保护等主管部门依法予以处罚。

第一百一十五条 违反本法规定，施工单位有下列行为之一的，由县级以上人民政府住房城乡建设等主管部门按照职责责令改正，处一万元以上十万元以下的罚款；拒不改正的，责令停工整治：

（一）施工工地未设置硬质密闭围挡，或者未采取覆盖、分段作业、择时施工、洒水抑尘、冲洗地面和车辆等有效防尘降尘措施的；

（二）建筑土方、工程渣土、建筑垃圾未及时清运，或者未采用密闭式防尘网遮盖的。

违反本法规定，建设单位未对暂时不能开工的建设用地的裸露地面进行覆盖，或者未对超过三个月不能开工的建设用地的裸露地面进行绿化、铺装或者遮盖的，由县级以上人民政府住房城乡建设等主管部门依照前款规定予以处罚。

第一百一十六条 违反本法规定，运输煤炭、垃圾、渣土、砂石、土方、灰浆等散装、流体物料的车辆，未采取密闭或者其他措施防止物料遗撒的，由县级以上地方人民政府确定的监督管理部门责令改正，处二千元以上二万元以下的罚款；拒不改正的，车辆不得上道路行驶。

第一百一十七条 违反本法规定，有下列行为之一的，由县级以上人民政府环境保护等主管部门按照职责责令改正，处一万元以上十万元以下的罚款；拒不改正的，责令停工整治或者停业整治：

（一）未密闭煤炭、煤矸石、煤渣、煤灰、水泥、石灰、石膏、砂土等易产生扬尘的物料的；

（二）对不能密闭的易产生扬尘的物料，未设置不低于堆放物高度的严密围挡，或者未采取有效覆盖措施防治扬尘污染的；

（三）装卸物料未采取密闭或者喷淋等方式控制扬尘排放的；

（四）存放煤炭、煤矸石、煤渣、煤灰等物料，未采取防燃措施的；

（五）码头、矿山、填埋场和消纳场未采取有效措施防治扬尘污染的；

（六）排放有毒有害大气污染物名录中所列有毒有害大气污染物的企业事业单位，未按照规定建设环境风险预警体系或者对排放口和周边环境进行定期监测、排查环境安全隐患并采取有效措施防范环境风险的；

（七）向大气排放持久性有机污染物的企业事业单位和其他生产经营者以及废弃物焚烧设施的运营单位，未按照国家有关规定采取有利于减少持久性有机污染物排放的技术方法和工艺，配备净化装置的；

（八）未采取措施防止排放恶臭气体的。

第一百一十八条　违反本法规定，排放油烟的餐饮服务业经营者未安装油烟净化设施、不正常使用油烟净化设施或者未采取其他油烟净化措施，超过排放标准排放油烟的，由县级以上地方人民政府确定的监督管理部门责令改正，处五千元以上五万元以下的罚款；拒不改正的，责令停业整治。

违反本法规定，在居民住宅楼、未配套设立专用烟道的商住综合楼、商住综合楼内与居住层相邻的商业楼层内新建、改建、扩建产生油烟、异味、废气的餐饮服务项目的，由县级以上地方人民政府确定的监督管理部门责令改正；拒不改正的，予以关闭，并处一万元以上十万元以下的罚款。

违反本法规定，在当地人民政府禁止的时段和区域内露天烧烤食品或者为露天烧烤食品提供场地的，由县级以上地方人民政府确定的监督管理部门责令改正，没收烧烤工具和违法所得，并处五百元以上二万元以下的罚款。

第一百一十九条　违反本法规定，在人口集中地区对树木、花草喷洒剧毒、高毒农药，或者露天焚烧秸秆、落叶等产生烟尘污染的物质的，由县级以上地方人民政府确定的监督管理部门责令改正，并可以处五百元以上二千元以下的罚款。

违反本法规定，在人口集中地区和其他依法需要特殊保护的区域内，焚烧沥青、油毡、橡胶、塑料、皮革、垃圾以及其他产生有毒有害烟尘和恶臭气体的物质的，由县级人民政府确定的监督管理部门责令改正，对单位处一万元以上十万元以下的罚款，对个人处五百元以上二千元以下的罚款。

违反本法规定，在城市人民政府禁止的时段和区域内燃放烟花爆竹的，由县级以上地方人民政府确定的监督管理部门依法予以处罚。

第一百二十条　违反本法规定，从事服装干洗和机动车维修等服务活动，未设置异味和废气处理装置等污染防治设施并保持正常使用，影响周边环境的，由县级以上地方人民政府环境保护主管部门责令改正，处二千元以上二万元以下的罚款；拒不改正的，责令停业整治。

第一百二十一条 违反本法规定，擅自向社会发布重污染天气预报预警信息，构成违反治安管理行为的，由公安机关依法予以处罚。

违反本法规定，拒不执行停止工地土石方作业或者建筑物拆除施工等重污染天气应急措施的，由县级以上地方人民政府确定的监督管理部门处一万元以上十万元以下的罚款。

第一百二十二条 违反本法规定，造成大气污染事故的，由县级以上人民政府环境保护主管部门依照本条第二款的规定处以罚款；对直接负责的主管人员和其他直接责任人员可以处上一年度从本企业事业单位取得收入百分之五十以下的罚款。

对造成一般或者较大大气污染事故的，按照污染事故造成直接损失的一倍以上三倍以下计算罚款；对造成重大或者特大大气污染事故的，按照污染事故造成的直接损失的三倍以上五倍以下计算罚款。

第一百二十三条 违反本法规定，企业事业单位和其他生产经营者有下列行为之一，受到罚款处罚，被责令改正，拒不改正的，依法作出处罚决定的行政机关可以自责令改正之日的次日起，按照原处罚数额按日连续处罚：

（一）未依法取得排污许可证排放大气污染物的；

（二）超过大气污染物排放标准或者超过重点大气污染物排放总量控制指标排放大气污染物的；

（三）通过逃避监管的方式排放大气污染物的；

（四）建筑施工或者贮存易产生扬尘的物料未采取有效措施防治扬尘污染的。

第一百二十四条 违反本法规定，对举报人以解除、变更劳动合同或者其他方式打击报复的，应当依照有关法律的规定承担责任。

第一百二十五条 排放大气污染物造成损害的，应当依法承担侵权责任。

第一百二十六条 地方各级人民政府、县级以上人民政府环境保护主管部门和其他负有大气环境保护监督管理职责的部门及其工作人员滥用职权、玩忽职守、徇私舞弊、弄虚作假的，依法给予处分。

第一百二十七条 违反本法规定，构成犯罪的，依法追究刑事责任。

第八章 附 则

第一百二十八条 海洋工程的大气污染防治，依照《中华人民共和国海洋环境保护法》的有关规定执行。

第一百二十九条 本法自 2016 年 1 月 1 日起施行。

中华人民共和国土壤污染防治法

（2018年8月31日第十三届全国人民代表大会常务委员会第五次会议通过）

第一章　总　则

第一条　为了保护和改善生态环境，防治土壤污染，保障公众健康，推动土壤资源永续利用，推进生态文明建设，促进经济社会可持续发展，制定本法。

第二条　在中华人民共和国领域及管辖的其他海域从事土壤污染防治及相关活动，适用本法。

本法所称土壤污染，是指因人为因素导致某种物质进入陆地表层土壤，引起土壤化学、物理、生物等方面特性的改变，影响土壤功能和有效利用，危害公众健康或者破坏生态环境的现象。

第三条　土壤污染防治应当坚持预防为主、保护优先、分类管理、风险管控、污染担责、公众参与的原则。

第四条　任何组织和个人都有保护土壤、防止土壤污染的义务。

土地使用权人从事土地开发利用活动，企业事业单位和其他生产经营者从事生产经营活动，应当采取有效措施，防止、减少土壤污染，对所造成的土壤污染依法承担责任。

第五条　地方各级人民政府应当对本行政区域土壤污染防治和安全利用负责。

国家实行土壤污染防治目标责任制和考核评价制度，将土壤污染防治目标完成情况作为考核评价地方各级人民政府及其负责人、县级以上人民政府负有土壤污染防治监督管理职责的部门及其负责人的内容。

第六条　各级人民政府应当加强对土壤污染防治工作的领导，组织、协调、督促有关部门依法履行土壤污染防治监督管理职责。

第七条　国务院生态环境主管部门对全国土壤污染防治工作实施统一监督管理；国务院农业农村、自然资源、住房城乡建设、林业草原等主管部门在各自职责范围内对土壤污染防治工作实施监督管理。

地方人民政府生态环境主管部门对本行政区域土壤污染防治工作实施统一监督管理；地方人民政府农业农村、自然资源、住房城乡建设、林业草原等主管部门在各自职责范围内对土壤污染防治工作实施监督管理。

第八条 国家建立土壤环境信息共享机制。

国务院生态环境主管部门应当会同国务院农业农村、自然资源、住房城乡建设、水利、卫生健康、林业草原等主管部门建立土壤环境基础数据库，构建全国土壤环境信息平台，实行数据动态更新和信息共享。

第九条 国家支持土壤污染风险管控和修复、监测等污染防治科学技术研究开发、成果转化和推广应用，鼓励土壤污染防治产业发展，加强土壤污染防治专业技术人才培养，促进土壤污染防治科学技术进步。

国家支持土壤污染防治国际交流与合作。

第十条 各级人民政府及其有关部门、基层群众性自治组织和新闻媒体应当加强土壤污染防治宣传教育和科学普及，增强公众土壤污染防治意识，引导公众依法参与土壤污染防治工作。

第二章 规划、标准、普查和监测

第十一条 县级以上人民政府应当将土壤污染防治工作纳入国民经济和社会发展规划、环境保护规划。

设区的市级以上地方人民政府生态环境主管部门应当会同发展改革、农业农村、自然资源、住房城乡建设、林业草原等主管部门，根据环境保护规划要求、土地用途、土壤污染状况普查和监测结果等，编制土壤污染防治规划，报本级人民政府批准后公布实施。

第十二条 国务院生态环境主管部门根据土壤污染状况、公众健康风险、生态风险和科学技术水平，并按照土地用途，制定国家土壤污染风险管控标准，加强土壤污染防治标准体系建设。

省级人民政府对国家土壤污染风险管控标准中未作规定的项目，可以制定地方土壤污染风险管控标准；对国家土壤污染风险管控标准中已作规定的项目，可以制定严于国家土壤污染风险管控标准的地方土壤污染风险管控标准。地方土壤污染风险管控标准应当报国务院生态环境主管部门备案。

土壤污染风险管控标准是强制性标准。

国家支持对土壤环境背景值和环境基准的研究。

第十三条 制定土壤污染风险管控标准，应当组织专家进行审查和论证，并征求有关部门、行业协会、企业事业单位和公众等方面的意见。

土壤污染风险管控标准的执行情况应当定期评估，并根据评估结果对标准适时修订。

省级以上人民政府生态环境主管部门应当在其网站上公布土壤污染风险管控标准，供公众免费查阅、下载。

第十四条　国务院统一领导全国土壤污染状况普查。国务院生态环境主管部门会同国务院农业农村、自然资源、住房城乡建设、林业草原等主管部门，每十年至少组织开展一次全国土壤污染状况普查。

国务院有关部门、设区的市级以上地方人民政府可以根据本行业、本行政区域实际情况组织开展土壤污染状况详查。

第十五条　国家实行土壤环境监测制度。

国务院生态环境主管部门制定土壤环境监测规范，会同国务院农业农村、自然资源、住房城乡建设、水利、卫生健康、林业草原等主管部门组织监测网络，统一规划国家土壤环境监测站（点）的设置。

第十六条　地方人民政府农业农村、林业草原主管部门应当会同生态环境、自然资源主管部门对下列农用地地块进行重点监测：

（一）产出的农产品污染物含量超标的；

（二）作为或者曾作为污水灌溉区的；

（三）用于或者曾用于规模化养殖，固体废物堆放、填埋的；

（四）曾作为工矿用地或者发生过重大、特大污染事故的；

（五）有毒有害物质生产、贮存、利用、处置设施周边的；

（六）国务院农业农村、林业草原、生态环境、自然资源主管部门规定的其他情形。

第十七条　地方人民政府生态环境主管部门应当会同自然资源主管部门对下列建设用地地块进行重点监测：

（一）曾用于生产、使用、贮存、回收、处置有毒有害物质的；

（二）曾用于固体废物堆放、填埋的；

（三）曾发生过重大、特大污染事故的；

（四）国务院生态环境、自然资源主管部门规定的其他情形。

第三章　预防和保护

第十八条　各类涉及土地利用的规划和可能造成土壤污染的建设项目，应当依法进行环境影响评价。环境影响评价文件应当包括对土壤可能造成的不良影响及应当采取的相应预防措施等内容。

第十九条　生产、使用、贮存、运输、回收、处置、排放有毒有害物质的单位和个人，应当采取有效措施，防止有毒有害物质渗漏、流失、扬散，避免土壤受到污染。

第二十条　国务院生态环境主管部门应当会同国务院卫生健康等主管部门，根据对公众健康、生态环境的危害和影响程度，对土壤中有毒有害物质进行筛查评估，公布重点控制的土壤有毒有害物质名录，并适时更新。

第二十一条 设区的市级以上地方人民政府生态环境主管部门应当按照国务院生态环境主管部门的规定，根据有毒有害物质排放等情况，制定本行政区域土壤污染重点监管单位名录，向社会公开并适时更新。

土壤污染重点监管单位应当履行下列义务：

（一）严格控制有毒有害物质排放，并按年度向生态环境主管部门报告排放情况；

（二）建立土壤污染隐患排查制度，保证持续有效防止有毒有害物质渗漏、流失、扬散；

（三）制定、实施自行监测方案，并将监测数据报生态环境主管部门。

前款规定的义务应当在排污许可证中载明。

土壤污染重点监管单位应当对监测数据的真实性和准确性负责。生态环境主管部门发现土壤污染重点监管单位监测数据异常，应当及时进行调查。

设区的市级以上地方人民政府生态环境主管部门应当定期对土壤污染重点监管单位周边土壤进行监测。

第二十二条 企业事业单位拆除设施、设备或者建筑物、构筑物的，应当采取相应的土壤污染防治措施。

土壤污染重点监管单位拆除设施、设备或者建筑物、构筑物的，应当制定包括应急措施在内的土壤污染防治工作方案，报地方人民政府生态环境、工业和信息化主管部门备案并实施。

第二十三条 各级人民政府生态环境、自然资源主管部门应当依法加强对矿产资源开发区域土壤污染防治的监督管理，按照相关标准和总量控制的要求，严格控制可能造成土壤污染的重点污染物排放。

尾矿库运营、管理单位应当按照规定，加强尾矿库的安全管理，采取措施防止土壤污染。危库、险库、病库以及其他需要重点监管的尾矿库的运营、管理单位应当按照规定，进行土壤污染状况监测和定期评估。

第二十四条 国家鼓励在建筑、通信、电力、交通、水利等领域的信息、网络、防雷、接地等建设工程中采用新技术、新材料，防止土壤污染。

禁止在土壤中使用重金属含量超标的降阻产品。

第二十五条 建设和运行污水集中处理设施、固体废物处置设施，应当依照法律法规和相关标准的要求，采取措施防止土壤污染。

地方人民政府生态环境主管部门应当定期对污水集中处理设施、固体废物处置设施周边土壤进行监测；对不符合法律法规和相关标准要求的，应当根据监测结果，要求污水集中处理设施、固体废物处置设施运营单位采取相应改进措施。

地方各级人民政府应当统筹规划、建设城乡生活污水和生活垃圾处理、处置设施，并保障其正常运行，防止土壤污染。

第二十六条 国务院农业农村、林业草原主管部门应当制定规划，完善相关标准和措施，加强农用地农药、化肥使用指导和使用总量控制，加强农用薄膜使用控制。

国务院农业农村主管部门应当加强农药、肥料登记，组织开展农药、肥料对土壤环境影响的安全性评价。

制定农药、兽药、肥料、饲料、农用薄膜等农业投入品及其包装物标准和农田灌溉用水水质标准，应当适应土壤污染防治的要求。

第二十七条 地方人民政府农业农村、林业草原主管部门应当开展农用地土壤污染防治宣传和技术培训活动，扶持农业生产专业化服务，指导农业生产者合理使用农药、兽药、肥料、饲料、农用薄膜等农业投入品，控制农药、兽药、化肥等的使用量。

地方人民政府农业农村主管部门应当鼓励农业生产者采取有利于防止土壤污染的种养结合、轮作休耕等农业耕作措施；支持采取土壤改良、土壤肥力提升等有利于土壤养护和培育的措施；支持畜禽粪便处理、利用设施的建设。

第二十八条 禁止向农用地排放重金属或者其他有毒有害物质含量超标的污水、污泥，以及可能造成土壤污染的清淤底泥、尾矿、矿渣等。

县级以上人民政府有关部门应当加强对畜禽粪便、沼渣、沼液等收集、贮存、利用、处置的监督管理，防止土壤污染。

农田灌溉用水应当符合相应的水质标准，防止土壤、地下水和农产品污染。地方人民政府生态环境主管部门应当会同农业农村、水利主管部门加强对农田灌溉用水水质的管理，对农田灌溉用水水质进行监测和监督检查。

第二十九条 国家鼓励和支持农业生产者采取下列措施：

（一）使用低毒、低残留农药以及先进喷施技术；

（二）使用符合标准的有机肥、高效肥；

（三）采用测土配方施肥技术、生物防治等病虫害绿色防控技术；

（四）使用生物可降解农用薄膜；

（五）综合利用秸秆、移出高富集污染物秸秆；

（六）按照规定对酸性土壤等进行改良。

第三十条 禁止生产、销售、使用国家明令禁止的农业投入品。

农业投入品生产者、销售者和使用者应当及时回收农药、肥料等农业投入品的包装废弃物和农用薄膜，并将农药包装废弃物交由专门的机构或者组织进行无害化处理。具体办法由国务院农业农村主管部门会同国务院生态环境等主管部门制定。

国家采取措施，鼓励、支持单位和个人回收农业投入品包装废弃物和农用薄膜。

第三十一条 国家加强对未污染土壤的保护。

地方各级人民政府应当重点保护未污染的耕地、林地、草地和饮用水水源地。

各级人民政府应当加强对国家公园等自然保护地的保护，维护其生态功能。

对未利用地应当予以保护，不得污染和破坏。

第三十二条 县级以上地方人民政府及其有关部门应当按照土地利用总体规划和城乡规划，严格执行相关行业企业布局选址要求，禁止在居民区和学校、医院、疗养院、养老院等单位周边新建、改建、扩建可能造成土壤污染的建设项目。

第三十三条 国家加强对土壤资源的保护和合理利用。对开发建设过程中剥离的表土，应当单独收集和存放，符合条件的应当优先用于土地复垦、土壤改良、造地和绿化等。

禁止将重金属或者其他有毒有害物质含量超标的工业固体废物、生活垃圾或者污染土壤用于土地复垦。

第三十四条 因科学研究等特殊原因，需要进口土壤的，应当遵守国家出入境检验检疫的有关规定。

第四章 风险管控和修复

第一节 一般规定

第三十五条 土壤污染风险管控和修复，包括土壤污染状况调查和土壤污染风险评估、风险管控、修复、风险管控效果评估、修复效果评估、后期管理等活动。

第三十六条 实施土壤污染状况调查活动，应当编制土壤污染状况调查报告。

土壤污染状况调查报告应当主要包括地块基本信息、污染物含量是否超过土壤污染风险管控标准等内容。污染物含量超过土壤污染风险管控标准的，土壤污染状况调查报告还应当包括污染类型、污染来源以及地下水是否受到污染等内容。

第三十七条 实施土壤污染风险评估活动，应当编制土壤污染风险评估报告。

土壤污染风险评估报告应当主要包括下列内容：

（一）主要污染物状况；

（二）土壤及地下水污染范围；

（三）农产品质量安全风险、公众健康风险或者生态风险；

（四）风险管控、修复的目标和基本要求等。

第三十八条 实施风险管控、修复活动，应当因地制宜、科学合理，提高针对性和有效性。

实施风险管控、修复活动，不得对土壤和周边环境造成新的污染。

第三十九条 实施风险管控、修复活动前，地方人民政府有关部门有权根据实际情况，要求土壤污染责任人、土地使用权人采取移除污染源、防止污染扩散等措施。

第四十条 实施风险管控、修复活动中产生的废水、废气和固体废物，应当按照规定进行处理、处置，并达到相关环境保护标准。

实施风险管控、修复活动中产生的固体废物以及拆除的设施、设备或者建筑物、构筑物属于危险废物的，应当依照法律法规和相关标准的要求进行处置。

修复施工期间，应当设立公告牌，公开相关情况和环境保护措施。

第四十一条 修复施工单位转运污染土壤的，应当制定转运计划，将运输时间、方式、线路和污染土壤数量、去向、最终处置措施等，提前报所在地和接收地生态环境主管部门。

转运的污染土壤属于危险废物的，修复施工单位应当依照法律法规和相关标准的要求进行处置。

第四十二条 实施风险管控效果评估、修复效果评估活动，应当编制效果评估报告。

效果评估报告应当主要包括是否达到土壤污染风险评估报告确定的风险管控、修复目标等内容。

风险管控、修复活动完成后，需要实施后期管理的，土壤污染责任人应当按照要求实施后期管理。

第四十三条 从事土壤污染状况调查和土壤污染风险评估、风险管控、修复、风险管控效果评估、修复效果评估、后期管理等活动的单位，应当具备相应的专业能力。

受委托从事前款活动的单位对其出具的调查报告、风险评估报告、风险管控效果评估报告、修复效果评估报告的真实性、准确性、完整性负责，并按照约定对风险管控、修复、后期管理等活动结果负责。

第四十四条 发生突发事件可能造成土壤污染的，地方人民政府及其有关部门和相关企业事业单位以及其他生产经营者应当立即采取应急措施，防止土壤污染，并依照本法规定做好土壤污染状况监测、调查和土壤污染风险评估、风险管控、修复等工作。

第四十五条 土壤污染责任人负有实施土壤污染风险管控和修复的义务。土壤污染责任人无法认定的，土地使用权人应当实施土壤污染风险管控和修复。

地方人民政府及其有关部门可以根据实际情况组织实施土壤污染风险管控和修复。

国家鼓励和支持有关当事人自愿实施土壤污染风险管控和修复。

第四十六条 因实施或者组织实施土壤污染状况调查和土壤污染风险评估、风险管控、修复、风险管控效果评估、修复效果评估、后期管理等活动所支出的费用，由土壤污染责任人承担。

第四十七条 土壤污染责任人变更的，由变更后承继其债权、债务的单位或者个人履行相关土壤污染风险管控和修复义务并承担相关费用。

第四十八条 土壤污染责任人不明确或者存在争议的，农用地由地方人民政府农业农村、林业草原主管部门会同生态环境、自然资源主管部门认定，建设用地由地方人民政府生态环境主管部门会同自然资源主管部门认定。认定办法由国务院生态环境主管部门会同有关部门制定。

第二节 农用地

第四十九条 国家建立农用地分类管理制度。按照土壤污染程度和相关标准，将农用地划分为优先保护类、安全利用类和严格管控类。

第五十条 县级以上地方人民政府应当依法将符合条件的优先保护类耕地划为永久基本农田，实行严格保护。

在永久基本农田集中区域，不得新建可能造成土壤污染的建设项目；已经建成的，应当限期关闭拆除。

第五十一条 未利用地、复垦土地等拟开垦为耕地的，地方人民政府农业农村主管部门应当会同生态环境、自然资源主管部门进行土壤污染状况调查，依法进行分类管理。

第五十二条 对土壤污染状况普查、详查和监测、现场检查表明有土壤污染风险的农用地地块，地方人民政府农业农村、林业草原主管部门应当会同生态环境、自然资源主管部门进行土壤污染状况调查。

对土壤污染状况调查表明污染物含量超过土壤污染风险管控标准的农用地地块，地方人民政府农业农村、林业草原主管部门应当会同生态环境、自然资源主管部门组织进行土壤污染风险评估，并按照农用地分类管理制度管理。

第五十三条 对安全利用类农用地地块，地方人民政府农业农村、林业草原主管部门，应当结合主要作物品种和种植习惯等情况，制定并实施安全利用方案。

安全利用方案应当包括下列内容：

（一）农艺调控、替代种植；

（二）定期开展土壤和农产品协同监测与评价；

（三）对农民、农民专业合作社及其他农业生产经营主体进行技术指导和培训；

（四）其他风险管控措施。

第五十四条 对严格管控类农用地地块，地方人民政府农业农村、林业草原主管部门应当采取下列风险管控措施：

（一）提出划定特定农产品禁止生产区域的建议，报本级人民政府批准后实施；

（二）按照规定开展土壤和农产品协同监测与评价；

（三）对农民、农民专业合作社及其他农业生产经营主体进行技术指导和培训；

（四）其他风险管控措施。

各级人民政府及其有关部门应当鼓励对严格管控类农用地采取调整种植结构、退耕还林还草、退耕还湿、轮作休耕、轮牧休牧等风险管控措施，并给予相应的政策支持。

第五十五条 安全利用类和严格管控类农用地地块的土壤污染影响或者可能影响地下水、饮用水水源安全的，地方人民政府生态环境主管部门应当会同农业农村、林业草原等主管部门制定防治污染的方案，并采取相应的措施。

第五十六条 对安全利用类和严格管控类农用地地块，土壤污染责任人应当按照国家有关规定以及土壤污染风险评估报告的要求，采取相应的风险管控措施，并定期向地方人民政府农业农村、林业草原主管部门报告。

第五十七条 对产出的农产品污染物含量超标，需要实施修复的农用地地块，土壤污染责任人应当编制修复方案，报地方人民政府农业农村、林业草原主管部门备案并实施。修复方案应当包括地下水污染防治的内容。

修复活动应当优先采取不影响农业生产、不降低土壤生产功能的生物修复措施，阻断或者减少污染物进入农作物食用部分，确保农产品质量安全。

风险管控、修复活动完成后，土壤污染责任人应当另行委托有关单位对风险管控效果、修复效果进行评估，并将效果评估报告报地方人民政府农业农村、林业草原主管部门备案。

农村集体经济组织及其成员、农民专业合作社及其他农业生产经营主体等负有协助实施土壤污染风险管控和修复的义务。

第三节 建设用地

第五十八条 国家实行建设用地土壤污染风险管控和修复名录制度。

建设用地土壤污染风险管控和修复名录由省级人民政府生态环境主管部门会同自然资源等主管部门制定，按照规定向社会公开，并根据风险管控、修复情况适时更新。

第五十九条 对土壤污染状况普查、详查和监测、现场检查表明有土壤污染风险的建设用地地块，地方人民政府生态环境主管部门应当要求土地使用权人按照规定进行土壤污染状况调查。

用途变更为住宅、公共管理与公共服务用地的，变更前应当按照规定进行土壤污染状况调查。

前两款规定的土壤污染状况调查报告应当报地方人民政府生态环境主管部门，由地方人民政府生态环境主管部门会同自然资源主管部门组织评审。

第六十条 对土壤污染状况调查报告评审表明污染物含量超过土壤污染风险管控

标准的建设用地地块，土壤污染责任人、土地使用权人应当按照国务院生态环境主管部门的规定进行土壤污染风险评估，并将土壤污染风险评估报告报省级人民政府生态环境主管部门。

第六十一条 省级人民政府生态环境主管部门应当会同自然资源等主管部门按照国务院生态环境主管部门的规定，对土壤污染风险评估报告组织评审，及时将需要实施风险管控、修复的地块纳入建设用地土壤污染风险管控和修复名录，并定期向国务院生态环境主管部门报告。

列入建设用地土壤污染风险管控和修复名录的地块，不得作为住宅、公共管理与公共服务用地。

第六十二条 对建设用地土壤污染风险管控和修复名录中的地块，土壤污染责任人应当按照国家有关规定以及土壤污染风险评估报告的要求，采取相应的风险管控措施，并定期向地方人民政府生态环境主管部门报告。风险管控措施应当包括地下水污染防治的内容。

第六十三条 对建设用地土壤污染风险管控和修复名录中的地块，地方人民政府生态环境主管部门可以根据实际情况采取下列风险管控措施：

（一）提出划定隔离区域的建议，报本级人民政府批准后实施；

（二）进行土壤及地下水污染状况监测；

（三）其他风险管控措施。

第六十四条 对建设用地土壤污染风险管控和修复名录中需要实施修复的地块，土壤污染责任人应当结合土地利用总体规划和城乡规划编制修复方案，报地方人民政府生态环境主管部门备案并实施。修复方案应当包括地下水污染防治的内容。

第六十五条 风险管控、修复活动完成后，土壤污染责任人应当另行委托有关单位对风险管控效果、修复效果进行评估，并将效果评估报告报地方人民政府生态环境主管部门备案。

第六十六条 对达到土壤污染风险评估报告确定的风险管控、修复目标的建设用地地块，土壤污染责任人、土地使用权人可以申请省级人民政府生态环境主管部门移出建设用地土壤污染风险管控和修复名录。

省级人民政府生态环境主管部门应当会同自然资源等主管部门对风险管控效果评估报告、修复效果评估报告组织评审，及时将达到土壤污染风险评估报告确定的风险管控、修复目标且可以安全利用的地块移出建设用地土壤污染风险管控和修复名录，按照规定向社会公开，并定期向国务院生态环境主管部门报告。

未达到土壤污染风险评估报告确定的风险管控、修复目标的建设用地地块，禁止开工建设任何与风险管控、修复无关的项目。

第六十七条 土壤污染重点监管单位生产经营用地的用途变更或者在其土地使用权收回、转让前，应当由土地使用权人按照规定进行土壤污染状况调查。土壤污染状况调查报告应当作为不动产登记资料送交地方人民政府不动产登记机构，并报地方人民政府生态环境主管部门备案。

第六十八条 土地使用权已经被地方人民政府收回，土壤污染责任人为原土地使用权人的，由地方人民政府组织实施土壤污染风险管控和修复。

第五章 保障和监督

第六十九条 国家采取有利于土壤污染防治的财政、税收、价格、金融等经济政策和措施。

第七十条 各级人民政府应当加强对土壤污染的防治，安排必要的资金用于下列事项：

（一）土壤污染防治的科学技术研究开发、示范工程和项目；

（二）各级人民政府及其有关部门组织实施的土壤污染状况普查、监测、调查和土壤污染责任人认定、风险评估、风险管控、修复等活动；

（三）各级人民政府及其有关部门对涉及土壤污染的突发事件的应急处置；

（四）各级人民政府规定的涉及土壤污染防治的其他事项。

使用资金应当加强绩效管理和审计监督，确保资金使用效益。

第七十一条 国家加大土壤污染防治资金投入力度，建立土壤污染防治基金制度。设立中央土壤污染防治专项资金和省级土壤污染防治基金，主要用于农用地土壤污染防治和土壤污染责任人或者土地使用权人无法认定的土壤污染风险管控和修复以及政府规定的其他事项。

对本法实施之前产生的，并且土壤污染责任人无法认定的污染地块，土地使用权人实际承担土壤污染风险管控和修复的，可以申请土壤污染防治基金，集中用于土壤污染风险管控和修复。

土壤污染防治基金的具体管理办法，由国务院财政主管部门会同国务院生态环境、农业农村、自然资源、住房城乡建设、林业草原等主管部门制定。

第七十二条 国家鼓励金融机构加大对土壤污染风险管控和修复项目的信贷投放。

国家鼓励金融机构在办理土地权利抵押业务时开展土壤污染状况调查。

第七十三条 从事土壤污染风险管控和修复的单位依照法律、行政法规的规定，享受税收优惠。

第七十四条 国家鼓励并提倡社会各界为防治土壤污染捐赠财产，并依照法律、行政法规的规定，给予税收优惠。

第七十五条 县级以上人民政府应当将土壤污染防治情况纳入环境状况和环境保护目标完成情况年度报告，向本级人民代表大会或者人民代表大会常务委员会报告。

第七十六条 省级以上人民政府生态环境主管部门应当会同有关部门对土壤污染问题突出、防治工作不力、群众反映强烈的地区，约谈设区的市级以上地方人民政府及其有关部门主要负责人，要求其采取措施及时整改。约谈整改情况应当向社会公开。

第七十七条 生态环境主管部门及其环境执法机构和其他负有土壤污染防治监督管理职责的部门，有权对从事可能造成土壤污染活动的企业事业单位和其他生产经营者进行现场检查、取样，要求被检查者提供有关资料、就有关问题作出说明。

被检查者应当配合检查工作，如实反映情况，提供必要的资料。

实施现场检查的部门、机构及其工作人员应当为被检查者保守商业秘密。

第七十八条 企业事业单位和其他生产经营者违反法律法规规定排放有毒有害物质，造成或者可能造成严重土壤污染的，或者有关证据可能灭失或者被隐匿的，生态环境主管部门和其他负有土壤污染防治监督管理职责的部门，可以查封、扣押有关设施、设备、物品。

第七十九条 地方人民政府安全生产监督管理部门应当监督尾矿库运营、管理单位履行防治土壤污染的法定义务，防止其发生可能污染土壤的事故；地方人民政府生态环境主管部门应当加强对尾矿库土壤污染防治情况的监督检查和定期评估，发现风险隐患的，及时督促尾矿库运营、管理单位采取相应措施。

地方人民政府及其有关部门应当依法加强对向沙漠、滩涂、盐碱地、沼泽地等未利用地非法排放有毒有害物质等行为的监督检查。

第八十条 省级以上人民政府生态环境主管部门和其他负有土壤污染防治监督管理职责的部门应当将从事土壤污染状况调查和土壤污染风险评估、风险管控、修复、风险管控效果评估、修复效果评估、后期管理等活动的单位和个人的执业情况，纳入信用系统建立信用记录，将违法信息记入社会诚信档案，并纳入全国信用信息共享平台和国家企业信用信息公示系统向社会公布。

第八十一条 生态环境主管部门和其他负有土壤污染防治监督管理职责的部门应当依法公开土壤污染状况和防治信息。

国务院生态环境主管部门负责统一发布全国土壤环境信息；省级人民政府生态环境主管部门负责统一发布本行政区域土壤环境信息。生态环境主管部门应当将涉及主要食用农产品生产区域的重大土壤环境信息，及时通报同级农业农村、卫生健康和食品安全主管部门。

公民、法人和其他组织享有依法获取土壤污染状况和防治信息、参与和监督土壤污染防治的权利。

第八十二条 土壤污染状况普查报告、监测数据、调查报告和土壤污染风险评估报告、风险管控效果评估报告、修复效果评估报告等，应当及时上传全国土壤环境信息平台。

第八十三条 新闻媒体对违反土壤污染防治法律法规的行为享有舆论监督的权利，受监督的单位和个人不得打击报复。

第八十四条 任何组织和个人对污染土壤的行为，均有向生态环境主管部门和其他负有土壤污染防治监督管理职责的部门报告或者举报的权利。

生态环境主管部门和其他负有土壤污染防治监督管理职责的部门应当将土壤污染防治举报方式向社会公布，方便公众举报。

接到举报的部门应当及时处理并对举报人的相关信息予以保密；对实名举报并查证属实的，给予奖励。

举报人举报所在单位的，该单位不得以解除、变更劳动合同或者其他方式对举报人进行打击报复。

第六章 法律责任

第八十五条 地方各级人民政府、生态环境主管部门或者其他负有土壤污染防治监督管理职责的部门未依照本法规定履行职责的，对直接负责的主管人员和其他直接责任人员依法给予处分。

依照本法规定应当作出行政处罚决定而未作出的，上级主管部门可以直接作出行政处罚决定。

第八十六条 违反本法规定，有下列行为之一的，由地方人民政府生态环境主管部门或者其他负有土壤污染防治监督管理职责的部门责令改正，处以罚款；拒不改正的，责令停产整治：

（一）土壤污染重点监管单位未制定、实施自行监测方案，或者未将监测数据报生态环境主管部门的；

（二）土壤污染重点监管单位篡改、伪造监测数据的；

（三）土壤污染重点监管单位未按年度报告有毒有害物质排放情况，或者未建立土壤污染隐患排查制度的；

（四）拆除设施、设备或者建筑物、构筑物，企业事业单位未采取相应的土壤污染防治措施或者土壤污染重点监管单位未制定、实施土壤污染防治工作方案的；

（五）尾矿库运营、管理单位未按照规定采取措施防止土壤污染的；

（六）尾矿库运营、管理单位未按照规定进行土壤污染状况监测的；

（七）建设和运行污水集中处理设施、固体废物处置设施，未依照法律法规和相关标准的要求采取措施防止土壤污染的。

有前款规定行为之一的，处二万元以上二十万元以下的罚款；有前款第二项、第四项、第五项、第七项规定行为之一，造成严重后果的，处二十万元以上二百万元以下的罚款。

第八十七条 违反本法规定，向农用地排放重金属或者其他有毒有害物质含量超标的污水、污泥，以及可能造成土壤污染的清淤底泥、尾矿、矿渣等的，由地方人民政府生态环境主管部门责令改正，处十万元以上五十万元以下的罚款；情节严重的，处五十万元以上二百万元以下的罚款，并可以将案件移送公安机关，对直接负责的主管人员和其他直接责任人员处五日以上十五日以下的拘留；有违法所得的，没收违法所得。

第八十八条 违反本法规定，农业投入品生产者、销售者、使用者未按照规定及时回收肥料等农业投入品的包装废弃物或者农用薄膜，或者未按照规定及时回收农药包装废弃物交由专门的机构或者组织进行无害化处理的，由地方人民政府农业农村主管部门责令改正，处一万元以上十万元以下的罚款；农业投入品使用者为个人的，可以处二百元以上二千元以下的罚款。

第八十九条 违反本法规定，将重金属或者其他有毒有害物质含量超标的工业固体废物、生活垃圾或者污染土壤用于土地复垦的，由地方人民政府生态环境主管部门责令改正，处十万元以上一百万元以下的罚款；有违法所得的，没收违法所得。

第九十条 违反本法规定，受委托从事土壤污染状况调查和土壤污染风险评估、风险管控效果评估、修复效果评估活动的单位，出具虚假调查报告、风险评估报告、风险管控效果评估报告、修复效果评估报告的，由地方人民政府生态环境主管部门处十万元以上五十万元以下的罚款；情节严重的，禁止从事上述业务，并处五十万元以上一百万元以下的罚款；有违法所得的，没收违法所得。

前款规定的单位出具虚假报告的，由地方人民政府生态环境主管部门对直接负责的主管人员和其他直接责任人员处一万元以上五万元以下的罚款；情节严重的，十年内禁止从事前款规定的业务；构成犯罪的，终身禁止从事前款规定的业务。

本条第一款规定的单位和委托人恶意串通，出具虚假报告，造成他人人身或者财产损害的，还应当与委托人承担连带责任。

第九十一条 违反本法规定，有下列行为之一的，由地方人民政府生态环境主管部门责令改正，处十万元以上五十万元以下的罚款；情节严重的，处五十万元以上一百万元以下的罚款；有违法所得的，没收违法所得；对直接负责的主管人员和其他直接责任人员处五千元以上二万元以下的罚款：

（一）未单独收集、存放开发建设过程中剥离的表土的；

（二）实施风险管控、修复活动对土壤、周边环境造成新的污染的；

（三）转运污染土壤，未将运输时间、方式、线路和污染土壤数量、去向、最终处置措施等提前报所在地和接收地生态环境主管部门的；

（四）未达到土壤污染风险评估报告确定的风险管控、修复目标的建设用地地块，开工建设与风险管控、修复无关的项目的。

第九十二条　违反本法规定，土壤污染责任人或者土地使用权人未按照规定实施后期管理的，由地方人民政府生态环境主管部门或者其他负有土壤污染防治监督管理职责的部门责令改正，处一万元以上五万元以下的罚款；情节严重的，处五万元以上五十万元以下的罚款。

第九十三条　违反本法规定，被检查者拒不配合检查，或者在接受检查时弄虚作假的，由地方人民政府生态环境主管部门或者其他负有土壤污染防治监督管理职责的部门责令改正，处二万元以上二十万元以下的罚款；对直接负责的主管人员和其他直接责任人员处五千元以上二万元以下的罚款。

第九十四条　违反本法规定，土壤污染责任人或者土地使用权人有下列行为之一的，由地方人民政府生态环境主管部门或者其他负有土壤污染防治监督管理职责的部门责令改正，处二万元以上二十万元以下的罚款；拒不改正的，处二十万元以上一百万元以下的罚款，并委托他人代为履行，所需费用由土壤污染责任人或者土地使用权人承担；对直接负责的主管人员和其他直接责任人员处五千元以上二万元以下的罚款：

（一）未按照规定进行土壤污染状况调查的；

（二）未按照规定进行土壤污染风险评估的；

（三）未按照规定采取风险管控措施的；

（四）未按照规定实施修复的；

（五）风险管控、修复活动完成后，未另行委托有关单位对风险管控效果、修复效果进行评估的。

土壤污染责任人或者土地使用权人有前款第三项、第四项规定行为之一，情节严重的，地方人民政府生态环境主管部门或者其他负有土壤污染防治监督管理职责的部门可以将案件移送公安机关，对直接负责的主管人员和其他直接责任人员处五日以上十五日以下的拘留。

第九十五条　违反本法规定，有下列行为之一的，由地方人民政府有关部门责令改正；拒不改正的，处一万元以上五万元以下的罚款：

（一）土壤污染重点监管单位未按照规定将土壤污染防治工作方案报地方人民政府生态环境、工业和信息化主管部门备案的；

（二）土壤污染责任人或者土地使用权人未按照规定将修复方案、效果评估报告报地方人民政府生态环境、农业农村、林业草原主管部门备案的；

（三）土地使用权人未按照规定将土壤污染状况调查报告报地方人民政府生态环境主管部门备案的。

第九十六条 污染土壤造成他人人身或者财产损害的，应当依法承担侵权责任。

土壤污染责任人无法认定，土地使用权人未依照本法规定履行土壤污染风险管控和修复义务，造成他人人身或者财产损害的，应当依法承担侵权责任。

土壤污染引起的民事纠纷，当事人可以向地方人民政府生态环境等主管部门申请调解处理，也可以向人民法院提起诉讼。

第九十七条 污染土壤损害国家利益、社会公共利益的，有关机关和组织可以依照《中华人民共和国环境保护法》《中华人民共和国民事诉讼法》《中华人民共和国行政诉讼法》等法律的规定向人民法院提起诉讼。

第九十八条 违反本法规定，构成违反治安管理行为的，由公安机关依法给予治安管理处罚；构成犯罪的，依法追究刑事责任。

第七章 附 则

第九十九条 本法自 2019 年 1 月 1 日起施行。

中华人民共和国固体废物污染环境防治法

中华人民共和国主席令　第 57 号

（1995 年 10 月 30 日第八届全国人民代表大会常务委员会第十六次会议通过　2004 年 12 月 29 日第十届全国人民代表大会常务委员会第十三次会议修订　根据 2013 年 6 月 29 日第十二届全国人民代表大会常务委员会第三次会议《关于修改〈中华人民共和国文物保护法〉等十二部法律的决定》第一次修正　根据 2015 年 4 月 24 日第十二届全国人民代表大会常务委员会第十四次会议《关于修改〈中华人民共和国港口法〉等七部法律的决定》第二次修正　根据 2016 年 11 月 7 日第十二届全国人民代表大会常务委员会第二十四次会议《关于修改〈中华人民共和国对外贸易法〉等十二部法律的决定》第三次修正）

第一章　总　则

第一条　为了防治固体废物污染环境，保障人体健康，维护生态安全，促进经济社会可持续发展，制定本法。

第二条　本法适用于中华人民共和国境内固体废物污染环境的防治。

固体废物污染海洋环境的防治和放射性固体废物污染环境的防治不适用本法。

第三条　国家对固体废物污染环境的防治，实行减少固体废物的产生量和危害性、充分合理利用固体废物和无害化处置固体废物的原则，促进清洁生产和循环经济发展。

国家采取有利于固体废物综合利用活动的经济、技术政策和措施，对固体废物实行充分回收和合理利用。

国家鼓励、支持采取有利于保护环境的集中处置固体废物的措施，促进固体废物污染环境防治产业发展。

第四条　县级以上人民政府应当将固体废物污染环境防治工作纳入国民经济和社会发展计划，并采取有利于固体废物污染环境防治的经济、技术政策和措施。

国务院有关部门、县级以上地方人民政府及其有关部门组织编制城乡建设、土地利用、区域开发、产业发展等规划，应当统筹考虑减少固体废物的产生量和危害性、促进固体废物的综合利用和无害化处置。

第五条 国家对固体废物污染环境防治实行污染者依法负责的原则。

产品的生产者、销售者、进口者、使用者对其产生的固体废物依法承担污染防治责任。

第六条 国家鼓励、支持固体废物污染环境防治的科学研究、技术开发、推广先进的防治技术和普及固体废物污染环境防治的科学知识。

各级人民政府应当加强防治固体废物污染环境的宣传教育，倡导有利于环境保护的生产方式和生活方式。

第七条 国家鼓励单位和个人购买、使用再生产品和可重复利用产品。

第八条 各级人民政府对在固体废物污染环境防治工作以及相关的综合利用活动中作出显著成绩的单位和个人给予奖励。

第九条 任何单位和个人都有保护环境的义务，并有权对造成固体废物污染环境的单位和个人进行检举和控告。

第十条 国务院环境保护行政主管部门对全国固体废物污染环境的防治工作实施统一监督管理。国务院有关部门在各自的职责范围内负责固体废物污染环境防治的监督管理工作。

县级以上地方人民政府环境保护行政主管部门对本行政区域内固体废物污染环境的防治工作实施统一监督管理。县级以上地方人民政府有关部门在各自的职责范围内负责固体废物污染环境防治的监督管理工作。

国务院建设行政主管部门和县级以上地方人民政府环境卫生行政主管部门负责生活垃圾清扫、收集、贮存、运输和处置的监督管理工作。

第二章　固体废物污染环境防治的监督管理

第十一条 国务院环境保护行政主管部门会同国务院有关行政主管部门根据国家环境质量标准和国家经济、技术条件，制定国家固体废物污染环境防治技术标准。

第十二条 国务院环境保护行政主管部门建立固体废物污染环境监测制度，制定统一的监测规范，并会同有关部门组织监测网络。大、中城市人民政府环境保护行政主管部门应当定期发布固体废物的种类、产生量、处置状况等信息。

第十三条 建设产生固体废物的项目以及建设贮存、利用、处置固体废物的项目，必须依法进行环境影响评价，并遵守国家有关建设项目环境保护管理的规定。

第十四条 建设项目的环境影响评价文件确定需要配套建设的固体废物污染环境防治设施，必须与主体工程同时设计、同时施工、同时投入使用。固体废物污染环境防治设施必须经原审批环境影响评价文件的环境保护行政主管部门验收合格后，该建设项目方可投入生产或者使用。对固体废物污染环境防治设施的验收应当与对主体工程的验收同时进行。

第十五条　县级以上人民政府环境保护行政主管部门和其他固体废物污染环境防治工作的监督管理部门，有权依据各自的职责对管辖范围内与固体废物污染环境防治有关的单位进行现场检查。被检查的单位应当如实反映情况，提供必要的资料。检查机关应当为被检查的单位保守技术秘密和业务秘密。

检查机关进行现场检查时，可以采取现场监测、采集样品、查阅或者复制与固体废物污染环境防治相关的资料等措施。检查人员进行现场检查，应当出示证件。

第三章　固体废物污染环境的防治

第一节　一般规定

第十六条　产生固体废物的单位和个人，应当采取措施，防止或者减少固体废物对环境的污染。

第十七条　收集、贮存、运输、利用、处置固体废物的单位和个人，必须采取防扬散、防流失、防渗漏或者其他防止污染环境的措施；不得擅自倾倒、堆放、丢弃、遗撒固体废物。

禁止任何单位或者个人向江河、湖泊、运河、渠道、水库及其最高水位线以下的滩地和岸坡等法律、法规规定禁止倾倒、堆放废弃物的地点倾倒、堆放固体废物。

第十八条　产品和包装物的设计、制造，应当遵守国家有关清洁生产的规定。国务院标准化行政主管部门应当根据国家经济和技术条件、固体废物污染环境防治状况以及产品的技术要求，组织制定有关标准，防止过度包装造成环境污染。

生产、销售、进口依法被列入强制回收目录的产品和包装物的企业，必须按照国家有关规定对该产品和包装物进行回收。

第十九条　国家鼓励科研、生产单位研究、生产易回收利用、易处置或者在环境中可降解的薄膜覆盖物和商品包装物。

使用农用薄膜的单位和个人，应当采取回收利用等措施，防止或者减少农用薄膜对环境的污染。

第二十条　从事畜禽规模养殖应当按照国家有关规定收集、贮存、利用或者处置养殖过程中产生的畜禽粪便，防止污染环境。

禁止在人口集中地区、机场周围、交通干线附近以及当地人民政府划定的区域露天焚烧秸秆。

第二十一条　对收集、贮存、运输、处置固体废物的设施、设备和场所，应当加强管理和维护，保证其正常运行和使用。

第二十二条 在国务院和国务院有关主管部门及省、自治区、直辖市人民政府划定的自然保护区、风景名胜区、饮用水水源保护区、基本农田保护区和其他需要特别保护的区域内，禁止建设工业固体废物集中贮存、处置的设施、场所和生活垃圾填埋场。

第二十三条 转移固体废物出省、自治区、直辖市行政区域贮存、处置的，应当向固体废物移出地的省、自治区、直辖市人民政府环境保护行政主管部门提出申请。移出地的省、自治区、直辖市人民政府环境保护行政主管部门应当商经接受地的省、自治区、直辖市人民政府环境保护行政主管部门同意后，方可批准转移该固体废物出省、自治区、直辖市行政区域。未经批准的，不得转移。

第二十四条 禁止中华人民共和国境外的固体废物进境倾倒、堆放、处置。

第二十五条 禁止进口不能用作原料或者不能以无害化方式利用的固体废物；对可以用作原料的固体废物实行限制进口和非限制进口分类管理。

国务院环境保护行政主管部门会同国务院对外贸易主管部门、国务院经济综合宏观调控部门、海关总署、国务院质量监督检验检疫部门制定、调整并公布禁止进口、限制进口和非限制进口的固体废物目录。

禁止进口列入禁止进口目录的固体废物。进口列入限制进口目录的固体废物，应当经国务院环境保护行政主管部门会同国务院对外贸易主管部门审查许可。

进口的固体废物必须符合国家环境保护标准，并经质量监督检验检疫部门检验合格。

进口固体废物的具体管理办法，由国务院环境保护行政主管部门会同国务院对外贸易主管部门、国务院经济综合宏观调控部门、海关总署、国务院质量监督检验检疫部门制定。

第二十六条 进口者对海关将其所进口的货物纳入固体废物管理范围不服的，可以依法申请行政复议，也可以向人民法院提起行政诉讼。

第二节 工业固体废物污染环境的防治

第二十七条 国务院环境保护行政主管部门应当会同国务院经济综合宏观调控部门和其他有关部门对工业固体废物对环境的污染作出界定，制定防治工业固体废物污染环境的技术政策，组织推广先进的防治工业固体废物污染环境的生产工艺和设备。

第二十八条 国务院经济综合宏观调控部门应当会同国务院有关部门组织研究、开发和推广减少工业固体废物产生量和危害性的生产工艺和设备，公布限期淘汰产生严重污染环境的工业固体废物的落后生产工艺、落后设备的名录。

生产者、销售者、进口者、使用者必须在国务院经济综合宏观调控部门会同国务院有关部门规定的期限内分别停止生产、销售、进口或者使用列入前款规定的名录中的设备。生产工艺的采用者必须在国务院经济综合宏观调控部门会同国务院有关部门规定的期限内停止采用列入前款规定的名录中的工艺。

列入限期淘汰名录被淘汰的设备，不得转让给他人使用。

第二十九条　县级以上人民政府有关部门应当制定工业固体废物污染环境防治工作规划，推广能够减少工业固体废物产生量和危害性的先进生产工艺和设备，推动工业固体废物污染环境防治工作。

第三十条　产生工业固体废物的单位应当建立、健全污染环境防治责任制度，采取防治工业固体废物污染环境的措施。

第三十一条　企业事业单位应当合理选择和利用原材料、能源和其他资源，采用先进的生产工艺和设备，减少工业固体废物产生量，降低工业固体废物的危害性。

第三十二条　国家实行工业固体废物申报登记制度。

产生工业固体废物的单位必须按照国务院环境保护行政主管部门的规定，向所在地县级以上地方人民政府环境保护行政主管部门提供工业固体废物的种类、产生量、流向、贮存、处置等有关资料。

前款规定的申报事项有重大改变的，应当及时申报。

第三十三条　企业事业单位应当根据经济、技术条件对其产生的工业固体废物加以利用；对暂时不利用或者不能利用的，必须按照国务院环境保护行政主管部门的规定建设贮存设施、场所，安全分类存放，或者采取无害化处置措施。

建设工业固体废物贮存、处置的设施、场所，必须符合国家环境保护标准。

第三十四条　禁止擅自关闭、闲置或者拆除工业固体废物污染环境防治设施、场所；确有必要关闭、闲置或者拆除的，必须经所在地县级以上地方人民政府环境保护行政主管部门核准，并采取措施，防止污染环境。

第三十五条　产生工业固体废物的单位需要终止的，应当事先对工业固体废物的贮存、处置的设施、场所采取污染防治措施，并对未处置的工业固体废物作出妥善处置，防止污染环境。

产生工业固体废物的单位发生变更的，变更后的单位应当按照国家有关环境保护的规定对未处置的工业固体废物及其贮存、处置的设施、场所进行安全处置或者采取措施保证该设施、场所安全运行。变更前当事人对工业固体废物及其贮存、处置的设施、场所的污染防治责任另有约定的，从其约定；但是，不得免除当事人的污染防治义务。

对本法施行前已经终止的单位未处置的工业固体废物及其贮存、处置的设施、场所进行安全处置的费用，由有关人民政府承担；但是，该单位享有的土地使用权依法转让的，应当由土地使用权受让人承担处置费用。当事人另有约定的，从其约定；但是，不得免除当事人的污染防治义务。

第三十六条 矿山企业应当采取科学的开采方法和选矿工艺，减少尾矿、矸石、废石等矿业固体废物的产生量和贮存量。

尾矿、矸石、废石等矿业固体废物贮存设施停止使用后，矿山企业应当按照国家有关环境保护规定进行封场，防止造成环境污染和生态破坏。

第三十七条 拆解、利用、处置废弃电器产品和废弃机动车船，应当遵守有关法律、法规的规定，采取措施，防止污染环境。

第三节 生活垃圾污染环境的防治

第三十八条 县级以上人民政府应当统筹安排建设城乡生活垃圾收集、运输、处置设施，提高生活垃圾的利用率和无害化处置率，促进生活垃圾收集、处置的产业化发展，逐步建立和完善生活垃圾污染环境防治的社会服务体系。

第三十九条 县级以上地方人民政府环境卫生行政主管部门应当组织对城市生活垃圾进行清扫、收集、运输和处置，可以通过招标等方式选择具备条件的单位从事生活垃圾的清扫、收集、运输和处置。

第四十条 对城市生活垃圾应当按照环境卫生行政主管部门的规定，在指定的地点放置，不得随意倾倒、抛撒或者堆放。

第四十一条 清扫、收集、运输、处置城市生活垃圾，应当遵守国家有关环境保护和环境卫生管理的规定，防止污染环境。

第四十二条 对城市生活垃圾应当及时清运，逐步做到分类收集和运输，并积极开展合理利用和实施无害化处置。

第四十三条 城市人民政府应当有计划地改进燃料结构，发展城市煤气、天然气、液化气和其他清洁能源。

城市人民政府有关部门应当组织净菜进城，减少城市生活垃圾。

城市人民政府有关部门应当统筹规划，合理安排收购网点，促进生活垃圾的回收利用工作。

第四十四条 建设生活垃圾处置的设施、场所，必须符合国务院环境保护行政主管部门和国务院建设行政主管部门规定的环境保护和环境卫生标准。

禁止擅自关闭、闲置或者拆除生活垃圾处置的设施、场所；确有必要关闭、闲置或者拆除的，必须经所在地的市、县级人民政府环境卫生行政主管部门商所在地环境保护行政主管部门同意后核准，并采取措施，防止污染环境。

第四十五条 从生活垃圾中回收的物质必须按照国家规定的用途或者标准使用，不得用于生产可能危害人体健康的产品。

第四十六条 工程施工单位应当及时清运工程施工过程中产生的固体废物，并按照环境卫生行政主管部门的规定进行利用或者处置。

第四十七条 从事公共交通运输的经营单位，应当按照国家有关规定，清扫、收集运输过程中产生的生活垃圾。

第四十八条 从事城市新区开发、旧区改建和住宅小区开发建设的单位，以及机场、码头、车站、公园、商店等公共设施、场所的经营管理单位，应当按照国家有关环境卫生的规定，配套建设生活垃圾收集设施。

第四十九条 农村生活垃圾污染环境防治的具体办法，由地方性法规规定。

第四章 危险废物污染环境防治的特别规定

第五十条 危险废物污染环境的防治，适用本章规定；本章未作规定的，适用本法其他有关规定。

第五十一条 国务院环境保护行政主管部门应当会同国务院有关部门制定《国家危险废物名录》，规定统一的危险废物鉴别标准、鉴别方法和识别标志。

第五十二条 对危险废物的容器和包装物以及收集、贮存、运输、处置危险废物的设施、场所，必须设置危险废物识别标志。

第五十三条 产生危险废物的单位，必须按照国家有关规定制订危险废物管理计划，并向所在地县级以上地方人民政府环境保护行政主管部门申报危险废物的种类、产生量、流向、贮存、处置等有关资料。

前款所称危险废物管理计划应当包括减少危险废物产生量和危害性的措施以及危险废物贮存、利用、处置措施。危险废物管理计划应当报产生危险废物的单位所在地县级以上地方人民政府环境保护行政主管部门备案。

本条规定的申报事项或者危险废物管理计划内容有重大改变的，应当及时申报。

第五十四条 国务院环境保护行政主管部门会同国务院经济综合宏观调控部门组织编制危险废物集中处置设施、场所的建设规划，报国务院批准后实施。

县级以上地方人民政府应当依据危险废物集中处置设施、场所的建设规划组织建设危险废物集中处置设施、场所。

第五十五条 产生危险废物的单位，必须按照国家有关规定处置危险废物，不得擅自倾倒、堆放；不处置的，由所在地县级以上地方人民政府环境保护行政主管部门责令限期改正；逾期不处置或者处置不符合国家有关规定的，由所在地县级以上地方人民政府环境保护行政主管部门指定单位按照国家有关规定代为处置，处置费用由产生危险废物的单位承担。

第五十六条 以填埋方式处置危险废物不符合国务院环境保护行政主管部门规定的，应当缴纳危险废物排污费。危险废物排污费征收的具体办法由国务院规定。

危险废物排污费用于污染环境的防治，不得挪作他用。

第五十七条 从事收集、贮存、处置危险废物经营活动的单位，必须向县级以上人民政府环境保护行政主管部门申请领取经营许可证；从事利用危险废物经营活动的单位，必须向国务院环境保护行政主管部门或者省、自治区、直辖市人民政府环境保护行政主管部门申请领取经营许可证。具体管理办法由国务院规定。

禁止无经营许可证或者不按照经营许可证规定从事危险废物收集、贮存、利用、处置的经营活动。

禁止将危险废物提供或者委托给无经营许可证的单位从事收集、贮存、利用、处置的经营活动。

第五十八条 收集、贮存危险废物，必须按照危险废物特性分类进行。禁止混合收集、贮存、运输、处置性质不相容而未经安全性处置的危险废物。

贮存危险废物必须采取符合国家环境保护标准的防护措施，并不得超过一年；确需延长期限的，必须报经原批准经营许可证的环境保护行政主管部门批准；法律、行政法规另有规定的除外。

禁止将危险废物混入非危险废物中贮存。

第五十九条 转移危险废物的，必须按照国家有关规定填写危险废物转移联单。跨省、自治区、直辖市转移危险废物的，应当向危险废物移出地省、自治区、直辖市人民政府环境保护行政主管部门申请。移出地省、自治区、直辖市人民政府环境保护行政主管部门应当商经接受地省、自治区、直辖市人民政府环境保护行政主管部门同意后，方可批准转移该危险废物。未经批准的，不得转移。

转移危险废物途经移出地、接受地以外行政区域的，危险废物移出地设区的市级以上地方人民政府环境保护行政主管部门应当及时通知沿途经过的设区的市级以上地方人民政府环境保护行政主管部门。

第六十条 运输危险废物，必须采取防止污染环境的措施，并遵守国家有关危险货物运输管理的规定。

禁止将危险废物与旅客在同一运输工具上载运。

第六十一条 收集、贮存、运输、处置危险废物的场所、设施、设备和容器、包装物及其他物品转作他用时，必须经过消除污染的处理，方可使用。

第六十二条 产生、收集、贮存、运输、利用、处置危险废物的单位，应当制定意外事故的防范措施和应急预案，并向所在地县级以上地方人民政府环境保护行政主管部门备案；环境保护行政主管部门应当进行检查。

第六十三条 因发生事故或者其他突发性事件，造成危险废物严重污染环境的单位，必须立即采取措施消除或者减轻对环境的污染危害，及时通报可能受到污染危害的单位和居民，并向所在地县级以上地方人民政府环境保护行政主管部门和有关部门报告，接受调查处理。

第六十四条　在发生或者有证据证明可能发生危险废物严重污染环境、威胁居民生命财产安全时，县级以上地方人民政府环境保护行政主管部门或者其他固体废物污染环境防治工作的监督管理部门必须立即向本级人民政府和上一级人民政府有关行政主管部门报告，由人民政府采取防止或者减轻危害的有效措施。有关人民政府可以根据需要责令停止导致或者可能导致环境污染事故的作业。

第六十五条　重点危险废物集中处置设施、场所的退役费用应当预提，列入投资概算或者经营成本。具体提取和管理办法，由国务院财政部门、价格主管部门会同国务院环境保护行政主管部门规定。

第六十六条　禁止经中华人民共和国过境转移危险废物。

第五章　法律责任

第六十七条　县级以上人民政府环境保护行政主管部门或者其他固体废物污染环境防治工作的监督管理部门违反本法规定，有下列行为之一的，由本级人民政府或者上级人民政府有关行政主管部门责令改正，对负有责任的主管人员和其他直接责任人员依法给予行政处分；构成犯罪的，依法追究刑事责任：

（一）不依法作出行政许可或者办理批准文件的；

（二）发现违法行为或者接到对违法行为的举报后不予查处的；

（三）有不依法履行监督管理职责的其他行为的。

第六十八条　违反本法规定，有下列行为之一的，由县级以上人民政府环境保护行政主管部门责令停止违法行为，限期改正，处以罚款：

（一）不按照国家规定申报登记工业固体废物，或者在申报登记时弄虚作假的；

（二）对暂时不利用或者不能利用的工业固体废物未建设贮存的设施、场所安全分类存放，或者未采取无害化处置措施的；

（三）将列入限期淘汰名录被淘汰的设备转让给他人使用的；

（四）擅自关闭、闲置或者拆除工业固体废物污染环境防治设施、场所的；

（五）在自然保护区、风景名胜区、饮用水水源保护区、基本农田保护区和其他需要特别保护的区域内，建设工业固体废物集中贮存、处置的设施、场所和生活垃圾填埋场的；

（六）擅自转移固体废物出省、自治区、直辖市行政区域贮存、处置的；

（七）未采取相应防范措施，造成工业固体废物扬散、流失、渗漏或者造成其他环境污染的；

（八）在运输过程中沿途丢弃、遗撒工业固体废物的。

有前款第一项、第八项行为之一的，处五千元以上五万元以下的罚款；有前款第二项、第三项、第四项、第五项、第六项、第七项行为之一的，处一万元以上十万元以下的罚款。

第六十九条 违反本法规定，建设项目需要配套建设的固体废物污染环境防治设施未建成、未经验收或者验收不合格，主体工程即投入生产或者使用的，由审批该建设项目环境影响评价文件的环境保护行政主管部门责令停止生产或者使用，可以并处十万元以下的罚款。

第七十条 违反本法规定，拒绝县级以上人民政府环境保护行政主管部门或者其他固体废物污染环境防治工作的监督管理部门现场检查的，由执行现场检查的部门责令限期改正；拒不改正或者在检查时弄虚作假的，处二千元以上二万元以下的罚款。

第七十一条 从事畜禽规模养殖未按照国家有关规定收集、贮存、处置畜禽粪便，造成环境污染的，由县级以上地方人民政府环境保护行政主管部门责令限期改正，可以处五万元以下的罚款。

第七十二条 违反本法规定，生产、销售、进口或者使用淘汰的设备，或者采用淘汰的生产工艺的，由县级以上人民政府经济综合宏观调控部门责令改正；情节严重的，由县级以上人民政府经济综合宏观调控部门提出意见，报请同级人民政府按照国务院规定的权限决定停业或者关闭。

第七十三条 尾矿、矸石、废石等矿业固体废物贮存设施停止使用后，未按照国家有关环境保护规定进行封场的，由县级以上地方人民政府环境保护行政主管部门责令限期改正，可以处五万元以上二十万元以下的罚款。

第七十四条 违反本法有关城市生活垃圾污染环境防治的规定，有下列行为之一的，由县级以上地方人民政府环境卫生行政主管部门责令停止违法行为，限期改正，处以罚款：

（一）随意倾倒、抛撒或者堆放生活垃圾的；

（二）擅自关闭、闲置或者拆除生活垃圾处置设施、场所的；

（三）工程施工单位不及时清运施工过程中产生的固体废物，造成环境污染的；

（四）工程施工单位不按照环境卫生行政主管部门的规定对施工过程中产生的固体废物进行利用或者处置的；

（五）在运输过程中沿途丢弃、遗撒生活垃圾的。

单位有前款第一项、第三项、第五项行为之一的，处五千元以上五万元以下的罚款；有前款第二项、第四项行为之一的，处一万元以上十万元以下的罚款。个人有前款第一项、第五项行为之一的，处二百元以下的罚款。

第七十五条 违反本法有关危险废物污染环境防治的规定，有下列行为之一的，由县级以上人民政府环境保护行政主管部门责令停止违法行为，限期改正，处以罚款：

（一）不设置危险废物识别标志的；

（二）不按照国家规定申报登记危险废物，或者在申报登记时弄虚作假的；

（三）擅自关闭、闲置或者拆除危险废物集中处置设施、场所的；

（四）不按照国家规定缴纳危险废物排污费的；

（五）将危险废物提供或者委托给无经营许可证的单位从事经营活动的；

（六）不按照国家规定填写危险废物转移联单或者未经批准擅自转移危险废物的；

（七）将危险废物混入非危险废物中贮存的；

（八）未经安全性处置，混合收集、贮存、运输、处置具有不相容性质的危险废物的；

（九）将危险废物与旅客在同一运输工具上载运的；

（十）未经消除污染的处理将收集、贮存、运输、处置危险废物的场所、设施、设备和容器、包装物及其他物品转作他用的；

（十一）未采取相应防范措施，造成危险废物扬散、流失、渗漏或者造成其他环境污染的；

（十二）在运输过程中沿途丢弃、遗撒危险废物的；

（十三）未制定危险废物意外事故防范措施和应急预案的。

有前款第一项、第二项、第七项、第八项、第九项、第十项、第十一项、第十二项、第十三项行为之一的，处一万元以上十万元以下的罚款；有前款第三项、第五项、第六项行为之一的，处二万元以上二十万元以下的罚款；有前款第四项行为的，限期缴纳，逾期不缴纳的，处应缴纳危险废物排污费金额一倍以上三倍以下的罚款。

第七十六条 违反本法规定，危险废物产生者不处置其产生的危险废物又不承担依法应当承担的处置费用的，由县级以上地方人民政府环境保护行政主管部门责令限期改正，处代为处置费用一倍以上三倍以下的罚款。

第七十七条 无经营许可证或者不按照经营许可证规定从事收集、贮存、利用、处置危险废物经营活动的，由县级以上人民政府环境保护行政主管部门责令停止违法行为，没收违法所得，可以并处违法所得三倍以下的罚款。

不按照经营许可证规定从事前款活动的，还可以由发证机关吊销经营许可证。

第七十八条 违反本法规定，将中华人民共和国境外的固体废物进境倾倒、堆放、处置的，进口属于禁止进口的固体废物或者未经许可擅自进口属于限制进口的固体废物用作原料的，由海关责令退运该固体废物，可以并处十万元以上一百万元以下的罚款；构成犯罪的，依法追究刑事责任。进口者不明的，由承运人承担退运该固体废物的责任，或者承担该固体废物的处置费用。

逃避海关监管将中华人民共和国境外的固体废物运输进境，构成犯罪的，依法追究刑事责任。

第七十九条 违反本法规定，经中华人民共和国过境转移危险废物的，由海关责令退运该危险废物，可以并处五万元以上五十万元以下的罚款。

第八十条 对已经非法入境的固体废物，由省级以上人民政府环境保护行政主管部门依法向海关提出处理意见，海关应当依照本法第七十八条的规定作出处罚决定；已经造成环境污染的，由省级以上人民政府环境保护行政主管部门责令进口者消除污染。

第八十一条 违反本法规定，造成固体废物严重污染环境的，由县级以上人民政府环境保护行政主管部门按照国务院规定的权限决定限期治理；逾期未完成治理任务的，由本级人民政府决定停业或者关闭。

第八十二条 违反本法规定，造成固体废物污染环境事故的，由县级以上人民政府环境保护行政主管部门处二万元以上二十万元以下的罚款；造成重大损失的，按照直接损失的百分之三十计算罚款，但是最高不超过一百万元，对负有责任的主管人员和其他直接责任人员，依法给予行政处分；造成固体废物污染环境重大事故的，并由县级以上人民政府按照国务院规定的权限决定停业或者关闭。

第八十三条 违反本法规定，收集、贮存、利用、处置危险废物，造成重大环境污染事故，构成犯罪的，依法追究刑事责任。

第八十四条 受到固体废物污染损害的单位和个人，有权要求依法赔偿损失。

赔偿责任和赔偿金额的纠纷，可以根据当事人的请求，由环境保护行政主管部门或者其他固体废物污染环境防治工作的监督管理部门调解处理；调解不成的，当事人可以向人民法院提起诉讼。当事人也可以直接向人民法院提起诉讼。

国家鼓励法律服务机构对固体废物污染环境诉讼中的受害人提供法律援助。

第八十五条 造成固体废物污染环境的，应当排除危害，依法赔偿损失，并采取措施恢复环境原状。

第八十六条 因固体废物污染环境引起的损害赔偿诉讼，由加害人就法律规定的免责事由及其行为与损害结果之间不存在因果关系承担举证责任。

第八十七条 固体废物污染环境的损害赔偿责任和赔偿金额的纠纷，当事人可以委托环境监测机构提供监测数据。环境监测机构应当接受委托，如实提供有关监测数据。

第六章 附 则

第八十八条 本法下列用语的含义：

（一）固体废物，是指在生产、生活和其他活动中产生的丧失原有利用价值或者虽未丧失利用价值但被抛弃或者放弃的固态、半固态和置于容器中的气态的物品、物质以及法律、行政法规规定纳入固体废物管理的物品、物质。

（二）工业固体废物，是指在工业生产活动中产生的固体废物。

（三）生活垃圾，是指在日常生活中或者为日常生活提供服务的活动中产生的固体废物以及法律、行政法规规定视为生活垃圾的固体废物。

（四）危险废物，是指列入《国家危险废物名录》或者根据国家规定的危险废物鉴别标准和鉴别方法认定的具有危险特性的固体废物。

（五）贮存，是指将固体废物临时置于特定设施或者场所中的活动。

（六）处置，是指将固体废物焚烧和用其他改变固体废物的物理、化学、生物特性的方法，达到减少已产生的固体废物数量、缩小固体废物体积、减少或者消除其危险成分的活动，或者将固体废物最终置于符合环境保护规定要求的填埋场的活动。

（七）利用，是指从固体废物中提取物质作为原材料或者燃料的活动。

第八十九条 液态废物的污染防治，适用本法；但是，排入水体的废水的污染防治适用有关法律，不适用本法。

第九十条 中华人民共和国缔结或者参加的与固体废物污染环境防治有关的国际条约与本法有不同规定的，适用国际条约的规定；但是，中华人民共和国声明保留的条款除外。

第九十一条 本法自 2005 年 4 月 1 日起施行。

最高人民法院　最高人民检察院关于办理环境污染刑事案件适用法律若干问题的解释

法释〔2016〕29号

（2016年11月7日最高人民法院审判委员会第1698次会议、2016年12月8日最高人民检察院第十二届检察委员会第58次会议通过，自2017年1月1日起施行）

为依法惩治有关环境污染犯罪，根据《中华人民共和国刑法》《中华人民共和国刑事诉讼法》的有关规定，现就办理此类刑事案件适用法律的若干问题解释如下：

第一条　实施《刑法》第三百三十八条规定的行为，具有下列情形之一的，应当认定为“严重污染环境”：

（一）在饮用水水源一级保护区、自然保护区核心区排放、倾倒、处置有放射性的废物、含传染病病原体的废物、有毒物质的；

（二）非法排放、倾倒、处置危险废物三吨以上的；

（三）排放、倾倒、处置含铅、汞、镉、铬、砷、铊、锑的污染物，超过国家或者地方污染物排放标准三倍以上的；

（四）排放、倾倒、处置含镍、铜、锌、银、钒、锰、钴的污染物，超过国家或者地方污染物排放标准十倍以上的；

（五）通过暗管、渗井、渗坑、裂隙、溶洞、灌注等逃避监管的方式排放、倾倒、处置有放射性的废物、含传染病病原体的废物、有毒物质的；

（六）二年内曾因违反国家规定，排放、倾倒、处置有放射性的废物、含传染病病原体的废物、有毒物质受过两次以上行政处罚，又实施前列行为的；

（七）重点排污单位篡改、伪造自动监测数据或者干扰自动监测设施，排放化学需氧量、氨氮、二氧化硫、氮氧化物等污染物的；

（八）违法减少防治污染设施运行支出一百万元以上的；

（九）违法所得或者致使公私财产损失三十万元以上的；

（十）造成生态环境严重损害的；

（十一）致使乡镇以上集中式饮用水水源取水中断十二小时以上的；

（十二）致使基本农田、防护林地、特种用途林地五亩以上，其他农用地十亩以上，其他土地二十亩以上基本功能丧失或者遭受永久性破坏的；

（十三）致使森林或者其他林木死亡五十立方米以上，或者幼树死亡二千五百株以上的；

（十四）致使疏散、转移群众五千人以上的；

（十五）致使三十人以上中毒的；

（十六）致使三人以上轻伤、轻度残疾或者器官组织损伤导致一般功能障碍的；

（十七）致使一人以上重伤、中度残疾或者器官组织损伤导致严重功能障碍的；

（十八）其他严重污染环境的情形。

第二条 实施《刑法》第三百三十九条、第四百零八条规定的行为，致使公私财产损失三十万元以上，或者具有本解释第一条第十项至第十七项规定情形之一的，应当认定为“致使公私财产遭受重大损失或者严重危害人体健康”或者“致使公私财产遭受重大损失或者造成人身伤亡的严重后果”。

第三条 实施《刑法》第三百三十八条、第三百三十九条规定的行为，具有下列情形之一的，应当认定为“后果特别严重”：

（一）致使县级以上城区集中式饮用水水源取水中断十二小时以上的；

（二）非法排放、倾倒、处置危险废物一百吨以上的；

（三）致使基本农田、防护林地、特种用途林地十五亩以上，其他农用地三十亩以上，其他土地六十亩以上基本功能丧失或者遭受永久性破坏的；

（四）致使森林或者其他林木死亡一百五十立方米以上，或者幼树死亡七千五百株以上的；

（五）致使公私财产损失一百万元以上的；

（六）造成生态环境特别严重损害的；

（七）致使疏散、转移群众一万五千人以上的；

（八）致使一百人以上中毒的；

（九）致使十人以上轻伤、轻度残疾或者器官组织损伤导致一般功能障碍的；

（十）致使三人以上重伤、中度残疾或者器官组织损伤导致严重功能障碍的；

（十一）致使一人以上重伤、中度残疾或者器官组织损伤导致严重功能障碍，并致使五人以上轻伤、轻度残疾或者器官组织损伤导致一般功能障碍的；

（十二）致使一人以上死亡或者重度残疾的；

（十三）其他后果特别严重的情形。

第四条 实施《刑法》第三百三十八条、第三百三十九条规定的犯罪行为，具有下列情形之一的，应当从重处罚：

（一）阻挠环境监督检查或者突发环境事件调查，尚不构成妨害公务等犯罪的；

（二）在医院、学校、居民区等人口集中地区及其附近，违反国家规定排放、倾倒、处置有放射性的废物、含传染病病原体的废物、有毒物质或者其他有害物质的；

（三）在重污染天气预警期间、突发环境事件处置期间或者被责令限期整改期间，违反国家规定排放、倾倒、处置有放射性的废物、含传染病病原体的废物、有毒物质或者其他有害物质的；

（四）具有危险废物经营许可证的企业违反国家规定排放、倾倒、处置有放射性的废物、含传染病病原体的废物、有毒物质或者其他有害物质的。

第五条 实施《刑法》第三百三十八条、第三百三十九条规定的行为，刚达到应当追究刑事责任的标准，但行为人及时采取措施，防止损失扩大、消除污染，全部赔偿损失，积极修复生态环境，且系初犯，确有悔罪表现的，可以认定为情节轻微，不起诉或者免予刑事处罚；确有必要判处刑罚的，应当从宽处罚。

第六条 无危险废物经营许可证从事收集、贮存、利用、处置危险废物经营活动，严重污染环境的，按照污染环境罪定罪处罚；同时构成非法经营罪的，依照处罚较重的规定定罪处罚。

实施前款规定的行为，不具有超标排放污染物、非法倾倒污染物或者其他违法造成环境污染的情形的，可以认定为非法经营情节显著轻微危害不大，不认为是犯罪；构成生产、销售伪劣产品等其他犯罪的，以其他犯罪论处。

第七条 明知他人无危险废物经营许可证，向其提供或者委托其收集、贮存、利用、处置危险废物，严重污染环境的，以共同犯罪论处。

第八条 违反国家规定，排放、倾倒、处置含有毒害性、放射性、传染病病原体等物质的污染物，同时构成污染环境罪、非法处置进口的固体废物罪、投放危险物质罪等犯罪的，依照处罚较重的规定定罪处罚。

第九条 环境影响评价机构或其人员，故意提供虚假环境影响评价文件，情节严重的，或者严重不负责任，出具的环境影响评价文件存在重大失实，造成严重后果的，应当依照刑法第二百二十九条、第二百三十一条的规定，以提供虚假证明文件罪或者出具证明文件重大失实罪定罪处罚。

第十条 违反国家规定，针对环境质量监测系统实施下列行为，或者强令、指使、授意他人实施下列行为的，应当依照《刑法》第二百八十六条的规定，以破坏计算机信息系统罪论处：

（一）修改参数或者监测数据的；

（二）干扰采样，致使监测数据严重失真的；

（三）其他破坏环境质量监测系统的行为。

重点排污单位篡改、伪造自动监测数据或者干扰自动监测设施，排放化学需氧量、氨氮、二氧化硫、氮氧化物等污染物，同时构成污染环境罪和破坏计算机信息系统罪的，依照处罚较重的规定定罪处罚。

从事环境监测设施维护、运营的人员实施或者参与实施篡改、伪造自动监测数据、干扰自动监测设施、破坏环境质量监测系统等行为的，应当从重处罚。

第十一条　单位实施本解释规定的犯罪的，依照本解释规定的定罪量刑标准，对直接负责的主管人员和其他直接责任人员定罪处罚，并对单位判处罚金。

第十二条　环境保护主管部门及其所属监测机构在行政执法过程中收集的监测数据，在刑事诉讼中可以作为证据使用。

公安机关单独或者会同环境保护主管部门，提取污染物样品进行检测获取的数据，在刑事诉讼中可以作为证据使用。

第十三条　对《国家危险废物名录》所列的废物，可以依据涉案物质的来源、产生过程、被告人供述、证人证言以及经批准或者备案的环境影响评价文件等证据，结合环境保护主管部门、公安机关等出具的书面意见作出认定。

对于危险废物的数量，可以综合被告人供述，涉案企业的生产工艺、物耗、能耗情况，以及经批准或者备案的环境影响评价文件等证据作出认定。

第十四条　对案件所涉的环境污染专门性问题难以确定的，依据司法鉴定机构出具的鉴定意见，或者国务院环境保护主管部门、公安部门指定的机构出具的报告，结合其他证据作出认定。

第十五条　下列物质应当认定为刑法第二百三十八条规定的“有毒物质”：

（一）危险废物，是指列入国家危险废物名录，或者根据国家规定的危险废物鉴别标准和鉴别方法认定的，具有危险特性的废物；

（二）《关于持久性有机污染物的斯德哥尔摩公约》附件所列物质；

（三）含重金属的污染物；

（四）其他具有毒性，可能污染环境的物质。

第十六条　无危险废物经营许可证，以营利为目的，从危险废物中提取物质作为原材料或者燃料，并具有超标排放污染物、非法倾倒污染物或者其他违法造成环境污染的情形的行为，应当认定为“非法处置危险废物”。

第十七条　本解释所称“二年内”，以第一次违法行为受到行政处罚的生效之日与又实施相应行为之日的时间间隔计算确定。

本解释所称“重点排污单位”，是指设区的市级以上人民政府环境保护主管部门依法确定的应当安装、使用污染物排放自动监测设备的重点监控企业及其他单位。

本解释所称“违法所得”，是指实施刑法第三百三十八条、第三百三十九条规定的行为所得和可得的全部违法收入。

本解释所称“公私财产损失”，包括实施刑法第三百三十八条、第三百三十九条规定的行为直接造成财产损毁、减少的实际价值，为防止污染扩大、消除污染而采取必要合理措施所产生的费用，以及处置突发环境事件的应急监测费用。

本解释所称“生态环境损害”，包括生态环境修复费用，生态环境修复期间服务功能的损失和生态环境功能永久性损害造成的损失，以及其他必要合理费用。

本解释所称“无危险废物经营许可证”，是指未取得危险废物经营许可证，或者超出危险废物经营许可证的经营范围。

第十八条 本解释自 2017 年 1 月 1 日起施行。本解释施行后，《最高人民法院 最高人民检察院关于办理环境污染刑事案件适用法律若干问题的解释》（法释〔2013〕15 号）同时废止；之前发布的司法解释与本解释不一致的，以本解释为准。

环境保护主管部门实施按日连续处罚办法

环境保护部令 第28号

第一章 总 则

第一条 为规范实施按日连续处罚，依据《中华人民共和国环境保护法》《中华人民共和国行政处罚法》等法律，制定本办法。

第二条 县级以上环境保护主管部门对企业事业单位和其他生产经营者（以下称排污者）实施按日连续处罚的，适用本办法。

第三条 实施按日连续处罚，应当坚持教育与处罚相结合的原则，引导和督促排污者及时改正环境违法行为。

第四条 环境保护主管部门实施按日连续处罚，应当依法向社会公开行政处罚决定和责令改正违法行为决定等相关信息。

第二章 适用范围

第五条 排污者有下列行为之一，受到罚款处罚，被责令改正，拒不改正的，依法作出罚款处罚决定的环境保护主管部门可以实施按日连续处罚：

（一）超过国家或者地方规定的污染物排放标准，或者超过重点污染物排放总量控制指标排放污染物的；

（二）通过暗管、渗井、渗坑、灌注或者篡改、伪造监测数据，或者不正常运行防治污染设施等逃避监管的方式排放污染物的；

（三）排放法律、法规规定禁止排放的污染物的；

（四）违法倾倒危险废物的；

（五）其他违法排放污染物行为。

第六条 地方性法规可以根据环境保护的实际需要，增加按日连续处罚的违法行为的种类。

第三章　实施程序

第七条　环境保护主管部门检查发现排污者违法排放污染物的，应当进行调查取证，并依法作出行政处罚决定。

按日连续处罚决定应当在前款规定的行政处罚决定之后作出。

第八条　环境保护主管部门可以当场认定违法排放污染物的，应当在现场调查时向排污者送达责令改正违法行为决定书，责令立即停止违法排放污染物行为。

需要通过环境监测认定违法排放污染物的，环境监测机构应当按照监测技术规范要求进行监测。环境保护主管部门应当在取得环境监测报告后三个工作日内向排污者送达责令改正违法行为决定书，责令立即停止违法排放污染物行为。

第九条　责令改正违法行为决定书应当载明下列事项：

（一）排污者的基本情况，包括名称或者姓名、营业执照号码或者居民身份证号码、组织机构代码、地址以及法定代表人或者主要负责人姓名等；

（二）环境违法事实和证据；

（三）违反法律、法规或者规章的具体条款和处理依据；

（四）责令立即改正的具体内容；

（五）拒不改正可能承担按日连续处罚的法律后果；

（六）申请行政复议或者提起行政诉讼的途径和期限；

（七）环境保护主管部门的名称、印章和决定日期。

第十条　环境保护主管部门应当在送达责令改正违法行为决定书之日起三十日内，以暗查方式组织对排污者违法排放污染物行为的改正情况实施复查。

第十一条　排污者在环境保护主管部门实施复查前，可以向作出责令改正违法行为决定书的环境保护主管部门报告改正情况，并附具相关证明材料。

第十二条　环境保护主管部门复查时发现排污者拒不改正违法排放污染物行为的，可以对其实施按日连续处罚。

环境保护主管部门复查时发现排污者已经改正违法排放污染物行为或者已经停产、停业、关闭的，不启动按日连续处罚。

第十三条　排污者具有下列情形之一的，认定为拒不改正：

（一）责令改正违法行为决定书送达后，环境保护主管部门复查发现仍在继续违法排放污染物的；

（二）拒绝、阻挠环境保护主管部门实施复查的。

第十四条　复查时排污者被认定为拒不改正违法排放污染物行为的，环境保护主管部门应当按照本办法第八条的规定再次作出责令改正违法行为决定书并送达排污者，责令立即停止违法排放污染物行为，并应当依照本办法第十条、第十二条的规定对排污者再次进行复查。

第十五条 环境保护主管部门实施按日连续处罚应当符合法律规定的行政处罚程序。

第十六条 环境保护主管部门决定实施按日连续处罚的，应当依法作出处罚决定书。

处罚决定书应当载明下列事项：

（一）排污者的基本情况，包括名称或者姓名、营业执照号码或者居民身份证号码、组织机构代码、地址以及法定代表人或者主要负责人姓名等；

（二）初次检查发现的环境违法行为及该行为的原处罚决定、拒不改正的违法事实和证据；

（三）按日连续处罚的起止时间和依据；

（四）按照按日连续处罚规则决定的罚款数额；

（五）按日连续处罚的履行方式和期限；

（六）申请行政复议或者提起行政诉讼的途径和期限；

（七）环境保护主管部门名称、印章和决定日期。

第四章 计罚方式

第十七条 按日连续处罚的计罚日数为责令改正违法行为决定书送达排污者之日的次日起，至环境保护主管部门复查发现违法排放污染物行为之日止。再次复查仍拒不改正的，计罚日数累计执行。

第十八条 再次复查时违法排放污染物行为已经改正，环境保护主管部门在之后的检查中又发现排污者有本办法第五条规定的情形的，应当重新作出处罚决定，按日连续处罚的计罚周期重新起算。按日连续处罚次数不受限制。

第十九条 按日连续处罚每日的罚款数额，为原处罚决定书确定的罚款数额。

按照按日连续处罚规则决定的罚款数额，为原处罚决定书确定的罚款数额乘以计罚日数。

第五章 附 则

第二十条 环境保护主管部门针对违法排放污染物行为实施按日连续处罚的，可以同时适用责令排污者限制生产、停产整治或者查封、扣押等措施；因采取上述措施使排污者停止违法排污行为的，不再实施按日连续处罚。

第二十一条 本办法由国务院环境保护主管部门负责解释。

第二十二条 本办法自 2015 年 1 月 1 日起施行。

环境保护主管部门实施查封、扣押办法

环境保护部令　第29号

第一章　总　则

第一条　为规范实施查封、扣押，依据《中华人民共和国环境保护法》《中华人民共和国行政强制法》等法律，制定本办法。

第二条　对企业事业单位和其他生产经营者（以下称排污者）违反法律法规规定排放污染物，造成或者可能造成严重污染，县级以上环境保护主管部门对造成污染物排放的设施、设备实施查封、扣押的，适用本办法。

第三条　环境保护主管部门实施查封、扣押所需经费，应当列入本机关的行政经费预算，由同级财政予以保障。

第二章　适用范围

第四条　排污者有下列情形之一的，环境保护主管部门依法实施查封、扣押：

（一）违法排放、倾倒或者处置含传染病病原体的废物、危险废物、含重金属污染物或者持久性有机污染物等有毒物质或者其他有害物质的；

（二）在饮用水水源一级保护区、自然保护区核心区违反法律法规规定排放、倾倒、处置污染物的；

（三）违反法律法规规定排放、倾倒化工、制药、石化、印染、电镀、造纸、制革等工业污泥的；

（四）通过暗管、渗井、渗坑、灌注或者篡改、伪造监测数据，或者不正常运行防治污染设施等逃避监管的方式违反法律法规规定排放污染物的；

（五）较大、重大和特别重大突发环境事件发生后，未按照要求执行停产、停排措施，继续违反法律法规规定排放污染物的；

（六）法律、法规规定的其他造成或者可能造成严重污染的违法排污行为。

有前款第一项、第二项、第三项、第六项情形之一的，环境保护主管部门可以实施查封、扣押；已造成严重污染或者有前款第四项、第五项情形之一的，环境保护主管部门应当实施查封、扣押。

第五条 环境保护主管部门查封、扣押排污者造成污染物排放的设施、设备，应当符合有关法律的规定。不得重复查封、扣押排污者已被依法查封的设施、设备。

对不易移动的或者有特殊存放要求的设施、设备，应当就地查封。查封时，可以在该设施、设备的控制装置等关键部件或者造成污染物排放所需供水、供电、供气等开关阀门张贴封条。

第六条 具备下列情形之一的排污者，造成或者可能造成严重污染的，环境保护主管部门应当按照有关环境保护法律法规予以处罚，可以不予实施查封、扣押：

（一）城镇污水处理、垃圾处理、危险废物处置等公共设施的运营单位；

（二）生产经营业务涉及基本民生、公共利益的；

（三）实施查封、扣押可能影响生产安全的。

第七条 环境保护主管部门实施查封、扣押的，应当依法向社会公开查封、扣押决定，查封、扣押延期情况和解除查封、扣押决定等相关信息。

第三章 实施程序

第八条 实施查封、扣押的程序包括调查取证、审批、决定、执行、送达、解除。

第九条 环境保护主管部门实施查封、扣押前，应当做好调查取证工作。

查封、扣押的证据包括现场检查笔录、调查询问笔录、环境监测报告、视听资料、证人证言和其他证明材料。

第十条 需要实施查封、扣押的，应当书面报经环境保护主管部门负责人批准；案情重大或者社会影响较大的，应当经环境保护主管部门案件审查委员会集体审议决定。

第十一条 环境保护主管部门决定实施查封、扣押的，应当制作查封、扣押决定书和清单。

查封、扣押决定书应当载明下列事项：

（一）排污者的基本情况，包括名称或者姓名、营业执照号码或者居民身份证号码、组织机构代码、地址以及法定代表人或者主要负责人姓名等；

（二）查封、扣押的依据和期限；

（三）查封、扣押设施、设备的名称、数量和存放地点等；

（四）排污者应当履行的相关义务及申请行政复议或者提起行政诉讼的途径和期限；

（五）环境保护主管部门的名称、印章和决定日期。

第十二条 实施查封、扣押应当符合下列要求：

（一）由两名以上具有行政执法资格的环境行政执法人员实施，并出示执法身份证件；

（二）通知排污者的负责人或者受委托人到场，当场告知实施查封、扣押的依据以及依法享有的权利、救济途径，并听取其陈述和申辩；

（三）制作现场笔录，必要时可以进行现场拍摄。现场笔录的内容应当包括查封、扣押实施的起止时间和地点等；

（四）当场清点并制作查封、扣押设施、设备清单，由排污者和环境保护主管部门分别收执。委托第三人保管的，应同时交第三人收执。执法人员可以对上述过程进行现场拍摄；

（五）现场笔录和查封、扣押设施、设备清单由排污者和执法人员签名或者盖章；

（六）张贴封条或者采取其他方式，明示环境保护主管部门已实施查封、扣押。

第十三条 情况紧急，需要当场实施查封、扣押的，应当在实施后二十四小时内补办批准手续。环境保护主管部门负责人认为不需要实施查封、扣押的，应当立即解除。

第十四条 查封、扣押决定书应当当场交付排污者负责人或者受委托人签收。排污者负责人或者受委托人应当签名或者盖章，注明日期。

实施查封、扣押过程中，排污者负责人或者受委托人拒不到场或者拒绝签名、盖章的，环境行政执法人员应当予以注明，并可以邀请见证人到场，由见证人和环境行政执法人员签名或者盖章。

第十五条 查封、扣押的期限不得超过三十日；情况复杂的，经本级环境保护主管部门负责人批准可以延长，但延长期限不得超过三十日。法律、法规另有规定的除外。

延长查封、扣押的决定应当及时书面告知排污者，并说明理由。

第十六条 对就地查封的设施、设备，排污者应当妥善保管，不得擅自损毁封条、变更查封状态或者启用已查封的设施、设备。

对扣押的设施、设备，环境保护主管部门应当妥善保管，也可以委托第三人保管。扣押期间设施、设备的保管费用由环境保护主管部门承担。

第十七条 查封的设施、设备造成损失的，由排污者承担。扣押的设施、设备造成损失的，由环境保护主管部门承担；因受委托第三人原因造成损失的，委托的环境保护主管部门先行赔付后，可以向受委托第三人追偿。

第十八条 排污者在查封、扣押期限届满前，可以向决定实施查封、扣押的环境保护主管部门提出解除申请，并附具相关证明材料。

第十九条 环境保护主管部门应当自收到解除查封、扣押申请之日起五个工作日内，组织核查，并根据核查结果分别作出如下决定：

（一）确已改正违反法律法规规定排放污染物行为的，解除查封、扣押；

（二）未改正违反法律法规规定排放污染物行为的，维持查封、扣押。

第二十条 环境保护主管部门实施查封、扣押后，应当及时查清事实，有下列情形之一的，应当立即作出解除查封、扣押决定：

（一）对违反法律法规规定排放污染物行为已经作出行政处罚或者处理决定，不再需要实施查封、扣押的；

（二）查封、扣押期限已经届满的；

（三）其他不再需要实施查封、扣押的情形。

第二十一条 查封、扣押措施被解除的，环境保护主管部门应当立即通知排污者，并自解除查封、扣押决定作出之日起三个工作日内送达解除决定。

扣押措施被解除的，还应当通知排污者领回扣押物；无法通知的，应当进行公告，排污者应当自招领公告发布之日起六十日内领回；逾期未领回的，所造成的损失由排污者自行承担。

扣押物无法返还的，环境保护主管部门可以委托拍卖机构依法拍卖或者变卖，所得款项上缴国库。

第二十二条 排污者涉嫌环境污染犯罪已由公安机关立案侦查的，环境保护主管部门应当依法移送查封、扣押的设施、设备及有关法律文书、清单。

第二十三条 环境保护主管部门对查封后的设施、设备应当定期检视其封存情况。

排污者阻碍执法、擅自损毁封条、变更查封状态或者隐藏、转移、变卖、启用已查封的设施、设备的，环境保护主管部门应当依据《中华人民共和国治安管理处罚法》等法律法规及时提请公安机关依法处理。

第四章 附 则

第二十四条 本办法由国务院环境保护主管部门负责解释。

第二十五条 本办法自2015年1月1日起施行。

环境保护主管部门实施限制生产、停产整治办法

环境保护部令　第 30 号

第一章　总　则

第一条　为规范实施限制生产、停产整治措施，依据《中华人民共和国环境保护法》，制定本办法。

第二条　县级以上环境保护主管部门对超过污染物排放标准或者超过重点污染物排放总量控制指标排放污染物的企业事业单位和其他生产经营者（以下称排污者），责令采取限制生产、停产整治措施的，适用本办法。

第三条　环境保护主管部门作出限制生产、停产整治决定时，应当责令排污者改正或者限期改正违法行为，并依法实施行政处罚。

第四条　环境保护主管部门实施限制生产、停产整治的，应当依法向社会公开限制生产、停产整治决定，限制生产延期情况和解除限制生产、停产整治的日期等相关信息。

第二章　适用范围

第五条　排污者超过污染物排放标准或者超过重点污染物日最高允许排放总量控制指标的，环境保护主管部门可以责令其采取限制生产措施。

第六条　排污者有下列情形之一的，环境保护主管部门可以责令其采取停产整治措施：

（一）通过暗管、渗井、渗坑、灌注或者篡改、伪造监测数据，或者不正常运行防治污染设施等逃避监管的方式排放污染物，超过污染物排放标准的；

（二）非法排放含重金属、持久性有机污染物等严重危害环境、损害人体健康的污染物超过污染物排放标准三倍以上的；

（三）超过重点污染物排放总量年度控制指标排放污染物的；

（四）被责令限制生产后仍然超过污染物排放标准排放污染物的；

（五）因突发事件造成污染物排放超过排放标准或者重点污染物排放总量控制指

标的；

（六）法律、法规规定的其他情形。

第七条 具备下列情形之一的排污者，超过污染物排放标准或者超过重点污染物排放总量控制指标排放污染物的，环境保护主管部门应当按照有关环境保护法律法规予以处罚，可以不予实施停产整治：

（一）城镇污水处理、垃圾处理、危险废物处置等公共设施的运营单位；

（二）生产经营业务涉及基本民生、公共利益的；

（三）实施停产整治可能影响生产安全的。

第八条 排污者有下列情形之一的，由环境保护主管部门报经有批准权的人民政府责令停业、关闭：

（一）两年内因排放含重金属、持久性有机污染物等有毒物质超过污染物排放标准受过两次以上行政处罚，又实施前列行为的；

（二）被责令停产整治后拒不停产或者擅自恢复生产的；

（三）停产整治决定解除后，跟踪检查发现又实施同一违法行为的；

（四）法律法规规定的其他严重环境违法情节的。

第三章 实施程序

第九条 环境保护主管部门在作出限制生产、停产整治决定前，应当做好调查取证工作。

责令限制生产、停产整治的证据包括现场检查笔录、调查询问笔录、环境监测报告、视听资料、证人证言和其他证明材料。

第十条 作出限制生产、停产整治决定前，应当书面报经环境保护主管部门负责人批准；案情重大或者社会影响较大的，应当经环境保护主管部门案件审查委员会集体审议决定。

第十一条 环境保护主管部门作出限制生产、停产整治决定前，应当告知排污者有关事实、依据及其依法享有的陈述、申辩或者要求举行听证的权利；就同一违法行为进行行政处罚的，可以在行政处罚事先告知书或者行政处罚听证告知书中一并告知。

第十二条 环境保护主管部门作出限制生产、停产整治决定的，应当制作责令限制生产决定书或者责令停产整治决定书，也可以在行政处罚决定书中载明。

第十三条 责令限制生产决定书和责令停产整治决定书应当载明下列事项：

（一）排污者的基本情况，包括名称或者姓名、营业执照号码或者居民身份证号码、组织机构代码、地址以及法定代表人或者主要负责人姓名等；

（二）违法事实、证据，以及作出限制生产、停产整治决定的依据；

（三）责令限制生产、停产整治的改正方式、期限；

（四）排污者应当履行的相关义务及申请行政复议或者提起行政诉讼的途径和期限；

（五）环境保护主管部门的名称、印章和决定日期。

第十四条 环境保护主管部门应当自作出限制生产、停产整治决定之日起七个工作日内将决定书送达排污者。

第十五条 限制生产一般不超过三个月；情况复杂的，经本级环境保护主管部门负责人批准，可以延长，但延长期限不得超过三个月。

停产整治的期限，自责令停产整治决定书送达排污者之日起，至停产整治决定解除之日止。

第十六条 排污者应当在收到责令限制生产决定书或者责令停产整治决定书后立即整改，并在十五个工作日内将整改方案报作出决定的环境保护主管部门备案并向社会公开。整改方案应当确定改正措施、工程进度、资金保障和责任人员等事项。

被限制生产的排污者在整改期间，不得超过污染物排放标准或者重点污染物日最高允许排放总量控制指标排放污染物，并按照环境监测技术规范进行监测或者委托有条件的环境监测机构开展监测，保存监测记录。

第十七条 排污者完成整改任务的，应当在十五个工作日内将整改任务完成情况和整改信息社会公开情况，报作出限制生产、停产整治决定的环境保护主管部门备案，并提交监测报告以及整改期间生产用电量、用水量、主要产品产量与整改前的对比情况等材料。限制生产、停产整治决定自排污者报环境保护主管部门备案之日起解除。

第十八条 排污者有下列情形之一的，限制生产、停产整治决定自行终止：

（一）依法被撤销、解散、宣告破产或者因其他原因终止营业的；

（二）被有批准权的人民政府依法责令停业、关闭的。

第十九条 排污者被责令限制生产、停产整治后，环境保护主管部门应当按照相关规定对排污者履行限制生产、停产整治措施的情况实施后督察，并依法进行处理或者处罚。

第二十条 排污者解除限制生产、停产整治后，环境保护主管部门应当在解除之日起三十日内对排污者进行跟踪检查。

第四章　附　则

第二十一条 本办法由国务院环境保护主管部门负责解释。

第二十二条 本办法自 2015 年 1 月 1 日起施行。

企业事业单位环境信息公开办法

环境保护部令 第31号

第一条 为维护公民、法人和其他组织依法享有获取环境信息的权利，促进企业事业单位如实向社会公开环境信息，推动公众参与和监督环境保护，根据《中华人民共和国环境保护法》《企业信息公示暂行条例》等有关法律法规，制定本办法。

第二条 环境保护部负责指导、监督全国企业事业单位环境信息公开工作。

县级以上环境保护主管部门负责指导、监督本行政区域内的企业事业单位环境信息公开工作。

第三条 企业事业单位应当按照强制公开和自愿公开相结合的原则，及时、如实地公开其环境信息。

第四条 环境保护主管部门应当建立健全指导、监督企业事业单位环境信息公开工作制度。环境保护主管部门开展指导、监督企业事业单位环境信息公开工作所需经费，应当列入本部门的行政经费预算。

有条件的环境保护主管部门可以建设企业事业单位环境信息公开平台。

企业事业单位应当建立健全本单位环境信息公开制度，指定机构负责本单位环境信息公开日常工作。

第五条 环境保护主管部门应当根据企业事业单位公开的环境信息及政府部门环境监管信息，建立企业事业单位环境行为信用评价制度。

第六条 企业事业单位环境信息涉及国家秘密、商业秘密或者个人隐私的，依法可以不公开；法律、法规另有规定的，从其规定。

第七条 设区的市级人民政府环境保护主管部门应当于每年3月底前确定本行政区域内重点排污单位名录，并通过政府网站、报刊、广播、电视等便于公众知晓的方式公布。

环境保护主管部门确定重点排污单位名录时，应当综合考虑本行政区域的环境容量、重点污染物排放总量控制指标的要求，以及企业事业单位排放污染物的种类、数量和浓度等因素。

第八条 具备下列条件之一的企业事业单位，应当列入重点排污单位名录：

（一）被设区的市级以上人民政府环境保护主管部门确定为重点监控企业的；

（二）具有试验、分析、检测等功能的化学、医药、生物类省级重点以上实验室、二级以上医院、污染物集中处置单位等污染物排放行为引起社会广泛关注的或者可能对环境敏感区造成较大影响的；

（三）三年内发生较大以上突发环境事件或者因环境污染问题造成重大社会影响的；

（四）其他有必要列入的情形。

第九条 重点排污单位应当公开下列信息：

（一）基础信息，包括单位名称、组织机构代码、法定代表人、生产地址、联系方式，以及生产经营和管理服务的主要内容、产品及规模；

（二）排污信息，包括主要污染物及特征污染物的名称、排放方式、排放口数量和分布情况、排放浓度和总量、超标情况，以及执行的污染物排放标准、核定的排放总量；

（三）防治污染设施的建设和运行情况；

（四）建设项目环境影响评价及其他环境保护行政许可情况；

（五）突发环境事件应急预案；

（六）其他应当公开的环境信息。

列入国家重点监控企业名单的重点排污单位还应当公开其环境自行监测方案。

第十条 重点排污单位应当通过其网站、企业事业单位环境信息公开平台或者当地报刊等便于公众知晓的方式公开环境信息，同时可以采取以下一种或者几种方式予以公开：

（一）公告或者公开发行的信息专刊；

（二）广播、电视等新闻媒体；

（三）信息公开服务、监督热线电话；

（四）本单位的资料索取点、信息公开栏、信息亭、电子屏幕、电子触摸屏等场所或者设施；

（五）其他便于公众及时、准确获得信息的方式。

第十一条 重点排污单位应当在环境保护主管部门公布重点排污单位名录后九十日内公开本办法第九条规定的环境信息；环境信息有新生成或者发生变更情形的，重点排污单位应当自环境信息生成或者变更之日起三十日内予以公开。法律、法规另有规定的，从其规定。

第十二条 重点排污单位之外的企业事业单位可以参照本办法第九条、第十条和第十一条的规定公开其环境信息。

第十三条 国家鼓励企业事业单位自愿公开有利于保护生态、防治污染、履行社会环境责任的相关信息。

第十四条 环境保护主管部门有权对重点排污单位环境信息公开活动进行监督检查。被检查者应当如实反映情况，提供必要的资料。

第十五条 环境保护主管部门应当宣传和引导公众监督企业事业单位环境信息公开工作。公民、法人和其他组织发现重点排污单位未依法公开环境信息的，有权向环境保护主管部门举报。接受举报的环境保护主管部门应当对举报人的相关信息予以保密，保护举报人的合法权益。

第十六条 重点排污单位违反本办法规定，有下列行为之一的，由县级以上环境保护主管部门根据《中华人民共和国环境保护法》的规定责令公开，处三万元以下罚款，并予以公告：

（一）不公开或者不按照本办法第九条规定的内容公开环境信息的；

（二）不按照本办法第十条规定的方式公开环境信息的；

（三）不按照本办法第十一条规定的时限公开环境信息的；

（四）公开内容不真实、弄虚作假的。

法律、法规另有规定的，从其规定。

第十七条 本办法由国务院环境保护主管部门负责解释。

第十八条 本办法自 2015 年 1 月 1 日起施行。

突发环境事件调查处理办法

环境保护部令　第 32 号

第一条　为规范突发环境事件调查处理工作，依照《中华人民共和国环境保护法》《中华人民共和国突发事件应对法》等法律法规，制定本办法。

第二条　本办法适用于对突发环境事件的原因、性质、责任的调查处理。

核与辐射突发事件的调查处理，依照核与辐射安全有关法律法规执行。

第三条　突发环境事件调查应当遵循实事求是、客观公正、权责一致的原则，及时、准确查明事件原因，确认事件性质，认定事件责任，总结事件教训，提出防范和整改措施建议以及处理意见。

第四条　环境保护部负责组织重大和特别重大突发环境事件的调查处理；省级环境保护主管部门负责组织较大突发环境事件的调查处理；事发地设区的市级环境保护主管部门视情况组织一般突发环境事件的调查处理。

上级环境保护主管部门可以视情况委托下级环境保护主管部门开展突发环境事件调查处理，也可以对由下级环境保护主管部门负责的突发环境事件直接组织调查处理，并及时通知下级环境保护主管部门。

下级环境保护主管部门对其负责的突发环境事件，认为需要由上一级环境保护主管部门调查处理的，可以报请上一级环境保护主管部门决定。

第五条　突发环境事件调查应当成立调查组，由环境保护主管部门主要负责人或者主管环境应急管理工作的负责人担任组长，应急管理、环境监测、环境影响评价管理、环境监察等相关机构的有关人员参加。

环境保护主管部门可以聘请环境应急专家库内专家和其他专业技术人员协助调查。

环境保护主管部门可以根据突发环境事件的实际情况邀请公安、交通运输、水利、农业、卫生、安全监管、林业、地震等有关部门或者机构参加调查工作。

调查组可以根据实际情况分为若干工作小组开展调查工作。工作小组负责人由调查组组长确定。

第六条　调查组成员和受聘请协助调查的人员不得与被调查的突发环境事件有利害关系。

调查组成员和受聘请协助调查的人员应当遵守工作纪律，客观公正地调查处理突发环境事件，并在调查处理过程中恪尽职守，保守秘密。未经调查组组长同意，不得擅自发布突发环境事件调查的相关信息。

第七条　开展突发环境事件调查，应当制定调查方案，明确职责分工、方法步骤、时间安排等内容。

第八条　开展突发环境事件调查，应当对突发环境事件现场进行勘查，并可以采取以下措施：

（一）通过取样监测、拍照、录像、制作现场勘查笔录等方法记录现场情况，提取相关证据材料；

（二）进入突发环境事件发生单位、突发环境事件涉及的相关单位或者工作场所，调取和复制相关文件、资料、数据、记录等；

（三）根据调查需要，对突发环境事件发生单位有关人员、参与应急处置工作的知情人员进行询问，并制作询问笔录。

进行现场勘查、检查或者询问，不得少于两人。

突发环境事件发生单位的负责人和有关人员在调查期间应当依法配合调查工作，接受调查组的询问，并如实提供相关文件、资料、数据、记录等。因客观原因确实无法提供的，可以提供相关复印件、复制品或者证明该原件、原物的照片、录像等其他证据，并由有关人员签字确认。

现场勘查笔录、检查笔录、询问笔录等，应当由调查人员、勘查现场有关人员、被询问人员签名。

开展突发环境事件调查，应当制作调查案卷，并由组织突发环境事件调查的环境保护主管部门归档保存。

第九条　突发环境事件调查应当查明下列情况：

（一）突发环境事件发生单位基本情况；

（二）突发环境事件发生的时间、地点、原因和事件经过；

（三）突发环境事件造成的人身伤亡、直接经济损失情况，环境污染和生态破坏情况；

（四）突发环境事件发生单位、地方人民政府和有关部门日常监管和事件应对情况；

（五）其他需要查明的事项。

第十条　环境保护主管部门应当按照所在地人民政府的要求，根据突发环境事件应急处置阶段污染损害评估工作的有关规定，开展应急处置阶段污染损害评估。

应急处置阶段污染损害评估报告或者结论是编写突发环境事件调查报告的重要依据。

第十一条　开展突发环境事件调查，应当查明突发环境事件发生单位的下列情况：

（一）建立环境应急管理制度、明确责任人和职责的情况；

（二）环境风险防范设施建设及运行的情况；

（三）定期排查环境安全隐患并及时落实环境风险防控措施的情况；

（四）环境应急预案的编制、备案、管理及实施情况；

（五）突发环境事件发生后的信息报告或者通报情况；

（六）突发环境事件发生后，启动环境应急预案，并采取控制或者切断污染源防止污染扩散的情况；

（七）突发环境事件发生后，服从应急指挥机构统一指挥，并按要求采取预防、处置措施的情况；

（八）生产安全事故、交通事故、自然灾害等其他突发事件发生后，采取预防次生突发环境事件措施的情况；

（九）突发环境事件发生后，是否存在伪造、故意破坏事发现场，或者销毁证据阻碍调查的情况。

第十二条 开展突发环境事件调查，应当查明有关环境保护主管部门环境应急管理方面的下列情况：

（一）按规定编制环境应急预案和对预案进行评估、备案、演练等的情况，以及按规定对突发环境事件发生单位环境应急预案实施备案管理的情况；

（二）按规定赶赴现场并及时报告的情况；

（三）按规定组织开展环境应急监测的情况；

（四）按职责向履行统一领导职责的人民政府提出突发环境事件处置或者信息发布建议的情况；

（五）突发环境事件已经或者可能涉及相邻行政区域时，事发地环境保护主管部门向相邻行政区域环境保护主管部门的通报情况；

（六）接到相邻行政区域突发环境事件信息后，相关环境保护主管部门按规定调查了解并报告的情况；

（七）按规定开展突发环境事件污染损害评估的情况。

第十三条 开展突发环境事件调查，应当收集地方人民政府和有关部门在突发环境事件发生单位建设项目立项、审批、验收、执法等日常监管过程中和突发环境事件应对、组织开展突发环境事件污染损害评估等环节履职情况的证据材料。

第十四条 开展突发环境事件调查，应当在查明突发环境事件基本情况后，编写突发环境事件调查报告。

第十五条 突发环境事件调查报告应当包括下列内容：

（一）突发环境事件发生单位的概况和突发环境事件发生经过；

（二）突发环境事件造成的人身伤亡、直接经济损失，环境污染和生态破坏的情况；

（三）突发环境事件发生的原因和性质；

（四）突发环境事件发生单位对环境风险的防范、隐患整改和应急处置情况；

（五）地方政府和相关部门日常监管和应急处置情况；

（六）责任认定和对突发环境事件发生单位、责任人的处理建议；

（七）突发环境事件防范和整改措施建议；

（八）其他有必要报告的内容。

第十六条　特别重大突发环境事件、重大突发环境事件的调查期限为六十日；较大突发环境事件和一般突发环境事件的调查期限为三十日。突发环境事件污染损害评估所需时间不计入调查期限。

调查组应当按照前款规定的期限完成调查工作，并向同级人民政府和上一级环境保护主管部门提交调查报告。

调查期限从突发环境事件应急状态终止之日起计算。

第十七条　环境保护主管部门应当依法向社会公开突发环境事件的调查结论、环境影响和损失的评估结果等信息。

第十八条　突发环境事件调查过程中发现突发环境事件发生单位涉及环境违法行为的，调查组应当及时向相关环境保护主管部门提出处罚建议。相关环境保护主管部门应当依法对事发单位及责任人员予以行政处罚；涉嫌构成犯罪的，依法移送司法机关追究刑事责任。发现其他违法行为的，环境保护主管部门应当及时向有关部门移送。

发现国家行政机关及其工作人员、突发环境事件发生单位中由国家行政机关任命的人员涉嫌违法违纪的，环境保护主管部门应当依法及时向监察机关或者有关部门提出处分建议。

第十九条　对于连续发生突发环境事件，或者突发环境事件造成严重后果的地区，有关环境保护主管部门可以约谈下级地方人民政府主要领导。

第二十条　环境保护主管部门应当将突发环境事件发生单位的环境违法信息记入社会诚信档案，并及时向社会公布。

第二十一条　环境保护主管部门可以根据调查报告，对下级人民政府、下级环境保护主管部门下达督促落实突发环境事件调查报告有关防范和整改措施建议的督办通知，并明确责任单位、工作任务和完成时限。

接到督办通知的有关人民政府、环境保护主管部门应当在规定时限内，书面报送事件防范和整改措施建议的落实情况。

第二十二条　本办法由环境保护部负责解释。

第二十三条　本办法自 2015 年 3 月 1 日起施行。

第二篇

规划计划

重金属污染综合防治“十二五”规划

环发〔2011〕17号

前 言

重金属污染具有长期性、累积性、潜伏性和不可逆性等特点，危害大、治理成本高。我国在长期的矿产开采、加工以及工业化进程中累积形成的重金属污染近年来逐渐显现，污染事件呈多发态势，对生态环境和群众健康构成了严重威胁。党中央、国务院对此高度重视，作出了一系列重要部署。2009 年 11 月，国务院办公厅转发了环境保护部等部门《关于加强重金属污染防治工作的指导意见》，明确了重金属污染防治的目标任务、工作重点以及相关政策措施。各地区和各有关部门按照国务院的部署，加大落后产能淘汰力度，完善产业结构调整政策措施，严格环境管理，强化执法监督，不断加大政策和资金支持力度，重金属污染防治工作稳步推进。为切实抓好重金属污染防治，保护群众身体健康，促进社会和谐稳定，依据有关法律法规和国务院办公厅通知要求，环境保护部会同发展改革委、工业和信息化部、财政部、国土资源部、农业部、卫生部等部门编制了《重金属污染综合防治“十二五”规划》。

本规划的基本思路是控新治旧、削减存量，着力点是调结构、保安全、防风险，立足于源头预防、过程阻断、清洁生产、末端治理的全过程综合防控理念，遵循统筹规划、突出重点，控新治旧、综合防治，政府引导、企业主体的原则，突出重点防控的污染物、区域、行业和企业，明确了重金属污染防治目标、任务和政策措施，通过转变发展方式、优化产业结构、推进技术进步、加强重金属污染源监管，逐步建立起比较完善的重金属污染防治体系、事故应急体系和环境与健康风险评估体系，有效防控重金属污染。

一、重金属污染防治现状

（一）部分地区环境中重金属超标

据监测，近 5 年，全国一些地表水监测断面存在重金属个别时段超标现象；个别城镇集中式饮用水水源地也存在铬、汞、铅等超标现象。有色金属冶炼、铅蓄电池、再生铅、燃煤电厂、水泥、钢铁冶炼等行业的部分企业周边大气重金属浓度较高。全国一些地区土壤存在不同程度的重金属污染，主要污染物是汞、铅、砷，其次为铬、镉、铜、锌、锰、铊等。

（二）重金属污染危害影响较为突出

重金属元素具有较强的迁移、富集和隐藏性，可经空气、水、食物链等途径进入人体，生物毒性显著，易引发慢性中毒，具有致癌、致畸及致突变作用，对免疫系统有一定影响，威胁人体健康和食品安全。由于重金属污染持续时间长、治理技术落后、监督管理薄弱，重金属的不可降解性使部分地区水体底泥、场地和土壤中污染物不断累积，潜在事故风险较高。据不完全统计，2005—2009 年，全国发生重金属污染事件 39 起，特别是 2009 年以来连续发生的陕西凤翔县、湖南武冈市和浏阳市等 20 多起重特大重金属污染事件，对群众健康造成了严重威胁。

（三）重金属污染防治存在的主要问题

1. 工业布局不合理，缺乏统一规划。我国重金属相关企业总体上布局较为分散，缺乏统一规划，部分项目分布在江河两岸、居民生活区，以及资源环境承载能力薄弱区和饮用水水源保护区等环境敏感区，对环境安全与群众健康构成严重威胁。

2. 产业结构不合理，发展方式无序。我国粗放型发展方式尚未根本改变，相关产业结构调整力度有待加强，落后产能淘汰力度不足，环境准入制度执行不严，大量重金属相关企业无序发展，结构性污染突出。

3. 生产工艺技术落后，治理水平不高。电镀、冶炼、化工、制革、电池制造等重金属相关行业部分企业生产设施简陋、工艺落后，一些企业无组织排放现象严重，废水、废气治理设施达标率低，污染事故时有发生。

4. 法规制度建设滞后，标准体系不完善。我国还没有重金属污染防治的专门法规，现行环境质量标准中重金属污染控制内容较少，重金属累积效应考虑不足，污染源排放标准与人体健康标准尚未充分衔接，重点行业、重点区域的重金属污染防治技术要求有待补充完善，重金属污染物排放地方标准体系尚未建立。

5. 基础工作薄弱，技术支撑能力不足。我国尚未系统开展工业企业重金属污染排放监测和土壤重金属环境质量监测，重金属污染的面积、种类和水平不清，对重点区域及污染隐患的危害程度掌握不够，相关基础调查、风险评估、科学研究、技术研发、产业扶持和制度政策等滞后于污染防控的需求。

6. 环境监管能力不足，监督管理不到位。环保部门监管能力有限，特别是县级环保机构普遍存在监管人员不足、技术力量不强和监测能力不够等问题。重金属污染物排放自动在线监控装置缺乏，环境应急装备水平偏低，污染预警应急体系尚未建立。部分地方执法不严、监管不到位，也是造成重金属污染严重的重要原因之一。

二、指导思想、基本原则、工作重点和目标

（一）指导思想

以邓小平理论和“三个代表”重要思想为指导，深入贯彻落实科学发展观，坚持以人为本，突出重点防控的地区、行业和企业，加大产业结构调整和投入力度，健全法规标准体系，强化环境执法监管，提高健康危害监测和诊疗能力，依靠科技进步，加强舆论引导，完善政策措施，严格落实责任，扎实做好重金属污染综合防治工作，切实维护人民群众利益和社会和谐稳定。

（二）基本原则

统筹规划，突出重点。近期和远期相结合，统筹污染防治与产业发展，统筹现有污染源整治与解决历史遗留污染问题，突出重金属污染防控的重点地区、行业和企业，分区、分类、分期推进污染防治。

控新治旧，综合防治。坚持源头预防，严格准入，优化产业结构，降低产污强度，严格控制新增污染物排放。加强现有污染源监管，加大落后产能淘汰力度，实施综合整治，努力消化污染存量、多还旧账、保安全、防风险。

政府引导，企业主体。充分发挥政府引导作用，为重金属污染防治提供政策和制度保障，做到目标、任务与投入、政策的匹配。严格落实企业的主体责任，强化责任追究，做到稳定达标排放。鼓励社会参与，加强环境信息公开和舆论引导监督。

（三）工作重点

重点污染物。重点防控的重金属污染物是铅（Pb）、汞（Hg）、镉（Cd）、铬（Cr）和类金属砷（As）等，兼顾镍（Ni）、铜（Cu）、锌（Zn）、银（Ag）、钒（V）、锰（Mn）、钴（Co）、铊（Tl）、锑（Sb）等其他重金属污染物。

重点省份。重金属污染防治任务较重的省份。

重点区域。依据重金属产业集中程度和区域环境质量状况，划定的重金属污染防控重点区域。

重点行业。依据重金属污染物的产生量和排放量，确定重金属污染防控的重点行业

是：重有色金属矿（含伴生矿）采选业（铜矿采选、铅锌矿采选、镍钴矿采选、锡矿采选、锑矿采选和汞矿采选业等）、重有色金属冶炼业（铜冶炼、铅锌冶炼、镍钴冶炼、锡冶炼、锑冶炼和汞冶炼等）、铅蓄电池制造业、皮革及其制品业（皮革鞣制加工等）、化学原料及化学制品制造业（基础化学原料制造和涂料、油墨、颜料及类似产品制造等）。

重点企业。重金属污染防控重点企业是指具有潜在环境危害风险的重金属排放企业。

（四）目标

到 2015 年，集中解决一批危害群众健康和生态环境的突出问题，建立起比较完善的重金属污染防治体系、事故应急体系和环境与健康风险评估体系。重金属相关产业结构进一步优化，污染源综合防治水平大幅度提升，突发性重金属污染事件高发态势得到基本遏制。城镇集中式地表水饮用水水源重点污染物指标基本达标，重点企业实现稳定达标排放，重点区域重点重金属污染物排放量比 2007 年减少 15%，环境质量有所好转，湘江等流域、区域治理取得明显进展；非重点区域重点重金属污染物排放量不超过 2007 年水平，重金属污染得到有效控制。

三、主要任务

（一）切实转变发展方式，加大重点行业防控力度

1. 加大落后产能淘汰力度，减少重金属污染物产生

严格依法淘汰落后产能。坚持调结构、促减排，严格执行国家有关产业政策、相关行业调整振兴规划，分区域制定和实施重点行业的落后产能淘汰措施。工业和信息化主管部门要进一步扩大重金属相关落后产能和工艺设备的淘汰范围，将其纳入工业领域淘汰落后生产工艺装备和产品目录，淘汰的工艺、设备要分解落实到具体企业，并确保按期完成。

有关部门要加强对淘汰落后产能工作的监督考核，定期向社会公告限期淘汰的企业名单和各地执行情况。对未能按期完成淘汰落后产能的地区，暂停其新增重点重金属污染物排放的建设项目环评审批；对未经环保部门审批以及治理无望、实施停产治理后仍不能达标排放的企业，地方政府应依法予以关停。改善土地利用计划调控，依照《禁止用地项目目录》，禁止为高氯化汞触媒项目、有钙焙烧铬化合物生产装置、开口式普通铅酸蓄电池项目等办理用地相关手续。禁止将落后产能向农村和不发达地区转移。支持优势企业兼并、重组，淘汰落后产能。

2. 提高行业准入门槛，严格限制排放重金属相关项目

严格准入条件，优化产业布局。坚持新增产能与淘汰产能“等量置换”或“减量置换”的原则，鼓励各省（区、市）在其非重点区域内探索重金属排放量置换、交易试点，实施“以大带小”“以新带老”，实现重点重金属污染物新增排放量零增长。制定和完善重点区域行业准入条件，进一步提高节能、环保、安全、土地使用和职业安全卫生方面的准入标准，严格环评、土地和安全生产许可审批，实施重金属相关产业准入公告制度。按照《外商投资产业指导目录》，严格限制排放重金属污染物的外资项目。新建、改建相关项目必须符合环保、节能、资源管理等方面的法律、法规，符合国家产业政策和规划要求，符合土地利用总体规划、土地供应政策和产业用地标准，并依法办理相关手续，禁止向重金属相关行业落后产能和产能严重过剩行业项目提供土地。将环境与健康风险评价作为重金属建设项目环境影响评价的重要内容。建设排放重金属污染物的项目时，要科学确定环境安全防护距离，保障周边群众健康。

禁止在重点区域新建、改建、扩建增加重金属污染物排放的项目，禁止在重要生态功能区和因重金属污染导致环境质量不能稳定达标区域新建相关项目。制定并实施重点区域行业重金属污染物特别排放限值。对现有重金属排放企业，严格按照产污强度和安全防护距离要求，实施准入、淘汰和退出制度。

（二）采用综合手段，严格污染源监管

1. 加大执法力度，确保污染源稳定达标排放

各地环保部门应将重金属相关企业作为重点污染源进行管理。各省级环保部门应适时公布重点企业名单，2012 年年底前，全面建立企业环境管理档案，实施重点监管，通过环保验收正式投入生产的建设项目应及时纳入数据库，已经淘汰、关停的企业应定期注销；企业生产、日常环境管理、清洁生产、治理设施运行情况、在线自动监测装置安装及联网情况、监测数据、污染事故、环境应急预案、环境执法及解决历史遗留污染问题等情况要纳入数据库，实施综合分析、动态管理。

将整治重金属违法排污企业作为全国整治违法排污企业保障群众健康环保专项行动的重点，依法关闭并拆除饮用水水源保护区内的所有重金属排放企业，从严查处一批未经环评审批许可开工建设、未执行“三同时”和环保验收、采用淘汰生产工艺、重金属污染物超标排放等环境隐患问题突出的企业，依法停止相关项目建设，造成污染的，要依法加大惩处力度，采取更加严格的措施予以整治，直至依法关停取缔。

全面实施重金属排放企业环境监督员制度，加强对企业的污染防治、监督和检查。建立重金属排放企业监督性监测和检查制度。各地每两个月对重金属排放企业车间（或车间处理设施排放口）、企业排污口水质及厂界无组织排放情况开展一次监督性监测，

重点检查物料的管理、重金属污染物处置和应急处置设施情况等。

2. 规范日常环境管理，严格落实企业责任

要着力提高重金属相关企业员工污染隐患和环境风险防范意识，制定并完善企业重金属污染环境应急预案，定期开展培训和演练。规范企业物料堆放场、废渣场、排污口的管理，减少无组织排放，保证污染治理设施正常稳定运行。相关企业应建立重金属污染物产生、排放台账，并纳入厂务公开内容，公布重金属污染物排放和环境管理情况。企业产量和生产原辅料发生变化时应及时向当地环保部门报告，实施动态管理；建立特征污染物日监测制度，每月向当地环保部门报告；建立企业环境信息披露制度，每年向社会发布企业年度环境报告，公布含重金属污染物排放和环境管理等情况，接受社会监督。环保部门要及时向有关部门通报执法监管等有关信息。

3. 鼓励公众和媒体参与监督

强化新闻媒体和社会公众对重金属污染防治的知情权、参与权、监督权。加大环保举报热线“12369”宣传力度，及时受理群众举报，并迅速核实、处理。有关部门每三年对排放重金属污染物的上市公司进行一次后评估，将重金属相关环境信息作为上市公司信息披露的重要内容。重金属污染事件的查处情况应按规定及时向社会公布。要加大新闻宣传力度，组织编写、发放重金属污染防治科普宣传品，广泛开展重金属健康危害预防、控制的宣传工作。

（三）积极推行清洁生产，实施污染源综合防治

1. 推动产业技术进步

坚持控新治旧，强化从源头防控重金属污染，大力推广安全高效、能耗物耗低、环保达标、资源综合利用效果好的先进生产工艺。

重点行业防控要求

重点行业	产业防控要求	生产工艺要求
重有色金属矿采选业	新建铅锌矿山规模不得低于单体矿3万吨/年，服务年限15年以上，中型矿山单体矿规模大于30万吨/年。浮选法选矿工艺处理矿量1 000吨/日以上。露采区按照环保和水土保持要求完成矿区环境恢复。尾矿库采取防止渗漏措施。废渣、废水再利用，弃渣固化、无害化处理	鼓励紧缺资源及难采矿床深度开采。提高采矿成套机械设备的自动化水平。提高采矿回采率、选矿回收率。凿岩、铲运、放矿、出矿和运输（机车、汽车和皮带）等采用湿式作业；溜井出矿、露天穿孔、破碎和皮带运输等采用密闭抽尘和净化措施

重点行业防控要求		
重点行业	产业防控要求	生产工艺要求
重有色金属矿采选业	严格控制新增产能。新建冶炼企业不得在饮用水水源保护区等需要特殊保护的地区、大中城市及其近郊、居民集中区以及对环境质量要求高的企业环境安全防护距离内建设。新建项目需配套完善的资源综合利用、余热回收、污染治理等设施；火法冶金工艺进行冶炼应在密闭条件下进行，并设置尾气净化系统、报警系统和应急处理装置；湿法冶金工艺冶炼应建设尾气除湿净化装置	铅锌冶炼推广铅锌联合冶炼模式；炼铜推广闪速熔炼、顶吹熔炼、诺兰达熔炼以及白银炉熔炼、合成炉熔炼、底吹熔炼等工艺；锡粗炼采用氧气顶吹炉或大型反射炉等工艺，锡火法精炼采用自动控温电热机械结晶机和真空炉工艺等工艺，锡湿法精炼采用电解等工艺；锑冶炼推广真空蒸馏技术处理锑汞矿、湿法工艺处理锑金砷矿和锑铅矿；汞冶炼推广密闭式焙烧炉、湿法炼汞、湿式多段除尘、多段冷凝回收、终端载硫活性炭吸附等
化学原料及化学制品制造业	制定电石法聚氯乙烯行业生产准入条件和低汞触媒产品标准；新建电石法聚氯乙烯企业应使用低汞触媒清洁生产技术；鼓励新建低汞触媒生产企业在电石法聚氯乙烯企业集中地区建设，开展危险废物区域内循环利用。新建、改扩建烧碱生产装置禁止采用普通金属阳极、石墨阳极和水银法电解槽。鼓励单线产能在 3 万吨/年以上、以二氧化钛含量不小于 90%的富钛料为原料氯化法钛白粉装置建设	电石法聚氯乙烯行业加快废低汞触媒中氯化汞和活性炭回收项目建设，加大低汞触媒应用推广力度，加快低汞触媒替代高汞触媒步伐，加大分子筛固汞触媒和无汞触媒等新型环保触媒研发力度；加强生产过程控制与治理，减少汞流失和排放。油墨生产推广有机颜料替代无机颜料。颜料、防霉剂、防腐剂等助剂生产不得人为添加铅、汞、铬、镉等重金属物质
铅蓄电池制造业	研究制定铅蓄电池行业准入条件、废旧铅蓄电池行业准入条件、废旧铅蓄电池回收管理办法和电池行业重金属污染综合防治方案。新建铅蓄电池项目规模应大于 50 万千伏安·时；现有企业技改规模应大于 20 万千伏安·时。再生铅企业从事废铅酸电池收集和处置，应依法取得危险废物经营许可证，严禁将蓄电池破碎产生的废酸液未经处理直接排放。逐步减少和淘汰开口式普通铅蓄电池	推广密封型免维护铅蓄电池，鼓励胶体铅蓄电池和无汞扣式碱性锌锰电池的生产，推动动力锂离子电池和氢镍电池替代镉镍电池、无汞普通锌锰电池替代含汞锌锰电池，加快卷绕式、双极性等新型结构铅蓄电池的研发与生产。按照“谁生产、谁回收，谁污染、谁治理”的原则，实现铅蓄电池从生产到回收再生的封闭循环；鼓励铅冶炼企业和铅蓄电池骨干企业向废铅蓄电池回收处理与再生利用产业链延伸。到 2015 年，实现废旧铅蓄电池回收和综合利用率 90%以上
皮革及其制品业	制定皮革鞣制加工行业准入条件，提高准入门槛，新建皮革鞣制加工企业产量不得低于 20 万标张牛皮；严格执行三价铬鞣制废液单独处理的规定	采用高吸收铬鞣剂和皮革铬鞣废液的循环利用技术，有效利用铬资源，减少含铬污泥的产生量；推进环保型非铬鞣剂、铬污泥再利用技术的研发

2. 大力推进清洁生产

依法实施强制性清洁生产审核，完善重金属相关行业清洁生产技术标准，开展清洁生产培训，组织清洁生产审核评估验收。各省级环保部门要会同有关部门依法公布应当进行强制性清洁生产审核的重金属防控企业名单，对不依法实施清洁生产审核或者虽经审核但不如实报告审核结果的企业，应责令限期改正，对拒不改正的要依法予以处罚。重点企业每两年进行一次强制性清洁生产审核并将审核结果依法向有关部门报告。

抓紧编制重金属相关行业清洁生产实施方案，优先支持先进清洁生产技术示范。鼓励含钒铬渣清洁利用集成技术、液相氧化反应工艺、利用稀土氧化物和硫源（包括气态或固态硫源）高温反应制备相应的稀土硫化物颜料、蓄电池二氧化铅循环利用与氧化铅还原技术等清洁生产技术示范。建立由政府主导、以企业为主体、产学研相结合的清洁生产技术创新与成果转化体系。

建立推进清洁生产的激励机制，对通过实施清洁生产达到国内先进水平的重点企业，地方政府应给予适当奖励。重金属相关企业要结合清洁生产有关标准要求，实施清洁生产方案，改造生产工艺，减少重金属污染产生量和排放量。制订重金属污染企业清洁生产推广计划，设立引导奖励资金，明确鼓励措施和工作要求。

研究建立重金属相关行业单位产值（产品产量）污染物产生和排放强度的综合评价体系和相关管理制度，定期对企业重金属污染物产生和排放强度进行评估，对综合评价排序在前 20%的企业作为示范企业予以奖励，排名位于中间的企业要重点加强日常管理和监管，排名位于后 20%的企业要进行整改。

3. 加大污染源治理力度

加强重金属污染治理设施建设，抓好工艺技术、技术装备、运行管理等关键环节，鼓励企业在达标排放的基础上进行深度处理，建设重金属风险单元围堰和事故应急池，加强回用，减少排放，减少环境风险。

污染源治理措施

污染源	主要污染物	污染治理措施
有色金属采选、冶炼企业	含多种重金属的废水、废气、废渣	废水治理推广高浓度泥浆法处理、电絮凝工艺、膜技术或者离子交换回用。废气治理采用捕集、液体吸收、固体吸附等二级以上过程联合净化。从源头上减少低品位矿渣、烟尘、污泥等产生量。砷渣鼓励采用“置换－氧化－还原”全湿法制取三氧化二砷产品。同类整合，园区化、区域式集中治污
化学原料及化学制品制造业	含汞、铬、砷的废水、废气、废渣	同类整合，园区化、区域式集中治污
皮革及其制品业	含铬废水	同类整合，园区化、区域式集中治污
废旧铅酸蓄电池回收加工业	含铅、汞的废水	推广干法技术及预脱硫-电解沉积全湿法铅回收技术，同类整合，园区化、区域式集中治污
电镀等表面处理（精饰）业	含铬、镉废水	同类整合，园区化、区域式集中治污
电子废物	含铅、镉、汞的废水、废渣	落实不能完全拆解、利用或者处置的电子废物以及其他固体废物或者液态废物的妥善利用或者处置方案，严格执行电子废物污染环境防治管理办法

污染源治理措施		
污染源	主要污染物	污染治理措施
燃煤电厂	含汞废气	提高原煤入洗率和低硫低灰分原煤的比例；提高常规污染物控制设备的协同除汞效果；加强活性炭喷射等除汞技术的研发和示范应用；研究建立汞污染防治技术政策体系
重金属固体废物堆场	含多种重金属的废水、废渣	重金属一般固体废物按照资源化、无害化的要求，综合利用，安全贮存。重金属选、冶企业应实施尾矿、冶炼渣综合利用方案。危险废物送交具有资质的单位进行无害化处理处置
污水处理厂	污泥	无害化处置
生活垃圾填埋场	渗滤液	禁止含有重金属的工业废物进入生活垃圾处理场

4. 实施区域综合整治

以重点区域为核心，推进污染产业密集、历史遗留污染问题突出、风险隐患较大的重金属污染区域综合整治。制定重点区域污染综合防治规划，突出区域特征，强化产业结构调整、清洁生产、污染物末端治理等防治措施，明确各重点区域的防治任务，按照一区一策、分区指导的原则，提出防治对策和相关配套政策。在重点区域实施重金属污染物排放总量控制制度，加大综合防治力度，实现区域重点重金属污染物排放量明显下降。鼓励其他区域积极推进重金属总量控制。

（四）做好修复试点，逐步解决历史遗留污染问题

1. 开展调查评估，建立污染场地清单

围绕重点区域、重点企业和重要历史遗留污染问题，结合第二次全国土地调查、全国土壤现状调查等，自 2011 年开始，开展全国重金属污染场地环境调查与评估，实施加密监测，力争到“十二五”末基本完成基础调查工作，建立国家重金属污染场地数据库和信息管理系统，并实现动态管理。

开展污染场地风险评估，制定评估指标、评估方法和程序，确定污染等级，进行安全性划分。根据风险评估和修复实施可能，确定污染分级标准，划定分级管理名单，确定修复计划、任务、目标和技术路线，实施全过程风险管理。按照污染等级和危害程度，确定“优先修复名单”，制订并实施中长期修复计划。

2. 强化种植结构调整，综合防控土壤重金属污染

加强污染场地环境管理，重金属污染场地土地利用方式或土地使用权人变更时应进行重金属污染调查，并建立相关档案。对污染企业搬迁后的厂址和其他可能受到污染的土地进行开发利用时，环保部门要督促有关责任单位或个人开展污染土壤风险评估，明确修复和治理的责任主体和技术要求，降低土地再利用特别是变更为居住用地对人体健康的影响。区域性或集中式工业用地拟改变其用途的，环保部门要督促有关单位对污染场地进行风险评估，并将评估结果作为规划环评的重要依据。对于污染较重、短期内难

以实施有效治理的场地，应加强监管，封闭污染区域，阻断污染迁移扩散途径，防止发生污染事故。

建立农产品产地土壤分级管理利用制度，对未污染土壤，要采取措施进行保护；对污染程度较低、仍可作为耕地的，地方政府应指导、监督农民种植非食用作物，并采取物理、化学、生物措施进行修复；对重污染土壤，应调整种植结构，开展农产品禁止生产区划分，避免造成农产品污染。

依法合理调整土地用途，对污染严重、不宜作为农用地的土地，地方政府应做好停耕停种工作，国土资源管理部门应根据土地变更的有关规定及《土地利用现状分类》，依据污染土地认定结果，按法定程序进行地类变更。地类变更中涉及耕地和基本农田的，要按照耕地保有量和基本农田保护面积不减少的原则，依法调整土地利用总体规划，补充耕地和补划基本农田，合理确定污染土地的规划用途。污染区域内的规划建设用地，依据土地管理法律法规和有关规定办理建设用地审批手续。

3. 开展修复技术示范，启动历史遗留污染问题治理试点

开展重污染土壤修复技术示范，在重金属污染防治的重点区域进行污染评估，因地制宜地采用生物、工程、物理化学等措施，对典型污水灌区、大中城市周边、重点工矿企业周边、饮用水水源地周边、工矿企业周边土壤开展重金属污染治理、重点河段底泥污染治理、地下水等环境修复技术示范，优先考虑种植树、草等生物治理措施，合理调整种植结构，探索开展土地置换流转、区域封存等多种综合治理方式。建成一批针对性强、技术涉及面广、经济适用的工程技术示范项目，为进一步引导和实施修复计划奠定基础。

实施历史遗留污染问题治理试点工程，在部分重点省份的重点区域逐步开展重金属历史遗留污染问题治理试点，实施综合性治理措施，分阶段、分区域、按类别解决因责任主体灭失、环保设施落后、管理能力不足等造成的重金属历史遗留污染问题。加快实施铬渣、尾矿库等治理方案，确保历史堆存铬渣得到无害化处理，无主尾矿库环境隐患问题得到解决。

（五）强化监管能力建设，提升监管水平

1. 加强重金属监察执法能力建设

加强现场监察执法能力，环保部门要配备必要的现场执法、重金属污染应急监测仪器和取证设备，加强快速反应能力建设；加强基层环保部门对重有色金属采选矿区的监控能力，配备应急执法车辆和取样快速检测设备。推进监察手段的现代化，逐步实现自动化、网络化和智能化。

提高环境执法队伍业务素质，重点加强重金属污染企业生产工艺及污染治理知识、

政策法规、标准等方面的培训，使环境监察人员具备相应的现场监督执法能力；加强对执法人员工作过程的监督，对执法不严的相关工作人员予以严肃处理。

2. 完善重金属监测体系

加强重金属污染环境监测能力，对重点区域所在的县（市、旗、区），配置采样与前处理设备、重金属专项实验室设备，以及空气、地表水环境质量自动监测仪器。有关地方政府要建立定期监测和公告制度，加密监测水质、空气质量和土壤环境质量。对重点区域内的重点企业及其周边水、气、土壤、农产品（水产品）、水生生物、食品要开展重金属长期跟踪监测，建立环境污染监测网络、农产品产地安全监测网络。

推行污染源自动监控，完善污染源自动监控系统建设，提高监控技术手段。在重点区域开展重金属污染物自动监控试点，重金属废水排放企业要安装相应的重金属污染物在线监控装置，重金属废气排放企业优先安装汞、铅、镉尘（烟）等在线监控系统，在线监测装置要与环保部门联网。

3. 健全重金属污染事故预警应急体系

要加强重点区域、流域的环境预警体系建设，重点是加强集中式饮用水水源地、边境河流重金属污染预警体系建设。县级环境监测机构要重点配置现场采样、现场调查及定性与半定量等应急仪器设备，加强重金属污染监测机构应急能力建设。有关地方政府要建立突发性重金属污染事故应急响应机制，健全重金属环境风险源风险防控系统和企业环境应急预案体系，建设精干实用的环境应急处置队伍，储备必要的药剂和活性炭等应急物资，建立环境应急物资储备网络，加强应急演练，建立统一、高效的环境应急信息平台，做好风险防范工作。要依法妥善处理群发性重金属污染健康危害事件，建立快速反应机制，优先保证食品和饮用水安全，控制事态发展。

4. 健全重金属污染健康危害监测与诊疗系统

加强重点区域重金属污染生物检测、健康体检和诊疗救治机构和能力建设，规范开展重金属污染事件高风险人群体检。重点区域所在的县（市、旗、区）和重点省区的市（地）要确定定点医疗机构，根据当地重金属污染特征，配备必要的重金属检测设备，加强人员培训，保障工作经费。完善重金属污染高风险人群健康监测网络和人体重金属污染报告制度，定期对重点区域内食品、饮用水进行重金属监测，对幼儿和中小学生等高风险人群进行生物监测，发现人体重金属超标应及时报告。

健全重金属污染健康危害评价、体检及诊疗和处置等工作规范。开展环境污染健康影响调查和风险评估，对可能发生的环境污染健康危害进行预警。建立环境污染健康危害事件高风险人群定期体检制度，对确诊患者给予积极诊疗。重点地区和企业要加强职工安全防护，提高职业病防治水平。依托中国疾病预防控制中心信息网络，对硬件设备、软件系统进行升级改造和完善，充分整合相关数据资源和信息系统资源，建立重金属污染健康影响数据库和信息报送系统。

（六）加强产品安全管理，提升民生保障水平

1. 加强应急民生保障

突出抓好饮用水水源保护。加强尚未受到重金属污染的饮用水水源地保护，清除保护区内的污染源，加强风险防范措施和风险监管；对水源保护区外因上游污染源导致水源重金属超标的，要切实加强监管，实施深度治理。对重金属本底超标的饮用水水源地或短期内难以治理达标的，应实施应急供水，加强备用水源建设，确保饮用水安全。

对因重金属污染导致生产生活基本条件丧失，且短期内难以根本改善的，地方政府应妥善做好安置、补偿、医疗保险和社会保障等工作，并实施必要的移民安置、避险安置，正确引导舆论，切实维护群众利益，确保社会稳定。

2. 提升农产品安全保障水平

开展农田（耕地）土壤、大中城市周边土壤、矿区土壤重金属污染调查，加强重点区域农产品重金属污染状况评估。对主要农产品产地进行小比例尺加密调查，对重点区域实施定点监测，建立农产品产地安全档案。建立农产品产地重金属污染风险评价与预警体系，摸清各类产地安全质量状况，进行产地适宜性评估，完成农产品产地安全质量分类划分，实施农产品产地安全分级管理。严格控制污灌区面积，严格污水灌溉管理，确保灌溉用水符合农田灌溉水质标准。加强执法监管，禁止在受污染耕地上种植食用作物。加强粮食蔬菜、肉禽蛋奶、水产品和饲料等重金属监测评估，加强生产、流通、消费市场监管，确保食品安全。

3. 减少含重金属相关产品消费

减少含铅油漆、涂料、焊料的生产和使用，强化对农药、化肥、除草剂等农用化学品的环境管理，严禁使用砷类农药，严格控制在食品及饲料中使用含重金属添加剂。采取综合性调控措施，逐步抑制含重金属相关产品的市场需求。

加强电器电子产品生产的全过程管理，贯彻落实《废弃电器电子产品回收处理管理条例》，认真实施《电子信息产品污染控制管理办法》，加强电器电子产品中使用重金属的控制和管理。推进电器电子产品中重金属替代与减量技术研发、试点和推广应用。明确生产厂商在电器电子产品使用、维修和回收的防控责任，鼓励其建立回收网络。在荧光灯生产企业推广固汞替代液汞技术。

完善政府绿色采购制度，剔除目录中不符合环保要求的重金属相关企业及产品名单，运用市场机制对生产和消费行为进行引导，提高全社会的环境意识，推动企业技术进步；鼓励企业研发重金属替代技术，生产环境友好型产品。

四、重点项目

重点项目共分为污染源综合治理、落后产能淘汰、民生应急保障、技术示范、清洁生产、基础能力建设、解决历史遗留污染问题试点等七类。为提高重点项目实施效果，环境保护部会同有关部门建立重点项目库，实行动态管理，由各相关部门按职能分工指导各地区分别在年度计划中予以落实。

（一）污染源综合治理项目

主要是减少重金属排放、防止污染事故发生、实现稳定达标排放的项目，包括治污设施升级改造、污染源环境风险防控设施建设、工业园区重金属“三废”集中处理处置、工业企业污染治理项目等。

（二）落后产能淘汰项目

逐步淘汰不符合产业政策或虽符合产业政策但治理后不能稳定达标的企业。包括列入产业结构调整指导目录、产业振兴调整规划、区域产业政策中处于淘汰类别的生产工艺和生产能力；符合产业政策但经过限期治理难以稳定达标的项目。

（三）民生应急保障项目

主要是饮用水水源保护、应急饮水工程建设等民生应急保障项目。包括对饮用水水源形成严重威胁的尾矿库加固项目、饮用水水源地土壤修复项目、应急饮水工程建设项目等。

（四）技术示范项目

以工程示范带动技术研发和攻关，对采选冶炼清洁生产技术、含重金属污泥综合处理处置、废铅蓄电池资源化利用、植物-微生物-物化联合修复技术、污染源治理技术、污染修复等技术开展示范试点。

（五）清洁生产项目

主要是通过加大清洁生产技术改造力度，减少生产工艺过程中重金属副产物或污染物产生，从源头降低环境风险的项目。

（六）基础能力建设项目

按照重金属污染特征和监测的实际需要，在各地原有能力和仪器装备水平的基础上，逐级配置重金属实验室监测仪器、在线监测仪器、应急监测仪器、重金属采样和前期处理设备以及监察执法设备，并对人员培训和管理给予经费支持。重点支持重点区域所在县（市、旗、区）级和重点省份中的非重点区域所在市（地）级环境监测站、监察机构、疾控机构和定点医疗机构进行必要的重金属检验仪器配置，进行重点区域环境基础等调查评估，开展关键技术研发，开展重金属污染生物检测、健康体检和医疗救治等工作，安排相应的能力建设项目。

（七）解决历史遗留污染问题试点项目

主要是为解决严重危害群众健康和生态环境且责任主体灭失的突出重金属历史遗留污染问题而开展的区域性治理试点工程。包括污染隐患严重的尾矿库、废弃物堆存场地、废渣、受重金属污染农田、矿区生态环境修复等工程项目。

五、政策保障

（一）完善法规标准

（1）健全法规体系。研究起草加强重金属污染防治的法规，做好《环境保护法》《大气污染防治法》《固体废物污染环境防治法》等法律法规的修订工作，增加或细化重金属污染防治内容。完善土壤污染防治、有毒有害气体和化学品环境管理以及污染损害纠纷调处等方面的法律法规。健全重金属污染损害鉴定评估和污染责任保险管理机制，探索建立环境公益诉讼制度。制定淘汰落后产能、人体健康危害诊疗及监测、农产品产地安全分级管理等相关法规、办法。

（2）完善标准体系。制定农用污泥污染物控制标准、底泥环境质量标准和重金属污染人体健康影响判定标准，完善环境空气质量标准、水环境质量标准、农产品重金属限量标准和土壤环境质量标准中重金属指标及其评价技术规范，完善标准分析方法。制定有色金属采选和冶炼、化学原料及化学品制造等重点行业的污染物排放标准，制（修）订燃煤电厂、油墨工业、铬盐工业、汞触媒工业等重金属污染物排放标准。完善重金属污染物排放地方标准。健全重金属污染物监测规范和标准样品体系。加强与世界贸易组织技术贸易壁垒协定有关要求的衔接。

（3）健全技术规范。加强重金属污染防治工程技术规范研究。2012 年年底前，陆续出台重点行业污染防治技术政策、工程技术规范等技术管理文件。制定铅锌冶炼、电镀、锰冶炼、铬盐场地修复等重金属相关行业污染防治技术指导文件。制定土壤污染防治技术政策和工程技术规范；加强大气重金属污染控制技术研究，完善大气污染治理工程技术规范；建立重金属在线连续监测仪器技术及监测方法规范体系，完善重金属环境与健康风险评估办法和技术规范、环境风险源评估办法和分级技术规范。鼓励各地依据当地重金属污染特征，制定地方性技术标准和技术规范。

（二）健全管理制度

（1）建立目标考核制度。落实地方政府环境质量负责制，健全重金属污染防治目标责任制。强化基层政府和重金属相关企业责任意识，建立健全与之相配套的制度措施，确保责任落到实处。建立重金属污染责任终身追究制，对造成环境危害的有关单位和个人要依法追究责任，并进行环境损害赔偿，构成犯罪的，依法移送司法机关。

（2）严格执行环境影响评价制度。编制重点区域重金属产业发展规划、重点行业专项规划，应开展规划环境影响评价，并将规划和规划环评作为受理审批区域内重金属行业相关建设项目环境影响评价文件的前提。涉及重金属污染物的建设项目环境影响评价由省级及以上环保部门负责审批。

（3）实施环境影响后评价制度。制定重金属污染环境影响后评价技术导则，建立重金属污染环境影响后评价指标体系，探索重金属污染对于生态环境的累积影响和人群健康风险评价的方法。将人体健康评估作为后评价的重要内容，开展后评价试点工作。

（三）强化环境经济政策

（1）完善落后产能淘汰机制。进一步完善重金属污染严重企业及落后产能退出机制。鼓励各地结合实际，提高重金属行业淘汰标准、扩大淘汰产品和工艺范围。制定重金属产能退出的财政奖励、转型后土地使用权及出让、贷款贴息、生产配额等经济激励政策，鼓励重金属污染企业主动退出。

（2）发挥信贷税收综合调控作用。环保部门要继续完善“高污染、高环境风险”产品（工艺）名录，作为相关部门制定财税、金融等政策的参考和依据。各相关部门在符合世界贸易组织规则前提下，研究制定对相关产品实行禁止加工贸易、加征出口关税等政策措施。落实资源综合利用、技术开发等税收优惠政策，鼓励重金属资源回收利用，推进含重金属危险废物安全处置和综合利用。研究建立危险废物处理保证金制度。

（3）推行环境污染责任保险制度。推进环境污染损害鉴定评估工作，建立重金属污染损害评估的技术支撑体系、资金保障体系和相关政策体系。引进市场机制，推进保险经纪中介服务，逐步完善污染赔偿机制。重点区域内的重点企业应购买环境污染责任保险，重金属企业发生污染事故后，其保险赔偿金应优先用于对受害者的救治和赔偿。加大对重金属污染受害者的法律援助力度。

（4）提高重金属排污费缴纳标准。充分考虑污染治理成本和环境损失成本等因素，分行业、分种类逐步提高重金属污染物排污费缴纳标准，促使企业升级改造，减少污染物排放。加大超标排放的处罚力度。

（四）加大科技支撑力度

（1）加大科技研发力度。国家重大科技专项、国家科技计划、地方科技计划要重点支持重金属污染防治相关课题研究，加强重金属污染与人体健康损害机理、重金属在环境中迁移转化规律、重金属污染风险评估技术等重大基础课题研究。重点推进重金属污染环境基础调查与评估方法研究、污染源解析技术研究、重金属污染环境功能区划技术研究、重金属污染防治基准标准体系研究，开展重金属污染治理、重金属污染物在线监测、污染应急处置、清洁生产与防治、地下水和场地污染修复等课题研究，启动重金属排放企业环境安全评价方法及环境安全防护距离研究，研究解决重金属污染物排放标准、质量标准、人体健康标准的衔接问题。

（2）大力开发推广先进适用技术。鼓励大专院校、科研院所和企业加强针对性强、技术含量高的应用性技术的研发，力争在 2015 年前开发和示范一批重金属污染治理技术，发挥示范项目的辐射和推广作用。加强国际合作，积极引进、消化、吸收国外先进适用治理技术、管理经验。

（3）积极培育环保产业。完善重金属污染治理先进实用技术目录，修订《当前国家鼓励发展环保产业设备（产品）目录》，推广成熟实用的重金属污染治理、在线监测、清洁生产、土壤和场地污染修复技术，加快国产技术和设备的研发和推广使用。扶持环保服务咨询中介机构，鼓励重金属排放企业委托专业化公司承担污染治理或设施运行，加快培养和引进重金属环保产业发展急需的人才。

（五）完善投融资政策

（1）加大资金扶持力度。重金属排放企业要加大污染防治投入力度。对于重点项目，中央财政区别类型视情况予适当支持，通过“以奖促治”等方式，带动地方、企业和社会投入。有条件的地方要安排资金，支持企业淘汰落后产能，中央财政根据淘汰规模给予适当奖励，并采用基于环境绩效的重点区域整治效果和中央支持资金挂钩的资金扶持机制。重点省份以及重点区域所在的县（市、区）政府要对重金属污染治理工作予以支持。现有各类相关渠道资金要加大对重金属污染防治项目的支持力度。对于历史遗留污染问题，在分清责任、强化论证的情况下，以地方政府为主落实治理资金，中央预算内投资视情况予以适当支持。对技术示范项目、区域综合整治和历史遗留污染问题治理试点等项目，要强化技术把关，建立项目技术复核机制。清洁生产专项资金对符合政策规定的重点行业和企业清洁生产技术示范及推广给予支持和引导。加大对中西部地区重金属污染防治工作的支持力度。对于项目边界清晰、形成较大比例固定资产投资的项目，严格履行基本建设项目管理程序。

（2）完善投融资模式。本着“谁污染，谁治理”“谁开发，谁保护”“谁投资，谁受益”的原则，逐步建立政府引导、充分发挥市场机制作用的重金属污染防治投融资机制。落实企业治污责任，激励鼓励社会资金参与重金属污染项目治理、科技研发和环保产业发展，实现重金属污染治理投资主体多元化。完善信贷支持政策。拓宽国际融资渠道，争取国际援助或长期低息贷款等多种资金投入重金属专项治理。健全矿山环境治理和生态恢复责任机制。

（3）建立可持续发展准备金制度。建立重金属资源开发补偿机制，对重有色金属矿采选、冶炼等资源型企业，研究建立资源型企业可持续发展准备金制度，由资源型企业按一定比例提取建立可持续发展准备金，专门用于发展接续替代产业、解决企业历史遗留污染问题、企业关闭后的善后工作等。借鉴国际经验，探索建立解决重金属历史遗留污染问题的资金机制。

六、组织实施

（一）加强组织领导，严格落实责任

发挥全国重金属污染防治部际联席会议制度作用，指导、协调和督促检查规划实施工作。定期召开部际联席会议，通报规划实施进展情况，及时研究解决存在的问题。把规划目标和任务分解落实到各地区和各部门，实行目标责任制。制定规划实施考核办法，强化问责制。各省、自治区、直辖市人民政府是规划实施的责任主体，政府主要领导人是第一责任人，要切实加强组织领导，确保按期完成规划任务。国务院各有关部门要按照职能分工，认真履行职责，加强协调配合，抓紧制定相关配套政策措施和落实意见，督促和指导地方相关部门开展工作。

（二）分解任务计划，狠抓规划落实

各地区、各有关部门要将重金属污染防治工作纳入重要议事日程，纳入当地经济社会发展规划，对规划确定的目标指标、重点任务、工程项目等，分解落实到各个重点区域和重点企业，制订年度计划，加大资金、政策支持力度，保障机构、经费和人员，逐

项落实工作任务，确保各项工作顺利开展。2011 年 6 月底前，各省、自治区、直辖市人民政府要编制完成本省（区、市）重金属污染综合防治规划并报环境保护部备案。环境保护部将会同有关部门对重点省份以及重点区域的规划实施情况进行核查。

（三）开展评估考核，实施跟踪管理

自 2011 年起，环境保护部将会同有关部门对规划实施情况进行年度考核，2013 年对规划实施情况进行中期评估，2016 年对规划执行情况进行全面考核，对未能完成规划任务、未达到规划目标的地区，追究有关单位和人员的责任，考核情况上报国务院。

打赢蓝天保卫战三年行动计划

国发〔2018〕22号

打赢蓝天保卫战，是党的十九大作出的重大决策部署，事关满足人民日益增长的美好生活需要，事关全面建成小康社会，事关经济高质量发展和美丽中国建设。为加快改善环境空气质量，打赢蓝天保卫战，制订本行动计划。

一、总体要求

（一）指导思想。以习近平新时代中国特色社会主义思想为指导，全面贯彻党的十九大和十九届二中、三中全会精神，认真落实党中央、国务院决策部署和全国生态环境保护大会要求，坚持新发展理念，坚持全民共治、源头防治、标本兼治，以京津冀及周边地区、长三角地区、汾渭平原等区域（以下称重点区域）为重点，持续开展大气污染防治行动，综合运用经济、法律、技术和必要的行政手段，大力调整优化产业结构、能源结构、运输结构和用地结构，强化区域联防联控，狠抓秋冬季污染治理，统筹兼顾、系统谋划、精准施策，坚决打赢蓝天保卫战，实现环境效益、经济效益和社会效益多赢。

（二）目标指标。经过3年努力，大幅减少主要大气污染物排放总量，协同减少温室气体排放，进一步明显降低细颗粒物（$PM_{2.5}$）浓度，明显减少重污染天数，明显改善环境空气质量，明显增强人民的蓝天幸福感。

到2020年，二氧化硫、氮氧化物排放总量分别比2015年下降15%以上；$PM_{2.5}$未达标地级及以上城市浓度比2015年下降18%以上，地级及以上城市空气质量优良天数比率达到80%，重度及以上污染天数比率比2015年下降25%以上；提前完成“十三五”目标任务的省份，要保持和巩固改善成果；尚未完成的，要确保全面实现“十三五”约束性目标；北京市环境空气质量改善目标应在“十三五”目标基础上进一步提高。

（三）重点区域范围。京津冀及周边地区，包含北京市，天津市，河北省石家庄、唐山、邯郸、邢台、保定、沧州、廊坊、衡水市以及雄安新区，山西省太原、阳泉、长治、晋城，山东省济南、淄博、济宁、德州、聊城、滨州、菏泽，河南省郑州、开封、安阳、鹤壁、新乡、焦作、濮阳等；长三角地区，包含上海市、江苏省、浙江省、安徽省；汾渭平原，包含山西省晋中、运城、临汾、吕梁，河南省洛阳、三门峡，陕西省西安、铜川、宝鸡、咸阳、渭南市以及杨凌示范区等。

二、调整优化产业结构，推进产业绿色发展

（四）优化产业布局。各地完成生态保护红线、环境质量底线、资源利用上线、环境准入清单编制工作，明确禁止和限制发展的行业、生产工艺和产业目录。修订完善高耗能、高污染和资源型行业准入条件，环境空气质量未达标城市应制定更严格的产业准入门槛。积极推行区域、规划环境影响评价，新、改、扩建钢铁、石化、化工、焦化、建材、有色等项目的环境影响评价，应满足区域、规划环评要求。（生态环境部牵头，发展改革委、工业和信息化部、自然资源部参与，地方各级人民政府负责落实。以下均需地方各级人民政府落实，不再列出）

加大区域产业布局调整力度。加快城市建成区重污染企业搬迁改造或关闭退出，推动实施一批水泥、平板玻璃、焦化、化工等重污染企业搬迁工程；重点区域城市钢铁企业要切实采取彻底关停、转型发展、就地改造、域外搬迁等方式，推动转型升级。重点区域禁止新增化工园区，加大现有化工园区整治力度。各地已明确的退城企业，要明确时间表，逾期不退城的予以停产。（工业和信息化部、发展改革委、生态环境部等按职责负责）

（五）严控“两高”行业产能。重点区域严禁新增钢铁、焦化、电解铝、铸造、水泥和平板玻璃等产能；严格执行钢铁、水泥、平板玻璃等行业产能置换实施办法；新、改、扩建涉及大宗物料运输的建设项目，原则上不得采用公路运输。（工业和信息化部、发展改革委牵头，生态环境部等参与）

加大落后产能淘汰和过剩产能压减力度。严格执行质量、环保、能耗、安全等法规标准。修订《产业结构调整指导目录》，提高重点区域过剩产能淘汰标准。重点区域加大独立焦化企业淘汰力度，京津冀及周边地区实施“以钢定焦”，力争2020年炼焦产能与钢铁产能比达到0.4左右。严防“地条钢”死灰复燃。2020年，河北省钢铁产能控制在2亿吨以内；列入去产能计划的钢铁企业，需一并退出配套的烧结、焦炉、高炉等设备。（发展改革委、工业和信息化部牵头，生态环境部、财政部、市场监管总局等参与）

（六）强化“散乱污”企业综合整治。全面开展“散乱污”企业及集群综合整治行动。根据产业政策、产业布局规划，以及土地、环保、质量、安全、能耗等要求，制定“散乱污”企业及集群整治标准。实行拉网式排查，建立管理台账。按照“先停后治”的原则，实施分类处置。列入关停取缔类的，基本做到“两断三清”（切断工业用水、用电，清除原料、产品、生产设备）；列入整合搬迁类的，要按照产业发展规模化、现

代化的原则，搬迁至工业园区并实施升级改造；列入升级改造类的，树立行业标杆，实施清洁生产技术改造，全面提升污染治理水平。建立“散乱污”企业动态管理机制，坚决杜绝“散乱污”企业项目建设和已取缔的“散乱污”企业异地转移、死灰复燃。京津冀及周边地区2018年底前全面完成；长三角地区、汾渭平原2019年底前基本完成；全国2020年底前基本完成。（生态环境部、工业和信息化部牵头，发展改革委、市场监管总局、自然资源部等参与）

（七）深化工业污染治理。持续推进工业污染源全面达标排放，将烟气在线监测数据作为执法依据，加大超标处罚和联合惩戒力度，未达标排放的企业一律依法停产整治。建立覆盖所有固定污染源的企业排放许可制度，2020年底前，完成排污许可管理名录规定的行业许可证核发。（生态环境部负责）

推进重点行业污染治理升级改造。重点区域二氧化硫、氮氧化物、颗粒物、挥发性有机物（VOCs）全面执行大气污染物特别排放限值。推动实施钢铁等行业超低排放改造，重点区域城市建成区内焦炉实施炉体加罩封闭，并对废气进行收集处理。强化工业企业无组织排放管控。开展钢铁、建材、有色、火电、焦化、铸造等重点行业及燃煤锅炉无组织排放排查，建立管理台账，对物料（含废渣）运输、装卸、储存、转移和工艺过程等无组织排放实施深度治理，2018年底前京津冀及周边地区基本完成治理任务，长三角地区和汾渭平原2019年底前完成，全国2020年底前基本完成。（生态环境部牵头，发展改革委、工业和信息化部参与）

推进各类园区循环化改造、规范发展和提质增效。大力推进企业清洁生产。对开发区、工业园区、高新区等进行集中整治，限期进行达标改造，减少工业集聚区污染。完善园区集中供热设施，积极推广集中供热。有条件的工业集聚区建设集中喷涂工程中心，配备高效治污设施，替代企业独立喷涂工序。（发展改革委牵头，工业和信息化部、生态环境部、科技部、商务部等参与）

（八）大力培育绿色环保产业。壮大绿色产业规模，发展节能环保产业、清洁生产产业、清洁能源产业，培育发展新动能。积极支持培育一批具有国际竞争力的大型节能环保龙头企业，支持企业技术创新能力建设，加快掌握重大关键核心技术，促进大气治理重点技术装备等产业化发展和推广应用。积极推行节能环保整体解决方案，加快发展合同能源管理、环境污染第三方治理和社会化监测等新业态，培育一批高水平、专业化节能环保服务公司。（发展改革委牵头，工业和信息化部、生态环境部、科技部等参与）

三、加快调整能源结构，构建清洁低碳高效能源体系

（九）有效推进北方地区清洁取暖。坚持从实际出发，宜电则电、宜气则气、宜煤

则煤、宜热则热，确保北方地区群众安全取暖过冬。集中资源推进京津冀及周边地区、汾渭平原等区域散煤治理，优先以乡镇或区县为单元整体推进。2020 年采暖季前，在保障能源供应的前提下，京津冀及周边地区、汾渭平原的平原地区基本完成生活和冬季取暖散煤替代；对暂不具备清洁能源替代条件的山区，积极推广洁净煤，并加强煤质监管，严厉打击销售使用劣质煤行为。燃气壁挂炉能效不得低于 2 级水平。（能源局、发展改革委、财政部、生态环境部、住房和城乡建设部牵头，市场监管总局等参与）

抓好天然气产供储销体系建设。力争 2020 年天然气占能源消费总量比重达到 10%。新增天然气量优先用于城镇居民和大气污染严重地区的生活和冬季取暖散煤替代，重点支持京津冀及周边地区和汾渭平原，实现“增气减煤”。“煤改气”坚持“以气定改”，确保安全施工、安全使用、安全管理。有序发展天然气调峰电站等可中断用户，原则上不再新建天然气热电联产和天然气化工项目。限时完成天然气管网互联互通，打通“南气北送”输气通道。加快储气设施建设步伐，2020 年采暖季前，地方政府、城镇燃气企业和上游供气企业的储备能力达到量化指标要求。建立完善调峰用户清单，采暖季实行“压非保民”。（发展改革委、能源局牵头，生态环境部、财政部、住房和城乡建设部等参与）

加快农村“煤改电”电网升级改造。制定实施工作方案。电网企业要统筹推进输变电工程建设，满足居民采暖用电需求。鼓励推进蓄热式等电供暖。地方政府对“煤改电”配套电网工程建设应给予支持，统筹协调“煤改电”“煤改气”建设用地。（能源局、发展改革委牵头，生态环境部、自然资源部参与）

（十）重点区域继续实施煤炭消费总量控制。到 2020 年，全国煤炭占能源消费总量比重下降到 58%以下；北京、天津、河北、山东、河南五省（直辖市）煤炭消费总量比 2015 年下降 10%，长三角地区下降 5%，汾渭平原实现负增长；新建耗煤项目实行煤炭减量替代。按照煤炭集中使用、清洁利用的原则，重点削减非电力用煤，提高电力用煤比例，2020 年全国电力用煤占煤炭消费总量比重达到 55%以上。继续推进电能替代燃煤和燃油，替代规模达到 1 000 亿度以上。（发展改革委牵头，能源局、生态环境部参与）

制定专项方案，大力淘汰关停环保、能耗、安全等不达标的 30 万千瓦以下燃煤机组。对于关停机组的装机容量、煤炭消费量和污染物排放量指标，允许进行交易或置换，可统筹安排建设等容量超低排放燃煤机组。重点区域严格控制燃煤机组新增装机规模，新增用电量主要依靠区域内非化石能源发电和外送电满足。限时完成重点输电通道建设，在保障电力系统安全稳定运行的前提下，到 2020 年，京津冀、长三角地区接受外送电量比例比 2017 年显著提高。（能源局、发展改革委牵头，生态环境部等参与）

（十一）开展燃煤锅炉综合整治。加大燃煤小锅炉淘汰力度。县级及以上城市建成区基本淘汰每小时10 蒸吨及以下燃煤锅炉及茶水炉、经营性炉灶、储粮烘干设备等燃煤设施，原则上不再新建每小时35蒸吨以下的燃煤锅炉，其他地区原则上不再新建每小时10蒸吨以下的燃煤锅炉。环境空气质量未达标城市应进一步加大淘汰力度。重点区域基本淘汰每小时35蒸吨以下燃煤锅炉，每小时65蒸吨及以上燃煤锅炉全部完成节能和超低排放改造；燃气锅炉基本完成低氮改造；城市建成区生物质锅炉实施超低排放改造。（生态环境部、市场监管总局牵头，发展改革委、住房和城乡建设部、工业和信息化部、能源局等参与）

加大对纯凝机组和热电联产机组技术改造力度，加快供热管网建设，充分释放和提高供热能力，淘汰管网覆盖范围内的燃煤锅炉和散煤。在不具备热电联产集中供热条件的地区，现有多台燃煤小锅炉的，可按照等容量替代原则建设大容量燃煤锅炉。2020年底前，重点区域30万千瓦及以上热电联产电厂供热半径15千米范围内的燃煤锅炉和落后燃煤小热电全部关停整合。（能源局、发展改革委牵头，生态环境部、住房和城乡建设部等参与）

（十二）提高能源利用效率。继续实施能源消耗总量和强度双控行动。健全节能标准体系，大力开发、推广节能高效技术和产品，实现重点用能行业、设备节能标准全覆盖。重点区域新建高耗能项目单位产品（产值）能耗要达到国际先进水平。因地制宜提高建筑节能标准，加大绿色建筑推广力度，引导有条件地区和城市新建建筑全面执行绿色建筑标准。进一步健全能源计量体系，持续推进供热计量改革，推进既有居住建筑节能改造，重点推动北方采暖地区有改造价值的城镇居住建筑节能改造。鼓励开展农村住房节能改造。（发展改革委、住房和城乡建设部、市场监管总局牵头，能源局、工业和信息化部等参与）

（十三）加快发展清洁能源和新能源。到2020年，非化石能源占能源消费总量比重达到15%。有序发展水电，安全高效发展核电，优化风能、太阳能开发布局，因地制宜发展生物质能、地热能等。在具备资源条件的地方，鼓励发展县域生物质热电联产、生物质成型燃料锅炉及生物天然气。加大可再生能源消纳力度，基本解决弃水、弃风、弃光问题。（能源局、发展改革委、财政部负责）

四、积极调整运输结构，发展绿色交通体系

（十四）优化调整货物运输结构。大幅提升铁路货运比例。到2020年，全国铁路货运量比2017年增长30%，京津冀及周边地区增长40%、长三角地区增长10%、汾渭平原增长25%。大力推进海铁联运，全国重点港口集装箱铁水联运量年均增长10%以上。制订实施运输结构调整行动计划。（发展改革委、交通运输部、铁路局、中国铁路总公司牵头，财政部、生态环境部参与）

推动铁路货运重点项目建设。加大货运铁路建设投入，加快完成蒙华、唐曹、水曹等货运铁路建设。大力提升张唐、瓦日等铁路线煤炭运输量。在环渤海地区、山东省、长三角地区，2018 年底前，沿海主要港口和唐山港、黄骅港的煤炭集港改由铁路或水路运输；2020 年采暖季前，沿海主要港口和唐山港、黄骅港的矿石、焦炭等大宗货物原则上主要改由铁路或水路运输。钢铁、电解铝、电力、焦化等重点企业要加快铁路专用线建设，充分利用已有铁路专用线能力，大幅提高铁路运输比例，2020 年重点区域达到50%以上。（发展改革委、交通运输部、铁路局、中国铁路总公司牵头，财政部、生态环境部参与）

大力发展多式联运。依托铁路物流基地、公路港、沿海和内河港口等，推进多式联运型和干支衔接型货运枢纽（物流园区）建设，加快推广集装箱多式联运。建设城市绿色物流体系，支持利用城市现有铁路货场物流货场转型升级为城市配送中心。鼓励发展江海联运、江海直达、滚装运输、甩挂运输等运输组织方式。降低货物运输空载率。（发展改革委、交通运输部牵头，财政部、生态环境部、铁路局、中国铁路总公司参与）

（十五）加快车船结构升级。推广使用新能源汽车。2020 年新能源汽车产销量达到 200 万辆左右。加快推进城市建成区新增和更新的公交、环卫、邮政、出租、通勤、轻型物流配送车辆使用新能源或清洁能源汽车，重点区域使用比例达到 80%；重点区域港口、机场、铁路货场等新增或更换作业车辆主要使用新能源或清洁能源汽车。2020 年底前，重点区域的直辖市、省会城市、计划单列市建成区公交车全部更换为新能源汽车。在物流园、产业园、工业园、大型商业购物中心、农贸批发市场等物流集散地建设集中式充电桩和快速充电桩。为承担物流配送的新能源车辆在城市通行提供便利。（工业和信息化部、交通运输部牵头，财政部、住房和城乡建设部、生态环境部、能源局、铁路局、民航局、中国铁路总公司等参与）

大力淘汰老旧车辆。重点区域采取经济补偿、限制使用、严格超标排放监管等方式，大力推进国Ⅲ及以下排放标准营运柴油货车提前淘汰更新，加快淘汰采用稀薄燃烧技术和“油改气”的老旧燃气车辆。各地制定营运柴油货车和燃气车辆提前淘汰更新目标及实施计划。2020 年底前，京津冀及周边地区、汾渭平原淘汰国Ⅲ及以下排放标准营运中型和重型柴油货车 100 万辆以上。2019 年 7 月 1 日起，重点区域、珠三角地区、成渝地区提前实施国Ⅵ排放标准。推广使用达到国Ⅵ排放标准的燃气车辆。（交通运输部、生态环境部牵头，工业和信息化部、公安部、财政部、商务部等参与）

推进船舶更新升级。2018 年 7 月 1 日起，全面实施新生产船舶发动机第一阶段排放标准。推广使用电、天然气等新能源或清洁能源船舶。长三角地区等重点区域内河应采取禁限行等措施，限制高排放船舶使用，鼓励淘汰使用 20 年以上的内河航运船舶。（交通运输部牵头，生态环境部、工业和信息化部参与）

（十六）加快油品质量升级。2019 年 1 月 1 日起，全国全面供应符合国Ⅵ标准的车用汽柴油，停止销售低于国Ⅵ标准的汽柴油，实现车用柴油、普通柴油、部分船舶用油“三油并轨”，取消普通柴油标准，重点区域、珠三角地区、成渝地区等提前实施。研究销售前在车用汽柴油中加入符合环保要求的燃油清净增效剂。（能源局、财政部牵头，市场监管总局、商务部、生态环境部等参与）

（十七）强化移动源污染防治。严厉打击新生产销售机动车环保不达标等违法行为。严格新车环保装置检验，在新车销售、检验、登记等场所开展环保装置抽查，保证新车环保装置生产一致性。取消地方环保达标公告和目录审批。构建全国机动车超标排放信息数据库，追溯超标排放机动车生产和进口企业、注册登记地、排放检验机构、维修单位、运输企业等，实现全链条监管。推进老旧柴油车深度治理，具备条件的安装污染控制装置、配备实时排放监控终端，并与生态环境等有关部门联网，协同控制颗粒物和氮氧化物排放，稳定达标的可免于上线排放检验。有条件的城市定期更换出租车三元催化装置。（生态环境部、交通运输部牵头，公安部、工业和信息化部、市场监管总局等参与）

加强非道路移动机械和船舶污染防治。开展非道路移动机械摸底调查，划定非道路移动机械低排放控制区，严格管控高排放非道路移动机械，重点区域 2019 年底前完成。推进排放不达标工程机械、港作机械清洁化改造和淘汰，重点区域港口、机场新增和更换的作业机械主要采用清洁能源或新能源。2019 年底前，调整扩大船舶排放控制区范围，覆盖沿海重点港口。推动内河船舶改造，加强颗粒物排放控制，开展减少氮氧化物排放试点工作。（生态环境部、交通运输部、农业农村部负责）

推动靠港船舶和飞机使用岸电。加快港口码头和机场岸电设施建设，提高港口码头和机场岸电设施使用率。2020 年底前，沿海主要港口 50%以上专业化泊位（危险货物泊位除外）具备向船舶供应岸电的能力。新建码头同步规划、设计、建设岸电设施。重点区域沿海港口新增、更换拖船优先使用清洁能源。推广地面电源替代飞机辅助动力装置，重点区域民航机场在飞机停靠期间主要使用岸电。（交通运输部、民航局牵头，发展改革委、财政部、生态环境部、能源局等参与）

五、优化调整用地结构，推进面源污染治理

（十八）实施防风固沙绿化工程。建设北方防沙带生态安全屏障，重点加强“三北”防护林体系建设、京津风沙源治理、太行山绿化、草原保护和防风固沙。推广保护性耕作、林间覆盖等方式，抑制季节性裸地农田扬尘。在城市功能疏解、更新和调整中，将腾退空间优先用于留白增绿。建设城市绿道绿廊，实施“退工还林还草”。大力提高

城市建成区绿化覆盖率。（自然资源部牵头，住房和城乡建设部、农业农村部、林草局参与）

（十九）推进露天矿山综合整治。全面完成露天矿山摸底排查。对违反资源环境法律法规、规划，污染环境、破坏生态、乱采滥挖的露天矿山，依法予以关闭；对污染治理不规范的露天矿山，依法责令停产整治，整治完成并经相关部门组织验收合格后方可恢复生产，对拒不停产或擅自恢复生产的依法强制关闭；对责任主体灭失的露天矿山，要加强修复绿化、减尘抑尘。重点区域原则上禁止新建露天矿山建设项目。加强矸石山治理。（自然资源部牵头，生态环境部等参与）

（二十）加强扬尘综合治理。严格施工扬尘监管。2018 年底前，各地建立施工工地管理清单。因地制宜稳步发展装配式建筑。将施工工地扬尘污染防治纳入文明施工管理范畴，建立扬尘控制责任制度，扬尘治理费用列入工程造价。重点区域建筑施工工地要做到工地周边围挡、物料堆放覆盖、土方开挖湿法作业、路面硬化、出入车辆清洗、渣土车辆密闭运输“六个百分之百”，安装在线监测和视频监控设备，并与当地有关主管部门联网。将扬尘管理工作不到位的不良信息纳入建筑市场信用管理体系，情节严重的，列入建筑市场主体“黑名单”。加强道路扬尘综合整治。大力推进道路清扫保洁机械化作业，提高道路机械化清扫率，2020 年底前，地级及以上城市建成区达到 70%以上，县城达到 60%以上，重点区域要显著提高。严格渣土运输车辆规范化管理，渣土运输车要密闭。（住房和城乡建设部牵头，生态环境部参与）

实施重点区域降尘考核。京津冀及周边地区、汾渭平原各市平均降尘量不得高于 9 吨/（月·千米^2）；长三角地区不得高于 5 吨/（月·千米^2），其中苏北、皖北不得高于 7 吨/（月·千米^2）。（生态环境部负责）

（二十一）加强秸秆综合利用和氨排放控制。切实加强秸秆禁烧管控，强化地方各级政府秸秆禁烧主体责任。重点区域建立网格化监管制度，在夏收和秋收阶段开展秸秆禁烧专项巡查。东北地区要针对秋冬季秸秆集中焚烧和采暖季初锅炉集中起炉的问题，制定专项工作方案，加强科学有序疏导。严防因秸秆露天焚烧造成区域性重污染天气。坚持堵疏结合，加大政策支持力度，全面加强秸秆综合利用，到 2020 年，全国秸秆综合利用率达到 85%。（生态环境部、农业农村部、发展改革委按职责负责）

控制农业源氨排放。减少化肥农药使用量，增加有机肥使用量，实现化肥农药使用量负增长。提高化肥利用率，到 2020 年，京津冀及周边地区、长三角地区达到 40%以上。强化畜禽粪污资源化利用，改善养殖场通风环境，提高畜禽粪污综合利用率，减少氨挥发排放。（农业农村部牵头，生态环境部等参与）

六、实施重大专项行动，大幅降低污染物排放

（二十二）开展重点区域秋冬季攻坚行动。制定并实施京津冀及周边地区、长三角地区、汾渭平原秋冬季大气污染综合治理攻坚行动方案，以减少重污染天气为着力点，狠抓秋冬季大气污染防治，聚焦重点领域，将攻坚目标、任务措施分解落实到城市。各市要制定具体实施方案，督促企业制定落实措施。京津冀及周边地区要以北京为重中之重，雄安新区环境空气质量要力争达到北京市南部地区同等水平。统筹调配全国环境执法力量，实行异地交叉执法、驻地督办，确保各项措施落实到位。（生态环境部牵头，发展改革委、工业和信息化部、财政部、住房和城乡建设部、交通运输部、能源局等参与）

（二十三）打好柴油货车污染治理攻坚战。制定柴油货车污染治理攻坚战行动方案，统筹油、路、车治理，实施清洁柴油车（机）、清洁运输和清洁油品行动，确保柴油货车污染排放总量明显下降。加强柴油货车生产销售、注册使用、检验维修等环节的监督管理，建立天地车人一体化的全方位监控体系，实施在用汽车排放检测与强制维护制度。各地开展多部门联合执法专项行动。（生态环境部、交通运输部、财政部、市场监管总局牵头，工业和信息化部、公安部、商务部、能源局等参与）

（二十四）开展工业炉窑治理专项行动。各地制定工业炉窑综合整治实施方案。开展拉网式排查，建立各类工业炉窑管理清单。制定行业规范，修订完善涉各类工业炉窑的环保、能耗等标准，提高重点区域排放标准。加大不达标工业炉窑淘汰力度，加快淘汰中小型煤气发生炉。鼓励工业炉窑使用电、天然气等清洁能源或由周边热电厂供热。重点区域取缔燃煤热风炉，基本淘汰热电联产供热管网覆盖范围内的燃煤加热、烘干炉（窑）；淘汰炉膛直径 3 米以下燃料类煤气发生炉，加大化肥行业固定床间歇式煤气化炉整改力度；集中使用煤气发生炉的工业园区，暂不具备改用天然气条件的，原则上应建设统一的清洁煤制气中心；禁止掺烧高硫石油焦。将工业炉窑治理作为环保强化督察重点任务，凡未列入清单的工业炉窑均纳入秋冬季错峰生产方案。（生态环境部牵头，发展改革委、工业和信息化部、市场监管总局等参与）

（二十五）实施 VOCs 专项整治方案。制定石化、化工、工业涂装、包装印刷等 VOCs 排放重点行业和油品储运销综合整治方案，出台泄漏检测与修复标准，编制 VOCs 治理技术指南。重点区域禁止建设生产和使用高 VOCs 含量的溶剂型涂料、油墨、胶黏剂等项目，加大餐饮油烟治理力度。开展 VOCs 整治专项执法行动，严厉打击违法排污行为，对治理效果差、技术服务能力弱、运营管理水平低的治理单位，公布名单，实行联合惩戒，扶持培育 VOCs 治理和服务专业化规模化龙头企业。2020 年，VOCs 排放总

量较 2015 年下降 10%以上。（生态环境部牵头，发展改革委、工业和信息化部、商务部、市场监管总局、能源局等参与）

七、强化区域联防联控，有效应对重污染天气

（二十六）建立完善区域大气污染防治协作机制。将京津冀及周边地区大气污染防治协作小组调整为京津冀及周边地区大气污染防治领导小组；建立汾渭平原大气污染防治协作机制，纳入京津冀及周边地区大气污染防治领导小组统筹领导；继续发挥长三角区域大气污染防治协作小组作用。相关协作机制负责研究审议区域大气污染防治实施方案、年度计划、目标、重大措施，以及区域重点产业发展规划、重大项目建设等事关大气污染防治工作的重要事项，部署区域重污染天气联合应对工作。（生态环境部负责）

（二十七）加强重污染天气应急联动。强化区域环境空气质量预测预报中心能力建设，2019 年底前实现 7～10 天预报能力，省级预报中心实现以城市为单位的 7 天预报能力。开展环境空气质量中长期趋势预测工作。完善预警分级标准体系，区分不同区域不同季节应急响应标准，同一区域内要统一应急预警标准。当预测到区域将出现大范围重污染天气时，统一发布预警信息，各相关城市按级别启动应急响应措施，实施区域应急联动。（生态环境部牵头，气象局等参与）

（二十八）夯实应急减排措施。制定完善重污染天气应急预案。提高应急预案中污染物减排比例，黄色、橙色、红色级别减排比例原则上分别不低于 10%、20%、30%。细化应急减排措施，落实到企业各工艺环节，实施“一厂一策”清单化管理。在黄色及以上重污染天气预警期间，对钢铁、建材、焦化、有色、化工、矿山等涉及大宗物料运输的重点用车企业，实施应急运输响应。（生态环境部牵头，交通运输部、工业和信息化部参与）

重点区域实施秋冬季重点行业错峰生产。加大秋冬季工业企业生产调控力度，各地针对钢铁、建材、焦化、铸造、有色、化工等高排放行业，制定错峰生产方案，实施差别化管理。要将错峰生产方案细化到企业生产线、工序和设备，载入排污许可证。企业未按期完成治理改造任务的，一并纳入当地错峰生产方案，实施停产。属于《产业结构调整指导目录》限制类的，要提高错峰限产比例或实施停产。（工业和信息化部、生态环境部负责）

八、健全法律法规体系，完善环境经济政策

（二十九）完善法律法规标准体系。研究将 VOCs 纳入环境保护税征收范围。制定

排污许可管理条例、京津冀及周边地区大气污染防治条例。2019年底前，完成涂料、油墨、胶黏剂、清洗剂等产品VOCs含量限值强制性国家标准制定工作，2020年7月1日起在重点区域率先执行。研究制定石油焦质量标准。修改《环境空气质量标准》中关于监测状态的有关规定，实现与国际接轨。加快制修订制药、农药、日用玻璃、铸造、工业涂装类、餐饮油烟等重点行业污染物排放标准，以及VOCs无组织排放控制标准。鼓励各地制定实施更严格的污染物排放标准。研究制定内河大型船舶用燃料油标准和更加严格的汽柴油质量标准，降低烯烃、芳烃和多环芳烃含量。制定更严格的机动车、非道路移动机械和船舶大气污染物排放标准。制定机动车排放检测与强制维修管理办法，修订《报废汽车回收管理办法》。（生态环境部、财政部、工业和信息化部、交通运输部、商务部、市场监管总局牵头，司法部、税务总局等参与）

（三十）拓宽投融资渠道。各级财政支出要向打赢蓝天保卫战倾斜。增加中央大气污染防治专项资金投入，扩大中央财政支持北方地区冬季清洁取暖的试点城市范围，将京津冀及周边地区、汾渭平原全部纳入。环境空气质量未达标地区要加大大气污染防治资金投入。（财政部牵头，生态环境部等参与）

支持依法合规开展大气污染防治领域的政府和社会资本合作（PPP）项目建设。鼓励开展合同环境服务，推广环境污染第三方治理。出台对北方地区清洁取暖的金融支持政策，选择具备条件的地区，开展金融支持清洁取暖试点工作。鼓励政策性、开发性金融机构在业务范围内，对大气污染防治、清洁取暖和产业升级等领域符合条件的项目提供信贷支持，引导社会资本投入。支持符合条件的金融机构、企业发行债券，募集资金用于大气污染治理和节能改造。将“煤改电”超出核价投资的配套电网投资纳入下一轮输配电价核价周期，核算准许成本。（财政部、发展改革委、中国人民银行牵头，生态环境部、银保监会、证监会等参与）

（三十一）加大经济政策支持力度。建立中央大气污染防治专项资金安排与地方环境空气质量改善绩效联动机制，调动地方政府治理大气污染积极性。健全环保信用评价制度，实施跨部门联合奖惩。研究将致密气纳入中央财政开采利用补贴范围，以鼓励企业增加冬季供应量为目标调整完善非常规天然气补贴政策。研究制定推进储气调峰设施建设的扶持政策。推行上网侧峰谷分时电价政策，延长采暖用电谷段时长至10个小时以上，支持具备条件的地区建立采暖用电的市场化竞价采购机制，采暖用电参加电力市场化交易谷段输配电价减半执行。农村地区利用地热能向居民供暖（制冷）的项目运行电价参照居民用电价格执行。健全供热价格机制，合理制定清洁取暖价格。完善跨省跨区输电价格形成机制，降低促进清洁能源消纳的跨省跨区专项输电工程增送电量的输配电价，优化电力资源配置。落实好燃煤电厂超低排放环保电价。全面清理取消对高耗能行业的优待类电价以及其他各种不合理价格优惠政策。建立高污染、高耗能、低产出企业执行差别化电价、水价政策的动态调整机制，对限制类、淘汰类企业大幅提高电价，支持各地进一步提高加价幅度。加大对钢铁等行业超低排放改造支持力度。研究制定“散乱污”企业综合治理激励政策。进一步完善货运价格市场化运行机制，科学规范两端费用。大力支持港口和机场岸基供电，降低岸电运营商用电成本。支持车船和作业机械使用清洁能源。研究完善对有机肥生产销售运输等环节的支持政策。利用生物质发电价格政策，支持秸秆等生物质资源消纳处置。（发展改革委、财政部牵头，能源局、生态环境部、交通运输部、农业农村部、铁路局、中国铁路总公司等参与）

加大税收政策支持力度。严格执行环境保护税法，落实购置环境保护专用设备企业所得税抵免优惠政策。研究对从事污染防治的第三方企业给予企业所得税优惠政策。对符合条件的新能源汽车免征车辆购置税，继续落实并完善对节能、新能源车船减免车船税的政策。（财政部、税务总局牵头，交通运输部、生态环境部、工业和信息化部、交通运输部等参与）

九、加强基础能力建设，严格环境执法督察

（三十二）完善环境监测监控网络。加强环境空气质量监测，优化调整扩展国控环境空气质量监测站点。加强区县环境空气质量自动监测网络建设，2020 年底前，东部、中部区县和西部大气污染严重城市的区县实现监测站点全覆盖，并与中国环境监测总站实现数据直联。国家级新区、高新区、重点工业园区及港口设置环境空气质量监测站点。加强降尘量监测，2018 年底前，重点区域各区县布设降尘量监测点位。重点区域各城市和其他臭氧污染严重的城市，开展环境空气 VOCs 监测。重点区域建设国家大气颗粒物组分监测网、大气光化学监测网以及大气环境天地空大型立体综合观测网。研究发射大气环境监测专用卫星。（生态环境部牵头，国防科工局等参与）

强化重点污染源自动监控体系建设。排气口高度超过 45 米的高架源，以及石化、化工、包装印刷、工业涂装等 VOCs 排放重点源，纳入重点排污单位名录，督促企业安装烟气排放自动监控设施，2019 年底前，重点区域基本完成；2020 年底前，全国基本完成。（生态环境部负责）

加强移动源排放监管能力建设。建设完善遥感监测网络、定期排放检验机构国家—省—市三级联网，构建重型柴油车车载诊断系统远程监控系统，强化现场路检路查和停放地监督抽测。2018 年底前，重点区域建成三级联网的遥感监测系统平台，其他区域 2019 年底前建成。推进工程机械安装实时定位和排放监控装置，建设排放监控平台，重点区域 2020 年底前基本完成。研究成立国家机动车污染防治中心，建设区域性国家机动车排放检测实验室。（生态环境部牵头，公安部、交通运输部、科技部等参与）

强化监测数据质量控制。城市和区县各类开发区环境空气质量自动监测站点运维全部上收到省级环境监测部门。加强对环境监测和运维机构的监管，建立质控考核与实验室比对、第三方质控、信誉评级等机制，健全环境监测量值传递溯源体系，加强环境监测相关标准物质研制，建立“谁出数谁负责、谁签字谁负责”的责任追溯制度。开展环境监测数据质量监督检查专项行动，严厉惩处环境监测数据弄虚作假行为。对地方不当干预环境监测行为的，监测机构运行维护不到位及篡改、伪造、干扰监测数据的，排污单位弄虚作假的，依纪依法从严处罚，追究责任。（生态环境部负责）

（三十三）强化科技基础支撑。汇聚跨部门科研资源，组织优秀科研团队，开展重点区域及成渝地区等其他区域大气重污染成因、重污染积累与天气过程双向反馈机制、重点行业与污染物排放管控技术、居民健康防护等科技攻坚。大气污染成因与控制技术研究、大气重污染成因与治理攻关等重点项目，要紧密围绕打赢蓝天保卫战需求，以目标和问题为导向，边研究、边产出、边应用。加强区域性臭氧形成机理与控制路径研究，深化 VOCs 全过程控制及监管技术研发。开展钢铁等行业超低排放改造、污染排放源头控制、货物运输多式联运、内燃机及锅炉清洁燃烧等技术研究。常态化开展重点区域和城市源排放清单编制、源解析等工作，形成污染动态溯源的基础能力。开展氨排放与控制技术研究。（科技部、生态环境部牵头，卫生健康委、气象局、市场监管总局等参与）

（三十四）加大环境执法力度。坚持铁腕治污，综合运用按日连续处罚、查封扣押、限产停产等手段依法从严处罚环境违法行为，强化排污者责任。未依法取得排污许可证、未按证排污的，依法依规从严处罚。加强区县级环境执法能力建设。创新环境监管方式，推广“双随机、一公开”等监管。严格环境执法检查，开展重点区域大气污染热点网格监管，加强工业炉窑排放、工业无组织排放、VOCs 污染治理等环境执法，严厉打击“散乱污”企业。加强生态环境执法与刑事司法衔接。（生态环境部牵头，公安部等参与）

严厉打击生产销售排放不合格机动车和违反信息公开要求的行为，撤销相关企业车辆产品公告、油耗公告和强制性产品认证。开展在用车超标排放联合执法，建立完善环境部门检测、公安交管部门处罚、交通运输部门监督维修的联合监管机制。严厉打击机动车排放检验机构尾气检测弄虚作假、屏蔽和修改车辆环保监控参数等违法行为。加强对油品制售企业的质量监督管理，严厉打击生产、销售、使用不合格油品和车用尿素行为，禁止以化工原料名义出售调和油组分，禁止以化工原料勾兑调和油，严禁运输企业储存使用非标油，坚决取缔黑加油站点。（生态环境部、公安部、交通运输部、工业和信息化部牵头，商务部、市场监管总局等参与）

（三十五）深入开展环境保护督察。将大气污染防治作为中央环境保护督察及其“回头看”的重要内容，并针对重点区域统筹安排专项督察，夯实地方政府及有关部门责任。针对大气污染防治工作不力、重污染天气频发、环境质量改善达不到进度要求甚至恶化的城市，开展机动式、点穴式专项督察，强化督察问责。全面开展省级环境保护督察，实现对地市督察全覆盖。建立完善排查、交办、核查、约谈、专项督察“五步法”监管机制。（生态环境部负责）

十、明确落实各方责任，动员全社会广泛参与

（三十六）加强组织领导。有关部门要根据本行动计划要求，按照管发展的管环保、管生产的管环保、管行业的管环保原则，进一步细化分工任务，制定配套政策措施，落实“一岗双责”。有关地方和部门的落实情况，纳入国务院大督察和相关专项督察，对真抓实干成效明显的强化表扬激励，对庸政懒政怠政的严肃追责问责。地方各级政府要把打赢蓝天保卫战放在重要位置，主要领导是本行政区域第一责任人，切实加强组织领导，制定实施方案，细化分解目标任务，科学安排指标进度，防止脱离实际层层加码，要确保各项工作有力有序完成。完善有关部门和地方各级政府的责任清单，健全责任体系。各地建立完善“网格长”制度，压实各方责任，层层抓落实。生态环境部要加强统筹协调，定期调度，及时向国务院报告。（生态环境部牵头，各有关部门参与）

（三十七）严格考核问责。将打赢蓝天保卫战年度和终期目标任务完成情况作为重要内容，纳入污染防治攻坚战成效考核，做好考核结果应用。考核不合格的地区，由上级生态环境部门会同有关部门公开约谈地方政府主要负责人，实行区域环评限批，取消国家授予的有关生态文明荣誉称号。发现篡改、伪造监测数据的，考核结果直接认定为不合格，并依纪依法追究责任。对工作不力、责任不实、污染严重、问题突出的地区，由生态环境部公开约谈当地政府主要负责人。制定量化问责办法，对重点攻坚任务完成不到位或环境质量改善不到位的实施量化问责。对打赢蓝天保卫战工作中涌现出的先进典型予以表彰奖励。（生态环境部牵头，中央组织部等参与）

（三十八）加强环境信息公开。各地要加强环境空气质量信息公开力度。扩大国家城市环境空气质量排名范围，包含重点区域和珠三角、成渝、长江中游等地区的地级及以上城市，以及其他省会城市、计划单列市等，依据重点因素每月公布环境空气质量、改善幅度最差的 20 个城市和最好的 20 个城市名单。各省（自治区、直辖市）要公布本行政区域内地级及以上城市环境空气质量排名，鼓励对区县环境空气质量排名。各地要公开重污染天气应急预案及应急措施清单，及时发布重污染天气预警提示信息。（生态环境部负责）

建立健全环保信息强制性公开制度。重点排污单位应及时公布自行监测和污染排放数据、污染治理措施、重污染天气应对、环保违法处罚及整改等信息。已核发排污许可证的企业应按要求及时公布执行报告。机动车和非道路移动机械生产、进口企业应依法

向社会公开排放检验、污染控制技术等环保信息。（生态环境部负责）

（三十九）构建全民行动格局。环境治理，人人有责。倡导全社会“同呼吸共奋斗”，动员社会各方力量，群防群治，打赢蓝天保卫战。鼓励公众通过多种渠道举报环境违法行为。树立绿色消费理念，积极推进绿色采购，倡导绿色低碳生活方式。强化企业治污主体责任，中央企业要起到模范带头作用，引导绿色生产。（生态环境部牵头，各有关部门参与）

积极开展多种形式的宣传教育。普及大气污染防治科学知识，纳入国民教育体系和党政领导干部培训内容。各地建立宣传引导协调机制，发布权威信息，及时回应群众关心的热点、难点问题。新闻媒体要充分发挥监督引导作用，积极宣传大气环境管理法律法规、政策文件、工作动态和经验做法等。（生态环境部牵头，各有关部门参与）

水污染防治行动计划

国发〔2015〕17号

水环境保护事关人民群众切身利益，事关全面建成小康社会，事关实现中华民族伟大复兴中国梦。当前，我国一些地区水环境质量差、水生态受损重、环境隐患多等问题十分突出，影响和损害群众健康，不利于经济社会持续发展。为切实加大水污染防治力度，保障国家水安全，制订本行动计划。

总体要求：全面贯彻党的十八大和十八届二中、三中、四中全会精神，大力推进生态文明建设，以改善水环境质量为核心，按照“节水优先、空间均衡、系统治理、两手发力”原则，贯彻“安全、清洁、健康”方针，强化源头控制，水陆统筹、河海兼顾，对江河湖海实施分流域、分区域、分阶段科学治理，系统推进水污染防治、水生态保护和水资源管理。坚持政府市场协同，注重改革创新；坚持全面依法推进，实行最严格环保制度；坚持落实各方责任，严格考核问责；坚持全民参与，推动节水洁水人人有责，形成“政府统领、企业施治、市场驱动、公众参与”的水污染防治新机制，实现环境效益、经济效益与社会效益多赢，为建设“蓝天常在、青山常在、绿水常在”的美丽中国而奋斗。

工作目标：到2020年，全国水环境质量得到阶段性改善，污染严重水体较大幅度减少，饮用水安全保障水平持续提升，地下水超采得到严格控制，地下水污染加剧趋势得到初步遏制，近岸海域环境质量稳中趋好，京津冀、长三角、珠三角等区域水生态环境状况有所好转。到2030年，力争全国水环境质量总体改善，水生态系统功能初步恢复。到21世纪中叶，生态环境质量全面改善，生态系统实现良性循环。

主要指标：到2020年，长江、黄河、珠江、松花江、淮河、海河、辽河等七大重点流域水质优良（达到或优于Ⅲ类）比例总体达到70%以上，地级及以上城市建成区黑臭水体均控制在10%以内，地级及以上城市集中式饮用水水源水质达到或优于Ⅲ类比例总体高于93%，全国地下水质量极差的比例控制在15%左右，近岸海域水质优良（一类、二类）比例达到70%左右。京津冀区域丧失使用功能（劣于Ⅴ类）的水体断面比例下降15个百分点左右，长三角、珠三角区域力争消除丧失使用功能的水体。到2030年，全国七大重点流域水质优良比例总体达到75%以上，城市建成区黑臭水体总体得到消除，城市集中式饮用水水源水质达到或优于Ⅲ类比例总体为95%左右。

一、全面控制污染物排放

（一）狠抓工业污染防治。取缔“十小”企业。全面排查装备水平低、环保设施差的小型工业企业。2016年底前，按照水污染防治法律法规要求，全部取缔不符合国家产业政策的小型造纸、制革、印染、染料、炼焦、炼硫、炼砷、炼油、电镀、农药等严重污染水环境的生产项目。（环境保护部牵头，工业和信息化部、国土资源部、能源局等参与，地方各级人民政府负责落实。以下均需地方各级人民政府落实，不再列出）

专项整治十大重点行业。制定造纸、焦化、氮肥、有色金属、印染、农副食品加工、原料药制造、制革、农药、电镀等行业专项治理方案，实施清洁化改造。新建、改建、扩建上述行业建设项目实行主要污染物排放等量或减量置换。2017年底前，造纸行业力争完成纸浆无元素氯漂白改造或采取其他低污染制浆技术，钢铁企业焦炉完成干熄焦技术改造，氮肥行业尿素生产完成工艺冷凝液水解解析技术改造，印染行业实施低排水染整工艺改造，制药（抗生素、维生素）行业实施绿色酶法生产技术改造，制革行业实施铬减量化和封闭循环利用技术改造。（环境保护部牵头，工业和信息化部等参与）

集中治理工业集聚区水污染。强化经济技术开发区、高新技术产业开发区、出口加工区等工业集聚区污染治理。集聚区内工业废水必须经预处理达到集中处理要求，方可进入污水集中处理设施。新建、升级工业集聚区应同步规划、建设污水、垃圾集中处理等污染治理设施。2017年底前，工业集聚区应按规定建成污水集中处理设施，并安装自动在线监控装置，京津冀、长三角、珠三角等区域提前一年完成；逾期未完成的，一律暂停审批和核准其增加水污染物排放的建设项目，并依照有关规定撤销其园区资格。（环境保护部牵头，科技部、工业和信息化部、商务部等参与）

（二）强化城镇生活污染治理。加快城镇污水处理设施建设与改造。现有城镇污水处理设施，要因地制宜进行改造，2020年底前达到相应排放标准或再生利用要求。敏感区域（重点湖泊、重点水库、近岸海域汇水区域）城镇污水处理设施应于2017年底前全面达到一级A排放标准。建成区水体水质达不到地表水Ⅳ类标准的城市，新建城镇污水处理设施要执行一级A排放标准。按照国家新型城镇化规划要求，到2020年，全国所有县城和重点镇具备污水收集处理能力，县城、城市污水处理率分别达到85%、95%左右。京津冀、长三角、珠三角等区域提前一年完成。（住房和城乡建设部牵头，发展改革委、环境保护部等参与）

全面加强配套管网建设。强化城中村、老旧城区和城乡接合部污水截流、收集。现有合流制排水系统应加快实施雨污分流改造，难以改造的，应采取截流、调蓄和治理等措施。新建污水处理设施的配套管网应同步设计、同步建设、同步投运。除干旱地区外，城镇新区建设均实行雨污分流，有条件的地区要推进初期雨水收集、处理和资源化利用。到 2017 年，直辖市、省会城市、计划单列市建成区污水基本实现全收集、全处理，其他地级城市建成区于 2020 年底前基本实现。（住房和城乡建设部牵头，发展改革委、环境保护部等参与）

推进污泥处理处置。污水处理设施产生的污泥应进行稳定化、无害化和资源化处理处置，禁止处理处置不达标的污泥进入耕地。非法污泥堆放点一律予以取缔。现有污泥处理处置设施应于 2017 年底前基本完成达标改造，地级及以上城市污泥无害化处理处置率应于 2020 年底前达到 90%以上。（住房和城乡建设部牵头，发展改革委、工业和信息化部、环境保护部、农业部等参与）

（三）推进农业农村污染防治。防治畜禽养殖污染。科学划定畜禽养殖禁养区，2017 年底前，依法关闭或搬迁禁养区内的畜禽养殖场（小区）和养殖专业户，京津冀、长三角、珠三角等区域提前一年完成。现有规模化畜禽养殖场（小区）要根据污染防治需要，配套建设粪便污水贮存、处理、利用设施。散养密集区要实行畜禽粪便污水分户收集、集中处理利用。自 2016 年起，新建、改建、扩建规模化畜禽养殖场（小区）要实施雨污分流、粪便污水资源化利用。（农业部牵头，环境保护部参与）

控制农业面源污染。制定实施全国农业面源污染综合防治方案。推广低毒、低残留农药使用补助试点经验，开展农作物病虫害绿色防控和统防统治。实行测土配方施肥，推广精准施肥技术和机具。完善高标准农田建设、土地开发整理等标准规范，明确环保要求，新建高标准农田要达到相关环保要求。敏感区域和大中型灌区，要利用现有沟、塘、窖等，配置水生植物群落、格栅和透水坝，建设生态沟渠、污水净化塘、地表径流集蓄池等设施，净化农田排水及地表径流。到 2020 年，测土配方施肥技术推广覆盖率达到 90%以上，化肥利用率提高到 40%以上，农作物病虫害统防统治覆盖率达到 40%以上；京津冀、长三角、珠三角等区域提前一年完成。（农业部牵头，发展改革委、工业和信息化部、国土资源部、环境保护部、水利部、质检总局等参与）

调整种植业结构与布局。在缺水地区试行退地减水。地下水易受污染地区要优先种植需肥需药量低、环境效益突出的农作物。地表水过度开发和地下水超采问题较严重，且农业用水比重较大的甘肃、新疆（含新疆生产建设兵团）、河北、山东、河南等五省（区），要适当减少用水量较大的农作物种植面积，改种耐旱作物和经济林；2018 年底前，对 3 300 万亩灌溉面积实施综合治理，退减水量 37 亿立方米以上。（农业部、水利部牵头，发展改革委、国土资源部等参与）

加快农村环境综合整治。以县级行政区域为单元，实行农村污水处理统一规划、统一建设、统一管理，有条件的地区积极推进城镇污水处理设施和服务向农村延伸。深化

“以奖促治”政策，实施农村清洁工程，开展河道清淤疏浚，推进农村环境连片整治。到 2020 年，新增完成环境综合整治的建制村 13 万个。（环境保护部牵头，住房和城乡建设部、水利部、农业部等参与）

（四）加强船舶港口污染控制。积极治理船舶污染。依法强制报废超过使用年限的船舶。分类分级修订船舶及其设施、设备的相关环保标准。2018 年起投入使用的沿海船舶、2021 年起投入使用的内河船舶执行新的标准；其他船舶于 2020 年底前完成改造，经改造仍不能达到要求的，限期予以淘汰。航行于我国水域的国际航线船舶，要实施压载水交换或安装压载水灭活处理系统。规范拆船行为，禁止冲滩拆解。（交通运输部牵头，工业和信息化部、环境保护部、农业部、质检总局等参与）

增强港口码头污染防治能力。编制实施全国港口、码头、装卸站污染防治方案。加快垃圾接收、转运及处理处置设施建设，提高含油污水、化学品洗舱水等接收处置能力及污染事故应急能力。位于沿海和内河的港口、码头、装卸站及船舶修造厂，分别于 2017 年底前和 2020 年底前达到建设要求。港口、码头、装卸站的经营人应制订防治船舶及其有关活动污染水环境的应急计划。（交通运输部牵头，工业和信息化部、住房和城乡建设部、农业部等参与）

二、推动经济结构转型升级

（五）调整产业结构。依法淘汰落后产能。自 2015 年起，各地要依据部分工业行业淘汰落后生产工艺装备和产品指导目录、产业结构调整指导目录及相关行业污染物排放标准，结合水质改善要求及产业发展情况，制定并实施分年度的落后产能淘汰方案，报工业和信息化部、环境保护部备案。未完成淘汰任务的地区，暂停审批和核准其相关行业新建项目。（工业和信息化部牵头，发展改革委、环境保护部等参与）

严格环境准入。根据流域水质目标和主体功能区规划要求，明确区域环境准入条件，细化功能分区，实施差别化环境准入政策。建立水资源、水环境承载能力监测评价体系，实行承载能力监测预警，已超过承载能力的地区要实施水污染物削减方案，加快调整发展规划和产业结构。到 2020 年，组织完成市、县域水资源、水环境承载能力现状评价。（环境保护部牵头，住房和城乡建设部、水利部、海洋局等参与）

（六）优化空间布局。合理确定发展布局、结构和规模。充分考虑水资源、水环境承载能力，以水定城、以水定地、以水定人、以水定产。重大项目原则上布局在优化开发区和重点开发区，并符合城乡规划和土地利用总体规划。鼓励发展节水高效现代农业、低耗水高新技术产业以及生态保护型旅游业，严格控制缺水地区、水污染严重地区和敏感区域高耗水、高污染行业发展，新建、改建、扩建重点行业建设项目实行主要污染物排放减量置换。七大重点流域干流沿岸，要严格控制石油加工、化学原料和化学制品制造、医药制造、化学纤维制造、有色金属冶炼、纺织印染等项目环境风险，合理布局生产装置及危险化学品仓储等设施。（发展改革委、工业和信息化部牵头，国土资源部、环境保护部、住房和城乡建设部、水利部等参与）

推动污染企业退出。城市建成区内现有钢铁、有色金属、造纸、印染、原料药制造、化工等污染较重的企业应有序搬迁改造或依法关闭。（工业和信息化部牵头，环境保护部等参与）

积极保护生态空间。严格城市规划蓝线管理，城市规划区范围内应保留一定比例的水域面积。新建项目一律不得违规占用水域。严格水域岸线用途管制，土地开发利用应按照有关法律法规和技术标准要求，留足河道、湖泊和滨海地带的管理和保护范围，非法挤占的应限期退出。（国土资源部、住房和城乡建设部牵头，环境保护部、水利部、海洋局等参与）

（七）推进循环发展。加强工业水循环利用。推进矿井水综合利用，煤炭矿区的补充用水、周边地区生产和生态用水应优先使用矿井水，加强洗煤废水循环利用。鼓励钢铁、纺织印染、造纸、石油石化、化工、制革等高耗水企业废水深度处理回用。（发展改革委、工业和信息化部牵头，水利部、能源局等参与）

促进再生水利用。以缺水及水污染严重地区城市为重点，完善再生水利用设施，工业生产、城市绿化、道路清扫、车辆冲洗、建筑施工以及生态景观等用水，要优先使用再生水。推进高速公路服务区污水处理和利用。具备使用再生水条件但未充分利用的钢铁、火电、化工、制浆造纸、印染等项目，不得批准其新增取水许可。自 2018 年起，单体建筑面积超过 2 万平方米的新建公共建筑，北京市 2 万平方米、天津市 5 万平方米、河北省 10 万平方米以上集中新建的保障性住房，应安装建筑中水设施。积极推动其他新建住房安装建筑中水设施。到 2020 年，缺水城市再生水利用率达到 20%以上，京津冀区域达到 30%以上。（住房和城乡建设部牵头，发展改革委、工业和信息化部、环境保护部、交通运输部、水利部等参与）

推动海水利用。在沿海地区电力、化工、石化等行业，推行直接利用海水作为循环冷却等工业用水。在有条件的城市，加快推进淡化海水作为生活用水补充水源。（发展改革委牵头，工业和信息化部、住房和城乡建设部、水利部、海洋局等参与）

三、着力节约保护水资源

（八）控制用水总量。实施最严格水资源管理。健全取用水总量控制指标体系。加强相关规划和项目建设布局水资源论证工作，国民经济和社会发展规划以及城市总体规划的编制、重大建设项目的布局，应充分考虑当地水资源条件和防洪要求。对取用水总量已达到或超过控制指标的地区，暂停审批其建设项目新增取水许可。对纳入取水许可管理的单位和其他用水大户实行计划用水管理。新建、改建、扩建项目用水要达到行业先进水平，节水设施应与主体工程同时设计、同时施工、同时投运。建立重点监控用水单位名录。到 2020 年，全国用水总量控制在 6 700 亿立方米以内。（水利部牵头，发展改革委、工业和信息化部、住房和城乡建设部、农业部等参与）

严控地下水超采。在地面沉降、地裂缝、岩溶塌陷等地质灾害易发区开发利用地下水，应进行地质灾害危险性评估。严格控制开采深层承压水，地热水、矿泉水开发应严格实行取水许可和采矿许可。依法规范机井建设管理，排查登记已建机井，未经批准的和公共供水管网覆盖范围内的自备水井，一律予以关闭。编制地面沉降区、海水入侵区等区域地下水压采方案。开展华北地下水超采区综合治理，超采区内禁止工农业生产及服务业新增取用地下水。京津冀区域实施土地整治、农业开发、扶贫等农业基础设施项目，不得以配套打井为条件。2017 年底前，完成地下水禁采区、限采区和地面沉降控制区范围划定工作，京津冀、长三角、珠三角等区域提前一年完成。（水利部、国土资源部牵头，发展改革委、工业和信息化部、财政部、住房和城乡建设部、农业部等参与）

（九）提高用水效率。建立万元国内生产总值水耗指标等用水效率评估体系，把节水目标任务完成情况纳入地方政府政绩考核。将再生水、雨水和微咸水等非常规水源纳入水资源统一配置。到 2020 年，全国万元国内生产总值用水量、万元工业增加值用水量比 2013 年分别下降 35%、30%以上。（水利部牵头，发展改革委、工业和信息化部、住房和城乡建设部等参与）

抓好工业节水。制定国家鼓励和淘汰的用水技术、工艺、产品和设备目录，完善高耗水行业取用水定额标准。开展节水诊断、水平衡测试、用水效率评估，严格用水定额管理。到 2020 年，电力、钢铁、纺织、造纸、石油石化、化工、食品发酵等高耗水行业达到先进定额标准。（工业和信息化部、水利部牵头，发展改革委、住房和城乡建设部、质检总局等参与）

加强城镇节水。禁止生产、销售不符合节水标准的产品、设备。公共建筑必须采用节水器具，限期淘汰公共建筑中不符合节水标准的水嘴、便器水箱等生活用水器具。鼓励居民家庭选用节水器具。对使用超过 50 年和材质落后的供水管网进行更新改造，到 2017 年，全国公共供水管网漏损率控制在 12%以内；到 2020 年，控制在 10%以内。积极推行低影响开发建设模式，建设滞、渗、蓄、用、排相结合的雨水收集利用设施。新建城区硬化地面，可渗透面积要达到 40%以上。到 2020 年，地级及以上缺水城市全部达到国家节水型城市标准要求，京津冀、长三角、珠三角等区域提前一年完成。（住房和城乡建设部牵头，发展改革委、工业和信息化部、水利部、质检总局等参与）

发展农业节水。推广渠道防渗、管道输水、喷灌、微灌等节水灌溉技术，完善灌溉用水计量设施。在东北、西北、黄淮海等区域，推进规模化高效节水灌溉，推广农作物节水抗旱技术。到 2020 年，大型灌区、重点中型灌区续建配套和节水改造任务基本完成，全国节水灌溉工程面积达到 7 亿亩左右，农田灌溉水有效利用系数达到 0.55 以上。（水利部、农业部牵头，发展改革委、财政部等参与）

（十）科学保护水资源。完善水资源保护考核评价体系。加强水功能区监督管理，从严核定水域纳污能力。（水利部牵头，发展改革委、环境保护部等参与）

加强江河湖库水量调度管理。完善水量调度方案。采取闸坝联合调度、生态补水等措施，合理安排闸坝下泄水量和泄流时段，维持河湖基本生态用水需求，重点保障枯水期生态基流。加大水利工程建设力度，发挥好控制性水利工程在改善水质中的作用。（水利部牵头，环境保护部参与）

科学确定生态流量。在黄河、淮河等流域进行试点，分期分批确定生态流量（水位），作为流域水量调度的重要参考。（水利部牵头，环境保护部参与）

四、强化科技支撑

（十一）推广示范适用技术。加快技术成果推广应用，重点推广饮用水净化、节水、水污染治理及循环利用、城市雨水收集利用、再生水安全回用、水生态修复、畜禽养殖污染防治等适用技术。完善环保技术评价体系，加强国家环保科技成果共享平台建设，推动技术成果共享与转化。发挥企业的技术创新主体作用，推动水处理重点企业与科研院所、高等学校组建产学研技术创新战略联盟，示范推广控源减排和清洁生产先进技术。（科技部牵头，发展改革委、工业和信息化部、环境保护部、住房和城乡建设部、水利部、农业部、海洋局等参与）

（十二）攻关研发前瞻技术。整合科技资源，通过相关国家科技计划（专项、基金）等，加快研发重点行业废水深度处理、生活污水低成本高标准处理、海水淡化和工业高盐废水脱盐、饮用水微量有毒污染物处理、地下水污染修复、危险化学品事故和水上溢油应急处置等技术。开展有机物和重金属等水环境基准、水污染对人体健康影响、新型污染物风险评价、水环境损害评估、高品质再生水补充饮用水水源等研究。加强水生态保护、农业面源污染防治、水环境监控预警、水处理工艺技术装备等领域的国际交流合作。（科技部牵头，发展改革委、工业和信息化部、国土资源部、环境保护部、住房和城乡建设部、水利部、农业部、卫生计生委等参与）

（十三）大力发展环保产业。规范环保产业市场。对涉及环保市场准入、经营行为规范的法规、规章和规定进行全面梳理，废止妨碍形成全国统一环保市场和公平竞争的规定和做法。健全环保工程设计、建设、运营等领域招投标管理办法和技术标准。推进先进适用的节水、治污、修复技术和装备产业化发展。（发展改革委牵头，科技部、工业和信息化部、财政部、环境保护部、住房和城乡建设部、水利部、海洋局等参与）

加快发展环保服务业。明确监管部门、排污企业和环保服务公司的责任和义务，完善风险分担、履约保障等机制。鼓励发展包括系统设计、设备成套、工程施工、调试运行、维护管理的环保服务总承包模式、政府和社会资本合作模式等。以污水、垃圾处理和工业园区为重点，推行环境污染第三方治理。（发展改革委、财政部牵头，科技部、工业和信息化部、环境保护部、住房和城乡建设部等参与）

五、充分发挥市场机制作用

（十四）理顺价格税费。加快水价改革。县级及以上城市应于2015年底前全面实行居民阶梯水价制度，具备条件的建制镇也要积极推进。2020年底前，全面实行非居民用水超定额、超计划累进加价制度。深入推进农业水价综合改革。（发展改革委牵头，财政部、住房和城乡建设部、水利部、农业部等参与）

完善收费政策。修订城镇污水处理费、排污费、水资源费征收管理办法，合理提高征收标准，做到应收尽收。城镇污水处理收费标准不应低于污水处理和污泥处理处置成本。地下水水资源费征收标准应高于地表水，超采地区地下水水资源费征收标准应高于非超采地区。（发展改革委、财政部牵头，环境保护部、住房和城乡建设部、水利部等参与）

健全税收政策。依法落实环境保护、节能节水、资源综合利用等方面税收优惠政策。对国内企业为生产国家支持发展的大型环保设备，必须进口的关键零部件及原材料，免征关税。加快推进环境保护税立法、资源税税费改革等工作。研究将部分高耗能、高污染产品纳入消费税征收范围。（财政部、税务总局牵头，发展改革委、工业和信息化部、商务部、海关总署、质检总局等参与）

（十五）促进多元融资。引导社会资本投入。积极推动设立融资担保基金，推进环保设备融资租赁业务发展。推广股权、项目收益权、特许经营权、排污权等质押融资担保。采取环境绩效合同服务、授予开发经营权益等方式，鼓励社会资本加大水环境保护投入。（中国人民银行、发展改革委、财政部牵头，环境保护部、住房和城乡建设部、银监会、证监会、保监会等参与）

增加政府资金投入。中央财政加大对属于中央事权的水环境保护项目支持力度，合理承担部分属于中央和地方共同事权的水环境保护项目，向欠发达地区和重点地区倾斜；研究采取专项转移支付等方式，实施“以奖代补”。地方各级人民政府要重点支持污水处理、污泥处理处置、河道整治、饮用水水源保护、畜禽养殖污染防治、水生态修复、应急清污等项目和工作。对环境监管能力建设及运行费用分级予以必要保障。（财政部牵头，发展改革委、环境保护部等参与）

（十六）**建立激励机制。**健全节水环保“领跑者”制度。鼓励节能减排先进企业、工业集聚区用水效率、排污强度等达到更高标准，支持开展清洁生产、节约用水和污染治理等示范。（发展改革委牵头，工业和信息化部、财政部、环境保护部、住房和城乡建设部、水利部等参与）

推行绿色信贷。积极发挥政策性银行等金融机构在水环境保护中的作用，重点支持循环经济、污水处理、水资源节约、水生态环境保护、清洁及可再生能源利用等领域。严格限制环境违法企业贷款。加强环境信用体系建设，构建守信激励与失信惩戒机制，环保、银行、证券、保险等方面要加强协作联动，于 2017 年底前分级建立企业环境信用评价体系。鼓励涉重金属、石油化工、危险化学品运输等高环境风险行业投保环境污染责任保险。（中国人民银行牵头，工业和信息化部、环境保护部、水利部、银监会、证监会、保监会等参与）

实施跨界水环境补偿。探索采取横向资金补助、对口援助、产业转移等方式，建立跨界水环境补偿机制，开展补偿试点。深化排污权有偿使用和交易试点。（财政部牵头，发展改革委、环境保护部、水利部等参与）

六、严格环境执法监管

（十七）**完善法规标准。**健全法律法规。加快水污染防治、海洋环境保护、排污许可、化学品环境管理等法律法规制修订步伐，研究制定环境质量目标管理、环境功能区划、节水及循环利用、饮用水水源保护、污染责任保险、水功能区监督管理、地下水管理、环境监测、生态流量保障、船舶和陆源污染防治等法律法规。各地可结合实际，研究起草地方性水污染防治法规。（法制办牵头，发展改革委、工业和信息化部、国土资源部、环境保护部、住房和城乡建设部、交通运输部、水利部、农业部、卫生计生委、保监会、海洋局等参与）

完善标准体系。制修订地下水、地表水和海洋等环境质量标准，城镇污水处理、污泥处理处置、农田退水等污染物排放标准。健全重点行业水污染物特别排放限值、污染防治技术政策和清洁生产评价指标体系。各地可制定严于国家标准的地方水污染物排放标准。（环境保护部牵头，发展改革委、工业和信息化部、国土资源部、住房和城乡建设部、水利部、农业部、质检总局等参与）

（十八）**加大执法力度。**所有排污单位必须依法实现全面达标排放。逐一排查工业企业排污情况，达标企业应采取措施确保稳定达标；对超标和超总量的企业予以“黄牌”警示，一律限制生产或停产整治；对整治仍不能达到要求且情节严重的企业予以“红牌”处罚，一律停业、关闭。自2016年起，定期公布环保“黄牌”“红牌”企业名单。定期抽查排污单位达标排放情况，结果向社会公布。（环境保护部负责）

完善国家督察、省级巡查、地市检查的环境监督执法机制，强化环保、公安、监察等部门和单位协作，健全行政执法与刑事司法衔接配合机制，完善案件移送、受理、立案、通报等规定。加强对地方人民政府和有关部门环保工作的监督，研究建立国家环境监察专员制度。（环境保护部牵头，工业和信息化部、公安部、中央编办等参与）

严厉打击环境违法行为。重点打击私设暗管或利用渗井、渗坑、溶洞排放、倾倒含有毒有害污染物废水、含病原体污水，监测数据弄虚作假，不正常使用水污染物处理设施，或者未经批准拆除、闲置水污染物处理设施等环境违法行为。对造成生态损害的责任者严格落实赔偿制度。严肃查处建设项目环境影响评价领域越权审批、未批先建、边批边建、久试不验等违法违规行为。对构成犯罪的，要依法追究刑事责任。（环境保护部牵头，公安部、住房和城乡建设部等参与）

（十九）提升监管水平。完善流域协作机制。健全跨部门、区域、流域、海域水环境保护议事协调机制，发挥环境保护区域督察派出机构和流域水资源保护机构作用，探索建立陆海统筹的生态系统保护修复机制。流域上下游各级政府、各部门之间要加强协调配合、定期会商，实施联合监测、联合执法、应急联动、信息共享。京津冀、长三角、珠三角等区域要于2015年底前建立水污染防治联动协作机制。建立严格监管所有污染物排放的水环境保护管理制度。（环境保护部牵头，交通运输部、水利部、农业部、海洋局等参与）

完善水环境监测网络。统一规划设置监测断面（点位）。提升饮用水水源水质全指标监测、水生生物监测、地下水环境监测、化学物质监测及环境风险防控技术支撑能力。2017年底前，京津冀、长三角、珠三角等区域、海域建成统一的水环境监测网。（环境保护部牵头，发展改革委、国土资源部、住房和城乡建设部、交通运输部、水利部、农业部、海洋局等参与）

提高环境监管能力。加强环境监测、环境监察、环境应急等专业技术培训，严格落实执法、监测等人员持证上岗制度，加强基层环保执法力量，具备条件的乡镇（街道）及工业园区要配备必要的环境监管力量。各市、县应自2016年起实行环境监管网格化管理。（环境保护部负责）

七、切实加强水环境管理

（二十）**强化环境质量目标管理。**明确各类水体水质保护目标，逐一排查达标状况。未达到水质目标要求的地区要制定达标方案，将治污任务逐一落实到汇水范围内的排污单位，明确防治措施及达标时限，方案报上一级人民政府备案，自 2016 年起，定期向社会公布。对水质不达标的区域实施挂牌督办，必要时采取区域限批等措施。（环境保护部牵头，水利部参与）

（二十一）**深化污染物排放总量控制。**完善污染物统计监测体系，将工业、城镇生活、农业、移动源等各类污染源纳入调查范围。选择对水环境质量有突出影响的总氮、总磷、重金属等污染物，研究纳入流域、区域污染物排放总量控制约束性指标体系。（环境保护部牵头，发展改革委、工业和信息化部、住房和城乡建设部、水利部、农业部等参与）

（二十二）**严格环境风险控制。**防范环境风险。定期评估沿江河湖库工业企业、工业集聚区环境和健康风险，落实防控措施。评估现有化学物质环境和健康风险，2017 年底前公布优先控制化学品名录，对高风险化学品生产、使用进行严格限制，并逐步淘汰替代。（环境保护部牵头，工业和信息化部、卫生计生委、安全监管总局等参与）

稳妥处置突发水环境污染事件。地方各级人民政府要制定和完善水污染事故处置应急预案，落实责任主体，明确预警预报与响应程序、应急处置及保障措施等内容，依法及时公布预警信息。（环境保护部牵头，住房和城乡建设部、水利部、农业部、卫生计生委等参与）

（二十三）**全面推行排污许可。**依法核发排污许可证。2015 年底前，完成国控重点污染源及排污权有偿使用和交易试点地区污染源排污许可证的核发工作，其他污染源于 2017 年底前完成。（环境保护部负责）

加强许可证管理。以改善水质、防范环境风险为目标，将污染物排放种类、浓度、总量、排放去向等纳入许可证管理范围。禁止无证排污或不按许可证规定排污。强化海上排污监管，研究建立海上污染排放许可证制度。2017 年底前，完成全国排污许可证管理信息平台建设。（环境保护部牵头，海洋局参与）

八、全力保障水生态环境安全

（二十四）**保障饮用水水源安全。**从水源到水龙头全过程监管饮用水安全。地方各级人民政府及供水单位应定期监测、检测和评估本行政区域内饮用水水源、供水厂出水和用户水龙头水质等饮水安全状况，地级及以上城市自 2016 年起每季度向社会公开。自 2018 年起，所有县级及以上城市饮水安全状况信息都要向社会公开。（环境保护部牵头，发展改革委、财政部、住房和城乡建设部、水利部、卫生计生委等参与）

强化饮用水水源环境保护。开展饮用水水源规范化建设，依法清理饮用水水源保护区内违法建筑和排污口。单一水源供水的地级及以上城市应于 2020 年底前基本完成备用水源或应急水源建设，有条件的地方可以适当提前。加强农村饮用水水源保护和水质检测。（环境保护部牵头，发展改革委、财政部、住房和城乡建设部、水利部、卫生计生委等参与）

防治地下水污染。定期调查评估集中式地下水型饮用水水源补给区等区域环境状况。石化生产存贮销售企业和工业园区、矿山开采区、垃圾填埋场等区域应进行必要的防渗处理。加油站地下油罐应于 2017 年底前全部更新为双层罐或完成防渗池设置。报废矿井、钻井、取水井应实施封井回填。公布京津冀等区域内环境风险大、严重影响公众健康的地下水污染场地清单，开展修复试点。（环境保护部牵头，财政部、国土资源部、住房和城乡建设部、水利部、商务部等参与）

（二十五）深化重点流域污染防治。编制实施七大重点流域水污染防治规划。研究建立流域水生态环境功能分区管理体系。对化学需氧量、氨氮、总磷、重金属及其他影响人体健康的污染物采取针对性措施，加大整治力度。汇入富营养化湖库的河流应实施总氮排放控制。到 2020 年，长江、珠江总体水质达到优良，松花江、黄河、淮河、辽河在轻度污染基础上进一步改善，海河污染程度得到缓解。三峡库区水质保持良好，南水北调、引滦入津等调水工程确保水质安全。太湖、巢湖、滇池富营养化水平有所好转。白洋淀、乌梁素海、呼伦湖、艾比湖等湖泊污染程度减轻。环境容量较小、生态环境脆弱，环境风险高的地区，应执行水污染物特别排放限值。各地可根据水环境质量改善需要，扩大特别排放限值实施范围。（环境保护部牵头，发展改革委、工业和信息化部、财政部、住房和城乡建设部、水利部等参与）

加强良好水体保护。对江河源头及现状水质达到或优于Ⅲ类的江河湖库开展生态环境安全评估，制定实施生态环境保护方案。东江、滦河、千岛湖、南四湖等流域于 2017 年底前完成。浙闽片河流、西南诸河、西北诸河及跨界水体水质保持稳定。（环境保护部牵头，外交部、发展改革委、财政部、水利部、林业局等参与）

（二十六）加强近岸海域环境保护。实施近岸海域污染防治方案。重点整治黄河口、长江口、闽江口、珠江口、辽东湾、渤海湾、胶州湾、杭州湾、北部湾等河口海湾污染。沿海地级及以上城市实施总氮排放总量控制。研究建立重点海域排污总量控制制度。规范入海排污口设置，2017 年底前全面清理非法或设置不合理的入海排污口。到 2020 年，沿海省（区、市）入海河流基本消除劣于Ⅴ类的水体。提高涉海项目准入门槛。（环境

保护部、海洋局牵头，发展改革委、工业和信息化部、财政部、住房和城乡建设部、交通运输部、农业部等参与）

推进生态健康养殖。在重点河湖及近岸海域划定限制养殖区。实施水产养殖池塘、近海养殖网箱标准化改造，鼓励有条件的渔业企业开展海洋离岸养殖和集约化养殖。积极推广人工配合饲料，逐步减少冰鲜杂鱼饲料使用。加强养殖投入品管理，依法规范、限制使用抗生素等化学药品，开展专项整治。到 2015 年，海水养殖面积控制在 220 万公顷左右。（农业部负责）

严格控制环境激素类化学品污染。2017 年底前完成环境激素类化学品生产使用情况调查，监控评估水源地、农产品种植区及水产品集中养殖区风险，实施环境激素类化学品淘汰、限制、替代等措施。（环境保护部牵头，工业和信息化部、农业部等参与）

（二十七）整治城市黑臭水体。采取控源截污、垃圾清理、清淤疏浚、生态修复等措施，加大黑臭水体治理力度，每半年向社会公布治理情况。地级及以上城市建成区应于 2015 年底前完成水体排查，公布黑臭水体名称、责任人及达标期限；于 2017 年底前实现河面无大面积漂浮物，河岸无垃圾，无违法排污口；于 2020 年底前完成黑臭水体治理目标。直辖市、省会城市、计划单列市建成区要于 2017 年底前基本消除黑臭水体。（住房和城乡建设部牵头，环境保护部、水利部、农业部等参与）

（二十八）保护水和湿地生态系统。加强河湖水生态保护，科学划定生态保护红线。禁止侵占自然湿地等水源涵养空间，已侵占的要限期予以恢复。强化水源涵养林建设与保护，开展湿地保护与修复，加大退耕还林、还草、还湿力度。加强滨河（湖）带生态建设，在河道两侧建设植被缓冲带和隔离带。加大水生野生动植物类自然保护区和水产种质资源保护区保护力度，开展珍稀濒危水生生物和重要水产种质资源的就地和迁地保护，提高水生生物多样性。2017 年底前，制定实施七大重点流域水生生物多样性保护方案。（环境保护部、林业局牵头，财政部、国土资源部、住房和城乡建设部、水利部、农业部等参与）

保护海洋生态。加大红树林、珊瑚礁、海草床等滨海湿地、河口和海湾典型生态系统，以及产卵场、索饵场、越冬场、洄游通道等重要渔业水域的保护力度，实施增殖放流，建设人工鱼礁。开展海洋生态补偿及赔偿等研究，实施海洋生态修复。认真执行围填海管制计划，严格围填海管理和监督，重点海湾、海洋自然保护区的核心区及缓冲区、海洋特别保护区的重点保护区及预留区、重点河口区域、重要滨海湿地区域、重要砂质岸线及沙源保护海域、特殊保护海岛及重要渔业海域禁止实施围填海，生态脆弱敏感区、自净能力差的海域严格限制围填海。严肃查处违法围填海行为，追究相关人员责任。将自然海岸线保护纳入沿海地方政府政绩考核。到 2020 年，全国自然岸线保有率不低于 35%（不包括海岛岸线）。（环境保护部、海洋局牵头，发展改革委、财政部、农业部、

林业局等参与）

九、明确和落实各方责任

（二十九）强化地方政府水环境保护责任。各级地方人民政府是实施本行动计划的主体，要于 2015 年底前分别制定并公布水污染防治工作方案，逐年确定分流域、分区域、分行业的重点任务和年度目标。要不断完善政策措施，加大资金投入，统筹城乡水污染治理，强化监管，确保各项任务全面完成。各省（区、市）工作方案报国务院备案。（环境保护部牵头，发展改革委、财政部、住房和城乡建设部、水利部等参与）

（三十）加强部门协调联动。建立全国水污染防治工作协作机制，定期研究解决重大问题。各有关部门要认真按照职责分工，切实做好水污染防治相关工作。环境保护部要加强统一指导、协调和监督，工作进展及时向国务院报告。（环境保护部牵头，发展改革委、科技部、工业和信息化部、财政部、住房和城乡建设部、水利部、农业部、海洋局等参与）

（三十一）落实排污单位主体责任。各类排污单位要严格执行环保法律法规和制度，加强污染治理设施建设和运行管理，开展自行监测，落实治污减排、环境风险防范等责任。中央企业和国有企业要带头落实，工业集聚区内的企业要探索建立环保自律机制。（环境保护部牵头，国资委参与）

（三十二）严格目标任务考核。国务院与各省（区、市）人民政府签订水污染防治目标责任书，分解落实目标任务，切实落实"一岗双责"。每年分流域、分区域、分海域对行动计划实施情况进行考核，考核结果向社会公布，并作为对领导班子和领导干部综合考核评价的重要依据。（环境保护部牵头，中央组织部参与）

将考核结果作为水污染防治相关资金分配的参考依据。（财政部、发展改革委牵头，环境保护部参与）

对未通过年度考核的，要约谈省级人民政府及其相关部门有关负责人，提出整改意见，予以督促；对有关地区和企业实施建设项目环评限批。对因工作不力、履职缺位等导致未能有效应对水环境污染事件的，以及干预、伪造数据和没有完成年度目标任务的，要依法依纪追究有关单位和人员责任。对不顾生态环境盲目决策，导致水环境质量恶化，造成严重后果的领导干部，要记录在案，视情节轻重，给予组织处理或党纪政纪处分，已经离任的也要终身追究责任。（环境保护部牵头，监察部参与）

十、强化公众参与和社会监督

（三十三）依法公开环境信息。综合考虑水环境质量及达标情况等因素，国家每年公布最差、最好的 10 个城市名单和各省（区、市）水环境状况。对水环境状况差的城市，经整改后仍达不到要求的，取消其环境保护模范城市、生态文明建设示范区、节水型城市、园林城市、卫生城市等荣誉称号，并向社会公告。（环境保护部牵头，发展改革委、住房和城乡建设部、水利部、卫生计生委、海洋局等参与）

各省（区、市）人民政府要定期公布本行政区域内各地级市（州、盟）水环境质量状况。国家确定的重点排污单位应依法向社会公开其产生的主要污染物名称、排放方式、排放浓度和总量、超标排放情况，以及污染防治设施的建设和运行情况，主动接受监督。研究发布工业集聚区环境友好指数、重点行业污染物排放强度、城市环境友好指数等信息。（环境保护部牵头，发展改革委、工业和信息化部等参与）

（三十四）加强社会监督。为公众、社会组织提供水污染防治法规培训和咨询，邀请其全程参与重要环保执法行动和重大水污染事件调查。公开曝光环境违法典型案件。健全举报制度，充分发挥“12369”环保举报热线和网络平台作用。限期办理群众举报投诉的环境问题，一经查实，可给予举报人奖励。通过公开听证、网络征集等形式，充分听取公众对重大决策和建设项目的意见。积极推行环境公益诉讼。（环境保护部负责）

（三十五）构建全民行动格局。树立“节水洁水，人人有责”的行为准则。加强宣传教育，把水资源、水环境保护和水情知识纳入国民教育体系，提高公众对经济社会发展和环境保护客观规律的认识。依托全国中小学节水教育、水土保持教育、环境教育等社会实践基地，开展环保社会实践活动。支持民间环保机构、志愿者开展工作。倡导绿色消费新风尚，开展环保社区、学校、家庭等群众性创建活动，推动节约用水，鼓励购买使用节水产品和环境标志产品。（环境保护部牵头，教育部、住房和城乡建设部、水利部等参与）

我国正处于新型工业化、信息化、城镇化和农业现代化快速发展阶段，水污染防治任务繁重艰巨。各地区、各有关部门要切实处理好经济社会发展和生态文明建设的关系，按照“地方履行属地责任、部门强化行业管理”的要求，明确执法主体和责任主体，做到各司其职，恪尽职守，突出重点，综合整治，务求实效，以“抓铁有痕、踏石留印”的精神，依法依规狠抓贯彻落实，确保全国水环境治理与保护目标如期实现，为实现“两个一百年”奋斗目标和中华民族伟大复兴中国梦作出贡献。

土壤污染防治行动计划

国发〔2016〕31号

土壤是经济社会可持续发展的物质基础，关系人民群众身体健康，关系美丽中国建设，保护好土壤环境是推进生态文明建设和维护国家生态安全的重要内容。当前，我国土壤环境总体状况堪忧，部分地区污染较为严重，已成为全面建成小康社会的突出短板之一。为切实加强土壤污染防治，逐步改善土壤环境质量，制订本行动计划。

总体要求：全面贯彻党的十八大和十八届三中、四中、五中全会精神，按照“五位一体”总体布局和“四个全面”战略布局，牢固树立创新、协调、绿色、开放、共享的新发展理念，认真落实党中央、国务院决策部署，立足我国国情和发展阶段，着眼经济社会发展全局，以改善土壤环境质量为核心，以保障农产品质量和人居环境安全为出发点，坚持预防为主、保护优先、风险管控，突出重点区域、行业和污染物，实施分类别、分用途、分阶段治理，严控新增污染、逐步减少存量，形成政府主导、企业担责、公众参与、社会监督的土壤污染防治体系，促进土壤资源永续利用，为建设“蓝天常在、青山常在、绿水常在”的美丽中国而奋斗。

工作目标：到 2020 年，全国土壤污染加重趋势得到初步遏制，土壤环境质量总体保持稳定，农用地和建设用地土壤环境安全得到基本保障，土壤环境风险得到基本管控。到 2030 年，全国土壤环境质量稳中向好，农用地和建设用地土壤环境安全得到有效保障，土壤环境风险得到全面管控。到 21 世纪中叶，土壤环境质量全面改善，生态系统实现良性循环。

主要指标：到 2020 年，受污染耕地安全利用率达到 90%左右，污染地块安全利用率达到 90%以上。到 2030 年，受污染耕地安全利用率达到 95%以上，污染地块安全利用率达到 95%以上。

一、开展土壤污染调查，掌握土壤环境质量状况

（一）深入开展土壤环境质量调查。在现有相关调查基础上，以农用地和重点行业企业用地为重点，开展土壤污染状况详查，2018 年底前查明农用地土壤污染的面积、分

布及其对农产品质量的影响；2020 年底前掌握重点行业企业用地中的污染地块分布及其环境风险情况。制定详查总体方案和技术规定，开展技术指导、监督检查和成果审核。建立土壤环境质量状况定期调查制度，每 10 年开展 1 次。（环境保护部牵头，财政部、国土资源部、农业部、国家卫生计生委等参与，地方各级人民政府负责落实。以下均需地方各级人民政府落实，不再列出）

（二）建设土壤环境质量监测网络。统一规划、整合优化土壤环境质量监测点位，2017 年底前，完成土壤环境质量国控监测点位设置，建成国家土壤环境质量监测网络，充分发挥行业监测网作用，基本形成土壤环境监测能力。各省（区、市）每年至少开展 1 次土壤环境监测技术人员培训。各地可根据工作需要，补充设置监测点位，增加特征污染物监测项目，提高监测频次。2020 年底前，实现土壤环境质量监测点位所有县（市、区）全覆盖。（环境保护部牵头，国家发展改革委、工业和信息化部、国土资源部、农业部等参与）

（三）提升土壤环境信息化管理水平。利用环境保护、国土资源、农业等部门相关数据，建立土壤环境基础数据库，构建全国土壤环境信息化管理平台，力争 2018 年底前完成。借助移动互联网、物联网等技术，拓宽数据获取渠道，实现数据动态更新。加强数据共享，编制资源共享目录，明确共享权限和方式，发挥土壤环境大数据在污染防治、城乡规划、土地利用、农业生产中的作用。（环境保护部牵头，国家发展改革委、教育部、科技部、工业和信息化部、国土资源部、住房和城乡建设部、农业部、国家卫生计生委、国家林业局等参与）

二、推进土壤污染防治立法，建立健全法规标准体系

（四）加快推进立法进程。配合完成土壤污染防治法起草工作。适时修订污染防治、城乡规划、土地管理、农产品质量安全相关法律法规，增加土壤污染防治有关内容。2016 年底前，完成农药管理条例修订工作，发布污染地块土壤环境管理办法、农用地土壤环境管理办法。2017 年底前，出台农药包装废弃物回收处理、工矿用地土壤环境管理、废弃农膜回收利用等部门规章。到 2020 年，土壤污染防治法律法规体系基本建立。各地可结合实际，研究制定土壤污染防治地方性法规。（国务院法制办、环境保护部牵头，工业和信息化部、国土资源部、住房和城乡建设部、农业部、国家林业局等参与）

（五）系统构建标准体系。健全土壤污染防治相关标准和技术规范。2017 年底前，发布农用地、建设用地土壤环境质量标准；完成土壤环境监测、调查评估、风险管控、治理与修复等技术规范以及环境影响评价技术导则制修订工作；修订肥料、饲料、灌溉用水中有毒有害物质限量和农用污泥中污染物控制等标准，进一步严格污染物控制要

求；修订农膜标准，提高厚度要求，研究制定可降解农膜标准；修订农药包装标准，增加防止农药包装废弃物污染土壤的要求。适时修订污染物排放标准，进一步明确污染物特别排放限值要求。完善土壤中污染物分析测试方法，研制土壤环境标准样品。各地可制定严于国家标准的地方土壤环境质量标准。（环境保护部牵头，工业和信息化部、国土资源部、住房和城乡建设部、水利部、农业部、质检总局、国家林业局等参与）

（六）全面强化监管执法。明确监管重点。重点监测土壤中镉、汞、砷、铅、铬等重金属和多环芳烃、石油烃等有机污染物，重点监管有色金属矿采选、有色金属冶炼、石油开采、石油加工、化工、焦化、电镀、制革等行业，以及产粮（油）大县、地级以上城市建成区等区域。（环境保护部牵头，工业和信息化部、国土资源部、住房和城乡建设部、农业部等参与）

加大执法力度。将土壤污染防治作为环境执法的重要内容，充分利用环境监管网格，加强土壤环境日常监管执法。严厉打击非法排放有毒有害污染物、违法违规存放危险化学品、非法处置危险废物、不正常使用污染治理设施、监测数据弄虚作假等环境违法行为。开展重点行业企业专项环境执法，对严重污染土壤环境、群众反映强烈的企业进行挂牌督办。改善基层环境执法条件，配备必要的土壤污染快速检测等执法装备。对全国环境执法人员每3年开展1轮土壤污染防治专业技术培训。提高突发环境事件应急能力，完善各级环境污染事件应急预案，加强环境应急管理、技术支撑、处置救援能力建设。（环境保护部牵头，工业和信息化部、公安部、国土资源部、住房和城乡建设部、农业部、安全监管总局、国家林业局等参与）

三、实施农用地分类管理，保障农业生产环境安全

（七）划定农用地土壤环境质量类别。按污染程度将农用地划为三个类别，未污染和轻微污染的划为优先保护类，轻度和中度污染的划为安全利用类，重度污染的划为严格管控类，以耕地为重点，分别采取相应管理措施，保障农产品质量安全。2017年底前，发布农用地土壤环境质量类别划分技术指南。以土壤污染状况详查结果为依据，开展耕地土壤和农产品协同监测与评价，在试点基础上有序推进耕地土壤环境质量类别划定，逐步建立分类清单，2020年底前完成。划定结果由各省级人民政府审定，数据上传全国土壤环境信息化管理平台。根据土地利用变更和土壤环境质量变化情况，定期对各类别耕地面积、分布等信息进行更新。有条件的地区要逐步开展林地、草地、园地等其他农用地土壤环境质量类别划定等工作。（环境保护部、农业部牵头，国土资源部、国家林业局等参与）

（八）切实加大保护力度。各地要将符合条件的优先保护类耕地划为永久基本农田，

实行严格保护，确保其面积不减少、土壤环境质量不下降，除法律规定的重点建设项目选址确实无法避让外，其他任何建设不得占用。产粮（油）大县要制定土壤环境保护方案。高标准农田建设项目向优先保护类耕地集中的地区倾斜。推行秸秆还田、增施有机肥、少耕免耕、粮豆轮作、农膜减量与回收利用等措施。继续开展黑土地保护利用试点。农村土地流转的受让方要履行土壤保护的责任，避免因过度施肥、滥用农药等掠夺式农业生产方式造成土壤环境质量下降。各省级人民政府要对本行政区域内优先保护类耕地面积减少或土壤环境质量下降的县（市、区），进行预警提醒并依法采取环评限批等限制性措施。（国土资源部、农业部牵头，国家发展改革委、环境保护部、水利部等参与）

防控企业污染。严格控制在优先保护类耕地集中区域新建有色金属冶炼、石油加工、化工、焦化、电镀、制革等行业企业，现有相关行业企业要采用新技术、新工艺，加快提标升级改造步伐。（环境保护部、国家发展改革委牵头，工业和信息化部参与）

（九）着力推进安全利用。根据土壤污染状况和农产品超标情况，安全利用类耕地集中的县（市、区）要结合当地主要作物品种和种植习惯，制定实施受污染耕地安全利用方案，采取农艺调控、替代种植等措施，降低农产品超标风险。强化农产品质量检测。加强对农民、农民合作社的技术指导和培训。2017 年底前，出台受污染耕地安全利用技术指南。到 2020 年，轻度和中度污染耕地实现安全利用的面积达到 4 000 万亩。（农业部牵头，国土资源部等参与）

（十）全面落实严格管控。加强对严格管控类耕地的用途管理，依法划定特定农产品禁止生产区域，严禁种植食用农产品；对威胁地下水、饮用水水源安全的，有关县（市、区）要制定环境风险管控方案，并落实有关措施。研究将严格管控类耕地纳入国家新一轮退耕还林还草实施范围，制订实施重度污染耕地种植结构调整或退耕还林还草计划。继续在湖南长株潭地区开展重金属污染耕地修复及农作物种植结构调整试点。实行耕地轮作休耕制度试点。到 2020 年，重度污染耕地种植结构调整或退耕还林还草面积力争达到 2 000 万亩。（农业部牵头，国家发展改革委、财政部、国土资源部、环境保护部、水利部、国家林业局参与）

（十一）加强林地、草地、园地土壤环境管理。严格控制林地、草地、园地的农药使用量，禁止使用高毒、高残留农药。完善生物农药、引诱剂管理制度，加大使用推广力度。优先将重度污染的牧草地集中区域纳入禁牧休牧实施范围。加强对重度污染林地、园地产出食用农（林）产品质量检测，发现超标的，要采取种植结构调整等措施。（农业部、国家林业局负责）

四、实施建设用地准入管理，防范人居环境风险

（十二）明确管理要求。建立调查评估制度。2016年底前，发布建设用地土壤环境调查评估技术规定。自2017年起，对拟收回土地使用权的有色金属冶炼、石油加工、化工、焦化、电镀、制革等行业企业用地，以及用途拟变更为居住和商业、学校、医疗、养老机构等公共设施的上述企业用地，由土地使用权人负责开展土壤环境状况调查评估；已经收回的，由所在地市、县级人民政府负责开展调查评估。自2018年起，重度污染农用地转为城镇建设用地的，由所在地市、县级人民政府负责组织开展调查评估。调查评估结果向所在地环境保护、城乡规划、国土资源部门备案。（环境保护部牵头，国土资源部、住房和城乡建设部参与）

分用途明确管理措施。自2017年起，各地要结合土壤污染状况详查情况，根据建设用地土壤环境调查评估结果，逐步建立污染地块名录及其开发利用的负面清单，合理确定土地用途。符合相应规划用地土壤环境质量要求的地块，可进入用地程序。暂不开发利用或现阶段不具备治理修复条件的污染地块，由所在地县级人民政府组织划定管控区域，设立标识，发布公告，开展土壤、地表水、地下水、空气环境监测；发现污染扩散的，有关责任主体要及时采取污染物隔离、阻断等环境风险管控措施。（国土资源部牵头，环境保护部、住房和城乡建设部、水利部等参与）

（十三）落实监管责任。地方各级城乡规划部门要结合土壤环境质量状况，加强城乡规划论证和审批管理。地方各级国土资源部门要依据土地利用总体规划、城乡规划和地块土壤环境质量状况，加强土地征收、收回、收购以及转让、改变用途等环节的监管。地方各级环境保护部门要加强对建设用地土壤环境状况调查、风险评估和污染地块治理与修复活动的监管。建立城乡规划、国土资源、环境保护等部门间的信息沟通机制，实行联动监管。（国土资源部、环境保护部、住房和城乡建设部负责）

（十四）严格用地准入。将建设用地土壤环境管理要求纳入城市规划和供地管理，土地开发利用必须符合土壤环境质量要求。地方各级国土资源、城乡规划等部门在编制土地利用总体规划、城市总体规划、控制性详细规划等相关规划时，应充分考虑污染地块的环境风险，合理确定土地用途。（国土资源部、住房和城乡建设部牵头，环境保护部参与）

五、强化未污染土壤保护，严控新增土壤污染

（十五）加强未利用地环境管理。按照科学有序原则开发利用未利用地，防止造成

土壤污染。拟开发为农用地的，有关县（市、区）人民政府要组织开展土壤环境质量状况评估；不符合相应标准的，不得种植食用农产品。各地要加强纳入耕地后备资源的未利用地保护，定期开展巡查。依法严查向沙漠、滩涂、盐碱地、沼泽地等非法排污、倾倒有毒有害物质的环境违法行为。加强对矿山、油田等矿产资源开采活动影响区域内未利用地的环境监管，发现土壤污染问题的，要及时督促有关企业采取防治措施。推动盐碱地土壤改良，自 2017 年起，在新疆生产建设兵团等地开展利用燃煤电厂脱硫石膏改良盐碱地试点。（环境保护部、国土资源部牵头，国家发展改革委、公安部、水利部、农业部、国家林业局等参与）

（十六）防范建设用地新增污染。排放重点污染物的建设项目，在开展环境影响评价时，要增加对土壤环境影响的评价内容，并提出防范土壤污染的具体措施；需要建设的土壤污染防治设施，要与主体工程同时设计、同时施工、同时投产使用；有关环境保护部门要做好有关措施落实情况的监督管理工作。自 2017 年起，有关地方人民政府要与重点行业企业签订土壤污染防治责任书，明确相关措施和责任，责任书向社会公开。（环境保护部负责）

（十七）强化空间布局管控。加强规划区划和建设项目布局论证，根据土壤等环境承载能力，合理确定区域功能定位、空间布局。鼓励工业企业集聚发展，提高土地节约集约利用水平，减少土壤污染。严格执行相关行业企业布局选址要求，禁止在居民区、学校、医疗和养老机构等周边新建有色金属冶炼、焦化等行业企业；结合推进新型城镇化、产业结构调整和化解过剩产能等，有序搬迁或依法关闭对土壤造成严重污染的现有企业。结合区域功能定位和土壤污染防治需要，科学布局生活垃圾处理、危险废物处置、废旧资源再生利用等设施和场所，合理确定畜禽养殖布局和规模。（国家发展改革委牵头，工业和信息化部、国土资源部、环境保护部、住房和城乡建设部、水利部、农业部、国家林业局等参与）

六、加强污染源监管，做好土壤污染预防工作

（十八）严控工矿污染。加强日常环境监管。各地要根据工矿企业分布和污染排放情况，确定土壤环境重点监管企业名单，实行动态更新，并向社会公布。列入名单的企业每年要自行对其用地进行土壤环境监测，结果向社会公开。有关环境保护部门要定期对重点监管企业和工业园区周边开展监测，数据及时上传全国土壤环境信息化管理平台，结果作为环境执法和风险预警的重要依据。适时修订国家鼓励的有毒有害原料（产品）替代品目录。加强电器电子、汽车等工业产品中有害物质控制。有色金属冶炼、石油加工、化工、焦化、电镀、制革等行业企业拆除生产设施设备、构筑物和污染治理设

施，要事先制定残留污染物清理和安全处置方案，并报所在地县级环境保护、工业和信息化部门备案；要严格按照有关规定实施安全处理处置，防范拆除活动污染土壤。2017年底前，发布企业拆除活动污染防治技术规定。（环境保护部、工业和信息化部负责）

严防矿产资源开发污染土壤。自 2017 年起，内蒙古、江西、河南、湖北、湖南、广东、广西、四川、贵州、云南、陕西、甘肃、新疆等省（区）矿产资源开发活动集中的区域，执行重点污染物特别排放限值。全面整治历史遗留尾矿库，完善覆膜、压土、排洪、堤坝加固等隐患治理和闭库措施。有重点监管尾矿库的企业要开展环境风险评估，完善污染治理设施，储备应急物资。加强对矿产资源开发利用活动的辐射安全监管，有关企业每年要对本矿区土壤进行辐射环境监测。（环境保护部、安全监管总局牵头，工业和信息化部、国土资源部参与）

加强涉重金属行业污染防控。严格执行重金属污染物排放标准并落实相关总量控制指标，加大监督检查力度，对整改后仍不达标的企业，依法责令其停业、关闭，并将企业名单向社会公开。继续淘汰涉重金属重点行业落后产能，完善重金属相关行业准入条件，禁止新建落后产能或产能严重过剩行业的建设项目。按计划逐步淘汰普通照明白炽灯。提高铅酸蓄电池等行业落后产能淘汰标准，逐步退出落后产能。制定涉重金属重点工业行业清洁生产技术推行方案，鼓励企业采用先进适用生产工艺和技术。2020 年重点行业的重点重金属排放量要比 2013 年下降 10%。（环境保护部、工业和信息化部牵头，国家发展改革委参与）

加强工业废物处理处置。全面整治尾矿、煤矸石、工业副产石膏、粉煤灰、赤泥、冶炼渣、电石渣、铬渣、砷渣以及脱硫、脱硝、除尘产生固体废物的堆存场所，完善防扬散、防流失、防渗漏等设施，制定整治方案并有序实施。加强工业固体废物综合利用。对电子废物、废轮胎、废塑料等再生利用活动进行清理整顿，引导有关企业采用先进适用加工工艺、集聚发展，集中建设和运营污染治理设施，防止污染土壤和地下水。自 2017年起，在京津冀、长三角、珠三角等地区的部分城市开展污水与污泥、废气与废渣协同治理试点。（环境保护部、国家发展改革委牵头，工业和信息化部、国土资源部参与）

（十九）控制农业污染。合理施用化肥农药。鼓励农民增施有机肥，减少化肥施用量。科学施用农药，推行农作物病虫害专业化统防统治和绿色防控，推广高效、低毒、低残留农药和现代植保机械。加强农药包装废弃物回收处理，自 2017 年起，在江苏、山东、河南、海南等省份选择部分产粮（油）大县和蔬菜产业重点县开展试点；到 2020年，推广到全国 30%的产粮（油）大县和所有蔬菜产业重点县。推行农业清洁生产，开展农业废弃物资源化利用试点，形成一批可复制、可推广的农业面源污染防治技术模式。严禁将城镇生活垃圾、污泥、工业废物直接用作肥料。到 2020 年，全国主要农作物化肥、农药使用量实现零增长，利用率提高到 40%以上，测土配方施肥技术推广覆盖率提

高到 90%以上。（农业部牵头，国家发展改革委、环境保护部、住房和城乡建设部、供销合作总社等参与）

加强废弃农膜回收利用。严厉打击违法生产和销售不合格农膜的行为。建立健全废弃农膜回收贮运和综合利用网络，开展废弃农膜回收利用试点；到 2020 年，河北、辽宁、山东、河南、甘肃、新疆等农膜使用量较高省份力争实现废弃农膜全面回收利用。（农业部牵头，国家发展改革委、工业和信息化部、公安部、工商总局、供销合作总社等参与）

强化畜禽养殖污染防治。严格规范兽药、饲料添加剂的生产和使用，防止过量使用，促进源头减量。加强畜禽粪便综合利用，在部分生猪大县开展种养业有机结合、循环发展试点。鼓励支持畜禽粪便处理利用设施建设，到 2020 年，规模化养殖场、养殖小区配套建设废弃物处理设施比例达到 75%以上。（农业部牵头，国家发展改革委、环境保护部参与）

加强灌溉水水质管理。开展灌溉水水质监测。灌溉用水应符合农田灌溉水水质标准。对因长期使用污水灌溉导致土壤污染严重、威胁农产品质量安全的，要及时调整种植结构。（水利部牵头，农业部参与）

（二十）减少生活污染。建立政府、社区、企业和居民协调机制，通过分类投放收集、综合循环利用，促进垃圾减量化、资源化、无害化。建立村庄保洁制度，推进农村生活垃圾治理，实施农村生活污水治理工程。整治非正规垃圾填埋场。深入实施“以奖促治”政策，扩大农村环境连片整治范围。推进水泥窑协同处置生活垃圾试点。鼓励将处理达标后的污泥用于园林绿化。开展利用建筑垃圾生产建材产品等资源化利用示范。强化废氧化汞电池、镍镉电池、铅酸蓄电池和含汞荧光灯管、温度计等含重金属废物的安全处置。减少过度包装，鼓励使用环境标志产品。（住房和城乡建设部牵头，国家发展改革委、工业和信息化部、财政部、环境保护部参与）

七、开展污染治理与修复，改善区域土壤环境质量

（二十一）明确治理与修复主体。按照“谁污染，谁治理”原则，造成土壤污染的单位或个人要承担治理与修复的主体责任。责任主体发生变更的，由变更后继承其债权、债务的单位或个人承担相关责任；土地使用权依法转让的，由土地使用权受让人或双方约定的责任人承担相关责任。责任主体灭失或责任主体不明确的，由所在地县级人民政府依法承担相关责任。（环境保护部牵头，国土资源部、住房和城乡建设部参与）

（二十二）制定治理与修复规划。各省（区、市）要以影响农产品质量和人居环境安全的突出土壤污染问题为重点，制定土壤污染治理与修复规划，明确重点任务、责任

单位和分年度实施计划，建立项目库，2017 年底前完成。规划报环境保护部备案。京津冀、长三角、珠三角地区要率先完成。（环境保护部牵头，国土资源部、住房和城乡建设部、农业部等参与）

（二十三）有序开展治理与修复。确定治理与修复重点。各地要结合城市环境质量提升和发展布局调整，以拟开发建设居住、商业、学校、医疗和养老机构等项目的污染地块为重点，开展治理与修复。在江西、湖北、湖南、广东、广西、四川、贵州、云南等省份污染耕地集中区域优先组织开展治理与修复；其他省份要根据耕地土壤污染程度、环境风险及其影响范围，确定治理与修复的重点区域。到 2020 年，受污染耕地治理与修复面积达到 1 000 万亩。（国土资源部、农业部、环境保护部牵头，住房和城乡建设部参与）

强化治理与修复工程监管。治理与修复工程原则上在原址进行，并采取必要措施防止污染土壤挖掘、堆存等造成二次污染；需要转运污染土壤的，有关责任单位要将运输时间、方式、线路和污染土壤数量、去向、最终处置措施等，提前向所在地和接收地环境保护部门报告。工程施工期间，责任单位要设立公告牌，公开工程基本情况、环境影响及其防范措施；所在地环境保护部门要对各项环境保护措施落实情况进行检查。工程完工后，责任单位要委托第三方机构对治理与修复效果进行评估，结果向社会公开。实行土壤污染治理与修复终身责任制，2017 年底前，出台有关责任追究办法。（环境保护部牵头，国土资源部、住房和城乡建设部、农业部参与）

（二十四）监督目标任务落实。各省级环境保护部门要定期向环境保护部报告土壤污染治理与修复工作进展；环境保护部要会同有关部门进行督导检查。各省（区、市）要委托第三方机构对本行政区域各县（市、区）土壤污染治理与修复成效进行综合评估，结果向社会公开。2017 年底前，出台土壤污染治理与修复成效评估办法。（环境保护部牵头，国土资源部、住房和城乡建设部、农业部参与）

八、加大科技研发力度，推动环境保护产业发展

（二十五）加强土壤污染防治研究。整合高等学校、研究机构、企业等科研资源，开展土壤环境基准、土壤环境容量与承载能力、污染物迁移转化规律、污染生态效应、重金属低积累作物和修复植物筛选，以及土壤污染与农产品质量、人体健康关系等方面基础研究。推进土壤污染诊断、风险管控、治理与修复等共性关键技术研究，研发先进适用装备和高效低成本功能材料（药剂），强化卫星遥感技术应用，建设一批土壤污染防治实验室、科研基地。优化整合科技计划（专项、基金等），支持土壤污染防治研究。（科技部牵头，国家发展改革委、教育部、工业和信息化部、国土资源部、环境保护部、

住房和城乡建设部、农业部、国家卫生计生委、国家林业局、中科院等参与）

（二十六）加大适用技术推广力度。建立健全技术体系。综合土壤污染类型、程度和区域代表性，针对典型受污染农用地、污染地块，分批实施200个土壤污染治理与修复技术应用试点项目，2020年底前完成。根据试点情况，比选形成一批易推广、成本低、效果好的适用技术。（环境保护部、财政部牵头，科技部、国土资源部、住房和城乡建设部、农业部等参与）

加快成果转化应用。完善土壤污染防治科技成果转化机制，建成以环保为主导产业的高新技术产业开发区等一批成果转化平台。2017年底前，发布鼓励发展的土壤污染防治重大技术装备目录。开展国际合作研究与技术交流，引进消化土壤污染风险识别、土壤污染物快速检测、土壤及地下水污染阻隔等风险管控先进技术和管理经验。（科技部牵头，国家发展改革委、教育部、工业和信息化部、国土资源部、环境保护部、住房和城乡建设部、农业部、中科院等参与）

（二十七）推动治理与修复产业发展。放开服务性监测市场，鼓励社会机构参与土壤环境监测评估等活动。通过政策推动，加快完善覆盖土壤环境调查、分析测试、风险评估、治理与修复工程设计和施工等环节的成熟产业链，形成若干综合实力雄厚的龙头企业，培育一批充满活力的中小企业。推动有条件的地区建设产业化示范基地。规范土壤污染治理与修复从业单位和人员管理，建立健全监督机制，将技术服务能力弱、运营管理水平低、综合信用差的从业单位名单通过企业信用信息公示系统向社会公开。发挥“互联网+”在土壤污染治理与修复全产业链中的作用，推进大众创业、万众创新。（国家发展改革委牵头，科技部、工业和信息化部、国土资源部、环境保护部、住房和城乡建设部、农业部、商务部、工商总局等参与）

九、发挥政府主导作用，构建土壤环境治理体系

（二十八）强化政府主导。完善管理体制。按照“国家统筹、省负总责、市县落实”原则，完善土壤环境管理体制，全面落实土壤污染防治属地责任。探索建立跨行政区域土壤污染防治联动协作机制。（环境保护部牵头，国家发展改革委、科技部、工业和信息化部、财政部、国土资源部、住房和城乡建设部、农业部等参与）

加大财政投入。中央和地方各级财政加大对土壤污染防治工作的支持力度。中央财政整合重金属污染防治专项资金等，设立土壤污染防治专项资金，用于土壤环境调查与监测评估、监督管理、治理与修复等工作。各地应统筹相关财政资金，通过现有政策和资金渠道加大支持，将农业综合开发、高标准农田建设、农田水利建设、耕地保护与质量提升、测土配方施肥等涉农资金，更多用于优先保护类耕地集中的县（市、区）。有

条件的省（区、市）可对优先保护类耕地面积增加的县（市、区）予以适当奖励。统筹安排专项建设基金，支持企业对涉重金属落后生产工艺和设备进行技术改造。（财政部牵头，国家发展改革委、工业和信息化部、国土资源部、环境保护部、水利部、农业部等参与）

完善激励政策。各地要采取有效措施，激励相关企业参与土壤污染治理与修复。研究制定扶持有机肥生产、废弃农膜综合利用、农药包装废弃物回收处理等企业的激励政策。在农药、化肥等行业，开展环保领跑者制度试点。（财政部牵头，国家发展改革委、工业和信息化部、国土资源部、环境保护部、住房和城乡建设部、农业部、税务总局、供销合作总社等参与）

建设综合防治先行区。2016 年底前，在浙江省台州市、湖北省黄石市、湖南省常德市、广东省韶关市、广西壮族自治区河池市和贵州省铜仁市启动土壤污染综合防治先行区建设，重点在土壤污染源头预防、风险管控、治理与修复、监管能力建设等方面进行探索，力争到 2020 年先行区土壤环境质量得到明显改善。有关地方人民政府要编制先行区建设方案，按程序报环境保护部、财政部备案。京津冀、长三角、珠三角等地区可因地制宜开展先行区建设。（环境保护部、财政部牵头，国家发展改革委、国土资源部、住房和城乡建设部、农业部、国家林业局等参与）

（二十九）发挥市场作用。通过政府和社会资本合作（PPP）模式，发挥财政资金撬动功能，带动更多社会资本参与土壤污染防治。加大政府购买服务力度，推动受污染耕地和以政府为责任主体的污染地块治理与修复。积极发展绿色金融，发挥政策性和开发性金融机构引导作用，为重大土壤污染防治项目提供支持。鼓励符合条件的土壤污染治理与修复企业发行股票。探索通过发行债券推进土壤污染治理与修复，在土壤污染综合防治先行区开展试点。有序开展重点行业企业环境污染强制责任保险试点。（国家发展改革委、环境保护部牵头，财政部、中国人民银行、银监会、证监会、保监会等参与）

（三十）加强社会监督。推进信息公开。根据土壤环境质量监测和调查结果，适时发布全国土壤环境状况。各省（区、市）人民政府定期公布本行政区域各地级市（州、盟）土壤环境状况。重点行业企业要依据有关规定，向社会公开其产生的污染物名称、排放方式、排放浓度、排放总量，以及污染防治设施建设和运行情况。（环境保护部牵头，国土资源部、住房和城乡建设部、农业部等参与）

引导公众参与。实行有奖举报，鼓励公众通过“12369”环保举报热线、信函、电子邮件、政府网站、微信平台等途径，对乱排废水、废气，乱倒废渣、污泥等污染土壤的环境违法行为进行监督。有条件的地方可根据需要聘请环境保护义务监督员，参与现场环境执法、土壤污染事件调查处理等。鼓励种粮大户、家庭农场、农民合作社以及民间环境保护机构参与土壤污染防治工作。（环境保护部牵头，国土资源部、住房和城乡

建设部、农业部等参与）

推动公益诉讼。鼓励依法对污染土壤等环境违法行为提起公益诉讼。开展检察机关提起公益诉讼改革试点的地区，检察机关可以以公益诉讼人的身份，对污染土壤等损害社会公共利益的行为提起民事公益诉讼；也可以对负有土壤污染防治职责的行政机关，因违法行使职权或者不作为造成国家和社会公共利益受到侵害的行为提起行政公益诉讼。地方各级人民政府和有关部门应当积极配合司法机关的相关案件办理工作和检察机关的监督工作。（最高人民检察院、最高人民法院牵头，国土资源部、环境保护部、住房和城乡建设部、水利部、农业部、国家林业局等参与）

（三十一）开展宣传教育。制定土壤环境保护宣传教育工作方案。制作挂图、视频，出版科普读物，利用互联网、数字化放映平台等手段，结合世界地球日、世界环境日、世界土壤日、世界粮食日、全国土地日等主题宣传活动，普及土壤污染防治相关知识，加强法律法规政策宣传解读，营造保护土壤环境的良好社会氛围，推动形成绿色发展方式和生活方式。把土壤环境保护宣传教育融入党政机关、学校、工厂、社区、农村等的环境宣传和培训工作。鼓励支持有条件的高等学校开设土壤环境专门课程。（环境保护部牵头，中央宣传部、教育部、国土资源部、住房和城乡建设部、农业部、新闻出版广电总局、国家网信办、国家粮食局、中国科协等参与）

十、加强目标考核，严格责任追究

（三十二）明确地方政府主体责任。地方各级人民政府是实施本行动计划的主体，要于 2016 年底前分别制定并公布土壤污染防治工作方案，确定重点任务和工作目标。要加强组织领导，完善政策措施，加大资金投入，创新投融资模式，强化监督管理，抓好工作落实。各省（区、市）工作方案报国务院备案。（环境保护部牵头，国家发展改革委、财政部、国土资源部、住房和城乡建设部、农业部等参与）

（三十三）加强部门协调联动。建立全国土壤污染防治工作协调机制，定期研究解决重大问题。各有关部门要按照职责分工，协同做好土壤污染防治工作。环境保护部要抓好统筹协调，加强督促检查，每年 2 月底前将上年度工作进展情况向国务院报告。（环境保护部牵头，国家发展改革委、科技部、工业和信息化部、财政部、国土资源部、住房和城乡建设部、水利部、农业部、国家林业局等参与）

（三十四）落实企业责任。有关企业要加强内部管理，将土壤污染防治纳入环境风险防控体系，严格依法依规建设和运营污染治理设施，确保重点污染物稳定达标排放。造成土壤污染的，应承担损害评估、治理与修复的法律责任。逐步建立土壤污染治理与修复企业行业自律机制。国有企业特别是中央企业要带头落实。（环境保护部牵头，工

业和信息化部、国务院国资委等参与）

（三十五）严格评估考核。实行目标责任制。2016 年底前，国务院与各省（区、市）人民政府签订土壤污染防治目标责任书，分解落实目标任务。分年度对各省（区、市）重点工作进展情况进行评估，2020 年对本行动计划实施情况进行考核，评估和考核结果作为对领导班子和领导干部综合考核评价、自然资源资产离任审计的重要依据。（环境保护部牵头，中央组织部、审计署参与）

评估和考核结果作为土壤污染防治专项资金分配的重要参考依据。（财政部牵头，环境保护部参与）

对年度评估结果较差或未通过考核的省（区、市），要提出限期整改意见，整改完成前，对有关地区实施建设项目环评限批；整改不到位的，要约谈有关省级人民政府及其相关部门负责人。对土壤环境问题突出、区域土壤环境质量明显下降、防治工作不力、群众反映强烈的地区，要约谈有关地市级人民政府和省级人民政府相关部门主要负责人。对失职渎职、弄虚作假的，区分情节轻重，予以诫勉、责令公开道歉、组织处理或党纪政纪处分；对构成犯罪的，要依法追究刑事责任，已经调离、提拔或者退休的，也要终身追究责任。（环境保护部牵头，中央组织部、监察部参与）

我国正处于全面建成小康社会决胜阶段，提高环境质量是人民群众的热切期盼，土壤污染防治任务艰巨。各地区、各有关部门要认清形势，坚定信心，狠抓落实，切实加强污染治理和生态保护，如期实现全国土壤污染防治目标，确保生态环境质量得到改善、各类自然生态系统安全稳定，为建设美丽中国、实现“两个一百年”奋斗目标和中华民族伟大复兴的中国梦作出贡献。

“十三五”生态环境保护规划（节选）

国发〔2016〕65 号

第六章　实行全程管控，有效防范和降低环境风险

第二节　加大重金属污染防治力度

加强重点行业环境管理。严格控制涉重金属新增产能快速扩张，优化产业布局，继续淘汰涉重金属重点行业落后产能。涉重金属行业分布集中、产业规模大、发展速度快、环境问题突出的地区，制定实施更严格的地方污染物排放标准和环境准入标准，依法关停达标无望、治理整顿后仍不能稳定达标的涉重金属企业。制定电镀、制革、铅蓄电池等行业工业园区综合整治方案，推动园区清洁、规范发展。强化涉重金属工业园区和重点工矿企业的重金属污染物排放及周边环境中的重金属监测，加强环境风险隐患排查，向社会公开涉重金属企业生产排放、环境管理和环境质量等信息。组织开展金属矿采选冶炼、钢铁等典型行业和贵州黔西南布依族苗族自治州等典型地区铊污染排放调查，制定铊污染防治方案。加强进口矿产品中重金属等环保项目质量监管。

深化重点区域分类防控。重金属污染防控重点区域制定实施重金属污染综合防治规划，有效防控环境风险和改善区域环境质量，分区指导、一区一策，实施差别化防控管理，加快湘江等流域、区域突出问题综合整治，“十三五”期间，争取 20 个左右地区退出重点区域。在江苏靖江市、浙江平阳县等 16 个重点区域和江西大余县浮江河流域等 8 个流域开展重金属污染综合整治示范，探索建立区域和流域重金属污染治理与风险防控的技术和管理体系。建立“锰三角”（锰矿开采和生产过程中存在严重环境污染问题的重庆市秀山县、湖南省花垣县、贵州省松桃县三个县）综合防控协调机制，统一制定综合整治规划。优化调整重点区域环境质量监测点位，2018 年底前建成全国重金属环境监测体系。

专栏5 重金属综合整治示范

（一）区域综合防控（16个）。

泰州靖江市（电镀行业综合整治）、温州平阳县（产业入园升级与综合整治）、湖州长兴县（铅蓄电池行业综合整治）、济源市（重金属综合治理与环境监测）、黄石大冶市及周边地区（铜冶炼治理与历史遗留污染整治）、湘潭竹埠港及周边地区（历史遗留污染治理）、衡阳水口山及周边地区（行业综合整治提升）、郴州三十六湾及周边地区（历史遗留污染整治和环境风险预警监控）、常德石门县雄黄矿地区（历史遗留砷污染治理与风险防控）、河池金城江区（结构调整与历史遗留污染整治）、重庆秀山县（电解锰行业综合治理）、凉山西昌市（有色行业整治及污染地块治理）、铜仁万山区（汞污染综合整治）、红河个旧市（产业调整与历史遗留污染整治）、渭南潼关县（有色行业综合整治）、金昌市金川区（产业升级与历史遗留综合整治）。

（二）流域综合整治（8个）。

赣州大余县浮江河流域（砷）、三门峡灵宝市宏农涧河流域（镉、汞）、荆门钟祥市利河—南泉河流域（砷）、韶关大宝山矿区横石水流域（镉）、河池市南丹县刁江流域（砷、镉）、黔南独山县都柳江流域（锑）、怒江兰坪县沘江流域（铅、镉）、陇南徽县永宁河流域（铅、砷）。

加强汞污染控制。禁止新建采用含汞工艺的电石法聚氯乙烯生产项目，到2020年聚氯乙烯行业每单位产品用汞量在2010年的基础上减少50%。加强燃煤电厂等重点行业汞污染排放控制。禁止新建原生汞矿，逐步停止原生汞开采。淘汰含汞体温计、血压计等添汞产品。

长江经济带生态环境保护规划（节选）

环规财〔2017〕88 号

第六章　全面推进环境污染治理，建设宜居城乡环境

第二节　推进重点区域土壤污染防治

加强土壤重金属污染源头控制。提高铅酸蓄电池等行业落后产能淘汰标准，逐步退出落后产能。到 2020 年，铜冶炼、铅锌冶炼、铅酸蓄电池制造等主要涉重金属行业重金属排放强度低于全国平均水平。加强有色金属冶炼、制革、铅酸蓄电池、电镀等行业重金属污染治理，推动电镀、制革等园区化发展，江苏、浙江、江西、湖北、湖南、云南等省份逐步将涉重金属行业的重金属排放纳入排污许可证管理。实施重要粮食生产区域周边的工矿企业重金属排放总量控制，达不到环保要求的，实施升级改造，或依法关闭、搬迁。加强长江经济带 69 个重金属污染重点防控区域治理，2017 年底前，重点区域制定并组织实施“十三五”重金属污染防治规划。继续推进湘江流域重金属污染治理。制定实施锰三角重金属污染综合整治方案。

第三篇

涉重金属管理政策文件

控制污染物排放许可制实施方案

国办发〔2016〕81号

控制污染物排放许可制（以下称排污许可制）是依法规范企事业单位排污行为的基础性环境管理制度，环境保护部门通过对企事业单位发放排污许可证并依证监管实施排污许可制。近年来，各地积极探索排污许可制，取得初步成效。但总体看，排污许可制定位不明确，企事业单位治污责任不落实，环境保护部门依证监管不到位，使得管理制度效能难以充分发挥。为进一步推动环境治理基础制度改革，改善环境质量，根据《中华人民共和国环境保护法》和《生态文明体制改革总体方案》等，制定本方案。

一、总体要求

（一）指导思想。全面贯彻落实党的十八大和十八届三中、四中、五中、六中全会精神，深入学习贯彻习近平总书记系列重要讲话精神，紧紧围绕统筹推进“五位一体”总体布局和协调推进“四个全面”战略布局，牢固树立创新、协调、绿色、开放、共享的发展理念，认真落实党中央、国务院决策部署，加大生态文明建设和环境保护力度，将排污许可制建设成为固定污染源环境管理的核心制度，作为企业守法、部门执法、社会监督的依据，为提高环境管理效能和改善环境质量奠定坚实基础。

（二）基本原则：

精简高效，衔接顺畅。排污许可制衔接环境影响评价管理制度，融合总量控制制度，为排污收费、环境统计、排污权交易等工作提供统一的污染物排放数据，减少重复申报，减轻企事业单位负担，提高管理效能。

公平公正，一企一证。企事业单位持证排污，按照所在地改善环境质量和保障环境安全的要求承担相应的污染治理责任，多排放多担责、少排放可获益。向企事业单位核发排污许可证，作为生产运营期排污行为的唯一行政许可，并明确其排污行为依法应当遵守的环境管理要求和承担的法律责任义务。

权责清晰，强化监管。排污许可证是企事业单位在生产运营期接受环境监管和环境保护部门实施监管的主要法律文书。企事业单位依法申领排污许可证，按证排污，自证守法。环境保护部门基于企事业单位守法承诺，依法发放排污许可证，依证强化事中事后监管，对违法排污行为实施严厉打击。

公开透明，社会共治。排污许可证申领、核发、监管流程全过程公开，企事业单位污染物排放和环境保护部门监管执法信息及时公开，为推动企业守法、部门联动、社会监督创造条件。

（三）目标任务。到2020年，完成覆盖所有固定污染源的排污许可证核发工作，全国排污许可证管理信息平台有效运转，各项环境管理制度精简合理、有机衔接，企事业单位环保主体责任得到落实，基本建立法规体系完备、技术体系科学、管理体系高效的排污许可制，对固定污染源实施全过程管理和多污染物协同控制，实现系统化、科学化、法治化、精细化、信息化的“一证式”管理。

二、衔接整合相关环境管理制度

（四）建立健全企事业单位污染物排放总量控制制度。改变单纯以行政区域为单元分解污染物排放总量指标的方式和总量减排核算考核办法，通过实施排污许可制，落实企事业单位污染物排放总量控制要求，逐步实现由行政区域污染物排放总量控制向企事业单位污染物排放总量控制转变，控制的范围逐渐统一到固定污染源。环境质量不达标地区，要通过提高排放标准或加严许可排放量等措施，对企事业单位实施更为严格的污染物排放总量控制，推动改善环境质量。

（五）有机衔接环境影响评价制度。环境影响评价制度是建设项目的环境准入门槛，排污许可制是企事业单位生产运营期排污的法律依据，必须做好充分衔接，实现从污染预防到污染治理和排放控制的全过程监管。新建项目必须在发生实际排污行为之前申领排污许可证，环境影响评价文件及批复中与污染物排放相关的主要内容应当纳入排污许可证，其排污许可证执行情况应作为环境影响后评价的重要依据。

三、规范有序发放排污许可证

（六）制定排污许可管理名录。环境保护部依法制定并公布排污许可分类管理名录，考虑企事业单位及其他生产经营者，确定实行排污许可管理的行业类别。对不同行业或同一行业内的不同类型企事业单位，按照污染物产生量、排放量以及环境危害程度等因素进行分类管理，对环境影响较小、环境危害程度较低的行业或企事业单位，简化排污许可内容和相应的自行监测、台账管理等要求。

（七）规范排污许可证核发。由县级以上地方政府环境保护部门负责排污许可证核发，地方性法规另有规定的从其规定。企事业单位应按相关法规标准和技术规定提交申请材料，申报污染物排放种类、排放浓度等，测算并申报污染物排放量。环境保护部门对符合要求的企事业单位应及时核发排污许可证，对存在疑问的开展现场核查。首次发放的排污许可证有效期三年，延续换发的排污许可证有效期五年。上级环境保护部门要加强监督抽查，有权依法撤销下级环境保护部门作出的核发排污许可证的决定。环境保护部统一制定排污许可证申领核发程序、排污许可证样式、信息编码和平台接口标准、相关数据格式要求等。各地区现有排污许可证及其管理要按国家统一要求及时进行规范。

（八）合理确定许可内容。排污许可证中明确许可排放的污染物种类、浓度、排放量、排放去向等事项，载明污染治理设施、环境管理要求等相关内容。根据污染物排放标准、总量控制指标、环境影响评价文件及批复要求等，依法合理确定许可排放的污染物种类、浓度及排放量。按照《国务院办公厅关于加强环境监管执法的通知》（国办发〔2014〕56号）要求，经地方政府依法处理、整顿规范并符合要求的项目，纳入排污许可管理范围。地方政府制定的环境质量限期达标规划、重污染天气应对措施中对企事业单位有更加严格的排放控制要求的，应当在排污许可证中予以明确。

（九）分步实现排污许可全覆盖。排污许可证管理内容主要包括大气污染物、水污染物，并依法逐步纳入其他污染物。按行业分步实现对固定污染源的全覆盖，率先对火电、造纸行业企业核发排污许可证，2017年完成《大气污染防治行动计划》和《水污染防治行动计划》重点行业及产能过剩行业企业排污许可证核发，2020年全国基本完成排污许可证核发。

四、严格落实企事业单位环境保护责任

（十）落实按证排污责任。纳入排污许可管理的所有企事业单位必须按期持证排污、按证排污，不得无证排污。企事业单位应及时申领排污许可证，对申请材料的真实性、准确性和完整性承担法律责任，承诺按照排污许可证的规定排污并严格执行；落实污染物排放控制措施和其他各项环境管理要求，确保污染物排放种类、浓度和排放量等达到许可要求；明确单位负责人和相关人员环境保护责任，不断提高污染治理和环境管理水平，自觉接受监督检查。

（十一）实行自行监测和定期报告。企事业单位应依法开展自行监测，安装或使用监测设备应符合国家有关环境监测、计量认证规定和技术规范，保障数据合法有效，保证设备正常运行，妥善保存原始记录，建立准确完整的环境管理台账，安装在线监测设备的应与环境保护部门联网。企事业单位应如实向环境保护部门报告排污许可证执行情

况，依法向社会公开污染物排放数据并对数据真实性负责。排放情况与排污许可证要求不符的，应及时向环境保护部门报告。

五、加强监督管理

（十二）**依证严格开展监管执法。**依证监管是排污许可制实施的关键，重点检查许可事项和管理要求的落实情况，通过执法监测、核查台账等手段，核实排放数据和报告的真实性，判定是否达标排放，核定排放量。企事业单位在线监测数据可以作为环境保护部门监管执法的依据。按照“谁核发、谁监管”的原则定期开展监管执法，首次核发排污许可证后，应及时开展检查；对有违规记录的，应提高检查频次；对污染严重的产能过剩行业企业加大执法频次与处罚力度，推动去产能工作。现场检查的时间、内容、结果以及处罚决定应记入排污许可证管理信息平台。

（十三）**严厉查处违法排污行为。**根据违法情节轻重，依法采取按日连续处罚、限制生产、停产整治、停业、关闭等措施，严厉处罚无证和不按证排污行为，对构成犯罪的，依法追究刑事责任。环境保护部门检查发现实际情况与环境管理台账、排污许可证执行报告等不一致的，可以责令作出说明，对未能说明且无法提供自行监测原始记录的，依法予以处罚。

（十四）**综合运用市场机制政策。**对自愿实施严于许可排放浓度和排放量且在排污许可证中载明的企事业单位，加大电价等价格激励措施力度，符合条件的可以享受相关环保、资源综合利用等方面的优惠政策。与拟开征的环境保护税有机衔接，交换共享企事业单位实际排放数据与纳税申报数据，引导企事业单位按证排污并诚信纳税。排污许可证是排污权的确认凭证、排污交易的管理载体，企事业单位在履行法定义务的基础上，通过淘汰落后和过剩产能、清洁生产、污染治理、技术改造升级等产生的污染物排放削减量，可按规定在市场交易。

六、强化信息公开和社会监督

（十五）**提高管理信息化水平。**2017年建成全国排污许可证管理信息平台，将排污许可证申领、核发、监管执法等工作流程及信息纳入平台，各地现有的排污许可证管理信息平台逐步接入。在统一社会信用代码基础上适当扩充，制定全国统一的排污许可证编码。通过排污许可证管理信息平台统一收集、存储、管理排污许可证信息，实现各级联网、数据集成、信息共享。形成的实际排放数据作为环境保护部门排污收费、环境统计、污染源排放清单等各项固定污染源环境管理的数据来源。

（十六）**加大信息公开力度。**在全国排污许可证管理信息平台上及时公开企事业单位自行监测数据和环境保护部门监管执法信息，公布不按证排污的企事业单位名单，纳入企业环境行为信用评价，并通过企业信用信息公示系统进行公示。与环保举报平台共享污染源信息，鼓励公众举报无证和不按证排污行为。依法推进环境公益诉讼，加强社会监督。

七、做好排污许可制实施保障

（十七）**加强组织领导。**各地区要高度重视排污许可制实施工作，统一思想，提高认识，明确目标任务，制订实施计划，确保按时限完成排污许可证核发工作。要做好排污许可制推进期间各项环境管理制度的衔接，避免出现管理真空。环境保护部要加强对全国排污许可制实施工作的指导，制定相关管理办法，总结推广经验，跟踪评估实施情况。将排污许可制落实情况纳入环境保护督察工作，对落实不力的进行问责。

（十八）**完善法律法规。**加快修订建设项目环境保护管理条例，制定排污许可管理条例。配合修订水污染防治法，研究建立企事业单位守法排污的自我举证、加严对无证或不按证排污连续违法行为的处罚规定。推动修订固体废物污染环境防治法、环境噪声污染防治法，探索将有关污染物纳入排污许可证管理。

（十九）**健全技术支撑体系。**梳理和评估现有污染物排放标准，并适时修订。建立健全基于排放标准的可行技术体系，推动企事业单位污染防治措施升级改造和技术进步。完善排污许可证执行和监管执法技术体系，指导企事业单位自行监测、台账记录、执行报告、信息公开等工作，规范环境保护部门台账核查、现场执法等行为。培育和规范咨询与监测服务市场，促进人才队伍建设。

（二十）**开展宣传培训。**加大对排污许可制的宣传力度，做好制度解读，及时回应社会关切。组织各级环境保护部门、企事业单位、咨询与监测机构开展专业培训。强化地方政府环境保护主体责任，树立企事业单位持证排污意识，有序引导社会公众更好参与监督企事业单位排污行为，形成政府综合管控、企业依证守法、社会共同监督的良好氛围。

限制用地项目目录（2012年本）（节选）

六、黄金项目

1．独立氰化不得低于以下标准：日处理金精矿100吨，原料自供能力50%；

2．独立黄金选矿厂不得低于以下标准：日处理矿石200吨，配套采矿系统；

3．火法冶炼不得低于以下规模：日处理金精矿100吨；

4．独立堆浸场不得低于以下规模：东北、华北、西北地区年处理矿石10万吨，华东、中南、西南年处理矿石20万吨；

5．采选不得低于以下规模：日处理岩金矿石100吨；

6．砂金开采不得低于以下规模：年处理砂金矿砂30万米^3。

禁止用地项目目录（2012年本）（节选）

四、石化化工

7. 新建以石油（高硫石油焦除外）、天然气为原料的氮肥，采用固定层间歇气化技术合成氨，磷铵生产装置，铜洗法氨合成原料气净化工艺项目。

10. 新建硫酸法钛白粉、铅铬黄、1万吨/年以下氧化铁系颜料、溶剂型涂料（不包括鼓励类的涂料品种和生产工艺）、含异氰脲酸三缩水甘油酯（TGIC）的粉末涂料生产装置。

七、有色金属

1. 新建、扩建钨、锡、锑开采、冶炼项目。

2. 新建、扩建钼金属资源量小于20万吨、开采规模小于100万吨/年的钼矿项目。

3. 稀土开采、选矿、冶炼、分离项目（在确保产能总量不增加的前提下，有利于布局优化和兼并重组的项目除外）。

4. 氧化锑、铅锡焊料生产项目。

5. 单系列10万吨/年规模以下粗铜冶炼项目。

6. 电解铝项目（淘汰落后生产能力置换项目及优化产业布局项目除外）。

7. 铅冶炼项目（单系列5万吨/年规模及以上，不新增产能的技改和环保改造项目除外）。

8. 单系列10万吨/年规模以下锌冶炼项目（直接浸出除外）。

9. 镁冶炼项目（综合利用项目除外）。

10. 10万吨/年以下的独立铝用炭素项目。

11. 新建单系列生产能力5万吨/年及以下、改扩建单系列生产能力2万吨/年及以下，以及资源利用、能源消耗、环境保护等指标达不到行业准入条件要求的再生铅项目。

八、黄金

1. 在林区、基本农田、河道中开采砂金项目。

产业结构调整指导目录
（2011 年本，2013 年修正版）（节选）

《产业结构调整指导目录（2011 年本）》（2013 年修正版）涉及重金属排放行业和重金属污染治理内容规定如下：

第一类　鼓励类

一、农林业

12．农用薄膜无污染降解技术及农田土壤重金属降解技术开发与应用。

九、有色金属

1．有色金属现有矿山接替资源勘探开发，紧缺资源的深部及难采矿床开采。

2．高效、低耗、低污染、新型冶炼技术开发。

3．高效、节能、低污染、规模化再生资源回收与综合利用。

（1）废杂有色金属回收；（2）有价元素的综合利用；（3）赤泥及其他冶炼废渣综合利用；（4）高铝粉煤灰提取氧化铝。

十、黄金

1．黄金深部（1 000 米以下）探矿与开采。

2．从尾矿及废石中回收黄金。

十四、机械

5．用于辐射、有毒、可燃、易爆、重金属、二噁英等检测分析的仪器仪表，水质、烟气、空气检测仪器，药品检验用质量数大于 1 000 原子质量单位（u）的质谱仪，色质联用仪以及相关的自动取样系统和样品处理系统。

十九、轻工

15．二色及二色以上金属板印刷、配套光固化（UV）、薄板覆膜和高速食品饮料罐加工及配套设备制造。

16．锂二硫化铁、锂亚硫酰氯等新型锂原电池；锂离子电池、氢镍电池、新型结构（卷绕式、管式等）密封铅蓄电池等动力电池；储能用锂离子电池和新型大容量密封铅蓄电池；超级电池和超级电容器。

17．锂离子电池用磷酸铁锂等正极材料、中间相炭微球和钛酸锂等负极材料、单层与三层复合锂离子电池隔膜、氟代碳酸乙烯酯（FEC）等电解质与添加剂；废旧铅酸蓄电池资源化无害化回收。

19．锂离子电池自动化生产成套装备制造；碱性锌锰电池600只/分钟以上自动化生产成套装备制造。

20．制革及毛皮加工清洁生产、皮革后整饰新技术开发及关键设备制造、皮革废弃物综合利用；皮革铬鞣废液的循环利用，三价铬污泥综合利用；无灰膨胀（助）剂、无氨脱灰（助）剂、无盐浸酸（助）剂、高吸收铬鞣（助）剂、天然植物鞣剂、水性涂饰（助）剂等高档皮革用功能性化工产品开发、生产与应用。

三十八、环境保护与资源节约综合利用

矿山生态环境恢复工程

5．区域性废旧汽车、废旧电器电子产品、废旧船舶、废钢铁、废旧木材等资源循环利用基地建设。

8．危险废物（放射性废物、核设施退役工程、医疗废物、含重金属废弃物）安全处置技术设备开发制造及处置中心建设。

17．含汞废物的汞回收处理技术、含汞产品的替代品开发与应用。

24．高效、节能采矿、选矿技术（药剂）。

25．鼓励推广共生、伴生矿产资源中有价元素的分离及综合利用技术。

26．低品位、复杂、难处理矿开发及综合利用。

27．尾矿、废渣等资源综合利用。

29．废旧电器电子产品、废印刷电路板、废旧电池、废旧船舶、废旧农机、废塑料、废橡胶、废弃油脂等再生资源循环利用技术与设备开发。

30．废旧汽车、工程机械、矿山机械、机床产品、农业机械、船舶等废旧机电产品及零部件再利用、再制造，墨盒、有机光导鼓的再制造（再填充）。

33．削减和控制重金属排放的技术开发与应用。

第二类 限制类

四、石化化工

3．新建20万吨/年以下聚乙烯、乙炔法聚氯乙烯生产装置。

4．新建20万吨/年以下硫铁矿制酸生产装置。

10．新建硫酸法钛白粉、铅铬黄、1万吨/年以下氧化铁系颜料、溶剂型涂料（不包括鼓励类的涂料品种和生产工艺）、含异氰脲酸三缩水甘油酯（TGIC）的粉末涂料生产装置。

11．新建染料、染料中间体、有机颜料、印染助剂生产装置（不包括鼓励类的染料产品和生产工艺）。

七、有色金属

1．新建、扩建钨、钼、锡、锑开采、冶炼项目，稀土开采、选矿、冶炼、分离项目以及氧化锑、铅锡焊料生产项目。

2．单系列10万吨/年规模以下粗铜冶炼项目。

3．电解铝项目（淘汰落后生产能力置换项目及优化产业布局项目除外）。

4．铅冶炼项目（单系列5万吨/年规模及以上，不新增产能的技改和环保改造项目除外）。

5．单系列10万吨/年规模以下锌冶炼项目（直接浸出除外）。

6．镁冶炼项目（综合利用项目除外）。

7．10万吨/年以下的独立铝用炭素项目。

8.新建单系列生产能力5万吨/年及以下、改扩建单系列生产能力2万吨/年及以下，以及资源利用、能源消耗、环境保护等指标达不到行业准入条件要求的再生铅项目。

八、黄金

1．日处理金精矿100吨以下，原料自供能力不足50%的独立氰化项目。

2．日处理矿石200吨以下，无配套采矿系统的独立黄金选矿厂项目。

3．日处理金精矿100吨以下的火法冶炼项目。

4．年处理矿石10万吨以下的独立堆浸场项目（东北、华北、西北）、年处理矿石20万吨以下的独立堆浸场项目（华东、中南、西南）。

5．日处理岩金矿石100吨以下的采选项目。

6．年处理砂金矿砂30万米^{3}以下的砂金开采项目。

7．在林区、基本农田、河道中开采砂金项目。

十二、轻工

2．年加工生皮能力 20 万标张牛皮以下的生产线，年加工蓝湿皮能力 10 万标张牛皮以下的生产线。

18．糊式锌锰电池、镉镍电池。

第三类 淘汰类

注：条目后括号内年份为淘汰期限，淘汰期限为 2011 年是指应于 2011 年底前淘汰，其余类推；有淘汰计划的条目，根据计划进行淘汰；未标淘汰期限或淘汰计划的条目为国家产业政策已明令淘汰或立即淘汰。

一、落后的生产工艺

（四）石化化工

2．10 万吨/年以下的硫铁矿制酸和硫黄制酸（边远地区除外）。

3．单台产能 5 000 吨/年以下和不符合准入条件的黄磷生产装置，有钙焙烧铬化合物生产装置（2013 年），单线产能 3 000 吨/年以下普通级硫酸钡、氢氧化钡、氯化钡、硝酸钡生产装置，产能 1 万吨/年以下氯酸钠生产装置，单台炉容量小于 12 500 千伏安的电石炉及开放式电石炉，高汞催化剂（氯化汞含量 6.5%以上）和使用高汞催化剂的乙炔法聚氯乙烯生产装置，氨钠法及氰熔体氰化钠生产工艺。

（五）钢铁（电解锰）

36．电解金属锰用 5 000 千伏安及以下的整流变压器、150 米^3 以下的化合槽（2011 年），化合槽有效容积 150 米^3 以下的生产设备。

41．电解金属锰一次压滤用除高压隔膜压滤机以外的板框、箱式压滤机。

42．电解金属锰用 5 000 千伏安以上、6 000 千伏安及以下的整流变压器；150 米^3 以上、170 米^3 及以下的倾倒槽（2014 年）。

（六）有色金属

1．采用马弗炉、马槽炉、横罐、小竖罐等进行焙烧、简易冷凝设施进行收尘等落后方式炼锌或生产氧化锌工艺装备。

2．采用铁锅和土灶、蒸馏罐、坩埚炉及简易冷凝收尘设施等落后方式炼汞。

3．采用土坑炉或坩埚炉焙烧、简易冷凝设施收尘等落后方式炼制氧化砷或金属砷工艺装备。

5．鼓风炉、电炉、反射炉炼铜工艺及设备（2011 年）。

6．烟气制酸干法净化和热浓酸洗涤技术。

7．采用地坑炉、坩埚炉、赫氏炉等落后方式炼锑。

8．采用烧结锅、烧结盘、简易高炉等落后方式炼铅工艺及设备。

9．利用坩埚炉熔炼再生铝合金、再生铅的工艺及设备。

10．铝用湿法氟化盐项目。

11．1 万吨/年以下的再生铝、再生铅项目。

12．再生有色金属生产中采用直接燃煤的反射炉项目。

13．铜线杆（黑杆）生产工艺。

14．未配套制酸及尾气吸收系统的烧结机炼铅工艺。

15．烧结-鼓风炉炼铅工艺。

16．无烟气治理措施的再生铜焚烧工艺及设备。

17．50 吨以下传统固定式反射炉再生铜生产工艺及设备。

18．4 吨以下反射炉再生铝生产工艺及设备。

19．离子型稀土矿堆浸和池浸工艺。

（七）黄金

1．混汞提金工艺。

2．小氰化池浸工艺、土法冶炼工艺。

3．无环保措施提取线路板中金、银、钯等贵重金属。

4．日处理能力 50 吨以下采选项目。

（十）机械

1．热处理铅浴炉。

12．焦炭炉熔化有色金属。

（十二）轻工

5．年加工生皮能力 5 万标张牛皮、年加工蓝湿皮能力 3 万标张牛皮以下的制革生产线。

6．300 吨/年以下的油墨生产总装置（利用高新技术、无污染的除外）。

（十七）其他

1．含有毒有害氰化物电镀工艺（氰化金钾电镀金及氰化亚金钾镀金（2014 年）；银、铜基合金及予镀铜打底工艺（暂缓淘汰）。

2．含氰沉锌工艺。

二、落后产品

（一）石化化工

2．有害物质含量超标准的内墙、溶剂型木器、玩具、汽车、外墙涂料，含双对氯苯基三氯乙烷、三丁基锡、全氟辛酸及其盐类、全氟辛烷磺酸、红丹等有害物质的涂料。

（四）有色金属

1．铜线杆（黑杆）。

（七）机械

26．以焦炭为燃料的有色金属熔炼炉。

62．含汞开关和继电器。

（九）轻工

1．汞电池（氧化汞原电池及电池组、锌汞电池）。

2．开口式普通铅酸电池。

3．含汞高于 0.000 1%的圆柱型碱锰电池。

4．含汞高于 0.000 5%的扣式碱锰电池（2015 年）。

5．含镉高于 0.002%的铅酸蓄电池（2013 年）。

11．添加白砒、三氧化二锑、含铅、含氟、铬矿渣等辅助原料玻璃配合料。

外商投资产业指导目录（2017年修订）（节选）

国家发展和改革委员会 商务部令 第4号

《外商投资产业指导目录》中对于涉重金属行业的外商投资进行了如下规定：

鼓励外商投资产业目录

二、采矿业

14．提高矿山尾矿利用率的新技术开发和应用及矿山生态恢复技术的综合应用。

15．我国紧缺矿种（如钾盐、铬铁矿等）的勘探、开采和选矿。

三、制造业

（六）皮革、毛皮、羽毛及其制品和制鞋业

28．皮革和毛皮清洁化技术加工。

30．皮革废弃物综合利用。

（十）化学原料和化学制品制造业

50．废气、废液、废渣综合利用和处理、处置。

（十五）有色金属冶炼和压延加工业

95．高新技术有色金属材料生产：化合物半导体材料（砷化镓、磷化镓、磷化铟、氮化镓），高温超导材料，记忆合金材料（钛镍、铜基及铁基记忆合金材料），超细（纳米）碳化钙及超细（纳米）晶硬质合金，超硬复合材料，贵金属复合材料，轻金属复合材料及异种材结合，散热器用铝箔，中高压阴极电容铝箔，特种大型铝合金型材，铝合金精密模锻件，电气化铁路架空导线，超薄铜带，耐蚀热交换器铜合金材，高性能铜镍、铜铁合金带，铍铜带、线、管及棒加工材，耐高温抗衰钨丝，镁合金铸件，无铅焊料，镁合金及其应用产品，泡沫铝，钛合金冶炼及加工，原子能级海绵锆，钨及钼深加工产品。

（十八）专用设备制造业

179．大气污染防治设备制造：耐高温及耐腐蚀滤料、低 NO_x 燃烧装置、烟气脱氮催化剂及脱氮成套装置、烟气脱硫设备、烟气除尘设备、工业有机废气净化设备、柴油车排气净化装置、含重金属废气处理装置。

180．水污染防治设备制造：卧式螺旋离心脱水机、膜及膜材料、50 千克/小时以上的臭氧发生器、10 千克/小时以上的二氧化氯发生器、紫外消毒装置、农村小型生活污水处理设备、含重金属废水处理装置。

181．固体废物处理处置设备制造：污水处理厂污泥处置及资源利用设备、日处理量 500 吨以上垃圾焚烧成套设备、垃圾填埋渗滤液处理技术装备、垃圾填埋场防渗土工膜、建筑垃圾处理和资源化利用装备、危险废物处理装置、垃圾填埋场沼气发电装置、废钢铁处理设备、污染土壤修复设备。

183．尾矿综合利用设备制造。

184．废旧塑料、电器、橡胶、电池回收处理再生利用设备制造。

（二十一）电气机械和器材制造业

236．高技术绿色电池制造：动力镍氢电池、锌镍蓄电池、锌银蓄电池、锂离子电池、太阳能电池、燃料电池等（新能源汽车能量型动力电池除外）。

（二十四）废弃资源综合利用业

285．废旧电器电子产品、汽车、机电设备、橡胶、金属、电池回收处理。

八、科学研究和技术服务业

329．节能环保技术开发与服务。

330．资源再生及综合利用技术、企业生产排放物的再利用技术开发及其应用。

331．环境污染治理及监测技术。

九、水利、环境和公共设施管理业

342．垃圾处理厂，危险废物处理处置厂（焚烧厂、填埋场）及环境污染治理设施的建设、经营。

外商投资准入特别管理措施
（外商投资准入负面清单）

第一部分　限制外商投资产业目录

6．稀土冶炼、分离（限于合资、合作），钨冶炼。

第二部分　禁止外商投资产业目录

4．钨、钼、锡、锑、萤石勘查、开采。

5．稀土勘查、开采、选矿。

土壤污染防治专项资金管理办法

财建〔2016〕601 号

第一条　为了规范和加强土壤污染防治专项资金管理，提高财政资金使用效益，根据《中华人民共和国预算法》《国务院关于印发土壤污染防治行动计划的通知》（国发〔2016〕31 号）、《中央对地方专项转移支付管理办法》（财预〔2015〕230 号）等有关规定，制定本办法。

第二条　本办法所称土壤污染防治专项资金（以下简称专项资金）是指 2016—2020 年，为推动落实《土壤污染防治行动计划》有关任务，促进土壤环境质量改善，中央财政一般公共预算安排的专项用于土壤污染综合防治的资金。

第三条　在专项资金政策推动下，力争到 2020 年，查明我国土壤环境质量状况，全国土壤污染加重的趋势得到初步遏制，土壤环境质量总体保持稳定，农用地和建设用地环境安全得到基本保障，土壤环境风险得到基本管控，受污染耕地安全利用率达到 90%左右，污染地块安全利用率达到 90%以上。

第四条　专项资金的使用和管理遵循“国家引导、地方为主、突出重点、以奖促治、强化绩效”的原则。

第五条　专项资金重点支持范围包括：

（一）土壤污染状况调查及相关监测评估；

（二）土壤污染风险管理；

（三）污染土壤修复与治理；

（四）关系我国生态安全格局的重大生态工程中的土壤生态修复与治理；

（五）土壤环境监管能力提升以及与土壤环境质量改善密切相关的其他内容。

第六条　根据国务院土壤污染防治工作部署，财政部商环境保护部确定专项资金支持的重点领域、区域及省份。专项资金采取因素法或项目法方式分配，每年具体分配方式由财政部商环境保护部综合考虑年度预算、资金使用效益、工作开展需求等因素确定。

第七条　采用因素法分配专项资金，由财政部会同环境保护部综合考虑各省、自治区、直辖市、计划单列市（以下简称各省）《土壤污染防治行动计划》确定的调查、修复治理工作任务量等因素，并考虑东中西部财力差异，确定专项资金分配方案。

第八条 采用项目法分配专项资金，应由省级财政部门会同省级环境保护主管部门向财政部、环境保护部申请，申请报告包括正式文件和项目实施方案。经评审后，确定资金分配方案。

第九条 对列入环境保护部等中央本级部门预算的专项资金，原则上应由相关部门在编制下一年度部门预算时，将专项资金支出预算一并编入部门预算报送财政部。财政部按照部门预算管理程序，审核下达预算。

第十条 财政部会同环境保护部确定各省份资金预算额度。在全国人民代表大会审查批准中央预算后 90 日内，财政部印发专项资金预算文件，下达省级财政部门，同时抄送环境保护部和财政部驻当地财政监察专员办事处。

第十一条 有关省级财政部门接到专项资金后，应当在 30 日内正式分解下达本级有关部门和本行政区域县级以上各级政府财政部门，同时将资金分配结果报财政部、环境保护部备案，并抄送财政部驻当地财政监察专员办事处。

第十二条 根据有关省份土壤环境改善等情况，财政部会同环境保护部对预拨各省份的资金进行清算，对未完成目标的省份扣减资金，对完成土壤治理任务出色的省份给予奖励。

第十三条 专项结转和结余资金按照有关财政拨款结转和结余资金规定进行处理。

第十四条 财政部会同环境保护部等部门对专项资金使用情况进行监督检查。财政部驻有关省财政监察专员办事处按照财政部要求对专项资金实施监管，根据实际需要，财政部组织财政投资评审机构对专项资金使用情况进行核查。

第十五条 财政部会同环境保护部建立专项资金考核奖惩机制，定期组织开展专项资金绩效评价，委托有关单位具体开展绩效评价工作，并加强绩效评价结果应用。

第十六条 绩效评价内容主要包括资金使用的安全性、规范性和有效性，土壤质量改善情况及任务完成情况等。

第十七条 有关地区财政、环境保护部门应当按照信息公开要求，在有关政府网站上公布资金安排和使用的详细情况、项目安排和具体实施情况等信息，接受社会监督。

第十八条 有关省级财政、环境保护部门要建立健全监管制度，重点对资金使用、工作进度、建设管理、污染物减排以及土壤质量改善情况进行监督检查，保障资金使用效益。

第十九条 对于截留、挪用、骗取专项资金等违法行为，依照《预算法》《财政违法行为处罚处分条例》等国家有关规定进行处理。

第二十条 有关省级财政、环境保护部门应当根据本办法，结合当地实际，制定具体实施细则或办法，并将办法及年度资金安排结果向社会公开。

第二十一条 本办法由财政部会同环境保护部负责解释。

第二十二条　本办法自2016年8月1日起施行。2011年12月28日财政部、环境保护部发布的《中央重金属污染防治专项资金管理办法》(财建〔2011〕1147号)同时废止。

财政部　环境保护部
关于《土壤污染防治专项资金管理办法》的补充通知

财建〔2016〕862号

各省、自治区、直辖市、计划单列市财政厅(局)、环境保护厅(局):

为进一步规范和加强土壤污染防治专项资金管理,明确专项资金申报、分配、使用各环节责任,确保资金使用安全,根据《中华人民共和国预算法》等有关规定,按照"谁审批、谁负责"的原则,财政部、环境保护部对《土壤污染防治专项资金管理办法》(财建〔2016〕601号)有关规定补充通知如下:

一、专项资金申报单位对提出的申报材料负责;专项资金项目承担单位对资金使用负责。对于专项资金申报单位和专项资金项目承担单位提供虚假申报材料、恶意串通等骗取专项资金违法行为,依照《财政违法行为处罚处分条例》等国家有关规定进行处理。

二、专项资金项目由环境保护部门会同财政部门按照职责分工组织实施,并予以监督。有关财政、环境保护及其工作人员存在违规分配或使用资金,以及其他滥用职权、玩忽职守、徇私舞弊等违法违纪行为的,按照《预算法》《公务员法》《行政监察法》《财政违法行为处罚处分条例》等有关国家规定追究相应责任;涉嫌犯罪的,移送司法机关处理。

三、本通知自印发之日起实施。

土壤污染防治行动计划实施情况评估考核规定（试行）

环土壤〔2018〕41 号

第一条 为落实土壤污染防治工作责任，强化监督考核，管控土壤环境风险，根据《国务院关于印发土壤污染防治行动计划的通知》（国发〔2016〕31 号）要求，制定本规定。

第二条 本规定适用于对各省（区、市）人民政府《土壤污染防治行动计划》（以下简称《土十条》）2018—2020 年实施情况的年度评估和终期考核。

第三条 评估考核工作坚持统一组织协调、部门分工负责，强化风险管控、突出重点工作，定量与定性相结合、行政考核与社会监督相结合的原则。

第四条 评估考核内容包括土壤污染防治目标完成情况和土壤污染防治重点工作完成情况两个方面。年度评估内容是土壤污染防治重点工作完成情况；终期考核内容是土壤污染防治目标完成情况，兼顾土壤污染防治重点工作完成情况。

土壤污染防治重点工作包括土壤污染状况详查、源头预防、农用地分类管理、建设用地准入管理、试点示范、落实各方责任及公众参与等六个方面。

土壤污染防治目标包括受污染耕地安全利用率、污染地块安全利用率两个方面。

评估考核指标见附 1，指标解释及评分细则见附 2。

第五条 评估考核采用评分法，土壤污染防治目标完成情况和土壤污染防治重点工作完成情况满分均为 100 分，评估或考核结果分为优秀、良好、合格、不合格四个等级。评分 90 分（含）以上为优秀、80 分（含）至 90 分（不含）为良好、60 分（含）至 80 分（不含）为合格、60 分以下为不合格（即未通过评估或考核）。

2019—2021 年，每年年初对各地上年度《土十条》实施情况进行年度评估，评估土壤污染防治重点工作完成情况。

2021 年进行终期考核，考核土壤污染防治目标完成情况。以土壤污染防治目标完成情况划分等级，以 2020 年度土壤污染防治重点工作完成情况评估结果进行校核，评分高于 60 分（含）的，土壤污染防治目标完成情况评分等级即为考核结果；评分低于 60 分的，评分等级降 1 档作为考核结果。

2018—2020 年，出现 1 次年度评估结果为不合格的，终期考核结果不得评为优秀；出现 2 次年度评估结果为不合格的，终期考核结果不得评为良好；出现 3 次年度评估结果为不合格的，终期考核结果为不合格。

遇重大自然灾害（如洪涝、地震等），对土壤环境质量产生重大影响以及其他重大特殊情形的，可结合重点工作完成情况和土壤污染防治目标完成情况，综合考虑后确定年度评估和终期考核结果。

第六条　地方人民政府是《土十条》实施的责任主体。各省（区、市）人民政府要依据国家确定的土壤污染防治目标，制定本地区土壤污染防治工作方案，将目标、任务逐级分解到市（地）、县级人民政府，把重点任务落实到相关部门和企业，合理安排重点任务和项目实施进度，明确资金来源、配套政策、责任部门、组织实施和保障措施等。

第七条　评估考核工作由生态环境部牵头，会同国务院相关部门组成评估考核工作组，负责组织实施评估考核工作。

《土十条》年度评估，实行任务牵头部门负责制，由相关任务牵头部门负责组织对有关土壤污染防治重点工作完成情况进行评估，形成书面意见，报送生态环境部。

第八条　评估考核采取以下步骤：

（一）自查评分。各省（区、市）人民政府应按照评估考核要求，建立包括电子信息在内的工作台账，对《土十条》实施情况进行全面自查和自评打分，于每年 1 月底前将上年度自查报告报送生态环境部，抄送国务院办公厅和《土十条》各任务牵头部门。2018—2020 年年度评估自查报告应包括土壤污染防治重点工作完成情况；终期考核自查报告应包括土壤污染防治目标完成情况。

（二）部门审查。《土十条》各任务牵头部门会同参与部门负责相应重点任务的评估考核，结合日常监督检查情况，对各省（区、市）人民政府自查报告进行审查，形成书面意见，于每年 2 月底前报送生态环境部。

生态环境部各督察局应将地方人民政府及其有关部门贯彻落实《土十条》的情况纳入环境保护督察、专项督察等环境保护督政工作范畴，有关情况及时报送生态环境部。生态环境部统一汇总后，印送《土十条》各任务牵头部门及相关省级人民政府。

（三）组织抽查。生态环境部会同有关部门采取“双随机（随机选派人员、随机抽查部分地区）”方式，根据各省（区、市）人民政府的自查报告、各牵头部门的书面意见和环境督察情况，对被抽查的省（区、市）进行实地评估考核，形成抽查评估考核报告。

（四）综合评价。生态环境部对相关部门审查和抽查情况进行汇总，作出综合评价，于每年 6 月底前形成年度评估结果并向国务院报告。终期考核结果于 2021 年 6 月底前向国务院报告。

第九条 评估考核结果经国务院审定后，由生态环境部向各省（区、市）人民政府通报，并交由中央组织部和审计署分别作为对各省（区、市）领导班子和领导干部综合考核评价、自然资源资产离任审计的重要依据。

对未通过年度评估或终期考核的省（区、市），要提出限期整改意见，整改完成前，暂停审批有关地区土壤环境重点监管行业企业建设项目（民生项目与节能减排项目除外）环境影响评价文件；整改不到位的，要约谈有关省级人民政府及其相关部门负责人。对土壤环境问题突出、区域土壤环境质量明显下降、防治工作不力、群众反映强烈的地区，要约谈有关地市级人民政府和省级人民政府相关部门主要负责人。

对未通过终期考核的省（区、市），必要时由国务院领导同志约谈有关省（区、市）人民政府有关负责人。对评估考核结果为优秀和进步较大的地区进行通报表扬。中央财政将评估考核结果作为土壤污染防治相关资金分配的重要参考依据。

第十条 在评估考核中对干预、伪造数据的，要依法依纪追究有关单位和人员责任。在评估考核过程中发现违纪问题需要追究问责的，按相关程序移送纪检监察机关办理。对失职渎职、弄虚作假的，根据有关规定和情节轻重，予以通报、诫勉、责令公开道歉、组织调整或组织处理、纪律处分；对构成犯罪的，要依法追究刑事责任，已经调离、提拔或者退休的，也要终身追究责任。

第十一条 各省（区、市）人民政府可根据本规定，结合各自实际情况，对本地区《土十条》实施情况开展评估考核。

第十二条 本规定由生态环境部负责解释。

附 1 评估考核指标

土壤污染防治目标完成情况

序号	考核内容	考核事项	分 值
一	农用地	受污染耕地安全利用率	50
		农产品超标事件	扣分项
二	建设用地	污染地块安全利用率	50
		污染地块再开发利用环境事件	扣分项

土壤污染防治重点工作完成情况

序号	评估内容	评估事项	分值	牵头部门	参与部门
一	土壤污染状况详查（15分）	详查工作组织实施情况	15	生态环境部	财政部、自然资源部、住房和城乡建设部、农业农村部、卫生健康委
二	源头预防（24分）	涉重金属行业污染防控	9	生态环境部	发展改革委、工业和信息化部
		工业固体废物堆存场所环境整治	5	生态环境部	发展改革委、工业和信息化部
		化肥农药使用量零增长	2	农业农村部	
		废弃农膜回收利用	3		
		非正规垃圾堆放点排查整治	5	住房和城乡建设部	生态环境部、农业农村部、水利部
三	农用地分类管理（27分）	耕地土壤环境质量类别划定	4	农业农村部	生态环境部
		受污染耕地安全利用和治理与修复	12	农业农村部	自然资源部、生态环境部、粮食和物资局、财政部
		重度污染耕地种植结构调整或退耕还林还草	11	农业农村部	发展改革委、财政部、自然资源部、林业草原局
四	建设用地准入管理（20分）	疑似污染地块名单建立	2	生态环境部	工业和信息化部、自然资源部、住房和城乡建设部
		污染地块名录建立	2	生态环境部	
		污染地块再开发利用准入管理	6	自然资源部	住房和城乡建设部、生态环境部
		土地征收、收回、收购等环节监管	6	自然资源部	生态环境部
		暂不开发利用污染地块环境风险管控	4	生态环境部	自然资源部、住房和城乡建设部
五	试点示范（7分）	土壤污染治理与修复技术应用试点	4	生态环境部	科技部、财政部、农业农村部
		土壤污染综合防治先行区建设	3		财政部
		鼓励地方创新和先行先试	加分项		发展改革委、财政部、自然资源部、住房和城乡建设部、农业农村部、林业草原局
六	落实各方责任及公众参与（7分）	部门协调配合	2	生态环境部	发展改革委、科技部、工业和信息化部、财政部、自然资源部、住房和城乡建设部、水利部、农业农村部、卫生健康委、市场监管总局、应急管理部、林业草原局、粮食和物资局
		环境信息公开	3		
		宣传教育	2		
		土壤污染事件	扣分项		

附2 指标解释及评分细则（略）

重金属污染诊疗指南（试行）

卫办医政发〔2010〕171号

第一部分 铅、镉、砷、铬、汞污染潜在高风险人群健康体检

一、铅污染潜在高风险人群健康体检项目

（一）筛查：血铅。儿童血铅≥100 μg/L、成人血铅≥1.9 μmol/L（400 μg/L）者进行复查。

（二）复查：筛查血铅超标者［儿童血铅≥100 μg/L；成人血铅≥1.9 μmol/L（400 μg/L）］复查静脉血铅。

（三）专项体检：复查静脉血铅仍超标者进行专项体检，其内容为：

1. 症状询问：重点询问神经系统、消化系统和贫血症状，如头痛、头晕、乏力、失眠、烦躁、多梦、记忆力减退、四肢麻木、腹痛、食欲减退、便秘等。

2. 体格检查：

（1）儿科/内科常规检查；

（2）神经系统常规检查。

3. 实验室和其他检查：

（1）儿童：静脉血铅；

（2）成人及经静脉血铅复查证实为中度以上儿童铅中毒者：血常规、尿常规、肝功能、静脉血铅或成人尿铅；

（3）成人：尿δ-ALA（尿δ-氨基-γ-酮戊酸）、血 ZPP（红细胞锌原卟啉）、EP（血红细胞游离原卟啉）。

二、镉污染潜在高风险人群健康体检项目

（一）筛查：尿镉。尿镉≥5 mol/mol 肌酐（5 g/g 肌酐）者进行复查。

（二）复查：筛查尿镉超标者［尿镉≥5 mol/mol 肌酐（5 g/g 肌酐）］复查尿镉。

（三）专项体检：复查尿镉仍超标者进行专项体检，其内容为：

1. 症状询问：重点询问有关肾脏疾病和骨质疏松症的病史及相关症状。

2. 体格检查：内科常规检查。

3. 实验室和其他检查：血常规、尿常规、尿镉、尿β_2-微球蛋白/尿视黄醇结合蛋白、肝功能、肾功能、X线检查（骨盆、尺桡骨、胫腓骨）。

三、砷污染潜在高风险人群健康体检项目

（一）筛查：尿砷。超过当地正常参考值者进行复查。

（二）复查：筛查尿砷超标者（超过当地正常参考值）复查发砷或尿砷。

（三）专项体检：复查发砷或尿砷仍超标者进行专项体检，其内容为：

1. 症状询问：重点询问乏力，头痛、头晕、失眠、四肢远端麻木、疼痛，双下肢沉重感、消化不良、肝区不适等症状。

2. 体格检查：

（1）内科常规检查：重点检查消化系统，如肝脏大小、硬度、肝区叩痛等；

（2）神经系统检查：重点是周围神经系统，如感觉、肌力；

（3）皮肤科检查：重点检查皮炎、皮肤过度角化、皮肤色素沉着，即重点检查躯干部及四肢有无弥漫的黑色或棕褐色的色素沉着和色素脱失斑，指、趾甲 Mees 纹，手、足掌皮肤过度角化及脱屑等。

3. 实验室和其他检查：血常规、尿常规、肝功能、心肌酶谱、心电图、肝脾B超、发砷或尿砷、神经-肌电图。

四、铬污染潜在高风险人群健康体检项目

1. 症状询问：重点询问呼吸系统、鼻咽部、皮肤疾病史症状。

2. 体格检查：

（1）内科常规检查；

（2）鼻咽部常规检查；

（3）皮肤科常规检查。

3. 实验室和其他检查：血常规、尿常规、肝功能、胸部X射线摄片、心电图。

五、汞污染潜在高风险人群健康体检项目

（一）筛查：尿汞。尿汞＞2.25 mol/mol 肌酐（4 g/g 肌酐）者进行复查。

（二）复查：筛查尿汞超标者［尿汞＞2.25 mol/mol 肌酐（4 g/g 肌酐）］复查尿汞。

（三）专项体检：复查尿汞仍超标者进行专项体检，其内容为：

1. 症状询问：重点询问神经精神症状，如头痛、头晕、乏力、失眠、烦躁、多梦、

记忆力减退、易激动、多汗等及肾脏病史等。

2. 体格检查：

（1）内科常规检查；

（2）口腔科常规检查：重点检查口腔黏膜、牙龈；

（3）神经系统常规检查（注意眼睑、舌、手指震颤的检查）。

3. 实验室和其他检查：血常规、尿常规、心电图、肝功能、尿β_2-微球蛋白/尿视黄醇结合蛋白、尿汞。

六、其他

（一）开展健康体检工作的医疗卫生机构应当具备卫生行政部门批准的医疗卫生机构执业许可证，从事健康体检的医务人员应当具备相应的执业资格。

（二）开展健康体检机构应当严格按照铅、镉、砷、铬、汞污染潜在高风险人群的健康体检要求进行体检工作。

（三）对在健康体检中发现存在健康损害的人员，应当及时告知，并按照有关规定及时安排相关诊断与治疗工作。

（四）开展健康体检机构应当客观真实地报告健康检查结果，并对其所出示的检查结果和总结报告负责。

重金属污染潜在高风险人群健康体检项目一览表

污染物	筛查	复查	专项体检（复查后仍异常者）		
			症状询问	体格检查	实验室检查
铅	血铅	静脉血铅：筛查血铅增高者（儿童血铅≥100 μg/L；成人血铅≥1.9 μmol/L（400 μg/L））予以复查	重点询问神经系统和贫血症状，如头痛、头晕、乏力、失眠、烦躁、多梦、记忆力减退、四肢麻木、腹痛、食欲减退、便秘等	1. 儿科/内科常规检查； 2. 神经系统常规检查	1. 儿童：静脉血铅； 2. 成人及经静脉血铅复查证实为中度以上儿童铅中毒者：血常规、尿常规、肝功能、血铅或尿铅； 3. 成人：尿δ-ALA（尿δ-氨基-γ-酮戊酸）、血ZPP（红细胞锌原卟啉）、EP（血红细胞游离原卟啉）
镉	尿镉	尿镉：筛查尿镉增高者［尿镉≥5 μmol/mol 肌酐（5 μg/g 肌酐）］予以复查	重点询问有关肾脏疾病和骨质疏松症的病史及相关症状	内科常规检查	血常规、尿常规、尿镉、尿β_2-微球蛋白/尿视黄醇结合蛋白、肝功能、肾功能、X线检查（骨盆、尺桡骨、胫腓骨）

污染物	筛查	复查	专项体检（复查后仍异常者）		
			症状询问	体格检查	实验室检查
砷	尿砷	发砷或尿砷：筛查尿砷增高者（超过当地正常参考值）予以复查	重点询问乏力、头痛、头晕、失眠、四肢远端麻木、疼痛，双下肢沉重感、消化不良、肝区不适等症状	1. 内科常规检查：重点检查消化系统，如肝脏大小、硬度、肝区叩痛等；2. 神经系统检查：重点是周围神经系统，如感觉、肌力；3. 皮肤科检查：重点检查皮炎、皮肤过度角化、皮肤色素沉着，即重点检查躯干部及四肢有无弥漫的黑色或棕褐色的色素沉着和色素脱失斑，指、趾甲 Mees 纹，手、足掌皮肤过度角化及脱屑等	血常规、尿常规、肝功能、心肌酶谱、心电图、肝脾 B 超、发砷或尿砷、神经-肌电图
铬			重点询问呼吸系统、鼻咽部、皮肤疾病史症状	1. 内科常规检查；2. 鼻咽部常规检查；3. 皮肤科常规检查	血常规、尿常规、肝功能、胸部 X 射线摄片、心电图
汞	尿汞	尿汞：筛查尿汞增高者［尿汞＞2.25 μmol/mol 肌酐（4 μg/g 肌酐）］予以复查	重点询问神经精神症状，如头痛、头晕、乏力、失眠、烦躁、多梦、记忆力减退、易激动、多汗等及肾脏病史等	1. 内科常规检查；2. 口腔科常规检查：重点检查口腔黏膜、牙龈；3. 神经系统常规检查（注意眼睑、舌、手指震颤的检查）	血常规、尿常规、心电图、肝功能、尿β_2-微球蛋白/尿视黄醇结合蛋白、尿汞

第二部分　铅、镉、砷、铬、汞污染人群中毒诊断

重金属污染可能产生的人体健康损害，涉及神经系统、呼吸系统、消化系统、血液系统、肾脏、心血管及皮肤等组织器官，涉及多临床学科。

出具重金属污染中毒诊断的医疗卫生机构和相关专业技术人员，应当具备以下基本要求：

一、机构类型

（一）承担国家级和省级中毒救治基地职能的医疗机构。

（二）具备职业性铅、镉、砷、铬、汞中毒诊断资质的医疗卫生机构。

（三）卫生行政部门确定的承担铅、镉、砷、铬、汞污染人群中毒诊断的医疗卫生

机构。

二、机构条件

（一）具有独立法人资格。

（二）持有《医疗机构执业许可证》，或卫生行政部门核发的卫生机构执业许可证。

（三）具备开展铅、镉、砷、铬、汞中毒诊断的质量管理体系，且有效运行。

（四）具备毒物检测实验室，经省级以上卫生行政部门指定机构组织的实验室室间质量评价合格，或者具有地市级以上标准计量部门颁发的计量认证或审查认可合格证书；所需仪器设备的种类、数量和性能等能满足检测工作需要并定期进行计量检定，有检定状态标识，运行良好；毒物检测实验室经国家或省级卫生行政部门组织的重金属检测质量控制考核，成绩合格；毒物检测技术负责人具备中等以上专业技术职称。

（五）铅、镉、砷、铬、汞中毒诊断医师必须取得执业医师资格。

（六）铅、镉、砷、铬、汞中毒诊断医师应当具有中级以上卫生专业技术职称任职资格，重金属中毒诊断技术负责人应当具备高级专业技术职务任职资格，从事相关诊断工作 5 年以上。

（七）具备开展铅、镉、砷、铬、汞污染潜在高风险人群健康体检的技术服务能力。

第三部分 铅、镉、砷、铬、汞中毒的诊断标准

重金属污染中毒诊断是一项技术要求很高、政策性很强的工作，诊断过程中，应当认真开展流行病学调查工作，认真筛查受污染区域的人群，结合环境监测指标，全面分析患者的症状、体征、辅助检查等实验室指标，并排除其他病因所致类似疾病后作出铅、镉、砷、铬、汞中毒诊断。

铅、镉、砷、铬、汞中毒诊断参考标准，详见下表。

污染物	职业卫生标准	卫生行业标准	部门标准
铅	《职业性慢性铅中毒诊断标准》（GBZ 37—2002）		卫生部《儿童高铅血症和铅中毒分级和处理原则（试行）》
		《职业接触铅及其化合物的生物限值》（WS/T 112—1999）	
镉	《职业性镉中毒诊断标准》（GBZ 17—2002）		
		《职业接触镉及其化合物的生物限值》（WS/T 113—1999）	
砷	《职业性慢性砷中毒诊断标准》（GBZ 83—2002）	《地方性砷中毒诊断标准》（WS/T 211—2001）	

污染物	职业卫生标准	卫生行业标准	部门标准
砷		（WS 277—2007）《地方性砷中毒病区和划分标准》	
铬	《职业性铬鼻病诊断标准》（GBZ 12—2002）		
汞	《职业性汞中毒诊断标准》（GBZ 89—2007）		

一、铅中毒诊断标准

（一）成人慢性铅中毒诊断标准

有明确铅污染区域内生活接触史，出现以神经、消化、造血系统为主的临床表现，复查和专项体检血铅≥2.9 μmol/L（600 μg/L）或尿铅≥0.58 μmol/L（120 μg/L）者，可诊断为慢性铅中毒。

1. 轻度中毒

血铅≥2.9 μmol/L（600 μg/L）或尿铅≥0.58 μmol/L（120 μg/L），且具有下列其中一项表现者：

（1）尿δ-氨基-γ-酮戊酸≥61.0 μmol/L（8 000 μg/L）者；

（2）血红细胞游离原卟啉（EP）≥3.56 μmol/L（2 000 μg/L）；

（3）红细胞锌原卟啉（ZPP）≥2.91 μmol/L（13.0 μg/g Hb）；

（4）有腹部隐痛、腹胀、便秘等症状。

如诊断性驱铅试验，尿铅≥3.86 μmol/L（800 μg/L）或 4.82 μmol/24 h（1 000 μg/24 h）者，也可诊断为轻度铅中毒。

2. 中度中毒

在轻度中毒的基础上，具有下列其中一项表现者：

（1）腹绞痛；

（2）贫血；

（3）轻度中毒性周围神经病。

3. 重度中毒

具有下列表现之一者：

（1）铅麻痹；

（2）中毒性脑病。

（二）儿童铅中毒诊断标准

有明确铅污染区域内生活接触史，连续两次静脉血血铅≥200 g/L 者，可诊断为儿童铅中毒，并依据血铅水平分为轻、中、重度铅中毒。

轻度铅中毒：血铅水平为 200～249 g/L；

中度铅中毒：血铅水平为 250～449 g/L；

重度铅中毒：血铅水平等于或高于 450 g/L。

儿童铅中毒可伴有某些非特异的临床症状，如腹隐痛、便秘、贫血、多动、易冲动等；血铅等于或高于 700 g/L 时，可伴有昏迷、惊厥等铅中毒脑病表现。

二、镉中毒诊断标准

（一）慢性轻度中毒

有明确镉污染区域内生活接触史，复查和专项体检尿镉≥5 mol/mol 肌酐（5 g/g 肌酐），并有头晕、乏力、嗅觉障碍、腰背及肢体痛等症状，实验室检查发现有以下任何一项改变时，可诊断为慢性镉中毒：

1. 尿β_2-微球蛋白含量在 9.6 mol/mol 肌酐（1 000 g/g 肌酐）以上。

2. 尿视黄醇结合蛋白含量在 5.1 mol/mol 肌酐（1 000 g/g 肌酐）以上。

（二）慢性重度中毒

除慢性轻度中毒的表现外，出现慢性肾功能不全，可伴有骨质疏松症、骨质软化症。

三、砷中毒诊断标准

（一）亚急性砷中毒诊断标准

1. 有明确砷污染区域内生活接触史。

2. 复查和专项体检发砷或尿砷超过当地正常参考值。

3. 出现以消化系统、周围神经系统损害为主的临床表现。

4. 排除其他原因引起的消化系统、周围神经系统疾病。

（二）慢性砷中毒诊断标准

1. 慢性轻度中毒

有明确砷污染区域内生活接触史，具有头痛、头晕、失眠、多梦、乏力、消化不良、消瘦、肝区不适等症状，复查和专项体检发砷或尿砷超过当地正常参考值，并具有下列情况之一者：

（1）皮肤角化过度，尤在掌跖部位出现疣状过度角化；

（2）非暴露部位如躯干部及四肢出现弥漫的黑色或棕褐色的色素沉着和色素脱失斑；

（3）轻度肝脏损伤；

（4）轻度周围神经病。

2. 慢性重度中毒

在慢性轻度中毒的基础上，具有下列表现之一者：

（1）肝硬化；

（2）周围神经病伴肢体运动障碍或肢体瘫痪；

（3）皮肤癌。

四、铬中毒诊断标准

目前国内尚无环境污染引起铬中毒的相关资料，铬中毒诊断标准待定。

五、汞中毒诊断标准

由于环境污染引起的汞中毒事件罕见。如发生环境污染引起的汞中毒事件，则可参考以下慢性汞中毒的诊断标准：

（一）慢性轻度中毒

有明确的汞污染区域内生活接触史，复查和专项体检尿汞＞2.25 mol/mol 肌酐（4 g/g 肌酐），具有下列任何三项者，可诊断慢性汞中毒：

1. 神经衰弱综合征。

2. 口腔-牙龈炎。

3. 手指震颤，可伴有舌、眼睑震颤。

4. 近端肾小管功能障碍，如尿低分子蛋白含量增高。

5. 尿汞增高［≥20 mol/mol 肌酐（35 g/g 肌酐）］。

（二）慢性中度中毒

在轻度中毒基础上，具有下列一项者：

1. 性格情绪改变。

2. 上肢粗大震颤。

3. 明显肾脏损害。

（三）慢性重度中毒

慢性中毒性脑病。

第四部分　铅、镉、砷、铬、汞中毒处置原则

一、铅中毒处置原则

（一）儿童铅中毒处置原则

轻度铅中毒：脱离铅污染源、进行卫生指导，营养干预。

中度和重度铅中毒：脱离铅污染源，卫生指导，营养干预，驱铅治疗。

1. 脱离铅污染源

排查和脱离铅污染源是处理儿童铅中毒的根本办法。儿童脱离铅污染源后血铅水平可显著下降。血铅水平在 200 g/L 以上时，往往可以寻找到比较明确的铅污染来源，应当积极帮助寻找特定的铅污染源，并尽快脱离。

2. 进行卫生指导

通过开展儿童铅中毒防治知识的健康教育与卫生指导，使广大群众知晓铅对健康的危害，避免和减少儿童接触铅污染源。同时，教育儿童养成良好的卫生习惯，纠正不良行为。

3. 实施营养干预

铅中毒可以影响机体对铁、锌、钙等元素的吸收，当这些元素缺乏时机体又对铅毒性作用的易感性增强。因此，对铅中毒的儿童应当及时进行营养干预，补充蛋白质、维生素和微量元素，纠正营养不良和铁、钙、锌的缺乏。

4. 进行驱铅治疗

驱铅治疗是通过驱铅药物与体内铅结合并排泄，以达到阻止铅对机体产生毒性作用。

驱铅治疗只用于血铅水平在中度及以上铅中毒。驱铅治疗应当注意：

（1）使用口服驱铅药物前应当确保脱离污染源，否则会导致消化道内铅的吸收增加；

（2）缺铁患儿应当先补充铁剂后再行驱铅治疗，因为缺铁会影响驱铅治疗的效果。

驱铅治疗的具体方法及注意事项请按照《卫生部关于印发〈儿童高铅血症和铅中毒预防指南〉及〈儿童高铅血症和铅中毒分级和处理原则（试行）〉的通知》（卫妇社发〔2006〕51 号）执行。

（二）成人铅中毒处置原则

1. 驱铅治疗，可用依地酸二钠钙、二巯丁二酸钠等注射，或二巯丁二酸口服驱铅治疗。

2. 对症支持治疗，注意检测血中铁、锌、钙等微量元素并及时补充。

3. 健康教育，改变不良生活习惯及饮食习惯，合理膳食。

二、镉中毒处置原则

（一）对症支持治疗。

（二）健康教育，改变不良生活习惯及饮食习惯，合理膳食。

（三）由于依地酸钙钠驱镉效果不显著，在慢性中毒时尚可引起镉在体内重新分布后，使肾镉蓄积量增加、肾脏病变加重，因而目前多不主张用依地酸钙钠等驱排药物。

三、砷中毒处置原则

（一）驱砷治疗，可口服二巯丁二酸或用二巯丙磺钠或二巯丁二酸钠驱砷治疗。
（二）补硒、维生素 C 等对症支持治疗。
（三）健康教育，改变不良生活习惯及饮食习惯，合理膳食。

四、铬中毒处置原则

如出现与铬危害相关疾病，按照相关临床处理原则进行处理。

五、汞中毒处置原则

（一）驱汞治疗，可用二巯丙磺钠进行驱汞治疗。
（二）对症支持治疗。
（三）健康教育，改变不良生活习惯及饮食习惯，合理膳食。

第五部分　铅、镉、砷、铬、汞检测方法

一、复查检测方法

（一）《血中铅、镉的石墨炉原子吸收光谱测定方法》（WS/T 174—1999）（详见中华人民共和国卫生行业标准）。

（二）《尿中铅的石墨炉原子吸收光谱测定方法》（WS/T 18—1996）（详见中华人民共和国卫生行业标准）。

（三）《尿中镉的石墨炉原子吸收光谱测定法》（WS/T 32—1996）（详见中华人民共和国卫生行业标准）。

（四）《尿中铬的石墨炉原子吸收光谱测定法》（WS/T 37—1996）（详见中华人民共和国卫生行业标准）。

（五）《》血中铬的石墨炉原子吸收光谱测定法（WS/T 38—1996）（详见中华人民共和国卫生行业标准）。

（六）《尿砷原子荧光光谱测定法》（见附件 1，略）。
（七）《血汞原子荧光光谱测定法》（见附件 2，略）。
（八）《尿汞原子荧光光谱测定法》（见附件 3，略）。

二、铅、镉、砷、铬、汞实验室检测保证规范

（一）适用范围

本规范主要适用于接触重金属及类金属铅、镉、砷、铬和汞污染的潜在高风险人群健康筛查、复查和诊断过程中血、尿样品检测的质量保证措施。

（二）规范性文件

《职业卫生生物监测质量保证规范》（GBZ/T 173—2006）。

《血铅临床检验技术规范》（卫医发〔2006〕10 号）。

《医疗机构临床实验室管理办法》（卫医发〔2006〕73 号）。

《医学实验室质量和能力的专用要求》（GB/T 22576—2008/ISO15189：2007）。

（三）实验室基本要求

1. 从事重金属及类金属铅、镉、砷、铬和汞检测的实验室应当依法通过实验室资质认证，并依据质量控制手册、程序性文件和作业指导书对实验室检测全过程进行质量控制。

2. 从事血、尿样品采集和实验室检测的人员应当经过技术培训，并掌握相应的标准、规范和检测技术。

3. 实验室应当具有独立的样品预处理实验间和仪器设备间，并具有良好的通风排毒设施，避免对检测人员造成危害。

4. 检测用仪器应当满足检测方法的要求。

（四）血、尿样品的采集

1. 血尿样品采集的用品和容器应当随机抽取进行空白检验，每种采样器材每个批号抽样量不得小于总量的 5%～10%，经检测其本底值应低于方法检出限。

2. 采血人员应当戴无粉乳胶或聚乙烯手套。

3. 样品采集应当在洁净的环境中进行。

4. 血液样品的采集应当采用肝素锂抗凝剂，同时采集 2 份血液样品，样品采集量不少于 2 ml；尿液样品采集应同时采集 2 份样品，不少于 50 ml。

5. 尿液采集后应当及时进行肌酐测定或比重测定；肌酐浓度＜0.3 g/L 或＞3 g/L 的尿样，比重＜1.010 或＞1.030 的尿样均应弃去，并重新采集。

6. 在每批样品采集时，应当至少带 2 套空白对照用品和容器。

（五）生物样品保存运输：血液和尿液样品应当密闭、低温储存和运输

（六）样品测定质量控制

1. 测定用标准应当溯源至国家标准。

2. 测定过程中应当采用二级标准物质或质量控制样品进行质量控制。

3. 在测定样品溶液前，应当首先进行二级标准物质或质量控制样品测定，且结果在

允许的参考值范围内。

4. 无标准物质或质量控制样品时，可采用加标回收率和平行样检测进行质量控制。

5. 建议实验室建立质量控制图对实验室进行质量控制。

6. 异常样品应当进行备用样品的复检，当检测结果变异小于 10%时，方可出具检测结果报告。

7. 实验室可采用一级标准物质对样品检测结果进行修正。

（七）记录控制

实验室应当保存完整的实验检测、质量控制等原始记录。

（八）室间质量控制

进行血、尿样品检测的实验室应当参加国内外相应的实验室能力验证、实验室比对、测量审核或盲样考核。

（九）检测结果报告

样品检测结果报告应当含实验室名称、样品采集日期、样品检测日期、检测依据、检测仪器设备名称、仪器编号、样品编号、检测结果和报告签发人等信息。

工业和信息化部　环境保护部　商务部　发展改革委　财政部关于促进铅酸蓄电池和再生铅产业规范发展的意见

工信部联节〔2013〕92 号

各省、自治区、直辖市人民政府：

近年来，我国铅酸蓄电池和再生铅行业快速发展，成为全球铅酸蓄电池生产、消费和出口大国。由于部分企业规模小、工艺技术落后，污染治理水平低，导致铅污染事件频发，严重威胁群众健康，影响社会稳定。为加强铅污染防治和资源循环利用，杜绝铅污染事件发生，促进铅酸蓄电池和再生铅行业规范有序发展，经国务院同意，提出以下意见。

一、总体要求

（一）明确发展目标。深入贯彻落实科学发展观，按照严格准入、强化监管、标本兼治的原则，加大产业结构调整力度，加强环境保护核查、行业准入和生产许可证管理，加大环境执法力度，健全政策法规和标准体系，有效控制铅排放，实现铅酸蓄电池规范生产、有序回收、合理再生利用。到 2015 年，废铅酸蓄电池的回收和综合利用率达到 90%以上，铅循环再生比重超过 50%，推动形成全国铅资源循环利用体系。

二、加快产业结构调整升级

（二）加大落后产能淘汰力度。把铅酸蓄电池和再生铅行业作为国家淘汰落后产能的重点行业，立即淘汰开口式普通铅酸蓄电池生产能力，并于 2015 年底前淘汰未通过环境保护核查、不符合准入条件的落后生产能力。禁止将落后产能向农村和中西部地区转移。鼓励有条件的企业进行兼并重组，促进产业升级，提高产业集中度。

（三）严格行业准入和生产许可管理。按照铅酸蓄电池和再生铅行业相关准入要求，对现有企业逐一进行审查，并向社会公告通过审查的企业名单。严格铅酸蓄电池生产许可管理，申请或重新核发生产许可证的企业，应当符合环境保护要求和行业准入条件；因不符合相关要求而被依法取缔关闭的，要注销其生产许可证。外贸企业出口的铅酸蓄电池应为具备有效生产许可证的企业生产的产品。研究建立再生铅行业生产许可管理制度。

（四）强化项目审批管理。加强铅酸蓄电池和再生铅新、改、扩建项目备案管理，禁止在重要生态功能区、铅污染超标区域和重金属污染防治重点区域内新、改、扩建增加铅污染物排放的项目；在非重点区域内新、改、扩建铅酸蓄电池和再生铅企业要符合区域铅污染物排放总量控制要求。建设铅酸蓄电池和再生铅企业集聚园区应当开展规划环评，强化园区规划控制，严格落实防护距离要求。

（五）加快推行清洁生产。依法对铅酸蓄电池和再生铅企业实施强制性清洁生产审核，各省级环境保护部门会同发展改革部门、工业主管部门公布强制性清洁生产审核企业名单，每两年完成一轮清洁生产审核。指导和督促企业落实清洁生产方案，鼓励金融机构加大对企业清洁生产的信贷支持。

（六）推进行业技术进步。加强双极性密封电池、超级电池、泡沫石墨电池等新型铅酸蓄电池的技术研发，推广卷绕式、胶体电解质铅酸蓄电池技术。采用内化成、无镉化、智能快速固化室、真空合膏、管式电极灌浆挤膏等先进成熟工艺技术对现有铅酸蓄电池生产企业进行升级改造，开展铅酸蓄电池拉网式、冲孔式、连铸连轧式板栅制造工艺技术应用示范。加快废铅酸蓄电池规模化无害化再生关键技术装备的研发与应用。

三、加强环境执法监管

（七）强化环境保护核查和监管。开展铅酸蓄电池和再生铅行业环境保护专项核查，并向社会公告通过核查的企业名单。建立健全铅酸蓄电池和再生铅企业环境管理档案和信息管理体系。制定更加严格的铅酸蓄电池和再生铅行业重金属污染物排放标准。地方各级环境保护部门要定期对铅酸蓄电池和再生铅企业进行监督性监测，对企业周边环境开展经常性监测，对超标排放的企业要依法采取限期治理等措施，确保达标排放。对发生重特大铅污染事件的地区，要依法严肃追究有关人员的责任。

（八）规范企业环境行为。铅酸蓄电池和再生铅企业要落实有效的环境管理制度，建设完善的铅烟、铅尘、酸雾和废水收集、处理设施，并保证设施稳定运行和达标排放；要逐步安装铅在线监测设施并与当地环境保护部门联网，逐月报告日常监测情况。严格执行固体废物分类贮存、处置和危险废物转移联单等制度，含铅废渣、污泥等危险废物应按规定委托有资质的单位进行安全处置。要制定重金属污染事件应急预案，并定期开展应急培训和演练。加强职工劳动保护，健全血铅定期检查制度，改善工作场所环境，维护职工身心健康。

四、建立规范有序的回收利用体系

（九）落实生产者责任延伸制度。制定《废铅酸蓄电池回收利用管理办法》，提出落实生产者责任延伸制度的具体机制和操作办法，明确生产企业（进口商）的回收责任，督促企业在设计和制造环节充分考虑产品废旧回收时的便利性和可回收率。充分发挥市场机制作用，调动销售者、消费者参与回收利用的积极性。

（十）规范回收利用行为。依法规范个体商贩废铅酸蓄电池回收行为，严厉打击非法拆解和土法炼铅等行为。完善危险废物经营许可制度，鼓励生产企业通过其零售网络组织回收废铅酸蓄电池，支持生产企业、销售企业、专业回收企业和再生铅企业共建回收网络。加强对废铅酸蓄电池收集、储存、运输全过程的监管。支持规模化、规范化的铅再生利用示范工程建设。

五、加强政策引导和支持

（十一）加大财政资金支持力度。2012—2015 年，中央财政淘汰落后产能奖励资金对全国范围内的铅酸蓄电池企业淘汰落后产能予以支持。加大中央财政清洁生产专项资金支持力度，重点支持符合准入条件、排放达标的企业运用先进节能环保技术改造现有生产能力。

（十二）落实税收优惠政策。继续对利用废铅酸蓄电池生产再生铅的企业，实行增值税即征即退 50%的税收优惠政策。进一步研究完善再生铅行业鼓励政策，加大税收扶持力度。

六、加强组织实施

（十三）明确职责任务。地方人民政府对本行政区内的铅污染防治工作负总责，相关企业是铅污染防治的责任主体。国家建立由工业和信息化部、环境保护部、商务部、发展改革委、财政部等部门和相关协会参加的协调工作机制，统筹研究产业升级、行业准入、污染防治工作目标和计划、相关配套政策措施等，督促和指导地方相关部门开展工作。有关部门要各司其职，加强协调配合，共同推进铅酸蓄电池和再生铅行业规范发展。充分发挥行业协会的组织、自律、监督和协调作用。

（十四）加强信息公开和社会监督。各省级工业主管部门、环境保护部门要定期公布本行政区域内铅酸蓄电池和再生铅企业名单、厂址以及产能等情况，相关企业每年应向社会发布企业年度环境报告，公布污染物排放和环境管理等情况。加大对铅污染危害及防护常识的宣传力度，鼓励社会对企业违法行为进行监督与举报。

工业和信息化部　环境保护部
关于加强铬化合物行业管理的指导意见

工信部联原〔2013〕327 号

各省、自治区、直辖市、新疆生产建设兵团工业和信息化主管部门、环境保护厅（局）：

为保护环境和民众健康，加强铬化合物行业管理，根据《重金属污染综合防治“十二五”规划》（国函〔2011〕13 号）、《铬化合物生产建设许可管理办法》（工业和信息化部令　第 15 号，以下简称《管理办法》）和《“十二五”危险废物污染防治规划》（环发〔2012〕123 号），提出以下意见：

一、总体要求

（一）指导思想。以邓小平理论、“三个代表”重要思想、科学发展观为指导，加强铬化合物污染防治，促进铬化合物产业结构调整，加快转变铬化合物行业发展方式，确保铬化合物行业健康发展。

（二）基本原则。坚持保护环境，铬化合物生产建设必须严格执行环境保护法律法规，达到相关标准和规范的要求；坚持技术进步，严格执行有关产业政策，加快淘汰落后产能，推行清洁生产工艺，减少有毒铬渣产生，提高资源综合利用水平；坚持许可管理，严格执行《管理办法》，现有、新建、改建、扩建铬化合物生产装置必须依法申请取得《铬化合物生产建设许可证书》（以下简称《许可证书》），并接受工业和信息化、环境保护行政主管部门的监督检查。

（三）发展目标。铬化合物生产企业实现当年产生铬渣当年处置完毕，环境风险大幅降低；2013 年年底前，淘汰铬化合物有钙焙烧工艺，推行清洁生产工艺；到“十二五”末，铬化合物生产厂点进一步减少，工艺技术装备达到国际先进水平，形成布局合理、环境友好、监管有力的铬化合物行业健康发展格局。

二、严格准入，推动行业有序发展

（四）严格执行环境影响评价制度。各级环境保护行政主管部门要根据《建设项目环境影响评价文件分级审批规定》和《铬盐行业环境准入条件（试行）》做好环境影响评价审批工作。新建、改建、扩建铬化合物建设项目应符合相关行业发展规划及产业政策要求，满足区域环境承载力及环境风险防范要求，有明确的重金属污染物排放总量来源，并符合国家及省级重金属污染防治规划要求。对于未完成历史遗留铬渣治理任务及未实现当年产生铬渣当年处置完毕的市（地区、州、盟），各级环境保护行政主管部门原则上不再受理该地区新建、改建、扩建项目的环境影响评价文件。

（五）严格布局准入。坚持铬化合物厂点总量控制。鼓励通过整合现有企业布点，在条件适宜的区域适度发展以无钙焙烧等先进清洁工艺为基础的化工、冶金、建材产业链，向规模化、集约化、循环经济方向发展。

新建、改建、扩建铬化合物生产建设项目必须进入依法合规设立的化工园区或工业园区；禁止在城市主城区、居民集中区、饮用水水源保护区、江河水资源保护地、自然保护区、风景名胜区等环境敏感区域内新建、改建、扩建铬化合物生产建设项目，已在上述区域的铬化合物生产装置，应尽快关停，消除环境隐患。

（六）强化项目管理。各省级工业和信息化主管部门要加强铬化合物生产建设项目管理。新建、改建、扩建铬化合物生产建设项目应当向省级有关主管部门备案，在取得环境影响评价批复文件、安全预评价批复文件、节能评估批复文件、土地使用证明或者土地规划意见、《许可证书》后，方可开工建设。建设项目要严格按时、按标准验收，未通过验收的，经整改验收合格后方可投入生产。新建、改建、扩建焙烧法铬化合物生产建设项目单线设计生产能力不小于 2.5 万吨/年。

各地工业和信息化主管部门应当督促本地区已经建设铬化合物生产装置的企业，在 2013 年年底前依照《管理办法》的规定申请《许可证书》。

三、加快产业转型，调整优化产业结构

（七）推动兼并重组。鼓励有条件的企业利用资本、技术优势开展兼并重组，提高产业集中度，促进规模化、集约化经营。推进铬化合物行业兼并重组要坚持统筹规划、政策引导、遵循市场规律、提高企业规模效益、减少生产厂点，并结合淘汰落后产能，发展清洁工艺产能。

（八）加快技术改造。按照《产业结构调整指导目录（2011 年本）》，2013 年年底前

淘汰有钙焙烧工艺，限制少钙焙烧工艺。采用有钙和少钙焙烧工艺的企业要加快利用无钙焙烧、钾系亚熔盐液相氧化法等清洁生产工艺进行技术改造，鼓励铬铁碱溶氧化制铬酸钠、气动流化塔式连续液相氧化法等清洁生产技术的产业化应用。进行无钙焙烧工艺改造的，必须对后续浸取、蒸发等工序一并改造，并配套铬渣无害化处置装置，含铬废水净化回用装置以及含铬粉尘防治设施，使其符合现有的清洁生产、环境保护和风险防控要求。铬渣的综合利用或无害化处置必须符合《铬渣污染治理环境保护技术规范》的相关要求。

少钙焙烧工艺铬渣排放量不超过1.2吨/吨重铬酸钠，渣中氧化钙含量不超过15%（以干渣计），酸溶性六价铬含量不超过0.5%。

（九）开展清洁生产。新建、改建、扩建铬化合物项目应达到《铬盐行业清洁生产评价指标体系》中“清洁生产先进企业”水平的要求。吨产品（以重铬酸钠计，下同）铬矿消耗小于1.15吨（以含 Cr_2O_3 50%标准矿计），原料中不添加钙质辅料，铬渣排放量不超过0.8吨，渣中氧化钙含量不超过3%（以干渣计），水溶性六价铬含量不超过0.1%，酸溶性六价铬无检出。含铬废水处理达标率100%，含铬危险废物无害化处理或综合利用率达到100%。

（十）强化铬渣治理。铬化合物生产企业要强化铬渣治理工作，在确保不造成二次污染前提下，鼓励并推动铬渣资源综合利用。加强与冶金、建材行业及科研院校等的联合，在冶金、建材行业逐步开展铬渣无害化处置及综合利用。鼓励开发并应用铬渣生产含铬生铁、碳素铬铁、无机颜料等工艺技术及装备。各级地方环保部门要将铬化合物生产企业纳入本地区重点污染源，建立环境监管档案，加强监管；督促生产企业对铬渣产生、贮存、转移、利用、处置全过程进行规范管理，如实记录产生、贮存、利用和处置情况；新排放铬渣原则上应当在当月内无害化处置完毕，因综合利用等特殊原因堆存期最多不得超过3个月，工艺返渣的贮存量原则上不得超过平均每月产品产量的3倍，因工艺等特殊原因需增加贮存量的，必须经所在地省级环境保护行政主管部门同意；铬渣贮存场所必须符合危险废物贮存污染控制标准。

四、加强许可管理，实施全过程监管

（十一）严格条件审查。现有、新建、改建、扩建铬化合物生产企业应当按照《管理办法》的要求，向生产装置所在地省级工业和信息化主管部门提交《许可证书》申请报告和其他相关材料。省级工业和信息化主管部门根据《管理办法》和本意见的相关要求严格条件审查，并按照规定时限将申请材料和初审意见报工业和信息化部。工业和信息化部聘请专家对申请材料进行评审，按照规定时限作出行政许可决定。如有必要，工业和信息化部将会同环境保护部等部门对申请人的有关情况进行实地查验（核查要点见附件，略）。《许可证书》有效期三年。有效期届满，企业继续从事铬化合物生产的，须按规定提出延续申请。

（十二）加强监督管理。取得《许可证书》的企业应当依法接受工业和信息化主管部门的监督检查，按照《管理办法》的相关要求将上一年度的自查报告报省级工业和信息化主管部门。省级工业和信息化主管部门将会同同级环境保护行政主管部门进行实地检查，重点审查含铬污染物治理和综合利用进展情况以及铬化合物生产装置运行情况。如发现被许可企业有《管理办法》第二十四条所列情况的，由工业和信息化部责令限期改正。改正期间，被许可人不得提出新的许可申请。

五、开展行业核查，严格落实相关政策

（十三）开展环保核查。自2013年起，各相关省级环境保护行政主管部门应当每季度对铬渣产生单位开展一次现场检查，对企业落实环境影响评价制度和“三同时”制度执行情况、“三废”治理及达标排放情况、重金属污染控制情况、清洁生产水平等方面进行检查，检查结果于每季度第一个月15日前上报环境保护部；各环境保护督察中心要将铬渣产生单位纳入危险废物规范化管理督察考核的重点抽查对象，每年至少抽查一次，抽查结果及时上报环境保护部。

各相关省级环境保护行政主管部门和各环境保护督察中心对现场检查发现堆存铬渣超过3个月产生量的单位（工艺返渣除外），要责成所在地县级以上地方环境保护行政主管部门责令责任单位在3个月内改正，逾期不改正的，由地方环保部门指定单位代为处置，处置费用由铬渣产生单位承担。对新产生铬渣堆存量超过一年以上产生量、或超过5万吨以上的，各级环境保护行政主管部门将暂停所涉及市（地区、州、盟）除节能减排、民生保障项目以外的建设项目环境影响评价文件的审批。

（十四）开展淘汰有钙焙烧工艺督察。2013年年底前，工业和信息化部会同相关部门对现有铬化合物生产企业落实有钙焙烧工艺淘汰工作进行督察。对未按期淘汰的，按照国家相关法律法规规定，责令其停产或予以关闭，环境保护行政主管部门要依法吊销其排污许可证。

六、保障措施

（十五）鼓励技术进步。鼓励企业与研究机构积极开发工艺路线合理，含铬污染物减排明显，有利于副产物综合利用的清洁生产新工艺。工业和信息化部将委托行业协会

组织专家对新工艺进行技术鉴定，符合清洁生产要求的工艺将在工业转型升级等专项中予以支持。

（十六）加强政策支持。国家出台相关经济政策，鼓励、推进铬渣、含铬铝泥、含铬芒硝、含铬硫酸氢钠等危险废物资源化综合利用以及含铬废水的回收利用。对依法取得《许可证书》，并在2013年年底前利用成熟技术完成清洁生产技术改造且按期通过省级环保部门强制性清洁生产审核评估、验收的铬化合物生产企业，以及对率先实施新技术产业化应用的示范项目，按照《铬盐行业清洁生产实施计划》（工信部联节〔2012〕96号）的有关规定给予资金奖励。

（十七）加强社会监督。工业和信息化部对取得《许可证书》的企业进行公告。有关企业要实施责任关怀制度，加强自律，主动宣传企业在污染物防治等方面采取的措施，接受民众的监督。任何单位和个人对违反《管理办法》及其他环境保护等法律法规的行为，均可向有关监督管理部门举报。

（十八）发挥行业协会作用。发挥协会联系政府、服务企业、促进行业自律的作用，协助政府开展政策宣贯、行业统计及监督检查等工作，进一步加强和改善铬化合物行业管理。

各级工业和信息化、环境保护行政主管部门要加强对铬化合物行业的管理，建立协同工作机制，明确职责、分工，制定和完善相关措施，认真落实本意见。

《关于汞的水俣公约》生效公告

环境保护部公告　2017年　第38号

2016年4月28日，第十二届全国人民代表大会常务委员会第二十次会议批准《关于汞的水俣公约》（以下简称《汞公约》）。《汞公约》将自2017年8月16日起对我国正式生效。

为贯彻落实《汞公约》，现就有关事项公告如下：

一、自2017年8月16日起，禁止开采新的原生汞矿，各地国土资源主管部门停止颁发新的汞矿勘查许可证和采矿许可证。2032年8月16日起，全面禁止原生汞矿开采。

二、自2017年8月16日起，禁止新建的乙醛、氯乙烯单体、聚氨酯的生产工艺使用汞、汞化合物作为催化剂或使用含汞催化剂；禁止新建的甲醇钠、甲醇钾、乙醇钠、乙醇钾的生产工艺使用汞或汞化合物。2020年氯乙烯单体生产工艺单位产品用汞量较2010年减少50%。

三、禁止使用汞或汞化合物生产氯碱（特指烧碱）。自2019年1月1日起，禁止使用汞或汞化合物作为催化剂生产乙醛。自2027年8月16日起，禁止使用含汞催化剂生产聚氨酯，禁止使用汞或汞化合物生产甲醇钠、甲醇钾、乙醇钠、乙醇钾。

四、禁止生产含汞开关和继电器。自2021年1月1日起，禁止进出口含汞开关和继电器（不包括每个电桥、开关或继电器的最高含汞量为20毫克的极高精确度电容和损耗测量电桥及用于监控仪器的高频射频开关和继电器）。

五、禁止生产汞制剂（高毒农药产品），含汞电池（氧化汞原电池及电池组、锌汞电池、含汞量高于0.000 1%的圆柱型碱锰电池、含汞量高于0.000 5%的扣式碱锰电池）。自2021年1月1日起，禁止生产和进出口附件中所列含汞产品（含汞体温计和含汞血压计的生产除外）。自2026年1月1日起，禁止生产含汞体温计和含汞血压计。

六、有关含汞产品将由商务部会同有关部门纳入禁止进出口商品目录，并依法公布。

七、自2017年8月16日起，进口、出口汞应符合《汞公约》及我国有毒化学品进出口有关管理要求。

八、各级环境保护、发展改革、工业和信息化、国土资源、住房城乡建设、农业、商务、卫生计生、海关、质检、安全监管、食品药品监管、能源等部门，应按照国家有关法律法规规定，加强对汞的生产、使用、进出口、排放和释放等的监督管理，并按照《汞公约》履约时间进度要求开展核查，一旦发现违反本公告的行为，将依法查处。

附件

添汞（含汞）产品目录

一、电池，不包括含汞量低于2%的扣式锌氧化银电池以及含汞量低于2%的扣式锌空气电池。（氧化汞原电池及电池组、锌汞电池、含汞量高于 0.000 1%的圆柱型碱锰电池、含汞量高于0.000 5%的扣式碱锰电池按照《产业结构调整指导目录（2011 年本）（2013年修正）》要求淘汰。）

二、开关和继电器，不包括每个电桥、开关或继电器的最高含汞量为 20 毫克的极高精确度电容和损耗测量电桥及用于监控仪器的高频射频开关和继电器。（按照《产业结构调整指导目录（2011 年本）（2013 年修正）》要求淘汰。）

三、用于普通照明用途的不超过 30 瓦且单支含汞量超过 5 毫克的紧凑型荧光灯。

四、下列用于普通照明用途的直管型荧光灯：

（一）低于 60 瓦且单支含汞量超过 5 毫克的直管型荧光灯（使用三基色荧光粉）；

（二）低于 40 瓦（含 40 瓦）且单支含汞量超过 10 毫克的直管型荧光灯（使用卤磷酸盐荧光粉）。

五、用于普通照明用途的高压汞灯。

六、用于电子显示的冷阴极荧光灯和外置电极荧光灯：

（一）长度较短（≤500 毫米）且单支含汞量超过 3.5 毫克；

（二）中等长度（>500 毫米且≤1 500 毫米）且单支含汞量超过 5 毫克；

（三）长度较长（>1 500 毫米）且单支含汞量超过 13 毫克。

七、化妆品（含汞量超过百万分之一），包括亮肤肥皂和乳霜，不包括以汞为防腐剂且无有效安全替代防腐剂的眼部化妆品。

八、农药、生物杀虫剂和局部抗菌剂。[汞制剂（高毒农药产品）按照《产业结构调整指导目录（2011 年本）（2013 年修正）》和《关于打击违法制售禁限用高毒农药规范农药使用行为的通知》（农农发〔2010〕2 号）要求淘汰。]

九、气压计、湿度计、压力表、温度计和血压计等非电子测量仪器，不包括在无法获得适当无汞替代品的情况下，安装在大型设备中或用于高精度测量的非电子测量设备。

注：

本目录不涵盖下列产品：

1. 民事保护和军事用途所必需的产品；

2. 用于研究、仪器校准或用于参照标准的产品；

3. 在无法获得可行的无汞替代品的情况下，开关和继电器、用于电子显示的冷阴极荧光灯和外置电极荧光灯以及测量仪器；

4. 传统或宗教所用产品；

5. 以硫柳汞作为防腐剂的疫苗。

高风险污染物削减行动计划

工信部联节〔2014〕168号

为落实《国务院关于加快发展节能环保产业的意见》(国发〔2013〕30号),加快实施汞削减、铅削减和高毒农药替代清洁生产重点工程,从源头削减汞、铅和高毒农药等高风险污染物排放,最大程度降低对食品安全和生态环境安全的影响,保障人体健康,制订本行动计划。

一、计划实施的必要性

汞、铅和高毒农药等污染物毒性大,一旦排放到环境中,既可以通过大气、水、土壤等生态环境直接危害人体健康,也可以通过食物链传导对人体健康造成危害,具有较高的环境风险。如20世纪在日本发生的由汞污染引起的水俣病,近几年在我国多地发生的由铅污染引起的儿童血铅超标事件、由高毒农药引起的“毒生姜”“毒韭菜”等问题。

工业领域汞污染主要集中在汞使用量较大的电石法聚氯乙烯、荧光灯、干电池、体温计等领域,占汞总使用量的95%以上。铅污染主要集中在铅冶炼、再生铅行业,以及铅使用量达 80%的铅酸蓄电池行业。农药行业主要问题是高毒农药品种仍有杀扑磷等12个品种[①],产量占农药总产量的2.5%左右;此外,还有约30万吨的有害有机溶剂在农药制剂中应用。

我国已经成为世界上最大的汞、铅和农药生产和消费国,加强对涉汞、铅行业和农药行业的污染防治迫在眉睫。汞、铅和高毒农药造成的污染,通过末端治理难度大、成本高,只有通过采用先进适用的清洁生产技术进行改造,从源头实施替代、从生产过程进行减量,才能最大程度消除汞、铅和高毒农药等高风险污染物对环境和人体健康的危害。

① 12个高毒农药品种指杀扑磷、甲拌磷、甲基异柳磷、克百威、灭多威、灭线磷、涕灭威、磷化铝、氧乐果、水胺硫磷、溴甲烷、硫丹。

二、总体思路和主要目标

（一）总体思路

以技术进步为主线，坚持源头预防、过程控制和资源化利用的理念，发挥企业主体作用，加强政策支持引导，推动企业实施清洁生产技术改造，从源头减少汞、铅和高毒农药等高风险污染物产生，提升清洁生产水平，在达标排放的基础上进一步削减污染物的产生和排放，促进行业绿色转型升级。

（二）主要目标

到 2017 年，通过实施汞削减、铅削减和高毒农药替代清洁工程，减少汞使用量[①] 181 吨/年，减少废水中汞排放量 0.3 吨/年；减少废水中总铅排放量 2.3 吨/年，减少废气中铅及铅化合物排放量 8 吨/年；替代高毒农药产品产能 5 万吨/年；减少苯、甲苯、二甲苯等有害溶剂使用量 33 万吨/年。

三、主要任务

（一）实施汞削减清洁生产工程

电石法聚氯乙烯行业全面推广使用低汞触媒，优化原料气脱水及净化、氯乙烯合成转化器等技术和装备。鼓励采用高效脱汞器回收气相流失的汞、盐酸脱析技术对含汞废酸进行处理、离子交换等含汞废水深度处理技术回收废水中的汞。

荧光灯行业全面推广低汞生产工艺，采用低含量固态汞材料进行生产，推广纳米氧化铝悬浮液作为保护膜，降低荧光灯中的汞含量。

纸板锌锰电池、糊式锌锰电池、扣式氧化银电池、锌空气电池行业，加快提高电解二氧化锰、锌粉、浆层纸、电解液等材料性能，并实施工艺装备的技术改造，实现无汞化生产。

非电子类体温计生产采用稼铟锡等新材料替代汞，实现产品无汞化。

（二）实施铅削减清洁生产工程

在铅冶炼行业重点推广氧气底吹—液态高铅渣直接还原铅冶炼、铅锌冶炼废水分质回用集成等技术。

在再生铅行业重点推广预处理破碎分选、铅膏预脱硫、低温连续熔炼，废铅酸蓄电池全循环高效利用，非冶炼废铅酸电池全循环再生等技术。

在铅酸蓄电池行业重点推广卷绕式、挤膏式铅酸蓄电池生产、铅粉制造冷切削造粒、

① 按 2012 年产品产量核算，下同。

扩展式（拉网式、冲孔式、连铸连轧式）板栅制造工艺与装备、极板分片打磨与包片自动化装备、电池组装自动铸焊、铅酸蓄电池内化成工艺与酸雾凝集回收利用、铅炭电池、含铅废酸与废水回收利用等技术。

（三）实施高毒农药替代清洁生产工程

实现一批高毒农药品种的替代。支持农药企业采用高效、安全、环境友好的农药新品种，对 12 个高毒农药产品实施替代。

推进农药剂型的优化升级。实施水基化剂型（水乳剂、悬浮剂、水分散颗粒剂等）替代粉剂等落后剂型；加快淘汰烷基酚类等有害助剂在农药中的使用；尽量减少有害有机溶剂的使用量。

四、实施的具体步骤

（一）地方工业主管部门（中央企业）组织推动企业实施清洁生产技术改造

一是制订本辖区清洁生产水平提升计划。省级工业主管部门（中央企业）要按照本行动计划要求，加强调查研究，结合本辖区企业清洁生产现状，重点对调研中发现的突出问题，组织制订有针对性的清洁生产水平提升计划，并报送工业和信息化部。

二是加强项目实施的指导、督促。地方工业主管部门（中央企业）要协调相关部门，简化项目审批程序，加快项目实施进度，及时跟踪项目进展情况。

三是组织实施效果评估。省级工业主管部门（中央企业）要委托有资质的专业机构，对完成清洁生产技术改造的项目实施效果进行评估，出具实施效果评估报告。

四是组织申请中央财政奖励资金。对在 2013—2017 年完成且满足中央财政清洁生产专项资金奖励要求的清洁生产技术改造项目，省级工业主管部门会同财政部门向工业和信息化部、财政部提出资金奖励申请（中央企业直接上报，具体申报要求见附件）。

（二）有关企业抓紧实施清洁生产技术改造项目

一是制订清洁生产技术改造项目计划。涉汞、铅和高毒农药的生产企业要对本企业清洁生产关键工艺和薄弱环节进行评估，制订采用先进适用技术改造项目计划，包括实施改造的产能、时间表、采用的技术、预期效果、预计投资等内容，并将计划报送企业所在地工业主管部门。

二是实施清洁生产技术改造项目。企业要积极筹措资金，组织人力物力，加快清洁生产技术改造项目的实施，并建立清洁生产组织管理制度，确保生产达到预期实施效果。

三是提出实施效果评估申请。企业完成清洁生产技术改造项目并稳定运行后，要准备项目运行效果相关证明材料，并向所在工业主管部门提出实施效果评估申请。

（三）中央财政清洁生产专项资金对实施效果显著的项目予以奖励

工业和信息化部会同财政部，通过抽查、公示等方式，对省级工业主管部门提出的清洁生产技术改造奖励资金申请进行核实，按照《中央财政清洁生产专项资金管理暂行办法》，对 2013—2015 年底前完成并通过核实的，给予不超过实际投资额 15%的资金奖励；对 2016—2017 年底前完成并通过核实的，给予不超过实际投资额 10%的资金奖励。

（四）有关行业组织充分发挥支撑作用

相关行业协会、科研院所和咨询机构要充分发挥自身优势，做好技术引导、技术支持、技术服务和信息咨询等工作，帮助企业选用先进适用清洁生产技术实施改造，实现削减高风险污染物的产生和排放。

附件：

申报中央财政清洁生产专项资金奖励的有关要求

一、申报范围及条件

申报资金奖项目的范围：电石法聚氯乙烯、荧光灯、体温计、电池、铅冶炼、再生铅、农药生产企业，采用先进适用的清洁生产技术实施改造，并达到相应的汞、铅削减和高毒农药替代条件要求的项目。

具体申报条件要求如下：

（一）一般要求

1. 符合国家产业政策，实施后原则上不新增产能。

2. 项目前期工作符合国家有关规定。

3. 2013 年（含）以后开工的项目（以核准或备案时间为准），项目整体（含子项）未得到中央财政资金支持（已申报其他渠道中央财政资金支持的项目不得重复申报）。

4. 项目固定资产总投资不低于 1 000 万元。

（二）具体要求

1. 电石法聚氯乙烯生产企业（产能）应全部使用低汞触媒，且项目实施后排出氯乙烯车间废水中汞含量不超过 3 微克/升，含汞废水排放量不超过 0.05 米^3/吨聚氯乙烯，并提供相应的地方环保部门出具的监测报告。

2. 荧光灯生产企业实施改造后，单支荧光灯产品汞含量应满足如下要求，并提供相应的国家级监测机构出具的检测报告。

（1）功率≤30 瓦紧凑型荧光灯汞含量不超过 0.8 毫克；

（2）功率＞30 瓦紧凑型荧光灯汞含量不超过 1 毫克；

（3）长效荧光灯汞含量不超过 2.5 毫克；

（4）管径≤17 毫米其他荧光灯汞含量不超过 1 毫克；

（5）管径＞17 毫米其他荧光灯汞含量不超过 0.8 毫克。

3. 纸板锌锰、糊式锌锰、扣式氧化银、锌空气电池生产企业实施改造后，电池中汞含量达到无汞要求，并提供相应的国家级监测机构出具的检测报告。

4. 体温计生产企业实施改造后，所生产的非电子类体温计中汞含量达到无汞要求，并提供相应的国家级监测机构出具的检测报告。

5. 铅冶炼（矿产铅）企业实施改造后，车间或车间处理设施排放口废水中总铅含量不超过 0.4 毫克/升，废水排放量不超过 8 米^3/吨铅；车间或生产设施排气筒废气中铅及化合物含量不超过 6 毫克/米^3；并提供地方环保部门出具的监测报告。

6. 再生铅生产企业车间或生产设施排气筒废气中铅及铅化合物含量不超过 0.6 毫克/米^3，并提供相应的地方环保部门出具的监测报告。

7. 铅酸蓄电池生产企业实施改造后，车间或车间处理设施排放口废水中总铅含量不超过 0.4 毫克/升，废水排放量不超过 0.2 米^3/千伏安·时；车间或生产设施排气筒废气中铅及化合物含量不超过 0.2 毫克/米^3，废气排放量不超过 660 米^3/千伏安·时；并提供相应的地方环保部门出具的监测报告。

8. 实施高毒农药品种替代改造的农药生产企业，要分别提供原产品和替代品的生产许可证或生产批准证书复印件；实施农药剂型优化升级改造项目，生产的产品中有害溶剂含量要优于《农药乳油中有害溶剂限量标准》（HG/T 4576—2013）指标值的 10%，并提供省级以上农药监测机构的检测报告。

二、申报方式及材料要求

省级工业主管部门会同同级财政部门按照本计划及《中央财政清洁生产专项资金管理暂行办法》有关要求组织申报，中央企业直接申报。申报材料包括：

（一）资金申请文件。文件内容主要包括申请奖励资金项目基本情况说明、申报条件符合性审查意见、项目总投资额核定情况、对项目真实性及项目整体（含子项）未得到中央财政资金支持的承诺说明等。

（二）实施效果评估报告。省级工业主管部门会同同级财政部门委托具有乙级（含）以上相应专业咨询资质的第三方机构对清洁生产技术改造项目实施效果进行评估（中央企业直接委托），编制清洁生产技术改造项目实施效果评估报告，具体要点如下：

1. 企业基本情况

包括所有制性质、主营业务、近三年来的销售收入、利润、资产负债率、项目法人等基本情况。

2. 项目基本情况

包括项目主要建设内容、采用的清洁技术工艺和装备、技术来源及先进性评价、项目总投资、建设周期及竣工稳定运行等情况。

3. 实施效果分析

重点分析项目采用的清洁生产技术工艺和装备特点、解决的主要问题，提供必要的关键工艺环节能耗、物耗、污染物指标参数，结合相关监测和监测报告，对项目的环境和经济效益进行综合评价。

4. 专家评审

组织专家进行评审，对能否达到本计划提出的实施效果要求，给出明确的结论。

5. 有关附件要求（复印件）

（1）企业营业执照副本。

（2）核准或备案文件。

（3）规划部门出具的意见。

（4）国土资源部门出具的项目用地审查意见（有新增土地的项目）。

（5）环保部门出具的环境影响评价文件的审批意见。

（6）项目达到实施效果要求的有关证明材料（地方环保部门出具的监测报告、具有相关资质的第三方提供的检测报告等）。

（7）项目实际投资证明材料（具有相应资质的社会中介机构提供的项目财务决算审计报告）。

（8）企业对项目材料真实性、合法性的承诺；对项目申请其他中央财政资金情况的说明。

三、申报时间

2014 年 6 月 20 日前，2015—2018 年每年 5 月底前，将申报材料（纸质申请文件和清洁生产技术改造项目实施效果评估报告各两份，并附电子版光盘）邮寄至工业和信息化部节能与综合利用司（不受理现场申报）。

四、相关管理要求

省级工业主管部门、财政部门要对辖区内申报中央财政清洁生产专项资金奖励的项目组织严格、客观、公正的实施效果评价。工业和信息化部会同财政部对申报奖励资金的项目进行抽查核实。对于抽查发现弄虚作假的项目，取消该省当年全部资金申请。

关于加强涉重金属行业污染防控的意见

环土壤〔2018〕22号

各省、自治区、直辖市环境保护厅（局），新疆生产建设兵团环境保护局：

《重金属污染综合防治“十二五”规划》实施以来，重金属污染防治取得积极成效。但重金属污染防控总体形势依然不容乐观，一些地区重金属污染严重，威胁群众健康和农产品质量安全，社会反映强烈。为加强涉重金属行业污染防控，现提出以下意见。

一、总体要求

（一）指导思想。全面贯彻落实党的十九大精神，树立和践行“绿水青山就是金山银山”的理念，按照全面建成小康社会实现生态环境质量总体改善的要求，聚焦重点行业、重点地区和重点重金属污染物，坚决打好重金属污染防治攻坚战。

（二）目标任务。到2020年，全国重点行业的重点重金属污染物排放量比2013年下降10%；集中解决一批威胁群众健康和农产品质量安全的突出重金属污染问题，进一步遏制“血铅事件”、粮食镉超标风险；建立企事业单位重金属污染物排放总量控制制度。

（三）工作重点。重点行业包括重有色金属矿（含伴生矿）采选业（铜、铅锌、镍钴、锡、锑和汞矿采选业等）、重有色金属冶炼业（铜、铅锌、镍钴、锡、锑和汞冶炼等）、铅蓄电池制造业、皮革及其制品业（皮革鞣制加工等）、化学原料及化学制品制造业（电石法聚氯乙烯行业、铬盐行业等）、电镀行业。重点重金属污染物包括铅、汞、镉、铬和类金属砷。进一步聚焦铅锌矿采选、铜矿采选以及铅锌冶炼、铜冶炼等涉铅、涉镉行业；进一步聚焦铅、镉减排，在各重点重金属污染物排放量下降前提下，原则上优先削减铅、镉；进一步聚焦群众反映强烈的重金属污染区域。

二、建立全口径涉重金属重点行业企业清单

各省（区、市）环保厅（局）要结合排污许可制度的实施工作，充分利用土壤污染状况详查有关重点污染源信息，组织全面排查本省（区、市）内涉重金属重点行业企业，

建立全口径涉重金属重点行业企业清单（以下简称全口径清单），于2018年9月底前通过全国排污许可证管理信息平台报送生态环境部；并在省（区、市）环保厅（局）网站上公布，接受社会监督。

在产企业、停产企业、未纳入环境统计范围的企业、环境影响评价文件不齐全的企业、2014年及以后已关闭的企业等均应纳入全口径清单。全口径清单实行动态管理，新、改、扩建涉重金属重点行业生产项目必须及时纳入，已关闭企业名单应在全口径清单中单列。

生态环境部将对各省（区、市）报送的全口径清单组织随机抽查，对弄虚作假、瞒报新、改、扩建企业和虚报企业的，予以通报批评，并严肃处理。

三、分解落实减排指标和措施

各省（区、市）人民政府要依照《土壤污染防治目标责任书》，将重金属减排目标任务分解落实到有关涉重金属重点行业企业，明确相应的减排措施和工程，建立企事业单位重金属污染物排放总量控制制度；以设区的市为单位汇总各涉重金属企业减排目标任务，并作为对各设区的市重金属污染物减排的考核目标。减排措施和工程包括淘汰落后产能、工艺提升改造、清洁生产技术改造、实行特别排放限值等。坚决淘汰铅锌冶炼行业的烧结-鼓风炉炼铅工艺等不符合国家产业政策的落后生产工艺装备。依法全面取缔不符合国家产业政策的制革、炼砷、电镀等严重污染水环境的生产项目。加大铅锌和铜冶炼行业工艺提升改造力度，重点包括对铅冶炼企业富氧熔炼-鼓风炉还原工艺（SKS工艺）实施鼓风炉设备改造，对锌冶炼企业竖罐炼锌设备进行改造替代，对铜冶炼企业实施转炉吹炼工艺提升改造。对有色金属、电镀、制革行业实施清洁化改造，制革行业实施铬减量化或封闭循环利用技术改造。落实《土壤污染防治行动计划》有关要求，对矿产资源开发活动集中的区域，严格执行重点重金属污染物特别排放限值。

各省（区、市）环保厅（局）应组织建立排污许可证核发部门与重金属环境管理部门协调会商机制，确保涉重金属重点行业企业减排目标和管理要求纳入排污许可证，实现排污许可证核发与重金属减排工作有效衔接。

生态环境部加快修订完善铅锌工业、铜镍钴工业、锡锑汞工业等涉重金属行业污染物排放标准，控制铊等重金属污染物排放。

四、严格环境准入

各省（区、市）环保厅（局）要对本省（区、市）的所有新、改、扩建涉重金属重点行业项目进行统筹考虑。新、改、扩建涉重金属重点行业建设项目必须遵循重点重金属污染物排放"减量置换"或"等量替换"的原则，应在本省（区、市）行政区域内有明确具体的重金属污染物排放总量来源。无明确具体总量来源的，各级环保部门不得批准相关环境影响评价文件。

对全口径清单内的企业落实减排措施和工程削减的重点重金属污染物排放量，经监测并可核实的，可作为涉重金属行业新、改、扩建企业重金属污染物排放总量的来源；实施总量替代的，其替代方案应纳入全口径清单企业信息。

严格控制在优先保护类耕地集中区域新、改、扩建增加重金属污染物排放的项目。现有相关行业企业要采用新技术、新工艺，加快提标升级改造步伐。

五、开展重金属污染整治

开展涉镉等重金属行业企业排查整治。各省（区、市）环保厅（局）要以铅锌铜采选、冶炼集中区域及耕地重金属污染突出区域为重点，聚焦涉镉等重金属行业企业，开展污染源排查整治，严厉打击涉重金属非法排污企业，切断重金属污染物进入农田的链条。

各省（区、市）环保厅（局）依据《关于实施工业污染源全面达标排放计划的通知》（环环监〔2016〕172号），推动涉重金属企业实现全面达标排放；依法整治无危险废物经营许可证等非法从事含铅、含铜、含锌等危险废物经营活动的铅锌冶炼、铜冶炼企业；督促涉重金属企业按照排污单位自行监测技术指南总则和分行业指南，开展自行监测，包括对所属涉重金属尾矿库排污口和周边环境进行监测，依法向社会公开重金属污染物排放数据，并对数据真实性负责；加强铅锌采选等有色金属采选行业选矿环节、产品堆存场所等的无组织排放的治理；加强铜、锌湿法冶炼行业浸出渣、堆浸渣等废物渣场的规范化管理，采取防渗漏、防雨淋、防流失措施；开展矿山、冶炼厂周边以低品位矿石或废渣为原料进行选冶等加工后废渣无序排放问题的治理；强化涉重金属尾矿库环境风险管理，完善雨污分流设施，切断尾矿库废水灌溉农田的途径，对周边有耕地等环境敏感受体的干排尾矿库要设置防尘网或采取其他扬尘治理措施，采取截洪、截污、防渗等措施严防威胁周边及下游饮用水安全；组织电石法聚氯乙烯行业企业制定并实施用汞强度减半方案。有关重点地区应组织开展金属矿采选冶炼、钢铁等典型行业和贵州黔西南布依族苗族自治州等典型地区铊污染排放调查，制定铊污染防治方案。

各省（区、市）环保厅（局）要督促市县人民政府，以铅锌采选、冶炼等有色金属企业为重点，加强源头装载治理，防治超限超载车辆出厂上路，防范矿石遗洒、碾压导致的重金属污染；指导和督促市县人民政府，以重有色金属矿区为重点，推动矿区重金属污染防控与国土绿化行动、乡村振兴战略、脱贫攻坚有机结合。

六、严格执法

地方各级环保部门应按照“双随机一公开”的原则，对行政区内所有涉重金属行业企业及相关堆场、尾矿库等设施开展监督性监测，加快建立并实施监测与执法同步的测管协同模式。

对不正常运行防治污染设施等逃避监管的方式违法排放污染物的，依据环境保护相关法律法规给予行政处罚；对违反《环境保护法》第六十三条规定的，及时移送公安机关予以行政拘留处罚。

对非法排放、倾倒、处置含铅、汞、镉、铬、砷等重金属污染物，涉嫌犯罪的，按照《环境保护行政执法与刑事司法衔接工作办法》的要求，及时移送公安机关依法追究刑事责任。

对污染严重、群众反映强烈、长期未得到解决的典型环境违法问题，一律实施挂牌督办。对包庇、纵容环境违法犯罪行为的，或者不依法向公安机关移送案件的环保部门人员，依法严肃追究责任。

七、强化考核和督导

生态环境部将把涉重金属行业污染防控作为《土壤污染防治行动计划》实施情况评估考核的重要内容，严格考核重点行业重点重金属污染物减排目标任务完成情况、防范耕地重金属土壤污染导致农产品质量超标事件情况、防范涉重金属突发环境事件情况以及涉重金属行业“散乱污”治理情况等。

各省（区、市）环保厅（局）要针对行政区域内突出重金属污染问题，制定有重点、有针对性的工作方案，确保按期完成各项目标任务。工作方案应于2018年9月30日前报送生态环境部备案。

生态环境部将定期调度各省（区、市）涉重金属重点行业企业减排措施、工程完成情况和减排效果，对进展滞后的地区，实施预警；根据各省（区、市）涉重金属行业污染防控进展情况，适时开展专项执法行动。对重金属污染防控工作不力、土壤重金属环境问题突出、群众反映强烈的地区，约谈有关地市级人民政府和省级人民政府相关部门主要负责人。

关于营造良好市场环境促进有色金属工业调结构促转型增效益的指导意见

国办发〔2016〕42号

各省、自治区、直辖市人民政府，国务院各部委、各直属机构：

有色金属工业是重要的基础原材料产业。近年来，我国有色金属工业规模不断扩大，产业结构不断优化，质量水平不断提高，国际化经营能力不断增强，实现了较快发展。但与此同时，受国际国内经济形势变化影响，有色金属市场需求低迷，有色金属工业长期积累的结构性产能过剩、市场供求失衡等深层次矛盾和问题逐步显现。为贯彻落实党中央、国务院关于推进供给侧结构性改革、建设制造强国的决策部署，推动有色金属工业持续健康发展，经国务院同意，现提出以下意见：

一、总体要求

（一）指导思想。全面贯彻党的十八大和十八届三中、四中、五中全会以及中央经济工作会议精神，按照“五位一体”总体布局和“四个全面”战略布局，牢固树立和贯彻落实创新、协调、绿色、开放、共享的发展理念，推进供给侧结构性改革，优化存量、引导增量、主动减量，化解结构性过剩产能，促进行业技术进步，扩大应用消费市场，加强国际产能合作，创造良好营商环境，推动有色金属工业调结构、促转型、增效益。

（二）基本原则。

坚持市场主导。发挥市场配置资源的决定性作用，由企业自主经营决策，吸引生产要素向有前景的领域聚集。强化市场倒逼机制，促使过剩产能和不具备竞争力的产能主动退出。

坚持政府引导。健全激励约束机制，完善相关政策措施，严格实施环保、能耗、质量、安全等标准，推动企业压减过剩产能、开展国际合作，实现转型升级。

坚持创新驱动。适应科技进步和产业发展趋势，加强技术创新、制度创新、管理创新和模式创新，推进科技成果产业化，积极推广新型产品和新兴业态，补齐产业发展短板。

坚持分类指导。按照有色金属品种属性和特点，结合地区资源禀赋条件和产业发展实际，因地制宜，因企施策，促进产业有序发展。

（三）主要目标。优化有色金属工业产业结构，重点品种供需实现基本平衡，电解铝产能利用率保持在80%以上，铜、铝等品种矿产资源保障能力明显增强，稀有金属资源开发利用水平进一步提升，再生有色金属使用比重稳步提高，重点工艺技术装备取得突破，航空、汽车、建筑、电子、包装等领域有色金属材料消费量进一步增加，重大国际产能合作项目取得实质性进展，有色金属工业发展质量和效益明显提升。

二、重点任务

（四）严控新增产能。坚决落实《国务院关于化解产能严重过剩矛盾的指导意见》（国发〔2013〕41号）等有关规定，确有必要的电解铝新（改、扩）建项目，要严格落实产能等量或减量置换方案，并在网上公示。利用社会监督等手段，加大督促检查工作力度，严厉查处违规新建电解铝项目。按有关规定对违规新增产能的有关方面和人员严肃问责。（各省级人民政府、国家发展改革委、工业和信息化部、国土资源部、环境保护部、国务院国资委负责）

（五）加快退出过剩产能。

依法依规退出和处置过剩产能。全面调查掌握有色金属重点品种的环保、能耗、质量、安全、技术等情况。完善主要污染物在线监控体系，加强公平公正执法，对不符合法律法规、产业政策和相关标准的企业，要立即限期整改；未达到整改要求的，要依法依规关停退出，同时在省级人民政府或其部门的网站上公告，接受社会监督。（各省级人民政府、环境保护部、国家发展改革委、工业和信息化部、质检总局、安全监管总局负责）

引导不具备竞争力的产能转移退出。鼓励有条件的企业适时调整发展战略，主动压减存量产能，实施跨行业、跨地区、跨所有制的等量或减量兼并重组，退出部分低效产能。对不符合所在城市发展规划且不具备搬迁价值和条件的企业，鼓励其实施转型转产；具备搬迁条件的企业，支持其退城入园或实施环保改造后向有条件的地区搬迁。（各省级人民政府负责）

（六）加强技术创新。

推动智能制造。在重点领域开展数字化矿山、智能制造示范工厂试点，提升企业研发、生产和服务的智能化水平，提高产品性能稳定性和质量一致性。鼓励业态创新和模式创新，促进“互联网+”与企业生产经营全过程融合，推广个性化定制、柔性化制造，满足多样化、多层次需求。（工业和信息化部、国家发展改革委、科技部负责）

发展精深加工。着力发展乘用车铝合金板、航空用铝合金板、船用铝合金板、大尺寸钛和钛合金铸件及其卷带材、精密电子铜带、铜镍合金板带材、镍合金卷带材、高性能铜箔、超高纯稀有金属及靶材、高性能动力电池材料、高端电子级多晶硅、核工业用材、高性能硬质合金产品、高性能稀土功能材料等关键基础材料，满足先进装备、新一代信息技术、船舶及海洋工程、航空航天、国防科技等领域的需求。支持高铝粉煤灰综合利用技术研发及产业化。提高再生有色金属回收利用技术和装备水平，鼓励企业提高再生有色金属的使用比例。（工业和信息化部、国家发展改革委、科技部负责）

（七）扩大市场应用。

加强上下游合作。鼓励有色金属行业与下游应用行业在设计、生产、使用、维护等方面加强协作，建立行业协会牵头、上下游企业参加、有关方面参与的协商合作机制，解决制约产品应用的工艺技术、产品质量、工程建设标准等瓶颈问题，拓展消费领域和空间。（中国有色金属工业协会、工业和信息化部、国家发展改革委、质检总局、住房和城乡建设部、交通运输部、商务部负责）

完善相关产品标准。健全有色金属产品标准体系，强化有色金属行业质量控制。加强我国有色金属行业重要技术标准的外文版翻译工作，加大中国标准国际化推广力度，推动相关产品认证检测结果互认和采信。（质检总局、工业和信息化部、国家发展改革委、住房和城乡建设部、交通运输部、商务部负责）

（八）健全储备体系。着眼有色金属工业未来发展，综合考虑国家战略储备需求和市场状况，完善政府储备与商业储备相结合的有色金属储备机制，适当增加部分有色金属储备。探索开展有色金属企业商业储备试点，鼓励金融机构研究支持有色金属商业收储。（国家发展改革委、财政部、工业和信息化部、银监会、证监会、保监会、中国有色金属工业协会负责）

（九）积极推进国际合作。积极落实“一带一路”战略部署，充分发挥我国有色金属先进技术和装备优势，带动先进装备、产品、技术、标准、服务的全产业链输出，提高国际化经营能力。（国家发展改革委、商务部、工业和信息化部负责）

三、政策保障

（十）完善用电政策。继续实施差别电价政策，鼓励符合政策的电力用户与发电企业直接交易，通过协商确定价格。鼓励电冶联营，已建成的具有自备电厂的电解铝企业要按规定承担并足额缴纳政府性基金、政策性交叉补贴和系统备用费。以不增加电解铝产能为前提，在可再生能源富集的地区，探索消纳可再生能源的局域电网建设试点。（国家能源局、国家发展改革委、工业和信息化部负责）

（十一）完善土地政策。产能退出后的划拨用地，可以依法转让或由地方政府收回，地方政府收回原划拨土地使用权后的土地出让收入，可按规定通过预算安排用于支付产能退出企业职工安置费用。产能退出后的工业用地，在符合城乡规划和环保要求的前提下，可用于转产发展第三产业，地方政府收取的土地出让收入，可按规定通过预算安排用于职工安置、债务处置和企业发展。转产为生产性服务业等国家鼓励发展行业的，可在 5 年内继续按原用途和土地权利类型使用土地。（国土资源部、财政部、国家发展改革委、各省级人民政府负责）

（十二）加大财税支持。充分利用现有资金渠道，对符合条件企业在绿色制造、智能制造、高端制造、品牌建设、公共服务平台等方面加大支持力度。通过中央财政科技计划（专项、基金等）统筹支持符合要求的科技研发工作。加快有色金属行业资源税从价计征改革，清理规范相关收费基金，降低矿山税费负担。落实好兼并重组税收政策。调整进出口有关政策，支持符合行业规范条件的企业开展铜精矿、锡精矿等加工贸易。（财政部、税务总局、国家发展改革委、工业和信息化部、国土资源部、商务部、科技部、海关总署负责）

（十三）加强金融扶持。

落实有扶有控的信贷政策，建立产融信息对接机制，加强信息共享，引导金融机构按照风险可控、商业可持续原则，重点支持符合行业规范条件、环境保护和安全生产持续达标、有市场前景和经营效益的骨干企业。（工业和信息化部、中国人民银行、银监会、国家发展改革委、中国有色金属工业协会负责）

利用多层次资本市场，加大对有色金属行业的融资支持。支持符合条件的有色金属企业拓宽直接融资渠道，在资本市场进行股权融资。引导金融机构与企业自主协商，妥善解决兼并重组、产能退出中的金融债务问题。研究通过保险补偿机制支持有色金属新材料首批次应用。对符合条件的重大国际合作项目，引导金融机构给予优惠贷款等。（中国人民银行、银监会、证监会、保监会、国家发展改革委、工业和信息化部负责）

（十四）做好职工安置工作。积极培育适应有色金属企业职工特点的创业创新载体，扩大返乡创业试点范围，提升创业服务孵化能力，培育接续产业集群，引导富余职工就地就近创业就业，缓解分流压力。通过技能培训、职业介绍等就业服务和就业创业扶持政策，促进失业人员再就业或自主创业。对符合条件的就业困难人员，要通过公益性岗位安置等政策予以帮扶。对符合条件的失业人员按规定发放失业保险，符合救助条件的应及时纳入社会救助范围，保障基本生活。不得实施资金保障不到位、方案不完善以及未经职工代表大会或全体职工讨论通过的职工安置方案。（各省级人民政府、国家发展改革委、人力资源社会保障部、财政部负责）

（十五）发挥行业协会作用。强化有色金属行业自律，引导企业规范经营、公平竞争，维护良好的市场秩序。加强行业关键、共性问题研究，及时发布行业产能监测预警信息，支持企业推进兼并重组。充分发挥桥梁纽带作用，总结推广先进经验，指导企业用好有关政策；及时反映企业诉求，反馈政策落实情况，提出相关政策建议。（中国有色金属工业协会负责）

各省级人民政府要按照本意见要求，结合本地实际，抓紧制定具体方案，明确目标任务以及时间表、路线图，切实抓好各项政策措施的落实，确保取得实效。国务院有关部门要结合自身职责，尽快出台相关政策措施，积极指导地方推动工作，确保政策落实到位。国家发展改革委、工业和信息化部要加强统筹协调，会同有关部门开展督促检查和跟踪分析，重大问题及时报告国务院。

第四篇

产业政策

铅锌行业规范条件

工业和信息化部公告 2015年 第20号

为加快铅锌行业结构调整，建立统一开放、竞争有序的市场体系，规范企业生产经营秩序，促进行业持续健康协调发展，依据相关法律法规、规划和产业政策，制定本规范条件。本规范条件中铅锌冶炼企业是指除单独利用废旧铅蓄电池等含铅废料生产再生铅项目外的冶炼企业。

一、企业布局和生产规模

（一）企业布局

新建及改造的铅锌矿山、冶炼项目必须符合国家产业政策、本地区土地利用总体规划、矿产资源规划、主体功能区规划、重金属污染防治规划和行业发展规划等要求。新建铅锌冶炼项目应布局于依法设立、功能定位相符并经规划环评的产业园区内。建设铅锌项目时，应根据环境影响评价结论，确定厂址及其与周围人群和敏感区域的距离。严禁在风景名胜区、自然保护区、饮用水水源保护区、非工业规划建设区、大气污染防治重点区域和其他需要特别保护的区域内新建铅锌项目。

（二）生产规模

开采铅锌矿资源，须依法取得采矿许可证和安全生产许可证，遵守矿产资源、安全生产法律法规、矿产资源规划及相关政策。采矿权人应按照批准的矿产资源开发利用方案和绿色矿山建设标准、采矿初步设计和安全专篇进行矿山建设和开发，严禁无证开采、乱采滥挖和破坏浪费资源。新建小型铅锌矿山规模不得低于单体矿10万吨/年（300吨/日），服务年限应在10年以上，中型矿山单体矿规模应大于30万吨/年（1 000吨/日）。采用浮选工艺的矿山企业其矿石处理能力应不小于矿山开采能力。

对于单独处理锌氧化矿或者含锌二次资源的项目、新建及改造项目，火法处理工序规模需达到1.5万吨金属锌/年及以上，湿法单系列规模须达到5万吨金属锌/年及以上；现有企业火法处理工序须达到1万吨金属锌/年及以上，湿法单系列规模须达到3万吨金属锌/年及以上。单独处理冶炼渣回收稀贵金属的项目，单系列废渣处理规模须达到5

万吨/年及以上，单系列铅铋合金电解生产线规模须达到 2 万吨/年及以上。

二、质量、工艺和装备

（一）质量

铅锌采选、冶炼企业须建有完备的产品质量管理体系，铅锌精矿必须符合《重金属精矿产品中有害元素的限量规范》（GB 20424—2006），铅锭必须符合国家标准 GB/T 469—2013，锌锭必须符合国家标准 GB/T 470—2008，其他产品质量须符合国家或行业标准。

（二）工艺技术和装备

铅锌矿山：新建大中型铅锌矿山须采用适合矿床开采技术条件的先进采矿方法，优先采用充填采矿法，尽量采用大型先进设备，提高自动化水平。根据矿石种类和成分，采用先进适用的选矿工艺，提高选矿回收率和资源综合利用水平。

铅冶炼：新建、改造及现有铅冶炼项目，粗铅冶炼须采用先进的富氧熔池熔炼-液态高铅渣直接还原或一步炼铅工艺，以及其他生产效率高、能耗低、环保达标、资源综合利用效果好的先进炼铅工艺，并需配套双转双吸或其他先进制酸工艺，必要时制酸尾气需配套脱硫设施。鼓励采用具有自主知识产权的先进铅冶炼技术。鼓励矿铅冶炼企业利用富氧熔池熔炼炉等先进装备处理铅膏、冶炼废渣等含铅二次资源。

锌冶炼：新建及改造锌冶炼项目，硫化锌精矿焙烧必须采用硫利用率高、尾气达标的流态化焙烧工艺，单台流态化焙烧炉炉床面积须达到 100 平方米及以上，配套建设烟气双转双吸或其他先进制酸工艺，必要时制酸尾气需配套脱硫设施。硫化锌精矿富氧直接浸出工艺须同步建设硫渣处理设施。鼓励大中型锌冶炼企业搭配处理锌氧化矿及含锌二次资源，实现资源综合利用。强化含锌二次资源的回收管理工作，新建、改造及现有含锌二次资源利用项目中，必须采用先进的工艺和设备，采用火法工艺必须配套建设窑渣回收设施、余热回收利用系统、尾气脱硫系统，处理含氟、氯的含锌二次资源项目应建有完善的除氟、氯设施。禁止利用直接燃煤的传统熔炼炉进行含锌二次资源冶炼。

所有新建、改造及现有铅锌冶炼项目，应配套建设有价金属综合利用系统。新建、改造以回收稀贵金属为主要目的的渣处理项目，须有稳定的原料来源，并须采用先进的富氧熔池熔炼以及其他生产效率高、能耗低、环保达标、资源综合利用效果好的先进工艺及装备，现有企业须在 2018 年底前改造成富氧熔池熔炼等先进工艺，并均须配备尾气脱硫系统、余热回收系统。

采用火法工艺的冶炼企业，必须在密闭条件下进行，防止有害气体和粉尘逸出，设置尾气净化系统、监测报警系统和应急处理系统；冶炼烟气制酸和尾气净化系统不得设置烟气旁路。

三、能源消耗

铅锌企业必须具备健全的能源管理体系，能源计量器具应符合《用能单位能源计量器具配备和管理通则》（GB 17167—2006）的有关要求，有条件的企业应建立能源管理中心，应符合《铅锌矿采、选能源消耗限额》（YS/T 748—2010）、《铅冶炼企业单位产品能源消耗限额》（GB 21250）和《锌冶炼企业单位产品能源消耗限额》（GB 21249）等标准要求。

新建、改造及现有铅锌矿山地下开采综合能耗须低于 6.3 千克标准煤/吨矿、露天开采矿山铅锌矿综合能耗低于 1.3 千克标准煤/吨矿。铅锌选矿综合能耗须低于 7 千克标准煤/吨矿。矿石耗用电量须低于 40 千瓦时/吨。

新建及改造铅冶炼项目，粗铅工艺综合能耗须低于 245 千克标准煤/吨。新建及改造锌冶炼项目，含浸出渣火法处理的电锌锌锭工艺综合能耗须低于 900 千克标准煤/吨，电锌直流电耗应低于 2 900 千瓦时/吨，电流效率应大于 88%。新建及改造处理含锌二次资源的项目，火法富集工序综合能耗须低于 1 200 千克标准煤/吨金属锌，湿法锌冶炼工序电锌锌锭工艺综合能耗须低于 900 千克标准煤/吨。新建及改造以回收稀贵金属为主要目的的渣处理项目，渣处理能耗须低于 85 千克标准煤/吨。

现有铅冶炼企业，粗铅工艺综合能耗须低于 260 千克标准煤/吨。现有锌冶炼企业，含浸出渣火法处理的电锌锌锭工艺综合能耗须低于 920 千克标准煤/吨，电锌直流电耗应低于 2 900 千瓦时/吨，电流效率应大于 87%。火法精馏锌工艺标准煤耗须低于 1 800 千克/吨。现有处理含锌二次资源的项目，火法富集工序综合能耗须低于 1 300 千克标准煤/吨金属锌，湿法锌冶炼工序电锌锌锭工艺综合能耗须低于 920 千克标准煤/吨。现有以回收稀贵金属为主要目的的渣处理项目，渣处理能耗须低于 110 千克标准煤/吨。现有企业应通过技术改造节能降耗，尽快达到新建企业能耗水平。

四、资源消耗及综合利用

铅锌矿山：铅锌矿山开采回采率、选矿回收率和综合利用率等三项指标应符合国土资源部颁布的《关于铁、铜、铅、锌、稀土、钾盐和萤石等矿产资源合理开发利用“三率”最低指标要求（试行）的公告》（2013 年第 21 号）中的相关要求。现有选矿企业废水循环利用率应达到 80%及以上，新建及改造选矿企业废水循环利用率应达到 85%及以上。

新建及改造铅冶炼项目，总回收率应达到96.5%及以上，粗铅熔炼回收率应达到97%以上，尾渣含铅小于2%，铅精炼回收率应达到99%以上；总硫利用率须达到96%以上，硫捕集率须达到99%以上；水循环利用率须达到98%以上。新建及改造锌冶炼项目，电锌冶炼总回收率应达到96%及以上；总硫利用率须达到96%以上，硫捕集率须达到99%以上；水的循环利用率须达到95%以上。新建及改造含锌二次资源项目，锌总回收率应达到88%及以上，其中火法富集回收率应达到90%及以上；水的循环利用率须达到95%以上。新建及改造的以回收稀贵金属为主要目的的渣处理项目，尾渣含铅小于2%，水的循环利用率须达到95%及以上。

现有铅锌冶炼企业，铅冶炼总回收率应达到96%以上，粗铅冶炼回收率应达到97%以上；总硫利用率须达到96%以上，硫捕集率须达到98%以上；水循环利用率须达到95%以上。锌冶炼精馏锌总回收率应达到96.5%及以上，电锌总回收率应达到95.5%以上；硫的利用率须达到96%（ISP法达到94%）以上，硫的总捕集率须达到99%以上；水循环利用率须达到95%以上。现有含锌二次资源项目，锌总回收率应达到86%及以上，其中火法富集回收率应达到90%及以上；水的循环利用率须达到95%以上。现有以回收稀贵金属为主要目的的渣处理项目，尾渣含铅小于2%，水的循环利用率须达到95%及以上。现有铅锌冶炼企业应通过技术改造降低资源消耗，尽快达到新建企业标准。

五、环境保护

铅锌矿山及冶炼企业须遵守环境保护相关法律、法规和政策，所有新建及改造项目须严格执行环境影响评价制度，落实各项环境保护措施，项目未经环境保护部门验收不得正式投产。企业要按规定办理《排污许可证》（尚未实行排污许可证的地区除外）后，方可进行生产和销售等经营活动，持证排污，达标排放。企业应有健全的企业环境管理机构，制定有效的企业环境管理制度。

铅锌矿山开发要注重土地和环境保护，根据“边开采、边治理”的原则，严格执行矿山生态恢复治理保障金制度，编制矿山生态保护与治理恢复方案，并按照方案进行矿山生态、地质环境恢复治理和矿区土地复垦。

铅锌选矿及冶炼企业应做到污染物处理工艺技术可行，治理设施齐备，运行维护记录齐全，与主体生产设施同步运行。各项污染物排放须符合国家《铅、锌工业污染物排放标准》（GB 25466—2010）中的相关要求，企业污染物排放总量不超过环保部门核定的总量控制指标。执行大气污染物特别排放限值的地区的新建铅锌项目要符合《〈铅、锌工业污染物排放标准〉（GB 25466—2010）修改单》的要求。尾矿渣、冶炼渣、冶炼飞灰等固体废物必须按照国家固体废物和危险废物管理的要求进行无害化处理处置或交有资质的单位处理。处理含锌二次物料的火法工序应参照国家固体废物和危险废物管理要求进行无害化贮存、处理和处置。

铅锌选矿、冶炼企业依法实施包含特征污染物的强制性清洁生产审核。新建、改造及现有冶炼项目，均须建有在线监测设施并按要求与当地环保部门联网。申请规范当年及上一年度未发生重大环境事件。

六、安全生产与职业病防治

铅锌矿山、冶炼企业建设项目须遵守《安全生产法》《矿山安全法》《职业病防治法》等法律法规，执行保障安全生产和职业病危害防护的国家标准和行业标准；新建及改造项目安全设施和职业病防护设施须严格履行“三同时”手续。企业必须依法参加养老、失业、医疗、工伤等各类保险，并为从业人员足额缴纳相关保险费用。积极开展安全生产标准化工作，强化安全生产基础建设。铅冶炼企业的作业环境须满足《工业企业设计卫生标准》（GBZ 1）和《工作场所有害因素职业接触限值》（GBZ 2.1）的要求。

铅锌矿山企业要依照《安全生产许可证条例》（国务院令　第 397 号）等有关规定，依法取得安全生产许可证后方可从事生产活动。

七、规范管理

（一）铅锌行业企业规范条件的申请、审核及公告

1. 工业和信息化部负责铅锌行业规范管理工作。申请规范的铅锌矿山、冶炼企业须编制《铅锌行业规范申请报告》并按要求提供相关材料。地方企业通过本地区工业主管部门向工业和信息化部申请，中央企业直接向工业和信息化部申请，并附企业所在地省级工业主管部门意见。

2. 各省、自治区、直辖市及计划单列市工业主管部门负责接收本地区相关企业规范申请和初审，中央企业自审。

3. 工业和信息化部依据规范标准，对申请企业进行核查，必要时征求环境保护部等部门意见后，对符合规范条件的进行公示，无异议的予以公告。

（二）公告企业名单实行动态管理

工业和信息化部对公告企业名单进行动态管理。地方各级工业主管部门每年要对本地区企业执行规范条件的情况进行监督检查。工业和信息化部对公告企业进行抽查。鼓励社会各界对公告企业规范情况进行监督。公告企业有下列情况的将撤销其公告资格：

1. 填报相关资料有弄虚作假行为的；

2. 拒绝接受监督检查的；

3. 不能保持规范条件的；

4. 发生较大及以上生产安全事故或突发环境事件，造成严重社会影响的；

5. 存在国家明令淘汰的落后产能的。

工业和信息化部拟撤销已公告企业资格前，将告知相关企业，听取其陈述和申辩。

列入符合规范条件公告的企业名单，作为相关政策支持的基础性依据。对未列入公告名单的企业，相关政策将不予支持。

八、附则

（一）本规范条件适用于中华人民共和国境内（台湾、香港、澳门地区除外）所有类型的铅锌矿山、冶炼企业和项目（单独再生铅冶炼企业和项目执行《再生铅行业准入条件》）；本规范条件也适用于利用其他装备改造成铅锌冶炼设备后从事铅锌冶炼的生产行为。

（二）本规范条件中涉及的国家标准若进行了修订，则按修订后的新标准执行。

（三）本规范条件自发布之日起实施，原《铅锌行业准入条件》（国家发展和改革委员会公告 2007 年 第 13 号）同时废止。

（四）本规范条件由工业和信息化部负责解释，并根据行业发展情况和宏观调控要求进行修订。

再生铅行业规范条件

工业和信息化部公告　2016 年　第 60 号

为落实《中国制造 2025》，规范、引导再生铅行业绿色发展，制定《再生铅行业规范条件》。本规范条件适用于中华人民共和国境内（台湾、香港、澳门地区除外）以废铅蓄电池为主要原料的再生铅企业。

一、项目建设条件和企业布局

（一）新建、改建、扩建再生铅项目应符合国家产业政策和本地区城乡建设规划、土地利用总体规划、主体功能区规划、相应的环境保护规划（行动计划）、强制性国家标准等要求，限制盲目扩张。

（二）严禁在禁止开发区、重点生态功能区、生态环境敏感区、脆弱区、饮用水水源保护区等重要生态区域、非工业规划建设区、大气污染防治重点控制区、因铅污染导致环境质量不能稳定达标区域和其他需要特别保护的区域内新建、改建、扩建再生铅项目。新建再生铅项目应布局于依法设立、功能定位相符、环境保护基础设施齐全并经规划环评的产业园区内。现有再生铅企业应逐步进入产业园区内。建设再生铅项目时，厂址与危险废物集中贮存设施与周围人群和敏感区域的距离，应按照环境影响评价结论确定，且不少于 1 千米；含有铅蓄电池生产项目的，应符合国家相关标准规定要求。

二、生产规模、质量、工艺和装备

（一）废铅蓄电池预处理项目规模应在 10 万吨/年以上，预处理-熔炼项目再生铅规模应在 6 万吨/年以上。

（二）再生铅企业应建有完备的产品质量管理体系，再生铅及铅合金锭产品必须符合国家发布的相关标准规定。

（三）对于含酸液的废铅蓄电池，再生铅企业应整只含酸液收购；再生铅企业收购的废铅蓄电池破损率不能超过 5%。再生铅企业应严格执行《危险废物贮存污染控制标准》（GB 18597—2001）中的有关要求，应采用自动化破碎分选工艺和装备处置废铅蓄电池，禁止对废铅蓄电池进行人工拆解、露天环境下破碎作业，严禁直接排放废铅蓄电池中的废酸液。企业预处理车间地面必须采取防渗漏处理，必须具备废酸液回收处置、废气有效收集和净化、废水循环使用等配套环保设施和技术。

（四）从废铅蓄电池中分选出的铅膏、铅板栅、重质塑料、轻质塑料等应分类利用。预处理企业产生的铅膏需送规范的再生铅企业或矿铅冶炼企业协同处理。预处理-熔炼企业的铅膏需脱硫处理或熔炼尾气脱硫，并对脱硫过程中产生的废物进行无害化处置，确保环保达标。

（五）再生铅企业应采用生产效率高、能耗低的先进工艺及装备，鼓励采用先进适用的清洁生产技术工艺，不得采用国家明令禁止和淘汰的落后工艺及设备。废铅蓄电池预处理及熔炼设备必须配套负压装置。不得直接熔炼带壳废铅蓄电池，不得利用直接燃煤或喷煤式反射炉熔炼含铅物料。

三、能源消耗及资源综合利用

再生铅企业必须具备健全的能源管理体系，能源计量器具应符合《用能单位能源计量器具配备和管理通则》（GB 17167—2006）的有关要求，符合《再生铅单位产品能源消耗限额》（GB 25323—2010）的标准要求。预处理-熔炼企业熔炼工艺能耗应低于 125 千克标煤/吨铅，精炼工序能耗应低于 22 千克标煤/吨铅，铅总回收率大于 98%，熔炼废渣中铅含量小于 2%；废铅蓄电池预处理工艺综合能耗应低于 5 千克标煤/吨含酸废电池。

四、环境保护

（一）再生铅项目符合《环境影响评价法》《建设项目环境保护管理条例》等要求。

（二）再生铅企业应达到《再生铅行业清洁生产评价指标体系》（国家发展和改革委员会、环境保护部、工业和信息化部公告 2016 年 第 36 号）规定的“清洁生产企业”水平。

（三）再生铅企业应按照《危险废物经营许可证管理办法》的有关规定依法申请领取危险废物经营许可证，并符合《废铅蓄电池处理污染控制技术规范》（HJ 519—2009）的相关要求。破碎分选废铅蓄电池后的塑料应经过清洗并满足《废塑料回收与再生利用污染控制技术规范》（试行）（HJ/T 364—2007）的相关要求后方可再生使用。

（四）再生铅企业在收购废铅蓄电池时，应严格执行危险废物转移联单制度、建立危险废物经营情况记录簿。生产过程中产生的污染物的处理工艺技术可行，处理设施运行维护记录齐全，与主体生产设施同步运转。企业应规范物料堆放场、废渣场、排污口的管理。

（五）再生铅企业废水应雨污分流、清污分流、分质处理，清水循环利用，污水深度处理，第一类污染物车间排放口达标排放。有组织排放废气中铅烟、铅尘应采用自动清灰的布袋除尘技术、静电除尘技术等进行处理，酸雾应采取收集冷凝回流或物理捕捉加碱液吸收的逆流洗涤等技术进行收集或处理。车间内的铅烟、铅尘和硫酸雾应收集处理，防止铅烟、铅尘和酸雾逸出，减少铅烟、铅尘和酸雾无组织排放。污染物排放应满足《再生铜、铝、铅、锌工业污染物排放标准》（GB 31574—2015）的要求。

（六）再生铅企业产生的危险废物必须按照《危险废物经营许可证管理办法》《危险废物污染防治技术政策》等相关要求进行处理处置。对于没有处置能力的再生铅企业产生的危险废物必须委托持有相关危险废物经营许可证的单位进行处置。企业生产过程中的废弃劳动保护用品应按照危险废物进行管理。

（七）再生铅企业应有健全的企业环境管理机构，应制定完善的环保管理规章制度和重金属环境污染应急预案，具备相应的应急设施和装备，定期开展环境应急培训、演练和环境风险隐患排查。企业必须按照《环境保护法》的相关要求开展自行监测，建立环境信息披露制度，公开环境保护相关信息，接受社会监督。

（八）再生铅企业应按规定办理《排污许可证》后，方可进行再生铅生产，持证排污，达标排放。

（九）再生铅企业应在申报规范公告前的两年内没有因环境违法行为受到处罚，没有发生环境污染事故。

（十）对于在环境行政处罚案件办理信息系统、环保专项行动违法企业明细表和国家重点监控企业污染源监督性监测信息系统等中存在违法信息的企业，应当完成整改，并提供相关整改材料，方可申请列入符合规范条件企业名单。

五、安全生产与职业卫生

（一）再生铅企业建设项目须遵守《安全生产法》《职业病防治法》等法律法规，执行保障安全生产和职业卫生的国家标准和行业标准；项目安全设施和职业病防护设施必须严格履行“三同时”手续。企业应开展安全生产标准化建设工作，强化安全生产基础建设，必须配备泄漏报警、应急事故池和故障急停等装置。企业作业环境必须满足《工业企业设计卫生标准》（GBZ 1—2010）和《工作场所有害因素职业接触限值》（GBZ 2.1—2007）的要求。

（二）再生铅企业应具备健全的职业健康安全管理体系，建立完善职业病危害检测与评价、职业健康监护、职业病危害警示与告知、培训、检查等职业卫生管理制度。

（三）再生铅企业启动试生产前，应对关键生产环节、环保设备操作、特种设备操作、安全健康环境管理、危险废物管理等关键岗位进行（行业）职业技能培训。

（四）作业场所醒目位置应设置公告栏，公布有关职业病防治的规章制度、操作规程以及职业病危害因素检测结果等。在容易产生职业病危害的岗位，应按照《工作场所职业病危害警示标识》（GBZ 158）设置明显的警示标识。

（五）加强对劳动者的职业安全健康培训，向劳动者提供符合标准要求的个体防护用品，依法组织劳动者进行岗前、岗中和离岗职业健康检查，为劳动者建立职业健康监护档案。车间工人的工作服应定期收集，统一洗涤，洗涤废水按工艺废水统一处理。

六、规范管理

（一）再生铅行业规范条件的申请、审核及公告

1. 企业按照自愿原则申请《再生铅行业规范条件》。

2. 工业和信息化部负责全国再生铅行业规范管理工作，以公告形式发布符合《再生铅行业规范条件》的企业名单。各省、自治区、直辖市及计划单列市工业和信息化主管部门（以下统称省级工业和信息化主管部门）依据《再生铅行业规范条件》以及有关法律、法规和产业政策规定，负责本地区再生铅企业规范管理工作。

3. 再生铅行业规范条件申请主体为具备独立法人资格的企业，集团公司下属具有独立法人资格的子公司需单独申请。

4. 申请企业需编制《再生铅行业规范条件申请书》，并按要求提供相关证明材料，省级工业和信息化主管部门依据《再生铅行业规范条件》，组织专家对申请材料进行审查和现场核查，提出审核意见。

5. 省级工业和信息化主管部门就环境保护相关内容征求同级环境保护主管部门意见后，按要求将符合《再生铅行业规范条件》的企业名单及相关申请材料报送工业和信息化部。

6. 工业和信息化部依据规范条件，组织专家进行材料审核、现场审核等，公示符合规范条件的企业名单，并征求环境保护部意见，无异议的予以公告。公示期间有异议的，及时核实处理。

（二）公告企业名单实行动态管理

工业和信息化部负责对公告企业名单进行动态管理。地方各级工业和信息化主管部门负责对本地区公告企业进行督察，工业和信息化部对公告企业进行抽查。社会各界对公告企业进行监督。公告企业有下列情况的将撤销其公告：

1. 填报相关资料有弄虚作假行为的；

2. 拒绝接受监督检查的；

3. 不能保持规范条件要求的；

4. 发生生产安全事故或突发环境事件，造成较大社会影响的。

工业和信息化部拟撤销公告前，应告知相关企业和地方相关部门，听取企业的陈述和申辩并向社会公示。

（三）符合本规范条件并予以公告的企业，作为相关政策支持的基础性依据。

七、附则

（一）本规范条件涉及的国家标准如遇修订，按修订后的标准执行。

（二）本规范条件自 2017 年 1 月 1 日起施行，《再生铅行业准入条件（2012）》（工业和信息化部、环境保护部公告　2012 年　第 38 号）及《再生铅行业准入公告管理暂行办法》（工信联节〔2013〕210 号）同时废止。

（三）本规范条件由工业和信息化部负责解释，并根据法律法规、行业发展和产业政策调整情况适时进行修订。

（四）名词解释：

1. 本规范条件所适用的再生铅企业是指以废铅蓄电池（不低于 80%）及其他含铅废料为原料，生产粗铅锭、精炼铅锭、电解铅锭和铅合金锭的企业。再生铅企业包括两类，一类是对废铅蓄电池进行破碎、分选等预处理的企业；另一类是采用预处理-熔炼-精炼生产铅及铅合金的企业。

2. 铅膏主要成分是含铅化合物，如硫酸铅、氧化铅等。

3. 铅总回收率是指在整个再生铅生产过程中，所得产品金属铅总量占所用原料中铅总量的百分率。

4. 能耗指标定义以《再生铅单位产品能源消耗限额》（GB 25323）为准。

铜冶炼行业规范条件

工业和信息化部公告 2014年 第29号

为加快铜工业结构调整，建立统一开放、竞争有序的市场体系，规范企业生产经营秩序，促进行业持续健康协调发展，依据相关产业政策和规划，现将《铜行业准入条件（2006年）》修订为《铜冶炼行业规范条件》。本规范条件适用于利用铜精矿和含铜二次资源为原料的铜冶炼企业。

一、企业布局、生产规模

（一）企业布局

新建或者改造的铜冶炼项目必须符合国家产业政策、土地利用总体规划、主体功能区规划和行业发展规划等规划要求。在城镇及其近郊、居民集中区等环境敏感区域，以及大气污染防治联防联控重点地区建设铜冶炼项目，应根据环境影响评价结论，合理确定厂址及其与周围人群和敏感区域的距离。

（二）生产规模

新建和改造利用铜精矿和含铜二次资源的铜冶炼企业，冶炼能力须在10万吨/年及以上。鼓励大中型骨干铜冶炼企业同时处理铜精矿及含铜二次资源。现有利用含铜二次资源为原料的铜冶炼企业生产规模不得低于5万吨/年。铜冶炼项目的最低资本金比例必须达到20%。

二、质量、工艺和装备

（一）质量

铜冶炼企业须具备完备的产品质量管理体系，阴极铜必须符合国家标准GB/T 467—2010，其他产品质量必须符合国家或行业相应标准。

（二）工艺技术和装备

新建和改造利用铜精矿的铜冶炼项目，须采用生产效率高、工艺先进、能耗低、环保达标、资源综合利用好的先进工艺，如闪速熔炼、富氧底吹、富氧侧吹、富氧顶吹、白银炉熔炼、合成炉熔炼、旋浮铜冶炼等富氧熔炼工艺，以及其他先进铜冶炼工艺技术。必须配置烟气制酸、资源综合利用、节能等设施。烟气制酸须采用稀酸洗涤净化、双转双吸（或三转三吸）工艺，烟气净化严禁采用水洗或热浓酸洗涤工艺，硫酸尾气需设治理设施。设计选用的冶炼尾气余热回收、收尘工艺及设备必须满足国家《节约能源法》《清洁生产促进法》《环境保护法》《清洁生产标准铜冶炼业》（HJ 558—2010）和《清洁生产标准铜电解业》（HJ 559—2010）等要求。

新建和改造利用各种含铜二次资源的铜冶炼项目，须采用先进的节能环保、清洁生产工艺和设备。预处理环节应采用导线剥皮机、铜米机等自动化程度高的机械法破碎分选设备，对特殊绝缘层及漆包线等除漆需要焚烧的，必须采用烟气治理设施完善的环保型焚烧炉。禁止采用化学法以及无烟气治理设施的焚烧工艺和装备。冶炼工艺须采用NGL炉、旋转顶吹炉、精炼摇炉、倾动式精炼炉、100吨以上改进型阳极炉（反射炉）以及其他生产效率高、能耗低、资源综合利用效果好、环保达标的先进生产工艺及装备，同时应配套具备二噁英防控能力的设备设施。禁止使用直接燃煤的反射炉熔炼含铜二次资源。全面淘汰无烟气治理措施的冶炼工艺及设备。

三、能源消耗

铜冶炼企业须具备健全的能源管理体系，配备必要的能源（水）计量器具，有条件的企业应建立能源管理中心，所有企业能耗必须符合国家相关标准的规定。

新建利用铜精矿的铜冶炼企业粗铜冶炼工艺综合能耗在180千克标准煤/吨及以下，电解工序（含电解液净化）综合能耗在100千克标准煤/吨及以下。现有铜冶炼企业粗铜冶炼工艺综合能耗在300千克标准煤/吨及以下。

新建利用含铜二次资源的铜冶炼企业阴极铜精炼工艺综合能耗在360千克标准煤/吨及以下，其中阳极铜工艺综合能耗在290千克标准煤/吨及以下。现有利用含铜二次资源的铜冶炼企业阴极铜精炼工艺综合能耗在430千克标准煤/吨及以下，其中阴极铜工艺综合能耗在360千克标准煤/吨及以下。

四、资源综合利用

新建铜冶炼企业占地面积应低于4平方米/吨铜，水循环利用率应达到97.5%以上，吨铜新水消耗应在20吨以下，铜冶炼硫的总捕集率须达到99%以上，硫的回收率须达到97.5%以上，铜冶炼含重金属废水必须达标排放，排水量必须达到国家相关标准的规定。现有企业水循环利用率应达到97%以上，吨铜新水消耗应在20吨以下，铜冶炼硫的总捕集率须达到98.5%以上，硫的回收率须达到97%以上。新建含铜二次资源冶炼企业的水循环利用率应达到95%以上，现有含铜二次资源冶炼企业的水循环利用率应达到90%以上。

鼓励铜冶炼企业建设伴生稀贵金属综合回收利用装置。

五、环境保护

铜冶炼企业必须遵守环境保护相关法律、法规和政策，所有新建、改造铜冶炼项目必须严格执行环境影响评价制度，落实各项环境保护措施，项目未经环境保护部门验收不得正式投产。企业要按规定办理《排污许可证》（尚未实行排污许可证的地区除外）后，方可进行生产和销售等经营活动，持证排污，达标排放。企业应有健全的企业环境管理机构，制定有效的企业环境管理制度。

铜冶炼企业要做到污染物处理工艺技术可行，治理设施齐备，运行维护记录齐全，与主体生产设施同步运行，各项铜冶炼污染物排放要符合《铜、镍、钴工业污染物排放标准》（GB 25467—2010）的要求，企业污染物排放总量不超过环保部门核定的总量控制指标。新建及改造项目要同步建设配套在线污染物监测设施并与当地环保部门联网，现有企业应在2014年前完成。铜冶炼企业最终废弃渣必须进行无害化处理。

六、安全生产与职业病防治

铜冶炼企业必须遵守《安全生产法》《职业病防治法》等法律法规规定，执行保障安全生产和职业病危害防护的国家标准或行业标准。新建和改造项目安全设施和职业病防护设施必须严格履行“三同时”手续。企业必须依法参加养老、失业、医疗、工伤等各类保险，并为从业人员足额缴纳相关保险费用。积极开展安全生产标准化工作，强化安全生产基础建设。

七、规范管理

（一）铜冶炼行业企业规范条件的申请、审核及公告

1. 工业和信息化部负责铜冶炼行业企业规范的管理。申请规范的企业须编制《铜冶炼行业规范申请报告》，并按要求提供相关材料。地方企业通过本地区工业主管部门向工业和信息化部申请，中央企业直接向工业和信息化部申请，并附省级工业主管部门

意见。

2. 各省、自治区、直辖市及计划单列市工业主管部门负责接收本地区相关企业规范条件申请和初审，中央企业自审。

3. 工业和信息化部依据规范标准，对申请企业进行核查，必要时征求环境保护部等部门意见后，对符合规范条件的企业进行公示，无异议的予以公告。

（二）公告企业实行动态管理

工业和信息化部对公告企业名单进行动态管理。地方各级工业主管部门每年要对本地区企业执行规范条件的情况进行监督检查。工业和信息化部对公告企业进行抽查。鼓励社会各界对公告企业规范情况进行监督。公告企业有下列情况的将撤销其公告资格：

1. 填报相关资料有弄虚作假行为的；
2. 拒绝接受监督检查的；
3. 不能保持规范条件要求的；
4. 发生较大及以上生产安全事故和突发环境事件，造成严重社会影响的；
5. 存在国家明令淘汰的落后产能的。

公告符合规范条件的企业名单，作为相关政策支持的基础性依据。对未列入公告名单的企业，相关政策不予支持。

八、附则

（一）本规范条件适用于中华人民共和国境内（台湾、香港、澳门地区除外）所有类型的铜冶炼行业生产企业，也适用于利用其他装备改造成铜冶炼设备后从事铜冶炼的生产行为。

（二）本规范条件中涉及的国家标准若进行了修订，则按修订后的新标准执行。

本规范条件自 2014 年 5 月 1 日起实施，原《铜行业准入条件》（2006 年公告第 40 号）同时废止。

本规范条件由工业和信息化部负责解释，并根据行业发展情况进行修订。

锡行业规范条件

工业和信息化部公告 2015 年 第 89 号

为加快锡行业结构调整，建立统一开放、竞争有序的市场体系，规范企业生产经营秩序，促进行业持续健康协调发展，依据相关法律法规、规划和产业政策，制定本规范条件。

一、企业布局和生产规模

（一）企业布局

锡矿山采选、冶炼项目应符合国家产业政策、本地区土地利用总体规划、矿产资源规划、主体功能区规划、重金属污染防治规划和行业发展规划等要求。锡冶炼项目应布局于依法设立、功能定位相符并经规划环评的区域内。建设锡项目时，应根据环境影响评价结论，确定厂址及其与周围人群和敏感区域的距离。严禁在风景名胜区、自然保护区、饮用水水源保护区、非工业规划建设区、大气污染防治重点区域和其他需要特别保护的区域内新建锡项目。

（二）生产规模

开采锡矿资源应依法取得采矿许可证和安全生产许可证，遵守矿产资源、安全生产法律法规、矿产资源规划及相关政策。采矿权人应按照批准的矿产资源开发利用方案和绿色矿山建设标准、采矿初步设计和安全专篇进行矿山建设和开发，严禁无证开采、乱采滥挖和破坏浪费资源。矿山建设规模不得低于 6 万吨/年矿石，矿山最低服务年限，露天开采矿山应在 6 年以上，地下开采以及露天、地下联合开采的矿山应在 10 年以上。

锡冶炼企业应落实原料供应，不得购买、加工违法违规开采的矿产品。建设单独处理含锡二次资源的项目，生产产品含锡量产能应达到 4 000 吨/年以上。

二、质量、工艺和装备

（一）质量

锡矿山采选、冶炼企业应建有完备的产品质量管理体系。锡精矿应符合行业标准YS/T 339—2011，锡锭应符合国家标准GB/T 728—2010，其他产品质量应符合相关国家标准、行业标准、地方标准、企业标准及合同标准等。

（二）工艺技术和装备

锡矿山采选项目应采用适合矿床开采技术条件的先进适用采矿方法，采用先进节能设备，提高自动化水平。根据矿石种类和成分，采用先进适用的选矿工艺，提高选矿回收率和资源综合利用水平。

锡冶炼项目的粗炼工艺应采用先进的富氧熔池熔炼以及其他生产效率高、能耗低、环保达标、资源综合利用效果好的先进锡冶炼工艺，精炼应向自动化、智能化及大型化发展，火法精炼应采用电热机械连续结晶机、真空炉等先进装备，电热机械连续结晶机单台处理能力不得低于30吨/日，真空炉单台处理能力不得低于10吨/日；湿法电解精炼工艺应选用高效节能的装备。鼓励锡冶炼企业利用富氧熔池熔炼炉等先进装备处理含锡二次资源。现有落后的反射炉熔炼工艺应在2020年底前逐步淘汰。

熔炼炉和烟化炉等产生含二氧化硫烟气的工序应配备二氧化硫烟气治理系统，单台烟化炉炉床面积不得低于4平方米，同时应配备有余热锅炉或其他余热利用设备，回收利用高温烟气余热。烟气制酸严禁采用干法净化和热酸洗涤技术工艺。

以电炉处理含锡二次资源的锡冶炼项目，单台功率不得低于800千伏安；以烟化炉处理含锡二次资源的锡冶炼项目，单台烟化炉床面积不得低于4平方米，且应配备有余热锅炉或其他余热利用设备及二氧化硫烟气治理系统。禁止使用直接燃煤的反射炉、鼓风炉等国家明令淘汰的工艺和设备熔炼含锡二次资源。全面淘汰无烟气治理措施的冶炼工艺及设备。

三、能源消耗

锡矿山采选、冶炼企业应具备健全的能源管理体系，能源计量器具应符合《用能单位能源计量器具配备和管理通则》（GB 17167—2006）的有关要求，有条件的企业应建立能源管理中心，应符合《锡精矿生产能源消耗限额》（YS/T 709—2009）、《锡冶炼企业单位产品能源消耗限额》（GB 21348—2004）等标准要求。

锡采矿建设项目，露天采矿每吨采掘剥量应在1.0千克标准煤/吨及以下，地下开采每吨采掘剥量应在 3.0 千克标准煤/吨及以下。现有采矿场，露天采矿每吨采掘剥量应在 1.5 千克标准煤/吨及以下，地下开采每吨采掘剥量应在 4.5 千克标准煤/吨及以下。

建设选矿厂按原矿处理量计算，重力选矿应在 6.7 千克标准煤/吨及以下，重、浮联合选矿应在 8.6 千克标准煤/吨及以下，重、浮、磁联合选矿应在 10.9 千克标准煤/吨及以下。现有选矿厂按原矿处理量计算，重力选矿应在 8.6 千克标准煤/吨及以下，重、浮联合选矿应在 10.4 千克标准煤/吨及以下，重、浮、磁联合选矿应在 12.7 千克标准煤/吨及以下。

锡冶炼建设项目（包括含锡二次资源）综合能耗应在 1 600 千克标准煤/吨及以下；现有企业锡冶炼综合能耗应在 1 800 千克标准煤/吨及以下。现有锡矿山采选、冶炼企业应通过技术改造，不断降低能耗。

四、资源综合利用

锡采矿综合回采率，露天开采回采率不低于 95%，矿体形态变化大、矿体薄、矿岩稳固性差的矿山开采回采率不低于 92%；地下开采回采率最低指标要求为 78%～90%。锡矿选矿回收率最低指标要求为 50%～80%。当锡矿石为中等可选时，其共伴生矿产综合利用率不低于 50%；当锡矿石为复杂难选时，其共伴生矿产综合利用率不低于 40%。锡矿山企业应结合自身资源，不断改进生产工艺，提高选矿回收率，并积极开展锡尾矿资源综合利用。

锡冶炼项目应配备有资源综合利用工艺设备和设施，不断提高资源综合利用水平。其中，锡精矿冶炼建设项目，锡金属综合回收率应达到 98%及以上，水重复利用率应达到 80%及以上。现有锡精矿冶炼企业，锡金属综合回收率应达到 97%及以上，水重复利用率应达到 80%及以上。新建、改造及现有以含锡二次资源为原料的锡冶炼项目锡金属综合回收率应达到 96%及以上，水重复利用率应达到 80%及以上。现有锡冶炼企业应通过技术改造，不断提高资源综合利用水平。

五、环境保护

锡矿山采选及冶炼企业应遵守环境保护相关法律、法规和政策，所有锡项目应严格执行环境影响评价制度，落实各项环境保护措施，项目未经环境保护部门验收不得正式投产。企业要按规定办理《排污许可证》（尚未实行排污许可证的地区除外）后，方可进行生产和销售等经营活动，持证排污，按证排放。企业应有健全的环境保护管理机构，制定有效的企业环境保护管理制度。

锡矿山开发要注重土地和环境保护，根据“边开采、边治理”的原则，严格执行矿山生态恢复治理保障金制度，编制矿山生态保护与治理恢复方案，并按照方案进行矿山生态、地质环境恢复治理和矿区土地复垦。

锡矿山采选、冶炼企业应做到污染物处理工艺技术可行，治理设施齐备，运行维护记录齐全，与主体生产设施同步运行，对排放污染物开展自行监测，并按环保部信息公开要求严格执行。各项污染物排放应符合国家《锡、锑、汞工业污染物排放标准》（GB 30770—2014）和《工业企业厂界环境噪声排放标准》（GB 12348—2008）中的相关要求。企业污染物排放总量不超过环保部门核定的总量控制指标。尾矿渣、冶炼渣、冶炼烟（粉）尘等固体废物必须按照国家固体废物和危险废物管理的要求进行规范化处置，并按照有关规定，开展突发环境事件环境风险评估和环境安全隐患排查治理，制定突发环境事件应急预案并向环境保护主管部门备案。

锡矿山采选、冶炼企业应依法实施包含特征污染物的强制性清洁生产审核。所有锡冶炼项目，应同步建设配套在线监测设施并与当地环保部门联网，现有企业应在 2016 年底完成，并按《环境保护法》要求如实向社会公开和接受社会监督。申请当年及上一年度未发生较大及以上突发环境事件。

六、安全生产和职业病防治

锡矿山采选、冶炼企业建设项目应遵守《安全生产法》《矿山安全法》《职业病防治法》等法律法规，执行保障安全生产和职业病危害防治的国家标准或行业标准；新建、改造和现有项目安全设施和职业病防护设施应严格履行“三同时”手续。企业应依法参加养老、失业、医疗、工伤等各类保险，并为从业人员足额缴纳相关保险费用。开展安全生产标准化工作，强化企业安全生产基础建设。锡冶炼企业的作业环境应满足《工业企业设计卫生标准》（GBZ 1—2010）和《工作场所有害因素职业接触限值》（GBZ 2.1—2007）的要求。

锡矿山采选、冶炼企业应依照《安全生产许可证条例》等有关规定，依法取得安全生产许可证后方可从事生产活动。

七、规范管理

（一）锡行业企业规范条件的申请、审核及公告

1. 工业和信息化部对符合本规范条件的锡矿山采选、冶炼企业实行公告管理，企业按自愿原则进行申请。申请列入公告的锡矿山采选、冶炼企业应编制《锡行业规范条件公告申请报告》，并按要求提供相关材料。

2. 各省、自治区、直辖市及计划单列市工业主管部门负责接收本地区相关企业规范条件申请、初审和上报；中央企业直接向工业和信息化部申请，并负责自行初审，同时附住所地省级人民政府工业主管部门意见。

3. 工业和信息化部依据规范标准，对申请企业进行核查，必要时征求环境保护部等部门意见后，对符合规范条件的企业进行公示，无异议的予以公告。

（二）公告企业名单实行动态管理

工业和信息化部对公告企业名单进行动态管理。地方各级工业主管部门每年应对本地区列入公告的锡矿山采选、冶炼企业执行规范条件的情况进行监督检查。工业和信息化部对公告企业进行抽查。鼓励社会各界对公告企业规范情况进行监督。

公告企业有下列情形之一的，工业和信息化部应撤销其公告：

1. 填报相关资料有弄虚作假行为的；

2. 拒绝接受监督检查的；

3. 不能保持规范条件要求的；

4. 发生较大及以上生产安全事故和突发环境事件，造成严重社会影响的；

5. 存在国家明令淘汰的落后产能的。

工业和信息化部作出撤销公告决定前，应告知相关企业，听取其陈述和申辩。

列入符合规范条件公告名单的，作为相关政策支持的基础性依据。

八、附则

（一）本规范条件适用于中华人民共和国境内（台湾、香港、澳门地区除外）所有类型的锡矿山采选、冶炼企业和项目，也适用于利用其他装备改造成锡冶炼设备后从事锡冶炼的生产行为。

（二）本规范条件中涉及的相关标准若进行修订，按修订后的标准执行。

（三）本规范条件自 2016 年 1 月 15 日起实施，国家发展和改革委员会 2006 年 12 月 22 日发布的《锡行业准入条件》（国家发展和改革委员会公告 2006 年 第 94 号，不含钨、锑准入条件）同时废止。《工业和信息化部关于印发〈钨锡锑冶炼企业准入公告管理暂行办法〉的通知》（工信部原〔2010〕475 号）中，有关锡冶炼企业的规定与本规范条件不一致的，按照本规范条件执行。

（四）本规范条件中锡矿山冶炼企业是指利用锡精矿和含锡二次资源为原料的冶炼企业。

（五）本规范条件由工业和信息化部负责解释，并根据行业发展情况和宏观调控要求进行修订。

钨行业规范条件

工业和信息化部公告　2016 年　第 1 号

钨属于国家保护性开采特定矿种，为加强钨资源保护和合理开发利用，国家对钨矿开采实施总量控制管理。为加快钨行业结构调整，建立统一开放、竞争有序的市场体系，规范企业生产经营秩序，促进行业持续健康协调发展，依据相关法律法规、规划和产业政策，制定本规范条件。

一、企业布局和生产规模

（一）企业布局

钨矿山采选、冶炼、加工项目，应符合国家产业政策、本地区土地利用总体规划、矿产资源规划、主体功能区规划和行业发展规划等要求。建设钨矿山采选、冶炼和深加工项目，应根据环境影响评价结论，确定厂址位置及其与周围人群和敏感区域的距离。

（二）生产规模

开采钨矿资源，应依法取得采矿许可证和安全生产许可证，遵守矿产资源、安全生产法律法规、矿产资源规划及相关政策。采矿权人应按照批准的矿产资源开发利用方案和绿色矿山建设标准、采矿初步设计和安全设施设计进行矿山建设和开发，严禁超总量控制指标开采、无证开采和乱采滥挖。露天开采矿山建设规模不得低于 15 万吨矿石/年，地下开采矿山建设规模不得低于 6 万吨矿石/年，服务年限均应在 10 年以上。

钨冶炼企业应落实原料供应，不得购买、加工违法违规开采的矿产品。新建、改造仲钨酸铵项目生产能力应达到 5 000 吨/年及以上，钨铁生产能力应达到 6 000 吨/年及以上。新建、改造及现有的单一处理废钨催化剂冶炼项目，单系列实物处理能力应达到 5 000 吨/年及以上；单一处理废钨合金项目，单系列实物处理能力应达到 500 吨/年及以上；其他处理含钨等二次资源冶炼项目，单系列实物处理能力应达到 1 500 吨/年及以上。

二、质量、工艺和装备

（一）质量

钨矿山采选、冶炼、加工企业应建有完备的产品质量管理体系，其中冶炼和加工企业应通过 ISO 9000 质量管理体系认证。钨精矿应符合行业标准 YS/T231—2007，仲钨酸铵应符合国家标准 GB/T 10116—2007，钨粉应符合国家标准 GB/T 3458—2006，碳化钨粉应符合国家标准 GB/T 4295—2008，再生碳化钨应符合国家标准 GB/T 2605 —2010，硬质合金质量应符合国家标准 GB/T 18376.1—2008、GB/T 18376.2—2001、GB/T 18376.3 —2001，其他产品质量应符合国家标准、行业标准、地方标准、企业标准及合同标准等。

（二）工艺技术和装备

新建、改造及现有钨矿山采选项目应采用适应开采规模和适合矿床开采技术条件的先进适用采矿方法，鼓励采用露天陡帮开采、井下全尾砂充填处理采空区采矿方法，应采用大型先进节能设备，提高自动化水平，淘汰落后的人工清渣出矿开采、手工分选工艺。根据矿石种类和成分，采用先进适用的选矿工艺，鼓励采用柱式浮选等先进工艺和装备，提高选矿回收率和资源综合利用水平。

新建、改造及现有仲钨酸铵冶炼项目应采用离子交换法、萃取法等效率高、工艺先进、能耗低、资源综合利用效果好的技术工艺及装备，鼓励采用氟离子去除、氨-钨反应精馏绿色分离等清洁工艺技术及装备。新建、改造及现有钨铁矿热电炉应采用矮烟罩半封闭型或全封闭型，变压器容量为 2 200 千伏安及以上并选用节能设备，实现操作机械化和控制自动化。新建、改造及现有处理废钨催化剂应采用先进的密闭隧道窑或回转炉窑等工艺；处理废钨金属或合金，应采用电溶法、锌熔法、燃气炉氧化焙烧法等先进工艺，禁止采用反射炉，淘汰烧煤工艺，鼓励采用天然气或其他清洁能源。

新建、改造及现有钨深加工项目，鼓励采用真空旋转或真空螺旋干燥混合、智能化喷雾干燥等先进混料工艺及装备；鼓励采用石蜡或聚乙二醇等新型成型剂；鼓励采用智能化电动模压、干袋式或湿式等静压，挤压或温压复合成型先进工艺及装备；鼓励采用真空烧结，智能化全致密压力绕结工艺及装备；鼓励采用高精、智能化研磨、涂层先进工艺及装备。淘汰落后的蒸汽振动干燥，橡胶成型剂工艺，淘汰落后的机械杠杆式压机，落后的氢气烧结工艺。鼓励硬质合金企业为客户需求提供全套解决方案。

三、资源综合利用及能耗

钨矿山采选、冶炼、加工企业应具备健全的能源管理体系，能源计量器具应符合《用能单位能源计量器具配备和管理通则》（GB 17167—2006）的有关要求，有条件的企业应建立能源管理中心，应符合《钨精矿单位产品能源消耗限额》（GB 31340—2014）等标准要求。

（一）矿山开采

新建及改造钨矿山采选项目，资源合理开发利用“三率”（开采回采率、选矿回收率、综合利用率）指标应达到国土资源部的最低指标要求。露天采矿吨原矿综合能耗不高于 1.2 千克标煤，坑采采矿吨原矿综合能耗不高于 2.8 千克标煤，吨选矿处理综合能耗不高于 1.7 千克标煤。

（二）冶炼及加工

新建及改造钨冶炼项目，仲钨酸铵回收率不低于 96%，吨综合能耗不高于 0.9 吨标煤，水重复利用率应达到 80%及以上。钨铁主元素钨回收率不低于 97%，冶炼电耗低于 3 000 度/吨，水重复利用率应达到 80%及以上。

新建及改造含钨二次资源冶炼项目，处理废钨催化剂（含钨 8%及以上）项目，钨酸钠回收率不低于 90%，仲钨酸铵回收率不低于 85%，吨处理废钨催化剂综合能耗不高于 0.8 吨标煤。处理废钨金属或合金（含钨 30%及以上）项目，钨酸钠回收率不低于 98%，仲钨酸铵回收率不低于 95%；锌熔法工艺碳化钨回收率不低于 98%；电溶法工艺碳化钨回收率不低于 98.5%，吨处理废钨金属或合金综合能耗不高于 0.85 吨标煤。

新建及改造钨深加工项目，钨粉回收率不低于 99.5%，吨综合能耗不高于 0.65 吨标煤；碳化钨粉回收率不低于 99.5%，综合能耗不高于 0.32 吨标煤/吨。硬质合金企业金属钨、钴总回收率均应大于 98.5%。

现有钨矿山采选、冶炼、加工企业应在 2017 年年底前达到上述要求。

四、环境保护

钨矿山采选、冶炼及加工企业应遵守环境保护相关法律、法规和政策，所有新建及改造项目应严格执行环境影响评价制度，落实各项环境保护措施，生产项目未经环境保护部门验收不得正式投产。企业要按规定办理《排污许可证》（尚未实行排污许可证的地区除外）后，方可进行生产和销售等经营活动，持证排污，按证排放。企业应有健全的环境保护管理机构，制定有效的企业环境保护管理制度，冶炼及加工企业应通过 ISO 14000 环境管理体系认证。

钨矿山开发要注重土地和环境保护，根据“边开采、边治理”的原则，严格执行矿山地质环境治理恢复保障金制度，编制矿山地质环境保护与治理恢复方案，并按照方案进行矿山生态、地质环境恢复治理和矿区土地复垦。

钨矿山采选、冶炼及加工企业应做到污染物处理工艺技术可行，治理设施齐备，运行维护记录齐全，与主体生产设施同步运行，对排放污染物开展自行监测，定期报告环保部门，并向周边易受影响地区公告监测结果。冶炼、加工废气排放要达到《工业炉窑大气污染物排放标准》（GB 9078—1996）和《大气污染物综合排放标准》（GB 16297—1996），废水排放符合《污水综合排放标准》（GB 8978—1996），企业污染物排放总量不超过环保部门核定的总量控制指标，冶炼及加工企业产生的固体废物应妥善利用和处置，其中属于危险废物的，应按照国家有关标准进行管理。各企业应按照有关规定，开展突发环境事件环境风险评估和环境安全隐患排查治理，制定突发环境事件应急预案并向环境保护主管部门备案。

五、安全生产与职业病防治

钨矿山、冶炼、加工建设项目应符合《安全生产法》《矿山安全法》《职业病防治法》等法律法规规定，执行保障安全生产和职业病防治的国家标准或行业标准；新建和改造项目安全设施和职业病防护设施应严格履行“三同时”手续。企业应依法参加养老、失业、医疗、生育、工伤等各类保险，并为从业人员足额缴纳相关保险费用。开展安全生产标准化工作，强化企业安全生产基础建设。

钨矿山企业应依照《安全生产许可证条例》等有关规定，依法取得安全生产许可证后方可从事生产活动；应建立机械除烟排尘通风系统，井下空气质量应符合《作业场所空气中呼吸性岩尘接触浓度管理标准》的有关要求。

六、规范管理

（一）钨行业企业规范条件的申请、审核及公告

1. 工业和信息化部对符合本规范条件的钨矿山采选、冶炼、加工企业实行公告管理，企业按自愿原则进行申请。申请列入公告的钨矿山采选、冶炼、加工企业应编制《钨行业规范条件公告申请报告》并按要求提供相关材料。

2. 各省、自治区、直辖市及计划单列市工业主管部门负责接收本地区相关企业规范条件公告的申请、初审和上报；中央企业直接向工业和信息化部申请，并负责自行初审，同时附住所地省级工业主管部门意见。

3. 工业和信息化部依据本规范条件，对申请企业进行核查，必要时征求环境保护部等部门意见，符合规范条件的进行公示，无异议的予以公告。

（二）公告企业名单实行动态管理

工业和信息化部对公告企业名单进行动态管理。地方各级工业主管部门每年应对本地区列入公告的钨矿山采选、冶炼、加工企业执行规范条件的情况进行监督检查。工业和信息化部对公告企业进行抽查。鼓励社会各界对公告企业规范情况进行监督。公告企业有下列情形之一的，工业和信息化部撤销其公告：

1. 填报相关资料有弄虚作假行为的；
2. 拒绝接受监督检查的；
3. 不能保持规范条件的；
4. 发生较大及以上生产安全事故或突发环境事件，造成严重社会影响的；
5. 存在国家明令淘汰的落后产能的。

工业和信息化部作出撤销公告决定前，应告知相关企业，听取其陈述和申辩。

列入符合规范条件公告名单，作为相关政策支持的基础性依据。

七、附则

（一）本规范条件适用于中华人民共和国境内（港澳台地区除外）设立的的钨矿山采选、冶炼、加工企业。

（二）本规范条件中涉及的相关标准若进行了修订，则按修订后的新标准执行。

（三）本规范条件自 2016 年 2 月 1 日起施行，国家发展和改革委员会 2006 年 12 月 22 日发布的《钨行业准入条件》（国家发展和改革委员会公告 2006 年 第 94 号，不含锡、锑准入条件）同时废止，《工业和信息化部关于印发〈钨锡锑冶炼企业准入公告管理暂行办法〉的通知》（工信部原〔2010〕475 号）中有关钨冶炼企业的规定与本规范条件不一致的，按照本规范条件执行。

（四）本规范条件中钨冶炼企业是指利用钨精矿和含钨二次资源为原料的冶炼企业。

（五）本规范条件由工业和信息化部负责解释，并根据行业发展情况适时修订。

铁合金、电解金属锰行业规范条件

工业和信息化部公告　2015 年　第 83 号

为促进铁合金、电解金属锰行业结构调整和优化升级，引导和规范铁合金、电解金属锰企业投资和生产经营，依据国家相关法律法规、产业政策和标准规范，制定本规范条件。

一、总则

（一）本规范条件适用于新（改、扩）建铁合金、电解金属锰生产企业。鼓励现有企业对照本规范条件有关要求积极进行技术改造，努力提升工艺技术、节能环保、安全生产等水平。

（二）本规范条件所称铁合金是指采用矿热炉生产的硅铁、工业硅、锰硅合金、高碳锰铁、高碳铬铁、镍铁，其他铁合金品种（含高炉生产的镍铁）暂不纳入规范条件。

（三）本规范条件所称电解金属锰是指锰矿酸浸获得锰盐溶液，经电解槽电解生产的金属锰。

二、生产布局

（一）铁合金、电解金属锰生产企业须符合全国主体功能区规划、区域规划、土地利用规划、节能减排规划、环境保护规划、安全生产规划等规划要求。

（二）铁合金、电解金属锰生产企业应布设在工业园区或工业集中区内。在依法依规设立的自然保护区、风景名胜区、文化遗产保护区、饮用水水源保护区、生态功能保护区，以及森林公园、地质公园、湿地公园等特殊保护地，不得建设铁合金、电解金属锰生产企业。

（三）铁合金、电解金属锰生产企业卫生防护距离应符合相关国家标准和规范要求。

三、工艺装备

（一）主体工艺装备

1. 硅铁、工业硅矿热炉应采用矮烟罩半封闭型，锰硅合金、高碳锰铁、高碳铬铁矿热炉应采用全封闭型，镍铁矿热炉采用矮烟罩半封闭或全封闭型，矿热炉容量≥25 000千伏安（革命老区、民族地区、边疆地区、贫困地区矿热炉容量≥12 500 千伏安），同步配套余热和煤气综合利用设施。

2. 电解金属锰单条生产线（1 台变压器）规模应达到 10 000 吨/年及以上，单个厂区生产规模达到 30 000 吨/年及以上；化合槽有效容积≥250 米^3，配备酸雾吸收装置。

（二）环保、节能、安全及综合利用设施

1. 铁合金生产原料的贮存应采用封闭料场，加工处理采用高效节能的预处理系统，配料和上料采用自动化控制操作系统；原料加工处理、配料、上料等粉尘产生部位，配备除尘及回收处理装置。

2. 铁合金矿热炉应配套机械化加料或加料捣炉机操作系统，配备干法布袋除尘或其他先进的烟气除尘装置，炉前配套机械化出铁出渣系统；烧结机和回转窑应同步配套建设烟气脱硫装置。

3. 铁合金生产企业应同步建设炉渣、烟尘固体废物回收利用设施。

4. 电解金属锰生产企业应采用带收尘装置的自动上料系统。原料破碎、装卸运输等主要粉尘产生部位，配备除尘及回收处理装置。锰矿粉应采取封闭式或防扬散贮存。

5. 电解金属锰生产企业须配备锰渣库，严禁任意排放锰渣。锰渣库的建设、运行、回采、闭库及安全管理与监督应符合《尾矿库安全监督管理规定》（国家安全生产监督管理总局令　第 38 号）、《尾矿库安全技术规程》（AQ 2006）等相关规章、标准、规范的要求。

6. 电解金属锰锰渣库使用年限不得低于 10 年（若锰渣进行了无害化处理和利用，锰渣库容量可相应调整）。锰渣库堆存锰渣达到设计标高后，应进行闭库、覆土、压实并绿化；锰渣库周边设置导流渠，防止雨水径流进入锰渣库；锰渣坝下游设渗滤液收集装置，将渗滤液引入生产废水处理池或就地处理后回用或达标排放，禁止渗滤液直接外排。冲洗压滤机滤布后的污水须回收处理，严禁在锰渣库附近用水直接冲洗压滤机滤布。

7. 电解金属锰生产企业须配备含铬废水处理设施，确保废水稳定达标排放；建设事故应急池，确保事故废水不外排。生产厂区内污水收集和排放管线要设置清晰，采取雨污分流和污水分流系统，杜绝跑、冒、滴、漏现象。生产车间地面要采取防渗、防漏和防腐措施，厂区内道路要硬化处理。

8. 铁合金、电解金属锰生产企业应按照《铁合金安全规程》（AQ 2024）等规范要求，配备火灾、爆炸、雷击、设备故障、机械伤害、高空坠落等事故防范设施，以及安全供电、供水装置和消除有毒有害物质设施。

9. 铁合金、电解金属锰建设项目污染防治、安全生产及职业病防护设施必须与主体工程同时设计、同时施工、同时投产使用。

10. 铁合金、电解金属锰生产企业使用的电机、风机、水泵、变压器、空压机等通用设备应满足用能设备能效标准限定值要求，不得采用《高能耗落后机电设备（产品）淘汰目录》中的设备。

11. 铁合金、电解金属锰生产企业应按照《用能单位能源计量器具配备和管理通则》（GB 17167）、《钢铁企业能源计量器具配备和管理要求》（GB/T 21368）等规范要求，配备必要的能源（水）计量器具。鼓励有条件的企业建立能源管理中心，提升能源管理水平。

四、能（资）源消耗与综合利用

（一）铁合金

1. 硅铁、锰硅合金、高碳锰铁、高碳铬铁生产企业能源消耗须满足《铁合金单位产品能源消耗限额》（GB 21341）规定的准入值要求，工业硅生产企业能源消耗须满足《工业硅单位产品能源消耗限额》（GB 31338）规定的准入值要求，镍铁生产企业单位冶炼电耗不高于6500千瓦时/吨（入炉矿品位按1.5%计，镍铁含镍按10%计）。

2. 主元素回收率应满足以下要求：硅铁（FeSi75）Si≥92%、硅铁（TFeSi75）Si≥85%、工业硅（Si-1）Si≥85%、镍铁（10%Ni）Ni≥93%、锰硅合金（Mn68Si18）Mn≥82%（回收锰渣法 Mn≥90%）、锰硅合金（Mn67Si23）Mn≥80%、熔剂法高碳锰铁（Mn68C7）Mn≥78%、无熔剂法高碳锰铁（Mn68C7）Mn≥95%、高碳铬铁（Cr67C6）Cr≥90%、高碳铬铁（炉料级）Cr≥87%。

3. 铁合金生产企业水循环利用率达到95%以上，炉渣综合利用和无害化处理率不低于90%，矿热炉煤气和烟气余热须100%回收利用。硅铁、工业硅矿热炉烟气微硅粉回收率不低于95%。

（二）电解金属锰

1. 按照《电解金属锰产品质量标准》（YB/T 051）生产的电解金属锰：高纯级电解金属锰直流电耗≤7 600千瓦时/吨；普通级、电子级电解金属锰直流电耗≤5 800千瓦时/吨。

2. 新水消耗量≤3 米^3/吨。

3. 原料中可溶性锰回收率≥82%。

4. 电解金属锰滤渣中水溶锰含量≤1.1%。

5. 总锰含量低于14%的贫锰矿不得直接作为电解锰生产原料。

五、环境保护

（一）铁合金生产企业废水、大气污染物排放，须符合《铁合金工业污染物排放标准》（GB 28666）和相关地方标准，主要污染排放须满足总量控制要求。球团或烧结工序大气污染物排放须符合《钢铁烧结、球团工业大气污染物排放标准》（GB 28662）。

（二）电解金属锰生产企业废水排放须符合《污水综合排放标准》（GB 8978）和相关地方标准，粉尘、废气排放须符合《大气污染物综合排放标准》（GB 16297），主要污染排放须满足总量控制指标要求。

（三）铁合金、电解金属锰生产企业厂界环境噪声须符合《工业企业厂界环境噪声排放标准》（GB 12348）。

（四）铁合金生产企业矿热炉排气烟囱、电解金属锰生产企业排污口，应安装在线监测装置，并与环境保护主管部门联网。电解金属锰生产企业冷却水、处理后的含铬废水应循环使用。铁合金、电解金属锰生产企业取水量要严格计量。

（五）铁合金、电解金属锰生产企业工业固体废物应依法分类贮存、转移、处置或综合利用，一般工业固体废物贮存应符合《一般工业固体废物贮存、处置场污染控制标准》（GB 18559），危险废物贮存应符合《危险废物贮存污染控制标准》（GB 18597）。电解金属锰生产企业处理含铬废水产生的含铬污泥及阳极渣等危险废物，应由具备相应处理能力的有资质单位进行妥善利用或处置，不得与其他一般废渣混合堆存。

（六）铁合金、电解金属锰生产企业须遵守环境保护有关法律法规，依法获得排污许可证，按照排污许可证的要求排放污染物，按规定开展清洁生产审核并通过评估验收。

（七）铁合金、电解金属锰生产企业按照《企业突发环境事件风险评估指南（试行）》（环办〔2014〕34号）开展突发环境事件风险评估，按照《企业事业单位突发环境事件应急预案备案管理办法（试行）》（环发〔2015〕4号）编制环境应急预案并备案。

六、产品质量、职业卫生与安全生产

（一）铁合金、电解金属锰产品质量须符合国家和行业标准。

（二）铁合金、电解金属锰生产企业须按照《职业病防治法》《安全生产法》《劳动法》等法律法规要求，具备相应的职业病危害防治和安全生产条件，推进企业安全生产标准化建设，建立健全安全生产责任制，制定完备的安全生产规章制度和操作规程，配备专职安全生产管理人员，为从业人员配备符合国家标准或行业标准的劳动保护用品，依法参加职工社会保险。

（三）铁合金、电解金属锰生产企业作业环境须满足《工业企业设计卫生标准》（GBZ 1—2010）、《工作场所有害因素职业接触限值》（GBZ 2.1—2007）的要求。

（四）电解金属锰生产企业须取得危险化学品安全使用许可证，并按照《危险化学品安全管理条例》及其配套法律法规和标准规范要求加强管理。锰渣库须取得非煤矿山安全生产许可证方可投入使用。

七、技术进步

鼓励研发和推广应用精料入炉技术（粉锰矿烧结或球团、粉铬矿冷压块或金属化热球团技术等），原料处理、除尘系统计算机智能自动化操作和控制系统，低品位锰矿石冶炼锰硅合金技术，锰氧化矿还原技术，高效利用红土镍矿炼精制镍铁的回转窑－矿热炉（RKEF）工艺技术，阳极渣无害化综合利用技术，电解金属锰绿色电站及新型电解技术，锰渣无害化处理及综合利用技术，铬、硒无害化处置技术及废水综合利用技术等先进适用技术。

八、监督与管理

（一）工业和信息化部定期公告符合本规范条件的新（改、扩）建企业名单，并根据国家产业政策调整，对公告企业实行动态管理。

（二）各省级工业和信息化主管部门要指导和督促本地区铁合金、电解金属锰生产企业落实本规范条件相关要求，加强对本地区公告企业的监督检查。

（三）相关行业协会要加强对铁合金、电解金属锰市场和技术进步等方面的分析和研究，在行业内推广环保、节能和资源综合利用新技术，积极推行清洁生产，并加强行业自律，协助有关政府部门做好监督和管理工作。

九、附则

（一）本规范条件适用于中华人民共和国境内（台湾、香港、澳门地区除外）铁合金（硅铁、工业硅、锰硅合金、高碳锰铁、高碳铬铁、矿热炉镍铁）、电解金属锰生产企业。

（二）电石炉、黄磷炉等转炼铁合金，电解二氧化锰生产企业转产电解金属锰，也须符合本规范条件要求。

（三）本规范条件所引用的标准如有修订，按修订后的标准执行。

（四）本规范条件自 2016 年 1 月 1 日起施行，《铁合金行业准入条件（2008 年修订）》《电解金属锰行业准入条件（2008 年修订）》（国家发展和改革委员会公告　2008 年　第 13 号）同时废止。

（五）本规范条件由工业和信息化部负责解释，并根据行业发展情况和宏观调控要求适时修订。

铅蓄电池行业规范条件

工业和信息化部公告 2015 年 第 85 号

为促进我国铅蓄电池及其含铅零部件生产行业持续、健康、协调发展，规范行业投资行为，依据《中华人民共和国环境保护法》《产业结构调整指导目录（2011 年本）（修正）》和《工业和信息化部 环境保护部 商务部 发展改革委 财政部关于促进铅酸蓄电池和再生铅产业规范发展的意见》等国家有关法律、法规和产业政策，按照合理布局、控制总量、优化存量、保护环境、有序发展的原则，制定本规范条件。

一、企业布局

（一）新建、改建、扩建项目应在依法批准设立的县级以上工业园区内建设，符合产业发展规划、园区总体规划和规划环评，符合《铅蓄电池厂卫生防护距离标准》（GB 11659）和批复的建设项目环境影响评价文件中大气环境防护距离要求。有条件的地区应将现有生产企业逐步迁入工业园区。重金属污染防控重点区域应实现重金属污染物排放总量控制，禁止新建、改建、扩建增加重金属污染物排放的铅蓄电池及其含铅零部件生产项目。所有新建、改建、扩建项目必须有所在地地市级以上环境保护主管部门确定的重金属污染物排放总量来源。

（二）《建设项目环境影响评价分类管理名录》（环境保护部令 第 33 号）第三条规定的各级各类自然保护区、文化保护地等环境敏感区，重要生态功能区，因重金属污染导致环境质量不能稳定达标区域，以及土地利用总体规划确定的耕地和基本农田保护范围内，禁止新建、改建、扩建铅蓄电池及其含铅零部件生产项目。

二、生产能力

（一）新建、改建、扩建铅蓄电池生产企业（项目），建成后同一厂区年生产能力不应低于 50 万千伏安时（按单班 8 小时计算，下同）。

（二）现有铅蓄电池生产企业（项目）同一厂区年生产能力不应低于 20 万千伏安时；

现有商品极板（指以电池配件形式对外销售的铅蓄电池用极板）生产企业（项目），同一厂区年极板生产能力不应低于 100 万千伏安时。

（三）卷绕式、双极性、铅碳电池（超级电池）等新型铅蓄电池，或采用连续式（扩展网、冲孔网、连铸连轧等）极板制造工艺的生产项目，不受生产能力限制。

三、不符合规范条件的建设项目

（一）开口式普通铅蓄电池（采用酸雾未经过滤的直排式结构，内部与外部压力一致的铅蓄电池）、干式荷电铅蓄电池（内部不含电解质，极板为干态且处于荷电状态的铅蓄电池）生产项目。

（二）新建、改建、扩建商品极板生产项目。

（三）新建、改建、扩建外购商品极板组装铅蓄电池的生产项目。

（四）镉含量高于 0.002%（电池质量百分比，下同）或砷含量高于 0.1%的铅蓄电池及其含铅零部件生产项目。

四、工艺与装备

新建、改建、扩建企业（项目）及现有企业，工艺装备及相关配套设施必须达到下列要求：

（一）应按照生产规模配备符合相关管理要求及技术规范的工艺装备和具备相应处理能力的节能环保设施。节能环保设施应定期进行保养、维护，并做好日常运行维护记录。新建、改建、扩建项目的工程设计和工艺布局设计应由具有国家批准工程设计行业资质的单位承担。

（二）熔铅、铸板及铅零件工序应设在封闭的车间内，熔铅锅、铸板机中产生烟尘的部位，应保持在局部负压环境下生产，并与废气处理设施连接。熔铅锅应保持封闭，并采用自动温控措施，加料口不加料时应处于关闭状态。禁止使用开放式熔铅锅和手工铸板、手工铸铅零件、手工铸铅焊条等落后工艺。所有重力浇铸板栅工艺，均应实现集中供铅（指采用一台熔铅炉为两台以上铸板机供铅）。

（三）铅粉制造工序应使用全自动密封式铅粉机。铅粉系统（包括贮粉、输粉）应密封，系统排放口应与废气处理设施连接。禁止使用开口式铅粉机和人工输粉工艺。

（四）和膏工序（包括加料）应使用自动化设备，在密封状态下生产，并与废气处理设施连接。禁止使用开口式和膏机。

（五）涂板及极板传送工序应配备废液自动收集系统，并与废水管线连通，禁止采用手工涂板工艺。生产管式极板应当采用自动挤膏工艺或封闭式全自动负压灌粉工艺。

（六）分板刷板（耳）工序应设在封闭的车间内，使用机械化分板刷板（耳）设备，做到整体密封，保持在局部负压环境下生产，并与废气处理设施连接，禁止采用手工操作工艺。

（七）供酸工序应采用自动配酸系统、密闭式酸液输送系统和自动灌酸设备，禁止采用人工配酸和灌酸工艺。

（八）化成、充电工序应设在封闭的车间内，配备与产能相适应的硫酸雾收集装置和处理设施，保持在微负压环境下生产；采用外化成工艺的，化成槽应封闭，并保持在局部负压环境下生产，禁止采用手工焊接外化成工艺。应使用回馈式充放电机实现放电能量回馈利用，不得用电阻消耗。所有新建、改建、扩建的项目，禁止采用外化成工艺。

（九）包板、称板、装配焊接等工序，应配备含铅烟尘收集装置，并根据烟、尘特点采用符合设计规范的吸气方式，保持合适的吸气压力，并与废气处理设施连接，确保工位在局部负压环境下。

（十）淋酸、洗板、浸渍、灌酸、电池清洗工序应配备废液自动收集系统，通过废水管线送至相应处理装置进行处理。

（十一）新建、改建、扩建项目的包板、称板工序必须使用机械化包板、称板设备。现有企业的包板、称板工序应使用机械化包板、称板设备。

（十二）新建、改建、扩建项目的焊接工序必须使用自动烧焊机或自动铸焊机等自动化生产设备，禁止采用手工焊接工艺。现有企业的焊接工序应使用自动化生产设备。

（十三）所有企业的电池清洗工序必须使用自动清洗机。

五、环境保护

所有企业必须严格遵守《中华人民共和国环境保护法》《中华人民共和国环境影响评价法》等相关法律、法规，必须严格依法执行环境影响评价审批、环保设施“三同时”（建设项目的环保设施与主体工程同时设计、同时施工、同时投产使用）竣工验收、自行监测及信息公开、排污申报、排污缴费与排污许可证制度；建设项目污染排放必须达到总量控制指标要求，且主要污染物和特征污染物实现稳定达标排放；建立完善的环境风险防控体系，结合实际制定与园区及周边环境相协调的突发环境事件应急预案并备案；必须实施强制性清洁生产审核并通过评估验收。应根据《企业事业单位环境信息公开办法》（环境保护部令　第 31 号）的相关规定，及时、如实地公开企业环境信息，推动公众参与和监督铅蓄电池企业的环境保护工作。对于在环境行政处罚案件办理信息系统、环保专项行动违法企业明细表和国家重点监控企业污染源监督性监测信息系统等环境违法信息系统中存在违法信息的企业，应当完成整改，并提供相关整改材料，方可申请列入符合规范条件的企业名单公告。

六、职业卫生与安全生产

（一）企业应当遵守《安全生产法》《职业病防治法》等有关法律、法规、标准要求，具备相应的安全生产、职业卫生防护条件；建立、健全安全生产责任制和有效的安全生产管理制度；加强职工安全生产教育培训和隐患排查治理工作，开展安全生产标准化建设并达到三级及以上。

（二）新建、改建、扩建项目应进行职业病危害预评价和职业病防护设施设计，经批准后方可开工建设；根据《建设项目职业卫生“三同时”监督管理暂行办法》（安全监管总局令 第 51 号）的规定，职业病防护设施应与主体工程同时设计、同时施工、同时投入生产和使用，需要试运行的应与主体工程同时投入试运行，试运行时间为 30～180 天，并根据《建设项目职业病危害分类管理办法》（卫生部令 第 49 号）的规定，在试运行 12 个月内进行职业病危害控制效果评价；职业病防护设施经验收合格后，方可投入正式生产和使用。

（三）生产作业环境必须满足《工业企业设计卫生标准》（GBZ 1—2010）、《工作场所有害因素职业接触限值 第 1 部分：化学有害因素》（GBZ 2.1—2007）和《铅作业安全卫生规程》（GB 13746）的要求，作业场所空气中铅尘浓度不得超过 0.05 毫克/米^3，铅烟浓度不得超过 0.03 毫克/米^3。

（四）企业应建立有效的职业卫生管理制度，实施有专人负责的职业病危害因素日常监测，并定期对工作场所进行职业病危害因素检测、评价，确保职工的职业健康。应设置专用更衣室、淋浴房、洗衣房等辅助用房，场所建设、生产设备应符合职业病防治的相关要求。企业办公区、员工生活区应与生产区域严格分开，加强管理，禁止穿着工作服离开生产区域；员工休息室、倒班宿舍设在厂区内的，禁止员工家属和儿童等非企业内部员工居住；员工下班前，应督促其洗手和洗澡。应为员工提供有效的个人防护用品，在员工离开生产区域前，应收回手套、口罩、工作服、帽子等，进行统一处理，不得带出生产区域；应对每班次使用过的工作服等进行统一清洗。

（五）应当在醒目位置设置公告栏，公布职业病防治规章制度、操作规程、职业病危害事故应急救援措施和工作场所职业病危害因素检测结果。熔铅、铸板及铅零件、铅粉制造、分板刷板（耳）、装配焊接、废极板处理等产生严重职业病危害的作业岗位应设置警示标识和中文警示说明；应安装送新风系统，并保持适宜的风速，其换气量应满足稀释铅烟、铅尘的需要；送新风系统进风口应设在室外空气洁净处，不得设在车间内；

禁止使用工业电风扇代替送新风系统或进行降温。

（六）企业应当依法与劳动者订立劳动合同，如实向劳动者告知工作过程中可能产生的职业病危害及其后果、职业病防护措施、待遇及参加工伤保险等情况，并在劳动合同中写明；应加强劳动者职业健康教育，提高劳动者健康素质和自我保护意识；应加强职业健康监护，建立职业健康监护档案，根据《职业健康检查管理办法》（卫生计生委令 第5号）、《用人单位职业健康监护监督管理办法》（安全监管总局令 第49号）、《职业健康监护技术规范》（GBZ 188）和职业健康监护有关标准的规定，组织上岗前、在岗期间、离岗时职业健康检查，并将检查结果如实告知劳动者。普通员工每年至少应进行一次血铅检测；对工作在产生严重职业病危害作业岗位的员工，应采取预防铅污染措施，每半年至少进行一次血铅检测，经诊断为血铅超标者，应按照《职业性慢性铅中毒诊断标准》（GBZ 37）进行驱铅治疗。

（七）企业应通过 GB/T 28001（OHSAS 18001）“职业健康安全管理体系”认证。

七、节能与回收利用

（一）企业生产设备、工艺能耗和单位产品能耗应符合国家各项节能法律、法规和标准的要求。

（二）铅蓄电池生产企业应积极履行生产者责任延伸制，利用销售渠道建立废旧铅蓄电池回收系统，或委托持有危险废物经营许可证的再生铅企业等相关单位对废旧铅蓄电池进行有效回收利用。企业不得采购不符合环保要求的再生铅企业生产的产品作为原料。鼓励铅蓄电池生产企业利用销售渠道建立废旧铅蓄电池回收机制，并与符合有关产业政策要求的再生铅企业共同建立废旧电池回收处理系统。

八、监督管理

（一）新建、改建、扩建铅蓄电池及其含铅零部件生产项目的投资管理、土地供应、节能评估、职业病危害预评价等手续应按照本规范条件中的规定进行审核，并履行相关报批手续。未通过建设项目环境影响评价审批的，一律不准开工建设；未经环境影响评价审批的在建项目或者未经环保“三同时”验收的项目，一律停止建设和生产。

（二）各地人民政府及工业和信息化主管部门应对本地区铅蓄电池及其含铅零部件生产行业统一规划，严格控制新建项目，并使其符合本地区资源能源、生态环境和土地利用等总体规划的要求；对现有铅蓄电池企业，在其卫生防护距离之内不应规划建设居住区、医院、学校、食品加工企业等环境敏感项目；应引导现有企业主动实施兼并重组，有效整合现有产能，着力提升产业集中度，加大先进适用的清洁生产技术应用力度，提高产品质量，改善环境污染状况。

（三）现有铅蓄电池及其含铅零部件生产企业应达到《电池行业清洁生产评价指标体系（试行)》（国家发展和改革委员会公告　第 87 号）中规定的“清洁生产企业”水平，新建、改建、扩建项目应达到“清洁生产先进企业”水平。

（四）有关部门在对铅蓄电池生产项目进行投资管理、土地供应、环保核查、信贷融资、规划和建设、消防、卫生、质检、安全、生产许可等工作中以本规范条件为依据。申请或重新核发生产许可证的企业，应当符合本规范条件的要求。对经审核符合本规范条件的企业名单，工业和信息化部将向有关部门进行通报。

（五）搬迁项目应执行本规范条件中关于新建项目的有关规定。

（六）生产或购买商品极板的企业，应向省级工业和信息化主管部门申报极板销售或采购记录，不得将极板销售给不符合本规范条件的企业，也不得采购不符合本规范条件的企业生产的极板。

（七）所有铅蓄电池及其含铅零部件生产企业，应在本规范条件公布后，按照自愿原则对本企业符合规范条件的情况进行自查，并将自查情况报省级工业和信息化主管部门进行审核。

（八）工业和信息化部将按照本规范条件做好相关管理工作。对于已达到本规范条件的企业，工业和信息化部将进行公告，并实行社会监督和动态管理。

（九）行业协会应组织企业加强行业自律，协助政府有关部门做好本规范条件的实施和跟踪监督工作。

九、附则

（一）本规范条件中涉及的企业和项目，包括中华人民共和国境内（台湾、香港、澳门地区除外）所有新建、改建、扩建和现有铅蓄电池及其含铅零部件生产企业及其生产项目。

（二）本规范条件中所涉及的国家法律、法规、标准及产业政策若进行修订，则按修订后的最新版本执行。

（三）本规范条件由工业和信息化部负责解释。

（四）本规范条件自 2015 年 12 月 25 日起实施。《铅蓄电池行业准入条件》（工业和信息化部　环境保护部公告　2012 年　第 18 号）同时废止。

制革行业规范条件

工业和信息化部公告 2014年 第31号

为促进我国制革行业结构调整和产业升级，规范行业投资行为，避免低水平重复建设，促进产业合理布局，提高资源利用率，保护生态环境，实现行业可持续健康发展，依据相关法律法规和《工业和信息化部关于制革行业结构调整指导意见》（工信部消费〔2009〕605号）、《重金属污染综合防治“十二五”规划》（国函〔2011〕13号）、《重点区域大气污染防治“十二五”规划》（环发〔2012〕130号）等产业政策要求，制定本规范条件。

一、企业布局

（一）新建（改扩建）制革企业必须符合国家法律法规、产业政策和行业发展规划，符合土地利用总体规划、土地供应政策和土地使用标准，严格执行环境影响评价制度。

（二）自然保护区、风景名胜区、饮用水水源保护区、文化保护地等环境敏感区内，以及土地利用总体规划确定的耕地和基本农田保护范围内，禁止新建（改扩建）制革企业。

（三）鼓励制革企业集中生产和集中治污。提升现有制革园区水平；在具备环保承载能力、资源充足的地区建立制革园区，聚集制革企业集中生产或承接制革企业转移；新建（改扩建）制革企业应进入依法合规设立的制革园区或工业园区，鼓励园区外的企业迁入园区；制革园区或工业园区，应建设污水集中处理设施，对园区内企业污水统一收集、集中处理，稳定达标排放；在制革园区建立集中供热系统，逐步淘汰分散燃煤锅炉。

（四）新建制革园区，应纳入所在城市、镇的总体规划，并严格按照当地环境容量合理规划园区规模和产能，依法开展园区的规划环境影响评价工作；实施5年以上的制革园区规划，规划编制部门应组织开展环境影响的跟踪评价。合理进行安全布局，建立园区综合管理机制，实现应急事故的处置。

二、企业生产规模

（一）新建（改扩建）制革企业，生产成品皮革的，年加工能力不低于 30 万标准张牛皮（折算方法略）。

（二）现有企业生产规模应符合有关产业政策要求。鼓励对规模较小的企业按照国家有关法律法规进行兼并重组，兼并重组后企业生产规模须符合本规范条件中新建（改扩建）制革企业的要求。

三、工艺技术与装备

（一）企业使用固体盐对原料皮进行防腐处理的，原料皮浸水前需进行转笼抖盐，并对废盐回收利用或者单独规范处理，以减少进入制革废水中的食盐。

（二）新建（改扩建）制革企业应采取节水工艺，减少用水量和排水量。应实施以快速浸水为核心的浸水工艺；在湿加工工段各工序中采用小液比工艺，水洗采用闷水洗和流水洗相结合，以闷水洗为主的方法；在保证加工需要的前提下合并相关工序的用水操作；在浸灰、鞣制等工序采用废液循环使用技术。

（三）新建（改扩建）制革企业应采取各种清洁生产技术，减少 COD、氨氮、挥发性有机物、氯离子和三价铬的产生量。应采用低硫或无硫保毛脱毛工艺，低灰浸灰工艺，少氨或无氨脱灰工艺，低盐或无盐浸酸或浸酸废液循环工艺，铬循环利用或高吸收铬鞣、低铬、无铬鞣制工艺等清洁生产技术。

（四）现有企业应进行节水和清洁生产技术改造。积极采用节水工艺，采用低硫或无硫保毛脱毛，少氨或无氨脱灰，低盐或无盐浸酸，高吸收铬鞣或低铬鞣制工艺；在条件允许的情况下，采用浸灰废液或铬鞣废液的循环使用技术，减少废水及污染物的产生量。

（五）新建（改扩建）制革企业应采用超载转鼓、Y 形转鼓等能实现节能减排的水场加工设备，精密型片皮机、削匀机及磨革机等促进制革节能减排降耗的机械设备；现有企业在技术改造过程中应积极采用以上节能减排降耗机械设备。鼓励企业采用自动化装备，提升制革行业自动化水平。

（六）企业在生产过程中应采用低毒、易降解的环境友好型皮革化学品，鼓励采用水性涂饰材料，如采用有机溶剂型涂饰材料时，应安装 VOC 收集处理装置，不得采用游离甲醛、禁用偶氮染料等有毒有害化学物质。

（七）鼓励企业采用富铬污泥和含铬皮革碎料资源化利用技术。

四、环境保护

（一）依法执行建设项目（包括新建、改建、扩建项目）环境影响评价和竣工环境保护验收制度。

（二）严格执行排污申报、排污缴费与排污许可证制度。依法进行排污申报登记并领取排污许可证，达到排污许可证的要求，按规定足额缴纳排污费。

（三）主要污染物排放达到总量控制指标要求。化学需氧量、氨氮、二氧化硫、烟粉尘、挥发性有机物、总铬等污染物排放量达到分配下达给该企业的总量控制指标要求；废水、废气、噪声、恶臭等各项污染物排放达到国家或地方污染物排放标准要求；建立排污监测档案并做好自测的质量管理工作。

（四）一般工业固体废物和危险废物需得到安全处置，处理处置方式要与环境影响评价和竣工验收批复要求一致。根据“减量化、资源化、无害化”的原则，对固体废物进行分类收集和规范处置。一般工业固体废物自行处置或综合利用的，应当明确最终去向，或与综合利用单位签订合同；危险废物应由有资质的单位进行处置。

（五）污染防治设施和自动在线监控设施正常有效运行。环保设施完备，企业污染治理设施应当保持正常使用；按规定安装主要污染物和特征污染物自动监测设备，并通过环保部门验收，实现与环保部门联网，保证监测设备运行率、监测数据传输率和数据有效率不低于 90%；按期如实向当地环保部门提供自动监测数据有效性审核自查报告，配合自动监测数据有效性审核。

（六）环境管理制度与环境风险预案健全并有效实施。制定完善的企业环境管理制度并有效运转；制定切实可行的突发环境事件应急预案并定期开展应急演练；应急工程设施建设、应急物资储备等符合规定。

（七）重金属铬污染防治符合规定。含铬废水收集处理工艺合理、设施完备，保证含铬废水与综合污水的有效分离并单独处理达标。

五、职业安全卫生

（一）企业应符合《安全生产法》《消防法》《职业病防治法》《制革职业安全卫生规程》《工作场所有害因素职业接触限值》等有关法规标准的要求，具备相应的职业安全卫生和消防安全条件，建立健全安全生产、消防安全、职业病防治管理制度并落实责任制。

（二）生产作业环境必须满足《工业企业设计卫生标准》（GBZ 1）的要求；厂房、仓库和工作场所的消防安全应符合消防法律、法规和现行《建筑设计防火规范》（GB 50016）的规定；所有电气设备的安装、使用均应符合《供配电系统设计规范》（GB 50052）、《低压配电设计规范》（GB 50054）以及《爆炸和火灾危险环境电力装置设计规范》（GB 50058）的有关规定。

（三）机器设备要设立安全防护装置，板面移动类设备应满足《皮革机械板面移动式设备安全要求》（GB/T 30404）的有关规定，刀轴类设备应满足《皮革机械辊式往复运动机械安全要求》（GB/T 30405）的有关规定；制定机械设备安全技术管理规范，并严格按规范进行管理。

（四）磨革、干削匀、铲软等伴随有粉尘产生的工序，其所用的机器设备应配备有效的通风除尘集尘系统；有挥发性有机物质产生的喷涂工序，应配备有效的抽排风系统。以上作业场所的工作人员应穿戴防护口罩等防护用品。

（五）设立专门的化工材料库，易燃易爆危险化学品应单独规划建设在安全地带，按照消防法规和技术标准设置消防设施，化学品入库、贮存和发放应建立严格的规章制度和安全操作规程，并有效管理，对各类化工材料的管理和使用人员进行培训；接触化工材料的工作人员应熟悉所用物料的性质、可能产生的危害以及相应的防护知识；在领取、称量、运输和配料时，应穿戴防护工作服并使用其他必要防护用品。

（六）原料皮仓库和作业场所用地应选择在干燥的不易被水淹没的地段；原料皮仓库和原料皮加工作业场所应单独设立，做好原料皮的卫生防疫检疫工作。涉及进口动物皮张的，应符合《中华人民共和国进出境动植物检疫法》，符合出入境检验检疫机构的相关兽医卫生要求。

（七）企业应委托有职业健康检查资质的机构对职工进行上岗前、在岗期间和离岗前的职业健康检查，建立健全职业健康监护档案，每年组织在岗作业人员进行职业健康检查，发现患有职业病或有职业病症状者，应按相关规定处理。

六、监督管理

（一）新建（改扩建）制革企业应符合国家法规和本规范条件的要求，企业的投资管理、土地供应、节能评估、环境影响评价等要履行相关报批手续。未通过建设项目环境影响评价审批的，一律不准开工建设；未经环境影响评价审批的在建项目或者竣工环境保护验收不合格的项目，以及不具备安全生产条件的项目，一律停止建设和生产。

（二）各地工业和信息化主管部门要加强对本地区制革企业布局的引导，使其符合本地区资源能源、生态环境和土地利用等总体规划的要求；积极推进企业兼并重组，有效整合现有产能，提升产业集中度；加大先进适用的清洁生产工艺技术推广应用的力度，支持企业技术改造和更新装备，提高产品质量；制定清洁生产审核标准，组织行业专家开展清洁生产审核评价工作。

（三）建立部门共管制度，对不符合法规和本规范条件要求的制革企业，投资管理部门不予备案（核准）；国土资源部门不予办理用地有关手续；金融机构不提供任何形式的新增授信支持；质检部门不予批准进口动物生皮定点加工企业资格；环境保护、城乡规划和建设、消防、卫生、劳动保障、安全监督等部门不予办理相关手续。

（四）异地搬迁项目应执行本规范条件中关于新建项目的有关规定。

（五）行业协会要切实组织企业认真落实本规范条件的各项要求，加大宣传力度，加强行业自律，不定期开展规范条件落实情况的监督检查，协助政府部门抓好规范条件的实施。

七、附则

（一）本规范条件中涉及的企业，包括中华人民共和国境内（台湾、香港、澳门地区除外）所有新建（改扩建）和现有制革企业，不包括毛皮加工企业。

（二）本规范条件中所涉及的国家法律法规、标准若进行修订，则按修订后的最新版本执行。

（三）本规范条件自 2014 年 6 月 1 日起实施，由工业和信息化部负责解释。

电镀行业规范条件

工业和信息化部公告 2015 年 第 64 号

根据国家《重金属污染综合防治“十二五”规划》中关于提高行业准入门槛，严格限制排放重金属相关项目的要求，为加快电镀行业结构调整，提高产业水平，推动节能减排，控制重金属污染，实现可持续发展，制定本规范条件。

纳入本规范条件管理的包括从事各种材料电镀、电铸、电解加工、刷镀、化学镀、热浸镀（溶剂法）以及金属酸洗、抛光（电解抛光和化学抛光）、氧化、磷化、钝化等企业（车间）及电镀集中区。

一、产业布局

（一）根据资源、能源状况和市场需求，科学规划行业发展。新、改、扩建项目必须符合国家产业政策，项目选址应符合产业规划、环境保护规划、土地利用规划、环境功能区划以及其他相关规划要求。

（二）在国务院、国务院有关部门和省、自治区、直辖市人民政府规定的自然保护区、生态功能保护区、风景名胜区、饮用水水源保护区等重点保护区域不得新建、扩建相关项目。已在上述区域内运营的生产企业应根据区域规划和保护生态环境的需要，依法逐步退出。

（三）新（扩）建项目应取得主要污染物总量指标，依法通过建设项目环境影响评价，建设项目环境影响评价文件未经审批不得开工建设，环境保护设施必须与主体工程同时设计、同时施工、同时投产使用，经竣工环保验收合格后方可正式投入生产使用。在已有电镀集中区的地市，新建专业电镀企业原则上应全部进入电镀集中区。企业各类污染物（废气、废水、固体废物、厂界噪声）排放标准与处置措施均符合国家和地方环保标准的规定。

二、规模、工艺和装备

（一）电镀企业规模必须满足下列条件之一：

1. 电镀生产环节包括清洗槽在内的槽液总量不少于 30 000 升。

2. 电镀生产年产值在 2 000 万元以上。

3. 单位作业面积产值不低于 1.5 万元/米^2。

4. 作为中间工序的企业自有车间不受规模限制。

（二）企业选用低污染、低排放、低能耗、低水耗、经济高效的清洁生产工艺，推广使用《国家重点行业清洁生产技术导向目录》的成熟技术。无《产业结构调整指导目录》淘汰类的生产工艺和本规范条件规定的淘汰落后工艺、装备和产品（见附 1）。

（三）品种单一、连续性生产的电镀企业要求自动生产线、半自动生产线达到 70%以上。

（四）生产区域地面防腐、防渗、防积液，生产线有槽间收集遗洒镀液和清洗液装置。

（五）新（扩）建项目生产线配有多级逆流漂洗、喷淋等节水装置及槽液回收装置，槽、罐、管线按“可视、可控”原则布置，并设有相应的防破损、防腐蚀等防护措施。

（六）新（扩）建电镀项目根据加工零部件的品种、数量等优先选用高效低耗连续式处理设备，并达到电镀行业清洁生产标准中Ⅱ级指标以上水平。

（七）热浸镀企业除应符合（二）（四）（五）条的规定外，企业规模还必须符合以下条款：

1. 生产能力不低于 10 000 吨/年或产值不低于 1 000 万元/年。

2. 作为中间工序的企业自有车间不受规模限制。

三、资源消耗

（一）电镀企业（除热浸镀企业以外）有重金属和水资源循环利用设施。

1. 镀铜、镀镍、镀硬铬以及镀贵金属等生产线配备工艺技术成熟的带出液回收槽等回收设施。

2. 电镀企业单位产品每次清洗取水量不超过 0.04 吨/米^2，水的重复利用率在 30%以上。

（二）热浸镀企业

1. 锌锅采用电、天然气、冷煤气等清洁能源加热。能源消耗应低于 35 千克标煤/

吨产品。

2. 现有企业生产用新鲜水消耗量应低于 0.2 吨/吨产品，新建企业应低于 0.1 吨/吨产品。

3. 现有企业锌利用率应高于 70%，新建企业锌有效利用率应高于 75%。

4. 现有企业盐酸消耗量应低于 30 千克/吨产品，新建企业盐酸消耗量应低于 25 千克/吨产品。

四、环境保护

（一）企业符合环保法律法规要求，依法获得排污许可证，并按照排污许可证的要求排放污染物；定期开展清洁生产审核并通过评估验收。

（二）企业有废气净化装置，废气排放符合国家或地方大气污染物排放标准。

（三）企业有合格废水处理设施，电镀企业和拥有电镀设施企业经处理后的废水符合国家《电镀污染物排放标准》（GB 21900）有关水污染物排放限值要求或地方水污染物排放标准，排放的废水接受公众监督；其余纳入本规范条件的企业符合《污水综合排放标准》（GB 8978）或地方水污染物排放限值要求。

（四）企业产生的危险废物按照《国家危险废物名录》和《危险废物贮存污染控制标准》（GB 18597），设置规范的分类收集容器进行分类收集，并按照《危险废物转移联单管理办法》要求，交由有处置相关危险废物资质的机构处置，鼓励企业或危险废物处理机构进行资源再生或再利用。

（五）厂界噪声应符合《工业企业厂界噪声标准》（GB 12348）要求。

（六）属于国家重点监控源的企业应开展自行监测并按照《国家重点监控企业自行监测及信息公开办法（试行）》（环发〔2014〕81 号）的要求，在环境保护主管部门组织的平台上及时发布自行监测信息。

五、安全、职业卫生

（一）企业遵守《中华人民共和国安全生产法》《中华人民共和国职业病防治法》等法律、法规，有健全的安全生产和职业卫生管理制度；具备有关法律、行政法规和国家标准或行业标准规定的安全生产、职业卫生防护条件。

（二）有健全的危险化学品管理制度。

（三）企业有职业病防护设施，从业人员配备符合国家标准的劳动防护用品，定期开展职业卫生检查。企业每年组织有毒有害岗位职工体检，体检覆盖率达到 100%。

（四）新（扩）建项目安全设施和职业病防护设施必须与主体工程同时设计、同时施工、同时投入使用。

（五）企业应制定突发安全事故应急预案，并向当地安全生产监管部门报备。

（六）企业定期对员工进行安全和职业卫生教育。

六、人员素质

生产、废水处理等岗位员工经专业技能培训，获得行业培训机构颁发的合格证书。特殊岗位操作人员取得相关工种职业技能鉴定等级证书，持证上岗。企业有中级及以上职称的技术管理人员。

七、电镀集中区（电镀定点基地）

电镀集中区是由政府或行业规划倡导，电镀及相关服务企业集聚，污染物集中治理和综合利用的工业园区。

（一）电镀集中区规划建设符合本地区的产业布局，具备园区规划、建设标准、入园条件、园区管理、污染防治，配套服务等功能。

（二）电镀集中区除应符合本条件第一条至第六条中关于电镀企业的规定外，还应鼓励企业进行水资源减量化和循环利用，能源节约和梯级利用以及材料节约和资源化利用，促进废物排放的减量化、再利用和资源化，以及危险废物的资源化和无害化处理。

（三）入驻电镀企业不少于阶段规划的60%。

（四）电镀集中区具备独立检测分析废水中主要污染物的条件，安装主要污染物排放自动监测设备，地方环境保护主管部门具备条件的应与集中区监控设备联网。

（五）电镀集中区对企业排放废气中主要污染物实施监测。

（六）电镀集中区应建设统一的集中供热设施，限期淘汰集中区内入驻企业燃煤锅炉。

（七）电镀集中区内电镀加工企业按照一般电镀企业规范条件进行申报。

八、监督管理

（一）电镀企业（电镀集中区）按照本规范条件自愿申请规范公告，省、自治区、直辖市、计划单列市和新疆生产建设兵团工业主管部门负责本地区规范条件公告申请的初步审查工作，经工业和信息化部审核，对符合规范条件的企业予以公示，并以公告的形式向社会发布。

（二）地方各级工业主管部门每年对本地区已获公告企业进行监督检查，工业和信息化部对公告企业进行抽查，鼓励社会各界对公告企业进行监督。

（三）有关行业协会要宣传国家产业政策，加强行业自律，协助政府有关部门做好行业监督、管理工作。

（四）电镀行业规范条件公告管理办法由工业和信息化部另行制定。

九、附则

（一）本规范条件适用于中华人民共和国境内（台湾、香港、澳门地区除外）所有电镀企业（含专业电镀厂、各企业中的电镀和热浸镀车间、热浸镀企业）及电镀集中区。

（二）本规范条件所涉及的法律法规、国家标准和行业政策重新修订时，按修订后的版本执行。

（三）本规范条件自 2015 年 11 月 1 日起施行。

（四）本规范条件由工业和信息化部负责解释。

附 1　电镀行业淘汰落后工艺、装备和产品的界定准则

1　范围

本准则适用于电镀行业，有化学镀、酸洗、电解加工、抛光（化学和电化学）、氧化、磷化、钝化等工序的其他生产企业（车间）可参照执行。

本准则从污染防治的角度出发，规定了电镀行业中高污染、高耗能、高水耗、低效率的落后生产工艺、设备和产品淘汰的基本界定原则。

本准则适用于电镀行业淘汰耗能、耗水、涉重的落后生产工艺、设备和产品的判断。

2　规范性引用文件

本准则引用了下列文件中的条款。凡是未注日期的引用文件，其最新版本（包括所有的修改单）适用于本文件。

国家发展和改革委员会　《产业结构调整指导目录》

《电镀污染物排放标准》（GB 21900）

《清洁生产标准　电镀行业》（HJ/T 314）

3　术语和定义

3.1　电镀

电镀是指利用电解方法在零件表面沉积均匀、致密、结合良好的金属或合金层的过

程。包括镀前处理（除油、浸蚀、去锈）、镀覆上金属层和镀后处理（钝化、除氢）。

3.2 落后产能

落后产能是指技术水平（包括工艺、装备和产品等）低于行业平均水平的生产设备、生产工艺、产品等生产能力或达不到国家法律法规、产业政策所规定标准的生产能力。

3.3 落后工艺、装备和产品

是针对表面处理（电镀）生产过程中的高耗能、高污染、低产出的，低于行业平均水平的以及不符合国家强制性标准或者不适应技术进步要求和技术发展水平的生产工艺、装备和产品。

4 界定技术要求

4.1 界定分类

本准则给出了电镀行业淘汰落后工艺、装备和产品分类。

工艺：包括电镀前处理、主工艺、后处理。

装备：包括涉及电镀前处理、主工艺、后处理的装置、设备及辅助设施等。

产品：包括中间产品、最终产品。

4.2 界定准则

电镀行业落后生产工艺、设备和产品界定的基本原则是产生和排放污染物（重点是重金属）强度高、安全风险大以及浪费能源资源的生产工艺、装备和产品，符合以下原则之一的即为应淘汰的落后工艺、装备和产品。

《产业结构调整指导目录》中规定的淘汰类的工艺、装备和产品。

在生产过程产生和排放含有汞元素的蒸气或废水的工艺或产品。

加工过程中使用和排放废水中含有镉元素的用于民品生产的工艺和产品（船舶及弹性零件除外）。

加工过程中使用和排放废水中含有铅元素的用于电子和微电子电镀生产的工艺和产品（国家特殊项目除外）。

仅有一个且无喷淋、镀液回收等措施普通清洗槽。

砖砼结构槽体。

镀层在铬酐浓度 150 克/升以上的钝化液中钝化的工艺。

5 附则

本准则自发布之日起实施，由工业和信息化部负责解释，并根据行业发展情况和宏观调控要求会同有关部门适时进行修订。

附录A（资料性附录） 淘汰落后界定准则实例

A.1 落后工艺

1. 前处理：

（1）汞齐化处理；

（2）含氰沉锌。

2. 主工艺：

（1）鎏金；

（2）镀镉工艺［用于民用产品（船舶及弹性零件除外）］；

（3）氰化镀锌工艺。

3. 后处理

高浓度铬酸钝化（镀锌钝化，铬酐浓度150克/升以上的钝化工艺）。

A.2 落后装备

（1）无喷淋、镀液回收等措施普通单槽清洗；

（2）砖砼结构槽体。

A.3 落后产品

镀镉产品［用于民用产品（船舶及弹性零件除外）］。

稀土行业规范条件

工业和信息化部公告　2016 年　第 31 号

为有效保护稀土资源和生态环境，推动稀土产业结构调整和升级，规范生产经营秩序，促进稀土行业持续健康发展，根据《国务院关于促进稀土行业持续健康发展的若干意见》等要求，制定本规范条件。

一、项目的设立和布局

（一）稀土矿山开发、冶炼分离项目（含稀土资源综合回收利用企业的冶炼分离项目，下同）应符合国家资源、安全生产、环境保护、节能管理等法律、法规要求，符合国家产业政策和相关发展规划要求，符合各省（自治区、直辖市）矿产资源规划、城市建设规划、土地利用总体规划、环境保护规划、安全生产规划等要求。

（二）开采稀土矿产资源，应依法取得采矿许可证和安全生产许可证。矿山企业应严格按照批准的开发利用方案和开采计划进行开采，严禁无证、越界开采和超总量控制指标开采，严禁选用破坏环境、浪费资源的采选矿工艺。

（三）稀土矿山开发、冶炼分离投资项目应按照《政府核准的投资项目目录》的规定，经核准后方可建设生产。

二、生产规模、工艺和装备

（一）生产规模

企业或大型稀土集团生产规模：混合型稀土矿山企业生产规模应不低于 20 000 吨/年（以氧化物计，下同）；氟碳铈矿山企业生产规模应不低于 5 000 吨/年；离子型稀土矿山企业生产规模应不低于 500 吨/年。禁止开采单一独居石矿。

使用混合型稀土矿的独立冶炼分离企业生产规模应不低于 8 000 吨/年；使用氟碳铈矿的独立冶炼分离企业生产规模应不低于 5 000 吨/年；使用离子型稀土矿的独立冶炼分离企业生产规模应不低于 3 000 吨/年；稀土资源综合回收利用企业的冶炼分离项目生产

规模应不低于 3 000 吨/年。

以上各类固定资产投资项目最低资本金比例不得低于 20%。

（二）工艺及装备

稀土矿山开发、冶炼分离企业选用低污染、低排放、低能耗、经济高效的清洁生产工艺，推广使用《国家重点行业清洁生产技术导向目录》的成熟技术。不得使用《产业结构调整指导目录》《高能耗落后机电设备（产品）淘汰目录》中规定应淘汰的落后工艺、技术、装备及生产落后产品。

混合型稀土矿、氟碳铈矿开发应建有完备的“三废”处理设施、专门的废石场和尾矿库。

离子型稀土矿开发应采用原地浸矿等适合资源和环境保护要求的生产工艺，禁止采用堆浸、池浸等国家禁止使用的落后生产工艺。采用氨皂化稀土冶炼分离工艺的项目须建有完备的氨综合回收利用设施并正常运行，且各项排放指标达到《稀土工业污染物排放标准》（GB 26451—2011）。

稀土冶炼分离项目应采取清洁高效萃取分离工艺，不得采用国家禁止使用的落后生产工艺。

三、能源消耗

稀土冶炼分离项目应采用先进工艺和装备，有完善的节能措施，能源消耗须达到《稀土冶炼加工企业单位产品能源消耗限额》（GB 29435—2012）的要求。电机、水泵、变压器等通用设备满足相应能效标准限定值要求，应依据《节约能源法》接受节能监察机构的监督检查。

四、资源利用

混合型稀土矿、氟碳铈矿采矿损失率和贫化率不得超过 10%，一般矿石的选矿回收率达到 75%以上（含，下同），低品位、难选冶稀土矿石选矿回收率达到 65%以上，生产用水循环利用率达到 85%以上。

离子型稀土矿采选综合回收率达到 75%以上，生产用水循环利用率达到 90%以上。

处理混合型稀土矿和氟碳铈矿的冶炼分离项目，从稀土精矿到混合稀土，稀土总收率大于 92%，从混合稀土到单一或富集稀土化合物，稀土总收率大于 96%；处理离子型稀土矿的冶炼分离项目，从混合稀土到单一或富集稀土化合物，稀土总收率大于 94%。稀土资源综合回收利用企业的冶炼分离项目，从混合稀土到单一或富集稀土化合物的稀土总收率参照上述标准执行。

五、环境保护

稀土矿山开发、冶炼分离企业应符合区域环保规划，应达到以下基本要求：

（一）落实规划环评，在生态保护红线、自然保护区、风景名胜区、饮用水水源保护区以及全国主体功能区划中划定的禁止开发区、限制开发区内，禁止新建、扩建稀土矿山开发、冶炼分离项目。

（二）严格落实各项环境保护措施，新（改、扩）建项目严格执行环境影响评价制度，未经审批不得开工建设。

（三）稀土矿山开发、冶炼分离企业应按要求申领排污许可证；严格执行《稀土工业污染物排放标准》（GB 26451—2011）和《矿山生态环境保护与污染防治技术政策》（环发〔2005〕109 号），满足污染物总量控制要求；按照有关法律和相关管理办法要求，安装在线监测装置并有效运行，对污染物排放状况开展自行监测，及时公开监测数据，并保存原始监测记录；按要求进行排污申报、履行排污缴费等环保义务。

（四）稀土矿山开发企业应严格执行矿山生态恢复保证金制度，按照当地政府相关部门审批的矿山生态环境保护与恢复治理方案进行矿山生态、地质环境恢复治理和矿区土地复垦。对含伴生放射性元素的稀土矿山，应采取相应的辐射防护和放射性污染防治措施。

（五）稀土矿山开发、冶炼分离企业产生的一般固体废物处理处置应符合《一般工业固体废物贮存、处置场污染控制标准》（GB 18599—2001）的要求，属于危险废物的，应严格执行危险废物相关管理规定；含钍、铀等放射性废渣要按照《中华人民共和国放射性污染防治法》《放射性废物管理规定》（GB 14500—2002）的要求，严格进行管理。

（六）稀土冶炼分离企业应达到《稀土冶炼行业清洁生产评价指标体系》II级水平；定期实施清洁生产审核，并通过评估验收。

（七）遵守国家和地方相关法律、法规和政策；近三年未发生重大及以上环境污染事故或重大生态破坏事件；按规定制定企业环境风险应急预案并报县级以上环境保护主管部门备案，定期演练。

六、产品质量

稀土矿山开发、冶炼分离企业应严格执行国家《产品质量法》，应当有独立的质量检验机构和专职检验人员，有健全的质量检验管理制度。产品质量符合现行国家标准和行业标准。

七、安全生产、职业病危害防治、消防和社会责任

（一）稀土矿山开发、冶炼分离建设项目必须具备国家有关法律、行政法规和国家标准或者行业标准规定的安全生产条件，并建立、健全安全生产责任制；项目安全设施必须与主体工程同时设计、同时施工、同时投入生产和使用，项目建设单位负责组织对安全设施进行验收，验收合格后，方可投入生产和使用。稀土矿山开发建设项目需按规定取得安全生产许可证，否则不得投入生产运行。健全安全生产组织管理体系、职工安全生产培训和安全生产检查制度，严格遵守安全评价和职业危害评价制度，达到安全设施和职业危害防护等法律、法规要求。

（二）稀土矿山开发、冶炼分离企业必须遵守《职业病防治法》，为劳动者创造符合国家职业卫生标准和卫生要求的工作环境和条件，并采取措施保障劳动者获得职业卫生保护，具备相应的职业病防治条件。完善职业病危害防护设施，对重大危险源有检测、评估、监控措施和应急预案，并配备符合国家有关标准的个人劳动防护用品以及安全供电、供水装置和消除有毒、有害物质设施。尘毒作业场所达到国家职业卫生标准。按国家有关规定定期对工作场所进行职业病危害因素检测、评价。

（三）稀土矿山开发、冶炼分离过程涉及放射性污染物的，须按照《中华人民共和国放射性污染防治法》《铀、钍矿冶放射性废物安全管理技术规定》（GB 14585—93）、《电离辐射防护与辐射源安全基本标准》（GB 18871—2002）及《稀土生产场所中放射卫生防护标准》（GBZ 139—2002）等法律法规要求，配套建设放射性污染防治设施。

（四）稀土矿山开发、冶炼分离企业应当遵守《中华人民共和国消防法》，项目设计要依据《建筑设计防火规范》（GB 50016—2014）执行，消防验收手续齐全。生产过程要严格管理，保证安全生产。

（五）稀土矿山开发、冶炼分离企业应当遵守国家相关法律、法规，依法参加养老、失业、医疗、工伤等各类保险，并为从业人员足额缴纳相关保险费用，上一年度纳税信用评价结果在 B 级及以上。

八、其他规定

（一）本规范条件适用于中华人民共和国境内（香港、澳门、台湾地区除外）所设立的稀土矿山开发、冶炼分离企业。

新建、改建和扩建稀土矿山开发、冶炼分离项目应符合上述规范条件。

列入符合规范条件公告的企业名单，作为相关政策支持的基础性依据。对未列入公

告名单的企业，相关政策将不予支持。

（二）本规范条件涉及的有关标准和行业政策、法律法规若进行了修订，按修订后的规定执行。

（三）本规范条件自 2016 年 7 月 1 日起实施，工业和信息化部 2012 年 7 月 26 日公布的《稀土行业准入条件》（工业和信息化部公告　2012 年　第 33 号）同时废止。

（四）本规范条件由工业和信息化部负责解释，并根据行业发展情况适时修订。

锑行业准入条件

国家发展和改革委员会公告　2006 年　第 94 号

一、生产企业的设立和布局

（一）新建和改扩建锑冶炼项目应当符合国家产业政策、矿产资源总体规划及锑行业规划，有合法稳定的原料来源（与合法矿山签订原料采购合同，不得购买违规开采的矿产品），项目投资中自有资金比例不得低于 50%。

（二）在国家法律、法规、行政规章及规划确定或经县级以上人民政府批准的自然保护区、生态功能保护区、风景名胜区、森林公园、饮用水水源保护区，大中城市及其近郊，居民集中区、疗养地、医院，食品、药品、电子等环境条件要求高的企业周边 1 千米内不得新建锑冶炼企业。已在上述区域内投产运营的锑冶炼企业要根据该区域规划，通过搬迁、转停产等方式逐步退出。

二、生产规模和工艺装备

新建、改扩建项目精锑（锑锭）或锑白（三氧化二锑）年生产能力不得低于 5 000 吨。主要设备鼓风炉风口区截面积不小于 1 米^2/座，反射炉炉膛不小于 10 米^2/座，浸出槽罐不小于 5 米^2/台。拥有综合回收和“三废”处理等完整的工艺流程。

三、资源回收利用及能耗

（一）精锑冶炼综合回收率：以硫氧混合矿为原料，锑≥90%；以氧化矿为原料，锑≥88%；以硫化矿为原料，锑≥95%；以脆硫铅锑矿为原料，锑≥80%、铅≥88%。有价金属综合回收率≥80%。精锑单位产品综合能耗低于 1.03 吨标准煤/吨，单位产品电耗低于 460 千瓦时/吨。

（二）锑白（三氧化二锑）直接法生产锑白：锑回收率≥90%，单位产品综合能耗≤1.0吨标准煤/吨，单位产品电耗≤450千瓦时/吨。

间接法生产锑白：锑回收率≥99%，单位产品综合能耗≤0.02吨标准煤/吨，单位产品电耗≤100千瓦时/吨。

（三）熔析法生产三硫化二锑的综合回收率：锑≥98%。

（四）综合回收利用水资源，水循环利用率≥95%。

四、环境保护

（一）新建、改扩建项目严格执行《环境影响评价法》，依法向有审批权的环境保护行政主管部门报批环境影响评价文件。按照环境保护“三同时”要求建设项目相配套的环境保护设施并依法申请项目竣工环境保护验收。

（二）废气：在原料处理、转运、熔炼等过程所有产生粉尘的部位，均应当配备收尘及烟气净化装置。各种炉窑均应当配备袋式收尘装置或其他先进烟气净化收尘装置，废气排放符合《工业炉窑大气污染物排放标准》（GB 9078—1996）和《大气污染物综合排放标准》（GB 16297—1996），具有省级环保部门验收的二氧化硫在线自动监控系统。

主要指标：1997年1月1日以前建成投产的企业，二氧化硫排放低于1 200毫克/米^3、颗粒物低于150毫克/米^3、硫酸雾低于70毫克/米^3、铅及其化合物低于0.9毫克/米^3、汞及其化合物低于0.015毫克/米^3、镉及其化合物低于1.0毫克/米^3、锡及其化合物低于10毫克/米^{3}等；1997年1月1日以后建成投产的企业，二氧化硫排放低于960毫克/米^3、颗粒物低于120毫克/米^3、硫酸雾低于45毫克/米^3、铅及其化合物低于0.70毫克/米^3、汞及其化合物低于0.012毫克/米^3、镉及其化合物低于0.85毫克/米^3、锡及其化合物低于8.5毫克/米^{3}等。凡是向已有地方排放标准的区域排放大气污染物的，应当执行地方标准。

（三）废水：废水排放符合《污水综合排放标准》（GB 8978—1996）。主要指标为：pH 6～9、悬浮物低于70毫克/升、石油类低于10毫克/升、硫化物低于1.5毫克/升、总铜低于0.5毫克/升、总锌低于2.0毫克/升、总锰低于2.0毫克/升等。凡是向已有地方排放标准的水体排放污染物的，应当执行地方标准。

（四）废渣：设有专用的鼓风炉炉渣堆存处置场地，并符合《一般工业固体废物贮存、处置场污染控制标准》（GB 18599—2001）。对砷碱渣和含锑废渣应当进行危险废物特性鉴别，经鉴别不属于危险废物的按一般工业固体废物管理，属于危险废物的依法按危险废物进行管理，其贮存设施符合《危险废物贮存污染控制标准》（GB 18597—2001）、《危险废物填埋污染控制标准》（GB 18598—2001）等的规定。

（五）噪声：厂内噪声符合《工业企业厂界环境噪声排放标准》（GB 12348）。

（六）国家发布行业污染物排放标准后按新的行业标准执行。

五、产品质量

企业应当有独立的质量检验机构和专职检验人员，有健全的质量检验管理制度。精锑（锑锭）产品质量符合国家标准 GB/T 1599—2002，锑白（三氧化二锑）产品质量符合国家标准 GB/T 4062—1998，三硫化二锑产品质量符合国家标准 GB 5226—86。其他锑品质量符合部、省、行业颁布的产品质量标准。

依据《工业品生产许可证管理条例》《危险化学品安全管理条例》，企业生产属于国家生产许可制度管理的产品，应当依法取得工业生产许可证，不得生产、销售或在经营活动中使用未获得生产许可证的产品。

六、安全生产和职业病防治

（一）新建、改扩建冶炼项目应当进行职业病危害预评价和安全预评价。生产经营单位应当遵守《安全生产法》《职业病防治法》等法律法规，执行保障安全生产的国家标准或行业标准。

（二）企业应当有健全的安全生产组织管理体系，有职工安全生产培训制度和安全生产检查制度。

（三）企业应当遵守《危险化学品管理条例》，危险化学品生产设施应当经过安全评价，获取《安全生产许可证》后方可投入运行。

（四）企业应当有职业危害防治措施，对重大危险源有检测、评估、监控措施和应急预案，并配备必要的器材和设备。尘毒作业场所达到国家卫生标准。

七、劳动保险

企业应当遵守国家相关法律、法规，依法参加养老、失业、医疗、工伤等各类保险，并为从业人员缴足相关保险费用。

八、监督和管理

（一）新建和改扩建锑冶炼项目应当符合本准入条件；现有锑冶炼企业要根据产业结构优化升级的要求，逐步达到本准入条件中环保、能耗、资源综合利用、产品质量、安全生产和职业病防治、劳动保险等方面的要求。

各有关部门在对锑冶炼企业进行投资管理、土地供应、环保审批、信贷融资等工作中要以本准入条件为依据。对不符合本准入条件的新建和改扩建锑冶炼项目，投资管理部门不予审批、核准和备案，金融机构不得提供贷款和其他形式的授信支持，土地管理、城市规划和建设、环境保护、消防、卫生、安监等部门不得办理有关手续。

（二）各级锑行业主管部门和有关执法部门负责对当地生产经营企业执行本准入条件的情况进行监督检查，各级环保部门要加强对锑生产企业的监督检查。中国有色金属工业协会要协助国家有关部门做好监督和管理工作。

（三）国家发展和改革委员会定期公告符合本准入条件的锑生产经营企业名单。不符合本准入条件的企业，不能获得出口供货资格和产品出口许可证。

九、附则

本准入条件自 2007 年 1 月 1 日起实施，由国家发展和改革委员会负责解释，并根据行业发展情况和宏观调控要求进行修订。

氯碱（烧碱、聚氯乙烯）行业准入条件

国家发展和改革委员会公告　2007 年　第 74 号

为促进氯碱行业稳定健康发展，防止低水平重复建设，提高行业综合竞争力，依据国家有关法律法规和产业政策，按照“优化布局、有序发展、调整结构、节约能源、保护环境、安全生产、技术进步”的可持续发展原则，对氯碱（烧碱、聚氯乙烯）行业提出以下准入条件。

一、产业布局

（一）新建氯碱生产企业应靠近资源、能源产地，有较好的环保、运输条件，并符合本地区氯碱行业发展和土地利用总体规划。除搬迁企业外，东部地区原则上不再新建电石法聚氯乙烯项目和与其相配套的烧碱项目。

（二）在国务院、国家有关部门和省（自治区、直辖市）人民政府规定的风景名胜区、自然保护区、饮用水水源保护区和其他需要特别保护的区域内，城市规划区边界外 2 千米以内，主要河流两岸、公路、铁路、水路干线两侧，以及居民聚集区和其他严防污染的食品、药品、卫生产品、精密制造产品等企业周边 1 千米以内，国家及地方所规定的环保、安全防护距离内，禁止新建电石法聚氯乙烯和烧碱生产装置。

二、规模、工艺与装备

（一）为满足国家节能、环保和资源综合利用要求，实现合理规模经济，新建烧碱装置起始规模必须达到 30 万吨/年及以上（老企业搬迁项目除外），新建、改扩建聚氯乙烯装置起始规模必须达到 30 万吨/年及以上。

（二）新建、改扩建电石法聚氯乙烯项目必须同时配套建设电石渣制水泥等电石渣综合利用装置，其电石渣制水泥装置单套生产规模必须达到 2 000 吨/日及以上。现有电石法聚氯乙烯生产装置配套建设的电石渣制水泥生产装置规模必须达到 1 000 吨/日及以上。鼓励新建电石法聚氯乙烯配套建设大型、密闭式电石炉生产装置，实现资源综合利用。

（三）新建、改扩建烧碱生产装置禁止采用普通金属阳极、石墨阳极和水银法电解槽，鼓励采用 30 米^2 以上节能型金属阳极隔膜电解槽（扩张阳极、改性隔膜、活性阴极、小极距等技术）及离子膜电解槽。鼓励采用乙烯氧氯化法聚氯乙烯生产技术替代电石法聚氯乙烯生产技术，鼓励干法制乙炔、大型转化器、变压吸附、无汞触媒等电石法聚氯乙烯工艺技术的开发和技术改造。鼓励新建电石渣制水泥生产装置采用新型干法水泥生产工艺。

三、能源消耗

（一）新建、改扩建烧碱装置单位产品能耗标准。新建、改扩建烧碱装置单位产品能耗限额准入值指标包括综合能耗和电解单元交流电耗，其准入值应符合以下要求。

新建、改扩建烧碱装置产品单位能耗限额准入值

产品规格 质量分数/%	综合能耗准入值/ （千克标煤/吨）			电解单元交流电耗准入值/ （千瓦时/吨）		
	≤12 个月	≤24 个月	≤36 个月	≤12 个月	≤24 个月	≤36 个月
离子膜法液碱≥30.0	≤350	≤360	≤370	≤2 340	≤2 390	≤2 450
离子膜法液碱≥45.0	≤490	≤510	≤530			
离子膜法固碱≥98.0	≤750	≤780	≤810			
隔膜法液碱≥30.0	≤800			≤2 450		
隔膜法液碱≥42.0	≤950					
隔膜法固碱≥95.0	≤1 100					

注 1：表中离子膜法烧碱综合能耗和电解单元交流电耗准入值按表中数值分阶段考核，新装置投产超过 36 个月后，继续执行 36 个月的准入值。

注 2：表中隔膜法烧碱电解单元交流电耗准入值，是指金属阳极隔膜电解槽电流密度为 1 700 安/米^2 的执行标准。并规定电流密度每增减 100 安/米^2，烧碱电解单元单位产品交流电耗减增 44 千瓦时/吨。

（二）现有烧碱装置单位产品能耗标准。现有烧碱生产装置单位产品能耗限额指标包括综合能耗和电解单元交流电耗，其限额值应符合以下要求。

现有烧碱装置单位产品能耗限额

产品规格 质量分数/%	综合能耗限额/ （千克标煤/吨）	电解单元交流电耗限额/ （千瓦时/吨）
离子膜法液碱≥30.0	≤500	≤2 490
离子膜法液碱≥45.0	≤600	
离子膜法固碱≥98.0	≤900	

产品规格 质量分数/%	综合能耗限额/ （千克标煤/吨）	电解单元交流电耗限额/ （千瓦时/吨）
隔膜法液碱≥30.0	≤980	≤2 570
隔膜法液碱≥42.0	≤1 200	
隔膜法固碱≥95.0	≤1 350	

注：表中隔膜法烧碱电解单元交流电耗限额值，是指金属阳极隔膜电解槽电流密度为 1 700 安/米^{2}的执行标准。并规定电流密度每增减 100 安/米^2，烧碱电解单元单位产品交流电耗减增 44 千瓦时/吨。

（三）新建、改扩建电石法聚氯乙烯装置，电石消耗应小于 1 420 千克/吨（按折标 300 升/千克计算）。新建乙烯氧氯化法聚氯乙烯装置乙烯消耗应低于 480 千克/吨。

（四）推广循环经济理念，提高氯碱行业能源利用率。按照国家有关规定和管理办法，建设热电联产、开展直购电工作，提高能源利用效率。

四、安全、健康、环境保护

新建、改扩建烧碱、聚氯乙烯装置必须由国家认可的有资质的设计单位进行设计和有资质单位组织的环境、健康、安全评价，严格执行国家、行业、地方各项管理规范和标准，并健全自身的管理制度。电石法聚氯乙烯生产装置产生的废汞触煤、废汞活性炭、含汞废酸、含汞废水等必须严格执行国家危险废物的管理规定，严格监控。

新建、改扩建烧碱、聚氯乙烯生产企业必须达到国家发展与改革委员会发布的《烧碱/聚氯乙烯清洁生产评价指标体系》所规定的各项指标要求。电石法聚氯乙烯生产企业必须要有电石渣回收及综合利用措施，禁止电石渣堆存、填埋。

五、监督与管理

（一）按照国家投资管理有关规定，严格新建、改扩建烧碱、聚氯乙烯项目的审批、核准或备案程序管理，新建、改扩建烧碱、聚氯乙烯项目必须严格按照国家有关规定实行安全许可、环境影响评价、土地使用、项目备案或核准管理。

（二）新建、改扩建烧碱、聚氯乙烯生产装置建成投产前，要经省级及以上投资、土地、环保、安全、质检等管理部门及有关专家组成的联合检查组，按照本准入条件要求进行检查，在达到准入条件之前，不得进行试生产。经检查未达到准入条件的，应责令限期整改。

（三）对不符合本准入条件的新建、改扩建烧碱、聚氯乙烯生产项目，国土资源管理部门不得提供土地，安全监管部门不得办理安全许可，环境保护管理部门不得办理环保审批手续，金融机构不得提供信贷支持，电力供应单位依法停止供电。地方人民政府或相关主管部门依法决定撤销或责令暂停项目的建设。

（四）各省（区、市）氯碱行业主管部门要加强对氯碱生产企业执行本准入条件情况进行督促检查。中国石油和化学工业协会和中国氯碱工业协会要积极宣传贯彻国家产业政策，加强行业自律，协助政府有关部门做好行业监督、管理工作。

六、附则

（一）本准入条件适用于中华人民共和国境内（台湾、香港、澳门地区除外）所有类型的氯碱生产企业。

（二）本准入条件自 2007 年 12 月 1 日起实施，由国家发展和改革委员会负责解释。国家发展和改革委员会将根据氯碱行业发展情况和国家宏观调控要求进行修订。

第五篇

污染防治技术与政策

铅锌冶炼工业污染防治技术政策

环境保护部公告　2012 年　第 18 号

一、总则

（一）为贯彻《中华人民共和国环境保护法》等法律法规，防治环境污染，保障生态安全和人体健康，促进铅锌冶炼工业生产工艺和污染治理技术的进步，制定本技术政策。

（二）本技术政策为指导性文件，供各有关单位在建设项目和现有企业的管理、设计、建设、生产、科研等工作中参照采用；本技术政策适用于铅锌冶炼工业，包括以铅锌原生矿为原料的冶炼业和以废旧金属为原料的铅锌再生业。

（三）铅锌冶炼业应加大产业结构调整和产品优化升级的力度，合理规划产业布局，进一步提高产业集中度和规模化水平，加快淘汰低水平落后产能，实行产能等量或减量置换。

（四）在水源保护区、基本农田区、蔬菜基地、自然保护区、重要生态功能区、重要养殖基地、城镇人口密集区等环境敏感区及其防护区内，要严格限制新（改、扩）建铅锌冶炼和再生项目；区域内存在现有企业的，应适时调整规划，促使其治理、转产或迁出。

（五）铅锌冶炼业新建、扩建项目应优先采用一级标准或更先进的清洁生产工艺，改建项目的生产工艺不宜低于二级清洁生产标准。企业排放污染物应稳定达标，重点区域内企业排放的废气和废水中铅、砷、镉等重金属量应明显减少，到 2015 年，固体废物综合利用（或无害化处置）率要达到 100%。

（六）铅锌冶炼业重金属污染防治工作，要坚持“减量化、资源化、无害化”的原则，实行以清洁生产为核心、以重金属污染物减排为重点、以可行有效的污染防治技术为支撑、以风险防范为保障的综合防治技术路线。

（七）鼓励企业按照循环经济和生态工业的要求，采取铅锌联合冶炼、配套综合回收、产品关联延伸等措施，提高资源利用率，减少废物的产生量。

（八）废铅酸蓄电池的拆解，应按照《废电池污染防治技术政策》的要求进行。

（九）要采取有效措施，切实防范铅锌冶炼业企业生产过程中的环境和健康风险。对新（改、扩）建企业和现有企业，应根据企业所在地的自然条件和环境敏感区域的方位，科学地设置防护距离。

二、清洁生产

（一）为防范环境风险，对每一批矿物原料均应进行全成分分析，严格控制原料中汞、砷、镉、铊、铍等有害元素含量。无汞回收装置的冶炼厂，不应使用汞含量高于 0.01%的原料。含汞的废渣作为铅锌冶炼配料使用时，应先回收汞，再进行铅锌冶炼。

（二）在矿物原料的运输、储存和备料等过程中，应采取密闭等措施，防止物料扬撒。原料、中间产品和成品不宜露天堆放。

（三）鼓励采用符合一级、二级清洁生产标准的铅短流程富氧熔炼工艺，要在 3～5 年内淘汰不符合清洁生产标准的铅锌冶炼工艺、设备。

（四）应提高铅锌冶炼各工序中铅、汞、砷、镉、铊、铍和硫等元素的回收率，最大限度地减少排放量。

（五）铅产品及含铅组件上应有成分和再利用标志；废铅产品及含铅、锌、砷、汞、镉、铊等有害元素的物料，应就地回收，按固体废物管理的有关规定进行鉴别、处理。

（六）应采用湿法工艺，对铅、锌电解产生的阳极泥进行处理，回收金、银、锑、铋、铅、铜等金属，残渣应按固体废物管理要求妥善处理。

（七）采用废旧金属进行再生铅锌冶炼，应控制原料中的氯元素含量，烟气应采用急冷、活性炭吸附、布袋除尘等净化技术，严格控制二噁英的产生和排放。

三、大气污染防治

（一）铅锌冶炼的烟气应采取负压工况收集、处理。对无法完全密闭的排放点，采用集气装置严格控制废气无组织排放。根据气象条件，采用重点区域洒水等措施，防止扬尘污染。

（二）鼓励采用微孔膜复合滤料等新型织物材料的布袋除尘器及其他高效除尘器，处理含铅、锌等重金属颗粒物的烟气。

（三）冶炼烟气中的二氧化硫应进行回收，生产硫酸或其他产品。鼓励采用绝热蒸发稀酸净化、双接触法等制酸技术。制酸尾气应采取除酸雾等净化措施后，达标排放。

（四）鼓励采用氯化法、碘化法等先进、高效的汞回收及烟气脱汞技术处理含汞烟气。

（五）铅电解及湿法炼锌时，电解槽酸雾应收集净化处理；锌浸出槽和净化槽均应配套废气收集、气液分离或除雾装置。

（六）对散发危害人体健康气体的工序，应采取抑制、有组织收集与净化等措施，改善作业区和厂区的环境空气质量。

四、固体废物处置与综合利用

（一）应按照法律法规的规定，开展固体废物管理和危险废物鉴别工作。不可再利用的铅锌冶炼废渣经鉴定为危险废物的，应稳定化处理后进行安全填埋处置。渣场应采取防渗和清污分流措施，设立防渗污水收集池，防止渗滤液污染土壤、地表水和地下水。

（二）鼓励以无害的熔炼水淬渣为原料，生产建材原料、制品、路基材料等，以减少占地、提高废旧资源综合利用率。

（三）铅冶炼过程中产生的炉渣、黄渣、氧化铅渣、铅再生渣等宜采用富氧熔炼或选矿方法回收铅、锌、铜、锑等金属。

（四）湿法炼锌浸出渣，宜采用富氧熔炼及烟化炉等工艺先回收锌、铅、铜等金属后再利用，或通过直接炼铅工艺搭配处理。热酸浸出渣宜送铅冶炼系统或委托有资质的单位回收铅、银等有价金属后再利用。

（五）冶炼烟气中收集的烟（粉）尘，除含汞、砷、镉的外，应密闭返回冶炼配料系统，或直接采用湿法提取有价金属。

（六）烟气稀酸洗涤产生的含铅、砷等重金属的酸泥，应回收有价金属，含汞污泥应及时回收汞。生产区下水道污泥、收集池沉渣以及废水处理污泥等不可回收的废物，应密闭储存，在稳定化和固化后，安全填埋处置。

五、水污染防治

（一）铅锌冶炼和再生过程排放的废水应循环利用，水循环率应达到 90%以上，鼓励生产废水全部循环利用。

（二）含铅、汞、镉、砷、镍、铬等重金属的生产废水，应按照国家排放标准的规定，在其产生的车间或生产设施进行分质处理或回用，不得将含不同类的重金属成分或浓度差别大的废水混合稀释。

（三）生产区初期雨水、地面冲洗水、渣场渗滤液和生活污水应收集处理，循环利用或达标排放。

（四）含重金属的生产废水，可按照其水质及处理要求，分别采用化学沉淀法、生物（剂）法、吸附法、电化学法和膜分离法等单一或组合工艺进行处理。

（五）对储存和使用有毒物质的车间和存在泄漏风险的装置，应设置防渗的事故废水收集池；初期雨水的收集池应采取防渗措施。

六、鼓励研发的新技术

鼓励研究、开发、推广以下技术：

（一）环境友好的铅富氧闪速熔炼和短流程连续熔炼新工艺，液态高铅渣直接还原等技术；锌直接浸出和大极板、长周期电解产业化技术；铅锌再生、综合回收的新工艺和设备。

（二）烟气高效收集装置，深度脱除烟气中铅、汞、铊等重金属的技术与设备，小粒径重金属烟尘高效去除技术与装置。

（三）湿法烟气制酸技术，低浓度二氧化硫烟气制酸和脱硫回收的新技术；制酸尾气除雾、洗涤污酸净化循环利用等技术和装备。

（四）从固体废物中回收铅、锌、镉、汞、砷、硒等有价成分的技术，利用固体废物制备高附加值产品技术，湿法炼锌中铁渣减排及铁资源利用、锌浸出渣熔炼技术与装备。

（五）高效去除含铅、锌、镉、汞、砷等废水的深度处理技术，膜、生物及电解等高效分离、回用的成套技术和装置等。

（六）具有自主知识产权的铅锌冶炼与污染物处理工艺及污染物排放全过程检测的自动控制技术、新型仪器与装置。

（七）重金属污染水体与土壤的环境修复技术，重点是铅锌冶炼厂废水排放口、渣场下游水体和土壤的修复。

七、污染防治管理与监督

（一）应按照有关法律法规及国家和地方排放标准的规定，对企业排污情况进行监督和监测，设置在线监测装置并与环保部门的监控系统联网；定期对企业周围空气、水、土壤的环境质量状况进行监测，了解企业生产对环境和健康的影响程度。

（二）企业应增强社会责任意识，加强环境风险管理，制定环境风险管理制度和重金属污染事故应急预案并定期演练。

（三）企业应保证铅锌冶炼的污染治理设施与生产设施同时配套建设并正常运行。发生紧急事故或故障造成重金属污染治理设施停运时，应按应急预案立即采取补救措施。

（四）应按照有关规定，开展清洁生产工作，提高污染防治技术水平，确保环境安全。

（五）企业搬迁或关闭后，拟对场地进行再次开发利用时，应根据用途进行风险评价，并按规定采取相关措施。

砷污染防治技术政策

环境保护部公告 2015 年 第 90 号

一、总则

（一）为贯彻《中华人民共和国环境保护法》等法律、法规，防治环境污染，保障生态安全和人体健康，规范污染治理和管理行为，引领涉砷行业生产工艺和污染防治技术进步，促进行业的绿色循环低碳发展，制定本技术政策。

（二）本技术政策所称的涉砷行业是指含砷资源开发与利用，含砷物料和产品的贮存、运输、生产与使用行业。主要包括有色金属含砷矿石采选与冶炼、黄铁矿制酸、磷肥和锌化工产品生产、铁矿石烧结、含砷燃煤使用、含砷制剂生产和使用、含砷废气净化、废水处理和固体废物处置及综合利用等行业。

（三）本技术政策为指导性文件，主要包括清洁生产、污染治理、综合利用、二次污染防治以及新技术研发等内容，为环境保护相关规划、污染物排放标准、环境影响评价、总量控制、排污许可等环境管理和企业污染防治工作提供技术指导。

（四）涉砷行业应遵循“源头减量、过程控制、末端治理、生态修复”相结合的原则，加大产业结构调整和技术升级力度，加快淘汰落后产能；积极推广先进适用的生产工艺、污染防治技术及装备；防止砷二次污染。

（五）涉砷行业应对砷污染物实行全过程监控，健全环境风险评估、防控体系和防控措施，完善环境应急管理制度和应急预案。

二、清洁生产

（六）鼓励优先开采和使用砷含量低的矿石和燃煤；生产或进口的铜、铅、锌、锡、锑和金等精矿中砷含量应满足相关精矿标准和国家政策要求。

（七）含砷精矿以及含砷危险废物在收集、运输、贮存时，应采取密闭或其他防漏散、防飞扬措施。

（八）鼓励有色金属冶炼企业采用符合一级、二级清洁生产标准的冶炼工艺，硫化铜和硫化铅精矿采用闪速熔炼、富氧熔池熔炼等工艺及装备；硫化锌精矿采用常规湿法冶金、氧压浸出等工艺及装备。

（九）铜、铅、锌、锡、锑、金等精矿冶炼过程中回收伴生有价元素时，应严格控制含砷物料污染。

（十）铜、铅、锡、镍等电解精炼过程中产生的阳极泥，鼓励采用富氧底吹熔炼炉、卡尔多炉等先进炉窑回收金、银等。回收前鼓励源头除砷及砷无害化处理。

（十一）控制铜、锌、锡、锑、镉、铟等金属冶炼过程中砷化氢的产生；砷化氢气体应采用吸收、吸附等方法处理。

（十二）逐步限制玻璃器皿行业和木材防腐行业使用含砷制剂；逐步淘汰饲料和养殖行业添加和使用含砷制剂；严格控制含砷制剂在农业领域的使用。含砷制剂生产、贮存和使用过程应遵循国家相关要求。

三、污染治理

（十三）含砷烟尘应采用袋式除尘、湿式除尘、静电除尘等及其组合工艺进行高效净化。

（十四）涉砷企业生产区初期雨水、地面冲洗水、车间生产废水、渣场渗滤液在其产生车间或生产设施中应单独收集、分质处理或回用，实现循环利用或达标排放；生产车间或生产设施排放口废水中砷含量应达到国家排放标准要求。

（十五）有色金属采选行业含砷废水应采用氧化沉淀、混凝沉淀、吸附、生物制剂等方法或组合工艺处理并循环利用。

（十六）有色金属冶炼行业污酸和含砷废水应采用硫化沉淀、石灰-铁盐共沉淀、硫化-石灰中和、高浓度泥浆-铁盐法、生物制剂、电絮凝等方法或组合工艺处理。

（十七）黄铁矿制酸和磷肥生产过程中产生的污酸或含砷废水，铁矿石烧结烟气脱硫过程中产生的含砷废液应采用石灰中和、铁盐混凝等方法或组合工艺处理。

（十八）含砷污泥和含砷废渣应固化、稳定化处理，按国家相关要求运输、贮存和安全处置。

四、综合利用

（十九）鼓励含砷物料产生量较大的企业对含砷废渣和废料进行资源化处置；采用湿法冶金技术回收含砷污泥、砷烟尘等废渣和废料中有价金属，二次砷渣安全无害化处置。

（二十）利用有色金属冶炼过程中产生的高砷物料生产三氧化二砷、金属砷等产品的单位应符合危险废物经营许可证管理办法要求。

（二十一）涉砷企业应加强对原料场及各生产工序含砷污染物排放的控制；含砷物料用作水泥生产原料应进行安全性评估。

五、二次污染防治

（二十二）含砷废石堆场应按照一般工业固体废物贮存、处置场污染控制标准执行；含砷废渣贮存堆场必须按照危险废物填埋场选址与安全措施要求执行；含砷尾矿库必须采取防渗漏、防氧化、防流失等无害化处置措施，并建立三级防控体系。尾矿库闭库必须按要求覆土并种植植物，防止滑坡、水土流失及风蚀扬尘等；必须定期监测渗漏液和地下水，确保长期安全封存。

（二十三）按照国家相关规定，加强对历史遗留含砷冶炼场地、废渣堆场以及周边土壤和地下水环境质量的调查、监测与风险评估；开展含砷废渣、废渣堆场及其周边污染土壤综合整治。

（二十四）鼓励采用固化及稳定化技术治理砷污染场地土壤；鼓励采用植物修复、植物-微生物联合修复或农业生态工程等措施治理砷污染农产品产地土壤。定期监测修复后的砷污染场地、农产品产地土壤等；加强对砷含量超标的地表水或地下水灌溉农产品产地、修复后的植物处置等方面的监管。

（二十五）未受砷污染的农产品产地，严格控制外源砷污染；受砷污染的农产品产地，实行分级管理。农产品中砷含量不超过国家相关标准要求的农产品产地，合理利用；农产品中砷含量超过国家相关标准的农产品产地，调整种植结构，必要时，按国家相关规定，划定农产品禁止生产区。

六、鼓励研发的新技术

（二十六）低能耗、高效率、环境友好的涉砷项目新工艺及装备；综合回收含砷低品位矿、尾矿和含砷贵金属资源中有价元素的先进技术及装备。

（二十七）含砷烟气和含砷化氢气体的高效收集除砷技术及装备；粒径在 0.1 米以下含砷超细烟尘的高效收集技术及装备；高效、经济可行的含砷废水分级处理与回用技术及装备；含砷污泥、高砷烟尘等固体废物中砷生成臭葱石等的固化/稳定化技术及装备；含砷废水中砷高度富集、富集后的固体废物安全贮存技术。

（二十八）砷污染土壤、水环境治理与修复技术及装备；污染地下水中砷的阻隔拦截与深度净化技术及装备；废气中砷等污染物在线监测技术和设备。

（二十九）玻璃行业、木材防腐行业和农业环境友好的含砷制剂替代产品。

（三十）新用途、环境友好的含砷新产品。

汞污染防治技术政策

环境保护部公告 2015 年 第 90 号

一、总则

（一）为贯彻《中华人民共和国环境保护法》等法律法规，履行《关于汞的水俣公约》，防治环境污染，保障生态安全和人体健康，规范污染治理和管理行为，引领涉汞行业清洁生产和污染防治技术进步，促进行业的绿色循环低碳发展，制定本技术政策。

（二）本技术政策所称的涉汞行业主要指原生汞生产，用汞工艺（主要指电石法聚氯乙烯生产），添汞产品生产（主要指含汞电光源、含汞电池、含汞体温计、含汞血压计、含汞化学试剂），以及燃煤电厂与燃煤工业锅炉、铜铅锌及黄金冶炼、钢铁冶炼、水泥生产、殡葬、废物焚烧与含汞废物处理处置等无意汞排放工业过程。

（三）本技术政策为指导性文件，主要包括涉汞行业的一般要求、过程控制、大气污染防治、水污染防治、固体废物处理处置与综合利用、二次污染防治、鼓励研发的新技术等内容，为涉汞行业相关规划、污染物排放标准、环境影响评价、总量控制、排污许可等环境管理和企业污染防治工作提供技术指导。

（四）涉汞行业应优化产业结构和产品结构，合理规划产业布局，加强技术引导和调控，鼓励采用先进的生产工艺和设备，淘汰高能耗、高污染、低效率的落后工艺和设备。

（五）涉汞行业污染防治应遵循清洁生产与末端治理相结合的全过程污染控制原则，采用先进、成熟的污染防治技术，加强精细化管理，推进含汞废物的减量化、资源化和无害化，减少汞污染物排放。

（六）应按国家相关要求，健全涉汞行业环境风险防控体系和环境应急管理制度，定期开展环境风险排查评估，完善防控措施和环境应急预案，储备必要的环境应急物资，积极防范并妥善应对突发环境事件。鼓励研发汞等重金属快速及在线监测技术和设备。

二、一般要求

（七）含汞物料的运输、贮存和备料等过程应采取密闭、防雨、防渗或其他防漏散措施。

（八）除原生汞生产以外的其他涉汞行业应使用低汞、固汞、无汞原辅材料，并逐步替代高汞及含汞原辅材料的使用。

（九）涉汞行业应对原辅材料中的汞进行检测和控制，加强汞元素的物料平衡管理，保持生产过程稳定。

（十）用汞工艺和添汞产品生产过程应采用负压或密闭措施，加强管理和控制，减少汞污染物的产生和排放。

（十一）涉汞企业生产及含汞废物处置过程中，对于初期雨水及生产性废水应采取分质分类处理，确保处理后达标排放或循环利用。

（十二）废弃含汞产品及含汞废料等应收集、回收利用或安全处理处置。

三、原生汞生产行业汞污染防治

（十三）原生汞生产应对汞及其他有价成分进行高效资源回收，加强生产过程中汞等重金属元素的物料控制，减少中间产品和各生产工序中汞等重金属的排放。

（十四）汞矿采选应采用重选、浮选单一或联合技术和工艺，严格控制尾矿渣中的汞含量。

（十五）按国家相关规定，淘汰铁锅和土灶、蒸馏罐、坩埚炉及简易冷凝收尘设施等落后炼汞方式。

（十六）汞矿采选过程产生的含汞粉尘应采用袋式除尘等高效除尘技术；冶炼过程产生的废气应采用硫酸软锰矿净化法、漂白粉净化法、多硫化钠净化法、碘络合法及酸洗脱汞法等污染控制技术。

（十七）汞矿采选与冶炼过程产生的含汞废水宜采用硫化法、中和沉淀法和活性炭吸附法等技术进行处理，处理后的废水应优先循环利用。

（十八）汞矿采选过程产生的废石和选矿渣应优先进行资源综合利用或矿坑回填的处理处置方式。

（十九）鼓励研发的新技术：①提高汞尾矿利用率的新技术；②尾矿、废石及废渣无害化处置技术；③尾矿库复垦修复、矿山生态恢复及汞污染土壤修复技术。

四、电石法聚氯乙烯生产行业汞污染防治

（二十）电石法聚氯乙烯生产应采用符合国家标准的低汞触媒，降低单位产品的汞消耗量。应采用高效汞污染控制技术，提高汞回收效率，减少汞排放。

（二十一）氯乙烯合成转化工序应配备独立的含汞废水收集和处理设施，含汞废水应采用硫化法、吸附法等工艺进行处理；氯离子浓度较高的含汞废水鼓励采用膜法、离子交换树脂法等处理技术。

（二十二）氯乙烯合成工序不达标的含汞废酸应采用盐酸深度脱析技术回收氯化氢，脱析后产生的含汞废液与含汞废碱液应送往独立的含汞废水处理系统进行处理；废汞触媒、含汞废活性炭和含汞废水处理污泥等含汞废物应按危险废物管理要求进行回收和安全处置。

（二十三）鼓励研发的新技术：①高效低汞触媒（汞含量低于 4%）和无汞触媒；②无汞催化技术及工艺设备；③大型氯乙烯流化床反应器及配套分子筛固汞触媒；④高效汞回收技术；⑤高效低成本含汞废水综合治理技术。

五、添汞产品生产行业汞污染防治

（二十四）含汞电光源生产过程中产生的含汞废气宜采用活性炭吸附、催化吸附-高锰酸钾溶液吸收等处理技术；含汞废水宜采用化学沉淀法、吸附法等处理技术。

（二十五）含汞电池生产过程中产生的含汞废气宜采用活性炭吸附等处理技术；含汞废水宜采用电解法、沉淀法或微电解-混凝沉淀法等处理技术。

（二十六）含汞体温计、含汞血压计和含汞化学试剂生产过程中产生的含汞废气宜采用活性炭吸附等处理技术，含汞废水宜采用化学沉淀法、吸附法等处理技术。

（二十七）注汞后破碎的灯管、封口或高温加热时截断的废玻璃管和不合格产品、含汞废水和含汞废气处理时产生的泥渣或含汞活性炭等，宜采用焙烧、冷凝等技术进行回收处理，或交具有相应能力的持危险废物经营许可证的单位进行处置。

（二十八）鼓励研发的新技术：①低汞、无汞及汞回收利用技术；②固汞替代液汞技术；③全自动注汞技术及装备。

六、燃煤电厂与燃煤工业锅炉汞污染防治

（二十九）燃煤电厂与燃煤工业锅炉应使用低汞燃料煤，或采用洗煤、配煤等脱汞

预处理技术，减少燃料中的汞含量。采用煤炭改性以及使用煤炭添加剂，合理提高氯、溴等卤素元素含量，提高燃烧过程中汞的转化效率。

（三十）燃煤电厂与燃煤工业锅炉应采用高效燃烧技术，实施燃烧过程控制，减少汞污染排放。

（三十一）应采用脱硫、除尘、脱硝协同脱汞技术。应对脱汞副产物进行稳定化、无害化处理，对粉煤灰和脱硫石膏进行安全处置。

（三十二）鼓励研发的新技术：①汞吸附剂、煤中添加卤化物喷入技术；②低温等离子体除汞技术；③硫、硝、汞协同脱除多功能催化剂；④硫、硝、汞等多种污染物一体化高效脱除技术及装备；⑤汞等重金属快速及在线监测技术和设备；⑥高效汞污染物脱除技术。

七、铜铅锌及黄金冶炼行业汞污染防治

（三十三）铜铅锌冶炼过程产生的含汞废气宜采用波立顿脱汞法、碘络合-电解法、硫化钠-氯络合法和直接冷凝法等烟气脱汞工艺。宜采用袋式除尘、电袋复合除尘和湿法脱硫、制酸等烟气净化协同脱汞技术。

（三十四）金矿焙烧过程应加强对高温静电除尘器等烟气处理设施的运行管理，提高协同脱汞效果。

（三十五）烟气净化过程产生的废水、冷凝器密封用水和工艺冷却水宜采用化学沉淀法、吸附法和膜分离法等组合处理工艺。

（三十六）冶炼渣和烟气除尘灰应采用密闭蒸馏或高温焙烧等方法回收汞，烟气净化处理后的残余物属于危险废物的应交具有相应能力的持危险废物经营许可证单位进行处置。

（三十七）降低硫酸中的汞含量宜采用硫化物除汞、硫代硫酸钠除汞及热浓硫酸除汞等技术。

（三十八）严格执行副产品硫酸含汞量的限值标准，加强对进入硫酸蒸气以及其他含汞废物中汞的跟踪管理。

（三十九）鼓励研发的新技术：①硫酸洗涤法、硒过滤器等脱汞工艺；②脱汞功能材料及脱汞工艺；③含汞等重金属废水深度及协同处理技术；④含汞废水膜分离、树脂分离或生物分离的成套技术和组合装置；⑤铜铅锌及黄金冶炼过程汞污染自动控制技术与装置；⑥污酸体系渣梯级利用与安全稳定化技术。

八、钢铁冶炼行业汞污染防治

（四十）含汞废气应采用袋式除尘、电除尘或电袋复合除尘技术和脱硫技术协同脱除烟气中的汞。

（四十一）含汞废水宜采用化学沉淀法、吸附法、电化学法和膜分离法等组合处理工艺。

（四十二）鼓励研发的新技术：①硫、硝、汞等污染物协同脱除技术；②冶炼烟尘、冶炼渣和含汞污泥的资源化利用技术；③活性炭等功能材料吸附除汞技术。

九、水泥生产行业汞污染防治

（四十三）新型干法水泥生产工艺应提高水泥回转窑窑尾废气与生料粉磨烘干的同步运转率，并加强生料磨停运时汞排放控制技术措施，减少水泥窑废气汞排放。

（四十四）鼓励采用低汞原燃料替代、低汞混合材料掺用等技术的应用。

（四十五）应采用袋式除尘、电袋复合除尘等高效除尘协同脱汞技术。

（四十六）应加强对水泥窑协同处置固体废物运行的动态管理，依据固体废物组分及汞含量采取合理的处置速率，保证汞等重金属排放达标。

（四十七）鼓励研发的新技术：水泥窑废气汞等污染物协同脱除技术。

十、殡葬行业汞污染防治

（四十八）殡葬行业宜采用活性炭喷射等技术去除烟气中的汞。

（四十九）鼓励研发的新技术：①烟气中汞、二噁英等污染物高效协同净化技术；②新型多功能汞吸附材料。

十一、废物焚烧与含汞废物处理处置过程汞污染防治

（五十）含汞废物应委托有危险废物经营许可资质的单位进行无害化处理处置。

（五十一）危险废物（含医疗废物）、生活垃圾等废物焚烧应采用高效袋式除尘和活性炭吸附脱汞等技术。

（五十二）废汞触媒宜采用火法冶炼、化学活化或控氧干馏等技术进行回收处理。

（五十三）废荧光灯应采用高温气化法、湿法等技术进行回收处理。

（五十四）含汞废电池处理处置宜采用火法处理、湿法处理、火法湿法联合处理、真空热处理或安全填埋等技术。

（五十五）鼓励烟气除尘灰及废水处理产生的含汞污泥采用氧化溶出法或氯化-硫化-焙烧法等汞回收处理技术。处理后的残渣和飞灰宜加入汞固定剂和水泥砂浆固化处理后安全填埋。

（五十六）鼓励研发的新技术：①含汞废物高效汞回收技术及装备；②低温等离子体、新型功能材料等含汞废气净化及资源回收技术；③含汞废物安全收集、贮存、运输的技术及装备。

铬盐工业污染防治技术政策

环境保护部公告 2015 年 第 90 号

一、总则

（一）为贯彻《中华人民共和国环境保护法》等法律法规，防治环境污染，保障生态安全和人体健康，规范污染治理和管理行为，引领铬盐工业清洁生产和污染防治技术进步，促进行业的绿色循环低碳发展，制定本技术政策。

（二）本技术政策所称的铬盐工业包括以铬矿、碳素铬铁等含铬原料生产铬酸盐、重铬酸盐、铬酸酐等产品，以及利用铬酸盐、重铬酸盐或铬酸酐等生产铬化合物和金属铬等产品的工业过程。

（三）本技术政策为指导性文件，主要包括清洁生产、大气污染防治、水污染防治、固体废物处理处置与综合利用、二次污染防治、鼓励研发的新技术等内容，为铬盐工业环境保护相关规划、污染物排放标准、环境影响评价、总量控制、排污许可等环境管理和企业污染防治工作提供技术指导。

（四）铬盐工业应规模化、集约化发展，进一步提高产业集中度，并合理控制行业发展规模。鼓励开发下游环境友好型、功能化、高附加值、精细铬化学品和衍生产品。

（五）铬盐工业污染防治应遵循全过程污染防治的原则，实行源头控制、清洁生产、末端治理、风险防范的综合防治技术路线。

（六）铬盐工业应按国家相关要求，健全环境风险防控体系和环境应急管理制度。铬盐企业应安装主要污染物自动连续监测设施，监测数据定期向社会公众公开。

二、清洁生产

（七）应采用亚熔盐液相氧化法、无钙焙烧法等先进清洁生产工艺，淘汰有钙焙烧法和少钙焙烧法生产工艺，鼓励研发降污减排的清洁生产新工艺、新技术和新装备。

（八）无钙焙烧工艺铬酸钠熟料浸滤过程鼓励采用湿磨-带式过滤工艺、湿磨-转鼓过滤工艺或大型槽车自动化浸滤工艺，淘汰小型开放浸取槽浸滤工艺；铬酸钠除钒过程宜采用羟氧化铬吸附等除钒工艺。

（九）鼓励采用酸性液多效蒸发-连续结晶法重铬酸钠生产工艺；鼓励采用连续法或电解法铬酸酐生产工艺。

（十）鼓励采用铬酸盐氢还原法氧化铬生产工艺；应采用自动控制的连续回转窑设备生产氧化铬，淘汰反射炉和人工操作的回转窑。

（十一）应选用高品位的含铬原料和清洁能源，推广节能、节水技术及设备，应用大型化、连续化、自动化生产设备，采用集散控制系统（DCS）、电气控制系统（ECS）和过程控制系统（PCS）优化控制生产过程。

三、大气污染防治

（十二）铬盐生产过程中产生的废气应采用负压收集、处理；对无法完全密闭的排放点，应安装集气装置，控制无组织排放；对易产生扬尘的区域，应采取洒水等抑尘措施。

（十三）原料粉碎、混料、输送和产品包装等过程产生的含尘废气，应采用密闭收集、输送，经袋式除尘、电除尘等高效除尘技术处理后达标排放，回收的粉尘应返回系统利用。

（十四）铬矿焙烧过程产生的废气应经预除尘-余热回收-高效除尘组合技术处理后达标排放，收集的粉尘应返回系统利用。

（十五）浸取、中和、（预）酸化等过程产生的含铬水雾、酸雾以及铬酸酐和碱式硫酸铬生产过程产生的含铬、含氯废气，宜采用多段碱液吸收或电除雾技术处理。

（十六）氧化铬生产过程产生的废气、铬渣干法解毒过程产生的废气，应经余热回收和高效除尘后达标排放，收集的粉尘返回系统利用或安全处理处置。

四、水污染防治

（十七）铬盐工业产生的废水应分类收集、分质处理和综合回收利用。

（十八）生产过程产生的废水，包括铬酸酐尾气吸收液、设备地面冲洗水、化验室化验废水，以及固体废物堆存场地渗滤液、事故池接纳的废水，宜采用化学还原法或电解还原法处理，并全部回用。

（十九）厂区应采取清污分流、雨污分流。初期雨水应收集并处理后循环利用，生活污水经生化法等处理后达标排放。

五、固体废物处理处置与综合利用

（二十）铬盐工业产生的固体废物，应按其性质和特点进行鉴别分类，遵循“减量化、资源化、无害化”的原则，根据固体废物相关管理规定分别进行处置利用。

（二十一）铬渣、铝泥、含铬硫酸氢钠、废水处理污泥等含铬危险废物，应按照危险废物相关要求进行收集、贮存、利用、处置，鼓励在厂内进行资源化综合利用。

（二十二）铬渣解毒宜采用回转窑法等干法解毒工艺和二氧化硫法等湿法解毒工艺。

（二十三）无钙焙烧工艺产生的铬渣，宜用于生产含铬生铁、碳素铬铁等；少钙焙烧工艺产生的铬渣，宜替代白云石和石灰石用于烧结炼铁等；亚熔盐液相氧化工艺产生的铬渣，宜用于生产铁系脱硫剂和氧化铁红颜料等。

（二十四）铝泥宜用于生产氢氧化铝或进行深加工生产含铝产品等；含铬芒硝宜用作生产硫化碱或元明粉的原料等；含铬硫酸氢钠宜返回系统利用；酸泥宜用于生产碱式硫酸铬等。

六、二次污染防治

（二十五）铬盐企业应按相关规范设置应急事故池，用于接纳生产事故废水。

（二十六）生产厂区地面及生产厂房应按要求采取严格防渗措施，输送含铬物料的工艺管道应确保地面可视，地面以下输送含污染物介质的废水管道应设置防渗良好、便于检修和监控的管沟，并按规范要求设置长期地下水监控井，防止六价铬污染土壤和地下水。

（二十七）解毒后的铬渣运输至厂外进行资源综合利用，应按照相关规定运输、贮存。

（二十八）应对申请关闭的铬盐企业厂区和退役的铬渣库（场）及其周边进行环境风险评估。应对已退役闭库的铬渣库（场）进行生态恢复，并定期跟踪监测。

（二十九）企业搬迁或关闭后，拟对场地进行再次开发利用时，应根据用途进行风险评价，并按规定采取相关措施。

七、鼓励研发的新技术

（三十）铬铁碱溶氧化法、气动流化塔式连续液相氧化法、铬铁矿加压碱浸氧化法、双自返低温熔盐法等液相法工艺技术及装备。

（三十一）铬酸钠碳化法、电解法重铬酸钠生产技术，溶液结晶法铬酸酐生产技术，铬酸钠淀粉还原法氧化铬生产技术等。

（三十二）亚熔盐液相氧化法、铬铁碱溶氧化法、气动流化塔式连续液相氧化法等工艺产生的含铬废渣的综合利用技术。

（三十三）含铬废气、废水高效处理技术。

（三十四）铬污染物快速及在线监测技术和设备。

（三十五）低毒无毒的铬盐替代产品。

电解锰行业污染防治技术政策

环发〔2010〕150号

一、总则

（一）为保护人体健康和生态环境，降低电解锰行业资源、能源消耗，削减污染物排放强度，加强污染防治，促进电解锰行业可持续、健康发展，根据《中华人民共和国环境保护法》《中华人民共和国清洁生产促进法》等法律法规，制定本技术政策。

（二）本技术政策适用于全国范围内电解锰生产企业的规划、环评以及污染防治和污染防治设施的建设、管理。本技术政策所指电解锰为电解金属锰。

（三）鼓励电解锰行业集约化发展和规模化污染综合防治，电解锰行业发展应符合国家产业政策，上大压小，控制总规模；新（改、扩）建电解锰项目应采用国家推荐的清洁生产工艺和污染防治技术。

（四）电解锰行业对以下污染物进行重点防治：铬、硒、锰、氨氮、酸雾、工业粉尘、锰渣、阳极泥、硫化渣和铬渣。

（五）电解锰企业应采用原辅料源头控污、主要工艺环节过程减排、锰渣、废水末端循环和治理相结合的全过程清洁生产技术，推行以节能减排为核心，以污染预防为重点，以工艺清洁化、设备密闭化、操作机械化、计量精准化、水循环利用和水平衡等为特征的污染综合防治技术路线。

二、原辅料选择与污染防治技术

（一）鼓励使用高品位锰矿，逐步减少吨电解锰产品锰渣排放量。

（二）选用总锰含量低于18%的贫锰矿作为电解锰生产原料时，一般应采用浮选或磁选等富集预处理技术。

（三）2013年之前，吨电解锰二氧化硒用量不高于1.2千克，2013年起，全行业逐步实现无钝化或无铬钝化、无硒电解。

三、生产过程污染控制技术

（一）磨粉工序应选用封闭负压粉碎技术和密闭输送系统，严格控制粉尘污染。

（二）化合工序须配备酸雾吸收装置，防止酸雾排放。鼓励采用空气、双氧水等清洁环保型氧化剂。

（三）一次压滤工序应选用二段酸浸洗涤压滤等高效固液分离工艺技术，实现锰渣中可溶性锰含量低于 2%，锰渣二次压榨含水率低于 25%，淘汰不能达到上述目标的压滤技术。

（四）电解工序应优先选用低硒、无硒电解技术；鼓励采用无钝化和无铬钝化技术，加快淘汰重铬酸盐钝化技术。

电解工序宜采用阴极板出槽—钝化—清洗—烘干—剥离—洗板—抛光—入槽等流程的自动控制技术，实现电解工艺废水循环利用，淘汰传统的人工出槽和钝化方法。

（五）节能节水技术

1. 新建和改建企业应选用节能型电解槽、阳极液断流器等节能节电技术和设备，2013 年之前，吨含硒电解锰直流电耗不应高于 5 800 千瓦·时，吨无硒电解锰直流电耗不应高于 7 200 千瓦·时；2013 年起，吨无硒电解锰直流电耗不应高于 6 800 千瓦·时。

2. 电解锰企业应在各用水节点安装计量装置，加强对用水量的监控，吨电解锰新水用量不应高于 3 吨。

四、废水、废渣末端循环及处理处置技术

（一）2013 年之前，生产企业应逐步淘汰以铁屑还原法和石灰中和法为主的废水处理工艺，对含铬、锰离子的废水宜采用离子交换法等先进技术处理，实现铬、锰资源化循环利用。

（二）锰渣应综合利用，鼓励以锰渣为原料生产建材原料和制品，鼓励研发规模化利用锰渣制备高附加值产品的技术。

（三）在条件适宜地区，应采用先进技术提取和回收硫化渣中钴、镍等有价金属。

（四）2013 年之前，生产企业应加装脱除氨氮的废水深度处理装置，鼓励采用氨氮循环利用技术。

五、二次污染防治

（一）锰渣的处理处置应符合国家的相关法律法规，规范锰渣库的建设和管理，防止锰渣渗滤液对环境的二次污染。

（二）加强铬渣的安全处置和二次污染防治。厂区内铬渣的暂存及转运应符合国家有关危废处置的相关规定，应定期交有处理资质的厂家进行无害化处理，不得与一般固废一起堆存。

（三）严格预防和控制锰矿选矿、阳极泥利用、锰渣堆放、铬渣堆放以及资源化利用过程中产生二次污染。

（四）加强废水、锰渣中硒、锰等有害物质浸出、流失所导致的二次污染和人体健康危害评估。

六、鼓励研发与推广的新技术

（一）加快研发和推广无硒电解、无铬钝化和无钝化生产技术。

（二）加快研发和推广提高电解效率的节能新技术。

（三）加快研发以低品位二氧化锰矿为原料的还原工艺技术及设备。

（四）鼓励研发高附加值锰系产品，延长电解锰产业链。

（五）鼓励研发离子交换法等回收及循环利用废水中铬、锰离子的先进技术，以及回收利用氨氮的先进技术。

（六）鼓励研发电解锰生产过程中排放的二氧化碳气体捕获、封存、回收再利用技术，实现全行业低碳生产。

七、运行管理

（一）企业应按照有关规定，安装总锰、悬浮物和氨氮等主要污染物以及 pH 的在线监测装置，在车间或处理设施排放口安装六价铬的在线监测装置，并与环保行政主管部门的污染监控系统联网。

（二）企业应建立电解锰生产装置及污染防治设施运行及检修规程和台账等日常管理制度；建立、完善环境污染事故应急体系，建设硫酸、液氨、电解液、阳极液的事故应急处理设施，包括事故围堰、应急池、双阀门控制设施等。液氨储罐安置应符合国家危险化学品的有关规定。

（三）企业应加强厂区环境综合整治，厂区的车间地面采取防渗、防漏和防腐措施；优化企业内部管网布局，实现清污分流、雨污分流和管网防渗、防漏，在生产过程中严控跑、冒、滴、漏现象和无组织排放行为。

（四）企业应加强电解锰生产噪声环境管理，确保厂界噪声达到国家有关规定。

（五）鼓励企业委托第三方进行污染防治设施的运行管理。

八、监督管理

（一）应重点加强对企业的磨粉、化合、压滤及废水处理等工序的日常监测、控制与管理，严防无组织排放及偷、漏排行为发生。加强电解锰厂、锰渣库（场）周边地表水、地下水和土壤污染的监控。

（二）应加强对电解锰企业的强制性清洁生产审核。

（三）应对申请关闭的电解锰厂区和退役的锰渣库（场）及其周边进行环境评估。对已退役闭库的锰渣库（场）进行定期跟踪监测，督促企业恢复生态。

（四）电解锰企业所在地的环境保护行政主管部门应加强对企业污染治理设施运行和日常污染防治管理制度执行情况的定期检查和监督。

制革、毛皮工业污染防治技术政策

环发〔2006〕38号

1 总则

1.1 目的

为防治制革、毛皮工业污染物对环境的污染，引导制革、毛皮工业污染防治技术的开发和应用，逐步实现清洁生产，促进制革、毛皮工业规模化和可持续发展，根据《中华人民共和国环境保护法》《中华人民共和国水污染防治法》《中华人民共和国固体废物污染环境防治法》《中华人民共和国大气污染防治法》和《国家危险废物名录》，制定本技术政策。

1.2 范围

本技术政策的内容适用于制革、毛皮企业生产全过程的污染防治、环境监督与管理。

1.3 控制目标

鼓励采用清洁生产工艺，使用无污染、少污染原料，采用节水工艺，逐步淘汰严重污染环境的落后工艺；彻底取缔3万标张皮（折牛皮，细毛皮企业规模应酌情考虑，按自然张计算，以下同）以下的小型制革企业，推行集中制革、污染集中治理；建设和完善污水处理设施，引导开展固体废物的资源综合利用，力争使制革、毛皮工业环境污染问题得到较好解决。

新（改、扩）建制革企业应采用二级生化法处理其工艺废水，采用成熟的清洁生产工艺进行制革生产；至2010年底之前，现有制革、毛皮废水应经过二级生化法处理，采用成熟的清洁生产技术和工艺；须制定发布更为严格的制革、毛皮工业污染物排放标准。

至2015年底之前，力争在全行业中基本采用清洁生产技术和工艺，满足清洁生产的基本要求。

2　清洁生产技术和工艺

2.1　低盐保存、循环用盐

逐步淘汰撒盐保藏鲜皮的原皮保藏工艺，采用转鼓浸渍盐腌法，或池子浸渍盐腌法等；提倡循环使用盐。严格控制使用卤代有机类防腐剂，禁止使用含砷、汞、林单、五氯苯酚，推广使用无毒和可生物降解的防腐剂。

2.2　冷冻贮藏、直接加工

提倡原皮冷冻保藏，鼓励有条件的地方将制革厂建在大型屠宰场附近，直接加工鲜皮。

2.3　低硫脱毛、保毛脱毛

根据不同的生产品种，逐步采用低硫、无硫酶脱毛及低 COD 排放的脱毛方法，提倡小液比脱毛和脱毛浸灰废液的循环使用。

2.4　高效浸灰、低氨氮脱灰

利用化学及生物助剂，提高浸灰效果，循环利用浸灰液，直至取代石灰的加工工艺；逐步采用无铵盐脱灰技术。

2.5　无盐浸酸、高 pH 鞣制

在鞣制过程中，逐步采用无盐浸酸（即非膨胀酸浸酸）法和不浸酸铬鞣工艺。

2.6　低铬高吸收、无铬鞣制

推广白湿皮工艺，采用无污染的化工材料预鞣、剖白湿皮；提倡低铬高吸收铬鞣和无铬鞣剂替代铬鞣，在复鞣过程中不用或少用含铬复鞣剂。

2.7　高效加脂、减少排放

严格禁止使用在国际上禁用的含致癌芳香胺基团的染料，使用新型复鞣、加脂材料，提高皮革对加脂剂的吸收；慎用能促进三价铬氧化为六价铬的富含双键的加脂剂。

2.8　环保涂饰、绿色产品

减少甲醛及其他有害挥发物质的使用。提倡使用新型水溶型或水乳型涂饰材料，逐步替代溶剂型涂饰材料。

2.9　优化助剂、利于降解

用非卤化物表面活性剂代替卤化物表面活性剂，用易生物降解的助剂代替不易降解的助剂。

3　节水措施

3.1　精确用水、杜绝浪费

加强对企业用水量的监控，不但在企业总入水口安装流量计，而且要在用水量大的

设备入口安装流量计，做到按工艺精确用水；杜绝大开、大冲、大洗，用水不计量，严重浪费水资源的粗放式的用水操作行为。

3.2　工艺节水、源头削减

在湿加工工段要求尽量采用小液比工艺，尽可能的改流水洗为批量封闭水洗，在保证加工需要的前提下删繁就简、合并相关工序的用水操作，降低吨皮用水量。

3.3　循环用水、提高水效

加强浸灰、铬鞣工序的废液循环利用，尽量用经二级生化处理的水替代新鲜水，用于生产、厂区环境保洁及其他对用水水质要求不高的生产环节，提高水重复利用率。

4　集中制革、污染集中治理

4.1　严格防止已依法取缔的年产 3 万标张皮以下的制革企业恢复生产。

4.2　现有年产 3 万～10 万标张皮的制革企业，应集中制革，污染集中治理。现有的已采取集中制革的企业，总规模不宜低于 10 万标张，建设统一的集中式能达标的污水处理设施。

4.3　新（改、扩）建独立制革企业，年产量应在 10 万（含 10 万，以下同）标张皮以上。鼓励年产量在 10 万标张皮以上的制革企业集中制革，污染集中治理。

4.4　制革企业比较集中的区域，须加强管理、统筹安排，必要时制定规划，并进行规划环评。

5　废水治理工艺

5.1　废水分类处理

5.1.1　提倡制革废水分类处理。对各工序产生的含较高浓度有害成分的废水可先进行预处理；可进行预处理的废水包括含硫化物的废水、脱脂废水和含铬废水，其中含铬废水必须进行预处理。

5.1.2　对含硫化物的脱毛废液可采取酸化法回收硫化氢或催化氧化法氧化硫化物。

5.1.3　对脂肪含量较高的脱脂废水可采用酸化法回收废油脂或采用气浮法使油水分离去除脂肪。

5.1.4　对鞣制车间含铬量高的废水，可采用合适的碱性材料和工艺使铬生成氢氧化铬沉淀，经压滤分离回收后按危险废物处理，避免铬进入综合废水处理后产生的污泥中。

5.2　综合废水处理

含铬废水在进行综合废水处理之前必须先进行预处理除铬，产生的铬泥属危险废物不得与其他废水处理污泥混合处理。

对综合废水的处理，宜先调节 pH 后，加絮凝剂沉降或气浮除去悬浮物和过滤性残渣，再经过耗氧、厌氧生化方法处理。

6　制革固体废物处置和综合利用技术

6.1　采用保毛脱毛法，实现毛的回收利用；对没有回收价值的毛，可进一步水解提取其中的角蛋白，用于制作皮革化工材料、化妆品中的保湿成分、毛发营养剂或肥料。

6.2　鞣制前的皮边角废料可用于制作明胶和其他产品，如水解后回收胶原蛋白制作化妆品和利用其分子链上的氨基和羧基合成表面活性剂等。

6.3　兰湿皮边角料可用于制造再生革和脱铬后提取其中的蛋白质，以作为工业蛋白的原料；未脱铬的可制作皮革化学品回用于皮革工业；未利用的按危险废物处置。

6.4　从鞣制过程产生含铬废水中回收的氢氧化铬渣（铬泥），可经适当调节后，可制成铬鞣剂，回用于鞣制过程。若没有利用的须按危险废物处置。

6.5　综合废水处理产生的含铬污泥，经鉴别为危险废物的需按危险废物处置，经鉴别为一般固体废物的按一般固体废物处置。

7　恶臭防治

新（改、扩）建企业应远离居民区等，设置必要的防护距离；达不到防护距离要求的生产车间应封闭和通风，并对车间废气进行净化处理达标后排放。

造成周围大气环境污染的现有制革企业，应予搬迁或采取上述治理措施。

8　鼓励研究、开发的技术

8.1　鼓励开发、研制制革的清洁生产工艺和设备，特别是与提高产品质量有关的相互配套的系统化清洁生产工艺和设备，实现高效率的制革清洁生产。

8.2　鼓励开发、研制在原皮保藏中的浮冰保鲜、辐射保鲜、真空保鲜技术；在脱毛工序中使用硫化钠的替代产品；在脱脂及其他湿加工工序中使用超临界液体技术和其他物理处理技术，如超声波技术；在鞣制工序中使用高 pH 铬鞣，或无毒的无机、有机鞣剂；在涂饰工序中使用粉末涂饰，淘汰有机溶剂的涂饰技术；在废水处理、废水循环利用、废弃物回收等过程中使用膜技术；在准备工序及废弃物处理过程中使用生物技术等。

8.3　鼓励开发、研制低污染、易生物降解的多品种、多功能和系列化表面活性剂、鞣剂、复鞣剂、脱脂剂、加脂剂、涂饰剂等皮革化学产品。

8.4　鼓励开发、研制制革生产中的节水技术和固体废物综合利用技术，尤其是制革边角料的再利用技术和制革废水处理产生污泥的综合利用技术。

8.5　鼓励开发、研制投资小、能耗低、运行费用少、处理效率高的适合中国制革企业实际情况，能满足排放标准的制革废水、污泥处理技术。

矿山生态环境保护与污染防治技术政策

环发〔2005〕109 号

一、总则

（一）目的和依据

为了实现矿产资源开发与生态环境保护协调发展，提高矿产资源开发利用效率，避免和减少矿区生态环境破坏和污染，根据《中华人民共和国固体废物污染环境防治法》《中华人民共和国水污染防治法》《中华人民共和国清洁生产促进法》《中华人民共和国矿产资源法》《全国生态环境保护纲要》等有关的法律、法规和政策文件，制定本技术政策。

（二）适用范围

本技术政策适用于从事固体矿产资源开发的企业，不包括从事放射性矿产、海洋矿产开发的企业。

本技术政策适用于矿产资源开发规划与设计、矿山基建、采矿、选矿和废弃地复垦等阶段的生态环境保护与污染防治。

（三）指导方针和技术原则

1. 矿产资源的开发应贯彻“污染防治与生态环境保护并重，生态环境保护与生态环境建设并举，以及预防为主、防治结合、过程控制、综合治理”的指导方针。

2. 矿产资源的开发应推行循环经济的“污染物减量、资源再利用和循环利用”的技术原则，具体包括：

（1）发展绿色开采技术，实现矿区生态环境无损或受损最小；

（2）发展干法或节水的工艺技术，减少水的使用量；

（3）发展无废或少废的工艺技术，最大限度地减少废弃物的产生；

（4）矿山废物按照先提取有价金属、组分或利用能源，再选择用于建材或其他用途，最后进行无害化处理处置的技术原则。

（四）实现目标

1. 2010 年应达到的阶段性目标：

（1）新、扩、改建选煤和黑色冶金选矿的水重复利用率应达到 90%以上；新、扩、改建有色金属系统选矿的水重复利用率应达到 75%以上；

（2）大中型煤矿矿井水重复利用率力求达到 65%以上；

（3）已建立地面永久瓦斯抽放系统的大中型煤矿，其瓦斯利用率应达到当年抽放量的 85%以上；

（4）煤矸石的利用率达到 55%以上，尾矿的利用率达到 10%以上；

（5）历史遗留矿山开采破坏土地复垦率达到 20%以上，新建矿山应做到边开采、边复垦，破坏土地复垦率达到 75%以上。

2. 2015 年应达到的阶段性目标：

（1）选煤厂、冶金选矿厂和有色金属选矿厂的选矿水循环利用率在 2010 年基础上分别提高 3%；

（2）大中型煤矿矿井水重复利用率、大中型煤矿瓦斯利用率、煤矸石的利用率、尾矿的利用率在 2010 年基础上分别提高 5%；

（3）历史遗留矿山开采破坏土地复垦率达到 45%以上，新建矿山应做到边开采、边复垦，破坏土地复垦率达到 85%以上。

（五）考核指标体系

政府主管部门应建立和完善矿山生态环境保护与污染防治的考核指标体系，将下述指标纳入考核指标体系：

（1）采矿回采率、贫化率、选矿回收率、综合利用率等矿产资源综合开发利用指标；

（2）固体废物综合利用率、煤矿瓦斯抽放利用率、水重复利用率等废物资源化利用指标；

（3）土地复垦率、矿山次生地质灾害治理率等生态环境修复指标。

（六）清洁生产

鼓励矿山企业开展清洁生产审核，优先选用采、选矿清洁生产工艺，杜绝落后工艺与设备向新开发矿区和落后地区转移。

二、矿产资源开发规划与设计

（一）禁止的矿产资源开发活动

1. 禁止在依法划定的自然保护区（核心区、缓冲区）、风景名胜区、森林公园、饮用水水源保护区、重要湖泊周边、文物古迹所在地、地质遗迹保护区、基本农田保护区等区域内采矿。

2. 禁止在铁路、国道、省道两侧的直观可视范围内进行露天开采。

3. 禁止在地质灾害危险区开采矿产资源。

4. 禁止土法采、选冶金矿和土法冶炼汞、砷、铅、锌、焦、硫、钒等矿产资源开发活动。

5. 禁止新建对生态环境产生不可恢复利用的、产生破坏性影响的矿产资源开发项目。

6. 禁止新建煤层含硫量大于3%的煤矿。

（二）限制的矿产资源开发活动

1. 限制在生态功能保护区和自然保护区（过渡区）内开采矿产资源。

生态功能保护区内的开采活动必须符合当地的环境功能区规划，并按规定进行控制性开采，开采活动不得影响本功能区内的主导生态功能。

2. 限制在地质灾害易发区、水土流失严重区域等生态脆弱区内开采矿产资源。

（三）矿产资源开发规划

1. 矿产资源开发应符合国家产业政策要求，选址、布局应符合所在地的区域发展规划。

2. 矿产资源开发企业应制定矿产资源综合开发规划，并应进行环境影响评价，规划内容包括资源开发利用、生态环境保护、地质灾害防治、水土保持、废弃地复垦等。

3. 在矿产资源的开发规划阶段，应对矿区内的生态环境进行充分调查，建立矿区的水文、地质、土壤和动植物等生态环境和人文环境基础状况数据库。

同时，应对矿床开采可能产生的区域地质环境问题进行预测和评价。

4. 矿产资源开发规划阶段还应注重对矿山所在区域生态环境的保护。

（四）矿产资源开发设计

1. 应优先选择废物产生量少、水重复利用率高，对矿区生态环境影响小的采、选矿生产工艺与技术。

2. 应考虑低污染、高附加值的产业链延伸建设，把资源优势转化为经济优势。

提倡煤—电、煤—化工、煤—焦、煤—建材、铁矿石—铁精矿—球团矿等低污染、高附加值的产业链延伸建设。

3. 矿井水、选矿水和矿山其他外排水应统筹规划、分类管理、综合利用。

4. 选矿厂设计时，应考虑最大限度地提高矿产资源的回收利用率，并同时考虑共、伴生资源的综合利用。

5. 地面运输系统设计时，宜考虑采用封闭运输通道运输矿物和固体废物。

三、矿山基建

1. 对矿山勘探性钻孔应采取封闭等措施进行处理，以确保生产安全。

2. 对矿山基建可能影响的具有保护价值的动、植物资源，应优先采取就地、就近保护措施。

3. 对矿山基建产生的表土、底土和岩石等应分类堆放、分类管理和充分利用。

对表土、底土和适于植物生长的地层物质均应进行保护性堆存和利用，可优先用作废弃地复垦时的土壤重构用土。

4. 矿山基建应尽量少占用农田和耕地，矿山基建临时性占地应及时恢复。

四、采矿

（一）鼓励采用的采矿技术

1. 对于露天开采的矿山，宜推广剥离—排土—造地—复垦一体化技术。

2. 对于水力开采的矿山，宜推广水重复利用率高的开采技术。

3. 推广应用充填采矿工艺技术，提倡废石不出井，利用尾砂、废石充填采空区。

4. 推广减轻地表沉陷的开采技术，如条带开采、分层间隙开采等技术。

5. 对于有色、稀土等矿山，宜研究推广溶浸采矿工艺技术，发展集采、选、冶于一体，直接从矿床中获取金属的工艺技术。

6. 加大煤炭地下气化与开采技术的研究力度，推广煤层气开发技术，提高煤层气的开发利用水平。

7. 在不能对基础设施、道路、河流、湖泊、林木等进行拆迁或异地补偿的情况下，在矿山开采中应保留安全矿柱，确保地面塌陷在允许范围内。

（二）矿坑水的综合利用和废水、废气的处理

1. 鼓励将矿坑水优先利用为生产用水，作为辅助水源加以利用。

在干旱缺水地区，鼓励将外排矿坑水用于农林灌溉，其水质应达到相应标准要求。

2. 宜采取修筑排水沟、引流渠，预先截堵水，防渗漏处理等措施，防止或减少各种水源进入露天采场和地下井巷。

3. 宜采取灌浆等工程措施，避免和减少采矿活动破坏地下水均衡系统。

4. 研究推广酸性矿坑废水、高矿化度矿坑废水和含氟、锰等特殊污染物矿坑水的高效处理工艺与技术。

5. 积极推广煤矿瓦斯抽放回收利用技术，将其用于发电、制造炭黑、民用燃料、制

造化工产品等。

6. 宜采用安装除尘装置、湿式作业、个体防护等措施，防治凿岩、铲装、运输等采矿作业中的粉尘污染。

（三）固体废物贮存和综合利用

1. 对采矿活动所产生的固体废物，应使用专用场所堆放，并采取有效措施防止二次环境污染及诱发次生地质灾害。

（1）应根据采矿固体废物的性质、贮存场所的工程地质情况，采用完善的防渗、集排水措施，防止淋溶水污染地表水和地下水；

（2）宜采用水覆盖法、湿地法、碱性物料回填等方法，预防和降低废石场的酸性废水污染；

（3）煤矸石堆存时，宜采取分层压实，黏土覆盖，快速建立植被等措施，防止矸石山氧化自燃。

2. 大力推广采矿固体废物的综合利用技术。

（1）推广表外矿和废石中有价元素和矿物的回收技术，如采用生物浸出—溶剂萃取—电积技术回收废石中的铜等；

（2）推广利用采矿固体废物加工生产建筑材料及制品技术，如生产铺路材料、制砖等；

（3）推广煤矸石的综合利用技术，如利用煤矸石发电、生产水泥和肥料、制砖等。

五、选矿

（一）鼓励采用的选矿技术

1. 开发推广高效无（低）毒的浮选新药剂产品。

2. 在干旱缺水地区，宜推广干选工艺或节水型选矿工艺，如煤炭干选、大块干选抛尾等工艺技术。

3. 推广高效脱硫降灰技术，有效去除和降低煤炭中的硫分和灰分。

4. 采用先进的洗选技术和设备，推广洁净煤技术，逐步降低直接销售、使用原煤的比率。

5. 积极研究推广共、伴生矿产资源中有价元素的分离回收技术，为共、伴生矿产资源的深加工创造条件。

（二）选矿废水、废气的处理

1. 选矿废水（含尾矿库溢流水）应循环利用，力求实现闭路循环。未循环利用的部分应进行收集，处理达标后排放。

2. 研究推广含氰、含重金属选矿废水的高效处理工艺与技术。

3. 宜采用尘源密闭、局部抽风、安装除尘装置等措施，防治破碎、筛分等选矿作业中的粉尘污染。

（三）尾矿的贮存和综合利用

1. 应建造专用的尾矿库，并采取措施防止尾矿库的二次环境污染及诱发次生地质灾害。

（1）采用防渗、集排水措施，防止尾矿库溢流水污染地表水和地下水；

（2）尾矿库坝面、坝坡应采取种植植物和覆盖等措施，防止扬尘、滑坡和水土流失。

2. 推广选矿固体废物的综合利用技术。

（1）尾矿再选和共伴生矿物及有价元素的回收技术；

（2）利用尾矿加工生产建筑材料及制品技术，如作水泥添加剂、尾矿制砖等；

（3）推广利用尾矿、废石作充填料，充填采空区或塌陷地的工艺技术；

（4）利用选煤煤泥开发生物有机肥料技术。

六、废弃地复垦

1. 矿山开采企业应将废弃地复垦纳入矿山日常生产与管理，提倡采用采（选）矿—排土（尾）—造地—复垦一体化技术。

2. 矿山废弃地复垦应做可垦性试验，采取最合理的方式进行废弃地复垦。

对于存在污染的矿山废弃地，不宜复垦作为农牧业生产用地；对于可开发为农牧业用地的矿山废弃地，应对其进行全面的监测与评估。

3. 矿山生产过程中应采取种植植物和覆盖等复垦措施，对露天坑、废石场、尾矿库、矸石山等永久性坡面进行稳定化处理，防止水土流失和滑坡。

废石场、尾矿库、矸石山等固废堆场服务期满后，应及时封场和复垦，防止水土流失及风蚀扬尘等。

4. 鼓励推广采用覆岩离层注浆，利用尾矿、废石充填采空区等技术，减轻采空区上覆岩层塌陷。

5. 采用生物工程进行废弃地复垦时，宜对土壤重构、地形、景观进行优化设计，对物种选择、配置及种植方式进行优化。

铅冶炼污染防治最佳可行技术指南（试行）

环境保护部公告　2012 年　第 4 号

前　言

为贯彻执行《中华人民共和国环境保护法》加快建设环境技术管理体系，确保环境管理目标的技术可达性，增强环境管理决策的科学性，提供环境管理政策制定和实施的技术依据，引导污染防治技术进步和环保产业发展，根据《国家环境技术管理体系建设规划》，环境保护部组织制定污染防治技术政策、污染防治最佳可行技术指南、环境保护工程技术规范等技术指导文件。

本指南可作为铅冶炼项目环境影响评价、工程设计、工程验收以及运营管理等环节的技术依据，是供各级环境保护部门、规划和设计单位以及用户使用的指导性技术文件。

本指南为首次发布，将根据环境管理要求及技术发展情况适时修订。

本指南由环境保护部科技标准司提出。

本指南起草单位：中国环境科学研究院、北京矿冶研究总院。

本指南由环境保护部解释。

1　总则

1.1　适用范围

本指南适用于以铅精矿、铅锌混合精矿为主要原料的铅冶炼企业。

1.2　术语和定义

1.2.1　最佳可行技术

是针对生产、生活过程中产生的各种环境问题，为减少污染物排放，从整体上实现高水平环境保护所采用的与某一时期技术、经济发展水平和环境管理要求相适应，在公共基础设施和工业部门得到应用、适用于不同应用条件的一项或多项先进、可行的污染防治工艺和技术。

1.2.2　最佳环境管理实践

是指运用行政、经济、技术等手段，为减少生产、生活活动对环境造成的潜在污染和危害，确保实现最佳污染防治效果，从整体上达到高水平环境保护所采用的管理活动。

2　生产工艺及污染物排放

2.1　生产工艺及产污环节

铅冶炼是指将铅精矿熔炼，使硫化铅氧化为氧化铅，再利用碳质还原剂在高温下使氧化铅还原为金属铅的过程。

铅冶炼通常分为粗铅冶炼和精炼两个步骤。粗铅冶炼过程是指铅精矿经过氧化脱硫、还原熔炼、铅渣分离等工序，产出粗铅，粗铅含铅 95%～98%。粗铅中含有铜、锌、镉、砷等多种杂质，再进一步精炼，去除杂质，形成精铅，精铅含铅 99.99%以上。粗铅精炼分为火法精炼和电解精炼，我国通常采用电解精炼。

铅冶炼生产工艺流程及主要产污环节如图 1 所示。

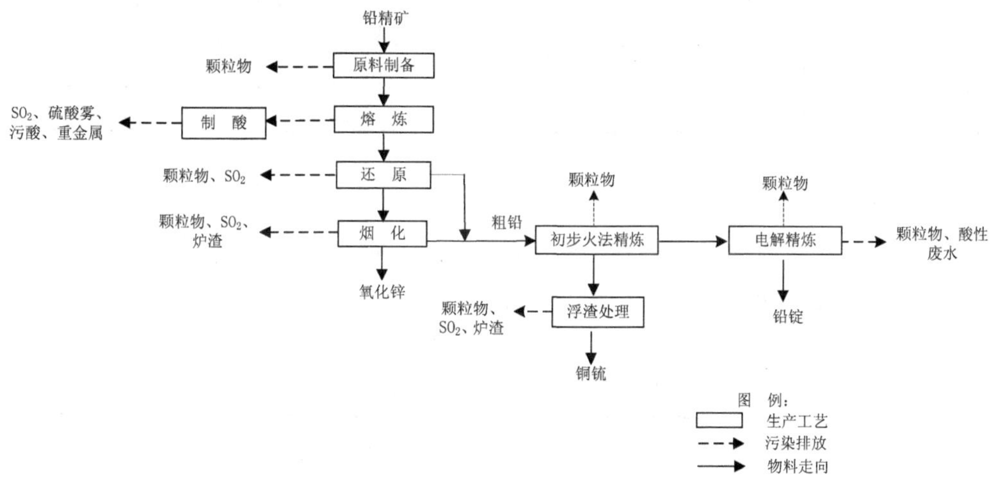

图 1　铅冶炼生产工艺流程及主要产污环节

2.2　污染物排放

铅冶炼过程中产生的污染包括大气污染、水污染、固体废物污染和噪声污染，其中大气污染（颗粒物、二氧化硫、重金属等）和水污染（重金属、污酸及酸性废水）是主要环境问题。

2.2.1　大气污染

铅冶炼产生的大气污染物主要为颗粒物、二氧化硫和重金属（铅、锌、砷、镉、汞及其氧化物）。铅冶炼主要大气污染物及来源见表 1。

表 1 铅冶炼主要大气污染物及来源

工序	产污节点	主要污染物
原料制备工序	精矿装卸、输送、配料、造粒、干燥、给料等过程	颗粒物、重金属（Pb、Zn、As、Cd、Hg）
熔炼—还原工序	熔炼炉、还原炉排气口；加料口、出铅口、出渣口、溜槽以及皮带机受料点等处泄漏烟气	颗粒物、SO_2、重金属（Pb、Zn、As、Cd、Hg）、CO
烟化工序	烟化炉排气口；加料口、出渣口以及皮带机受料点等处泄漏烟气	颗粒物、SO_2、重金属（Pb、Zn、As）
烟气制酸工序	制酸尾气	SO_2、硫酸雾、重金属（As、Hg）
初步火法精炼工序	熔铅锅	颗粒物、重金属（Pb）、SO_2
浮渣处理工序	浮渣处理炉窑烟气；加料口、放冰铜口、出渣口等处泄漏烟气	颗粒物、SO_2、重金属（Pb、Zn、As）
电解精炼工序	电解槽及其他槽	酸雾
	电铅锅	颗粒物、重金属（Pb）、SO_2

2.2.2 水污染

铅冶炼过程中产生的废水包括炉窑设备冷却水、冲渣废水、高盐水、冲洗废水、烟气净化废水等。铅冶炼主要水污染物及来源见表 2。

表 2 铅冶炼主要水污染物及来源

工序	产污节点	主要污染物
熔炼—还原工序	炉窑汽化水套或水冷水套、余热锅炉	盐类
烟化工序	炉窑汽化水套或水冷水套、余热锅炉	盐类
	冲渣	固体悬浮物（SS）、重金属（Pb、Zn、As）
烟气制酸工序	制酸系统烟气净化装置	酸、重金属（Pb、Zn、As、Cd、Hg）、SS
浮渣处理工序	炉窑汽化水套或水冷水套、余热锅炉	盐类
电解精炼工序	阴极板冲洗水、地面冲洗水	酸、重金属（Pb、Zn、As）、SS
软化水处理站	软化水处理后产生的高盐水	钙、镁等离子
初期雨水收集	熔炼区、电解区初期雨水	酸、重金属（Pb、Zn、As、Cd、Hg）、SS
废气湿式除尘	湿式除尘器	SS、重金属（Pb、Zn、As、Cd、Hg）

2.2.3 固体废物污染

铅冶炼过程中产生的固体废物主要包括烟化炉渣、浮渣处理炉渣、含砷废渣、脱硫石膏渣及废触媒。铅冶炼主要固体废物及来源见表 3。

表 3 铅冶炼主要固体废物及来源

工序	产污节点	主要污染物
烟化工序	烟化炉	烟化炉水淬渣（含 Pb、Zn、As、Cu）
烟气制酸工序	污酸处理系统	含砷废渣（含 Pb、Zn、As、Cd、Hg）
	制酸系统	废触媒（主要为五氧化二钒）
浮渣处理工序	铜浮渣处理	浮渣处理炉渣（含 Pb、Zn、As、Cu）
电解精炼工序	电解槽	阳极泥
烟气脱硫系统	烟气脱硫系统	脱硫副产物

2.2.4 噪声污染

铅冶炼过程中产生的噪声分为机械噪声和空气动力性噪声，主要噪声源包括鼓风机、烟气净化系统风机、余热锅炉排气管及氧气站的空气压缩机等。在采取控制措施前，其噪声声级可达到 85～120 dB（A）。

3 铅冶炼污染防治技术

3.1 工艺过程污染预防技术

3.1.1 原料制备工序

3.1.1.1 封闭式料仓技术

是以封闭储存原辅料的方式控制扬尘。料仓在配料、混料等过程配套除尘设施，物料输送过程采用密闭输送。

该技术可减少原辅料贮存与配制过程中颗粒物的逸散。

该技术适用于铅冶炼原料制备。

3.1.2 熔炼—还原工序

3.1.2.1 富氧底吹熔炼—熔融高铅渣直接还原法熔炼技术

铅精矿、熔剂和工艺返回的铅烟尘经配料、造粒后，送底吹炉进行氧化熔炼，产出一次粗铅和高铅渣。一次粗铅铸锭后送精炼车间，熔融高铅渣经溜槽直接加入到还原炉内。

该技术可有效减少烟气的无组织排放，且粗铅冶炼过程综合能耗低，可实现无焦冶炼，降低粗铅生产成本。

该技术适用于以铅精矿为原料的粗铅冶炼，也可合并处理铅膏泥及锌浸出的铅银渣。

3.1.2.2 富氧底吹熔炼—鼓风炉还原法熔炼技术（水口山法）

铅精矿、熔剂和工艺返回的铅烟尘经配料、造粒后，送底吹炉进行氧化熔炼，产出一次粗铅和高铅渣，一次粗铅铸锭后送精炼车间，高铅渣铸块后送鼓风炉还原。主要设备采用只有氧化段而无还原段的氧气底吹熔炼炉。

该技术综合能耗较低，处理能力大，生产效率高，冶炼过程中烟气泄漏点少，硫回收利用率高。

该技术适用于以铅精矿为原料的粗铅冶炼，也可合并处理铅膏泥及锌浸出的铅银渣。

3.1.2.3 富氧顶吹熔炼—鼓风炉还原法熔炼技术（浸没熔炼法）

从炉顶垂直插入渣层的喷枪吹入富氧空气和燃料，熔池中的炉料经富氧空气搅拌，发生熔化、硫化、氧化、造渣等过程，产出粗铅和高铅渣，高铅渣铸块后送鼓风炉还原。

该技术综合能耗较低，处理能力大，生产效率高，冶炼过程中烟气泄漏点少，硫回收利用率高。

该技术适用于以铅精矿为原料的粗铅冶炼，也可合并处理铅膏泥及锌浸出的铅银渣。

3.1.2.4 烧结—密闭鼓风炉法熔炼技术（ISP 法）

铅锌混合精矿经配料后进行烧结，形成烧结块送密闭鼓风炉熔炼。

密闭鼓风炉烟气中含有较高浓度的一氧化碳，回收后可作为低热值煤气利用；但该技术返料量大，无组织排放较多。

该技术适用于处理铅锌混合矿以及含铅、锌的二次物料，尤其适用于复杂难选的铅、锌混合精矿的处理。

3.1.2.5 氧气底吹法熔炼技术（QSL 法）

通过浸没底吹氧气，使铅精矿、含铅二次物料与熔剂等原料发生熔化、氧化、交互反应和还原等作用，生成粗铅和炉渣。

该技术为一步炼铅法，流程简单，硫利用率高；但烟尘率高、返料量大、渣含铅量较高。

该技术适用于以铅精矿为原料的粗铅冶炼，也适用于处理含铅废料。

3.1.2.6 卡尔多炉法熔炼技术

精矿、富氧空气由喷枪喷入炉内进行闪速熔炼，溶剂、焦粉加入炉内参与反应，加料、氧化熔炼、还原熔炼和放铅出渣全过程在一个炉子内完成，周期进行。

该技术设备简单、熔炼强度高、能耗低、自动化程度高；但备料和烟气制酸过程复杂、烟尘率高、返料量大、炉龄短、维修工作量大。

该技术适用于以铅精矿为原料的粗铅冶炼。

3.1.3 烟化工序

3.1.3.1 回转窑烟化技术

将还原炉渣和焦粉混合后加热，使铅、锌、铟、锗等有价金属还原而挥发，以氧化物形态回收。

该技术有价金属回收率高；但窑龄短，耐火材料和燃料消耗大。

该技术适用于锌含量大于 8%的铅还原炉渣中有价金属的回收。

3.1.3.2 烟化炉烟化技术

将还原剂和空气鼓入烟化炉的熔渣内，使其中的铅、锌、铟、锗等有价金属还原而挥发，以氧化物形态回收。

该技术金属回收率高，可用煤作为燃料和还原剂，过程易于控制；但出炉烟气量和烟气温度波动较大，二氧化硫含量低。

该技术适用于还原炉渣中有价金属的回收。

3.1.3.3 烟化炉-余热锅炉一体化技术

烟化炉-余热锅炉采用一体化设计，底部为烟化吹炼池，顶部为余热锅炉。该技术可增大烟化炉的有效空间，炉体结构紧凑，余热利用率高。

该技术适用于还原炉渣中有价金属的回收及余热利用。

3.1.4 粗铅精炼工序

3.1.4.1 火法精炼技术

利用杂质金属与铅在高温熔体中物理或化学性质的差异，将铅与杂质分离，产生精铅。

该技术设备简单、占地面积小、生产周期短、投资少、生产成本较低；但工序多，铅直收率低，不利于有价金属的回收，精铅纯度较低。

该技术适用于粗铅精炼。

3.1.4.2 初步火法精炼除铜（锡）技术

该技术采用火法精炼工艺去除粗铅中的铜（锡）杂质后，浇铸成阳极板，再送电解精炼。铜以固熔体结晶析出，以浮渣的形态悬浮于铅液表面。

该技术中间物料的产出量小，伴生元素容易回收；但投资较高。

该技术适用于粗铅精炼，尤其适用于处理高铋粗铅。

3.1.4.3 电解精炼技术

利用纯铅制作的阴极板，按一定间距装入盛有电解液的电解槽，在电流的作用下，铅自阳极溶解进入电解液，并在阴极放电析出，电解铅板经电铅锅熔铸为铅锭。电解精炼主要采用小极板技术和大极板技术。

小极板铅电解精炼技术能耗高、装备水平低、劳动强度大；大极板电解精炼技术能耗较低、自动化程度高、劳动强度低。

该技术适用于粗铅初步火法精炼除铜（锡）后的进一步精炼提纯。

3.1.4.4 浮渣处理技术

将初步火法精炼除铜过程产生的浮渣与纯碱、焦炭共同加入到熔炼炉内熔炼，产出铜锍作为产品，粗铅返回生产工艺。

该技术适用于初步火法精炼除铜浮渣的金属回收。

3.2 大气污染治理技术

3.2.1 烟气除尘

3.2.1.1 袋式除尘技术

利用纤维织物的过滤作用对含尘气体进行净化。

该技术除尘效率大于 99.5%，适用范围广，不受颗粒物物理化学性质的影响，粉尘排放浓度可低于 30 毫克/米^3；但对烟气温度、湿度、腐蚀性等要求高，系统阻力大，运行维护费用高。

该技术适用于鼓风炉和烟化炉的烟气除尘，也适用于环境集烟系统的废气除尘等。

3.2.1.2 电除尘技术

利用强电场使气体发生电离，进入电场空间的烟尘荷电，在电场力作用下向相反电极性的极板移动，并通过振打等方式将沉积在极板上的烟尘收集下来。

该技术除尘效率在 99.0%～99.8%，烟尘排放浓度可低于 50 毫克/米^3，能耗低，可应用于高温、高压环境，系统阻力小，运行维护费用低于袋式除尘器；但一次性投资大，应用范围受粉尘比电阻的限制，对细粒子的去除效果低于袋式除尘器。

该技术适用于熔炼—还原工序的烟气除尘。

3.2.1.3 旋风除尘技术

利用离心力的作用，使烟尘在重力和离心力的共同作用下从烟气中分离而加以捕集。

该技术设备结构简单，投资成本低，操作管理方便，可用于高温（450℃）、高含尘量（400～1 000 克/米^3）烟气的除尘，但除尘效率低。

该技术适用于熔炼炉和还原炉的预除尘，尤其适用于 10 微米以上粗粒烟尘的预处理。

3.2.1.4 湿法除尘技术

利用液滴或液膜黏附烟尘净化烟气，包括动力波除尘技术、水膜除尘技术、文丘里除尘技术、冲击式除尘技术等，其中动力波除尘技术在铅冶炼中较常采用。

该技术操作简单、运行稳定、维修费用小，可适应烟气量变化较大的工况。

该技术适用于铅冶炼制酸系统的烟气净化。

3.2.2 烟气制酸

3.2.2.1 绝热蒸发稀酸冷却烟气净化技术

使用稀酸喷淋含二氧化硫的烟气，利用绝热蒸发降温增湿及洗涤的作用使杂质从烟气中分离，达到除尘、除雾、吸收废气、调整烟气温度的目的。

该技术可提高循环酸浓度，减少废酸排放量，降低新水消耗。

该技术适用于所有铅冶炼制酸烟气的湿式净化。

3.2.2.2 低位高效二氧化硫干燥和三氧化硫吸收技术

利用浓硫酸等干燥剂吸收二氧化硫中的水蒸气和三氧化硫，净化和干燥制酸烟气。

净化后的制酸尾气从吸收塔排出，尾气中二氧化硫排放浓度低于 400 毫克/米^3，硫酸雾浓度低于 40 毫克/米^3。

该技术投资少、能耗较低，且可降低尾气中的酸雾含量。

该技术适用于所有制酸烟气的干燥和三氧化硫的吸收。

3.2.2.3 湿法硫酸技术

烟气经过湿式净化后，不干燥直接进行催化氧化，再经水合、冷却生成液态浓硫酸。

该技术可处理传统烟气脱硫工艺无法处理的低浓度二氧化硫烟气，硫回收率大于 99%。

该技术适用于二氧化硫浓度为 1.75%～3.5%的烟气，若二氧化硫浓度低于 1.75%，需要消耗额外的能量，以满足系统热平衡要求，经济性较差。

3.2.2.4 双接触技术

二氧化硫烟气先进行一次转化，生成的三氧化硫在吸收塔（中间吸收塔）被吸收生成硫酸，未转化的二氧化硫返回转化器再进行二次转化，二次转化后的三氧化硫在吸收塔（最终吸收塔）被吸收生成硫酸。通常采用四段转化，根据具体烟气条件也可选择五段转化。

烟气中的二氧化硫以硫酸的形态回收，二氧化硫转化率不低于 99.6%。

该技术适用于二氧化硫浓度为 6%～14%的烟气制取硫酸。

3.2.2.5 预转化技术

烟气在未进入正常转化之前，先经预转化器转化，生成三氧化硫，使烟气中的二氧化硫浓度降低到主转化器、触媒能够接受的范围内。

该技术可提高二氧化硫总转化率，降低尾气中污染物的排放浓度及排放量，且在预转化生成的三氧化硫进入主转化器后，起到抑制主转化器第一层触媒二氧化硫氧化反应的作用，避免出现过高的反应温度，损坏触媒和设备。

该技术适用于二氧化硫浓度高于 14%的烟气制取硫酸。

3.2.2.6 三氧化硫再循环技术

将反应后的含三氧化硫烟气部分循环到转化器一层入口，起到抑制转化器第一层触媒处二氧化硫氧化反应的作用，从而控制触媒层温度在允许范围内。

该技术二氧化硫转化率大于 99.9%，可降低尾气中二氧化硫的排放浓度和排放量。

该技术适用于二氧化硫浓度高于 14%的烟气制取硫酸。

3.2.2.7 烟气制酸中温位、低温位余热回收技术

二氧化硫转化和三氧化硫吸收均为放热反应，转化产生的热为中温位热，干吸工段

产生的热为低温位热。中温位、低温位余热除满足系统自身热平衡外，还可通过余热锅炉、省煤器或三氧化硫冷却器等设备来生产中低压蒸汽，供生产、采暖通风、卫生热水或余热发电使用。

该技术可使中温位、低温位热的利用率由约 40%提高至 90%以上。

该技术适用于铅冶炼烟气制酸。

3.2.3 烟气脱硫

3.2.3.1 石灰/石灰石—石膏脱硫技术

主要以石灰或石灰石为吸收剂去除烟气中的二氧化硫，生成的副产物为脱硫石膏。

该技术脱硫效率较高，石灰/石灰石来源广且成本低，还可部分去除烟气中的三氧化硫、重金属离子、氟离子、氯离子等；但装置占地面积大，吸收剂消耗大，副产物脱硫石膏综合不易利用，有少量含氯量高的脱硫废水排放。

该技术适用于铅冶炼低浓度二氧化硫烟气的治理，不适用于脱硫剂资源短缺、场地有限的铅冶炼烟气制酸。

3.2.3.2 有机溶液循环吸收脱硫技术

采用以离子液体或有机胺类为吸收剂，添加少量活化剂、抗氧化剂和缓蚀剂，在低温下吸收二氧化硫，高温下再将二氧化硫解析出来，实现烟气中二氧化硫的脱除和回收。该技术可得到纯度 99%以上的二氧化硫气体送制酸工序。

该技术流程简单，自动化程度高，副产物二氧化硫可有效回收利用；但一次性投资大，受吸收剂来源限制，能耗高，设备易腐蚀，运行维护成本高。

该技术适用于低压蒸汽供应充足、烟气二氧化硫浓度较高、波动较大的铅冶炼烟气制酸。

3.2.3.3 金属氧化物脱硫技术

将含金属氧化物（如氧化锰、氧化锌、氧化镁等）的粉料加水或利用工艺中返回的脱硫渣的洗液配制成悬浮液，在吸收塔中与烟气中的二氧化硫反应，使烟气中的二氧化硫主要以亚硫酸盐的形式脱除。吸收后的副产物经空气氧化、热分解或酸分解处理，生成硫酸或二氧化硫。

该技术脱硫效率大于 90%，吸收剂可循环利用。

该技术适用于有金属氧化物副产物的铅冶炼烟气制酸。

3.2.3.4 活性焦吸附法脱硫技术

利用活性焦的物理、化学作用吸附二氧化硫。活性焦可采用洗涤法和加热法再生，再生回收的高浓度二氧化硫混合气体送入制酸工序。

该技术流程简单，再生过程中副反应少，脱硫效率高，同时可除尘、脱硝；但活性焦吸附容量有限，需要在低气速下运行，吸附设备体积大，且活性焦损耗量大。

该技术适用于蒸汽供应充足、场地宽裕的铅冶炼烟气制酸。

3.2.3.5 氨法脱硫技术

主要以液氨、氨水为吸收剂去除烟气中的二氧化硫。

该技术脱硫效率大于95%，投入和运行费用低，占地面积小，处理率高，氨耗低；但存在氨逃逸问题，同时产生含氯离子酸性废水，易造成二次污染。

该技术适用于液氨供应充足、且对副产物有一定需求的铅冶炼烟气制酸。

3.2.3.6 双碱法脱硫技术

烟气中的二氧化硫在吸收塔内与氢氧化钠溶液反应，生成亚硫酸钠溶液，该溶液被引出反应塔外与投加的氢氧化钙反应，生成氢氧化钠和亚硫酸钙，沉淀分离亚硫酸钙，氢氧化钠溶液循环使用。

该技术可避免设备的腐蚀与堵塞，便于设备运行与保养，提高运行可靠性，运行费用较低。

该技术适用于氢氧化钠来源较充足的铅冶炼烟气制酸。

3.3 废酸及酸性废水治理技术

3.3.1 石灰中和法废水治理技术（LDS法）

向废酸及酸性废水中投加石灰，使氢离子与氢氧根离子发生中和反应。

该技术可有效中和废酸及酸性废水，同时对除汞以外的重金属离子也有较好的去除效果，重金属去除率可大于98%。该技术对水质有较强的适应性，工艺流程短，设备简单，原料石灰来源广泛，废水处理费用低；但出水硬度高，难以回用；底泥过滤脱水性能差，成分复杂，含重金属品位低，不易处置，易造成二次污染。

该技术适用于铅冶炼废酸及酸性废水的处理。

3.3.2 高浓度泥浆法废水治理技术（HDS法）

在石灰中和法的基础上，通过将污泥不断循环回流，改进沉淀物形态和沉淀污泥量，提高污泥的含固率。

与石灰中和法相比，该技术可将水处理能力提高1～3倍，且易实现对现有石灰中和法处理系统的改造，改造费用低；污泥固体含有率达20%～30%，可提高设备使用率；可实现全自动化操作，降低药剂投加量，节省运行费用。

该技术适用于铅冶炼废酸及酸性废水的处理。

3.3.3 硫化法废水治理技术

向水中投加碱性物质，形成一定的pH条件，再投加硫化剂，使金属离子与硫化剂反应生成难溶的金属硫化物沉淀而去除。

该技术可用于去除水中重金属，去除率高，沉渣量少，便于回收有价金属；但硫化剂费用高，反应过程中会产生硫化氢（H_2S）气体，有剧毒，易对人体造成危害。

该技术适用于含砷、汞、铜离子浓度较高的废酸及酸性废水的处理。

3.3.4 石灰—铁盐（铝盐）法废水治理技术

向废水中投加石灰乳和铁盐或铝盐（废水中含有氟离子时，需投加铝盐），将 pH 调整至 9～11，去除污水中的砷、氟、铜、铁等重金属离子。铁盐通常使用硫酸亚铁、三氯化铁和聚合氯化铁，铝盐通常使用硫酸铝、氯化铝。

该技术除砷效果好，工艺流程简单，设备少，操作方便，可使除汞之外的所有重金属离子共沉；但硫化物须在较严格的酸性条件下才能形成沉淀。各种离子去除率分别为：氟 80%～99%、其他重金属离子 98%～99%。

该技术适用于含砷、含氟废水的处理。

3.3.5 生物制剂法废水治理技术

将具有特定降解能力的复合菌群代谢产物与其他化合物复合制备成重金属废水处理剂，重金属离子与重金属废水处理剂经多基团协同作用，絮凝形成稳定的重金属配合物沉淀，去除水中的重金属离子。

该技术处理效率高，处理设施简单，运行成本低，且可应用于对现有斜板沉淀设施的改造。

该技术适用于粗铅冶炼含重金属废水的处理。

3.3.6 膜分离法废水治理技术

利用天然或人工合成膜，以浓度差、压力差及电位差等为推动力，对二组分以上的溶质和溶剂进行分离提纯和富集。常见的膜分离法包括微滤、超滤和反渗透。

该技术分离效率高，出水水质好，易于实现自动化；但膜的清洗难度大，投资和运行费用较高。

该技术适用于粗铅冶炼废水的深度处理。

3.4 固体废物综合利用及处理处置技术

铅冶炼烟化炉炉渣属于一般固体废物，可用于生产建材，如水泥掺和料或制砖原料等，也可利用一般工业废物处置场进行永久性集中贮存。

在确保环境安全的情况下，废酸处理产生的石膏渣可作为生产水泥的缓凝剂。

有金属回收价值的固体废物，应首先考虑综合利用。阳极泥可用于回收其中的金、银等有价金属；废酸处理产生的硫化渣，可用于回收铅、砷。

对于危险废物，按有关管理要求进行安全处理或处置。

3.5 噪声污染治理技术

铅冶炼企业主要从三个途径减少噪声污染：降低噪声源强、在传播途径上控制噪声、在接受点进行个体防护。

降低噪声源：在满足工艺设计的前提下，尽可能选用低噪声设备。

在传播途径上控制噪声：在设计中，着重从消声、隔声、隔振、减振及吸声方面进行考虑，结合合理布置厂内设施、采取绿化等措施，可降低噪声约 35 dB（A）。

3.6　需重点关注的技术

3.6.1　基夫赛特一步炼铅法（Kivcet 法）

该技术的主体设备是基夫赛特炉，由氧化反应塔、贫化段和电炉区等部分组成。炉料和焦粒通过反应塔顶的喷嘴和加料口加入，硫化物在下落过程中快速氧化放热、熔化、造渣。焦粒漂浮在熔池表面形成炽热的焦炭层，在熔体落入熔池的过程中氧化铅被还原成铅并沉入熔池底部，部分氧化铅熔渣从隔墙下部进入电炉区贫化，进一步完成氧化铅熔渣的还原。

该技术工艺流程短，二氧化硫、烟尘等污染物排放量少，自动化和生产效率高；但炉料需要深度干燥，炉体需大量铜水套，投资较高，维修工作量较大，渣含铅较高。

该技术适用于铅锌联产企业。

3.6.2　富氧闪速法

该技术的主体设备由闪速熔炼炉和矿热贫化电炉组成。氧气、粉状炉料经喷枪喷入反应塔，反应后的融熔物料降落到焦炭层，与炽热焦炭层产生的一氧化碳及碳发生反应，被还原成金属铅；含少量铅的炉渣，经溜槽自流至矿热贫化电炉进行深度还原。

该技术炉体结构简单，投资省，物料适应性强，烟气量小，烟尘率低，可以使用廉价的兰炭代替冶金焦炭，生产成本较低。

该技术适用于以铅精矿为原料的粗铅冶炼，同时还可以处理湿法炼锌渣、湿法炼铜渣和铅贵金属系统产生的贵铅炉渣和氧化渣。

4　铅冶炼污染防治最佳可行技术

4.1　铅冶炼污染防治最佳可行技术概述

按整体性原则，从设计时段的源头污染预防到生产时段的污染防治，依据生产工序的产污节点和技术经济适用性，确定最佳工艺。

铅冶炼污染防治最佳可行技术组合见图 2。

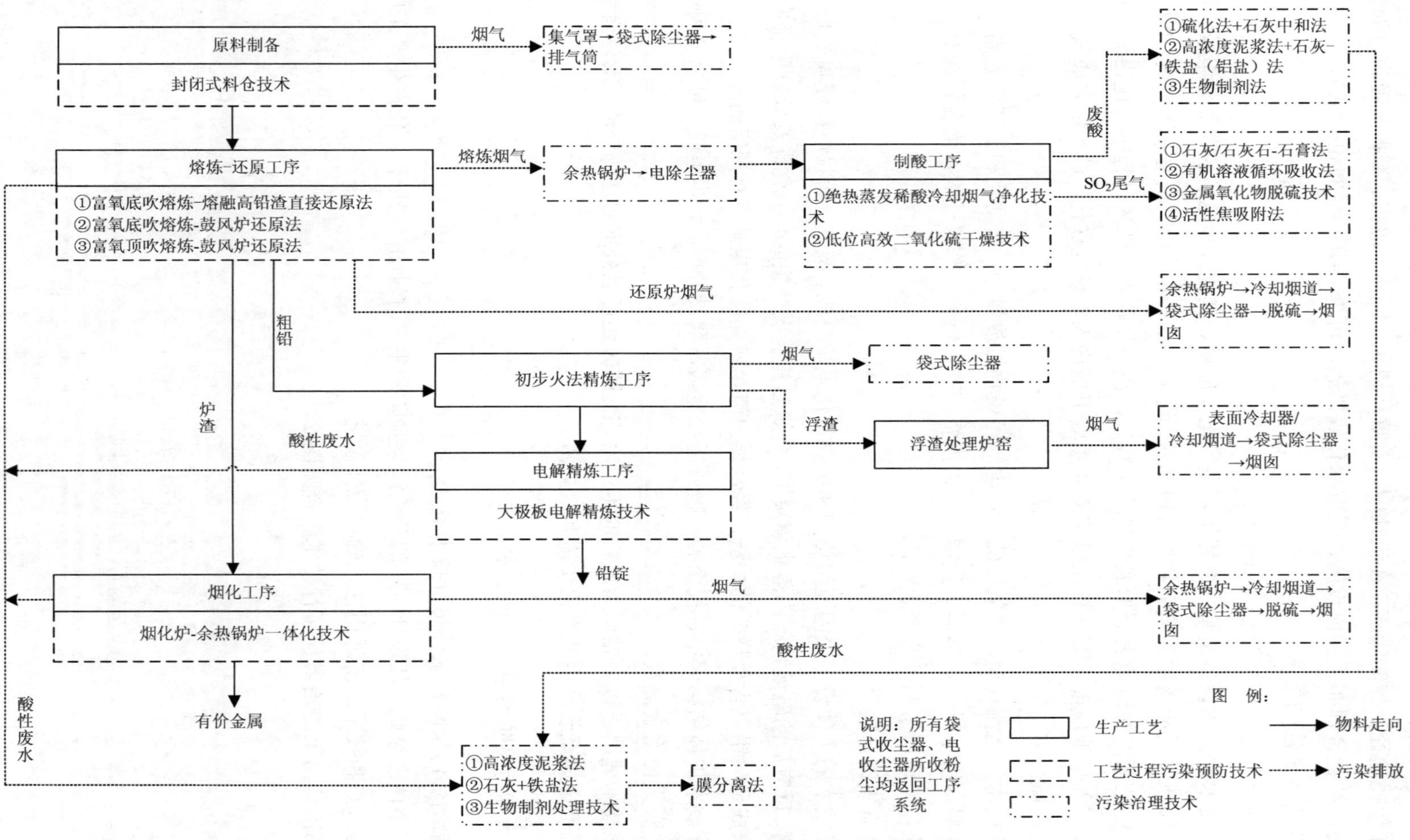

图 2 铅冶炼工艺污染防治最佳可行技术组合

4.2　工艺过程污染预防最佳可行技术

铅冶炼过程污染预防最佳可行技术及主要技术指标见表 4。

表 4　铅冶炼过程污染预防最佳可行技术

工序	最佳可行技术	主要技术指标	适用性
原料制备工序	封闭式料仓技术	原辅料均采用封闭方式储存	适用于铅冶炼原料制备工序
熔炼—还原工序	富氧底吹熔炼—熔融高铅渣直接还原法熔炼技术	还原炉渣含铅 1.8%，粗铅回收率＞98%，铅冶炼总回收率＞97%，硫回收率＞96%，硫捕集率＞99%；操作区铅含量＜0.03 mg/m^3，二氧化硫含量＜0.05 mg/m^3	适用于以铅精矿为原料的粗铅冶炼，也可合并处理铅膏泥及锌浸出的铅银渣
	富氧底吹熔炼—鼓风炉还原法熔炼技术（水口山法）富氧顶吹熔炼—鼓风炉还原法熔炼技术（浸没熔炼法）	铅冶炼总回收率＞97%，硫回收率＞96%，硫捕集率＞99%，吨粗铅排放二氧化硫量＜2 kg、烟尘排放＜0.5 kg	适用于以铅精矿为原料的粗铅冶炼，也可合并处理铅膏泥及锌浸出的铅银渣
		铅冶炼总回收率＞97%，硫回收率＞96%，硫捕集率＞99%，吨粗铅排放二氧化硫量＜2 kg、烟尘＜0.5 kg	适用于以铅精矿为原料的粗铅冶炼，也可合并处理铅膏泥及锌浸出的铅银渣
烟化工序	烟化炉—余热锅炉一体化技术	烟化炉终渣锌含量＜2%	适用于还原炉渣中有价金属的回收及余热利用
电解工序	大极板电解精炼技术	铅回收率＞99%	适用于粗铅初步火法精炼除铜（锡）后的进一步精炼提纯

4.3　大气污染治理最佳可行技术

4.3.1　烟气除尘最佳可行技术

4.3.1.1　原料制备系统废气除尘

4.3.1.1.1　最佳可行工艺参数

料仓中给料、输送、配料等工序均会产生粉尘。除尘工艺流程：集气罩→袋式除尘器→排气筒。

4.3.1.1.2　污染物削减和排放

粉尘产生浓度 5～10 克/米^3，除尘效率大于 99.5%，外排粉尘浓度低于 50 毫克/米^3。

4.3.1.1.3　二次污染及防治措施

袋式除尘器收下的粉尘返回生产系统。

4.3.1.1.4　技术经济适用性

该技术适用于铅冶炼原料制备系统废气的除尘。

4.3.1.2 熔炼炉烟气除尘

4.3.1.2.1 最佳可行工艺参数

除尘工艺流程：熔炼炉烟气→余热锅炉→电除尘器→制酸工序。

除尘工艺系统阻力：800 帕。

4.3.1.2.2 污染物削减和排放

送制酸工序的烟气含尘浓度小于 0.3 克/米^3。

4.3.1.2.3 二次污染及防治措施

净化后的烟气送制酸车间制酸，收集的烟尘返回配料工序。

4.3.1.2.4 技术经济适用性

该技术适用于铅冶炼熔炼炉烟气的除尘。

4.3.1.3 还原炉烟气除尘

4.3.1.3.1 最佳可行工艺

除尘工艺流程：还原炉烟气→余热锅炉→冷却烟道→袋式除尘器→脱硫→烟囱。

4.3.1.3.2 污染物削减和排放

烟尘产生浓度为 8～30 克/米^3，系统总除尘效率大于 99.9%，外排粉尘浓度低于 30 毫克/米^3。

4.3.1.3.3 二次污染及防治措施

收集的烟尘送至精矿仓配料。

4.3.1.3.4 技术经济适用性

该技术适用于铅冶炼还原炉烟气的除尘。

4.3.1.4 烟化炉烟气除尘

4.3.1.4.1 最佳可行工艺参数

除尘工艺流程：烟化炉烟气→余热锅炉→冷却烟道→袋式除尘器→脱硫→烟囱。

该技术余热锅炉出口温度（350±50）℃，冷却烟道出口温度 150℃，余热锅炉除尘效率约 30%，余热锅炉阻力损失约 400 帕；袋式除尘器阻力损失约 2 000 帕。

4.3.1.4.2 污染物削减和排放

烟尘产生浓度 50～100 克/米^3，外排粉尘浓度低于 50 毫克/米^3。

4.3.1.4.3 二次污染及防治措施

收集的烟尘作为副产品综合利用。

4.3.1.4.4 技术经济适用性

该技术适用于铅冶炼烟化炉烟气的除尘。

4.3.1.5 熔铅锅/电铅锅烟气除尘

4.3.1.5.1 最佳可行工艺

除尘工艺流程：集气罩→袋式除尘器→排气筒。

4.3.1.5.2 污染物削减和排放

该工序烟尘产生浓度 1～2 克/米^3，除尘效率大于 99.6%，外排粉尘浓度低于 8 毫克/米^3，采用该技术可减少车间的无组织铅尘排放。

4.3.1.5.3 二次污染及防治措施

收集下来的铅尘粒径小，极易逸散，应采用密封装置储运，及时返回生产工艺。

4.3.1.5.4 技术经济适用性

该技术适用于铅冶炼精炼工序的烟气除尘。

4.3.1.6 浮渣处理炉窑烟气除尘

4.3.1.6.1 最佳可行工艺参数

除尘工艺流程：烟气→表面冷却器/冷却烟道→袋式除尘器→烟囱。

炉窑烟气约 500℃，经表面冷却器或冷却烟道降温到约 200℃后进入袋式除尘器。

4.3.1.6.2 污染物削减和排放

该工序烟尘产生浓度 5～10 克/米^3，系统总除尘效率大于 99.8%，外排粉尘浓度低于 20 毫克/米^3。

4.3.1.6.3 二次污染及防治措施

收集下来的烟尘粒径小，极易逸散，应采用密封装置储运，及时返回配料工序。

4.3.1.6.4 技术经济适用性

该技术适用于铜浮渣处理工序的烟气除尘。

4.3.1.7 环境集烟烟气除尘

4.3.1.7.1 最佳可行工艺参数

除尘工艺流程：收集烟气→袋式除尘器→烟囱。

4.3.1.7.2 污染物削减和排放

环境集烟烟尘产生浓度 1～5 克/米^3，除尘效率大于 99.5%，外排粉尘浓度低于 25 毫克/米^3，采用该技术可减少车间的无组织烟粉尘排放。

4.3.1.7.3 二次污染及防治措施

收集的烟尘送至精矿仓配料。

4.3.1.7.4 技术经济适用性

该技术适用于铅冶炼熔炼炉各炉口、铸渣机、铸锭机、鼓风炉上料口、鼓风炉及电热前床各出铅口及出渣口、烟化炉进料口及其出渣口、反射炉的加料口、放冰铜口、出铅口等无组织烟气排放点的环保通风除尘。

4.3.1.8 烟气除尘最佳可行技术指标及排放水平

铅冶炼烟气除尘最佳可行技术指标及排放水平见表 5。

表 5 铅冶炼烟气除尘最佳可行技术及排放水平

工序或设备	含尘量/（g/m^3）	最佳可行工艺流程	外排烟（粉）尘浓度/（mg/m^3）
原料制备	5～10	集气罩→袋式除尘器→排气筒	<50
熔炼炉	100～200	熔炼炉烟气→余热锅炉→电除尘器→制酸工序	—
还原炉	8～30	还原炉烟气→余热锅炉→冷却烟道→袋式除尘器→脱硫→烟囱	<30
烟化炉	50～100	烟化炉烟气→余热锅炉→冷却烟道→袋式除尘器→脱硫→烟囱	<50
熔铅锅/电铅锅	1～2	集气罩→袋式除尘器→排气筒	<8
浮渣处理炉窑	5～10	烟气→表面冷却器/冷却烟道→袋式除尘器→烟囱	<20
环境集烟	1～5	收集烟气→袋式除尘器→烟囱	<25

4.3.2 烟气制酸最佳可行技术

铅冶炼烟气制酸最佳可行技术见表 6。

表 6 铅冶炼烟气制酸最佳可行技术

工序	最佳可行技术	最佳可行工艺参数	污染物削减及排放	技术适用性
烟气净化工序	绝热蒸发稀酸冷却烟气净化技术	一级洗涤进口烟气温度 250～280℃，出口烟气温度 55～65℃；电除雾器进口烟气温度 40～42℃	出口酸雾含量<5 mg/m^3；尘含量<2 mg/m^3；砷、氯含量<1 mg/m^3；氟含量<0.5 mg/m^3	适用于所有铅冶炼制酸烟气的湿式净化
干燥吸收工序	低位高效二氧化硫干燥和三氧化硫吸收技术	出干燥塔烟气水分≤100 mg/m^3；干燥塔循环酸浓度 93%～95%；干燥塔出塔酸温<65℃；吸收塔循环酸浓度 98.2%～98.8%；吸收塔循环酸温度 45～75℃；吸收塔进塔气温 130～180℃	尾气酸雾含量≤40 mg/m；尾气 SO_2 含量≤400 mg/m^3；SO_3 吸收效率≥99.99%	适用于所有制酸烟气的干燥和三氧化硫的吸收
转化工序	湿法硫酸技术	冷凝酸浓度>93%	冷凝后尾气 SO_2 浓度≤300 mg/m^3	适用于处理 SO_2 浓度 1.75%～3.5%的烟气
	双接触技术	尾气可经脱硫装置处理	SO_2 总转化率≥99.6%	适用于处理 SO_2 浓度 6%～14%的烟气

工序	最佳可行技术	最佳可行工艺参数	污染物削减及排放	技术适用性
转化工序	预转化技术	与双接触技术配合使用；根据平衡转化率确定最佳操作条件，依据尾气 SO_2 排放浓度以及排放总量要求确定总转化率	SO_2 总转化率 ≥ 99.85%；可采用低温触媒，改变操作温度，确保最终转化率	适用于处理 SO_2 浓度＞14%的烟气
	三氧化硫再循环技术	与双接触技术配合使用。根据实际 SO_2 浓度和换热要求，确定 SO_3 烟气循环量	SO_2 总转化率 ≥ 99.9%	适用于处理 SO_2 浓度＞14%的烟气
转化、吸收工序	中温位、低温位余热回收技术	—	余热利用率可提高到90%以上	适用于铅冶炼烟气制酸系统

4.3.3 烟气脱硫最佳可行技术

4.3.3.1 石灰/石灰石—石膏法脱硫技术

4.3.3.1.1 最佳可行工艺参数

选择活性好且碳酸钙含量大于 90%的脱硫剂，石灰石粉的细度-250 目大于 90%，脱硫系统阻力小于 2 500 帕。

4.3.3.1.2 污染物削减和排放

当钙/硫摩尔比为 1.02～1.05、循环浆液 pH 为 5～6 时，脱硫效率大于 95%；脱硫石膏纯度高于 90%。当烟气中二氧化硫含量为 1 000～3 500 毫克/米^{3}时，二氧化硫排放浓度可低于 200 毫克/米^3。

4.3.3.1.3 二次污染及防治措施

制酸尾气和锅炉烟气脱硫产生的石膏不含有重金属，可进行综合利用；其他烟气中均含有重金属粉尘，产生的石膏不适合综合利用。采用该技术排放的脱硫废水，送厂区污水处理站集中处理。

4.3.3.1.4 技术经济适用性

该技术适用于二氧化硫浓度小于 5 000 毫克/米^{3}的烟气治理。

4.3.3.2 有机溶液循环吸收烟气脱硫技术

4.3.3.2.1 最佳可行工艺参数

吸收剂年损失率不大于 10%，系统阻力不大于 1 800 帕。

4.3.3.2.2 污染物削减及排放

当烟气中二氧化硫含量为 5 000 毫克/米^{3}以下时，二氧化硫排放浓度可低于 200 毫克/米^3，脱硫效率大于 96%，副产物二氧化硫纯度不低于 99%。

4.3.3.2.3 二次污染及防治措施

产生的少量脱硫废水送至厂区污水处理站集中处理。

4.3.3.2.4 技术经济适用性

回收每吨二氧化硫消耗蒸汽 12～17 吨，耗电 500～1 000 千瓦时，回收每吨二氧化硫成本 1 500～3 000 元。主体设备采用不锈钢材质，一次性投资较高。

该技术适用于含硫范围在 0.02%～5%的烟气治理，尤其适用于制酸尾气脱硫。

4.3.3.3 金属氧化物脱硫技术

4.3.3.3.1 最佳可行工艺参数

金属氧化物有效成分含量不低于 50%；配浆用金属氧化物粉的细度-250 目大于 90%。系统阻力小于 2 500 帕。

4.3.3.3.2 污染物削减和排放

根据吸收剂的不同选择合适的摩尔比和喷淋密度，循环液 pH 根据脱硫效率的要求适当调整。该技术系统脱硫效率大于 90%。

4.3.3.3.3 二次污染及防治措施

该技术副产品可回收利用，正常运转时无废物产生。

4.3.3.3.4 技术经济适用性

该技术适用于金属氧化物来源有保障、副产品可回收利用的企业，尤其适用于铅锌联合企业。

4.3.3.4 活性焦吸附法脱硫技术

4.3.3.4.1 最佳可行工艺参数

通过活性焦层的烟气流速 0.3～1.2 米/秒。

4.3.3.4.2 污染物削减和排放

该技术系统脱硫效率大于 95%，硫酸雾吸收效率大于 90%，烟尘去除效率大于 90%。

4.3.3.4.3 二次污染及防治措施

该技术吸附饱和的活性焦再生后释放出的高浓度二氧化硫混合气体送至烟气制酸装置，用于生产硫酸；再生后的活性焦经筛选后由活性焦输送系统送入活性焦吸附脱硫装置循环使用，筛下的少量小颗粒活性焦可作为冶炼炉等的燃料使用，正常运转时无废物产生。

4.3.3.4.4 技术经济适用性

该技术适用于蒸汽供应充足、场地宽裕、副产物二氧化硫可回收利用的铅冶炼企业。

4.3.3.5 烟气脱硫最佳可行技术及排放水平

烟气脱硫最佳可行技术及排放水平见表 7。

表 7　铅冶炼烟气脱硫最佳可行技术及排放水平

最佳可行技术	二氧化硫排放浓度控制水平/（mg/m^3）	脱硫效率/%	适用的烟气二氧化硫浓度范围/（mg/m^3）
石灰/石灰石—石膏法烟气脱硫技术	＜200	＞95%	＜5 000
有机溶液循环吸收烟气脱硫技术	＜200	＞96%	＜5 000
金属氧化物脱硫技术	＜300	＞90%	＜3 000
活性焦吸附法脱硫技术	＜200	＞95%	＜5 000

4.4　废酸及酸性废水治理最佳可行技术

4.4.1　废酸处理最佳可行技术

4.4.1.1　硫化法+石灰中和法

4.4.1.1.1　最佳可行工艺参数

一段反应 pH 值控制在 1.5～3.5，二段反应 pH 值控制在 9～11。

4.4.1.1.2　污染物削减和排放

出水 pH 6～9、总铜浓度小于 0.5 毫克/升、总铅浓度小于 0.5 毫克/升、总砷浓度小于 0.3 毫克/升、总锌浓度小于 1.5 毫克/升、总镉浓度小于 0.05 毫克/升、总汞浓度小于 0.03 毫克/升。

4.4.1.1.3　二次污染及防治措施

一级、二级沉淀槽的沉渣经板框压滤机压滤成滤饼在砷渣临时堆场暂存，经沉淀池沉淀的中和渣脱水后回用于熔炼系统造渣。一级反应槽、浓密槽、二级反应槽逸出的硫化氢气体用氢氧化钠吸收。

4.4.1.1.4　技术经济适用性

该技术适用于处理含重金属浓度较高的冶炼烟气制酸系统产生的废酸。由于该技术需消耗硫化物，污水处理的运行成本较高。

4.4.1.2　高浓度泥浆法+石灰—铁盐（铝盐）法

4.4.1.2.1　最佳可行工艺参数

反应时间大于 30 分钟，污泥回流比为 1∶4，回流污泥浓度大于 25%，污泥与石灰乳混合时间 3～4 分钟，聚丙烯酰胺用量小于 6 克/米^3，浓密池表面负荷 1.0～1.5 米^3/(米^2·时)，铁砷比大于 10∶1，石灰和铁盐的投加量根据水质计算确定。

4.4.1.2.2　污染物削减和排放

该技术在高浓度泥浆法工序去除 80%以上重金属后使用铁盐石灰法进一步去除砷、氟等污染物，出水 pH 6～9、总铜浓度小于 0.5 毫克/升、总铅浓度小于 0.5 毫克/升、总砷浓度小于 0.3 毫克/升、总锌浓度小于 1.5 毫克/升、总镉浓度小于 0.05 毫克/升、总汞浓度小于 0.03 毫克/升。

4.4.1.2.3 二次污染及防治措施

该技术污酸处理后产生的污泥属于危险废物，经脱水后应进行安全处置，处理后的污水排入厂区酸性废水处理站进一步处理。

4.4.1.2.4 技术经济适用性

该技术适用于处理含砷量较高的废酸，工程投资约 6 000 元/米^3。

4.4.1.3 生物制剂法

4.4.1.3.1 最佳可行工艺参数

硫酸含量 2%～6%的废酸中加入生物制剂，反应时间大于 20 分钟，聚丙烯酰胺用量小于 6 克/米^3。

4.4.1.3.2 污染物削减和排放

出水 pH 值 6～9、总铜浓度小于 0.5 毫克/升、总铅浓度小于 0.5 毫克/升、总砷浓度小于 0.3 毫克/升、总锌浓度小于 1.5 毫克/升、总镉浓度小于 0.05 毫克/升、总汞浓度小于 0.03 毫克/升。

4.4.1.3.3 二次污染及防治措施

该技术产生的沉淀渣可作为回收汞及铅的原料，产生的水解渣中重金属含量低，经过压滤机脱水压滤后进行安全处置。

4.4.1.3.4 技术经济适用性

该技术适用于处理含重金属浓度较高的冶炼烟气制酸系统产生的废酸。

4.4.2 酸性废水处理最佳可行技术

4.4.2.1 高浓度泥浆法

4.4.2.1.1 最佳可行工艺参数

反应时间大于 30 分钟，底泥回流比为 1∶4，底泥与石灰乳混合时间 3～4 分钟，聚丙烯酰胺用量小于 6 克/米^3，浓密池表面负荷 1.0～1.5 米^3/（米^2·时）。

4.4.2.1.2 污染物削减和排放

出水 pH 6～9、总铜浓度小于 0.5 毫克/升、总铅浓度小于 0.5 毫克/升、总砷浓度小于 0.3 毫克/升、总锌浓度小于 1.5 毫克/升、总镉浓度小于 0.05 毫克/升、总汞浓度小于 0.03 毫克/升。

4.4.2.1.3 二次污染及防治措施

酸性废水处理产生的污泥属于危险废物，经脱水后应进行安全处置。

4.4.2.1.4 技术经济适用性

该技术是石灰中和法的替代技术，适用于铅冶炼酸性废水的处理。与石灰中和法相比，该技术处理同体积酸性废水可减少石灰消耗 5%～10%。

4.4.2.2　石灰—铁盐（铝盐）法

4.4.2.2.1　最佳可行工艺参数

一级反应 pH 控制在 6～7，铁砷比 2.5～3，除砷效率 85%～90%，二级反应 pH 控制在 9～11，铁砷比 20～30。

4.4.2.2.2　污染物削减和排放

出水 pH6～9、总铜浓度小于 0.5 毫克/升、总铅浓度小于 0.5 毫克/升、总砷浓度小于 0.3 毫克/升、总锌浓度小于 1.5 毫克/升、总镉浓度小于 0.05 毫克/升、总汞浓度小于 0.03 毫克/升。

4.4.2.2.3　二次污染及防治措施

酸性废水处理产生的污泥属于危险废物，经脱水后应进行安全处置。

4.4.2.2.4　技术经济适用性

该技术适用于砷含量较高的酸性废水处理。

4.4.2.3　生物制剂法

4.4.2.3.1　最佳可行工艺参数

pH 2～6 的酸性废水中加入生物制剂，反应 30 分钟后，加碱调节 pH 至 9～11，使之发生水解反应，水解反应时间 20 分钟，聚丙烯酰胺用量小于 6 克/米^3。

4.4.2.3.2　污染物削减和排放

出水 pH6～9、总铜浓度小于 0.5 毫克/升、总铅浓度小于 0.5 毫克/升、总砷浓度小于 0.3 毫克/升、总锌浓度小于 1.5 毫克/升、总镉浓度小于 0.05 毫克/升、总汞浓度小于 0.03 毫克/升。

4.4.2.3.3　二次污染及防治措施

酸性废水处理产生的污泥为危险废物，经脱水后应进行安全处置。

4.4.2.3.4　技术经济适用性

该技术适用于铅冶炼企业酸性废水的处理。

4.4.2.4　膜分离法技术

4.4.2.4.1　最佳可行工艺参数

超滤过滤精度为 0.01 微米，产水污染指数（SDI）稳定在 0.5～1.0，控制进水 pH 约 6.5，温度 35～40℃，进水阻垢剂保持 1.5 毫克/升时，纳滤运行压力始终稳定在约 6 千克/厘米^2，纳滤系统的水回收率稳定控制在 75%，系统脱盐率大于 90%。

4.4.2.4.2　污染物削减和排放

出水水质钙离子浓度 30～200 毫克/升，悬浮物浓度不高于 20 毫克/升，氯离子浓度不高于 1 000 毫克/升，二价铁离子浓度小于 0.5 毫克/升，含盐量（以电导率计）不高于 3 000 毫克/升。

4.4.2.4.3　二次污染及防治措施

该技术产生的浓水可返回水淬渣池作为水淬渣冷却补充水。

4.4.2.4.4　技术经济适用性

该技术适用于铅冶炼废水的深度处理后回用。

4.5　固体废物综合利用及处理处置最佳可行技术

铅冶炼固体废物综合利用及处理处置最佳可行技术见表 8。

表 8　铅冶炼固体废物综合利用及处理处置最佳可行技术

固体废物种类	来源	处置方式
烟化炉水淬渣	烟化炉	可作为建筑材料综合利用
含砷废渣	制酸车间	交由有相关资质的单位集中处置
污泥	污水处理站	
废触媒	制酸过程中失效的触媒	
浮渣处理炉窑渣	铜浮渣处理产生炉渣	返回系统

4.6　最佳环境管理实践

4.6.1　一般管理要求

加强操作管理，建立岗位操作规程，制定应急预案，定期对员工进行技术培训和演练；

加强生产设备的使用、维护和维修，保证设备正常运行；

重视污染物的监测和计量管理工作，定期进行全厂物料平衡测试；

建立重金属污染物产生、排放的台账制度；

建立健全各项记录和生产管理制度；

原料发生变化时及时向环保部门报告。

4.6.2　大气污染防治最佳环境管理实践

除尘设备的进出口设置温度、压力监测装置及含尘量监测孔；送制酸工序的烟气在风机出口处设流量和二氧化硫监测装置；

采用袋式除尘器或电除尘器时，采取防止烟气结露的可靠措施，防止除尘设备及管道的腐蚀；

对烟囱入口烟气的温度、压力、流量、含尘量、二氧化硫浓度等进行定期监测或在线连续监测；

除尘系统在负压下操作，以避免有害气体的溢出；排灰设备密闭良好，防止二次污染。

4.6.3　水污染防治最佳环境管理实践

重视节水管理，分别设计雨污分流系统、清浊分流系统，并加强各类废水的处理与回用，根据用水水质要求进行水的梯级利用，尽量减少排放；

废水管线和处理设施做防渗处理，防止有害污染物进入地下水；熔炼区、电解区初期雨水进行收集并治理；

制订环境监测计划，定期进行监测，监测频率不少于 1 次/日，监测因子至少包括水量、pH、铅、镉、汞、砷、镍、铬等。

4.6.4　固体废物综合利用及处理处置最佳环境管理实践

固体废物分类堆存，暂存场进行地面硬化并加盖雨篷和围墙；

对固体废物处置场的渗滤液及其处理后的排放水、地下水、大气进行定期监测；

固体废物处置场使用单位建立日常检查维护制度；

厂内危险废物暂存场按照有关要求进行建设，并在场外设置标识。采用专用封闭车辆转运危险废物，以防止沿途遗撒；

制订危险废物管理计划并向环保部门备案。

再生铅冶炼污染防治可行技术指南

环境保护部公告 2015 年 第 11 号

前 言

为贯彻执行《中华人民共和国环境保护法》，防治环境污染，完善环保技术工作体系，制定本指南。

本指南以当前技术发展和应用状况为依据，可作为再生铅冶炼污染防治工作的参考技术材料。

本指南由环境保护部科技标准司组织制定。

本指南起草单位：环境保护部环境保护对外合作中心、北京中色再生金属研究有限公司、中国科学院高能物理研究所、中国环境科学研究院。

本指南由环境保护部解释。

1 总则

1.1 适用范围

本指南适用于以废铅蓄电池等含铅金属废料为主要原料的再生铅冶炼企业。

1.2 术语和定义

1.2.1 再生铅冶炼

再生铅冶炼是指通过对废铅蓄电池等含铅金属废料进行预处理（如拆解、破碎、分选、预脱硫等），再经火法或湿法等工艺生产粗铅、精炼铅及铅合金的过程。

1.2.2 火法冶炼

是指通过高温的方法在熔融状态下将金属从中提炼出来的技术工艺。再生铅的火法冶炼包括板栅熔炼工艺、脱硫铅膏还原熔炼—精炼工艺和铅膏与铅精矿混合熔炼工艺。

1.2.3 湿法冶炼

是指采用某种溶剂将含铅金属废料溶解，在溶液中借助化学作用将金属从中提炼出来的技术工艺。再生铅湿法冶炼包括脱硫铅膏电解沉积工艺和固相电解还原工艺。

2　生产工艺及污染物排放

2.1　生产工艺及产污环节再生铅冶炼工艺包括含铅废料预处理、板栅熔炼、铅膏冶炼（包括火法熔炼和湿法冶炼）等工艺过程。

2.1.1　预处理工艺及产污环节

2.1.1.1　破碎分选

破碎分选的工艺原理是根据废铅蓄电池的组分密度与粒度的不同，在水中或重介质中运用物理方法将其解离并分开，分别获得板栅、铅膏、有机物（包括塑料、橡胶）等。

破碎分选系统包括废酸分离单元、破碎单元、水力分选单元、压滤单元、酸液净化单元及其他辅助单元。破碎分选过程会产生酸雾、含重金属废水等污染物。工艺流程及产污环节如图 1 所示。

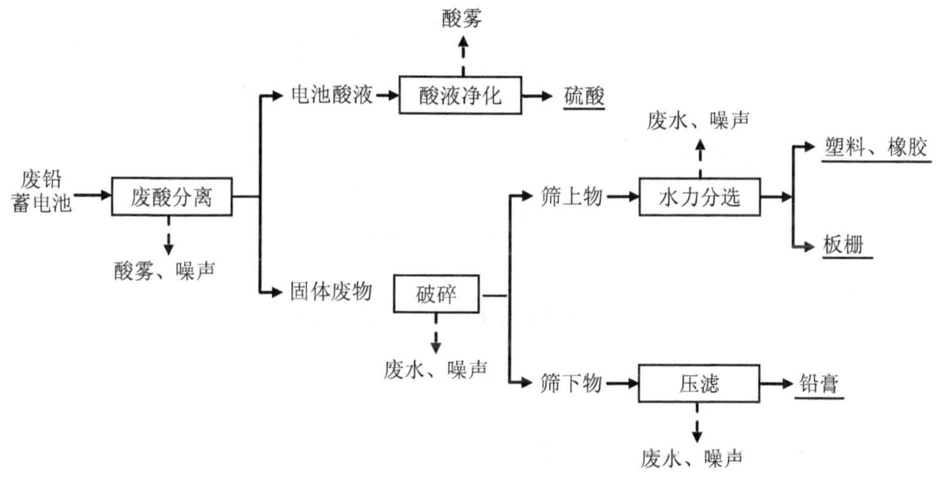

图 1　破碎分选工艺流程及产污环节

2.1.1.2　铅膏预脱硫

是以可溶性碳酸盐（如碳酸钠、碳酸铵和碳酸氢铵等）或强碱将废铅膏中的硫酸铅转化为碳酸铅或氢氧化铅等较易处理的其他铅化合物，产生的脱硫液可进一步纯化生产高纯度的盐。

废铅蓄电池预脱硫装置一般包括一次脱硫单元、二次脱硫单元、压滤单元、脱硫液浓缩结晶单元、自动控制单元及其他辅助单元。废铅蓄电池预脱硫过程中会产生二次污染物，主要有重金属废水、噪声等。工艺流程及产污环节如图 2 所示。

2.1.2　板栅熔炼生产工艺及产污环节

废铅蓄电池经破碎分选后得到的板栅直接低温熔炼、精炼生产精炼铅，或通过调整成分生产铅合金。工艺流程及产污环节如图 3 所示。

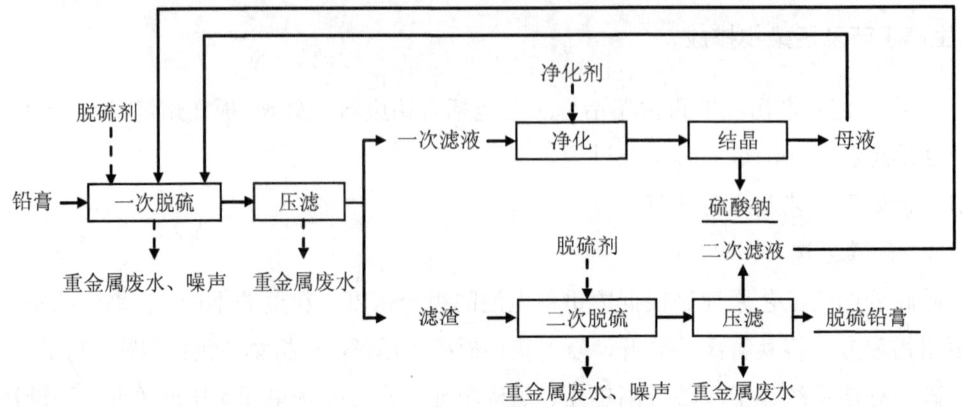

图 2 预脱硫工艺流程及产污环节

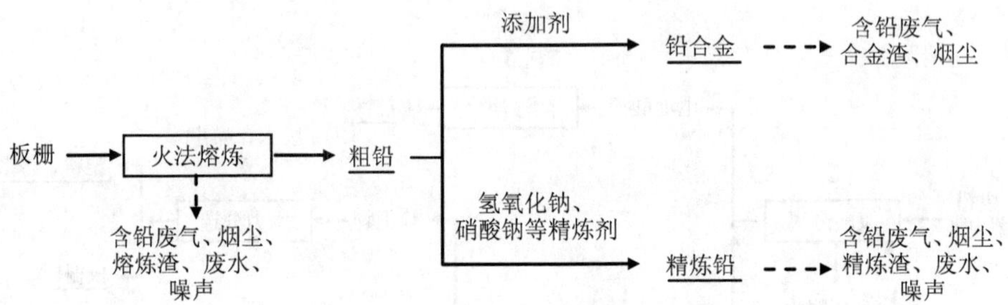

图 3 板栅熔炼工艺流程及产污环节

2.1.3 铅膏冶炼生产工艺及产污环节

2.1.3.1 脱硫铅膏还原熔炼—精炼工艺

铅膏经预脱硫处理后进入还原炉熔炼产出粗铅，粗铅进入精炼系统产出精炼铅。工艺流程及产污环节如图 4 所示。

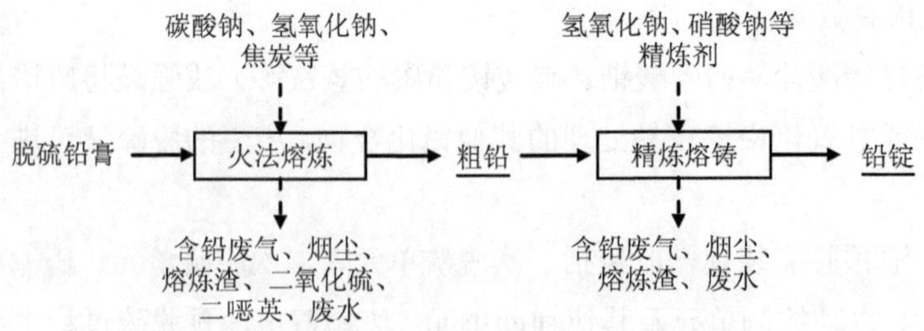

图 4 脱硫铅膏还原熔炼-精炼工艺流程及产污环节

2.1.3.2 再生铅和铅精矿混合熔炼工艺

废铅蓄电池经破碎分选后得到的铅膏与铅精矿混合熔炼产出粗铅，粗铅经电解精炼产出电解铅。工艺流程及产污环节如图 5 所示。

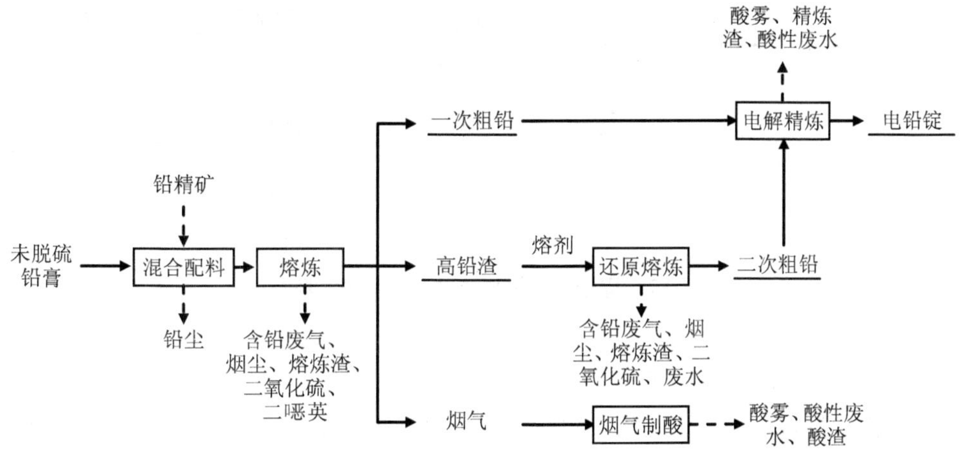

图 5　再生铅和铅精矿混合熔炼工艺流程及产污环节

2.1.3.3　电解沉积工艺及产污环节

废铅蓄电池经破碎分选后得到的铅膏经预脱硫处理后采用电解沉积工艺产出电解铅，电解铅经电铅锅精炼产生铅锭。工艺流程及产污环节如图 6 所示。

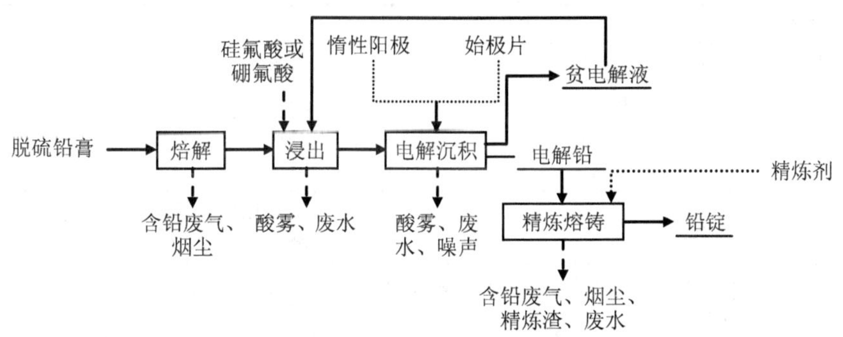

图 6　电解沉积工艺流程及产污环节

2.1.3.4　固相电解还原工艺及产污环节

废铅蓄电池经破碎分选后得到的铅膏经预脱硫处理后采用固相电解还原工艺产出活性铅粉，活性铅粉经电铅锅精炼产生铅锭。工艺流程及产污环节如图 7 所示。

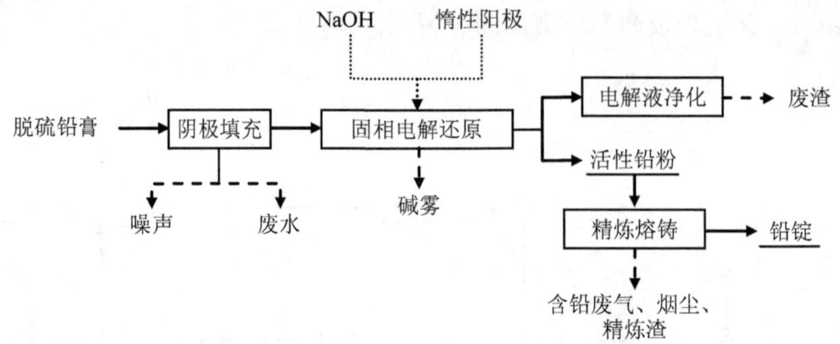

图 7　固相电解还原工艺流程及产污环节

2.2　主要污染物的产生与排放

再生铅冶炼过程中产生的污染包括大气污染、水污染、固体废物污染和噪声污染，其中大气污染（颗粒物、重金属、二氧化硫和二噁英等）和水污染（重金属、污酸及酸性废水）是主要环境问题。

2.2.1　大气污染

再生铅冶炼过程中产生的大气污染物主要为颗粒物、重金属（铅、锑、砷、镉及其化合物）、二氧化硫、酸雾、二噁英。再生铅冶炼主要大气污染物及来源如表 1 所示。

表 1　再生铅冶炼主要大气污染物及产污节点

污染物来源	产污节点	主要污染物
破碎分选工序	破碎、分选过程	酸雾
预脱硫工序①	预脱硫设备	酸雾
熔炼工序	配料车间、加料口、出渣口、出铅口、熔炼炉排气口等	颗粒物、重金属（铅、锑、砷、镉等）、二氧化硫、二噁英
制酸工序②	制酸尾气	二氧化硫、硫酸雾、重金属（铅、锑、砷、镉、汞等）
湿法冶炼工序	浸出槽、电解槽、循环槽、储液槽、高位槽等	酸雾或碱雾
火法精炼工序	精炼炉	颗粒物、重金属（铅及其化合物）
铅电解工序	熔铅锅、电解槽等	颗粒物、重金属（铅及其化合物）、酸雾

注：①脱硫铅膏还原熔炼—精炼工艺、湿法冶炼工艺；②再生铅和铅精矿混合熔炼工艺。

2.2.2　水污染

再生铅冶炼过程中产生的废水主要包括破碎分选废水、预脱硫废水、制酸及电解废水、炉窑设备冷却水、冲渣废水、冲洗废水、烟气净化废水等。再生铅冶炼主要水污染物及来源如表 2 所示。

表 2　再生铅冶炼主要水污染物及产污节点

污染物来源	产污节点	主要污染物
破碎分选工序	破碎、分选过程	重金属（铅、锑、砷、镉等）
预脱硫工序①	预脱硫母液	重金属（铅、锑、砷、镉等）
熔炼工序	炉床（水淬渣溜槽、渣包）、炉窑设备冷却水套、余热锅炉	重金属（铅、锑、砷、镉等）、悬浮物（SS）、盐类
制酸工序②	制酸系统烟气净化装置	重金属（铅、锑、砷、镉等）
湿法冶炼工序	预脱硫铅膏浸出槽、电解槽、循环槽、储液槽、高位槽、阴极板冲洗水、阳极板冲洗水、地面冲洗水	重金属（铅、锑、砷、镉等）
火法精炼工序	炉窑设备冷却水套、车间冲洗水	重金属（铅、锑、砷、镉等）、悬浮物（SS）、盐类
铅电解工序	阴极板冲洗水、地面冲洗水	重金属（铅、锑、砷、镉等）、悬浮物（SS）
污染物来源	产污节点	主要污染物
烟气脱硫除尘	淋洗塔、脱硫塔、湿式除尘器	重金属（铅、锑、砷、镉等）

注：①脱硫铅膏还原熔炼—精炼工艺、湿法冶炼工艺；②再生铅和铅精矿混合熔炼工艺。

2.2.3　固体废物污染

再生铅冶炼过程中产生的固体废物主要包括废塑料、废橡胶、熔炼渣、精炼渣、浸出渣、烟尘灰、废水处理污泥及脱硫石膏渣等。再生铅冶炼主要固体废物及来源如表 3 所示。

表 3　再生铅冶炼主要固体废物及产污节点

污染物来源	产污节点	主要污染物
破碎分选工序	破碎、分选过程	有机物（废塑料、废橡胶等）、废酸（含铅、锑、砷、镉等）等
预脱硫工序①	脱硫罐、脱硫液净化、结晶	滤渣（含铅、锑、砷、镉等）、净化渣（含铅、锑、砷、镉等）
熔炼工序	配料车间、炉床、熔炼炉	粉尘（含铅、锑、砷、镉等）、冶炼浮渣（含铅、锑、砷、镉等）、水淬渣（含铅、锑、锌、铜等）、烟尘（含铅、锑、砷、镉等）
脱铜工序	脱铜炉	脱铜渣（含铅、铜、锑、锌等）
制酸工序②	制酸系统、污酸处理系统	含重金属污泥（污酸体系渣）、废触媒等
湿法冶炼工序	浸出槽、电解液净化槽	浸出渣（含铅、锑、砷、镉等）
火法精炼工序	精炼炉	精炼渣（含铅、锑、镉、铜、砷、锡等）、烟尘（含铅、锑、砷、镉等）
铅电解工序	电解槽	硅氟酸、铅泥
烟气脱硫除尘	除尘器、脱硫塔	烟尘、脱硫石膏（铅、锑、砷、镉等）
污水处理	固液分离装置	废水处理污泥（含铅、锑、砷、镉、铜等）

注：①脱硫铅膏还原熔炼—精炼工艺、湿法冶炼工艺；②再生铅和铅精矿混合熔炼工艺。

2.2.4 噪声污染

再生铅冶炼过程产生的噪声主要为机械噪声和空气动力噪声，主要噪声源有破碎分选设备、鼓风机、除尘风机等各类风机及各种泵类，其噪声声级可达到85～120 dB（A）。再生铅冶炼主要噪声污染及来源如表4所示。

表4 再生铅冶炼主要噪声污染及来源

噪声源	噪声级/dB（A）	排放规律	噪声源	噪声级/dB（A）	排放规律
破碎分选设备	<95	连续式	空压机	<105	连续式
汽化冷却装置	110～120	间歇式	氧压机	<105	间歇式
鼓风机	92～96	连续式	冷却塔	<95	连续式
余热锅炉汽包	<120	间歇式	烟气净化系统风机	<95	连续式

3 再生铅冶炼污染防治技术

3.1 工艺过程污染预防技术

3.1.1 预处理

3.1.1.1 破碎分选技术

该技术是通过机械破碎设备把废铅蓄电池破碎成板栅、铅膏、有机物及电解液等组分，然后再经过分选设备把各组分进行分离的技术。分为全自动破碎分选技术和机械破碎分选技术。

该技术可将废铅蓄电池中的电解液、有机物等分离，有效降低熔炼过程中产生的二氧化硫、二噁英等污染物。

该技术适用于废铅蓄电池的预处理。

3.1.1.2 铅膏预脱硫技术

该技术是在一定温度下在水溶液中用碳酸钠、碳酸铵、碳酸氢铵或强碱等脱硫剂将硫酸铅转化为较易还原处理的其他铅化合物的技术。预脱硫系统包括脱硫搅拌槽、压滤机、脱硫液净化槽、过滤器、结晶器、母液储存罐等。

该技术可减少进炉的物料量，降低火法熔炼的作业温度，提高炉料的铅品位，减少烟气量、烟尘量、弃渣量、二氧化硫的排放量，降低能耗，有效提高铅的回收率；同时，该技术也是湿法冶炼的前提条件。

该技术适用于含硫铅膏的预处理。

3.1.2 火法冶炼

3.1.2.1 反射炉熔炼技术

该技术是以煤气或天然气为燃料，以碳酸钠、无烟煤及生石灰等为辅助原料，采用反射炉作为熔炼设备对含铅废料进行高温还原的熔炼技术。

该技术操作简单、投资少、适应性强。但环境污染重、能耗高，生产效率和热效率较低，且是间断作业，不易实现自动化控制。

该技术适用于废铅蓄电池等含铅废料的处理。

3.1.2.2　竖炉熔炼技术

该技术是以焦炭或高炉煤气为燃料，采用竖炉作为熔炼设备，在焦点区燃烧形成高温对含铅废料进行还原熔炼的技术。

该技术具有适应性强、生产能力大、能实现连续生产的特点。但粉尘量大，细粒物料需要烧结或制团。

该技术适用于废铅蓄电池等含铅废料的处理。

3.1.2.3　多室熔炼炉熔炼技术

该技术是以天然气或煤气等为燃料，采用每室都有燃烧装置的双室或多室熔炼炉作为熔炼设备，并用纯氧侧吹搅拌、富氧燃烧等对含铅废料进行还原熔炼的技术。

该技术其中一个熔炼炉加热时，产生的高温烟气可进入其他熔炼炉对含铅废料进行预热，实现热能的多级互换利用。

该技术具有热利用率高，生产效率高、产能大、熔炼渣含铅量低、污染少等优点。

该技术适用于废铅蓄电池等含铅废料的处理。

3.1.2.4　短窑熔炼技术

该技术是以天然气等清洁能源为燃料，以碳酸钠等为辅助原料，采用短炉身、高耐火材料内衬的回转窑作为熔炼设备进行连续熔炼的技术。

该技术可实现连续熔炼，密闭性好，原料适应性强，利于传热、传质。但产渣量大，炉衬寿命短。

该技术适用于废铅蓄电池等含铅废料的处理。

3.1.2.5　富氧底吹熔炼技术

该技术是利用熔池熔炼原理，通过浸没底吹氧气的强烈搅动，使硫化物精矿、未脱硫铅膏与熔剂等原料在反应器（熔炼炉）的熔池中充分搅动，迅速熔化、氧化、交互反应和还原，生成粗铅的熔炼技术。

该技术能实现铅精矿与废铅膏的混合熔炼，产生的烟气可制酸，省去了铅膏预脱硫工序，易实现自动化控制，具有氧利用率高、脱硫率高等优点。

该技术适用于铅精矿与铅膏等二次物料的混合熔炼，不适用于单独处理废铅膏。

3.1.2.6　板栅低温熔炼技术

该技术是根据金属铅熔点低的特点，将破碎分选后产生的板栅，直接进入熔炼炉，在 500～550℃温度下进行熔炼的技术。

该技术冶炼温度低、生产效率高、易实现自动化控制，能耗低，操作简单，金属回收率高，同时可实现板栅中原有其他金属的利用。

该技术适用于废铅蓄电池破碎分选后板栅的处理。

3.1.3 湿法冶炼

3.1.3.1 电解沉积技术

该技术是指采用硅氟酸或硼氟酸浸出脱硫铅膏得到富铅电解液，富铅电解液经电解沉积产出析出铅的湿法冶炼技术。

该技术具有物料适应性强、过程清洁、产品质量高、铅回收率高，无铅尘、铅蒸气、铅渣产生等优点。但工艺流程复杂，能耗较高。

该技术适用于铅膏、含铅烟尘等含铅废料的处理。

3.1.3.2 固相电解还原技术

该技术是以氢氧化钠为电解液，不锈钢板作为阴、阳电极板，将铅膏中的固相铅化合物直接还原成金属铅的湿法冶炼技术。

该技术具有流程简单、占地少、投资省、铅回收率高、过程清洁等优点，但碱耗高。

该技术适用于铅膏、含铅烟尘等含铅废料的处理。

3.1.4 粗铅精炼

3.1.4.1 火法精炼技术

该技术是指在高温条件下，根据铅和杂质的不同特性，用各种方法去除粗铅中杂质的精炼技术。

该技术设备简单，占地面积小，生产周期短，生产成本较低。但精铅纯度与电解精炼相比较低，存在二次环境污染问题。

该技术适用于粗铅精炼。

3.1.4.2 电解精炼技术

该技术是利用纯铅制作的阴极板，按一定间距装入盛有电解液的电解槽，在电流的作用下，铅自阳极溶解进入电解液，并在阴极放电析出，析出铅经电铅锅碱性精炼，最终熔铸为电铅锭。电解精炼包括小极板技术和大极板技术。

小极板电解精炼技术能耗高，装备水平低，劳动强度大；大极板电解精炼技术能耗较低，自动化程度高，劳动强度低。

该技术适用于粗铅火法熔炼后的精炼提纯。

3.1.4.3 碱性精炼技术

该技术是利用亚铅酸钠与锑、砷、锡反应产生锑酸钠、砷酸钠、锡酸钠等浮渣的原理，除去析出铅中的锑、砷、锡等杂质的技术。

该技术投资小、流程短、污染轻，产品质量高，劳动强度低。

该技术适用于析出铅精炼提纯。

3.2 大气污染治理技术

3.2.1 烟气除尘

3.2.1.1 旋风除尘技术

该技术是利用离心力的作用，使烟尘从烟气中分离而加以捕集的技术。

该技术设备结构简单，造价低，操作管理方便，维修工作量小。动力消耗主要来自设备阻力消耗，除尘效率约为 70%。对 10 微米以上的粗粒烟尘有较高的除尘效率，可用于高温（450℃）、高含尘量（400～1 000 克/米^3）的烟气。

该技术仅适用于熔炼工序的烟气粗除尘。

3.2.1.2 湿法除尘技术

该技术是利用液滴或液膜黏附烟尘净化烟气的技术，包括动力波除尘技术、水膜除尘技术、文丘里除尘技术、冲击式除尘技术等。

该技术操作简单、运行稳定、维修费用小，可适应烟气量变化较大的工况。但从湿式除尘器中排出的泥浆需进行处理，否则会造成二次污染。

该技术适用于处理高温、高湿的烟气以及黏性大的粉尘，不适用于憎水性和水硬性粉尘。

3.2.1.3 袋式除尘技术

该技术是利用纤维织物的过滤作用对含尘气体进行净化的技术。

该技术除尘效率大于 99.5%，适用范围广。但对烟气温度、湿度、腐蚀性等要求高，系统阻力大，运行维护费用高。

该技术适用于熔炼及精炼工序的烟气除尘，也适用于通风除尘系统及排烟系统废气净化。

3.2.1.4 电除尘技术

该技术是利用强电场使气体发生电离，进入电场空间的烟尘荷电，在电场力作用下向相反电极性的极板移动，并通过振打等方式将沉积在极板上的烟尘收集下来的技术。该技术除尘效率在 99.0%～99.8%，阻力小、能耗低、处理烟气量大。但初期投资成本高、占地面积大，对制造、安装、运行等的要求比较高。

该技术适用于熔炼工序的烟气除尘。

3.2.1.5 电—袋复合除尘技术

该技术是通过前级电场的预除尘、荷电作用和后级滤袋区过滤除尘对含尘气体进行净化的技术。

该技术集合电除尘器和布袋除尘器各自的除尘优势，具有结构紧凑、清灰周期长，滤袋使用寿命长、运行长期可靠、稳定，维护费用低等节能和高可靠性特点，除尘效率可达

99.9%。但一次性投资高。

该技术适用于熔炼工序的烟气除尘。

3.2.2 烟气脱硫

3.2.2.1 石灰/石灰石脱硫技术

该技术是以石灰或石灰石为吸收剂，采用直接喷射法、湿法、石灰—亚硫酸钙法或喷射干燥法去除烟气中的二氧化硫的技术。

该技术脱硫效率较高，石灰/石灰石来源广且成本低，还可部分去除烟气中的三氧化硫、重金属离子、氟离子、氯离子等。但吸收剂消耗大，副产物不易利用，存在潜在二次污染。

该技术适用于脱硫铅膏熔炼二氧化硫烟气的治理。

3.2.2.2 钠碱法脱硫技术

该技术是以氢氧化钠或碳酸钠为烟气脱硫剂，通过循环吸收烟气中的二氧化硫，产生高浓度亚硫酸钠溶液，经氧化或直接脱除重金属后回收硫酸钠或亚硫酸钠副产品的技术。

该技术脱硫效率大于99.5%，运行可靠，可实现副产品的回收利用。但投资较高。

该技术适用于脱硫铅膏熔炼二氧化硫烟气的治理。

3.2.2.3 柠檬酸钠法脱硫技术

该技术是以柠檬酸钠溶液为吸附剂，通过循环吸收烟气中的二氧化硫，产生亚硫酸络合物，再通过加热产生浓二氧化硫产品的技术。

该技术二氧化硫吸收率在99%以上，回收的二氧化硫产品纯度高。但吸收剂浓度、pH、液气比、温度等参数对系统脱硫效率影响明显。

该技术适用于脱硫铅膏熔炼二氧化硫烟气的治理。

3.2.3 二噁英控制技术

3.2.3.1 烟气骤冷+布袋除尘+选择性催化还原（SCR）技术

前段烟气骤冷技术是使烟气在3～5秒时间内从800℃降低到200℃以下，常用文丘里原理制造的骤冷塔。中段布袋除尘是利用纤维织物的过滤作用对含尘气体进行净化捕集烟尘颗粒。后段 SCR 技术是在相对较低的温度下，利用催化剂（如五氧化二钒）的催化活性，将二噁英等有机物催化降解的技术。

该技术组合处理效率高，同时可避免冷却过程中二噁英的再合成问题。SCR 技术催化分解效率高，可彻底破坏二噁英的苯环；但催化剂的效果受烟气温度和催化剂寿命的制约。

该技术组合适用于大中型再生铅企业熔炼过程中的二噁英控制。

3.2.3.2 烟气骤冷+活性炭注入+布袋除尘

前段烟气骤冷技术是使烟气在3～5秒时间内从800℃降低到200℃以下，常用文丘里原理制造的骤冷塔。后段活性炭注入+布袋除尘技术是在单布袋除尘器中喷入活性炭联合布袋除尘器处理二噁英。

该技术组合吸附效率高，但活性炭只是将二噁英从烟气中捕集分离，需要与后期的热脱附等处理工艺结合以进一步去除二噁英。

该技术组合适用于大中型再生铅企业熔炼过程中的二噁英控制。

3.2.3.3 布袋除尘+活性炭吸附

该技术是利用纤维织物的过滤作用和活性炭内部孔隙结构发达、比表面积大、吸附能力强的特点对二噁英等有机物进行吸附的技术。常用设备有过滤除尘器、湿式/干式洗涤除尘器、陶瓷过滤除尘器等。

该技术组合成本较低，吸附效率高。但活性炭只是将二噁英从烟气中捕集分离，需要与后期的热脱附等处理工艺结合以进一步去除二噁英。

该技术组合适用于熔炼烟气中二噁英的控制。

3.2.3.4 活性炭注入+布袋除尘+活性炭吸附

前段活性炭注入+布袋除尘技术是在单布袋除尘器中喷入活性炭，后段活性炭吸附技术是利用活性炭内部孔隙结构发达、比表面积大、吸附能力强的特点对二噁英等有机物进行吸附的技术。按填充方式可分为活性炭流化床吸附和活性炭固定床吸附。

该技术成本较低，既可吸附固态的二噁英，又可凝固吸收气态的二噁英。但活性炭只是将二噁英从烟气中捕集分离，需要与后期的热脱附等处理工艺结合以进一步去除二噁英。

该技术适用于大中型再生铅企业熔炼过程中的二噁英控制。

3.3 废酸综合利用技术

3.3.1 鼓式浓缩回收技术

该技术是用燃油将压缩空气加热到较高温度，通入稀硫酸鼓泡器中进行鼓泡，利用热空气带出稀硫酸中水分的技术。

该技术生产工艺简单，成品酸的浓度高，收率高。但占地面积大，污染严重，能耗较高。

该技术适用于废硫酸的浓缩。

3.3.2 真空浓缩回收技术

该技术是在减压条件下进行蒸发浓缩的酸回收技术。废硫酸在380～420℃下喷雾蒸发，硫酸被分解为三氧化硫和水，可将预浓缩至40%～50%的废硫酸生成96%～98%的硫酸。该技术酸回收效率高。但易产生酸雾。

该技术适用于硫酸盐含量较高的废硫酸的回收处理。

3.3.3 高温非还原分解技术

该技术是在高温下将废硫酸分解为三氧化硫和水，再以冷凝成酸法得到纯净硫酸的技术。

该技术成熟可靠，处理量大，可直接生产浓硫酸或发烟硫酸。但投资大、能耗高。

该技术适用于废铅蓄电池废酸的综合利用。

3.3.4 超滤技术

该技术是以超滤膜为过滤介质，以膜两侧的压力差为驱动力，在一定压力下，当水流过膜表面时，只允许水及比膜孔径小的小分子物质通过，以达到溶液的净化、分离与浓缩的分离技术。

该技术具有高效、能耗（功效）低、膜分离设备操作维护简单、运行稳定等特点。但运行成本较高，滤膜还需要再生处理。

该技术适用于含杂质较低的废硫酸的净化和浓缩。

3.3.5 废酸循环利用技术

该技术是以硫酸生产产生的污酸或废铅蓄电池收集的废酸为吸附剂，通入含有硫化氢的净化气体，通过双接触技术等制酸技术循环吸收烟气中的二氧化硫，再将生成的硫化物进行沉淀、过滤分离，使硫化物从稀硫酸溶液中净化去除，最后提纯生成工业硫酸的技术。

该技术具有生产成本低、流程短、循环利用率高、能耗低、环境污染小、自动化水平高的优点。

该技术适用于铅精矿与铅膏等二次物料混合熔炼中二氧化硫烟气的治理。

3.4 废水治理技术

3.4.1 石灰中和法

该技术是以生石灰或石灰石为中和剂，利用中和作用处理废水，使之净化的技术。

该技术工艺流程短，设备简单，原料来源广泛，处置费用低。但出水硬度高，难以回用，存在潜在的二次污染。

该技术适用于含重金属离子和砷、氟等酸性废水的预处理。

3.4.2 硫化—石灰中和法

该技术是以硫化钠、硫化氢、硫化亚铁为硫化剂，将酸性废水中的重金属离子生成难溶于水的金属硫化物沉淀后去除，再用石灰石和硫酸生成硫酸钙沉淀后去除的技术。

该技术可去除酸性废水中的镉、砷、锑、铜、锌、汞、银、镍等，渣量少、易脱水、沉渣金属品位高。

该技术适用于含较高浓度铅、砷、汞、铜离子酸性废水的预处理。

3.4.3 离子交换法

该技术是重金属离子与离子交换剂发生离子交换作用，分离出重金属离子的技术。常用的离子交换树脂有阳离子交换树脂、阴离子交换树脂、螯合树脂和腐植酸树脂等。

该技术处理容量大，出水水质好，可实现铅的回收，二次污染小。但树脂再生频繁，反应周期长，运行费用高。

该技术适用于含铅废水的深度处理。

3.4.4 螯合沉淀法

该技术是在常温下使用重金属捕集剂与废水中多种重金属离子反应生成不溶于水的螯合盐，而后再加入少量有机或/和无机絮凝剂以形成絮状沉淀，从而捕集去除重金属离子的技术。

该技术方法简单，去除效果好，絮凝效果佳，污泥量少且易脱水，pH 适用范围宽。

该技术适用于含铅废水的处理。

3.4.5 吸附法

该技术是利用吸附剂活性表面吸附废水中的铅离子的技术。制备吸附剂的材料大致可分为两类：无机矿物材料和生物质材料。其中，无机矿物吸附材料有沸石、黏土（如膨润土和凹凸棒石）、海泡石、磷灰石、陶粒、粉煤灰等。

该技术原料来源广、制造容易、价格较低。但重金属吸附饱和后再生困难，难以回收重金属资源。

该技术适用于含铅废水的深度处理。

3.4.6 膜分离法

该技术是利用一种特殊的半透膜，在外界压力的作用下，不改变溶液中化学形态的基础上，将溶剂和溶质进行分离或浓缩的技术。

该技术分离效率高，出水水质好，易于实现自动化。但膜的清洗难度大，投资和运行成本较高。

该技术适用于冶炼废水的深度处理。

3.4.7 絮凝沉淀法

该技术是利用絮凝剂（如无机絮凝剂、有机高分子絮凝剂、微生物絮凝剂等）和有机阴离子配制成水溶液加入废水中，使废水中的悬浮微粒失去稳定性，形成絮凝体在重力作用下沉淀，经过滤净化废水的技术。

该技术药剂投加量少，处理量大，分离效率高。但絮凝剂易造成二次污染。

该技术适用于含铅生活废水和初期雨水的处理。

3.5 余热利用技术

该技术是通过对水冷壁和对流管束热交换回收烟气热量使烟气降温，提高后续除尘设施的除尘效率，同时将余热加以利用的能源回收利用技术。

该技术能有效降低烟气温度，回收烟气余热，利于烟气除尘，提高热利用效率，同时能有效控制炉窑烟尘率。该技术适用于再生铅熔炼工序的余热利用。

3.6 固体废物综合利用及处理处置技术

3.6.1 一般固体废物综合利用及处理处置技术

有回收利用价值的一般固体废物，应首先考虑综合利用。

（1）预处理过程中分选出的废塑料应经过彻底清洗，在满足《废塑料回收与再生利用污染控制技术规范》（HJ/T 364）的要求后方可再生使用。

（2）冶炼水淬渣（渣中含铅量小于 2%），应按国家相关管理规定对其进行妥善贮存、综合利用。

（3）在确保安全的情况下，处理废酸产生的石膏渣可作为生产水泥的缓凝剂、建筑原材料等。

（4）废酸处理产生的硫化渣可用于回收铅、砷。

3.6.2 危险废物综合利用及处理处置技术

对于危险废物，按有关管理要求进行安全利用或处置。有金属回收利用价值的危险废物，应首先考虑综合回收利用；冶炼浮渣、脱铜渣、布袋除尘器收集的烟尘属于危险废物，但有综合利用价值，可以返回熔炼过程重新熔炼，回收其中的铅；无金属回收利用价值的危险固体废物，应按国家相关管理规定进行无害化处理。

3.7 需关注的新技术

3.7.1 密闭脱硫脱氧技术

该技术是将废铅膏中的硫酸铅和二氧化铅在密闭反应器内快速分解脱硫、脱氧的技术。

该技术无须脱硫剂，产出硫酸可直接用于铅蓄电池生产，回收成本低。

该技术适用于废铅膏等含铅废料的预处理。

3.7.2 新型固相电解还原技术

该技术是以不锈钢做阴阳极，其中阴极采用特殊空间结构，以弱碱性介质或酸性介质为电解液，通过周期性直流电实现高电流密度，将铅膏电还原得到活性铅粉，再经压实、熔炼生产精铅的技术。

该技术与传统固相电解还原技术相比，具有处理物料量大、投资小，可实现自动化控制，规模化生产。但操作要求较高。

该技术适用于废铅膏、氧化铅矿等含铅废料的处理。

3.7.3 低温连续熔炼技术

该技术是以天然气为燃料，采用富氧助燃，将铅膏、含铅废料、还原剂、熔剂按一定比例混合，在富氧空气和天然气形成的高速气流作用下进行低温连续熔炼的技术。

该技术物料适应性强、生产过程连续，冶炼温度低、生产效率高、易实现自动化控制，能耗低，污染物排放低、渣量少、渣含铅率低。但投资较大，设备维护成本较高。

该技术适用于废铅蓄电池等含铅废料的处理。

3.7.4 氢气—氧化铅燃料电池湿法炼铅技术

该技术是以氢气为阳极活性物质，铅膏脱硫提纯后产生的氧化铅为阴极，在 30～100℃下的氢氧化钠水溶液为传输介质，构建氢气—氧化铅燃料电池，经催化还原后将氧化铅还原为单质铅的技术。

该技术无须消耗电能，反应温度低，过程简单清洁，铅回收率高。但前处理过程复杂，操作要求高，氢气贮存、运输困难。

该技术适用于废铅膏等含铅废料的处理。

3.7.5 活性铅粉生产技术

该技术是利用有机酸与金属离子铅的螯合作用，将金属离子均匀分布在高分子网络结构中，在低温下热分解形成超细金属氧化物粉末的技术。

该技术可避免高温熔炼排放的二氧化硫及挥发性铅尘等大气污染物，能耗低，附加值高。

该技术适用于废铅膏等含铅废料的处理。

3.7.6 全氧侧吹转炉熔炼技术

该技术是采用炉身短、高耐火材料内衬、炉体可 360° 旋转的回转窑作为熔炼设备，并用集束射流技术对含铅废料进行高温还原的熔炼技术。

该技术可使还原剂与物料充分混合，熔炼时间短，燃气热能利用率高，二氧化硫的排放量小。

该技术适用于废铅蓄电池等含铅废料的处理。

3.7.7 低温等离子体技术

该技术是通过高能量等离子体对污染物进行直接击穿和轰击，使其分子链断裂，从而达到高效净化废气的技术。

该技术处理效果好，运行费用低廉、二次污染小、运行稳定、操作简单。

该技术适用于含重金属、二噁英等废气的处理。

4 再生铅冶炼污染防治可行技术

4.1 再生铅冶炼污染防治可行技术概述

再生铅冶炼污染防治可行技术包括工艺过程污染预防可行技术和污染治理可行技术。按整体性原则，确定可行技术组合。

脱硫铅膏还原熔炼—精炼工艺污染防治可行技术组合见图 8，再生铅与铅精矿混合熔炼污染防治可行技术组合见图 9，再生铅湿法冶炼污染防治可行技术组合见图 10。

4.2 工艺过程污染预防可行技术

脱硫铅膏还原熔炼—精炼工艺过程污染预防可行技术及主要技术指标如表 5 所示。

表 5 脱硫铅膏还原熔炼-精炼工艺过程污染预防可行技术

工序	技术名称	主要技术指标	适用范围
破碎分选工序	自动破碎分选技术	采用连续化和全部机械化的作业方式，铅回收率在 95%以上	适用于废铅蓄电池的拆解工序
板栅熔炼工序	低温熔炼技术	熔炼温度在 400℃以下，一次出铅率大于 80%，渣率小于 15%	适用于板栅在 400℃下连续熔炼
预脱硫工序	湿法脱硫技术	脱硫率大于 95%，脱硫后物料含硫小于 0.5%	适用于铅膏预脱硫处理
铅膏熔炼工序	短窑熔炼技术	金属回收率大于 98%，产出不大于 100 kg 炉渣/t 铅，熔炼渣含铅小于 2%，二氧化硫＜45 mg/m³，烟气铅＜0.5 mg/m³	适用于经预脱硫处理后的铅膏在 1 000～1 200℃下熔炼
	多室熔炼炉熔炼技术	金属回收率大于 98%，熔炼渣含 Pb 小于 1.8%，二氧化硫≤50 mg/m³，烟气铅≤0.2 mg/m³，烟尘≤20 mg/m³	适用于经预脱硫处理后的铅膏在 1 000～1 200℃下熔炼
精炼工序	火法精炼技术	铅回收率＞99%	适用于粗铅生产还原精铅的过程

再生铅与铅精矿混合熔炼工艺过程污染预防可行技术及主要技术指标如表 6 所示。

表 6 再生铅与铅精矿混合熔炼工艺过程污染预防可行技术

工序	技术名称	主要技术指标	适用范围
破碎分选工序	自动破碎分选技术	采用连续化和全部机械化的作业方式，铅回收率在 95%以上	适用于废铅蓄电池的拆解
板栅熔炼工序	低温熔炼技术	熔炼温度在 400℃以下，一次出铅率大于 80%，渣率小于 15%	适用于板栅在 400℃下连续熔炼
铅膏熔炼工序	富氧底吹熔炼技术	铅总回收率大于 97%，硫回收率大于 96%，二氧化硫＜50 mg/m³，操作区铅含量＜0.05 mg/m³	适用于废铅蓄电池拆解后铅膏与铅精矿混合熔炼
电解工序	大极板电解精炼技术	铅回收率＞99%	适用于粗铅初步火法精炼后的进一步精炼提纯
精炼工序	火法精炼技术	铅直收率＞95%	适用于电解铅进一步精炼提纯

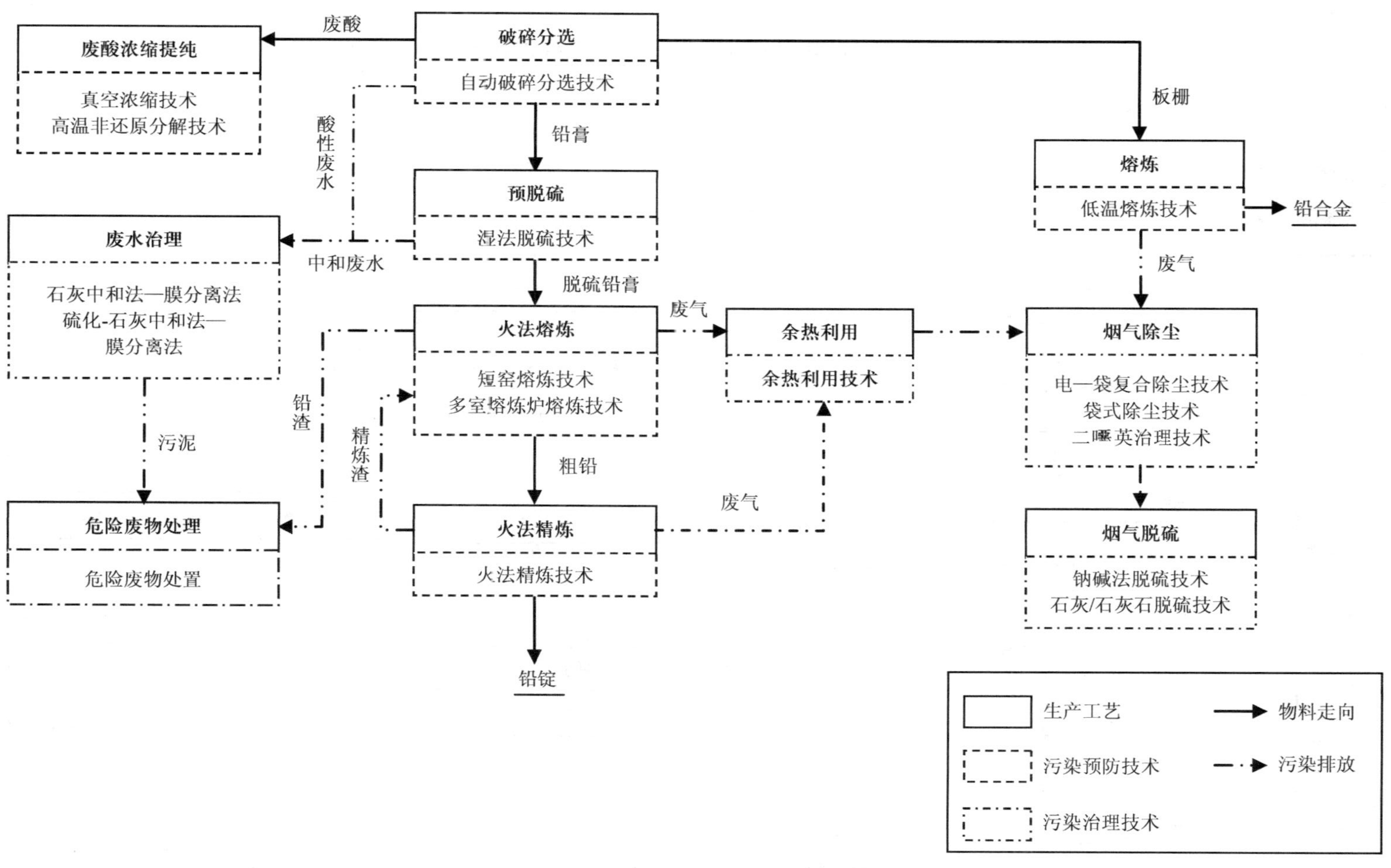

图 8　脱硫铅膏还原熔炼—精炼工艺污染防治可行技术

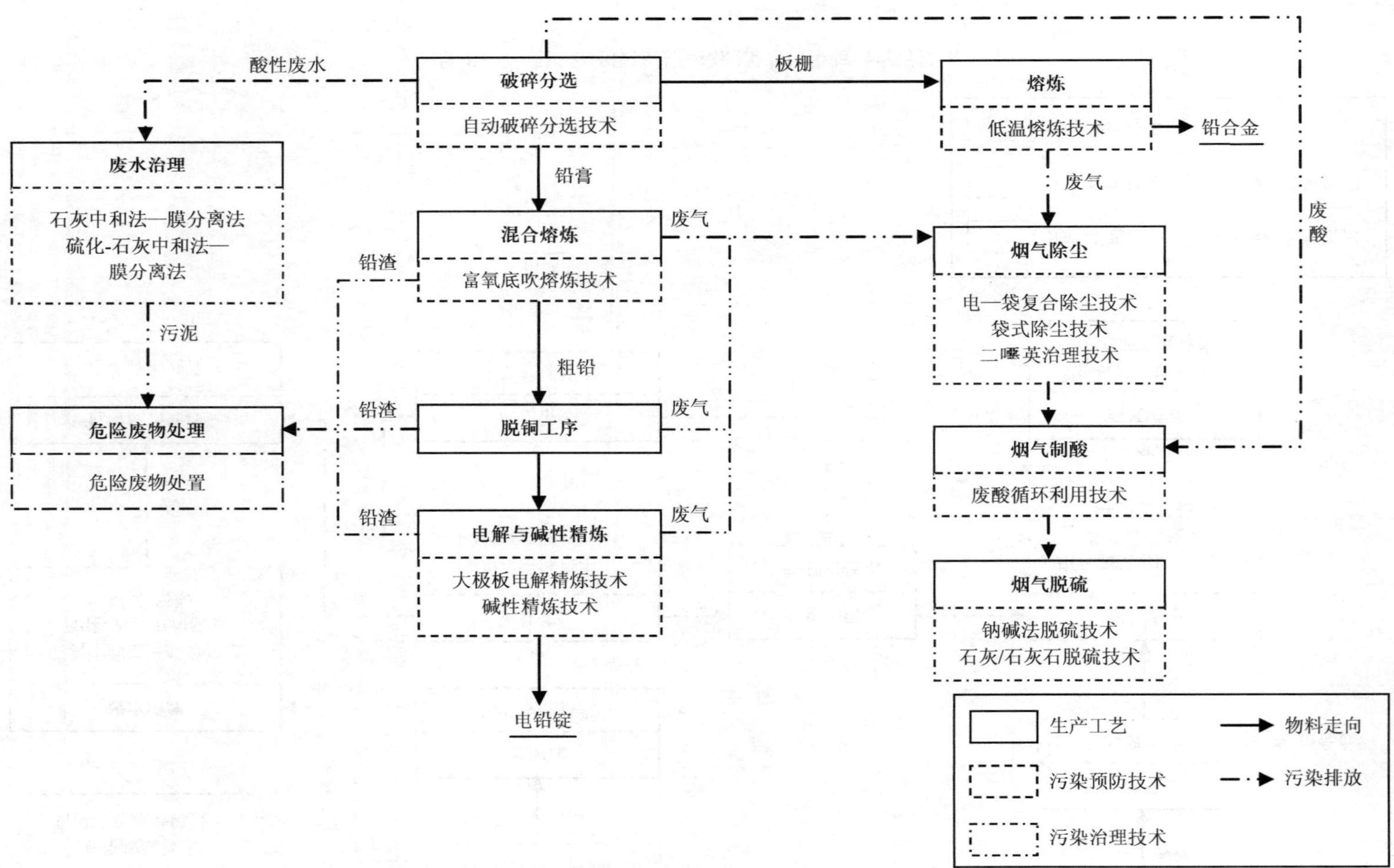

图9 再生铅与铅精矿混合熔炼污染防治可行技术

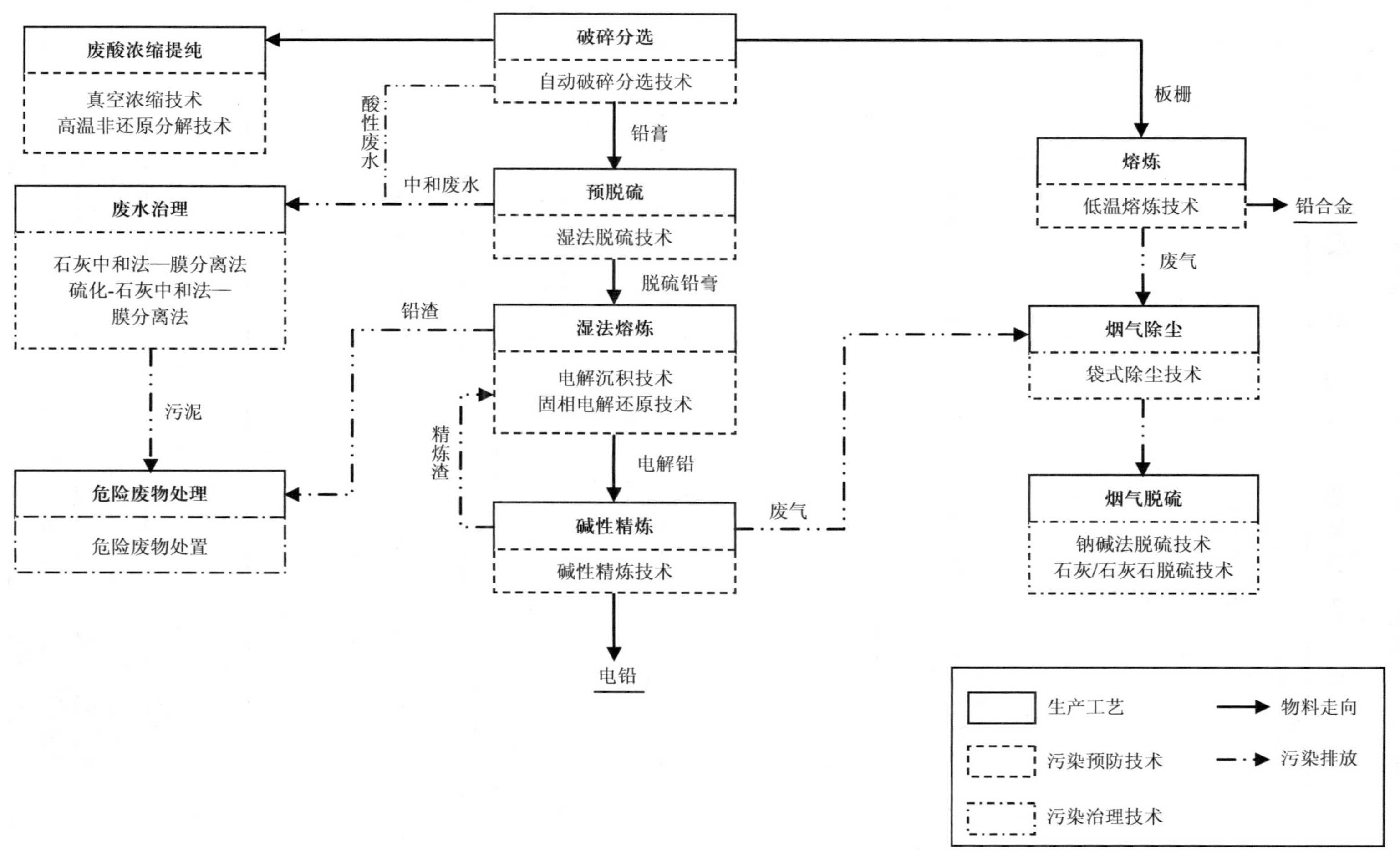

图10　再生铅湿法冶炼污染防治可行技术

再生铅湿法熔炼工艺过程污染预防可行技术及主要技术指标如表 7 所示。

表 7　再生铅湿法熔炼工艺过程污染预防可行技术

工序	技术名称	主要技术指标	适用范围
破碎分选工序	自动破碎分选技术	采用连续化和全部机械化的作业方式，铅回收率在 95%以上	适用于废铅蓄电池的拆解
熔炼工序	低温熔炼技术	熔炼温度在 400℃以下，一次出铅率大于 80%，渣率小于 15%	适用于板栅在 400℃下连续熔炼
湿法冶炼工序	电解沉积技术	电铅硅氟酸单耗小于 3.5 kg/t，电单耗小于 850 kW·h/t 铅，电流效率大于 96%	适用于预脱硫铅膏的湿法冶炼
	固相电解还原技术	氢氧化钠单耗小于 112 kg/t 铅，电铅电耗小于 550 kW·h/t，电流效率大于 95%	适用于预脱硫铅膏的湿法冶炼
精炼工序	碱性精炼技术	氢氧化钠单耗小于 3 kg/t 铅	适用于生产电铅

4.3　大气污染治理可行技术

4.3.1　烟气除尘可行技术

4.3.1.1　袋式除尘技术

（1）可行工艺参数袋式除尘器计算参数的选择，应符合表 8 的规定。

表 8　袋式除尘器技术参数

参数名称	参数指标
烟尘粒度	≥0.1 μm
烟气过滤速率	0.2～1.0 m/min
设备阻力	1 200～2 000 Pa
允许操作温度	≤250℃
允许烟气含尘量	50 g/m^3

袋式除尘器滤料的选择应考虑烟气的性质及烟气温度的波动。各种滤料操作温度应符合表 9 的规定。

表 9　袋式除尘器滤料操作温度

滤料名称	允许最高操作温度/℃
诺梅克斯和美塔斯（MATAMEX）	220
玻璃纤维	250
聚四氟乙烯（PTFE）	250
聚苯硫醚（PPS）	190
聚酰亚胺（P84）	250
氟美斯（FMS）	260

（2）污染物消减及排放

袋式除尘器的除尘总效率大于 99.5%。烟尘排放浓度（标态）可低于 20 毫克/米^3。

（3）二次污染及防范措施

袋式除尘器卸灰过程中可能造成二次扬尘。防治措施包括密闭运输，如采用埋刮板、斗式提升机、螺旋运输机等密闭运输设备，采用密闭罐车运输，采用气力输灰系统等。

（4）技术经济适用性

袋式除尘器初投资较低，为 400～1 500 元/米^2，成本差异取决于滤袋材质的不同。运行费主要来自更换滤袋的费用及风机电耗。适用于熔炼炉除尘。

4.3.1.2 电—袋复合除尘技术

（1）可行工艺参数

电—袋复合式除尘器的技术参数如表 10 所示。

表 10 电—袋除尘器技术参数

参数名称	参数指标
烟尘粒度	≥0.1 μm
烟气过滤速率	0.2～1.0 m/s
设备阻力	600～1 500 Pa
运行温度	≤200℃
允许烟气含尘量	50 g/m^3

（2）污染物消减及排放

电—袋复合式除尘器的总除尘效率在 99.9%以上。

（3）二次污染及防治措施

电—袋复合除尘器卸灰过程中可能造成二次扬尘。防治措施包括密闭运输，如采用埋刮板、斗式提升机、螺旋运输机等密闭运输设备，采用密闭罐车运输和气力输灰系统等。

（4）技术经济适用性

电—袋复合式除尘器除尘效率具有高效性和稳定性；设备阻力比袋式除尘器低，每 10 000 米^3/时风量引风机功率可减少约 1.74 千瓦，运行成本较袋式除尘器低；物料适应性强，其效率不受烟灰特性影响；滤袋使用寿命高，清灰周期长，能耗小；一次投资和运行费用低于单独采用袋式除尘器的费用；对制造、安装、运行、维护都有较高的要求。

4.3.2 烟气脱硫可行技术

低浓度二氧化硫烟气处理除采用湿法硫酸工艺、非稳态转化工艺生产硫酸外，通常采用脱硫剂吸收二氧化硫，将烟气中的二氧化硫控制在排放指标范围内。再生铅冶炼烟气脱硫可行技术及主要技术指标见表 11。

表 11 再生铅冶炼烟气脱硫可行技术及主要技术指标

可行技术	可行工艺参数	污染物削减及排放（标态）	二次污染及防治措施	技术适用性
钠碱法脱硫技术	吸收塔 pH=8.5	二氧化硫排放浓度低于 200 mg/m³，脱硫效率高于 99.5%	生成的亚硫酸钠作为产品出售；脱硫废水中和处理后回用	二氧化硫浓度小于 4% 以下的冶炼烟气脱硫，尤其适用于高温烟气二氧化硫治理
石灰/石灰石脱硫技术	选择活性好且碳酸钙含量大于 90%的脱硫剂，石灰石粉细度-250 目占 90%	当烟气二氧化硫含量为 1 000～3 500 mg/m³时，二氧化硫排放浓度低于 200 mg/m³，脱硫效率高于 95%	脱硫废水应采用石灰处理、混凝澄清和中和处理后回用；脱硫产生的石膏应综合利用；脱硫系统循环水泵、增压风机、氧化风机等设备应采用隔声处理	二氧化硫浓度小于 5 000 mg/m³ 的冶炼烟气脱硫，尤其适用于高温烟气二氧化硫治理

4.3.3 二噁英治理可行技术

再生铅冶炼二噁英治理可行技术及主要技术指标见表 12。

表 12 再生铅冶炼二噁英治理可行技术及主要技术指标

可行技术	可行工艺参数	污染物削减及排放（标态）	二次污染及防治措施	技术适用性
烟气骤冷+布袋除尘+SCR	烟气温度迅速冷却到 260℃以下；SCR 装置采用 Ti、V 和 W 的氧化物等作为催化剂	二噁英可控制在 0.002～0.05 ngTEQ/m³	废催化剂和收尘灰可回收利用或妥善处置	适用于大中型再生铅冶炼企业熔炼过程中的二噁英控制
烟气骤冷+活性炭注入+布袋除尘	烟气温度迅速冷却到 260℃以下	二噁英可控制在 0.1 ngTEQ/m³	废活性炭和收尘灰妥善处置	适用于大中型再生铅冶炼企业熔炼过程中的二噁英控制
布袋除尘+活性炭吸附	烟气进入活性炭吸收塔的温度在 120～180℃	二噁英可控制在 0.1 ngTEQ/m³	收尘灰可回用于熔炼炉	适用于生产过程中的二噁英控制
活性炭注入+布袋除尘+活性炭吸附	烟气进入活性炭吸收塔的温度在 120～180℃	二噁英可控制在 0.1 ng TEQ/m³	收尘灰可回用于熔炼炉	适用于大中型再生铅冶炼企业熔炼过程中的二噁英控制

4.4 废酸处理可行技术

再生铅冶炼废酸处理可行技术及主要技术指标见表 13。

表 13 再生铅冶炼工艺废酸处理可行技术及主要技术指标

可行技术	可行工艺参数	污染物消减及排放	二次污染及防治措施	技术适用性
真空浓缩技术	在减压条件下进行蒸发浓缩	可将 20%的废硫酸浓缩至 35%～40%	硫酸中含有重金属离子等杂质	适用于处理量较小、浓度较高、杂质较少的废硫酸处理
高温非还原分解技术	废硫酸在 380～420 ℃下喷雾蒸发，硫酸被分解为三氧化硫和水	可将预浓缩至 40%～50%的废硫酸生成 96%～98%的硫酸	易产生酸雾，可采用密闭、吸收措施	适用于硫酸盐含量较高的废硫酸处理
废酸循环利用技术	以硫酸生产产生的污酸或废铅蓄电池回收的废酸为吸附剂	二氧化硫烟气浓度 8%～12%，二氧化硫转化率＞99%，成品酸≥98%，物料中硫利用率大于 96%	生成的硫化物进行沉淀、过滤分离，使硫化物从稀硫酸溶液中净化去除，最后提纯生成工业硫酸	适用于铅膏与铅精矿的混合熔炼过程中二氧化硫烟气的治理

4.5 废水处理可行技术

再生铅冶炼工艺废水处理可行技术及主要技术指标见表 14。

表 14 再生铅冶炼工艺废水处理可行技术及主要技术指标

可行技术	可行工艺参数	污染物消减及排放	二次污染及防治措施	技术适用性
石灰中和法—膜分离法	石灰中和工段中和槽 pH 控制范围 8～9，膜分离工段超滤过滤精度为 0.01 μm，控制进水 pH 约 6.5，温度 35～40℃，进水阻垢剂保持在 1.5 mg/L，纳滤压力约为 6 kg/cm^2	出水 pH7～9、总铅浓度小于 0.5 mg/L、总砷浓度小于 0.3 mg/L、总镉浓度小于 0.05 mg/L	废水处理污泥返火法冶炼	适用于再生铅冶炼过程中产生的酸性废水和初期雨水的处理
硫化-石灰中和法—膜分离法	硫化反应槽 pH 控制范围小于 2，中和槽 pH 控制范围 2～3，膜分离工段超滤过滤精度为 0.01 μm，控制进水 pH 约 6.5，温度 35～40℃，进水阻垢剂保持在 1.5 mg/L，纳滤压力约为 6 kg/cm^2	出水 pH 6～9、总铜浓度小于 0.5 mg/L、总铅浓度小于 0.5 mg/L、总砷浓度小于 0.3 mg/L、总锌浓度小于 1.5 mg/L、总镉浓度小于 0.05 mg/L、总汞浓度小于 0.03 mg/L	硫化渣的主要成分为 CuS 和 As_2S_3，属危险废物，送有危险废物处置资质单位处理。石膏渣的主要成分为 $CaSO_4$，可作为生产水泥的添加剂。硫化反应槽和硫化浓密机溢出的 H_2S 气体需采用 NaOH 溶液喷淋吸收，生产的 Na_2S 溶液可用作硫化法处理废水的药剂	适用于废铅蓄电池废酸及再生铅冶炼过程中产生的酸性废水的处理

4.6 固体废物综合利用及处理处置可行技术

再生铅冶炼固体废物综合利用及处理处置可行技术见表 15。

表 15 再生铅冶炼固体废物综合利用及处理处置可行技术

固体废物种类	来源	处置方式
隔板	破碎分选工序	定期交由具有危险废物处置资质单位集中处置
硬橡胶和塑料	破碎分选工序	生产 PVC 板材或塑料制品
滤渣和净化渣	预脱硫工序	按危险废物处置
冶炼浮渣	熔炼炉	返回熔炼炉熔炼
水淬渣（渣中含铅量小于 2%）	熔炼炉	进行妥善贮存、处置和利用
脱铜渣	脱铜工序	返回熔炼炉熔炼
烟尘	熔炼炉、精炼炉	返回熔炼炉熔炼
含重金属污泥和废触媒	制酸工序	定期交由具有危险废物处置资质单位集中处置
浸出渣	湿法冶炼	返回熔炼炉熔炼
精炼渣	精炼工序	返回熔炼炉熔炼
脱硫石膏	尾气脱硫	综合回收利用
污水处理站污泥	污水处理站	综合回收或定期交由具有危险废物处置资质单位集中处置

4.7 技术应用中的注意事项

（1）建立健全各项物料进出口记录、生产记录、设备运行记录及环境安全记录等和各种管理制度；

（2）加强运行管理，建立岗位操作规程，制定应急预案，定期对员工进行技术培训和应急演练；

（3）加强生产设备的使用、维护，以保证设备正常运行；

（4）按要求设置污染源标志，重视污染物检测和计量管理工作，定期进行全厂物料平衡测试；

（5）建立应急响应机制，对重大污染事件的发生具有相应的预案和补救措施，并配置报警系统和应急处理装置，做出及时、有效的反应；

（6）除尘设备的进出口须设置温度、压力检测装置及含尘量检测孔。对于送制酸的烟气，可在风机出口处设置流量和二氧化硫检测装置；

（7）采用袋式除尘器或电除尘器时，应有防止烟气结露的可靠措施，如采取外保温措施，必要时可采取蒸汽保温或电加热保温；

（8）对烟囱入口烟气的温度、压力、流量、含尘量、二氧化硫浓度进行定期、不定期监测或在线连续监测；

（9）除尘系统应在负压下操作，以避免有害气体的溢出，排灰设备应密闭良好，以防止二次污染；

（10）应对除尘设备的运行工况进行连续在线监测；

（11）烟气脱硫系统的进出口应安装烟气连续监测系统；

（12）废气净化设备的进出口须设置采样孔，对处理的废气进行定期的监测；

（13）加强节水管理，并加强各类废水的处理和回用，根据用水水质要求进行分质分类管理，尽量减少排放；

（14）废水管线和处理设施应定期维护并进行防渗处理，防止有害污染物污染地下水；

（15）污酸、污水处理站应定期做如下常规检测：进出水流量、水质；污酸储槽、调节池、回水池、中和槽、氧化槽 pH，污酸储槽、各水池液位、固液分流后底流污泥含水率，硫化反应槽氧化还原电位、药剂投加量等；

（16）对固体废物处置场渗滤液及其处理后的排放水、地下水、大气进行常规监测；

（17）固体废物处置场使用单位应建立日常检查维护制度；

（18）各类固体废物需分开堆存，暂存场都必须完成地面硬化以及具有防渗效果的排水沟及收集池，防止固体废物污染土壤，要加盖雨篷和围墙（高度不小于物料堆积高度的 1/4），防止雨水冲刷，确保污染物不扩散；

（19）场内暂存危险废物应按照《危险废物贮存污染控制标准》（GB 18597）的要求进行建设，并在渣场外设置标识。暂存渣场的渣要及时清运，运渣车要加强管理，避免沿路洒漏；

（20）降低噪声源：在满足工艺设计的前提下，尽可能选用低噪声设备；

（21）在传播途径上控制噪声：在设计中，着重从消声、隔声、隔振、减振及吸声方面进行考虑，结合合理布置厂内设施、采取绿化等措施降低噪声；

（22）设置隔声操作间、控制室等。在工段中设置必要的隔声操作间、控制室等，使室内噪声符合有关卫生标准。

铜冶炼污染防治可行技术指南（试行）

环境保护部公告 2015年 第24号

前 言

为贯彻执行《中华人民共和国环境保护法》，防治环境污染，完善环保技术工作体系，制定本指南。

本指南以当前技术发展和应用状况为依据，可作为铜冶炼项目污染防治工作的参考技术资料。

本指南由环境保护部科技标准司提出并组织制定。

本指南起草单位：中冶建筑研究总院有限公司、中国恩菲工程技术有限公司。

本指南由环境保护部解释。

1 总则

1.1 适用范围

本指南适用于处理铜矿石、铜精矿和其他含铜物料的铜冶炼企业。

1.2 术语和定义

1.2.1 标准状态

指温度为273.15开、压力为101 325帕时的状态。本指南涉及的大气污染物浓度均以标准状态下的干气体为基准。

1.2.2 卫生通风系统

在有废气产生的生产节点设机械排风装置，控制粉尘和有害气体的扩散，减少无组织排放，创造满足职业卫生要求的生产环境，并根据需要对排风进行治理的通风系统。

2 生产工艺及污染物排放

2.1 生产工艺及产污环节

2.1.1 火法炼铜工艺

火法冶炼是利用高温从硫化铜精矿或废杂铜中提取金属铜或其化合物的过程。

硫化铜精矿火法冶炼生产过程通常由以下几个工序组成：备料、熔炼、吹炼、火法精炼、电解精炼，最终产品为精炼铜（电解铜）。

硫化铜精矿火法冶炼工艺流程及产污环节见图 1。

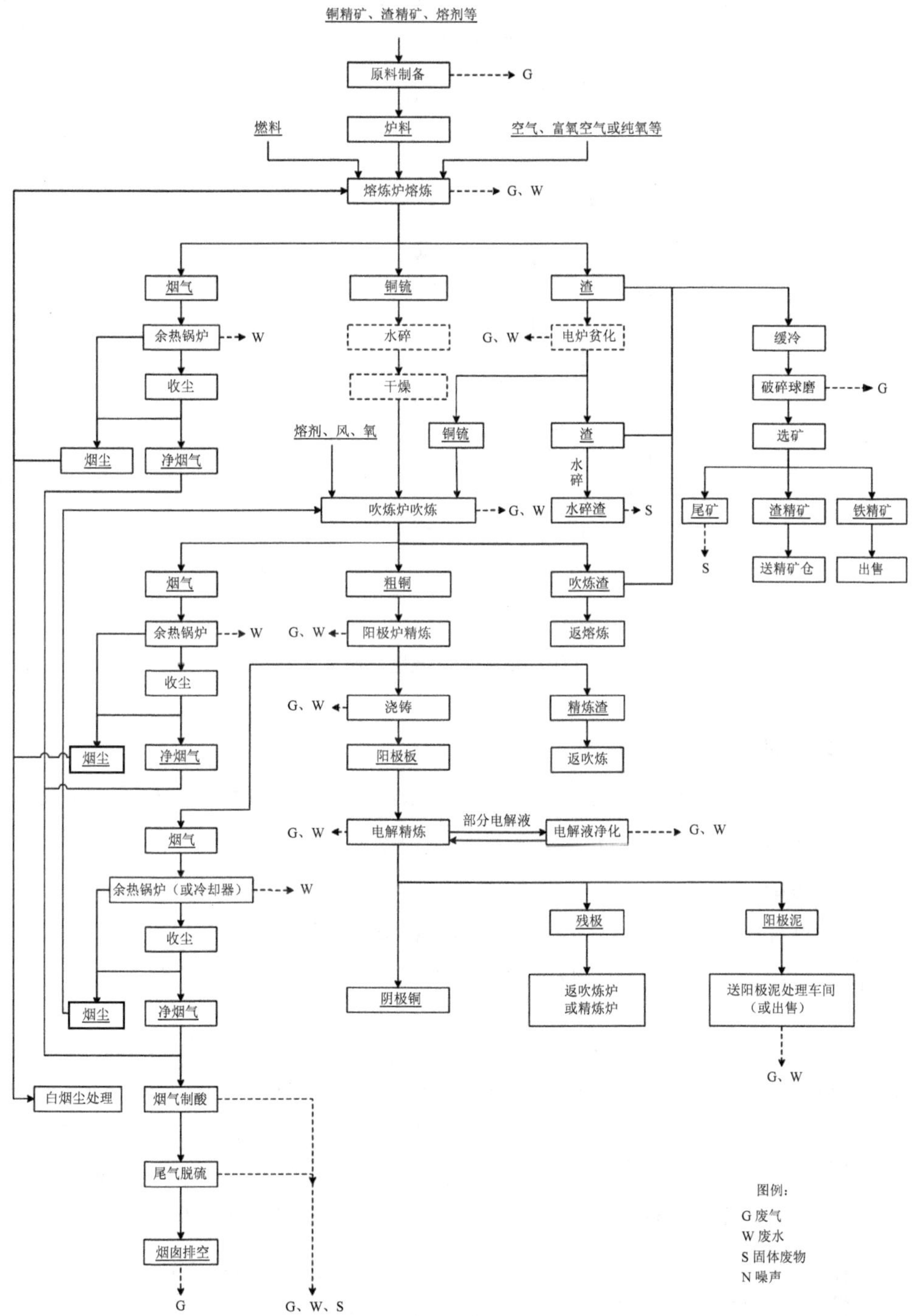

注：精炼炉氧化期产生的烟气送烟气制酸系统，其余时段送脱硫系统。

图 1　硫化铜精矿火法冶炼工艺流程及产污环节

湿法炼铜工艺流程及产污环节见图 2。

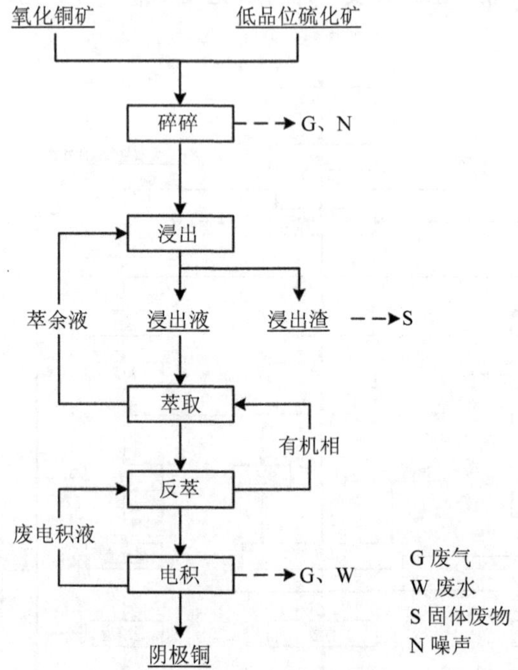

图 2　湿法炼铜工艺流程及产污环节

2.2　污染物排放

铜冶炼过程中产生的污染包括大气污染、水污染、固体废物污染和噪声污染，其中大气污染、水污染、固体废物污染是主要环境问题。

2.2.1　大气污染

铜冶炼过程中产生的大气污染物主要为颗粒物、SO_2、硫酸雾。

铜冶炼过程中主要大气污染物及来源见表 1。

表 1　铜冶炼大气污染物及来源

火法炼铜		
工序	污染源	主要污染物
干燥	干燥窑	颗粒物（含重金属 Cu、Pb、Zn、Cd 及 As）、SO_2
	精矿上料、精矿出料、转运	颗粒物（含重金属 Cu、Pb、Zn、Cd 及 As）
配料	抓斗卸料、定量给料设备、皮带运输设备转运过程中扬尘	颗粒物（含重金属 Cu、Pb、Zn、Cd 及 As）
熔炼	熔炼炉	颗粒物（含重金属 Cu、Pb、Zn、Cd 及 As）、SO_2
	加料口、锍放出口、渣放出口、喷枪孔、溜槽、包子房等处泄漏	颗粒物（含重金属 Cu、Pb、Zn、Cd 及 As）、SO_2

<table>
<tr><th colspan="3">火法炼铜</th></tr>
<tr><th>工序</th><th>污染源</th><th>主要污染物</th></tr>
<tr><td rowspan="2">吹炼</td><td>吹炼炉</td><td>颗粒物（含重金属 Cu、Pb、Zn、Cd 及 As）、SO_2</td></tr>
<tr><td>加料口、粗铜放出口、渣放出口、喷枪孔、溜槽、包子房等处泄漏</td><td>颗粒物（含重金属 Cu、Pb、Zn、Cd 及 As）、SO_2</td></tr>
<tr><td rowspan="2">精炼</td><td>精炼炉</td><td>颗粒物（含重金属 Cu、Pb、Zn、Cd 及 As）、SO_2</td></tr>
<tr><td>加料口、出渣口</td><td>颗粒物、SO_2</td></tr>
<tr><td>烟气制酸</td><td>制酸尾气</td><td>SO_2、硫酸雾</td></tr>
<tr><td rowspan="3">渣贫化</td><td>炉窑</td><td>颗粒物、SO_2</td></tr>
<tr><td>加料口、锍放出口、渣放出口、电极孔、溜槽、包子房等处泄漏</td><td>颗粒物、SO_2</td></tr>
<tr><td>渣水碎</td><td>颗粒物、SO_2</td></tr>
<tr><td>渣选矿</td><td>备料工段</td><td>颗粒物</td></tr>
<tr><td>选矿工段</td><td>酸雾</td><td></td></tr>
<tr><td rowspan="2">电解</td><td>电解槽</td><td>硫酸雾</td></tr>
<tr><td>电解液循环槽等</td><td>硫酸雾</td></tr>
<tr><td>电积</td><td>电积槽及其他槽罐</td><td>硫酸雾</td></tr>
<tr><td rowspan="2">净液</td><td>真空蒸发器</td><td>硫酸雾</td></tr>
<tr><td>脱铜电积槽</td><td>硫酸雾</td></tr>
<tr><td rowspan="11">阳极泥处理</td><td>回转窑</td><td>颗粒物（含重金属 Pb 及 As）</td></tr>
<tr><td>回转窑上料、出料系统</td><td>颗粒物（含重金属 Pb 及 As）</td></tr>
<tr><td>硒吸收塔</td><td>SO_2</td></tr>
<tr><td>卡尔多炉</td><td>颗粒物（含重金属 Pb 及 As）</td></tr>
<tr><td>贵铅炉</td><td>颗粒物（含重金属 Pb 及 As）</td></tr>
<tr><td>分银炉</td><td>颗粒物（含重金属 Pb 及 As）</td></tr>
<tr><td>中频炉</td><td>颗粒物</td></tr>
<tr><td>反应槽</td><td>酸雾</td></tr>
<tr><td>水溶液氯化槽</td><td>微量 Cl_2</td></tr>
<tr><td>银电解造液槽</td><td>NO_x</td></tr>
<tr><td>银电解槽、干燥器</td><td>HNO_3、NO_x</td></tr>
<tr><th colspan="3">湿法炼铜</th></tr>
<tr><th>工序</th><th>污染源</th><th>主要污染物</th></tr>
<tr><td>备料</td><td>破碎机等</td><td>颗粒物</td></tr>
<tr><td>浸出</td><td>搅拌浸出槽等</td><td>酸雾</td></tr>
<tr><td>堆浸</td><td>酸雾</td><td></td></tr>
<tr><td>萃取</td><td>萃取槽等</td><td>酸雾、萃取剂、溶剂油</td></tr>
<tr><td>电积</td><td>电积槽</td><td>酸雾</td></tr>
</table>

2.2.2 水污染

火法炼铜产生的废水主要为制酸系统污酸及酸性污水，硫酸场地初期雨水及生产厂区其他场地初期雨水，湿法车间、中心化验室排出的含酸废水，工业冷却循环水的排污水，余热锅炉化学水处理车间排出的酸碱废水，余热锅炉排污水。

湿法炼铜堆浸场地、溶液池及尾矿池渗漏液，或上述场地由于大暴雨或溃坝事故引起的泄漏液。铜冶炼过程中主要水污染物及来源见表2。

表2 铜冶炼过程中水污染物及来源

火法炼铜			
废水种类	排水来源	主要污染物	备注
酸性污水	制酸系统污酸	酸、Zn^{2+}、Cu^{2+}、Pb^{2+}、Cd^{2+}、Ni^{2+}、As^{3+}、Co^{2+}、F^{+}、Hg^{2+}	进污酸处理站
	制酸系统含酸污水	酸、Zn^{2+}、Cu^{2+}、Pb^{2+}、Cd^{2+}、Ni^{2+}、As^{3+}、Co^{2+}、F^{+}、Hg^{2+}	进污水处理站
	硫酸场地初期雨水	酸、Zn^{2+}、Cu^{2+}、Pb^{2+}、Cd^{2+}、Ni^{2+}、As^{3+}、Co^{2+}	进污水处理站
	生产厂区其他场地初期雨水	酸、Zn^{2+}、Cu^{2+}、Pb^{2+}、Cd^{2+}、Ni^{2+}、As^{3+}、Co^{2+}	进污水处理站
冶金炉水套冷却水排污水	工业炉窑汽化水套或水冷水套	盐类	冷却后循环使用，少量排污水。可经废水深度处理后回用
余热锅炉排污水、化学水处理车间排污水	余热锅炉房	盐类	锅炉排污水可用于渣缓冷淋水或用于冲渣含酸碱污水中和后可用于渣缓冷淋水或用于冲渣
金属铸锭或产品熔铸冷却水排水	圆盘浇铸机、直线浇铸机等	固体颗粒物	沉淀、冷却后循环使用
冲渣水和直接冷却水	水碎装置等	固体颗粒物	沉淀、冷却后循环使用
湿式除尘循环水系统	精矿干燥烟气湿式除尘废水	悬浮物、盐类	沉淀、冷却后循环使用
电解、净液、阳极泥湿法处理车间排水	电解槽、极板清洗水	酸性废水、Cd^{2+}、Co^{2+}、Cu^{2+}、Zn^{2+}	返回电解系统
	含氯尾气吸收后的废水	Cl^{-}、Na^{+}	去污酸污水处理站
	硒吸收塔溶液、洗涤粗硒的洗液	Se	铁屑置换后渣弃去
	真空蒸发器冷凝水	酸	返回工艺系统
	银粉洗涤水	Pb^{2+}、Ag^{+}	返回电解系统
	车间地面冲洗水、压滤机滤布清洗水		返回电解系统

湿法炼铜			
废水种类	排水来源	主要污染物	备注
酸性污水	生产厂区场地雨水	酸性废水、Zn^{2+}、Cu^{2+}、	进污水处理站
含萃取剂酸性废水	萃取工艺	酸、油污	进污水处理站

2.2.3　固体废物污染

火法炼铜排放的固体废物主要有渣贫化水碎渣、渣选矿尾矿、污水处理渣、脱硫副产物等。湿法炼铜排放的固体废物主要为浸出渣。其中渣贫化水碎渣、渣选矿尾矿为一般固废，污水处理渣、湿法炼铜浸出渣、脱硫副产物的属性需经过鉴别，并根据其性质和类别确定处理处置方式。

2.2.4　噪声污染

铜冶炼过程产生的噪声分为机械噪声和空气动力性噪声，主要噪声源包括熔炼炉、吹炼炉、精炼炉、余热锅炉、鼓风机、空压机、氧压机、SO_2风机、除尘风机、各种泵类等。在采取控制措施前，锅炉安全阀排气装置间歇噪声达到120分贝（A），其他噪声源强通常为85～110分贝（A）。

3　铜冶炼污染防治技术

3.1　铜冶炼污染预防技术

3.1.1　精矿蒸汽干燥技术

精矿蒸汽干燥技术是通过蒸汽干燥机，利用冶炼烟气余热回收生产的蒸汽干燥铜精矿。该技术不产生SO_2，且不会发生精矿自燃。该技术适用于精矿配料前的预干燥或精矿配料后的深度干燥。

3.1.2　富氧强化熔炼技术

铜精矿富氧强化熔炼技术是在熔炼中通入富氧或工业纯氧，强化熔炼过程，充分利用精矿中铁和硫在氧化过程中放出的热量，减少燃料消耗量，在自热或接近自热的条件下进行熔炼。采用富氧强化熔炼技术的工艺归纳为两大类：一类是闪速熔炼方法，如奥托昆普闪速熔炼、因科氧气闪速熔炼等；另一类是熔池熔炼方法，如氧气底吹熔炼、澳斯麦特/艾萨熔炼、氧气顶吹熔炼、诺兰达熔炼、白银法熔炼、氧气双侧吹熔炼等。

该技术可减少烟气总量，提高SO_2浓度，便于制造硫酸或其他硫产品，总硫利用率显著提高，同时降低SO_2排放量。该技术适用于铜冶炼熔炼工序。

3.1.3　连续吹炼技术

连续吹炼技术是通过溜槽加液态铜锍或通过皮带加水碎后的固态铜锍，代替包子倒运，连续吹炼生产粗铜的生产技术。采用连续吹炼技术的工艺有：三菱连续吹炼、闪速连续吹炼、氧气顶吹浸没喷枪连续吹炼、氧气底吹连续吹炼、侧吹连续吹炼等。

该吹炼过程连续进行，作业率高；炉子密闭性好，漏风小，冶炼烟气量少且稳定，作业环境好，硫的回收率高，烟气处理成本低。该技术适用于铜锍吹炼生产系统。

3.1.4 P-S 转炉吹炼技术

P-S 转炉吹炼是以熔炼产出的铜锍为原料，加入石英石熔剂造渣，脱去铁、硫等杂质产出粗铜的冶炼方法。P-S 转炉应用范围广，操作经验丰富，灵活性大，适应性强；但由于间断作业，使得炉口漏风大，有害烟气外逸气严重，气量波动大，烟气 SO_2 浓度相对偏低。

3.1.5 回转阳极炉天然气还原技术

回转阳极炉天然气还原技术是采用天然气取代重油、柴油、液化石油气等传统还原剂，并与蒸汽混合使用在回转阳极炉中还原粗铜生产精铜的技术。

该技术可提高还原剂的利用率，强化还原效果，缩短还原时间，减少环境污染，并显著提高阳极铜的质量。

该技术适用于有天然气供应地区的铜回转阳极炉精炼系统。

3.1.6 回转阳极炉固体还原剂喷吹技术

回转阳极炉固体还原剂喷吹技术是用褐煤半焦与无烟煤以一定比例进行配比后制成的新型固体还原剂取代重油、柴油、液化石油气等传统还原剂，喷吹于回转阳极炉中进行铜火法精炼的技术。

该技术阳极精炼炉烟气黑度低于林格曼等级 I 级，逸散烟气减少；与使用重油较相比较，可降低铜阳极板的生产成本。

该技术适用于无天然气供应地区的铜回转阳极炉精炼系统。

3.1.7 烟气余热回收利用技术

烟气余热回收技术是火法冶炼产生的高温烟气进入除尘系统前，先利用烟气蕴含的热能进行生产的技术。

余热回收方式有：利用离炉烟气预热空气（或煤气）；使用余热锅炉或汽化冷却装置生产中、低压蒸汽和热水；利用废气循环调节炉温和改善燃烧；利用离炉烟气加热入炉冷料。

利用余热生产的蒸汽可供生产、采暖通风、生活热水或余热发电系统使用。

该技术适用于铜锍熔炼、吹炼、精炼生产过程烟气的余热利用。

3.1.8 永久性不锈钢阴极电解技术

永久性不锈钢阴极铜电解技术是以重复使用的不锈钢阴极取代传统电解法的自制阴极生产电解铜的技术。

该技术中的不锈钢阴极重复使用，省去了阴极制作系统；电解电流密度高、阴极周期短、产品质量高、蒸汽耗量低。

该技术适用于现代大型铜冶炼企业电解精炼工艺。

3.1.9　加压浸出—氧气顶吹熔炼阳极泥处理技术

加压浸出—氧气顶吹熔炼阳极泥处理技术工艺流程为：阳极泥加压浸出—氧气顶吹（卡尔多）熔炼—金银合金板电解精炼得银；银电解阳极泥水溶液氯化分金—氯化液控制电位还原得金，氯化渣再经浸出、还原后得银粉送入银熔练系统。

该技术工艺流程短，生产效率高，可减少污染物排放。

该技术适用于大型铜冶炼电解精炼产生的阳极泥的处理。

3.1.10　铜阳极泥湿法处理技术

铜阳极泥湿法处理技术工艺流程为：硫酸化焙烧脱硒→稀硫酸浸出→浸出液铜置换银得银粉→银粉经熔炼、电解后得银；浸出渣水溶液氯化分金→氯化液控制电位还原得金，氯化渣再经浸出、还原后得银粉送入银熔练系统。

该技术金属回收率高，无烟尘、废气产生；但对原料适应性差。

该技术适用于铜冶炼电解精炼产生的阳极泥的处理。

3.1.11　白烟尘处理技术

为综合回收铅、锌、砷等，部分白烟尘（熔炼烟尘、吹炼烟尘）需开路处理。常用的流程是烟尘先经两段浸出，浸出渣外售给铅冶炼厂回收铅。浸出液电积脱铜，电积铜返回熔炼系统。脱铜后液蒸发结晶得粗制硫酸锌，粗制硫酸锌外售给锌冶炼厂回收锌。结晶母液用 SO_2 还原沉砷，得到产品 As_2O_3。

3.1.12　湿法炼铜技术

湿法炼铜技术是采用浸出→萃取→电积工艺生产阴极铜。该技术适用于氧化矿和表外矿、铜矿废石、低品位硫化铜矿的冶炼。

3.1.13　污染源密闭技术

污染源密闭技术是通过在污染的源头设密闭罩将污染源密闭起来，防止污染的扩散。

该技术烟气控制效果好，从源头上防止了污染物的扩散。

该技术适用于物料储仓、物料卸料点、物料转运点、物料受料点、物料破碎筛分设备等扬尘点的密闭，冶金炉窑以及炉窑加料口、锍排出口、渣排出口、铜水包房、渣包房、溜槽等产烟部位的密闭，湿法冶炼产生废气的各种槽、罐的密闭。

3.1.14　加湿防尘技术

加湿防尘技术是通过喷水或喷雾形式加湿物料抑尘。加湿点选在卸料、转运等物料有落差易扬尘的部位。加湿喷嘴采用雾化喷头，加湿水压力宜 0.4 兆帕以上。

该技术适用于对原料水分无严格要求的冶炼工艺备料工段的防尘以及渣选矿工艺

备料工段的防尘。

3.2　铜冶炼污染治理技术

3.2.1　烟气收尘技术

3.2.1.1　电收尘技术

电收尘器是含尘气体在通过高压电场电离使粉尘荷电，在电场力的作用下粉尘沉积于电极上，从而使粉尘从含尘气体中分离出来的一种收尘设备。

电收尘器与其他收尘设备相比具有阻力小，耗能少，收尘效率高，适用范围广，处理烟气量大，自动化程度高，运行可靠等优点；但一次性投资大，结构较复杂，消耗钢材多，对制造、安装和维护管理水平要求较高；应用范围受粉尘比电阻的限制，适用于比电阻范围在 1×10^4～5×10^{11} 欧·厘米。

电收尘技术在铜冶炼厂主要用于熔炼炉收尘、吹炼炉收尘、贫化电炉收尘、干燥烟气收尘。

3.2.1.2　袋式收尘技术

袋式收尘技术是利用纤维织物的过滤作用对含尘气体进行净化。

该技术除尘效率高，适用范围广。

该技术适用于铜冶炼企业精矿干燥、阳极炉烟气收尘和卫生通风系统含尘废气的净化。

3.2.1.3　旋风收尘技术

旋风收尘技术是利用离心力的作用，使烟尘从烟气中分离从而加以捕集。

该技术结构简单，造价低，操作管理方便，维修工作量小；但对处理烟气量的变化敏感。

该技术适用于 10 微米以上的粗粒烟尘除尘，可用于高温（低于 450℃）、高含尘量（400～1 000 克/米^3）的烟气。旋风收尘器一般只能作为初级收尘使用，以减轻后续收尘设备的负荷。

3.2.2　烟气制酸技术

3.2.2.1　绝热蒸发稀酸冷却烟气净化技术

绝热蒸发稀酸冷却烟气净化技术是使用稀酸喷淋含 SO_2 的烟气，利用绝热蒸发降温增湿及洗涤的作用使杂质从烟气中分离出来，从而达到除尘、除雾、吸收废气、调整烟气温度的目的。

该技术可提高循环酸浓度，减少废酸排放量，降低新水消耗。

该技术适用于所有的铜冶炼制酸烟气的湿式净化。

3.2.2.2 低位高效 SO_2 干燥和 SO_3 吸收技术

低位高效 SO_2 干燥和 SO_3 吸收技术是利用浓硫酸等干燥剂吸收 SO_2 中的水蒸气和 SO_3，以净化和干燥制酸烟气。低位高效干吸工艺相对于传统工艺干燥塔和吸收塔操作气速高、填料高度低、喷淋密度大，减小了设备直径及高度，节省了设备投资。干燥塔、吸收塔、泵槽均低位配置，有利于降低泵的能耗。

干燥塔采用丝网除沫器、吸收塔采用纤维除雾器，降低了尾气中的酸雾含量。

该技术适用所有制酸烟气的干燥和 SO_3 的吸收。

硫酸尾气从吸收塔（或最终吸收塔）排出，尾气 SO_2 浓度低于 400 毫克/米^3，硫酸雾浓度低于 40 毫克/米^3。

3.2.2.3 湿法硫酸技术

湿法硫酸技术是烟气经过湿式净化后，不经干燥直接进行催化氧化，再经水合、冷却生成液态浓硫酸。

该技术处理低浓度 SO_2 烟气，与传统的烟气脱硫工艺相比，没有任何副产品和废物排出，硫资源利用率接近 100%。

该技术处理低浓度 SO_2 烟气（1.75%～3.5%）优势明显，SO_2 浓度低于 1.75%时需要消耗额外的能量，经济性较差。

3.2.2.4 单接触+尾气脱硫技术

单接触技术是指 SO_2 烟气只经一次转化和一次吸收制酸，SO_2 转化率相对较低，需另外配置尾气脱硫装置联合使用。

该技术冶炼烟气中的 SO_2 大部分以硫酸的形式回收，少量再通过烟气脱硫装置以其他化工产品回收，SO_2 转化率不低于 99%。

该技术适用于 SO_2 浓度在 3.5%～6%的烟气制取硫酸。

3.2.2.5 双接触技术

双接触技术是 SO_2 烟气先进行一次转化，转化生成的 SO_3 在吸收塔（中间吸收塔）被吸收生成硫酸，未转化的 SO_2 返回转化器再进行二次转化，二次转化后的 SO_3 在吸收塔（最终吸收塔）被吸收生成硫酸。

通常采用四段转化，根据具体烟气条件和排放要求可选择五段转化。

采用双接触技术，烟气中的 SO_2 以硫酸的形式回收，SO_2 转化率不低于 99.5%。

该技术适用于 SO_2 浓度在 5%～14%的烟气制取硫酸。

3.2.2.6 预转化技术

预转化技术是指烟气在未进入正常转化之前，部分烟气先经预转化器转化，转化后烟气与其余的 SO_2 烟气合并后进入主转化器。预转化生成的 SO_3 进入主转化器后，起到抑制主转化器第一触媒层 SO_2 转化率的作用，防止触媒层超温，避免损坏触媒和设备。

该技术可提高 SO_2 总转化率，降低尾气污染物排放浓度及排放量。

该技术适用于 SO_2 浓度高于 14%的烟气制取硫酸。

3.2.2.7 SO_3 再循环技术

SO_3 再循环技术是将反应后的含 SO_3 烟气部分循环到转化器一层入口，起到抑制转化器第一触媒层 SO_2 转化率的作用，从而控制触媒层温度在允许范围内。

该技术 SO_2 转化率超过 99.9%，可降低尾气污染物排放浓度和排放量。

该技术适用于 SO_2 浓度高于 14%的烟气制取硫酸。

3.2.2.8 烟气制酸中温位、低温位余热回收技术

SO_2 转化和 SO_3 吸收均为放热反应，转化产生的热为中温位热，干吸产生的热为低温位热。转化实现系统自身热平衡外，余热可通过锅炉、省煤器或其他换热设备生产中低压蒸汽或热空气，供生产、采暖通风、卫生热水或余热发电使用。干吸低温位热以低压蒸汽或其他形式回收。

采用余热回收技术后可使中温位、低温位热利用率由 42%左右提高至 90%以上。

该技术适用于铜冶炼烟气制酸工艺。

3.2.3 烟气脱硫技术

3.2.3.1 氨法脱硫技术

氨法脱硫技术是利用（废）氨水、氨液作为吸收剂吸收去除烟气中的 SO_2。根据过程和副产物不同，氨法可分为氨—酸法及氨—亚硫酸铵法等。

氨法脱硫效率可达 95%以上，当烟气 SO_2 的含硫量在 3 000 毫克/米^3 以下时，SO_2 排放浓度可控制在 150 毫克/米^3 以下。

氨法脱硫工艺简单，占地小，在脱除 SO_2 同时具有部分脱硝功能，但氨法脱硫存在氨逃逸问题，同时有含氯离子酸性废水排放，造成二次污染。

该技术适用于低浓度 SO_2 烟气的脱硫，尤其适用于液氨供应充足，且副产物有一定需求的冶炼企业。

3.2.3.2 石灰/石灰石—石膏法脱硫技术

石灰/石灰石—石膏法脱硫技术是用石灰或石灰石母液吸收烟气中的 SO_2，副产石膏的烟气脱硫技术。

该技术脱硫效率大于 95%，当烟气 SO_2 含硫量在 3 000 毫克/米^3 以下时，SO_2 排放浓度可低于 150 毫克/米^3。

该技术适应性较强，在满足铜冶炼企业低浓度 SO_2 治理的同时，还可以部分去除烟气中的 SO_3、重金属离子、氟离子、氯离子等；但该技术占地大、吸收剂运输量较大、运输成本较高、副产物脱硫石膏处置困难，不适用于脱硫剂资源短缺、场地有限的冶炼企业。

3.2.3.3 钠碱法脱硫技术

钠碱法脱硫技术是采用 Na_2CO_3 或 NaOH 作为吸收剂，吸收烟气中 SO_2，得到 $NaSO_3$ 作为产品出售。

该技术工艺流程简洁，占地面积小，脱硫效率高，吸收剂消耗量少，副产物有一定的回收价值；但运行成本较高。

该技术适用于 NaOH 或 Na_2CO_3 来源较充足的地区。

3.2.3.4 金属氧化物吸收脱硫技术

金属氧化物吸收脱硫技术利用部分金属氧化物如 MgO、ZnO 等对 SO_2 具有较好吸收能力的原理，将氧化物制成浆液洗涤气体，对含 SO_2 废气进行吸收处理。通常，此技术可以有效地同冶金工艺相结合，处理低浓度的 SO_2 废气。国内已有工业装置的有 ZnO 法、MgO 法和氧化锰法。

该技术脱硫效率大于 90%，且运行成本较低，脱硫副产物可与冶炼工艺相结合；但存在管道及阀门堵塞问题，影响系统稳定运行。

该技术适用于金属氧化物易得或金属氧化物为副产物的冶炼厂烟气脱硫。

3.2.3.5 有机溶液循环吸收脱硫技术

有机溶液循环吸收脱硫技术是采用以离子液体或有机胺类为主，添加少量活化剂、抗氧化剂和缓蚀剂组成的水溶液吸收剂，吸收尾气中的 SO_2。该吸收剂对 SO_2 气体具有良好的吸收和解析能力，在低温下吸收 SO_2，高温下将吸收剂中的 SO_2 解析出来，从而脱除和回收烟气中的 SO_2，该技术可得到纯度为 99%以上的 SO_2 气体送制酸工艺。

该技术适用于厂内低压蒸汽易得，烟气 SO_2 浓度较高、波动较大，副产物 SO_2 可回收利用的冶炼企业。该技术不需要运输大量的吸收剂，流程简洁，自动化程度高，副产高浓度 SO_2。但该技术一次性投资大，再生蒸汽能耗较高，运行维护成本低。

3.2.3.6 活性焦吸附法脱硫技术

活性焦吸附脱硫技术是活性焦通过物理吸附和化学吸附作用吸附 SO_2。

该技术脱硫效率大于 95%，具有工艺流程简单，且兼具脱尘、脱硝、除汞等功能，活性焦廉价易得，再生过程中副反应少。适合处理较低浓度 SO_2 烟气，由于在低气速（0.3～1.2 米/秒）下运行，因而吸附体积较大。化学再生和物理循环过程中部分活性焦会粉化，需要定期补充。

该技术适用于厂内蒸汽供应充足，场地宽裕，副产物 SO_2 可回收利用的冶炼企业。

3.2.4 其他废气治理设备及技术

3.2.4.1 填料吸收塔

填料吸收塔废气吸收技术是利用酸的溶解特性，使含酸气体充分与水接触，溶于水中，得以净化。

当进塔酸雾浓度低于 600 毫克/米^{3}时，净化效率可达 80%～99%。

该技术设备构造简单，运行管理方便。

该技术适用于硫酸雾、盐酸雾以及其他水溶性气体的吸收处理。吸收液有水和碱液两种，视被吸收有害物质的成分确定。采用空塔喷淋时可作为废气处理的预处理工序。

3.2.4.2 湍冲洗涤塔

动力波湍冲废气吸收技术是利用吸收液与废气相互碰撞、扩散，在固定区域内形成一段稳定的湍冲区，气液之间达到充分的传质、传热，酸性废气与碱性吸收液在湍冲区进行中和反应，脱除酸性废气。

该技术净化效率大于 99%，设备具有占地面积小、运行维护费用低、易安装等特点。排气量可在 50%～100%变化，而不降低吸收效率。洗涤循环液浓度可比传统流程的循环液浓度高，而不影响动力波湍冲洗涤塔的正常运行。

该技术适用于 Cl_2、NO_x 等废气的吸收处理。

3.2.5 污酸处理技术

3.2.5.1 硫化法+石灰石/石灰中和法污酸处理技术

硫化法+石灰石/石灰中和法污酸处理技术是向污酸中投加硫化剂，使污酸中的重金属离子与硫反应生成难溶的金属硫化物沉淀去除。硫化反应后向废水中投加石灰石或石灰，中和硫酸，生成硫酸钙沉淀（$CaSO_4 \cdot 2H_2O$）去除。出水与其他废水合并后进污水处理站做进一步处理。硫化物法+石灰中和法处理污酸工艺流程见图 3。

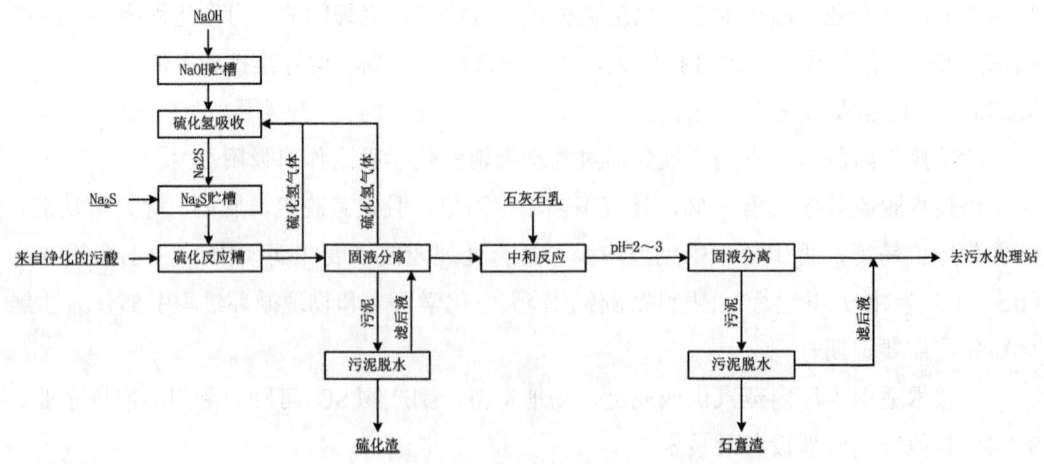

图 3 硫化法+石灰石/石灰中和法污酸处理工艺流程图

常用的硫化剂有 Na_2S、NaHS、FeS 等。去除率 Cu 96%～98%、As：96%～98%。

该技术主要去除镉、砷、锑、铜、锌、汞、银、镍等，可用于含砷、铜离子浓度较高的废水。具有渣量少、易脱水、沉渣金属品位高的特点，有利于有价金属的回收。

该技术适用于铜冶炼过程中污酸的处理。

3.2.5.2 石灰+铁盐法污酸处理技术

石灰+铁盐法是向污酸中加入石灰乳进行中和反应，经固液分离、污泥脱水后产生石膏。进一步向废水中加入双氧水、液碱及铁盐，发生氧化沉砷反应，经固液分离、污泥脱水后产生砷渣。出水与其他废水合并后送污水处理站进一步处理。石灰+铁盐法处理污酸工艺流程见图 4。

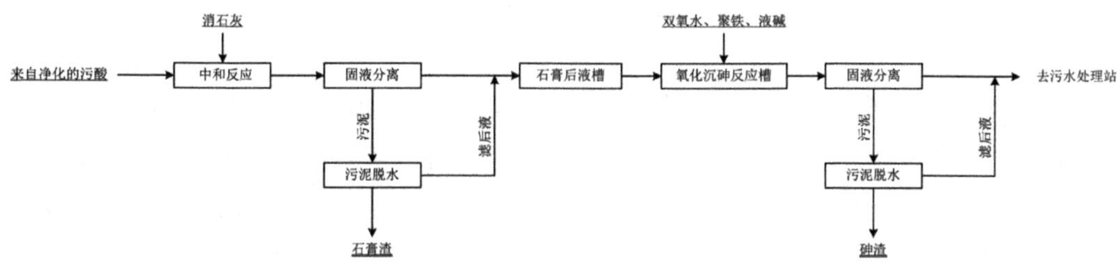

图 4 石灰+铁盐法污酸处理工艺流程图

该技术脱砷率大于 98%，降低了含砷较高的渣的产量，有利于砷的集中综合回收。

该技术适用于铜冶炼含砷离子浓度较高废水的处理。

3.2.6 酸性废水治理技术

3.2.6.1 石灰中和法

石灰中和法是向重金属废水中投加石灰乳［$Ca(OH)_2$］，使重金属离子与氢氧根反应，生成难溶的金属氢氧化物沉淀、分离。对于含有多种重金属离子的废水，可以采用一次中和沉淀，也可以采用分段中和沉淀的方法。一次中和沉淀是一次投加碱，提高 pH，使各种金属离子共同沉淀。分段中和是根据不同金属氢氧化物在不同 pH 下沉淀的特性，分段投加碱，控制不同的 pH，使各种重金属分别沉淀，有利于分别回收不同金属。

该技术具有流程短、处理效果好、操作管理简单、处理成本低廉、便于回收有价金属的特点。各种金属离子的去除率分别可达：Cu 98%～99%、As 98%～99%、F 80%～99%、其他重金属离子 98%～99%。

该技术适用于含铁、铜、锌、铅、镉、钴、砷废水的处理，该技术不适用于汞的脱除。

3.2.6.2 石灰—铁盐（铝盐）法

石灰—铁盐法是向废水中加石灰乳［$Ca(OH)_2$］，并投加铁盐，如废水中含有氟时，需投加铝盐。将 pH 调整至 9～11，去除污水中的 As、F、Cu、Fe 等重金属离子。铁盐通常采用硫酸亚铁、三氯化铁和铁盐，铝盐通常采用硫酸铝、氯化铝。石灰—铁盐（铝盐）法处理废水工艺流程见图 5。

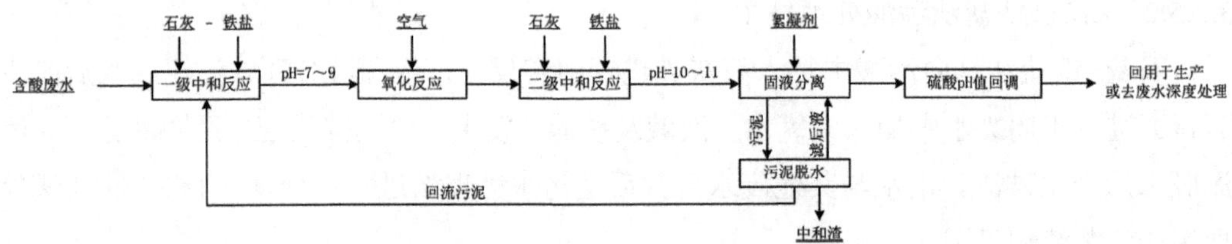

图 5 石灰—铁盐（铝盐）法废水处理工艺流程图

该技术除砷效果好，工艺流程简单，设备少，操作方便，可去除钒、锰、铁、钴、镍、铜、锌、镉、锡、汞、铅、铋等，可以使除汞之外的所有重金属离子共沉；但砷渣过滤困难。各种金属离子去除率分别为：Cu 98%～99%、As 98%～99%、F 80%～99%、其他重金属离子 98%～99%。

该技术适用于含砷、含氟废水的处理。

3.2.7 废水处理技术

3.2.7.1 净化+膜法废水深度处理技术

净化+膜法废水深度处理技术是为提高水的重复利用率，对一般生产废水进行深度处理，使处理后水质达到工业循环水的标准，回用于循环水系统的补充水。除盐产生的浓盐水回用于冲渣等，不外排。

膜分离技术是利用高压泵在浓溶液侧施加高于自然渗透压的操作压力，逆转水分子自然渗透的方向，迫使浓溶液中的水分子部分通过半透膜成为稀溶液侧净化水的过程。其工艺过程包括盘式过滤或精密过滤、微滤或超滤、反渗透等。

反渗透系统产生的淡水回用于生产线，浓水可独立处理后排放，也可将浓水排入废水调节池进一步处理。该技术工艺流程短，减少占地面积。全过程均属物理法，不发生相变。废水深度处理工艺流程见图 6。

该技术脱盐率达到 75%，出水悬浮物浓度（SS）低于 5 毫克/升。

该技术适用于铜冶炼企业污水处理站废水的深度处理。

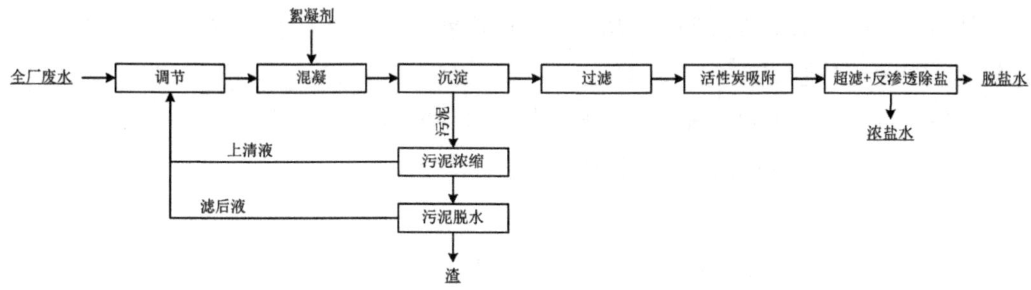

图 6　废水深度处理工艺流程图

3.2.7.2　废水除油技术

含油废水先经隔油池回收浮油，再进行第二步油水分离，常用的方法有活性炭吸附法及粗粒化油水分离法等。

废水除油可使用融合多种除油技术，集污水的预处理、油水分离和油的回收于一体的高效油水分离装置。出水含油低于 5 毫克/升。

该技术适用于萃余液、反萃废水等含油废水的处理。

3.2.8　固体废物综合利用及处理处置技术

3.2.8.1　水碎渣、渣选矿尾矿综合利用技术

火法冶炼贫化电炉产生的水碎渣、渣选矿产生的尾矿通常属于一般固体废物，可用于生产建材或除锈，如可作为矿渣水泥的掺和料或售给造船厂作喷砂除锈的载体，还可作为采矿巷道的回填料使用。污酸处理产生的石膏渣、脱硫石膏渣、湿法冶炼浸出渣经鉴别为一般工业固体废物的可作为生产水泥的添加剂。

3.2.8.2　加压氧化浸出法处理硫化砷渣技术

加压氧化浸出技术是将硫化砷渣在高温富氧条件下加压浸出，绝大部分砷、铜离子进入溶液中，其中砷以五价形态存在，根据砷酸与硫酸铜溶解度的差异，浸出液首先冷却结晶出硫酸铜，结晶后液在搅拌槽内通入 SO_2 搅拌还原，五价砷被还原为三价，二次结晶、酸洗、干燥后得到精制 As_2O_3 作为商品出售。加压氧化浸出法处理硫化砷渣工艺流程见图 7。

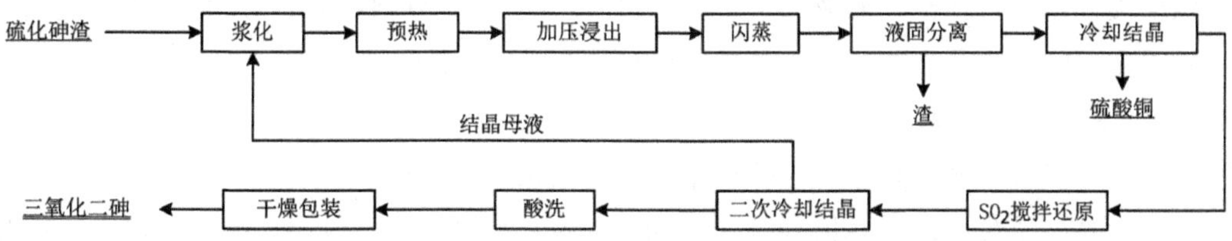

图 7　加压氧化浸出法处理硫化砷渣工艺流程图

处理每吨砷渣电量消耗 840 千瓦时，SO_2 消耗不大于 750 千克。浸出渣含砷＜1%，排放酸雾浓度＜2 毫克/米^3。

该技术可同时回收砷、铜、铋、铼、硫等多种产品。

该技术适用于硫化砷渣的综合回收利用。

3.2.9 噪声治理技术

铜冶炼生产过程噪声源较多，噪声类型也不尽相同，应针对具体情况，主要从三个环节进行治理：

根治声源噪声、在传播途径上控制噪声、在接受点进行个体防护。

根治噪声源。在满足工艺设计的前提下，尽可能选用低噪声设备，采用发声小的装置。

在传播途径上控制噪声。在设计中，着重从消声、隔声、隔振、减振及吸声上进行考虑，结合合理布置厂内设施，采取绿化等措施，可降低噪声 35 分贝（A）左右，使噪声得到综合性治理。

个人防护。主要措施有在工段中设置必要的隔声操作间、控制室等，使室内的噪声符合有关卫生标准。

3.3 污染治理新技术

3.3.1 烟气收尘新技术

3.3.1.1 电袋复合式收尘器技术

电袋复合式收尘器技术是将电收尘器与袋式收尘器有机地融为一体，电收尘器与袋式收尘器的优点互相补充，使收尘设备的尺寸减少。对电收尘器而言，粉尘比电阻不再是决定的因素；对袋式收尘器而言，可以实现高气布比下的超高收尘效率，也解决了袋滤室内粉尘再飞散的问题。本技术中袋式收尘器的过滤风速可达 3 米/分钟，收尘效率可以达到 99.99%以上。

3.3.1.2 移动电极型电收尘器技术

移动电极型电收尘器与普通的固定电极型电收尘器的主要区别是收尘电极是移动的。由于是靠旋转刷剥离粉尘，移动电极最突出的特点是粉尘的二次飞扬显著减少，收尘效率提高。同时，移动电极几乎不黏附粉尘，粉尘剥离比较彻底，并有效防止发生反电晕，也可收集高比电阻粉尘。其排放浓度可低于 50 毫克/米^3。

3.3.1.3 高频电源技术

高频电源技术具有重量轻、体积小、收尘效率高、对电网无干扰、节能等优点，成为可替代传统可控硅调压整流装置的电源。高频电源更适合高含尘的烟气，可有效避免电晕闭锁现象的发生。也可采取脉冲供电的方式，用于高比电阻粉尘收集。

3.3.1.4 高温型袋式收尘技术

采用耐高温不锈钢纤维作为过滤材料，能直接处理280～450℃的高温含尘烟气。过滤材料的物理、化学稳定性好，对所处理的烟气性质要求不严，因此滤袋使用寿命长、适用范围广。过滤速度高，可以在1～8米/分钟内选取，常用过滤速度可以达到常规袋式除尘器的4～5倍。设备性能优良，适用性强。

采用超声波吹灰器作为清灰装置，实现了在高温工况下对除尘设备的清灰，而且吹灰器能稳定、连续地运行。采用离线清灰的方式，可实现除尘模块离线抢修。

3.3.1.5 褶式滤筒收尘技术

褶式滤筒收尘器是一种采用细纱仿黏聚酯长纤维滤料做成的一体化滤筒元件进行过滤的新型收尘器，滤料表面覆PTFE（聚四氟乙烯）膜，实现了表面过滤，效率高达99.99%以上，烟尘排放浓度可低于20毫克/米^3。因滤筒的特殊结构（滤料为褶皱式），同袋式收尘器相比，滤筒的过滤面积比同尺寸的滤袋增加了数倍。滤筒坚固不易变形，保证了滤料的使用寿命和收尘器的过滤效果。

3.3.2 脱硫新技术

3.3.2.1 等离子体烟气脱硫脱硝技术

等离子体烟气脱硫脱硝技术采用烟气中高压脉冲电晕放电产生的高能活性离子，将烟气中的SO_2和NO_x氧化为高价的硫氧化物和NO_x，最终与水蒸气和注入反应器的氨反应生成硫酸铵和硝酸铵。等离子体烟气脱硫脱硝的特点是工程投资及运行费用低，能同时脱硫脱硝，产物可以作为肥料，无二次污染。

3.3.2.2 生物脱硫技术

生物脱硫是在常温常压下利用需氧、厌氧菌的生物特性，将烟气中的SO_2以单质硫的形式分离回收。

生物脱硫的运行成本比传统脱硫方式运行费用低30%以上。

3.3.3 污酸处理处置新技术

污酸蒸发浓缩+硫化法技术

该技术是利用热风将浓度低的污酸蒸发浓缩产出55%的浓缩酸，同时脱除污酸中的氟和氯。浓缩酸用硫化法除去杂质铜、铅、砷后，过滤得到纯净的浓缩酸，返到硫酸生产系统或其他生产系统使用。

该法将污酸变成了好酸，提高了硫的回收率；用浓缩代替了加石灰/石灰石，消除了大量石膏渣的生成，避免了石膏渣的污染。

含氟、氯尾气碱洗后排空，洗涤废液送污水处理站，硫化渣返回系统进一步回收有价金属。

该技术适用重金属冶炼烟气净化污酸处理。

3.3.4 废水处理新技术

3.3.4.1 电絮凝法处理重金属废水

电絮凝法是以铝、铁等金属为阳极，以石墨或其他材料为阴极，在电流作用下，铝、铁等金属离子进入水中与水电解产生的氢氧根形成氢氧化物，氢氧化物絮凝将重金属吸附，生成絮状物，从而使水得到净化。

该技术具有结构紧凑，占地面积小，不需要使用药剂，维护操作方便，自动化程度高等优点。但该技术电源性能有待改善，目前只适用于处理中低浓度重金属废水，产生的二次固体废物较多，易造成二次污染。

3.3.4.2 微生物法处理重金属废水

微生物处理法是利用细菌、真菌（酵母）、藻类等生物材料及其生命代谢活动去除或积累废水中的重金属，并通过一定的方法使重金属离子从微生物体内释放出来，从而降低废水中重金属离子的浓度。

微生物法处理重金属废水主要通过吸附作用及沉淀作用。微生物法处理重金属废水与传统的物理化学方法相比有以下优点：运行费用低，生成的化学或生物污泥量少；去除极低浓度重金属离子的效率高；操作 pH 及温度范围宽（pH 3～9，温度 4～90℃）；高吸附率，高选择性。技术研发重点集中在菌种的分离提取、基因工程菌的构造、混合菌的培养、优势菌的筛选、培养、驯化等方面。

4 铜冶炼污染防治可行技术

4.1 铜冶炼污染防治可行技术概述

火法炼铜污染防治可行技术包括污染预防可行技术和污染治理可行技术。前者包括精矿蒸汽干燥技术、富氧强化熔炼技术、连续吹炼技术、回转阳极炉天然气还原技术、余热回收利用技术、永久不锈钢阴极电解技术、加压浸出—氧气顶吹熔炼阳极泥处理技术、铜阳极泥湿法处理技术、污染源密闭技术。

后者包括烟气收尘可行技术、烟气制酸可行技术、烟气脱硫可行技术、其他废气治理可行技术、污酸处理可行技术、酸性废水处理可行技术、废水治理可行技术、固体废物处理处置可行技术。火法炼铜污染防治可行技术组合图见图 8。

湿法炼铜污染防治可行技术包括废气收尘可行技术、其他废气治理可行技术、废水治理可行技术、固体废物处理处置可行技术。湿法炼铜污染防治可行技术组合图见图 9。

4.2 铜冶炼污染预防可行技术

铜冶炼污染预防可行技术见表 3。

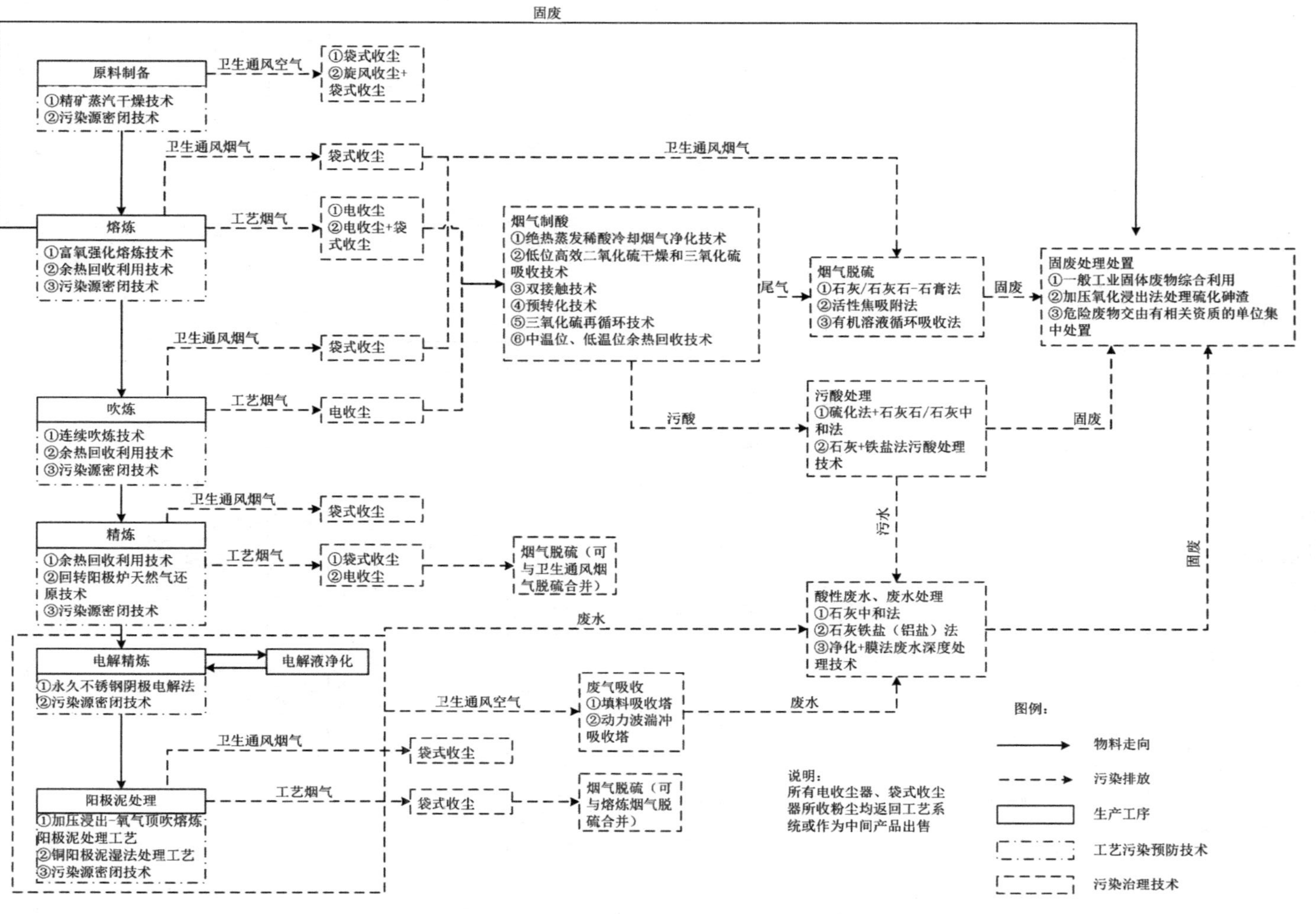

图 8　火法炼铜污染防治可行技术组合图

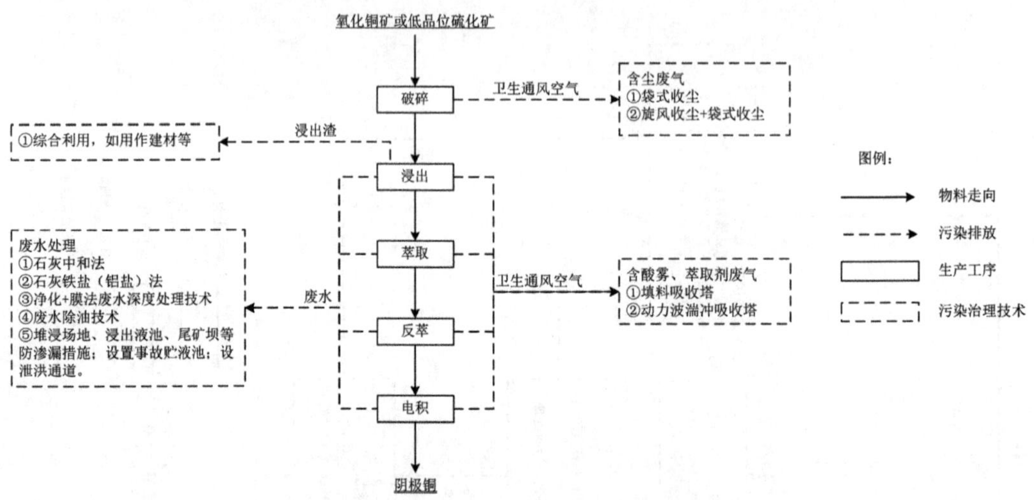

图 9 湿法炼铜污染防治可行技术组合

表 3 铜冶炼污染预防可行技术

可行技术	主要技术指标	适用性
精矿蒸汽干燥技术	预干燥含水率＜10% 深度干燥含水率 0.1%～0.3%	适用于精矿配料前的预干燥或精矿配料后的深度干燥
富氧强化熔炼技术	烟气 SO_2 含量 10%～40%	适用于铜冶炼熔炼工序
烟气余热回收利用技术	余热锅炉进炉烟气温度 800～1 350℃ 出炉烟气温度 350～450℃	适用于铜熔炼、吹炼、精炼生产过程
连续吹炼技术	烟气 SO_2 含量＞10%	适用于铜锍吹炼生产系统
回转阳极炉天然气还原技术	天然气压力 0.32～0.4 MPa	适用于粗铜精炼生产系统
永久不锈钢阴极电解法	电流效率 96% 电解铜回收率 99.8% 综合电耗 350 kW·h/tCu 蒸汽消耗 0.4 t/tCu	适用于现代大型铜冶炼企业
加压浸出+氧气顶吹熔炼阳极泥处理工艺	铜、碲浸出率＞90% Au、Ag 回收率＞98.5%	适用于单系统铜熔炼能力在 20 万 t/a 及以上的项目
铜阳极泥湿法处理工艺	Au 回收率 98.5%～99% Ag 回收率 98.0%～98.5% 综合电耗 900 kW·h/t 阳极泥 蒸汽消耗 20 t/t 阳极泥	适用于单系统铜熔炼能力在 20 万 t/a 以下的项目
污染源密闭技术	单位产品废气产生量 15 000～22 000 m^3/h·t	适用于物料储仓、物料卸料点、物料转运点、物料受料点、物料破碎筛分设备等扬尘点的密闭，冶金炉窑以及炉窑加料口、锍排出口、渣排出口、铜水包房、渣包房、流槽等产烟部位的密闭，湿法冶炼产生废气的各种槽、罐的密闭

4.3 烟气收尘可行技术

4.3.1 电收尘技术

4.3.1.1 可行工艺参数

电收尘器计算参数的选择，应符合表 4 的规定。当电收尘器入口含尘量大于 50 克/米^{3}时，应采取相应的措施，如采用预收尘设备、五电场电收尘器、高频电源供电等。

表 4 电收尘器计算参数

参数名称	参数指标
烟尘粒度	≥0.1 μm
烟气过滤速度	0.2～1.0 m/s
设备阻力	≤400 Pa
允许操作温度	≤400℃（且高于露点温度 30℃）
允许烟气含尘量	50 g/m^3
烟尘比电阻	1×10^4～4×10^{12}Ω·cm
驱进速度	2～10 cm/s
同极距	400～600 mm

4.3.1.2 污染物消减及排放

电除尘器除尘效率为 99.0%～99.8%，烟尘排放浓度低于 50 毫克/米^3。由于电收尘不是烟气处理的最末端，后续处理有烟气制酸及烟气脱硫，因此对电收尘器后粉尘浓度的控制应结合技术及经济因素综合考虑。一般送硫酸厂烟气粉尘浓度控制在 500 毫克/米^{3}以下。

4.3.1.3 二次污染及防治措施

电收尘器卸灰过程中可能造成二次扬尘。防治措施包括密闭运输，如采用埋刮板、斗式提升机、螺旋输送机等密闭运输设备；采用密闭罐车运输；采用气力输灰系统。

4.3.1.4 技术经济适用性

该技术一次性投资大，运行和维护成本低，主要用于熔炼炉收尘、吹炼炉收尘、贫化电炉收尘及精矿干燥烟气收尘。

4.3.2 袋式收尘技术

4.3.2.1 可行工艺参数袋式收尘器技术参数的选择应符合表 5 的规定。

表 5 袋式收尘器技术参数

参数名称	参数指标
烟尘粒度	≥0.1 μm
烟气过滤速度	0.2～1.0 m/min
设备阻力	1 200～2 000 Pa

参数名称	参数指标
允许操作温度	≤250℃
允许烟气含尘量	50 g/m³

袋式收尘器滤料的选择应考虑烟气的性质及烟气温度的波动。各种滤料操作温度应符合表 6 的规定。

表 6　各种滤料允许操作温度

滤料名称	允许最高操作温度/℃
毛呢、柞蚕丝	100
涤纶 208	120
诺梅克斯和美塔斯（MATAMEX）	220
玻璃纤维	250
聚四氟乙烯（PTFE）	250
聚苯硫醚（PPS）	190
聚酰亚胺（P84）	250
氟美斯（FMS）	260

当用于精矿干燥收尘时，由于烟气温度低且含水分高，应采用抗结露覆膜滤料，并在收尘器壳体采用保温加热措施，清灰方式采用脉冲清灰。

4.3.2.2　污染物消减及排放

袋式除尘器的除尘总效率大于 99.5%，最高可达 99.99%。烟尘排放浓度可低于 20 毫克/米^3。

4.3.2.3　二次污染及防治措施

袋式收尘器卸灰过程中可能造成二次扬尘。防治措施包括密闭运输，如采用埋刮板、斗式提升机、螺旋输送机等密闭运输设备；采用密闭罐车运输；采用气力输灰系统。

4.3.2.4　技术经济适用性

袋式收尘器初投资较低，为 400～1 500 元/米^2，费用的高低主要取决于滤袋材质的不同。运行费用高，主要来自更换滤袋的费用及风机电耗。适用于精矿干燥烟气收尘、阳极炉烟气收尘、含砷烟气收尘、备料除尘、环保通风除尘。

4.3.3　旋风收尘技术

4.3.3.1　可行工艺参数

旋风收尘器技术参数的选择应符合表 7 的规定。

表 7　旋风收尘器技术参数

参数名称	参数指标
烟尘粒径	≥10 μm
入口烟气流速	12～25 m/s
筒体断面流速	3～5 m/s
阻力	800～1 500 Pa
允许操作温度	≤450℃
允许烟气含尘量	400～1 000 g/m^3

4.3.3.2　污染物消减及排放

除尘效率为 70%～90%。

4.3.3.3　二次污染及防治措施

旋风收尘器卸灰过程中可能造成二次扬尘。防治措施包括密闭运输，如采用埋刮板、斗式提升机、螺旋输送机等密闭运输设备；采用密闭罐车运输；采用气力输灰系统。

4.3.3.4　技术经济适用性

旋风收尘器作为预收尘器使用，以减轻后续收尘设备的负荷。

4.3.4　烟气收尘主要技术指标

烟气收尘主要技术指标见表 8。

4.4　烟气制酸可行技术

烟气制酸可行技术及主要技术指标见表 9。

4.5 烟气脱硫可行技术

4.5.1　石灰/石灰石—石膏法烟气脱硫技术

4.5.1.1　可行工艺参数

选择活性好且碳酸钙（$CaCO_3$）含量大于 90%的脱硫剂；石灰石粉的细度保证-250 目占 90%。当 Ca/S 摩尔比为 1.02～1.05、循环浆液 pH 为 5.0～6.0 时，脱硫效率应大于 95%；脱硫石膏纯度应大于 90%，脱硫系统阻力应小于 2 500 帕。

4.5.1.2　污染物削减及排放

当烟气 SO_2 含量为 1 000～3 500 毫克/米^{3}时，SO_2 排放浓度应低于 200 毫克/米^3，脱硫效率大于 95%。

4.5.1.3　二次污染及防治措施

脱硫废水应处理后回用。脱硫产生的石膏应外运综合利用。

4.5.1.4　技术经济适用性

石灰石/石灰—石膏法适用于 SO_2 浓度小于 5 000 毫克/米^3 的冶炼烟气治理，尤其适用于精炼炉等高温烟气 SO_2 治理。

表 8 烟气收尘主要技术指标

烟气来源	可行技术及流程	系统总收尘效率/%	系统总漏风率/%	收尘器操作温度/℃	可行工艺参数
铜精矿干燥窑烟气	干燥窑→袋式收尘器→风机→放空	≥99	≤10	80～200	过滤风速 0.2～1.0 m/min
干燥窑→电收尘器→风机→放空	≥99	≤10	80～200	过滤风速 0.2～1.0 m/s 4～5 电场	
铜精矿载流干燥烟气	载流管→沉尘室→一级旋风收尘器→二级旋风收尘器→风机→电收尘器→放空	≥99.5	≤20	80～200	过滤风速 0.2～1.0 m/s 烟气含尘 20～1 000 g/m^3 4～5 电场
顶（底）吹熔炼炉熔炼烟气	余热锅炉→电收尘器→风机→制酸	≥98	≤15 不含锅炉	≤400 并高于烟气露点温度30℃以上	过滤风速 0.2～1.0 m/s 4～5 电场
闪速炉熔炼烟气	余热锅炉→电收尘器（必要时可设粗收尘）→风机→制酸	≥98	≤15 不含锅炉	≤400 并高于烟气露点 温度 30℃以上	过滤风速 0.2～1.0 m/s 4～5 电场
吹炼烟气	转炉→余热锅炉（喷雾冷却器）→电收尘器→风机→制酸	≥98	≤15 不含锅炉（喷雾冷却器）	≤400 并高于烟气露点 温度 30℃以上	过滤风速 0.2～1.0 m/s 4～5 电场
含砷熔炼烟气	余热锅炉→电收尘器→骤冷塔→袋式收尘器→风机→制酸	≥99.5 ≥92（收砷效率）	≤15	≥350（电收尘器） ≤120（袋式收尘器）	过滤风速 0.2～1.0 m/s 4～5 电场
电炉贫化烟气	电炉→水套烟道→电收尘器→风机→制酸	≥99	≤10	≥300	过滤风速 0.2～1.0 m/s 4～5 电场
精炼烟气	阳极炉→余热锅炉→烟气换热器→冷却烟道→袋式除尘器（或电收尘器）→风机→制酸（或脱硫）	≥99	≤10	≤150（袋式收尘器） 并高于烟气露点温度30℃以上	过滤风速 0.2～1.0 m/min
杂铜阳极炉烟气、熔炼及吹炼炉烟气	余热锅炉→烟气冷却器→袋式收尘器→风机→放空	≥ 99.5	≤15	低于滤料允许操作温度并高于烟气露点温度30℃以上	过滤风速 0.2～1.0 m/min

烟气来源	可行技术及流程	系统总收尘效率/%	系统总漏风率/%	收尘器操作温度/℃	可行工艺参数
杂铜阳极炉烟气、熔炼及吹炼炉烟气	余热锅炉→骤冷器→袋式收尘器→风机→放空	≥99.5，二噁英净化效率≥95	≤15	低于滤料允许操作温度并高于烟气露点温度30℃以上	过滤风速 0.2～1.0 m/min
卫生通风空气	各排风点→袋式除尘器→风机→放空（或脱硫）	≥99.5	≤10	≤120（袋式）	过滤风速 0.7～1.2 m/min

表 9 烟气制酸可行技术及主要技术指标

所在工段	可行技术	可行工艺参数	污染物消减及排放	技术适用性
烟气净化	绝热蒸发稀酸冷却烟气净化技术	一级洗涤进口烟气温度 250～280℃ 一级洗涤出口烟气温度 55～65℃ 电除雾器进口烟气温度 52～42℃ 出电除雾器酸雾含量＜5 mg/m³ 出电除雾器尘含量＜2 mg/m³ 出电除雾器砷、氯含量＜1 mg/m³ 出电除雾器氟含量＜0.5 mg/m³	烟气净化外排压滤渣和废酸。采用绝热蒸发稀酸冷却烟气净化技术，提高了循环酸浓度，减少了废酸排放量，降低了新水消耗	所有铜冶炼烟气的湿式净化
干燥吸收	低位高效 SO_2 干燥和 SO_3 吸收技术	出干燥塔烟气水分≤100 mg/m³ 干燥塔循环酸浓度 93%～95% 干燥塔出塔酸温＜65℃ 吸收塔循环酸浓度 98.2%～98.8% 吸收塔循环酸温度 45～75℃ 吸收塔进塔气温 130～180℃	尾气酸雾含量≤40 mg/m³ 尾气 SO_2 含量≤400 mg/m³ SO_3 吸收效率≥99.99%	所有铜冶炼烟气 SO_2 干燥和 SO_3 吸收
转化	双接触技术	尾气可经脱硫装置处理	SO_2 总转化率≥99.5%	SO_2 浓度 5%～14% 的烟气制取硫酸

所在工段	可行技术	可行工艺参数	污染物消减及排放	技术适用性
预转化技术	配合双接触技术使用。根据平衡转化率确定操作条件，依据尾气 SO_2 排放浓度以及排放总量要求确定总转化率，可采用低温触媒，改变操作温度，确保最终转化率	SO_2 总转化率≥99.85%	SO_2 浓度＞14%的烟气	
SO_3 再循环技术	配合双接触技术使用。根据实际 SO_2 浓度和换热要求，确定 SO_3 烟气循环量	SO_2 总转化率≥99.9%	SO_2 浓度＞14%的烟气	
转化、吸收工段	中温位、低温位余热回收技术	余热利用率可提高到 90%以上	冶炼烟气制酸系统	

4.5.2 活性焦吸附法烟气脱硫技术

4.5.2.1 可行工艺参数

通过活性焦层烟气流速 0.3～1.2 米/秒。

4.5.2.2 污染物削减及排放

脱硫效率可高于 95%。

4.5.2.3 二次污染及防治措施

活性焦输送、筛分过程中产生粉尘，需采用袋式除尘器收集净化。

4.5.2.4 技术经济适用性

该技术二次污染小，适用于厂内蒸汽供应充足，场地宽裕，副产物 SO_2 可回收利用的冶炼企业。

4.5.3 有机溶液循环吸收烟气脱硫技术

4.5.3.1 可行工艺参数

副产 SO_2 纯度不小于 99%。吸收剂年损失率不大于 10%，低压蒸汽（0.4～0.6 兆帕）消耗不大于 25 吨蒸气/吨 SO_2。系统阻力不大于 2 000 帕。

4.5.3.2 污染物削减及排放

当烟气中 SO_2 含量为 5 000 毫克/米^3 以下时，SO_2 排放浓度应在 200 毫克/米^3 以下，脱硫效率大于 96%。

4.5.3.3 二次污染及防治措施

少量脱硫废水可送至全厂污水处理站集中处理。

4.5.3.4 技术经济适用性

有机溶液循环吸收法对烟气含硫量具有较强的适应性，副产物 SO_2 可以直接送入冶炼制酸工艺单元，增加硫酸产量。该技术目前主体设备采用不锈钢材质，适用于 SO_2 浓度大于 3 000 毫克/米^3，有配套冶炼烟气制酸的冶炼企业，尤其适合制酸尾气脱硫。

4.6 其他废气治理可行技术

4.6.1 填料吸收塔技术

4.6.1.1 可行工艺参数

适合处理的废气浓度、净化效果等见表 10。

表 10 填料吸收塔技术性能参数

废气性质	初始浓度/（mg/m^3）	净化效果/%
HCl	≤600	95～99
H_2SO_4	≤600	85～90
NO_x	＜3 000	80～90
Cl_2	＜3 000	80～90
吸收中和液	2%～6% NaOH 溶液或水	

当入塔初始浓度超过上述数据时需采用过滤网式净化回收装置作为初级处理，也可采用串联多级吸收方式，确保排风达标。

4.6.1.2 污染物消减及排放

废气排放浓度可达到如下指标：硫酸雾低于 40 毫克/米^3、Cl_2 低于 60 毫克/米^3、氯化氢低于 80 毫克/米^3。

4.6.1.3 二次污染及防治措施

吸收废液尽可能返回工艺系统或综合利用，无利用价值时送污酸污水处理站。

4.6.1.4 技术经济适用性

该技术建设投资适中，运行费用低，净化效果好，适用于硫酸雾、盐酸雾以及其他水溶性气体的吸收处理。吸收液有水和碱液两种，视被吸收有害物质的成分确定。采用空塔喷淋时可作为废气处理的预处理。

4.6.2 动力波湍冲废气吸收技术

4.6.2.1 可行工艺参数

适合处理的废气浓度、净化效果等见表 10。

4.6.2.2 污染物消减及排放

废气排放浓度可达到如下指标：硫酸雾低于 40 毫克/米^3、Cl_2 低于 60 毫克/米^3、氯化氢低于 80 毫克/米^3。

4.6.2.3 二次污染及防治措施

吸收废液尽可能返回工艺系统或综合利用，无利用价值时送污酸污水处理站。

4.6.2.4 技术经济适用性

该技术建设投资及运行费用适中，净化效果较好，该适用于 Cl_2、NO_x 等废气的吸收处理。

4.7 污酸处理可行技术

污酸处理可行技术及主要技术指标见表 11。

表 11 污酸处理可行技术及主要技术指标

可行技术	可行工艺参数	污染物消减及排放	二次污染及防治措施	技术适用性
硫化法+石灰石/石灰中和法	硫化反应槽 pH 控制范围小于 2，中和槽 pH 控制范围 2～3	去除率 Cu：96～98%、 As：96～98%	硫化渣主要成分为 CuS 和 As_2S_3，属危险废物，可用于回收砷、铜等重金属。石膏渣主要成分为 $CaSO_4$，可作为生产水泥的添加剂。硫化反应槽和硫化浓密机溢出的 H_2S 气体需采用	该技术建设投资高，运行成本高

可行技术	可行工艺参数	污染物消减及排放	二次污染及防治措施	技术适用性
			NaOH（Na_2S）溶液喷淋吸收，生成的Na_2S（NaHS）溶液用作硫化法处理废水的药剂	
石灰+铁盐法	一段石膏生产阶段 pH2～3，二段氧化沉砷阶段 pH3～5	脱砷率达到 98%以上	砷渣中砷的含量较高，可用于回收砷。石膏渣主要成分为硫酸钙，可作为生产水泥的添加剂	建设投资适中，运行成本较高

4.8 酸性废水处理可行技术

酸性废水处理可行技术及主要技术指标见表 12。

表 12 酸性废水处理可行技术及主要技术指标

可行技术	可行工艺参数	污染物消减及排放	二次污染及防治措施	技术适用性
石灰中和法处理污水	处理单一重金属离子污水要求的 pH Cd^{2+}：pH 11～12 Co^{2+}：pH 9～12 Cr^{3+}：pH7～8.5 Cu^{2+}：pH7～12 Fe^{2+}：pH9～13 Fe^{3+}：pH≮4 Zn^{2+}：pH9～10	去除率 Cu：98%～99%、 As：98%～99%、 F：80%～99%、 其他金属离子： 98%～99%	中和渣的属性需经过鉴别，并根据其性质和类别确定处理处置方式	适用于铜冶炼厂酸性废水及污酸处理后水的处理
石灰—铁盐（铝盐）法处理污水	中和反应 pH 控制范围 9～11	去除率 Cu：98%～99%、 As：98%～99%、 F：80%～99%、 其他金属离子： 98%～99%	中和渣的属性需经过鉴别，并根据其性质和类别确定处理处置方式	适用于铜冶炼厂酸性废水及污酸处理后水的处理

4.9 废水处理可行技术

废水处理可行技术及主要技术指标见表 13。

表 13　废水处理可行技术及主要技术指标

可行技术	可行工艺参数	污染物消减及排放	二次污染及防治措施	技术适用性
净化+膜法废水深度处理技术	pH 控制范围 6～9	出水脱盐率达到 SS 低于 5 mg/L 75%	沉淀渣属一般固体废物，送渣场堆存。除盐产生的浓盐水回用于冲渣等，不外排	适用于污水处理后废水的深度处理
废水除油技术	含油废水先经隔油池回收浮油，再进行第二步油水分离	出水含油低于 5 mg/L	隔油池浮油打捞回用，粗粒化油水分离器回收有机相	该技术适用于萃余液、反萃废水等含油废水的处理

4.10　固体废物处理处置可行技术

4.10.1　一般工业固体废物综合利用技术

一般工业固体废物可用于生产建材、矿井回填、喷砂除锈等。

4.10.2　加压氧化浸出法处理硫化砷渣

4.10.2.1　可行工艺参数

硫化渣浆化预热温度 90～100℃，加压浸出温度 150～160℃，加压浸出反应时间 5 小时。

4.10.2.2　污染物消减及排放

砷浸出率＞98.5%，砷回收率＞98%，铜浸出率＞95%，浸出渣含砷＜1%，排放酸雾浓度＜2 毫克/米^3。

4.10.2.3　二次污染及防治措施

加压浸出釜、闪蒸槽、冷却结晶槽、搅拌还原槽产生的酸雾、SO_2 等采用洗涤塔循环喷淋吸收，吸收液采用 2%～6% NaOH 溶液。

4.10.2.4　技术经济适用性

该技术适用于硫化砷渣的综合回收利用。

4.10.3　危险废物的处理处置

危险废物可交由有相关资质的单位集中处置。

4.11　技术应用中的注意事项

（1）建立健全各项记录和生产管理制度。

（2）加强运行管理，建立岗位操作规程，制定应急预案，定期对员工进行技术培训和演练。

（3）加强生产设备的使用、维护和维修管理，保证设备运行正常。

（4）重视污染物检测和计量管理工作，定期进行全厂物料平衡测试。

（5）收尘设备的进出口设置温度、压力检测装置及含尘量检测孔。送制酸工序的烟气在风机出口处设流量和 SO_2 检测装置。

（6）采用袋式收尘器或电收尘器时，采取防止烟气结露的可靠措施，防止收尘设备及管道的腐蚀。

（7）烟囱入口烟气的温度、压力、流量、含尘量、SO_2 浓度、重金属含量等进行定期监测或在线连续监测。

（8）收尘系统在负压下操作，以避免有害气体的溢出。排灰设备密闭良好，防止二次污染。

（9）含砷烟尘宜采用就地包装后外运的方法，不得采用正压气力输送的方法。

（10）维护在线连续监测收尘设备的运行状态。

（11）烟气脱硫系统进出口均应安装烟气连续监测装置。

（12）废气净化设备的进出口应设置采样孔，对处理的废气进行定期的检测。

（13）重视节水管理，分别设计雨污分流系统、清浊分流系统，并加强各类废水的处理与回用，根据用水水质要求进行水的梯级利用，尽量减少排放。

（14）废水管线和处理设施做防渗处理，防止有害污染物进入土壤。

（15）收集并治理硫酸场地初期雨水、生产厂区其他场地初期雨水。

（16）制订环境监测计划，定期进行监测，监测频率不少于 1 次/日，监测因子至少包括水量、pH、铜、铅、锌、镉、镍、砷、钴等。

（17）湿法堆浸场地、溶液池及尾矿池应采取严格的防渗漏措施。宜设置事故贮液池用于贮存大暴雨引起的尾矿池泄漏液。上述场地周边宜设置暴雨泄洪通道。

（18）固体废物分类堆存，暂存场地进行地面硬化并加盖雨篷和围墙。

（19）对固体废物处置场渗滤液及其处理后的排放水、地下水、大气进行定期监测。

（20）固体废物处置场使用单位建立日常检查维护制度。

（21）厂内危险废物暂存场地按照有关要求进行建设，并在场外设置标识。采用专用封闭车辆装运危险废物，以防止沿途遗撒。

（22）制订危险废物管理计划并向环保部门备案。

镍冶炼污染防治可行技术指南（试行）

环境保护部公告　2015 年　第 24 号

前　言

为贯彻执行《中华人民共和国环境保护法》，防治环境污染，完善环保技术工作体系，制定本指南。

本指南以当前技术发展和应用状况为依据，可作为镍冶炼项目污染防治工作的参考技术资料。

本指南由环境保护部科技标准司提出并组织制定。

本指南起草单位：中国恩菲工程技术有限公司、中冶建筑研究总院有限公司。

本指南由环境保护部解释。

1　总则

1.1　适用范围

本指南适用于处理硫化镍精矿、氧化镍矿（红土镍矿）和含镍物料的镍冶炼企业。

1.2　术语和定义

1.2.1　标准状态

指温度为 273.15 K、压力为 101 325 Pa 时的状态。本指南涉及的大气污染物浓度均以标准状态下的干气体为基准。

1.2.2　卫生通风系统

在有废气产生的生产节点设机械排风装置，控制粉尘和有害气体的扩散，减少无组织排放，创造满足劳动卫生要求的生产环境，并根据需要对排风进行治理的通风系统。

2　生产工艺及污染物排放

2.1　生产工艺及产污环节

根据矿石成分，镍冶炼分为硫化铜镍精矿冶炼和红土矿（氧化镍矿）冶炼两大类。

2.1.1 硫化镍精矿冶炼

硫化镍精矿冶炼生产金属镍主要采用高镍锍磨浮电解和高镍锍浸出电积两种方法。高镍锍磨浮电解法是指硫化镍精矿先经火法冶炼生产高镍锍，高镍锍磨浮分离铜和镍并产出二次镍精矿，二次镍精矿电解生产电镍。高镍锍磨浮电解生产金属镍工艺流程及产污环节见图 1。高镍锍浸出电积法是指硫化镍精矿先经火法冶炼生产高镍锍，高镍锍选择性浸出分离铜和镍，浸出液净化分离钴，除钴后液电积生产电镍。高镍锍浸出电积生产金属镍工艺流程及产污环节见图 2。

2.1.2 氧化镍矿冶炼

氧化镍矿（红土镍矿）冶炼主要包括火法冶炼和湿法冶炼两类方法。

火法冶炼工艺（RKEF 工艺）适用于处理以残积层矿或腐殖土为主的高镍、高镁、低铁矿石。主要工艺流程为：回转窑干燥→配料→焙烧预还原→电炉熔炼→精炼（或吹炼），产品为镍铁合金。利用镍铁合金和硫化剂为原料进一步冶炼，可将镍铁转变成镍锍。

湿法冶炼适合处理的矿石类型较多，通常根据矿石成分的不同采用相应的工艺，目前主要有高压酸浸（HPAL）、常压酸浸（AL）、强化高压酸浸（EHPAL）三种工艺。

高压酸浸（HPAL）工艺适用于处理低镍、高铁低镁的褐铁矿。主要工艺过程是在高压釜中加入硫酸，在高温高压下，将镍浸出为硫酸盐；而铁则生成赤铁矿，经中和、洗涤及分离、除杂后，浸出液用硫化氢、氧化镁、石灰或氢氧化钠等沉淀产出混合硫化镍钴或氢氧化镍钴的中间产品，中间产品可作为产品出售，也可继续加工为金属产品。

常压酸浸（AL）工艺适用于处理含镍 1.5%～1.8%的低铁高镁的过渡型残积矿。主要工艺过程包括常压浸出、预中和、铁矾除铁、逆流洗涤、中和除杂、沉淀，产出混合氢氧化镍钴中间产品或继续加工为金属产品。

强化高压酸浸（EHPAL）是高压酸浸和常压酸浸相结合处理镍红土矿的工艺，利用高压酸浸残酸浸出含镁较高的残积矿。除浸出过程不同外，后续处理工艺均与高压酸浸工艺相同。

氧化镍矿火法冶炼工艺流程及产污环节见图 3，氧化镍矿高压酸浸（HPAL）工艺流程及产污环节见图 4，氧化镍矿常压酸浸（AL）工艺流程及产污环节见图 5，氧化镍矿强化高压酸浸（EHPAL）生工艺流程及产污环节见图 6。

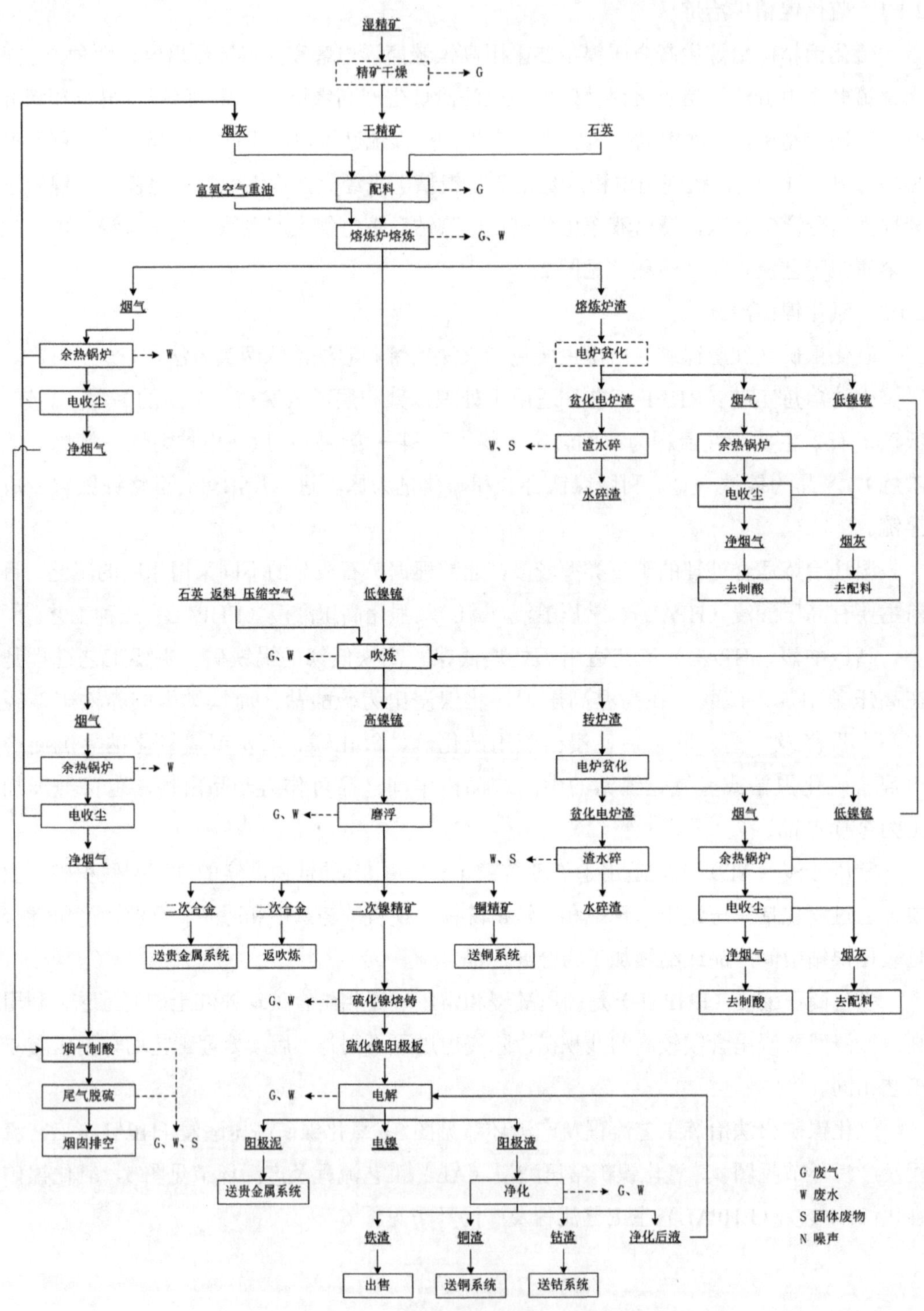

图 1 高镍锍选矿电解生产金属镍工艺流程及产污环节

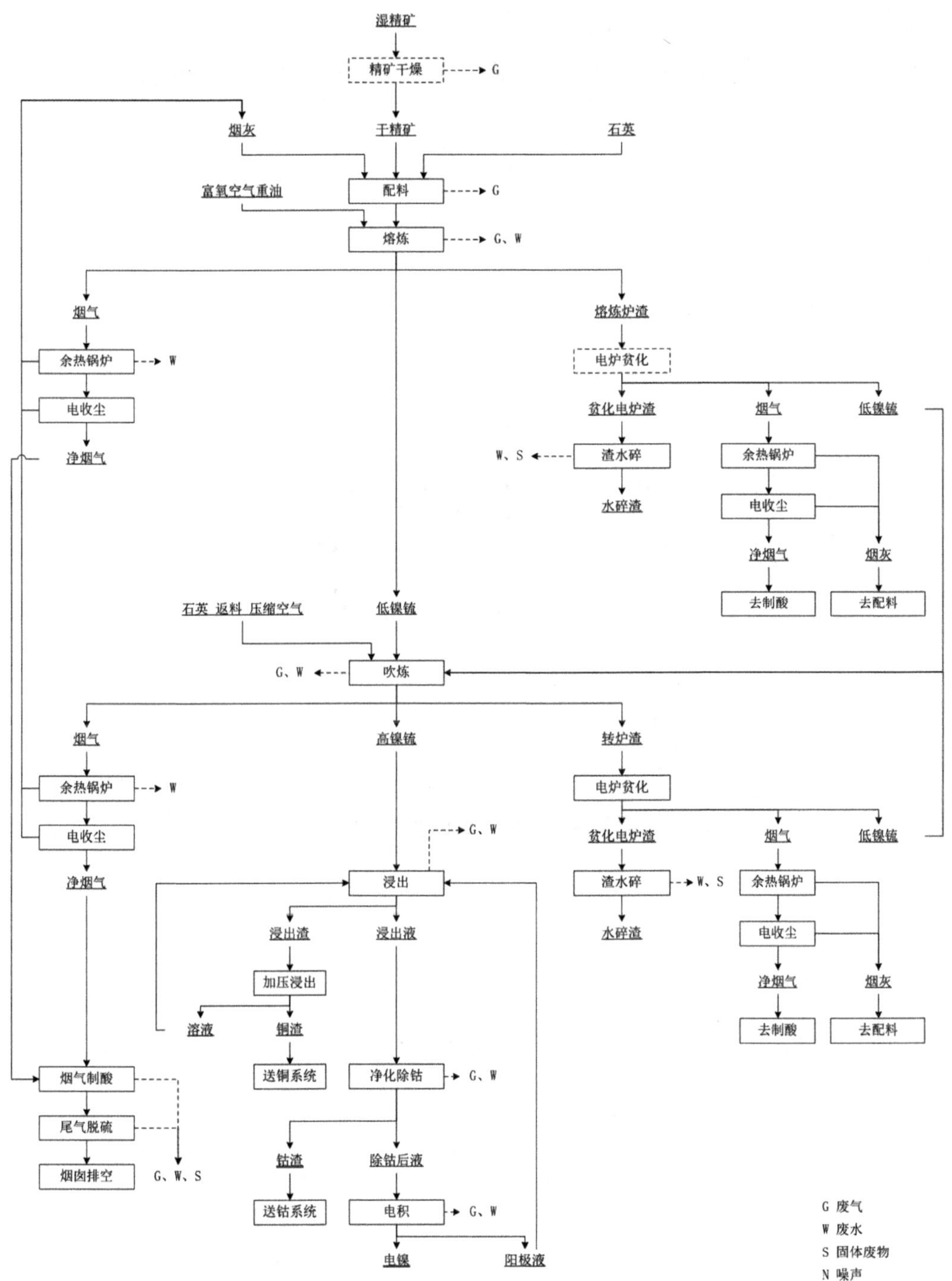

图 2　高镍锍浸出电积生产金属镍工艺流程及产污环节

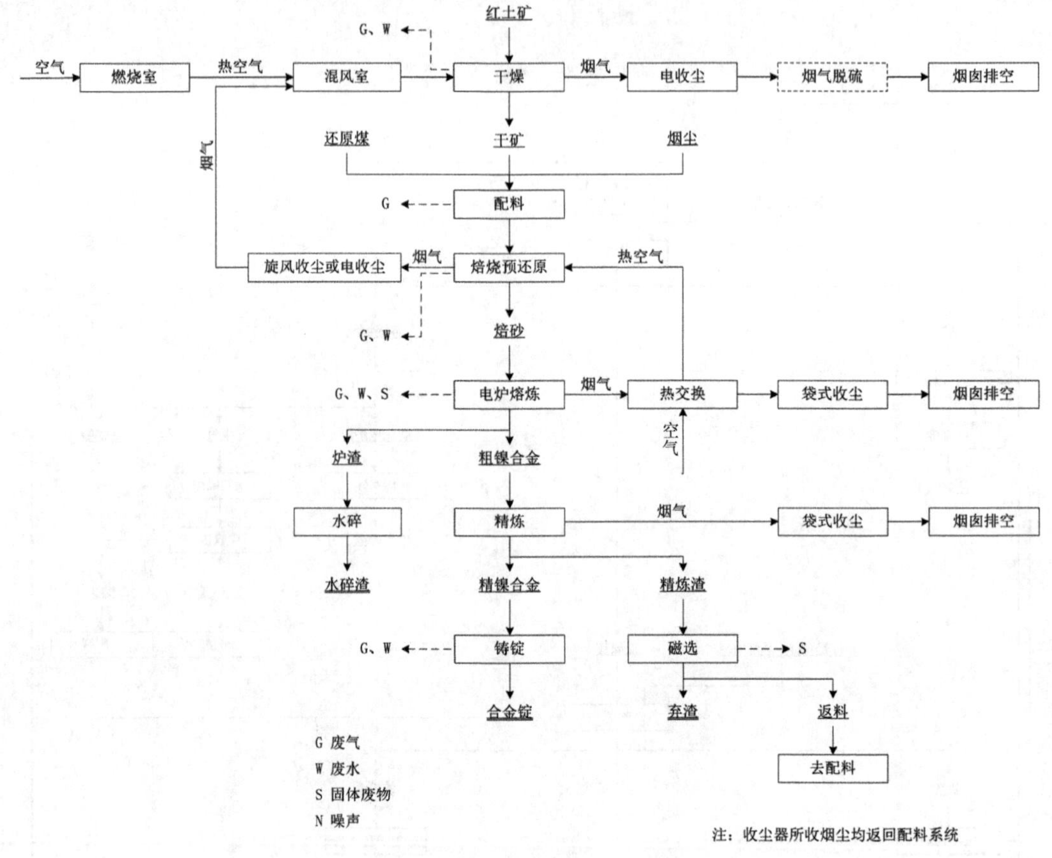

图 3　氧化镍矿回转窑、电炉工艺流程及产污环节

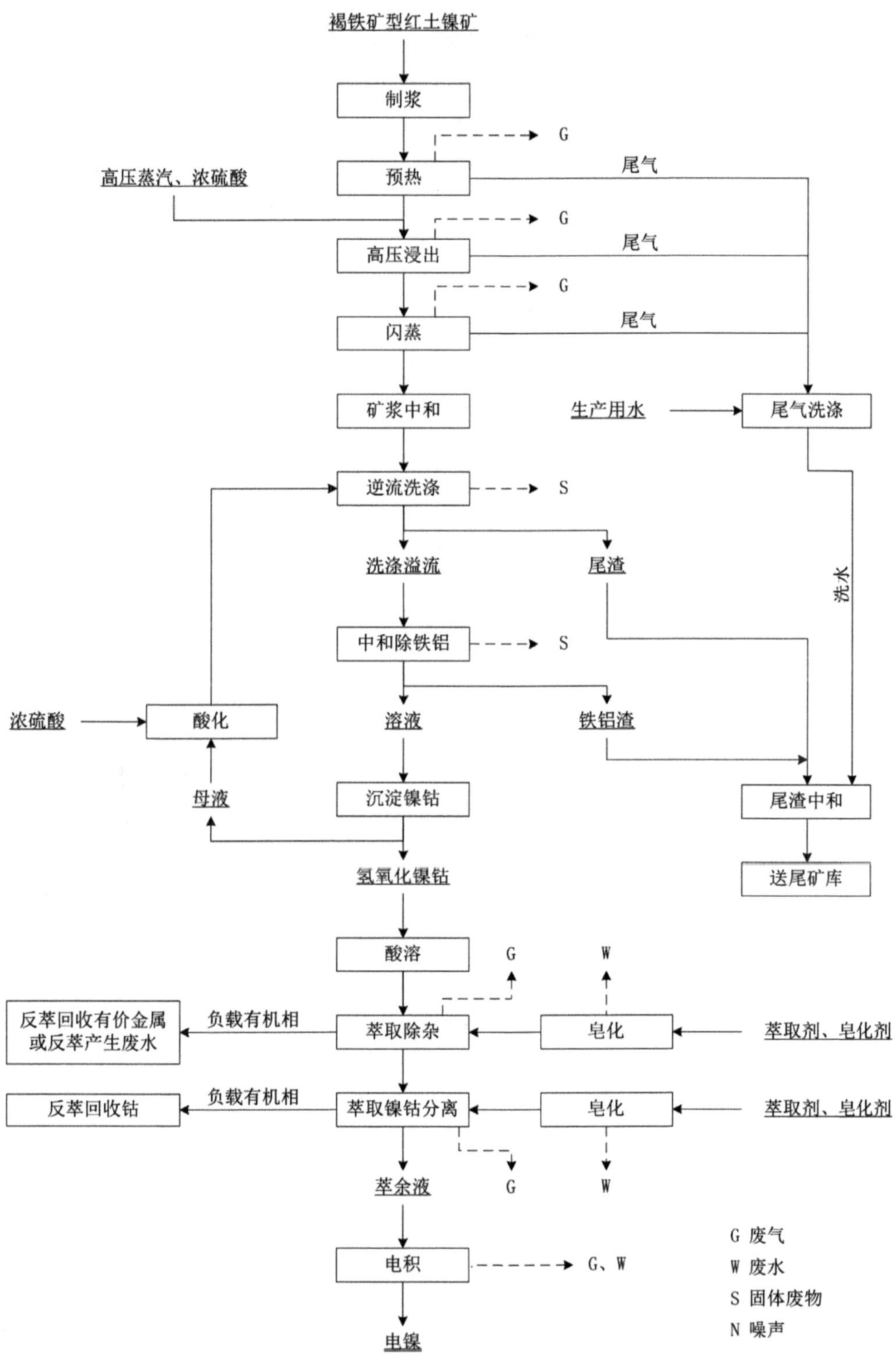

图 4　氧化镍矿高压酸浸（HPAL）工艺流程及产污环节

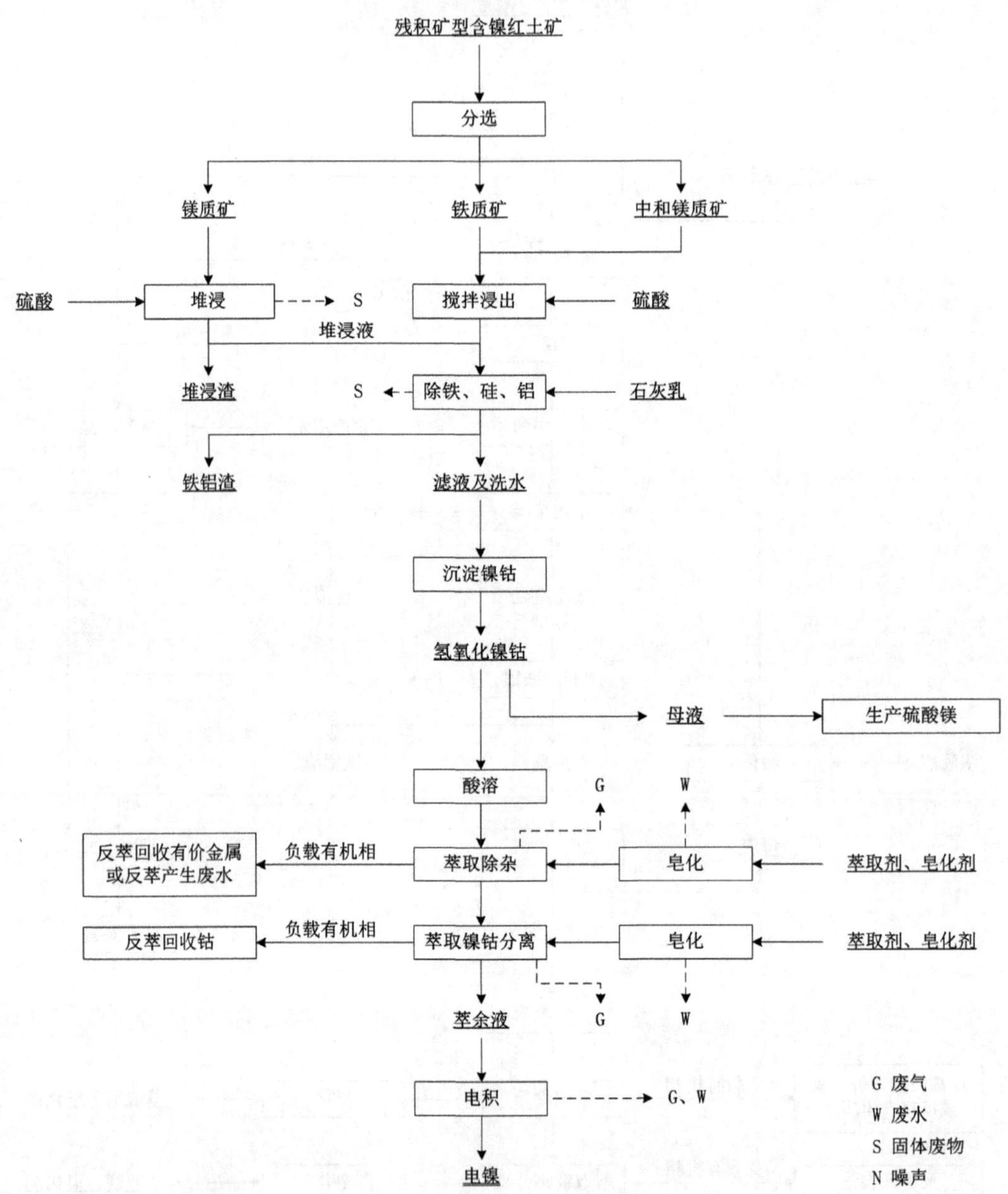

图 5 氧化镍矿常压酸浸（AL）工艺流程及产污环节

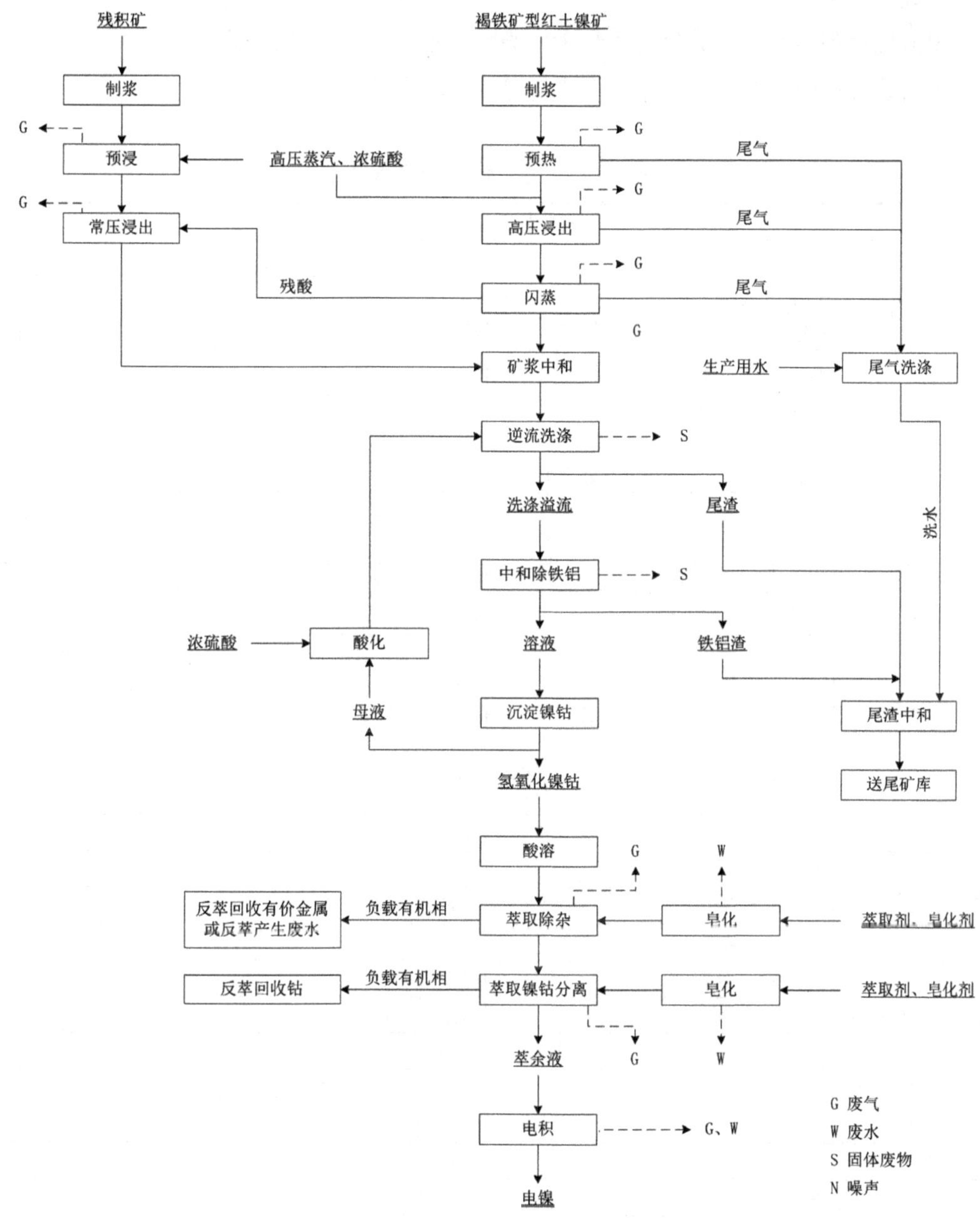

图 6 氧化镍矿强化高压酸浸（EHPAL）工艺流程及产污环节

2.2 污染物排放

镍冶炼过程中产生的污染包括大气污染、水污染、固体废物污染和噪声污染，其中大气污染、水污染、固体废物污染是主要环境问题。

2.2.1 大气污染

镍冶炼过程中产生的大气污染物主要为颗粒物、二氧化硫、硫酸雾。

镍冶炼过程中主要大气污染物及来源见表 1。

表 1 镍冶炼主要大气污染物及来源

<table>
<tr><th colspan="3">硫化镍精矿冶炼</th></tr>
<tr><th>工序</th><th>污染源</th><th>主要污染物</th></tr>
<tr><td rowspan="2">干燥工序</td><td>干燥窑烟气</td><td>颗粒物（含重金属 Cu、Ni、Pb、Zn、Cd 及 As）</td></tr>
<tr><td>精矿上料、精矿出料、转运</td><td>颗粒物（含重金属 Cu、Ni、Pb、Zn、Cd 及 As）</td></tr>
<tr><td>配料工序</td><td>抓斗卸料、定量给料设备、皮带运输设备转运过程中扬尘</td><td>颗粒物（含重金属 Cu、Ni、Pb、Zn、Cd 及 As）</td></tr>
<tr><td rowspan="2">熔炼工序</td><td>加料口、锍放出口、渣放出口、喷枪孔、溜槽、包子房等处泄漏</td><td>颗粒物（含重金属 Cu、Ni、Pb、Zn、Cd 及 As）、SO_2</td></tr>
<tr><td>熔炼炉烟气</td><td>颗粒物（含重金属 Cu、Ni、Pb、Zn、Cd 及 As）、SO_2</td></tr>
<tr><td rowspan="2">吹炼工序</td><td>包子吊运过程中逸散的烟气
转炉外层烟罩烟气</td><td>颗粒物（含重金属 Cu、Ni、Pb、Zn、Cd 及 As）、SO_2</td></tr>
<tr><td>转炉内层烟罩烟气</td><td>颗粒物（含重金属 Cu、Ni、Pb、Zn、Cd 及 As）、SO_2</td></tr>
<tr><td rowspan="2">渣贫化工序</td><td>加料口、锍放出口、渣放出口、电极孔、溜槽、包子房等处泄漏</td><td>颗粒物、SO_2</td></tr>
<tr><td>炉窑烟气</td><td>颗粒物、SO_2</td></tr>
<tr><td>烟气制酸工序</td><td>制酸尾气</td><td>SO_2</td></tr>
<tr><td rowspan="2">反射炉熔铸工序</td><td>扒渣口、出锍口</td><td>颗粒物、SO_2</td></tr>
<tr><td>反射炉烟气</td><td>颗粒物、SO_2</td></tr>
<tr><td rowspan="2">电解工序</td><td>除钴槽、铁矾除铁槽、铜渣浸出槽</td><td>Cl_2</td></tr>
<tr><td>电解槽、造液槽</td><td>硫酸雾</td></tr>
<tr><td>湿法精炼工序</td><td>浸出槽、净液槽、电积槽</td><td>硫酸雾、Cl_2</td></tr>
<tr><th colspan="3">氧化镍矿冶炼</th></tr>
<tr><th>工序</th><th>污染源</th><th>主要污染物</th></tr>
<tr><td>干燥</td><td>干燥窑</td><td>颗粒物</td></tr>
<tr><td>焙烧预还原</td><td>焙烧窑</td><td>颗粒物</td></tr>
<tr><td>熔炼</td><td>电炉</td><td>颗粒物</td></tr>
<tr><td>精炼</td><td>钢包</td><td>颗粒物</td></tr>
<tr><td>备料</td><td>破碎机等</td><td>颗粒物</td></tr>
<tr><td rowspan="3">浸出</td><td>尾气洗涤塔</td><td>硫酸雾</td></tr>
<tr><td>浸出槽、中和槽等</td><td>硫酸雾</td></tr>
<tr><td>堆浸</td><td>硫酸雾</td></tr>
<tr><td>萃取</td><td>萃取槽等</td><td>硫酸雾、萃取剂</td></tr>
<tr><td>电积</td><td>电积槽</td><td>硫酸雾</td></tr>
</table>

2.2.2 水污染

硫化镍精矿冶炼产生的废水主要为烟气制酸工段产生的污酸及酸性污水，硫酸场地初期雨水及生产厂区其他场地初期雨水，中心化验室排出的含酸废水，工业冷却循环水的排污水，余热锅炉化学水处理车间排出的酸碱废水，余热锅炉排污水，镍湿法精炼排水等。

氧化镍矿湿法冶炼产生的废水主要为高压酸浸尾气洗涤洗液、浸出渣洗涤后夹带的废水、浸出液经镍钴沉淀后排放的废液、萃取过程产生的反萃液、洗水以及工业冷却循环水的排污水、化学水处理站排放的浓盐水等。

镍冶炼过程中主要水污染物及来源见表 2。

表 2 镍冶炼过程中主要水污染物及来源

硫化镍精矿冶炼			
废水种类	排水来源	主要污染物	备注
污酸、污水	制酸系统污酸	污酸、Zn^{2+}、Cu^{2+}、Pb^{2+}	进污酸处理站
	制酸系统酸性污水	酸性废水、Zn^{2+}、Cu^{2+}、Pb^{2+}、Cd^{2+}、Ni^{2+}、As^{3+}、Co^{2+}	进污水处理站
	硫酸场地初期雨水	酸性废水、Zn^{2+}、Cu^{2+}、Pb^{2+}、Cd^{2+}、Ni^{2+}、As^{3+}、Co^{2+}	进污水处理站
	生产厂区其他场地初期雨水	酸性废水、Zn^{2+}、Cu^{2+}、Pb^{2+}、Cd^{2+}、Ni^{2+}、As^{3+}、Co^{2+}	进污水处理站
冶金炉水套冷却水排污水	工业炉窑汽化水套或水冷水套	盐类	冷却后循环使用，少量排污水。可经废水深度处理后回用
余热锅炉排污水、化学水处理车间排污水	余热锅炉房	盐类	锅炉排污水可用于渣缓冷淋水或用于冲渣含酸碱污水中和后可用于渣缓冷淋水或用于冲渣
金属铸锭或产品熔铸冷却水排水	圆盘浇铸机、直线浇铸机等	固体颗粒物	沉淀、冷却后循环使用
冲渣水和直接冷却水	水碎装置等	固体颗粒物	沉淀处理后循环使用
精矿干燥烟气湿式除尘废水	湿式除尘循环水系统	悬浮物、盐类	沉淀、冷却后循环使用，少量外排
电解车间排水	净化系统碳酸镍制备中产出的上清液	Cl^-、Na^+及其他重金属离子	去污水处理站
	含氯尾气吸收后的废水	Cl^-、Na^+	去污水处理站
镍湿法精炼排水	制备氢氧化镍工段	Na^+（含钠 15 g/L）	去污水处理站

氧化镍矿冶炼			
废水种类	排水来源	主要污染物	备注
冶金炉水套冷却水排污水	工业炉窑汽化水套或水冷水套循环水系统	盐类	冷却后循环使用，少量排污水。可经废水深度处理后回用
酸性污水	生产厂区场地雨水	酸性废水、Zn^{2+}、Cu^{2+}、Pb^{2+}、Cd^{2+}、Ni^{2+}、As^{3+}、Co^{2+}	去污水处理站
酸性废水	高压酸浸尾气洗涤洗液	酸性废水、Zn^{2+}、Cu^{2+}、Pb^{2+}、Cd^{2+}、Ni^{2+}、As^{3+}、Co^{2+}	去污水处理站
碱性废液	镍钴沉淀后液（氢氧化物沉淀工艺）	酸性废水、Zn^{2+}、Cu^{2+}、Pb^{2+}、Cd^{2+}、Ni^{2+}、As^{3+}、Co^{2+}	去污水处理站
酸性废液	镍钴沉淀后液（硫化物沉淀工艺）	酸性废水、Zn^{2+}、Cu^{2+}、Pb^{2+}、Cd^{2+}、Ni^{2+}、As^{3+}、Co^{2+}	去污水处理站
浓盐水	化学水处理站排放废液	Ca^{2+}、Mg^{2+}	用于渣缓冷淋水或用于冲渣
含萃取剂酸性废水	萃取工序	酸性废水、油污	去污水处理站

2.2.3 固体废物污染

镍冶炼排放的固体废物主要包括冶炼水碎渣、污水处理渣、脱硫副产物、湿法炼镍浸出渣、沉铁铝渣等。其中冶炼水碎渣为一般固体废物，其他固体废物的属性需经过鉴别，并根据其性质和类别确定处理处置方式。

2.2.4 噪声污染

镍冶炼过程产生的噪声分为机械噪声和空气动力性噪声，主要噪声源包括熔炼炉、吹炼炉、余热锅炉、鼓风机、空压机、氧压机、二氧化硫风机、除尘风机、各种泵类等。在采取控制措施前，锅炉安全阀排气装置间歇噪声达到 120 分贝（A），其他噪声源强通常为 85～110 分贝（A）。

3 镍冶炼污染防治技术

3.1 镍冶炼污染预防技术

3.1.1 精矿蒸汽干燥技术

精矿蒸汽干燥技术是通过蒸汽干燥机，利用冶炼烟气余热回收生产的蒸汽干燥镍精矿。该技术不产生二氧化硫污染，且不会发生精矿自燃。该技术适用于精矿的深度干燥。

3.1.2 镍闪速熔炼技术

该技术是将干精矿、熔剂、烟尘等随同预热的富氧空气、燃料油由喷嘴一起喷入反应塔内，形成均匀的悬浮体，精矿颗粒被其周围的氧化性气体迅速氧化并加热熔化，熔体落入沉淀池，完成造锍和造渣反应，进而渣、锍分离，完成熔炼过程。

该技术反应温度高，反应速度快，熔炼强度大；可根据需要采用不同浓度的富氧熔炼，熔炼过程可以在基本自热条件下进行，燃料消耗少，并且可以采用煤粉取代燃油；熔炼炉密闭性好，冶炼烟气二氧化硫浓度高，易于经济地处理，有利于环保；装备水平和自动化水平高；炉寿命长，作业率高；但要求入炉原料为粉状，并经过深度干燥，因此需要设置熔剂制备和精矿深度干燥装置，熔炼过程相对复杂，流程较长；烟尘率高。

该技术适用于含镁量不高的镍精矿熔炼。

3.1.3 富氧顶吹浸没喷枪熔炼技术

该技术的核心是顶吹浸没喷枪技术，即通过垂直插入渣层的喷枪直接吹入空气或富氧空气、燃料。粉状物料和熔剂或还原性气体从炉顶加入熔池，经强烈搅拌熔池，使炉料发生强烈的熔化、硫化、氧化、造渣等物理化学过程，产出锍和渣的混合熔体，经沉降电炉分离镍锍和渣。该技术综合能耗低，处理能力大，生产效率高；顶吹熔炼炉的密封性比较好，冶炼过程中烟气泄漏点少，作业环境好，同时产生的烟气二氧化硫浓度高，完全满足制酸要求，硫回收利用率高；整个工艺采用分散控制系统（DCS）控制，自动化程度高。

该技术适用于含镁量较高的镍精矿熔炼。

3.1.4 P-S 转炉吹炼技术

P-S 转炉吹炼是以熔炼产出的低镍锍为原料，加入石英石熔剂造渣，脱去铁、硫等杂质产出高镍锍的冶炼方法。

P-S 转炉应用范围广，操作经验丰富，灵活性大，适应性强；但由于间断作业，使得炉口漏风大，有害烟气外逸气严重，气量波动大，烟气二氧化硫浓度相对偏低。

3.1.5 富氧顶吹浸没喷枪吹炼技术

镍锍、熔剂、冷料等从炉顶加入熔池，喷枪将反应风喷吹在渣层，控制反应过程一定的温度，在氧和熔剂的作用下，低镍锍中的铁被氧化后进入炉渣，从而进一部富集铜和镍。

该工艺的主要特点是：吹炼过程连续进行，作业率高；炉子密闭性好，漏风小，烟气连续稳定，烟气量少，二氧化硫浓度高，烟气处理成本低；吹炼强度大，单炉吹炼即可满足冶炼生产要求；作业独立性强，受熔炼生产制约小；炉寿较长，耐火材料消耗少；吹炼作业成本较低，吹炼过程有热量过剩，可处理冷料。

3.1.6 硫化镍电解技术

硫化镍电解是将硫化镍阳极与镍片制得的始极片（带隔膜）放入电解槽内，在硫酸和盐酸介质水溶液下电解，在直流电的作用下镍离子沉积在阴极上。该技术采用隔膜将阴极液和阳极液分开，形成了阴极室和阳极室，从阳极室抽取阳极液净化除去铁、铜、钴等杂质，得到相当纯净的电解液（阴极液）返回阴极室，电解生产电镍。

该技术适用于金属硫化物的电解过程。

3.1.7 高镍锍选择性浸出技术

高镍锍选择性浸出技术是指控制浸出条件，使得镍进入溶液，铜留在浸出渣中，从而达到分离铜和镍的目的。浸出液采用黑镍除钴（或 Cy272 萃取钴），得到的硫酸镍溶液通过电积得到镍产品，得到的钴渣进一步处理回收钴。该技术采用两段浸出，常压浸出渣再经高压浸出进一步回收镍钴，高压浸出渣作为提铜的原料。常压浸出液含铜、铁均小于 0.01 g/L，硫酸镍钴溶液纯净；镍钴浸出率高；净化流程短；电镍产品质量高。

该技术适用于高镍锍的湿法分离过程。

3.1.8 电解液硫化沉铜技术

电解液硫化沉铜技术是指在除铁后的溶液中通入硫化氢气体，硫离子与铜离子反应生成硫化铜沉淀，从而去除铜。

该技术控制 pH 在 2 以下，抑制镍和钴的沉淀，控制还原电位为−50～−80 mV，可得到铜镍比高达 10∶1 的铜渣。因硫化氢有剧毒，为防止硫化氢逸出，除铜应在负压下操作。

该技术适用于硫化镍电解的电解液净化过程。

3.1.9 电解液活性镍粉除铜技术

该技术利用金属镍较金属铜活泼的特性，向除铁后液中添加镍粉置换铜，从而去除铜。该技术是在阳极液温度保持在 80℃，pH 维持在 2.5～3.5，除铜后液含铜可降至 0.4 毫克/升以下，除铜率可达 99%，铜渣含铜大于 88%。置换出的铜渣极易氧化，要求除铜设备应密闭，减少空气进入，以免铜渣氧化重溶。

该技术适用于硫化镍电解的电解液净化过程。

3.1.10 烟气余热回收利用技术

烟气余热回收技术是火法冶炼产生的高温烟气进入除尘系统前，先利用烟气蕴含的热能进行生产的技术。

该技术余热回收方式有：利用离炉烟气预热空气（或煤气）；使用余热锅炉或汽化冷却装置生产中、低压蒸汽和热水；利用废气循环调节炉温和改善燃烧；利用离炉烟气加热入炉冷料等。利用余热生产的蒸汽可供生产、采暖通风、生活热水或余热发电系统使用。

该技术适用于镍锍熔炼、吹炼过程烟气的余热利用，也适用于氧化镍矿焙烧、电炉熔炼过程烟气的余热利用。

3.1.11 氧化镍矿回转窑、电炉生产技术

氧化镍矿火法冶炼的主要方法是应用电炉生产镍铁，该技术镍回收率较高，达到 90%以上；回转窑产生的焙砂通过热料输送系统，加到电炉内，提高了焙砂入炉温度，降低了电炉熔炼电耗，电耗为 500 kW·h/t 焙砂，铜水套冷却技术的应用和电炉结构的改

进提高了电炉的使用寿命，电炉寿命可达 7 年；电炉设有完善的控制系统。

3.1.12　红土镍矿高压酸浸技术（HPAL）

红土镍矿高压酸浸技术是在高压釜中加入浓硫酸，在高温高压下，将镍浸出为硫酸盐；而铁则生成赤铁矿，经洗涤、浓密，浸出液用硫化氢、氧化镁或氢氧化钠等沉淀产出镍钴硫化混合物或镍钴氢氧化物的中间产品，中间产品可作为产品出售，也可继续加工为金属产品。

该技术工艺成熟，采用高压酸浸工艺矿石中镍、钴等的浸出率可达 95%以上，镍、钴金属综合回收率均可达到 90%左右；能耗低，且可综合回收矿石中的钴等有价金属，提高项目的经济效益，从而可以处理较低品位矿石。

该技术适用于处理硅镁较低的矿石，一般要求镁含量低于 5%。

3.1.13　红土镍矿常压酸浸技术（AL）

利用硫酸浸出矿石，使得镍、钴、铜、铁等进入溶液，除去铁、铝等贱金属净化溶液，再加入沉淀剂沉淀镍钴生产中间产品，也可继续加工为金属产品。该技术工艺简单，投资省；但酸耗高（一般 800～1 000 kg/t 干矿），生产成本偏高。镍钴总回收率在 80%～90%。

该技术处理原料主要是含镍 1.0%～2.0%的低铁高镁的过渡型或残积矿。矿石中含铁镁、铝量的高低及硫酸成本的高低直接影响该工艺的应用。

3.1.14　红土镍矿强化高压酸浸技术（EHPAL）

红土镍矿强化高压酸浸技术（EHPAL）是高压酸浸与常压酸浸相结合处理镍红土矿的一种工艺，利用高压酸浸残酸浸出含镁较高的残积矿，从而达到综合利用含镍红土矿资源、降低酸耗的目的。

该技术可降低高压酸浸浸出残酸，减少石灰石用量，提高高压酸浸镍的浸出率；但残积矿中和高压酸浸浸出液中的残酸，其镍钴浸出率偏低，铁大量浸出增加了铁矾量。

该技术适用于含镁较高的残积矿的处理。

3.1.15　红土镍矿浸出矿浆浓密机逆流洗涤技术

该技术采用浓密机多级洗涤，工艺中洗液和矿浆逆向流动，末级洗涤的矿浆和最初的洗液接触，保证了洗涤的效果。

该技术具有工艺简单、操作维护简单、洗涤效率高（洗涤效率可达 99%）、劳动强度小、运行费用低等特点。

该技术适用于大量的物料处理过程，如红土镍矿浸出后的矿浆洗涤过程。

3.1.16　黄铁矾除铁技术

黄铁矾除铁技术是指在温度 85～95℃、pH 为 1.5～3.0 的条件下，溶液中一价正离子（如 K^+、Na^+、NH_4^+）和溶液中三正价铁离子（Fe^{3+}）形成黄铁矾沉淀，从而去除铁。

该技术沉淀性能好，过滤速度快，沉淀夹带有价金属少，沉淀含铁 30%～35%，与水解氢氧化铁相比渣量少，铁矾呈晶体结构，疏松、沙状，运输方便。

该技术适用于镍、钴、铜、锌等湿法冶炼除铁。

3.1.17 红土镍矿低浓度浸出液沉淀技术

红土镍矿低浓度浸出液沉淀技术是指通过加入沉淀剂使其与浸出后液中的镍、钴等有价金属离子发生反应，生成沉淀物，从而获得所需的中间产品。常用的沉淀技术主要包括硫化物沉淀技术和氢氧化物沉淀技术。

硫化物沉淀技术主要包括硫化氢中温沉镍技术和低温沉镍技术，该技术的特点是产品镍钴品位高、具有较广的产品市场。但是该技术项目投资大、技术复杂、运行费用高、安全要求高。

氢氧化物沉淀技术主要包括氧化镁、石灰或氢氧化钠沉镍技术。该技术特点是投资少、操作简单、运行费用低，但缺点是产品镍钴含量低，产品含水率高，作为中间产品出售市场范围相对较窄。

3.1.18 溶剂萃取技术

溶剂萃取技术是指利用有机溶剂从与其不相混溶的水相中将某种物质提取出来，以达到净化除杂，或有价金属分离。根据工艺要求可选用 P204 从除铁后液中除去杂质，净化溶液；根据溶液中杂质含量控制反萃条件可生产锰盐、锌盐等产品。选取 P507 或 Cyanex272 从含钴镍溶液中萃取钴，实现钴、镍分离。

该技术有价离子的分离效果好，如 P507 分离镍、钴，产品 Co/Ni 比大于 1 000；属液-液过程，易自动化；试剂消耗少；有价金属回收率高。

该技术可广泛应用于镍钴、稀土、贵金属、化工等领域。

3.1.19 污染源密闭技术

污染源密闭技术是通过在污染的源头设密闭罩将污染源密闭起来，防止污染的扩散。该技术烟气控制效果好，从源头上防止了污染物的扩散。

该技术适用于物料储仓、物料卸料点、物料转运点、物料受料点、物料破碎筛分设备等扬尘点的密闭，冶金炉窑以及炉窑加料口、锍排出口、渣排出口、铜水包房、渣包房、溜槽等产烟部位的密闭，湿法冶炼产生废气的各种槽、罐的密闭。

3.1.20 加湿防尘技术

加湿防尘技术是通过喷水或喷雾形式加湿物料抑尘。加湿点选在卸料、转运等物料有落差易扬尘的部位。加湿喷嘴采用雾化喷头，加湿水压力宜 0.4 兆帕以上。

该技术适用于对原料水分无严格要求的冶炼工艺备料工段的防尘以及渣选矿工艺备料工段的防尘。

3.2　镍冶炼污染治理技术

3.2.1　烟气收尘技术

3.2.1.1　电收尘技术

电收尘技术是指含尘气体在通过高压电场电离使粉尘荷电，在电场力的作用下粉尘沉积于电极上，从而使粉尘从含尘气体中分离出来。电收尘器与其他收尘设备相比具有阻力小，耗能少，收尘效率高，适用范围广，处理烟气量大，自动化程度高，运行可靠等优点；但一次性投资大，结构较复杂，消耗钢材多，对制造、安装和维护管理水平要求较高；应用范围受粉尘比电阻的限制，适用于比电阻范围在 $1\times10^4\sim4\times10^{12}\Omega\cdot cm$ 之间。

该技术在镍冶炼厂主要用于熔炼炉收尘、吹炼炉收尘、贫化电炉收尘、干燥烟气收尘。

3.2.1.2　袋式收尘技术

袋式收尘技术是利用纤维织物的过滤作用对含尘气体进行净化。

该技术除尘效率高，适用范围广。

该技术适用于镍冶炼企业精矿干燥、红土矿电炉烟气收尘、红土矿精炼烟气收尘和卫生通风系统含尘废气的净化。

3.2.1.3　旋风收尘技术

旋风收尘技术是利用离心力的作用，使烟尘从烟气中分离从而加以捕集。

该技术结构简单，造价低，操作管理方便，维修工作量小；但对处理烟气量的变化敏感。

该技术适用于 10 微米以上的粗粒烟尘除尘，可用于高温（低于 450℃）、高含尘量（400～1 000 克/米^3）的烟气。旋风收尘器一般只能作为初级收尘使用，以减轻后续收尘设备的负荷。

3.2.2　烟气制酸技术

3.2.2.1　绝热蒸发稀酸冷却烟气净化技术

绝热蒸发稀酸冷却烟气净化技术是使用稀酸喷淋含二氧化硫的烟气，利用绝热蒸发降温增湿及洗涤的作用使杂质从烟气中分离出来，从而达到除尘、除雾、吸收废气、调整烟气温度的目的。

该技术可提高循环酸浓度，减少废酸排放量，降低新水消耗。

该技术适用于所有的镍冶炼制酸烟气的湿式净化。

3.2.2.2　低位高效二氧化硫干燥和三氧化硫吸收技术

低位高效二氧化硫干燥和三氧化硫吸收技术是利用浓硫酸等干燥剂吸收二氧化硫中的水蒸气和三氧化硫，以净化和干燥制酸烟气。低位高效干吸工艺相对于传统工艺干燥塔和吸收塔操作气速高、填料高度低、喷淋密度大，减小了设备直径及高度，节省了设备投资。干燥塔、吸收塔、泵槽均低位配置，有利于降低泵的能耗。干燥塔采用丝网除沫器、吸收塔采用纤维除雾器，降低了尾气中的酸雾含量。

该技术适用所有制酸烟气的干燥和三氧化硫的吸收。硫酸尾气从吸收塔（或最终吸收塔）排出，尾气二氧化硫浓度低于 400 毫克/米^3，硫酸雾浓度低于 40 毫克/米^3。

3.2.2.3 湿法硫酸技术

湿法硫酸技术是烟气经过湿式净化后，不经干燥直接进行催化氧化，再经水合、冷却生成液态浓硫酸。

该技术处理低浓度二氧化硫烟气，与传统的烟气脱硫工艺相比，没有任何副产品和废物排出，硫资源利用率接近 100%。

该技术处理低浓度二氧化硫烟气（1.75%～3.5%）优势明显，二氧化硫浓度低于 1.75%时需要消耗额外的能量，经济性较差。

3.2.2.4 单接触+尾气脱硫技术

单接触技术是指二氧化硫烟气只经一次转化和一次吸收制酸，二氧化硫转化率相对较低，需另外配置尾气脱硫装置联合使用。

该技术冶炼烟气中的二氧化硫大部分以硫酸的形式回收，少量再通过烟气脱硫装置以其他化工产品回收，二氧化硫转化率不低于 99%。

该技术适用于二氧化硫浓度在 3.5%～6%的烟气制取硫酸。

3.2.2.5 双接触技术

双接触技术是二氧化硫烟气先进行一次转化，转化生成的三氧化硫在吸收塔（中间吸收塔）被吸收生成硫酸，未转化的二氧化硫返回转化器再进行二次转化，二次转化后的三氧化硫在吸收塔（最终吸收塔）被吸收生成硫酸。通常采用四段转化，根据具体烟气条件和排放要求可选择五段转化。

采用双接触技术，烟气中的二氧化硫以硫酸的形式回收，二氧化硫转化率不低于 99.5%。该技术适用于二氧化硫浓度在 5%～14%的烟气制取硫酸。

3.2.2.6 预转化技术

预转化技术是指烟气在未进入正常转化之前，部分烟气先经预转化器转化，转化后烟气与其余的二氧化硫烟气合并后进入主转化器。预转化生成的三氧化硫进入主转化器后，起到抑制主转化器第一触媒层二氧化硫转化率的作用，防止触媒层超温，避免损坏触媒和设备。

该技术可提高二氧化硫总转化率，降低尾气污染物排放浓度及排放量。

该技术适用于二氧化硫浓度高于 14%的烟气制取硫酸。

3.2.2.7 三氧化硫再循环技术

三氧化硫再循环技术是将反应后的含三氧化硫烟气部分循环到转化器一层入口，起到抑制转化器第一触媒层二氧化硫转化率的作用，从而控制触媒层温度在允许范围内。

该技术二氧化硫转化率超过 99.9%，可降低尾气污染物排放浓度和排放量。

该技术适用于二氧化硫浓度高于 14%的烟气制取硫酸。

3.2.2.8 烟气制酸中温位、低温位余热回收技术

二氧化硫转化和三氧化硫吸收均为放热反应，转化产生的热为中温位热，干吸产生的热为低温位热。转化实现系统自身热平衡外，余热可通过锅炉、省煤器或其他换热设备生产中低压蒸汽或热空气，供生产、采暖通风、卫生热水或余热发电使用。干吸低温位热以低压蒸汽或其他形式回收。

采用余热回收技术后可使中温位、低温位热利用率由 42% 左右提高至 90%以上。

该技术适用于镍冶炼烟气制酸工艺。

3.2.3 烟气脱硫技术

3.2.3.1 氨法脱硫技术

氨法脱硫技术是利用（废）氨水、氨液作为吸收剂吸收去除烟气中的二氧化硫。根据过程和副产物不同，氨法可分为氨—酸法及氨—亚硫酸铵法等。

氨法脱硫效率可达 95%以上，当烟气二氧化硫含硫量在 3 000 毫克/米^3 以下时，二氧化硫排放浓度可控制在 150 毫克/米^3 以下。

氨法脱硫工艺简单，占地小，在脱除二氧化硫同时具有部分脱硝功能，但氨法脱硫存在氨逃逸问题，同时有含氯离子酸性废水排放，造成二次污染。

该技术适用于低浓度二氧化硫烟气的脱硫，尤其适用于液氨供应充足，且副产物有一定需求的冶炼企业。

3.2.3.2 石灰/石灰石 石膏法脱硫技术

石灰/石灰石—石膏法脱硫技术是用石灰或石灰石母液吸收烟气中的二氧化硫，副产石膏的烟气脱硫技术。

该技术脱硫效率大于 95%，当烟气二氧化硫含硫量在 3 000 毫克/米^3 以下时，二氧化硫排放浓度可低于 150 毫克/米^3。

该技术适应性较强，在满足镍冶炼企业低浓度二氧化硫治理的同时，还可以部分去除烟气中的三氧化硫、重金属离子、氟离子、氯离子等；但该技术占地大、吸收剂运输量较大、运输成本较高、副产物脱硫石膏处置困难。

该技术不适用于脱硫剂资源短缺、场地有限的冶炼企业。

3.2.3.3 钠碱法脱硫技术

钠碱法脱硫技术是采用碳酸钠或氢氧化钠作为吸收剂，吸收烟气中二氧化硫，得到亚硫酸钠作为产品出售。

该技术工艺流程简洁，占地面积小，脱硫效率高，吸收剂消耗量少，副产物有一定的回收价值；但运行成本较高。

该技术适用于氢氧化钠或碳酸钠来源较充足的地区。

3.2.3.4　金属氧化物吸收脱硫技术

金属氧化物吸收脱硫技术利用部分金属氧化物如氧化镁、氧化锌等对二氧化硫具有较好吸收能力的原理，将氧化物制成浆液洗涤气体，对含二氧化硫废气进行吸收处理。通常，此技术可以有效地同冶金工艺相结合，处理低浓度的二氧化硫废气。国内已有工业装置的有氧化锌法、氧化镁法和氧化锰法。

该技术脱硫效率大于90%，且运行成本较低，脱硫副产物可与冶炼工艺相结合；但存在管道及阀门堵塞问题，影响系统稳定运行。

该技术适用于金属氧化物易得或金属氧化物为副产物的冶炼厂烟气脱硫。

3.2.3.5　有机溶液循环吸收脱硫技术

有机溶液循环吸收脱硫技术是采用以离子液体或有机胺类为主，添加少量活化剂、抗氧化剂和缓蚀剂组成的水溶液吸收剂，吸收尾气中的二氧化硫。该吸收剂对二氧化硫气体具有良好的吸收和解析能力，在低温下吸收二氧化硫，高温下将吸收剂中的二氧化硫解析出来，从而脱除和回收烟气中二氧化硫，该技术可得到纯度为99%以上的二氧化硫气体送制酸工艺。

该技术不需要运输大量的吸收剂，流程简洁，自动化程度高，副产高浓度二氧化硫。但该技术一次性投资大，再生蒸汽能耗较高，运行维护成本低。

该技术适用于厂内低压蒸汽易得，烟气二氧化硫浓度较高、波动较大，副产物二氧化硫可回收利用的冶炼企业。

3.2.3.6　活性焦吸附法脱硫技术

活性焦吸附脱硫技术是活性焦通过物理吸附和化学吸附作用吸附二氧化硫。

该技术脱硫效率大于95%，具有工艺流程简单，且兼具脱尘、脱硝、除汞等功能，活性焦廉价易得，再生过程中副反应少。适合处理较低浓度二氧化硫烟气，由于在低气速（0.3～1.2米/秒）下运行，因而吸附体积较大。化学再生和物理循环过程中部分活性焦会粉化，需要定期补充。

该技术适用于厂内蒸汽供应充足，场地宽裕，副产物二氧化硫可回收利用的冶炼企业。

3.2.4 其他废气治理技术

3.2.4.1 填料吸收塔废气吸收技术

填料吸收塔废气吸收技术是利用酸的溶解特性，使含酸气体充分与水接触，溶于水中，得以净化。

当进塔酸雾浓度低于 600 毫克/米^{3}时，净化效率可达 80%～99%。

该技术设备构造简单，运行管理方便。

该技术适用于硫酸雾、盐酸雾以及其他水溶性气体的吸收处理。吸收液有水和碱液两种，视被吸收有害物质的成分确定。采用空塔喷淋时可作为废气处理的预处理工序。

3.2.4.2 动力波湍冲废气吸收技术

动力波湍冲废气吸收技术是利用吸收液与废气相互碰撞、扩散，在固定区域内形成一段稳定的湍冲区，气液之间达到充分的传质、传热，酸性废气与碱性吸收液在湍冲区进行中和反应，脱除酸性废气。

该技术净化效率大于 99%，设备具有占地面积小，运行维护费用低，易安装等特点。排气量可在 50%～100%变化，而不降低吸收效率。洗涤循环液浓度可比传统流程的循环液浓度高，而不影响动力波湍冲洗涤塔的正常运行。

该技术适用于氯气、氮氧化物等废气的吸收处理。

3.2.4.3 氯气钠碱吸收技术

次氯酸钠除铁时生成的少量氯气适合采用钠碱吸收净化。一般采用三级吸收，第一级、第二级吸收装置采用湍冲塔，第三级采用填料塔。吸收液采用 15%氢氧化钠溶液，逆流补充吸收液（新吸收液直接补充至第三级塔，由三级塔循环泵向二级塔补液，二级塔循环泵向一级塔补液），一级塔循环液 pH 小于 11 时排液，生成次氯酸钠溶液回用。由于一级塔氯气浓度最高，化学反应热大，在一级塔溶液循环系统中设板式热交换器，通过循环冷却水除去反应热，以维持系统对氯气的高效吸收。

3.2.4.4 高压酸浸尾气洗涤技术

高压酸浸尾气洗涤技术是将高压釜、高温预热器、高压闪蒸槽等设备中排放的废蒸汽进行洗涤，使蒸汽中的废酸、矿浆等进入洗液，从而减少废气对大气的污染。

该技术的特点是在保证废酸、矿浆充分进入洗液的前提下，避免了大量废蒸汽的冷凝，从而降低了洗液的循环量，节约了运行成本。

该技术适用于高压酸浸尾气的洗涤净化过程。

3.2.5 污酸处理技术

3.2.5.1 硫化法+石灰石/石灰中和法污酸处理技术

硫化法+石灰石/石灰中和法污酸处理技术是向污酸中投加硫化剂，使污酸中的重金属离子与硫反应生成难溶的金属硫化物沉淀去除。硫化反应后向废水中投加石灰石或石灰，中和硫酸，生成硫酸钙沉淀（$CaSO_4 \cdot 2H_2O$）去除。出水与其他废水合并后进污水处理站做进一步处理。

常用的硫化剂有硫化钠（Na_2S）、硫氢化钠（NaHS）、硫化亚铁（FeS）等。去除率 Cu 96%～98%、As 96%～98%、Ni 96%～98%。

该技术主要去除镉、砷、锑、铜、锌、汞、银、镍等，可用于含砷、铜离子浓度较高的废水。具有渣量少、易脱水、沉渣金属品位高的特点，有利于有价金属的回收。

该技术适用于镍冶炼过程中污酸的处理。

3.2.5.2 石灰+铁盐法污酸处理技术

石灰+铁盐法是向污酸中加入石灰乳进行中和反应，经固液分离、污泥脱水后产生石膏。进一步向废水中加入双氧水、液碱及铁盐，发生氧化沉砷反应，经固液分离、污泥脱水后产生砷渣。出水与其他废水合并后送污水处理站进一步处理。

该技术脱砷率大于 98%，降低了含砷较高的渣的产量，有利于砷的集中综合回收。

该技术适用于镍冶炼含砷离子浓度较高废水的处理。

3.2.6 酸性废水治理技术

3.2.6.1 石灰中和法

石灰中和法是向重金属废水中投加石灰乳［$Ca(OH)_2$］，使重金属离子与氢氧根反应，生成难溶的金属氢氧化物沉淀、分离。对于含有多种重金属离子的废水，可以采用一次中和沉淀，也可以采用分段中和沉淀的方法。一次中和沉淀是一次投加碱，提高 pH，使各种金属离子共同沉淀。分段中和是根据不同金属氢氧化物在不同 pH 下沉淀的特性，分段投加碱，控制不同的 pH，使各种重金属分别沉淀，有利于分别回收不同金属。

该技术具有流程短、处理效果好、操作管理简单、处理成本低廉、便于回收有价金属的特点。各种金属离子的去除率分别可达：Cu 98%～99%、As 98%～99%、F 80%～99%、Ni 96%～98%，其他重金属离子 98%～99%。

该技术适用于含镍、铁、铜、锌、铅、镉、钴、砷废水的处理，该技术不适用于汞的脱除。

3.2.6.2 石灰—铁盐（铝盐）法

石灰—铁盐法是向废水中加石灰乳［$Ca(OH)_2$］，并投加铁盐，如废水中含有氟时，需投加铝盐。将 pH 调整至 9～11，去除污水中的 As、F、Cu、Fe 等重金属离子。铁盐通常采用硫酸亚铁、三氯化铁和铁盐，铝盐通常采用硫酸铝、氯化铝。该技术除砷效果好，工艺流程简单，设备少，操作方便，可去除钒、铬、锰、铁、钴、镍、铜、锌、镉、锡、汞、铅、铋等，可以使除汞之外的所有重金属离子共沉；但砷渣过滤困难。各种金属离子去除率分别为：Cu 98%～99%、As 98%～99%、F 80%～99%、Ni 96%～98%，其他重金属离子 98%～99%。

该技术适用于含砷、含氟废水的处理。

3.2.6.3 碱液中和+铁铝复合混凝剂法

碱液中和+铁铝复合混凝剂法处理技术是向废水中同时投加氢氧化钠和铁、铝复合混凝剂，使废水中镍、铜、钴等有价金属与氢氧化钠和铁、铝复合混凝剂充分反应，生成难溶的金属氢氧化物沉淀物，再进行固液分离，处理后的水直接排放或做进一步深度处理后回用，分离出的金属氢氧化物沉淀物经过浓缩、脱水处理后综合回收有价金属。

该方法具有渣量少，易脱水，沉渣金属品位高，有利于镍、铜、钴等有价金属的回收。

该技术适用于镍、钴湿法精炼工段废水的处理。

3.2.7 废水处理技术

3.2.7.1 净化+膜法废水深度处理技术

净化+膜法废水深度处理技术是为提高水的重复利用率，对一般生产废水进行深度处理，使处理后水质达到工业循环水的标准，回用于循环水系统的补充水。除盐产生的浓盐水回用于冲渣等，不外排。

膜分离技术是利用高压泵在浓溶液侧施加高于自然渗透压的操作压力，逆转水分子自然渗透的方向，迫使浓溶液中的水分子部分通过半透膜成为稀溶液侧净化水的过程。其工艺过程包括盘式过滤或精密过滤、微滤或超滤、反渗透等。

反渗透系统产生的淡水回用于生产线，浓水可独立处理后排放，也可将浓水排入废水调节池进一步处理。该技术工艺流程短，减少占地面积。全过程均属物理法，不发生相变。

该技术脱盐率达到 75%，出水悬浮物浓度（SS）低于 5 毫克/升。

该技术适用于镍冶炼企业污水处理站废水的深度处理。

3.2.7.2 含镁废水蒸发结晶生产七水硫酸镁技术

含镁废水蒸发结晶生产七水硫酸镁技术是指含镁废水先经硫化钠和石灰乳净化除去溶液中的重金属离子，矿浆固液分离后，溶液通过蒸发、浓缩、结晶，生成七水硫酸镁，再经离心分离和干燥后，得到七水硫酸镁产品。

该技术适用于红土镍矿常压浸出高硫酸镁废水的处理。

3.2.7.3 废水除油技术

含油废水先经隔油池回收浮油，再进行第二步油水分离，常用的方法有活性炭吸附法及粗粒化油水分离法等。

废水除油可使用融合多种除油技术，集污水的预处理、油水分离和油的回收于一体的高效油水分离装置。出水含油低于 5 毫克/升。

该技术适用于镍冶炼企业萃余液、反萃废水等含油废水的处理。

3.2.8 固体废物综合利用及处理处置技术

3.2.8.1 水碎渣、渣选矿尾矿综合利用技术

火法冶炼贫化电炉产生的水碎渣通常属于一般固体废物，可用于生产建材或除锈，如可作为矿渣水泥的掺和料或售给造船厂作喷砂除锈的载体，还可作为采矿巷道的回填料使用。污酸处理产生的石膏渣、脱硫石膏渣、常压酸浸工艺中产生的浸出渣、渣选矿尾矿等经鉴别为一般工业固体废物的可作为生产水泥的添加剂。

3.2.8.2 加压氧化浸出法处理硫化砷渣技术

加压氧化浸出技术是将硫化砷渣在高温富氧条件下加压浸出，绝大部分砷、铜离子进入溶液中，其中砷以五价形态存在，根据砷酸与硫酸铜溶解度的差异，浸出液首先冷却结晶出硫酸铜，结晶后液在搅拌槽内通入二氧化硫搅拌还原，五价砷被还原为三价，二次结晶、酸洗、干燥后得到精制三氧化二砷作为商品出售。

处理每吨砷渣电量消耗 840 千瓦时，二氧化硫消耗不大于 750 千克。浸出渣含砷＜1%，排放酸雾浓度＜2 毫克/米^3。

该技术可同时回收砷、铜、铋、铼、硫等多种产品。

该技术适用于硫化砷渣的综合回收利用。

3.2.9 噪声治理技术

镍冶炼生产过程噪声源较多，噪声类型也不尽相同，应针对具体情况，主要从声源、传播途径和接受点 3 个环节进行治理。其中根治噪声源，指在满足工艺设计的前提下，尽可能选用低噪声设备，采用发声小的装置；传播途径上控制噪声，指在设计中，着重从消声、隔声、隔振、减振及吸声上进行考虑，结合合理布置厂内设施，采取绿化等措施，可降低噪声 35 分贝（A）左右，使噪声得到综合性治理；个人防护，指主要措施有在工段中设置必要的隔声操作间、控制室等，使室内的噪声符合有关卫生标准。

3.3 污染治理新技术

3.3.1 烟气收尘新技术

3.3.1.1 电袋复合式收尘器技术

电袋复合式收尘器技术是将电收尘器与袋式收尘器有机地融为一体，电收尘器与袋式收尘器的优点互相补充，使收尘设备的尺寸减少。对电收尘器而言，粉尘比电阻不再是决定的因素；对袋式收尘器而言，可以实现高气布比下的超高收尘效率，也解决了袋滤室内粉尘再飞散的问题。收尘器的过滤风速可达 3 米/分钟，收尘效率可以达到 99.99%以上。

3.3.1.2 移动电极型电收尘器技术

移动电极型电收尘器与普通的固定电极型电收尘器的主要区别是收尘电极是移动的。由于是靠旋转刷剥离粉尘，移动电极最突出的特点是粉尘的二次飞扬显著减少，收尘效率提高。同时，移动电极几乎不黏附粉尘，粉尘剥离比较彻底，并有效防止发生反电晕，也可收集高比电阻粉尘。其排放浓度可低于 50 毫克/米^3。

3.3.1.3 高频电源技术

高频电源技术具有重量轻、体积小、收尘效率高、对电网无干扰、节能等优点，成为可替代传统可控硅调压整流装置的电源。高频电源更适合高含尘的烟气，可有效避免电晕闭锁现象的发生。也可采取脉冲供电的方式，用于高比电阻粉尘收集。

3.3.1.4 高温型袋式收尘技术

采用耐高温不锈钢纤维作为过滤材料，能直接处理 280～450℃的高温含尘烟气。过滤材料的物理、化学稳定性好，对所处理的烟气性质要求不严，因此滤袋使用寿命长、适用范围广。过滤速度高，可以在 1～8 米/分钟内选取，常用过滤速度可以达到常规袋式除尘器的 4～5 倍。设备性能优良，适用性强。采用超声波吹灰器作为清灰装置，实现了在高温工况下对除尘设备的清灰，而且吹灰器能稳定、连续地运行。采用离线清灰的方式，可实现除尘模块离线抢修。

3.3.1.5 褶式滤筒收尘技术

褶式滤筒收尘器是一种采用细纱仿黏聚酯长纤维滤料做成的一体化滤筒元件进行过滤的新型收尘器，滤料表面覆 PTFE（聚四氟乙烯）膜，实现了表面过滤，效率高达 99.99%以上，烟尘排放浓度可低于 20 毫克/米^3。因滤筒的特殊结构（滤料为褶皱式），同袋式收尘器相比，滤筒的过滤面积比同尺寸的滤袋增加了数倍。滤筒坚固不易变形，保证了滤料的使用寿命和收尘器的过滤效果。

3.3.2 脱硫新技术

3.3.2.1 等离子体烟气脱硫脱硝技术

等离子体烟气脱硫脱硝技术采用烟气中高压脉冲电晕放电产生的高能活性离子，将烟气中的二氧化硫和氮氧化物氧化为高价的硫氧化物和氮氧化物，最终与水蒸气和注入反应器的氨反应生成硫酸铵和硝酸铵。等离子体烟气脱硫脱硝的特点是工程投资及运行费用低，能同时脱硫脱硝，产物可以作为肥料，无二次污染。

3.3.2.2 生物脱硫技术

生物脱硫是在常温常压下利用需氧、厌氧菌的生物特性，将烟气中的二氧化硫以单质硫的形式分离回收。生物脱硫的运行成本比传统脱硫方式运行费用低 30%以上。

3.3.3 污酸、废水处理新技术

3.3.3.1 污酸蒸发浓缩回收技术

污酸蒸发浓缩回收技术是加热污酸，使其蒸发浓缩，生产浓硫酸。

该技术较传统的石灰石—石膏法处理废硫酸，可减少大量低质量石膏的产生，避免了二次污染，回收有用资源。

该技术适用于任何烟气制酸装置。

3.3.3.2 电絮凝法处理重金属废水

电絮凝法是以铝、铁等金属为阳极，以石墨或其他材料为阴极，在电流作用下，铝、铁等金属离子进入水中与水电解产生的氢氧根形成氢氧化物，氢氧化物絮凝将重金属吸附，生成絮状物，从而使水得到净化。

该技术具有结构紧凑，占地面积小，不需要使用药剂，维护操作方便，自动化程度高等优点。但该技术电源性能有待改善，目前只适用于处理中低浓度重金属废水，产生的二次固体废物较多，易造成二次污染。

3.3.3.3 微生物法处理重金属废水

微生物处理法是利用细菌、真菌（酵母）、藻类等生物材料及其生命代谢活动去除或积累废水中的重金属，并通过一定的方法使重金属离子从微生物体内释放出来，从而降低废水中重金属离子的浓度。

微生物法处理重金属废水主要通过吸附作用及沉淀作用。微生物法处理重金属废水与传统的物理化学方法相比有以下优点：运行费用低，生成的化学或生物污泥量少；去除极低浓度重金属离子的效率高；操作 pH 及温度范围宽（pH 3～9，温度 4～90℃）；高吸附率，高选择性。技术研发重点集中在菌种的分离提取、基因工程菌的构造、混合菌的培养、优势菌的筛选、培养、驯化等方面。

4 镍冶炼污染防治可行技术

4.1 镍冶炼污染防治可行技术概述

按整体性原则，从设计时段的源头污染预防到生产时段的污染防治，依据生产工序的产污节点和技术经济适宜性，确定可行技术组合。

硫化镍冶炼污染防治可行技术组合见图 7、图 8。

氧化镍冶炼污染防治可行技术组合见图 9、图 10。

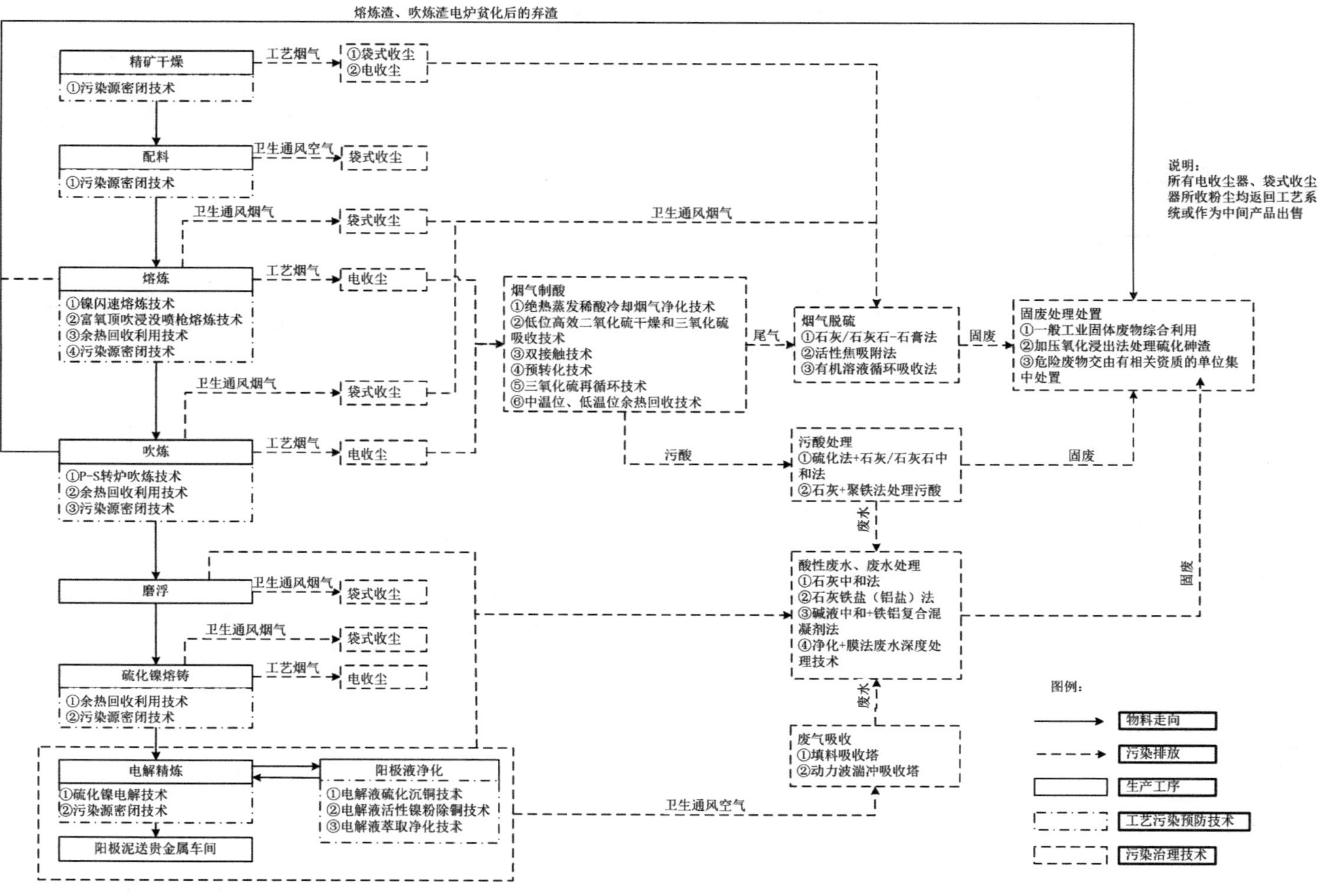

图 7 高镍锍选矿电解生产金属保污染防治最佳可行技术组合

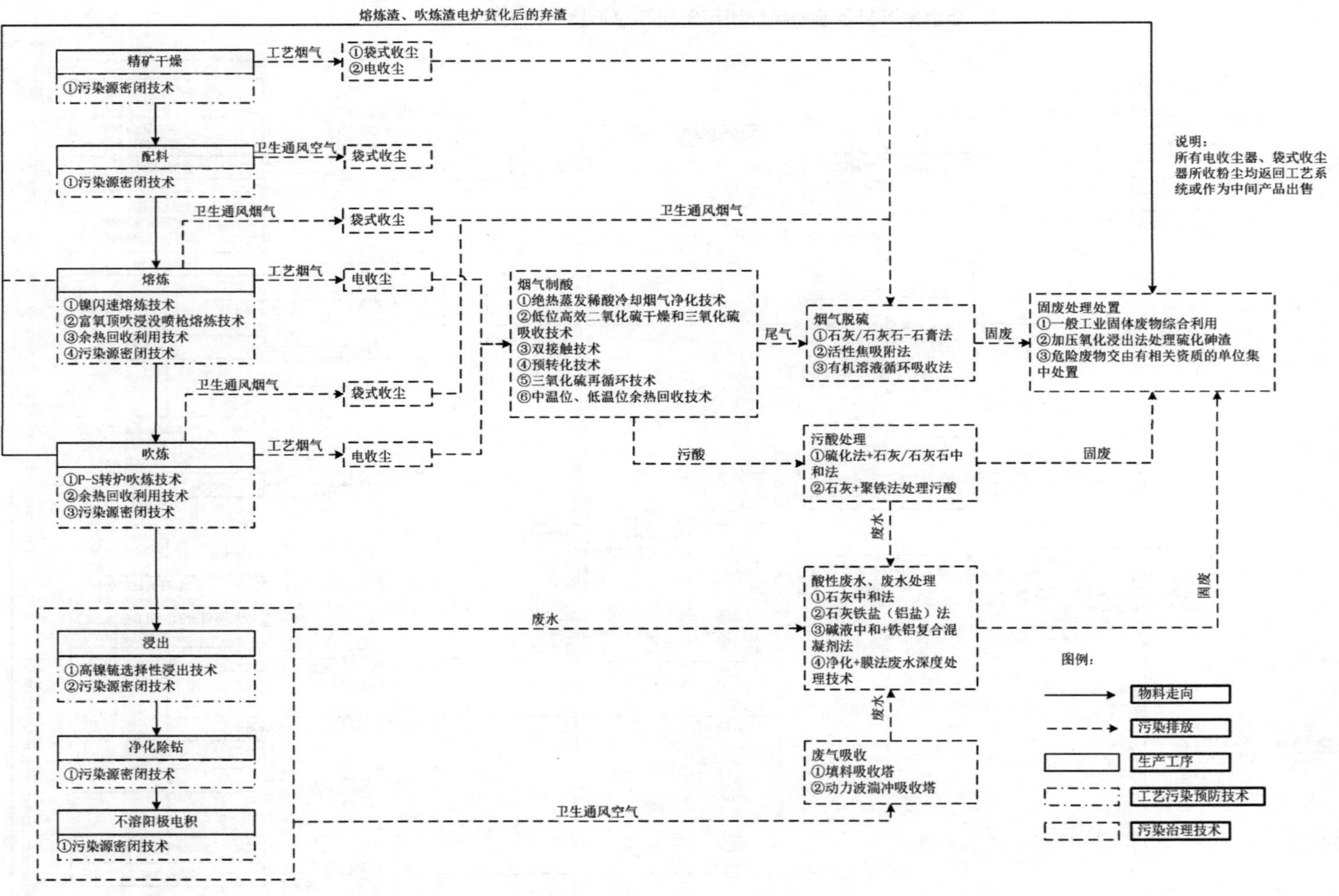

图 8 高镍锍浸出电积生产金属镍污染防治可行技术组合

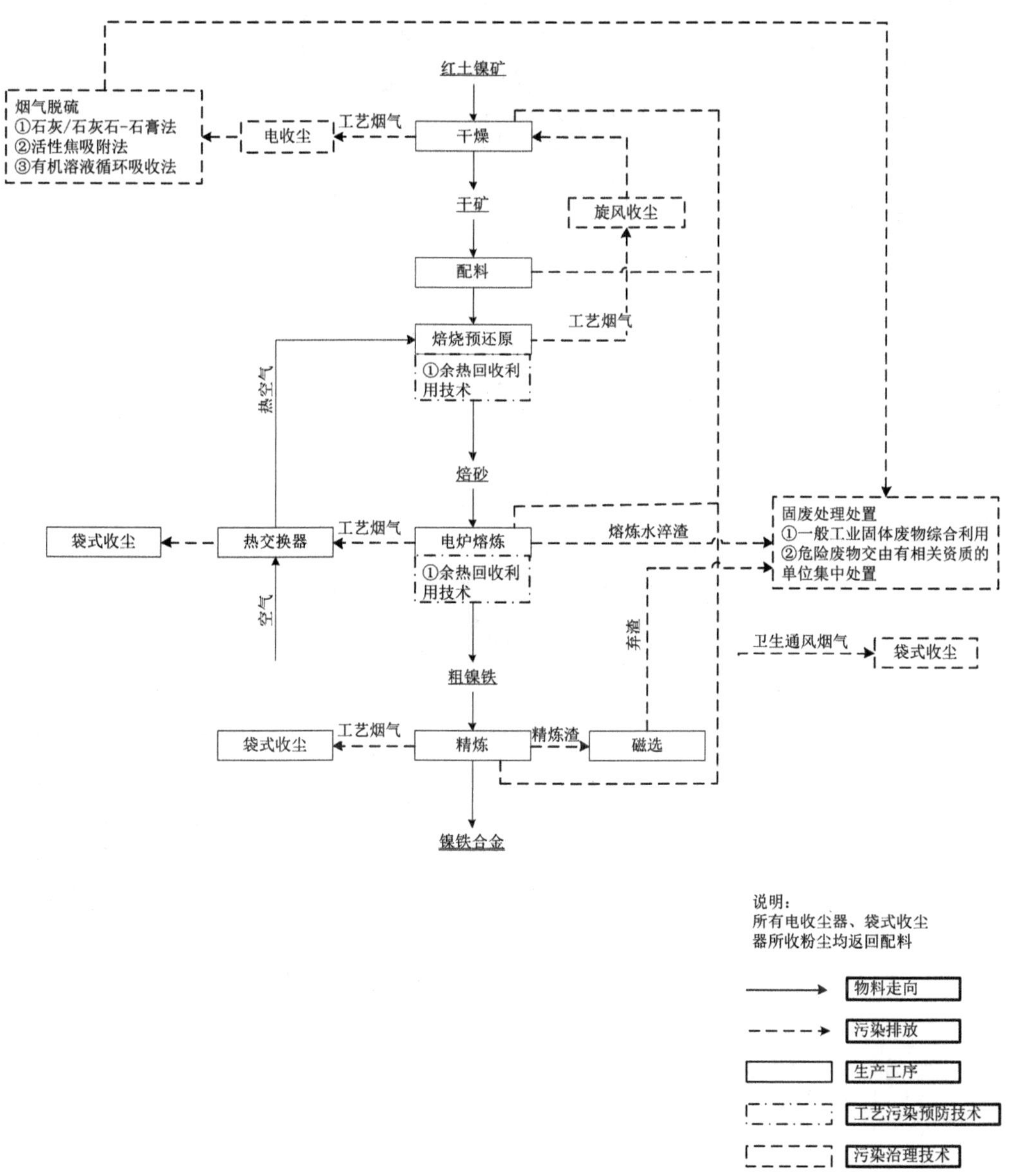

图 9　氧化镍火法冶炼污染防治最佳可行技术组合

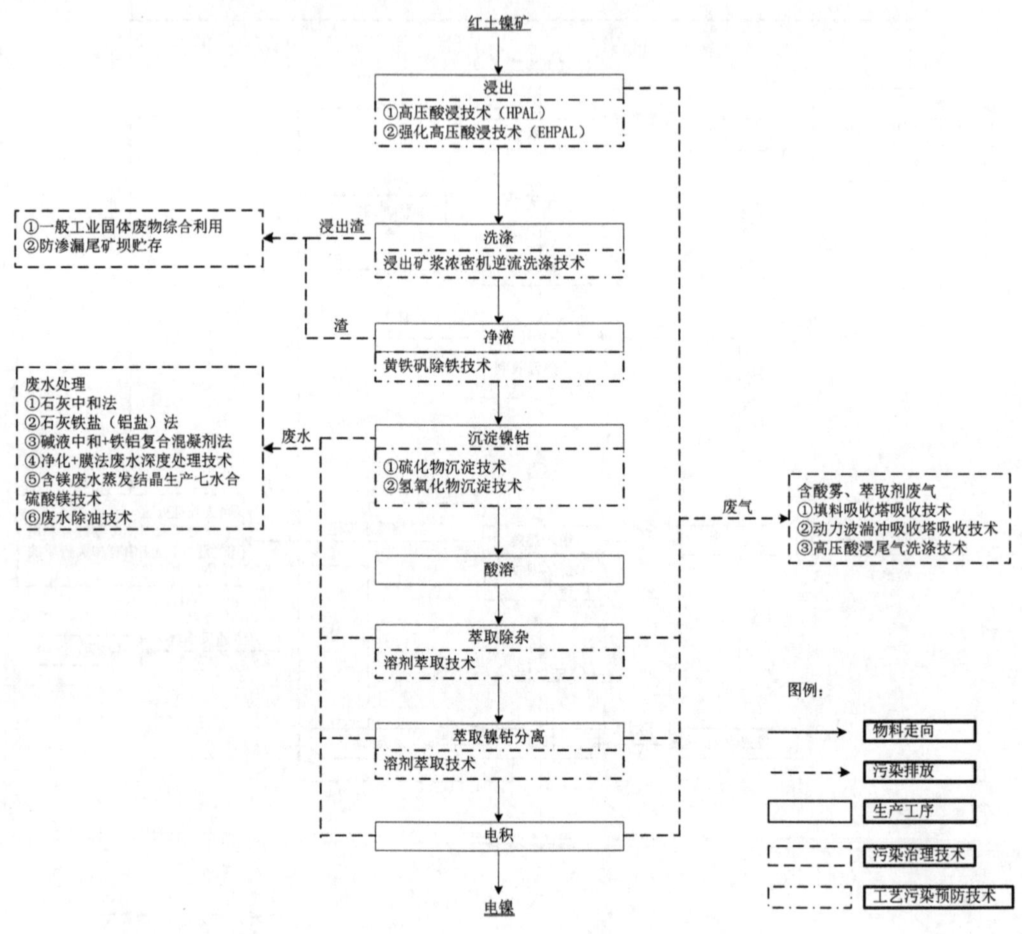

图 10 氧化镍湿法冶炼污染防治最佳可行技术组合

4.2 镍冶炼污染预防可行技术

镍冶炼污染预防可行技术见表 3。

表 3 镍冶炼污染预防可行技术

最佳可行技术	主要技术指标	适用性
镍闪速熔炼技术	反应温度高，二氧化硫浓度高，炉寿命长，作业率高，烟尘率高	硫化镍精矿熔炼工序
富氧顶吹浸没喷枪熔炼技术	熔炼炉密闭性好，冶炼烟气二氧化硫浓度高，烟尘率低，渣需要贫化处理	硫化镍精矿熔炼工序
P-S 转炉吹炼技术	烟尘捕集率低，炉口漏风大，气量波动大，烟气二氧化硫浓度低	硫化镍精矿吹炼工序

最佳可行技术	主要技术指标	适用性
硫化镍电解技术	采用隔膜将阴极液和阳极液分开，阳极液经过净化处理，除去杂质，得到相当纯净的电解液（阴极液）返回阴极室	硫化镍电解工序
高镍锍选择性浸出技术	高镍锍选择性浸出技术较传统的高镍锍选矿分离技术流程短，污染物产生点少，能耗低	高镍锍浸出工序
电解液硫化沉铜技术	负压操作，控制 pH≤2，控制还原电位为−50～−80 mV，可得到铜镍比高达 10∶1 的铜渣	电解液净化工序
电解液活性镍粉除铜技术	镍粉粒度＜0.074 mm，阳极液温度 80℃、pH2.5～3.5，除铜后液含铜≤0.4 mg/L，除铜率 99%，铜渣含铜大于 88%	电解液净化工序
烟气余热回收利用技术	余热锅炉进炉烟气度 800～1 350℃，出炉烟气温度 350～450℃	铜熔炼、吹炼、精炼生产过程
氧化镍矿回转窑、电炉生产技术	镍回收率≥90%，电耗为 500 kW·h/t 矿，电炉寿命可达 7 年	处理以残积层矿或腐殖土为主的高镍、高镁、低铁矿石
红土镍矿高压酸浸技术（HPAL）	酸耗 250～450 kg/t 干矿，操作温度 250～270℃，压力 4.5～6.0 MPa，矿石镁含量宜低于 5%，镍、钴等的浸出率≥95%，镍、钴金属综合回收率≥90%	处理低镍、高铁低镁的褐铁矿
红土镍矿强化高压酸浸技术（EHPAL）	通常游离酸浓度 45～50 g/L；资源综合利用率高，酸耗低，石灰石用量少，铁矾量大	处理含镍 1.0%～2.0%的低铁高镁的过渡型或残积矿
红土镍矿浸出矿浆浓密机逆流洗涤技术	工艺简单、操作维护简单、洗涤效率高（可达 99%）、劳动强度小、运行费用低	红土镍矿浸出矿浆洗涤工序
黄铁矾除铁技术	操作温度 85～95℃，pH1.5～3.0，沉淀含铁 30%～35%	浸出液净化工序
红土镍矿低浓度浸出液硫化物沉淀技术和氢氧化物沉淀技术	硫化物沉淀技术产品镍钴品位高，投资大，技术复杂，运行费用高，安全要求高。氢氧化物沉淀技术投资少、操作简单、运行费用低，产品镍钴含量低，产品含水率高	红土镍矿低浓度浸出液镍钴沉淀工序
溶剂萃取技术	P507 分离镍、钴，产品 Co/Ni 比＞1 000，有价金属回收率高	红土镍矿浸出液净化除杂工序，镍钴分离工序
污染源密闭技术	单位产品废气产生量 15 000～22 000 m^3/h·t	物料储仓、物料卸料点、物料转运点、物料受料点、物料破碎筛分设备等扬尘点的密闭，冶金炉窑以及炉窑加料口、锍排出口、渣排出口、铜水包房、渣包房、流槽等产烟部位的密闭，湿法冶炼产生废气的各种槽、罐的密闭

4.3　烟气收尘可行技术

4.3.1　电收尘技术

4.3.1.1　可行工艺参数

电收尘器计算参数的选择，应符合表 4 的规定。当电收尘器入口含尘量大于 50 克/米^{3}时，应采取相应的措施，如采用预收尘设备、五电场电收尘器、高频电源供电等。

表 4　电收尘器计算参数

参数名称	参数指标
烟尘粒度	≥0.1 μm
烟气过滤速度	0.2～1.0 m/s
设备阻力	≤400 Pa
允许操作温度	≤400℃（且高于露点温度 30℃）
允许烟气含尘量	50 g/m^3
烟尘比电阻	$1×10^4$～$4×10^{12}$ Ω·cm
驱进速度	2～10 cm/s
同极距	400～600 mm

4.3.1.2　污染物消减及排放

电除尘器除尘效率为 99.0%～99.8%，烟尘排放浓度低于 50 毫克/米^3。由于电收尘不是烟气处理的最末端，后续处理有烟气制酸及烟气脱硫，因此对电收尘器后粉尘浓度的控制应结合技术及经济因素综合考虑。一般送硫酸厂烟气粉尘浓度控制在 500 毫克/米^{3}以下。

4.3.1.3　二次污染及防治措施

电收尘器卸灰过程中可能造成二次扬尘。防治措施包括密闭运输，如采用埋刮板、斗式提升机、螺旋输送机等密闭运输设备；采用密闭罐车运输；采用气力输灰系统。

4.3.1.4　技术经济适用性

该技术一次性投资大，运行和维护成本低，主要用于熔炼炉收尘、吹炼炉收尘、贫化电炉收尘及精矿干燥烟气收尘。

4.3.2　袋式收尘技术

4.3.2.1　可行工艺参数

袋式收尘器技术参数的选择应符合表 5 的规定。

表 5 袋式收尘器技术参数

参数名称	参数指标
烟尘粒度	≥0.1 μm
烟气过滤速度	0.2～1.0 m/min
设备阻力	1 200～2 000 Pa
允许操作温度	≤250℃
允许烟气含尘量	50 g/m³

袋式收尘器滤料的选择应考虑烟气的性质及烟气温度的波动。各种滤料操作温度应符合表 6 的规定。

表 6 各种滤料允许操作温度

滤料名称	允许最高操作温度/℃
毛呢、柞蚕丝	100
涤纶 208	120
诺梅克斯和美塔斯（MATAMEX）	220
玻璃纤维	250
聚四氟乙烯（PTFE）	250
聚苯硫醚（PPS）	190
聚酰亚胺（P84）	250
氟美斯（FMS）	260

当用于精矿干燥收尘时，由于烟气温度低且含水分高，应采用抗结露覆膜滤料，并在收尘器壳体采用保温加热措施，清灰方式采用脉冲清灰。

4.3.2.2 污染物消减及排放

袋式除尘器的除尘总效率大于 99.5%，最高可达 99.99%。烟尘排放浓度可低于 20 毫克/米 ^{3}。

4.3.2.3 二次污染及防治措施

袋式收尘器卸灰过程中可能造成二次扬尘。防治措施包括密闭运输，如采用埋刮板、斗式提升机、螺旋输送机等密闭运输设备；采用密闭罐车运输；采用气力输灰系统。

4.3.2.4 技术经济适用性

袋式收尘器初投资较低，为 400～1 500 元/米 ^{2}，费用的高低主要取决于滤袋材质的不同。运行费用高，主要来自更换滤袋的费用及风机电耗。适用于精矿干燥烟气收尘、阳极炉烟气收尘、含砷烟气收尘、备料除尘、环保通风除尘。

4.3.3 旋风收尘技术

4.3.3.1 可行工艺参数

旋风收尘器技术参数的选择应符合表 7 的规定。

表 7 旋风收尘器技术参数

参数名称	参数指标
烟尘粒径	≥10 μm
入口烟气流速	12～25 m/s
筒体断面流速	3～5 m/s
阻力	800～1 500 Pa
允许操作温度	≤450℃
允许烟气含尘量	400～1 000 g/m³

4.3.3.2 污染物消减及排放

除尘效率 70%～90%。

4.3.3.3 二次污染及防治措施

旋风收尘器卸灰过程中可能造成二次扬尘。防治措施包括密闭运输，如采用埋刮板、斗式提升机、螺旋输送机等密闭运输设备；采用密闭罐车运输；采用气力输灰系统。

4.3.3.4 技术经济适用性

旋风收尘器作为预收尘器使用，以减轻后续收尘设备的负荷。

4.3.4 烟气收尘主要技术指标

烟气收尘主要技术指标见表 8。

表 8 烟气收尘可行技术及主要技术指标

烟气来源	可行技术及流程	系统总收尘效率/%	系统总漏风率/%	收尘器操作温度	可行工艺参数
镍精矿干燥窑烟气	干燥窑→袋式收尘器→风机→（脱硫处理）→放空	≥99	≤10	80～200℃	过滤风速 0.2～1.0 m/min
	干燥窑→电收尘器→风机→（脱硫处理）→放空	≥99	≤10	80～200℃	过滤风速 0.2～1.0 m/s 4～5 电场
镍精矿载流干燥烟气	载流管→沉尘室→一级旋风收尘器→二级旋风收尘器→风机→电收尘器→放空	≥99.5	≤20	80～200℃	过滤风速 0.2～1.0 m/s 烟气含尘 20～1 000g/m^3 4～5 电场
顶吹熔炼炉熔炼烟气	余热锅炉→电收尘器→风机→制酸	≥99	≤15 不含锅炉	≤400℃并高于烟气露点温度 30℃以上	过滤风速 0.2～1.0 m/s 4～5 电场
闪速炉熔炼烟气	余热锅炉→电收尘器（必要时可设粗收尘）→风机→制酸	≥99.5	≤15 不含锅炉	≤400℃并高于烟气露点温度 30℃以上	过滤风速 0.2～1.0 m/s 4～5 电场
吹炼烟气	转炉→余热锅炉→电收尘器→风机→制酸	≥99	≤15 不含锅炉（喷雾冷却器）	≤400℃并高于烟气露点温度 30℃以上	过滤风速 0.2～1.0 m/s 4～5 电场
电炉贫化烟气	电炉→水套烟道→电收尘器→风机→制酸	≥99	≤10	≥300℃	过滤风速 0.2～1.0 m/s 4～5 电场
焙烧窑烟气（红土矿）	焙烧窑→旋风收尘器→用于原矿干燥	70%～90%	≤10	≤450℃	烟气用于干燥窑，不外排
电炉熔炼烟气（红土矿）	电炉→换热器→袋式除尘器→风机→烟囱排空	≥99	≤10	80～200℃	过滤风速 0.2～1.0 m/min
精炼烟气（红土矿）	钢包→袋式除尘器→风机→烟囱排空	≥99	≤10	80～200℃	过滤风速 0.2～1.0 m/min
卫生通风空气	各排风点→袋式除尘器→风机→放空（或脱硫）	≥99.5	≤10	≤120℃（袋式）	过滤风速 0.7～1.2 m/min

4.4 烟气制酸可行技术

烟气制酸可行技术及主要技术指标见表 9。

表 9 烟气制酸可行技术及主要技术指标

所在工段	可行技术	可行工艺参数	污染物消减及排放	技术适用性
烟气净化	绝热蒸发稀酸冷却烟气净化技术	一级洗涤进口烟气温度 250～280℃ 一级洗涤出口烟气温度 55～65℃ 电除雾器进口烟气温度 42～52℃ 出电除雾器酸雾含量＜5 mg/m³ 出电除雾器尘含量＜2 mg/m³ 出电除雾器砷、氯含量＜1 mg/m³ 出电除雾器氟含量＜0.5 mg/m³	烟气净化外排压滤渣和废酸。采用绝热蒸发稀酸冷却烟气净化技术，提高了循环酸浓度，减少了废酸排放量，降低了新水消耗	制酸烟气的湿式净化
干燥吸收	低位高效二氧化硫干燥和三氧化硫吸收技术	出干燥塔烟气水分≤100 mg/m³ 干燥塔循环酸浓度 93%～95% 干燥塔出塔酸温＜65℃ 吸收塔循环酸浓度 98.2%～98.8% 吸收塔循环酸温度 45～75℃ 吸收塔进塔气温 130～180℃	尾气酸雾含量≤40 mg/m³ 尾气 SO_2 含量≤400 mg/m³ SO_3 吸收效率≥99.99%	制酸烟气的二氧化硫干燥和三氧化硫吸收
转化	双接触技术	尾气可经脱硫装置处理	SO_2 总转化率≥99.5%	SO_2 浓度 5%～14%的烟气制取硫酸
	预转化技术	配合双接触技术使用。根据平衡转化率确定操作条件，依据尾气 SO_2 排放浓度以及排放总量要求确定总转化率，可采用低温触媒，改变操作温度，确保最终转化率	SO_2 总转化率≥99.85%	SO_2 浓度＞14%的烟气
	三氧化硫再循环技术	配合双接触技术使用。根据实际 SO_2 浓度和换热要求，确定 SO_3 烟气循环量	SO_2 总转化率≥99.9%	SO_2 浓度＞14%的烟气
转化、吸收工段	中温位、低温位余热回收技术		余热利用率可提高到 90%以上	冶炼烟气制酸系统

4.5 烟气脱硫可行技术

4.5.1 石灰/石灰石—石膏法烟气脱硫技术

4.5.1.1 可行工艺参数

选择活性好且碳酸钙（$CaCO_3$）含量大于 90%的脱硫剂；石灰石粉的细度保证-250 目占 90%。当 Ca/S 摩尔比为 1.02～1.05、循环浆液 pH 为 5.0～6.0 时，脱硫效率应大于 95%；脱硫石膏纯度应大于 90%，脱硫系统阻力应小于 2 500 帕。

4.5.1.2 污染物削减及排放

当烟气二氧化硫含量为 1 000～3 500 毫克/米^{3}时，二氧化硫排放浓度应低于 200 毫克/米^3，脱硫效率大于 95%。

4.5.1.3 二次污染及防治措施

脱硫废水应处理后回用，脱硫产生的石膏应外运综合利用。

4.5.1.4 技术经济适用性

石灰石/石灰—石膏法适用于二氧化硫浓度小于 5 000 毫克/米^{3}的冶炼烟气治理，尤其适用于高温烟气二氧化硫治理。该技术的运行费用相对较低，吸收剂石灰石廉价易得，该技术脱硫副产物为石膏，高质量石膏具有综合利用价值。

4.5.2 活性焦吸附法烟气脱硫技术

4.5.2.1 可行工艺参数

通过活性焦层烟气流速 0.3～1.2 米/秒。

4.5.2.2 污染物削减及排放

脱硫效率可高于 95%。

4.5.2.3 二次污染及防治措施

活性焦输送、筛分过程中产生粉尘，需采用袋式除尘器收集净化。

4.5.2.4 技术经济适用性

该技术二次污染小，适用于厂内蒸汽供应充足，场地宽裕，副产物二氧化硫可回收利用的冶炼企业。

4.5.3 有机溶液循环吸收烟气脱硫技术

4.5.3.1 可行工艺参数

副产二氧化硫纯度不小于 99%。吸收剂年损失率不大于 10%，低压蒸汽（0.4～0.6 兆帕）消耗不大于 25 吨蒸气/吨二氧化硫。系统阻力不大于 2 000 帕。

4.5.3.2 污染物削减及排放

当烟气中二氧化硫含量为 5 000 毫克/米^{3}以下时，二氧化硫排放浓度应在 200 毫克/米^{3}以下，脱硫效率大于 96%。

4.5.3.3 二次污染及防治措施

少量脱硫废水可送至全厂污水处理站集中处理。

4.5.3.4 技术经济适用性

有机溶液循环吸收法对烟气含硫量具有较强的适应性，副产物二氧化硫可以直接送入冶炼制酸工艺单元，增加硫酸产量。该技术目前主体设备采用不锈钢材质，一次性投资相对较高。适用于二氧化硫浓度大于 3 000 毫克/米^3，有配套冶炼烟气制酸的冶炼企业，尤其适合制酸尾气脱硫。

4.6 其他废气治理可行技术

4.6.1 填料吸收塔技术

4.6.1.1 可行工艺参数

适合处理的废气浓度、净化效果等见表 10。

表 10 填料吸收塔技术性能参数

废气性质	初始浓度/（mg/m³）	净化效果/%
HCl	≤600	95～99
H_2SO_4	≤600	85～90
NO_x	＜3 000	80～90
Cl_2	＜3 000	80～90
吸收中和液	2%～6% NaOH 溶液或水	

当入塔初始浓度超过上述数据时需采用过滤网式净化回收装置作为初级处理，也可采用串联多级吸收方式，确保排风达标。

4.6.1.2 污染物削减及排放

废气排放浓度可达到如下指标：硫酸雾低于 40 毫克/米^3、氯气低于 60 毫克/米^3、氯化氢低于 80 毫克/米^3。

4.6.1.3 二次污染及防治措施

吸收废液尽可能返回工艺系统或综合利用，无利用价值时送污酸污水处理站。

4.6.1.4 技术经济适用性

该技术建设投资适中，运行费用低，净化效果好，适用于硫酸雾、盐酸雾以及其他水溶性气体的吸收处理。吸收液有水和碱液两种，视被吸收有害物质的成分确定。采用空塔喷淋时可作为废气处理的预处理。

4.6.2 动力波湍冲废气吸收技术

4.6.2.1 可行工艺参数

适合处理的废气浓度、净化效果等见表 10。

4.6.2.2 污染物消减及排放

废气排放浓度可达到如下指标：硫酸雾低于 40 毫克/米^3、氯气低于 60 毫克/米^3、氯化氢低于 80 毫克/米^3。

4.6.2.3 二次污染及防治措施

吸收废液尽可能返回工艺系统或综合利用，无利用价值时送污酸污水处理站。

4.6.2.4 技术经济适用性

该技术建设投资及运行费用适中，净化效果较好，该适用于氯气、氮氧化物等废气的吸收处理。

4.7 污酸处理可行技术

污酸处力可行技术及主要技术指标见表 11。

表 11 污酸处理可行技术及主要技术指标

可行技术	可行工艺参数	污染物消减及排放	二次污染及防治措施	技术适用性
硫化法+石灰石/石灰中和法	硫化反应槽 pH 控制范围小于 2，中和槽 pH 控制范围 2～3	去除率 Cu：96%～98%、Ni：96%～98%、As：96%～98%	硫化渣主要成分为 CuS 和 As_2S_3，属危险废物，可用于回收砷、铜等重金属。石膏渣主要成分为 $CaSO_4$，可作为生产水泥的添加剂。硫化反应槽和硫化浓密机溢出的 H_2S 气体需采用 NaOH 溶液喷淋吸收，生成的 Na_2S 溶液用作硫化法处理废水的药剂	该技术建设投资高，运行成本高
石灰+铁盐法	一段石膏生产阶段 pH2～3，二段氧化沉砷阶段 pH3～5	脱砷率达到 98%以上	砷渣中砷的含量较高，可用于回收砷。石膏渣主要成分为硫酸钙，可作为生产水泥的添加剂	建设投资适中，运行成本较高

4.8 酸性废水处理可行技术

酸性废水处理可行技术及主要技术指标见表 12。

表 12 酸性废水处理可行技术及主要技术指标

可行技术	可行工艺参数	污染物消减及排放	二次污染及防治措施	技术适用性
石灰中和法处理污水	处理单一重金属离子污水要求的 pH Cd^{2+}：pH 11～12 Co^{2+}：pH 9～12 Cr^{3+}：pH 7～8.5 Cu^{2+}：pH 7～12 Fe^{2+}：pH 9～13 Fe^{3+}：pH≮4 Zn^{2+}：pH 9～10	去除率 Cu：98%～99%、Ni：96%～98%、As：98%～99%、F：80%～99%、其他金属离子：98%～99%	中和渣中含 As^{3+}、F^-和 Cu^{2+}等重金属离子，按危险废物处理处置	适用于镍冶炼工艺含酸废水及污酸处理后水的处理
石灰—铁盐（铝盐）法处理污水	中和反应 pH 控制范围 9～11	去除率 Cu：98%～99%、Ni：96%～98%、As：98%～99%、F：80%～99%、其他金属离子：98%～99%	中和渣中含 As^{3+}、F^-和 Cu^{2+}等重金属离子，按危险废物处理处置	适用于镍冶炼工艺含酸废水及污酸处理后水的处理

4.9 废水处理可行技术

废水处理可行技术及主要技术指标见表 13。

表 13 废水处理可行技术及主要技术指标

可行技术	可行工艺参数	污染物消减及排放	二次污染及防治措施	技术适用性
净化+膜法废水深度处理技术	pH 控制范围 6～9	出水 SS 低于 5 mg/L，脱盐率达到 75%	沉淀渣属一般固体废物，送渣场堆存。除盐产生的浓盐水回用于冲渣等，不外排	污水处理后水的进一步处理
含镁废水蒸发结晶生产七水硫酸镁技术				氧化镍矿常压浸出工段高镁废水的处理
废水除油技术	含油废水先经隔油池回收浮油，再进行第二步油水分离	出水含油低于 5 mg/L	隔油池浮油打捞回用，粗粒化油水分离器回收有机相	该技术适用于萃余液、反萃废水等含油废水的处理

4.10 固体废物处理处置可行技术

4.10.1 一般工业固体废物综合利用技术

一般工业固体废物可用于生产建材、矿井回填、喷砂除锈等。

4.10.2 加压氧化浸出法处理硫化砷渣

4.10.2.1 可行工艺参数

硫化渣浆化预热温度 90～100℃，加压浸出温度 150～160℃，加压浸出反应时间 5 小时。

4.10.2.2 污染物消减及排放

砷浸出率＞98.5%，砷回收率＞98%，铜浸出率＞95%，浸出渣含砷＜1%，排放酸雾浓度＜2 毫克/米^3。

4.10.2.3 二次污染及防治措施

加压浸出釜、闪蒸槽、冷却结晶槽、搅拌还原槽产生的酸雾、SO_2 等采用洗涤塔循环喷淋吸收，吸收液采用 2%～6% NaOH 溶液。

4.10.2.4 技术经济适用性

该技术适用于硫化砷渣的综合回收利用。

4.10.3 危险废物的处理处置

危险废物可交由有相关资质的单位集中处置。

4.11 技术应用中的注意事项

（1）建立健全各项记录和生产管理制度。

（2）加强运行管理，建立岗位操作规程，制定应急预案，定期对员工进行技术培训和演练。

（3）加强生产设备的使用、维护和维修管理，保证设备运行正常。

（4）重视污染物检测和计量管理工作，定期进行全厂物料平衡测试。

（5）收尘设备的进出口设置温度、压力检测装置及含尘量检测孔。送制酸工序的烟气在风机出口处设流量和二氧化硫检测装置。

（6）采用袋式收尘器或电收尘器时，采取防止烟气结露的可靠措施，防止收尘设备及管道的腐蚀。

（7）烟囱入口烟气的温度、压力、流量、含尘量、二氧化硫浓度、重金属含量等进行定期监测或在线连续监测。

（8）收尘系统在负压下操作，以避免有害气体的溢出。排灰设备密闭良好，防止二次污染。

（9）含砷烟尘宜采用就地包装后外运的方法，不得采用正压气力输送的方法。

（10）维护在线连续监测收尘设备正常的运行状态。

（11）烟气脱硫系统进出口均应安装烟气连续监测装置。

（12）废气净化设备的进出口应设置采样孔，对处理的废气进行定期的检测。

（13）重视节水管理，分别设计雨污分流系统、清浊分流系统，并加强各类废水的处理与回用，根据用水水质要求进行水的梯级利用，尽量减少排放。

（14）废水管线和处理设施做防渗处理，防止有害污染物进入土壤。

（15）收集并治理硫酸场地初期雨水、生产厂区其他场地初期雨水。

（16）制订环境监测计划，定期进行监测，监测频率不少于 1 次/天，监测因子至少包括水量、pH、铜、铅、锌、镉、镍、砷、钴等。

（17）湿法堆浸场地、溶液池及尾矿池应采取严格的防渗漏措施。宜设置事故贮液池用于贮存大暴雨引起的尾矿池泄漏液。上述场地周边宜设置暴雨泄洪通道。

（18）固体废物分类堆存，暂存场地进行地面硬化并加盖雨蓬和围墙。

（19）对固体废物处置场渗滤液及其处理后的排放水、地下水、大气进行定期监测。

（20）固体废物处置场使用单位建立日常检查维护制度。

（21）厂内危险废物暂存场地按照有关要求进行建设，并在场外设置标识。采用专用封闭车辆装运危险废物，以防止沿途遗撒。

（22）制订危险废物管理计划并向环保部门备案。

钴冶炼污染防治可行技术指南（试行）

环境保护部公告　2015 年　第 24 号

前　言

为贯彻执行《中华人民共和国环境保护法》，防治环境污染，完善环保技术工作体系，制定本指南。

本指南以当前技术发展和应用状况为依据，可作为钴冶炼项目污染防治工作的参考技术资料。

本指南由环境保护部科技标准司提出并组织制定。

本指南起草单位：中国恩菲工程技术有限公司、中冶建筑研究总院有限公司。

本指南由环境保护部解释。

1　总则

1.1　适用范围

本指南适用于以钴精矿、含钴物料为主要原料的钴冶炼企业。

1.2　术语和定义

1.2.1　标准状态

指温度为 273.15 开、压力为 101 325 帕时的状态。本指南涉及的大气污染物浓度均以标准状态下的干气体为基准。

1.2.2　卫生通风系统

在有废气产生的生产节点设机械排风装置，控制粉尘和有害气体的扩散，减少无组织排放，创造满足劳动卫生要求的生产环境，并根据需要对排风进行治理的通风系统。

2　生产工艺及污染物排放

2.1　生产工艺及产污环节

钴的冶炼工艺是根据其原料、所需的最终产品、技术和经济条件来进行选择的。主要的炼钴工艺包括从铜钴矿中提取钴、从镍冶炼钴渣中回收钴、从钴硫精矿中提取钴、从锌冶炼钴渣中回收钴。

2.1.1　从铜钴矿中提取钴

铜钴原矿（或铜钴合金）经两段浸出、两段萃取工艺分离铜，含钴溶液再经过净化、萃取、沉淀或电积工艺生产钴盐制品或电钴。生产工艺流程及主要产污环节见图 1。

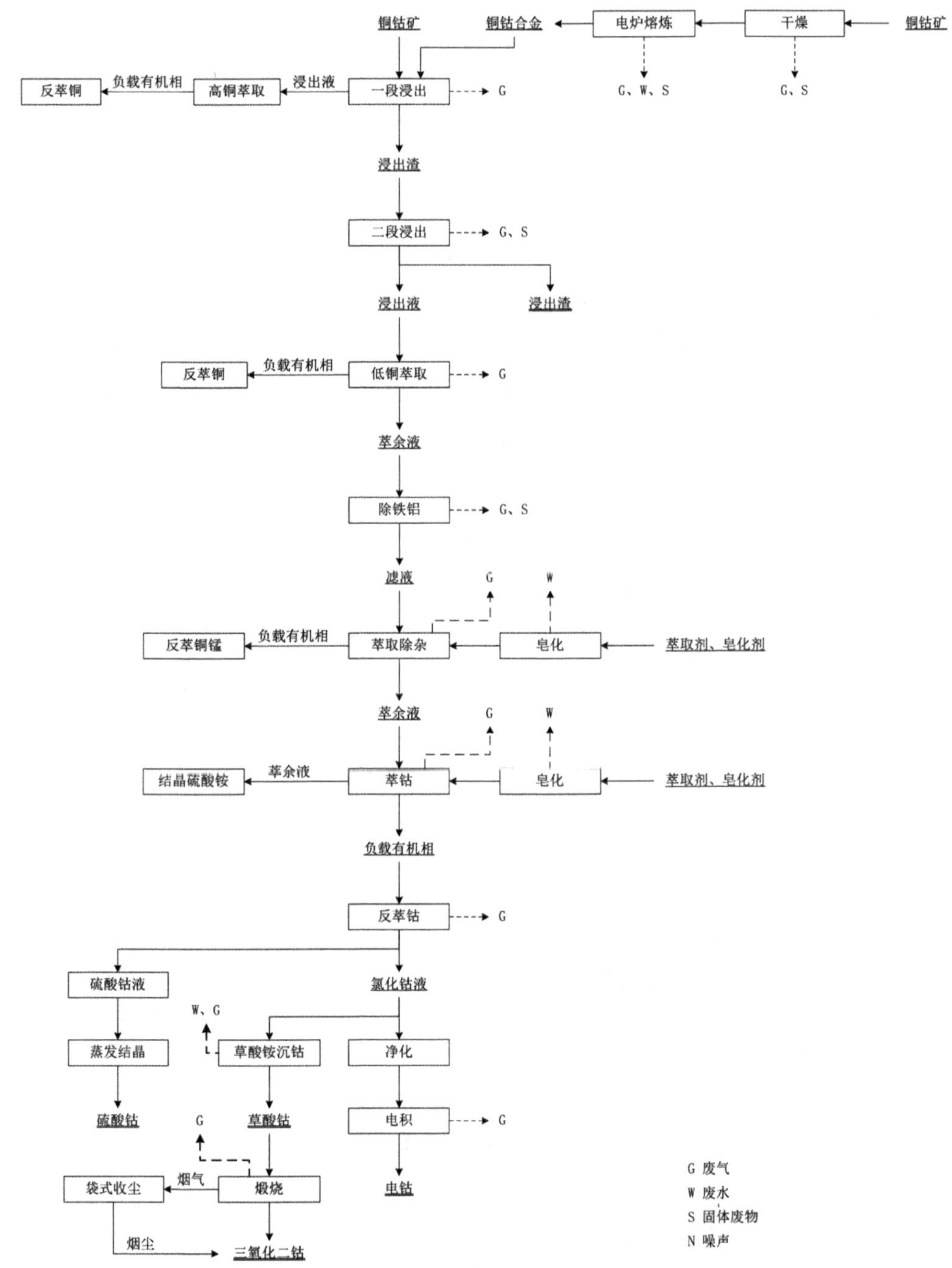

图 1　从铜钴矿中提取钴工艺流程及产污环节

2.1.2 从镍冶炼钴渣中回收钴

镍冶炼钴渣中回收钴采用浸出、净化、萃取、沉淀或电积工艺，生产钴盐制品或电钴。生产工艺流程及主要产污环节见图 2。

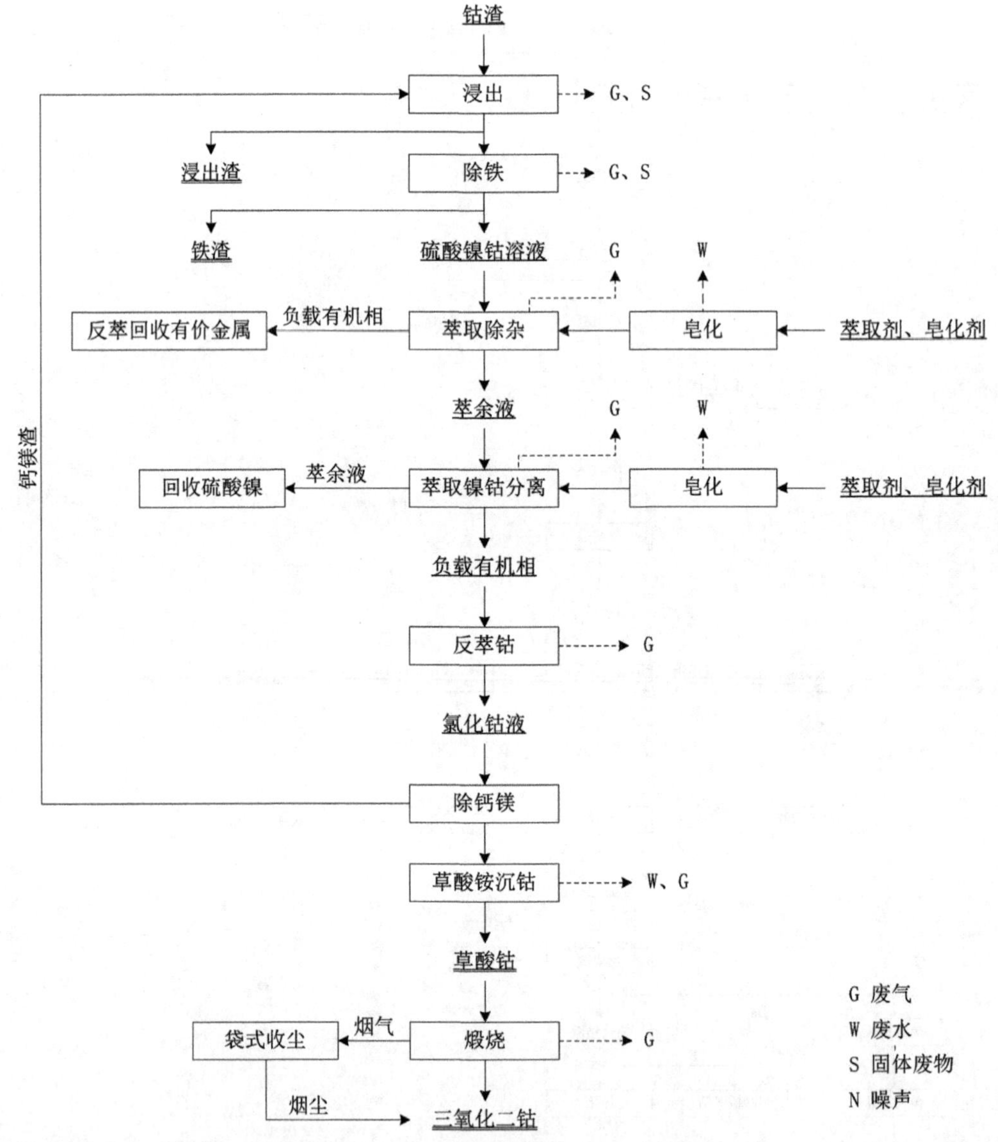

图 2 从镍冶炼钴渣中回收钴工艺流程及产污环节

2.1.3 从钴硫精矿中提取钴

钴硫精矿（含钴黄铁矿）提钴的工艺流程为：钴硫精矿焙烧脱去硫元素，焙砂用硫酸浸出各种金属，浸出液净化除去铁、铝等贱金属，净化后液采用溶剂萃取技术进一步除去杂质并使镍钴分离，最后采用沉钴工艺生产钴盐制品或通过电积工艺生产电钴。生产工艺流程及主要产污环节见图 3。

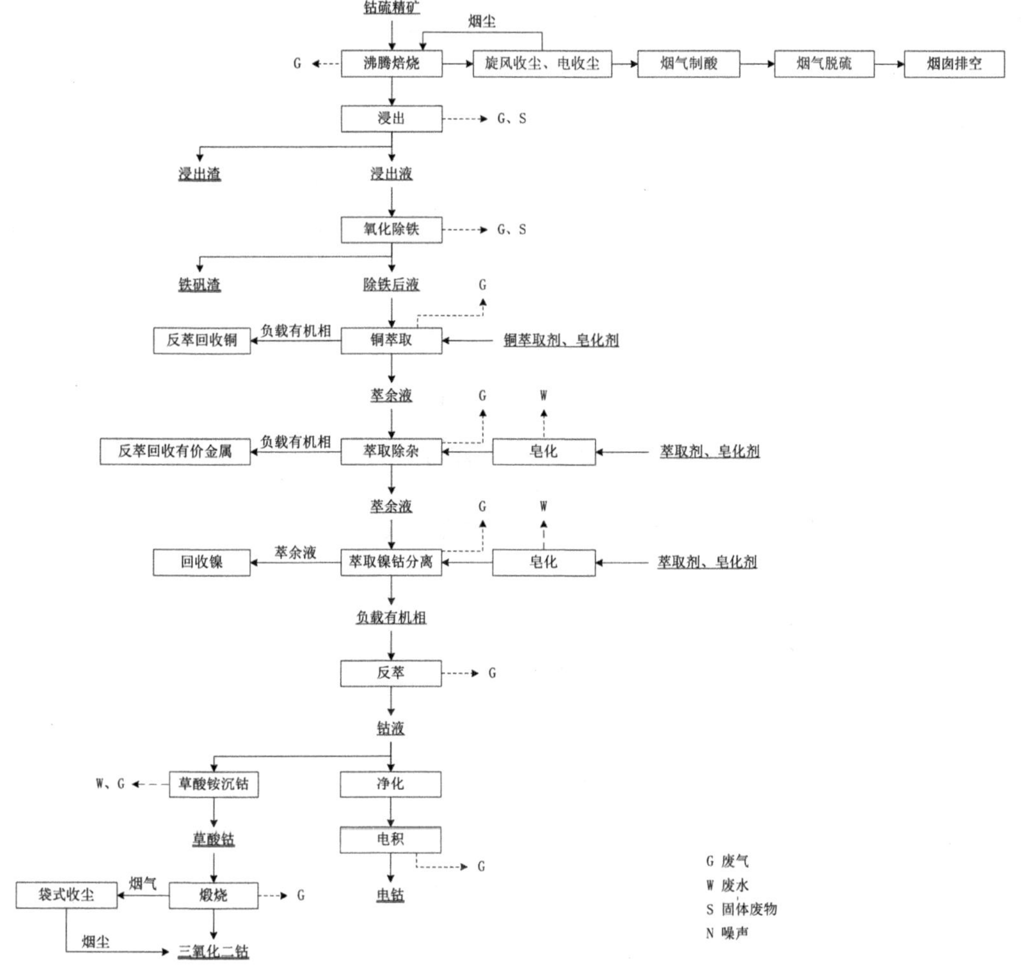

图 3 从钴硫精矿中提取钴工艺流程及产污环节

2.1.4 从锌冶炼钴渣中回收钴

锌冶炼得到的富钴渣为有机盐，回收钴过程中先通过焙烧分解有机物，焙砂经浸出、除铁、萃取提纯，生产钴盐产品。生产工艺流程及产污的主要环节见图 4、图 5。

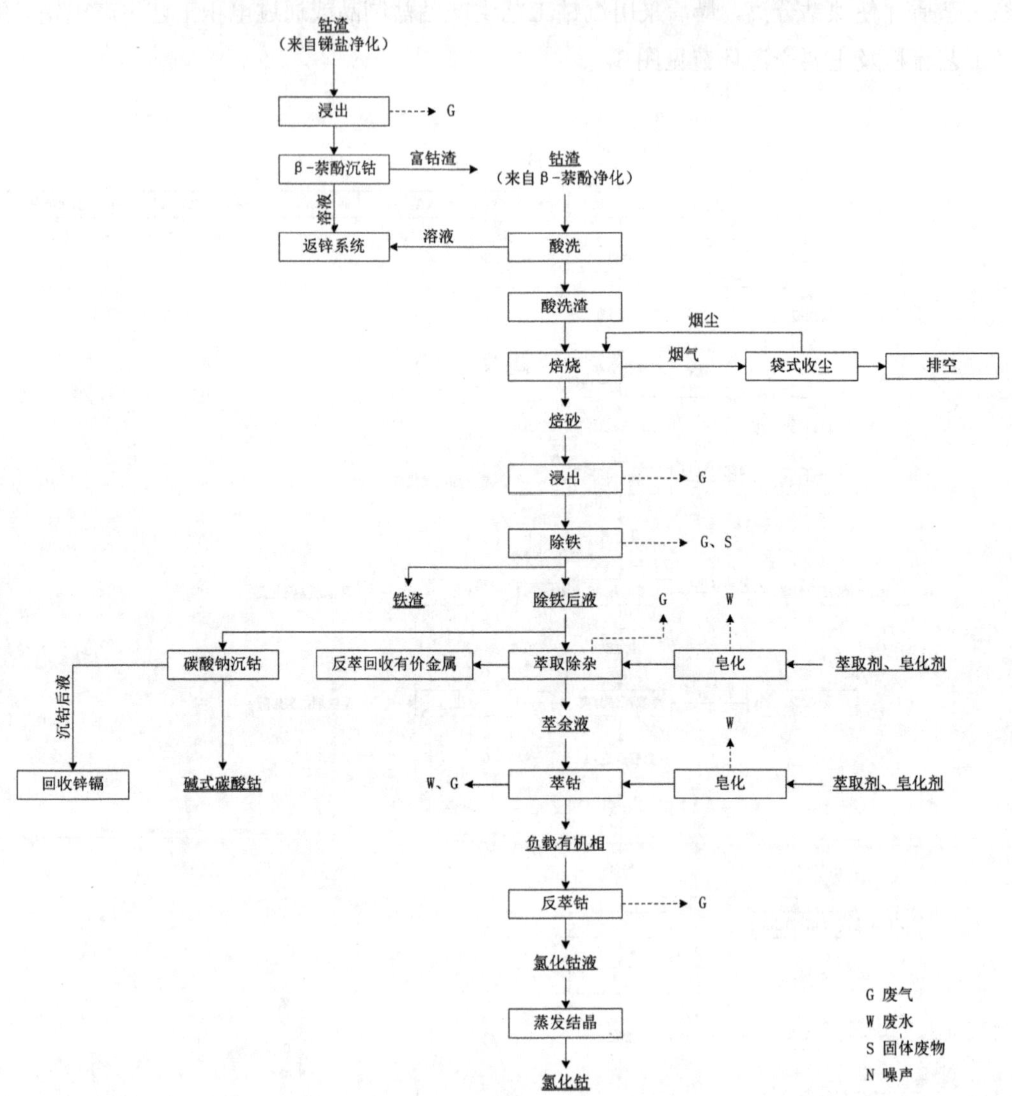

图4 从锌冶炼钴渣中回收钴工艺流程及产污环节（一）

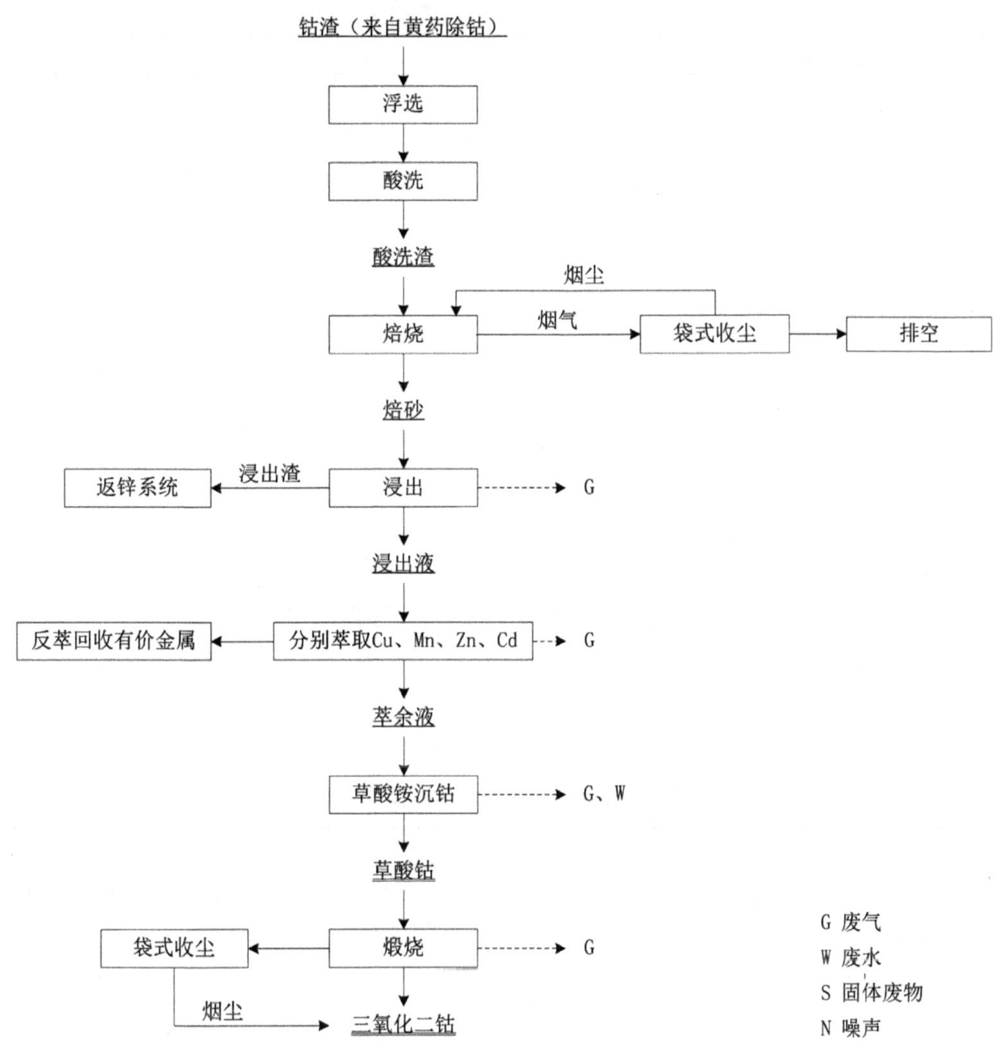

图 5　从锌冶炼钴渣中回收钴工艺流程及产污环节（二）

2.2　污染物排放

钴冶炼过程中产生的污染包括大气污染、水污染、固体废物污染和噪声污染，其中大气污染、水污染、固体废物污染是主要环境问题。

2.2.1　大气污染

铜钴矿熔炼产生含尘烟气；钴硫精矿焙烧产生含尘、二氧化硫烟气；浸出槽有酸雾逸出；除铁槽有少量氯气溢出；萃取槽有有机物气体、酸雾逸出；氯化钴电积阳极室产生大量酸雾、氯气；草酸钴煅烧产生二氧化碳及固体粉尘。

钴冶炼过程中主要大气污染物及来源见表 1。

表 1 钴冶炼大气污染物及来源

序号	废气来源	主要污染物	备注
1	铜钴矿熔炼电炉	颗粒物	废气经收尘后排放
2	钴硫精矿焙烧炉	SO_2、颗粒物	废气经收尘、制酸、脱硫后排放
3	锌冶炼钴渣焙烧炉	颗粒物	含重金属 Pb、Zn 等
4	制酸尾气	SO_2	脱硫后排放
5	浸出槽	酸雾	循环水吸收后返回工艺系统
6	除铁槽	酸雾、氯气	钠碱吸收生产次氯酸钠溶液
7	萃取槽	酸雾、有机废气	循环水吸收后返回工艺系统
8	电积槽	酸雾、氯气	钠碱吸收生产次氯酸钠溶液
9	草酸钴煅烧	颗粒物	袋式收尘返回工艺系统
10	氧化钴等包装	颗粒物	袋式收尘返回工艺系统

2.2.2 水污染

萃取剂皂化工段产生含钠废水，反萃产生废水，沉钴工序产生废水。

其他废水来源有二氧化硫烟气净化排出的污酸、酸性污水，硫酸场地初期雨水及生产厂区其他场地初期雨水，中心化验室排出的含酸废水、工业冷却循环水的排污水。

钴冶炼过程中主要水污染物及来源见表 2。

表 2 钴冶炼过程中水污染物及来源

废水种类	排水来源	主要污染物	备注
皂化后的水相	萃取剂皂化工段	含钠废水	去污水处理站
反萃产生废水	萃取除杂工段	Zn^{2+}、Cu^{2+}、Pb^{2+}、Cd^{2+}、Ni^{2+}、As^{3+}、Co^{2+}、COD、油	去污水处理站
沉钴后液	沉钴工序	Zn^{2+}、Cu^{2+}、Pb^{2+}、Cd^{2+}、Ni^{2+}、As^{3+}、Co^{2+}、NH_4^+	pH 8～8.5 去污水处理站或水处理厂房
污酸、污水	制酸系统污酸	污酸、Zn^{2+}、Cu^{2+}、Pb^{2+}、Cd^{2+}、Ni^{2+}、As^{3+}、Co^{2+}	进污酸处理站
	制酸系统酸性污水	酸性废水、Zn^{2+}、Cu^{2+}、Pb^{2+}、Cd^{2+}、Ni^{2+}、As^{3+}、Co^{2+}	进污水处理站
	硫酸场地初期雨水	酸性废水、Zn^{2+}、Cu^{2+}、Pb^{2+}、Cd^{2+}、Ni^{2+}、As^{3+}、Co^{2+}	进污水处理站
	生产厂区其他场地初期雨水	酸性废水、Zn^{2+}、Cu^{2+}、Pb^{2+}、Cd^{2+}、Ni^{2+}、As^{3+}、Co^{2+}	进污水处理站
设备冷却水排污水	设备冷却水循环系统	盐类	冷却后循环使用，少量排污水。可经废水深度处理后回用
浸出、净液、电积车间排水		Zn^{2+}、Cu^{2+}、Pb^{2+}、Cd^{2+}、Ni^{2+}、As^{3+}、Co^{2+}	去污水处理站

2.2.3 固体废物污染

钴冶炼固体废物包括浸出渣、铁矾渣、污水处理渣、脱硫副产物、电炉熔炼渣等，除电炉熔炼渣为一般固体废物外，其余固体废物属性需经鉴别，并根据其性质和类别确定处理处置方式。

2.2.4 噪声污染

处理铜钴原矿噪声主要来自球磨机，其他噪声源有各类风机、水泵等。钴冶炼主要噪声源及噪声声级见表 3。

表 3 钴冶炼主要噪声源及噪声声级

噪声源	噪声级/dB（A）	排放规律
球磨机	～85	连续式
风机	～85	连续式
水泵	～85	连续式
压缩空气	～95	连续式

3 钴冶炼污染防治技术

3.1 钴冶炼污染预防技术

3.1.1 流态化焙烧炉浆化进料技术

流态化焙烧炉浆化进料技术是改变传统的沸腾焙烧炉进料方式，将欲焙烧物料在搅拌槽内用水（或过程返液）配制成含水 25%～30%浓度的矿浆，用蠕动泵将其喷入焙烧炉内，用空气（或富氧）在确定温度下进行硫酸化焙烧，使钴、铜、锌等转变成可溶硫酸盐，使铁转变成难溶的氧化铁。

该技术简化了焙烧炉进料系统，减少了精矿干燥、物料输送等设备；浆化进料用泵代替抛料机，使加料均匀，易控；减少焙烧炉作业粉尘，劳动条件好；过程容易实现自动化。

该技术适用于含硫的金精矿、钴硫精矿等硫化精矿。

3.1.2 黄铁矾除铁技术

黄铁矾除铁技术是指在温度 85～95℃、pH 为 1.5～3.0 的条件下，溶液中一价正离子（如 K^+、Na^+、NH_4^+）和溶液中正三价铁离子（Fe^{3+}）形成黄铁矾沉淀，从而去除铁。

该技术沉淀性能好，过滤速度快，沉淀夹带有价金属少，沉淀含铁 30%～35%，与水解氢氧化铁相比渣量少，铁矾呈晶体结构，疏松、沙状，运输方便。

该技术适用于镍、钴、铜、锌等湿法冶炼除铁。

3.1.3 铜溶剂萃取技术

铜溶剂萃取技术是利用酮肟类萃取剂对铜具有很高的选择性，从高铁溶液中萃取铜，将铜与铁及其他金属离子分离。

该技术广泛应用于从浸出液中分离铜，为铜电积创造条件。

3.1.4 溶剂萃取技术

溶剂萃取技术是指利用有机溶剂从与其不相混溶的水相中将某种物质提取出来，以实现净化除杂或有价金属分离。根据工艺要求可选用 P204 从除铁后液中除去杂质，净化溶液；根据溶液中杂质含量控制反萃条件可生产锰盐、锌盐等产品。选取 P507 或 Cyanex272 从含钴镍溶液中萃取钴，实现钴、镍分离。

该技术有价离子的分离效果好，如 P507 分离镍、钴，产品 Co/Ni 比大于 1 000；属液-液过程，易自动化；试剂消耗少；有价金属回收率高。

该技术可广泛应用于镍钴、稀土、贵金属、化工等领域。

3.1.5 含硫酸铵母液处理技术

P507 萃余液、P204 皂化水和转皂后硫酸铵母液等含硫酸铵母液，经除油、离子交换除镍钴后送硫酸铵蒸发系统，采用四效蒸发流程，蒸发浓缩后的硫酸铵溶液输送至稠厚器，最后进入离心机进行分离和包装，母液返回蒸发系统。

3.1.6 含氯化铵母液处理技术

草酸钴、碳酸钴沉淀含铵尾液以及工艺洗水经过除油、调节 pH，进入斜板沉淀去除悬浮物，上清液进入超滤系统，超滤透过液经金属回收床吸附钴离子，透过液进入纳滤浓缩系统，透过纳滤的含铵溶液进入电渗析进一步浓缩，电渗析产出的浓液进入氯化铵蒸发系统，淡水回纳滤浓缩系统。

氯化铵浓溶液采用三效顺流蒸发流程，达到要求浓度后冷却结晶，浆液经离心机分离，产出氯化铵包装外售，母液返回蒸发系统。

3.1.7 氯气制酸技术

钴电积工序生成的高浓度湿氯气先经冷却、干燥，再经氯气压缩机升压至 0.15～0.30 兆帕后送入氯气缓冲罐。从氯气缓冲罐和氢气缓冲罐来的气体经管道阻火器风别进入三合一石墨盐酸炉，在炉内燃烧生成氯化氢气体，氯化氢气体冷却降温后用纯水吸收，生成高纯盐酸。吸收尾气采用氢氧化钠进一步吸收净化后排空。

3.1.8 氯气钠碱吸收技术

次氯酸钠除铁时生成的少量氯气、氯化钴电积末期阳极室生成的少量氯气、氯气制酸尾气采用钠碱吸收净化。一般采用三级吸收，第一级、第二级吸收装置采用湍冲塔，第三级采用填料塔。吸收液采用 15%氢氧化钠溶液，逆流补充吸收液（新吸收液直接补充至第三级塔，由三级塔循环泵向二级塔补液，二级塔循环泵向一级塔补液），一级塔循环液 pH 小于 11 时排液，生成次氯酸钠溶液作为产品出售。

由于一级塔氯气浓度最高，化学反应热大，在一级塔溶液循环系统中设板式热交换器，通过循环冷却水除去反应热，以维持系统对氯气的高效吸收。

3.1.9 污染源密闭技术

污染源密闭技术是通过在污染的源头设密闭罩将污染源密闭起来，防止污染的扩散。

该技术烟气控制效果好，从源头上防止了污染物的扩散。

该技术适用于物料储仓、物料卸料点、物料转运点、物料受料点、物料破碎筛分设备等扬尘点的密闭，冶金炉窑以及炉窑加料口、排出口、熔体包子房、流槽等产烟部位的密闭，湿法冶炼产生废气的各种槽、罐的密闭。

3.1.10 加湿防尘技术

加湿防尘技术是通过喷水或喷雾形式加湿物料抑尘。加湿点选在卸料、转运等物料有落差易扬尘的部位。加湿喷嘴采用雾化喷头，加湿水压力宜 0.4 兆帕以上。

该技术适用于对原料水分无严格要求的冶炼工艺备料工段的防尘以及渣选矿工艺备料工段的防尘。

3.2 钴冶炼污染治理技术

3.2.1 烟气收尘技术

3.2.1.1 电收尘技术

电收尘器是含尘气体在通过高压电场电离使粉尘荷电，在电场力的作用下粉尘沉积于电极上，从而使粉尘从含尘气体中分离出来的一种收尘设备。

电收尘器与其他收尘设备相比具有阻力小，耗能少，收尘效率高，适用范围广，处理烟气量大，自动化程度高，运行可靠等优点；但一次性投资大，结构较复杂，消耗钢材多，对制造、安装和维护管理水平要求较高；应用范围受粉尘比电阻的限制，适用于比电阻范围在 1×10^4～$4\times10^{12}\Omega\cdot cm$。

电收尘技术在钴冶炼厂主要用于焙烧烟气收尘、干燥烟气收尘。

3.2.1.2 袋式收尘技术

袋式除尘技术是利用纤维织物的过滤作用对含尘气体进行净化。

该技术除尘效率高，适用范围广。

该技术适用于钴冶炼企业焙烧烟气收尘、干燥烟气收尘和卫生通风烟气除尘。

3.2.1.3 旋风收尘技术

旋风收尘技术是利用离心力的作用，使烟尘从烟气中分离从而加以捕集。

该技术结构简单，造价低，操作管理方便，维修工作量小，但对处理烟气量的变化敏感。

该技术适用于10微米以上的粗粒烟尘除尘，可用于高温（低于450℃）、高含尘量（400～1 000克/米^3）的烟气。旋风收尘器一般只能作为初级收尘使用，以减轻后续收尘设备的负荷。

3.2.2 烟气制酸技术

3.2.2.1 绝热蒸发稀酸冷却烟气净化技术

绝热蒸发稀酸冷却烟气净化技术是使用稀酸喷淋含二氧化硫的烟气，利用绝热蒸发降温增湿及洗涤的作用使杂质从烟气中分离出来，从而达到除尘、除雾、吸收废气、调整烟气温度的目的。

该技术可提高循环酸浓度，减少废酸排放量，降低新水消耗。

该技术适用于钴硫精矿冶炼制酸烟气的湿式净化。

3.2.2.2 低位高效二氧化硫干燥和三氧化硫吸收技术

低位高效二氧化硫干燥和三氧化硫吸收技术是利用浓硫酸等干燥剂吸收二氧化硫中的水蒸气和三氧化硫，以净化和干燥制酸烟气。低位高效干吸工艺相对于传统工艺干燥塔和吸收塔操作气速高、填料高度低、喷淋密度大，减小了设备直径及高度，节省了设备投资。干燥塔、吸收塔、泵槽均低位配置，有利于降低泵的能耗。干燥塔采用丝网除沫器、吸收塔采用纤维除雾器，降低了尾气中的酸雾含量。

该技术适用于钴硫精矿冶炼制酸烟气的干燥和三氧化硫的吸收。

硫酸尾气从吸收塔（或最终吸收塔）排出，尾气二氧化硫浓度低于400毫克/米^3，硫酸雾浓度低于40毫克/米^3。

3.2.2.3 单接触+尾气脱硫技术

单接触技术是指二氧化硫烟气只经一次转化和一次吸收制酸，二氧化硫转化率相对较低，针对这一问题，配置尾气脱硫装置，与单接触技术联合使用。

该技术冶炼烟气中的二氧化硫大部分以硫酸的形式回收，少量再通过烟气脱硫装置以其他化工产品回收，二氧化硫转化率不低于99%。

该技术适用于二氧化硫浓度在3.5%～6%的烟气制取硫酸。

3.2.2.4 双接触技术

双接触技术是二氧化硫烟气先进行一次转化，转化生成的三氧化硫在吸收塔（中间吸收塔）被吸收生成硫酸，未转化的二氧化硫返回转化器再进行二次转化，二次转化后的三氧化硫在吸收塔（最终吸收塔）被吸收生成硫酸。通常采用四段转化，根据具体烟气条件可选择五段转化。

采用双接触技术，烟气中的二氧化硫以硫酸的形式回收，二氧化硫转化率不低于99.5%。

该技术适用于二氧化硫浓度在5%～14%的烟气制取硫酸。

3.2.2.5 烟气制酸中温位、低温位余热回收技术

二氧化硫转化和三氧化硫吸收均为放热反应，转化产生的热为中温位热，干吸产生的热为低温位热。

转化实现系统自身热平衡外，余热可通过锅炉、省煤器或其他换热设备生产中低压蒸汽或热空气，供生产、采暖通风、卫生热水或余热发电使用。干吸低温位热以低压蒸汽或其他形式回收。

采用余热回收技术后可使中温位、低温位热利用率由42%左右提高至90%以上。

该技术适用于钴冶炼烟气制酸工艺。

3.2.3 烟气脱硫技术

3.2.3.1 氨法脱硫技术

氨法脱硫技术是利用（废）氨水、氨液作为吸收剂吸收去除烟气中的二氧化硫。根据过程和副产物不同，氨法可分为氨—酸法、氨—亚硫酸铵法等。

氨法脱硫效率可达95%以上，当烟气二氧化硫含硫量在3 000毫克/米^{3}以下时，二氧化硫排放浓度可控制在150毫克/米^{3}以下。

氨法脱硫工艺简单，占地小，在脱除二氧化硫同时具有部分脱硝功能，但氨法脱硫存在氨逃逸问题，同时有含氯离子酸性废水排放，造成二次污染。

该技术适用于低浓度二氧化硫烟气的脱硫，尤其适用于液氨供应充足，且副产物有一定需求的冶炼企业。

3.2.3.2 石灰/石灰石—石膏法脱硫技术

石灰/石灰石—石膏法脱硫技术是用石灰或石灰石母液吸收烟气中的二氧化硫，副产石膏的烟气脱硫技术。

该技术脱硫效率大于95%，当烟气二氧化硫含硫量在3 000毫克/米^{3}以下时，二氧化硫排放浓度可低于150毫克/米^3。

该技术适应性较强，在满足钴冶炼企业低浓度二氧化硫治理的同时，还可以部分去除烟气中的三氧化硫、重金属离子、氟离子、氯离子等；但该技术占地大、吸收剂运输量较大、运输成本较高、副产物脱硫石膏处置困难。

该技术不适用于脱硫剂资源短缺、场地有限的冶炼企业。

3.2.3.3 钠碱法脱硫技术

钠碱法脱硫技术是采用碳酸钠或氢氧化钠作为吸收剂，吸收烟气中二氧化硫，得到亚硫酸钠作为产品出售。

该技术工艺流程简洁，占地面积小，脱硫效率高，吸收剂消耗量少，副产物有一定的回收价值，但运行成本较高。

该技术适用于氢氧化钠或碳酸钠来源较充足的地区。

3.2.3.4 金属氧化物吸收脱硫技术

金属氧化物吸收脱硫技术利用部分金属氧化物如氧化镁、氧化锌等对二氧化硫具有较好吸收能力的原理，将氧化物制成浆液洗涤气体，对含二氧化硫废气进行吸收处理。通常，此技术可以有效地同冶金工艺相结合，处理低浓度的二氧化硫废气。国内已有工业装置的有氧化锌法、氧化镁法和氧化锰法。

该技术脱硫效率大于90%，且运行成本较低，脱硫副产物可与冶炼工艺相结合，但存在管道及阀门堵塞问题，影响系统稳定运行。

该技术适用于金属氧化物易得或金属氧化物为副产物的冶炼厂烟气脱硫。

3.2.3.5 有机溶液循环吸收脱硫技术

有机溶液循环吸收脱硫技术是采用以离子液体或有机胺类为主，添加少量活化剂、抗氧化剂和缓蚀剂组成的水溶液吸收剂，吸收尾气中二氧化硫。该吸收剂对二氧化硫气体具有良好的吸收和解析能力，在低温下吸收二氧化硫，高温下将吸收剂中二氧化硫解析出来，从而脱除和回收烟气中二氧化硫，该技术可得到纯度为99%以上的二氧化硫气体送制酸工艺。

该技术不需要运输大量的吸收剂，流程简洁，自动化程度高，副产高浓度二氧化硫。但该技术一次性投资大，再生蒸汽能耗较高，运行维护成本低。

该技术适用于厂内低压蒸汽易得，烟气二氧化硫浓度较高、波动较大，副产物二氧化硫可回收利用的冶炼企业。

3.2.3.6 活性焦吸附法脱硫技术

活性焦吸附脱硫技术是活性焦通过物理吸附和化学吸附作用吸附二氧化硫。

该技术脱硫效率大于95%，具有工艺流程简单，且兼具脱尘、脱硝、除汞等功能，活性焦廉价易得，再生过程中副反应少。吸附容量有限，需要在低气速（0.3～1.2 米/秒）下运行，因而吸附体积较大。化学再生和物理循环过程中活性焦会气化变脆、破碎及磨损而粉化，并因微孔堵塞丧失活性。

该技术适用于厂内蒸汽供应充足，场地宽裕，副产物二氧化硫可回收利用的冶炼企业。

3.2.4 其他废气治理技术

3.2.4.1 填料吸收塔废气吸收技术

填料吸收塔废气吸收技术是利用酸的溶解特性，使含酸气体充分与水接触，溶于水中，得以净化。当进塔酸雾浓度低于 600 毫克/米^3 时，净化效率可达 80%～99%。

该技术设备构造简单，运行管理方便。

该技术适用于硫酸雾、盐酸雾以及其他水溶性气体的吸收处理。吸收液有水和碱液两种，由被吸收有害物质的成分确定。采用空塔喷淋时可作为废气处理的预处理工序。

3.2.4.2 动力波湍冲废气吸收技术

动力波湍冲废气吸收技术是利用吸收液与废气相互碰撞、扩散，在固定区域内形成一段稳定的湍冲区，气液之间达到充分的传质、传热，酸性废气与碱性吸收液在湍冲区进行中和反应，脱除酸性废气。

该技术净化效率大于 99%，设备具有占地面积小，运行维护费用低，易安装等特点。排气量可在 50%～100%变化，而不降低吸收效率。洗涤循环液浓度可比传统流程的循环液浓度高，而不影响动力波湍冲洗涤塔的正常运行。

该技术适用于氯气、氮氧化物等废气的吸收处理。

3.2.5 污酸处理技术

3.2.5.1 硫化法+石灰石/石灰中和法污酸处理技术

硫化法+石灰石/石灰中和法污酸处理技术是向污酸中投加硫化剂，使污酸中的重金属离子与硫反应生成难溶的金属硫化物沉淀去除。硫化反应后向废水中投加石灰石或石灰中和硫酸，生成硫酸钙沉淀（$CaSO_4·2H_2O$）去除。出水与其他废水合并后进污水处理站做进一步处理。常用的硫化剂有硫化钠（Na_2S）、硫化氢（H_2S）、硫化亚铁（FeS）。去除率 Cu 96%～98%、Co 90%～92%、As 96%～98%。

该技术主要去除镉、砷、锑、铜、锌、汞、银、镍等，可用于含砷、铜离子浓度较高的废水，具有渣量少、易脱水、沉渣金属品位高的特点，有利于有价金属的回收。

该技术适用于钴冶炼烟气制酸过程中污酸的处理。

3.2.5.2 石灰+铁盐法污酸处理技术

石灰+铁盐法是向污酸中加入石灰乳进行中和反应，经固液分离、污泥脱水后产生石膏。进一步向废水中加入双氧水、液碱及铁盐，发生氧化沉砷反应，经固液分离、污泥脱水后产生砷渣。出水与其他废水合并后送污水处理站进一步处理。

该技术脱砷率大于 98%，降低了含砷较高的渣的产量，有利于砷的集中综合回收。该技术适用于钴冶炼含砷离子浓度较高废水的处理。

3.2.6 酸性废水治理技术

3.2.6.1 石灰中和法

石灰中和法是向重金属废水中投加石灰乳[$Ca(OH)_2$]，使重金属离子与氢氧根反应，生成难溶的金属氢氧化物沉淀，并进行分离。对于含有多种重金属离子的废水，可以采用一次中和沉淀，也可以采用分段中和沉淀的方法。一次中和沉淀是一次投加碱，提高 pH，使各种金属离子共同沉淀。分段中和是根据不同金属氢氧化物在不同 pH 下沉淀的特性，分段投加碱，控制不同的 pH，使各种重金属分别沉淀，有利于分别回收不同金属。

该技术流程短具有处理效果好、操作管理简单、处理成本低廉、便于回收有价金属的特点。各种金属离子的去除率分别可达：Cu 98%～99%、Co 90%～92%、As 98%～99%，其他重金属离子 98%～99%，氟去除率达 80%～99%。

该技术适用于含铁、铜、锌、铅、镉、钴、砷废水的处理，该技术不适用于汞的脱除。

3.2.6.2　石灰—铁盐（铝盐）法

石灰—铁盐法是向废水中加石灰乳［$Ca(OH)_2$］，并投加铁盐，如废水中含有氟时，需投加铝盐。将 pH 调整至 9～11，去除污水中的 As、F、Cu、Fe 等重金属离子。铁盐通常采用硫酸亚铁、三氯化铁和铁盐，铝盐通常采用硫酸铝、氯化铝。

该技术除砷效果好，工艺流程简单，设备少，操作方便，可去除钒、铬、锰、铁、钴、镍、铜、锌、镉、锡、汞、铅、铋等，可以使除汞之外的所有重金属离子共沉，但砷渣过滤困难。各种金属离子去除率分别为：Cu 98%～99%、Co 90%～92%、As 98%～99%，其他重金属离子 98%～99%，氟去除率 80%～99%。

该技术适用于含砷、含氟废水的处理。

3.2.6.3　碱液中和+铁铝复合混凝剂法

碱液中和+铁铝复合混凝剂法处理技术是向废水中同时投加氢氧化钠和铁、铝复合混凝剂，使废水中镍、铜、钴等有价金属与氢氧化钠和铁、铝复合混凝剂充分反应，生成难溶的金属氢氧化物沉淀物，再进行固液分离，处理后的水达标排放或做进一步处理，分离出的金属氢氧化物沉淀物经过浓缩、脱水处理后综合回收有价金属。

该方法具有渣量少，易脱水，沉渣金属品位高，有利于镍、铜、钴等有价金属的回收。

该技术适用于镍、钴湿法精炼工段废水的处理。

3.2.7　废水治理技术

3.2.7.1　净化+膜法废水深度处理技术

净化+膜法废水深度处理技术是为提高水的重复利用率，对一般生产废水进行深度处理，使处理后水质达到工业循环水的标准，回用于循环水系统的补充水。除盐产生的浓盐水回用于冲渣等，不外排。

膜分离技术是利用高压泵在浓溶液侧施加高于自然渗透压的操作压力，逆转水分子自然渗透的方向，迫使浓溶液中的水分子部分通过半透膜成为稀溶液侧净化水的过程。其工艺过程包括盘式过滤或精密过滤、微滤或超滤、反渗透等。

反渗透系统产生的淡水回用于生产线，浓水可独立处理后排放，也可将浓水排入废水调节池进一步处理。该技术工艺流程短，减少占地面积。全过程均属物理法，不发生相变。

该技术脱盐率达到 75%，出水悬浮物（SS）浓度低于 5 毫克/升。

该技术适用于钴冶炼企业污水处理站废水的处理。

3.2.7.2 废水除油技术

含油废水先经隔油池回收浮油，再进行第二步油水分离，常用的方法有活性炭吸附法及粗粒化油水分离法等。

废水除油可使用融合多种除油技术，集污水的预处理、油水分离和油的回收于一体的高效油水分离装置，出水含油低于 5 毫克/升。

该技术适用于萃余液、反萃废水等含油废水的处理。

3.2.8 固体废物综合利用及处理处置技术

3.2.8.1 石膏渣、脱硫石膏渣综合利用技术

污酸处理产生的石膏渣、脱硫石膏渣经鉴别为一般工业固体废物的可作为生产水泥的添加剂。

3.2.8.2 加压氧化浸出法处理硫化砷渣技术

加压氧化浸出技术是将硫化砷渣在高温富氧条件下加压浸出，绝大部分砷、铜离子进入溶液中，其中砷以五价形态存在，根据砷酸与硫酸铜溶解度的差异，浸出液首先冷却结晶出硫酸铜，结晶后液在搅拌槽内通入二氧化硫搅拌还原，五价砷被还原为三价，二次结晶、酸洗、干燥后得到精制三氧化二砷作为商品出售。

处理每吨砷渣电量消耗 840 千瓦时，二氧化硫消耗不大于 750 千克。浸出渣含砷量小于 1%，排放酸雾浓度低于 2 毫克/米^3。

该技术可同时回收砷、铜、铋、铼、硫等多种产品。

该技术适用于硫化砷渣的综合回收利用。

3.2.9 噪声治理技术

钴冶炼生产过程噪声源较多，噪声类型也不尽相同，应针对具体情况，主要从声源、传播途径和接受点 3 个环节进行治理。其中根治噪声源，指在满足工艺设计的前提下，尽可能选用低噪声设备，采用发声小的装置；传播途径上控制噪声，指在设计中，着重从消声、隔声、隔振、减振及吸声上进行考虑，结合合理布置厂内设施，采取绿化等措施，可降低噪声 35 分贝（A）左右，使噪声得到综合性治理。

3.3 污染治理新技术

3.3.1 烟气收尘新技术

3.3.1.1 电袋复合式收尘器技术

电袋复合式收尘器技术是将电收尘器与袋式收尘器有机地融为一体，电收尘器与袋式收尘器的优点互相补充，使收尘设备的尺寸减少。对电收尘器而言，粉尘比电阻不再是决定的因素；对袋式收尘器而言，可以实现高气布比下的超高收尘效率，也解决了袋滤室内粉尘再飞散的问题。本技术中袋式收尘器的过滤风速可达 3 米/秒，收尘效率可以

达到 99.99%以上。

3.3.1.2 移动电极型电收尘器技术

移动电极型电收尘器与普通的固定电极型电收尘器的主要区别是收尘电极是移动的。由于是靠旋转刷剥离粉尘，移动电极最突出的特点是粉尘的二次飞扬显著减少，收尘效率提高。同时，移动电极几乎不黏附粉尘，粉尘剥离比较彻底，并有效防止发生反电晕，也可收集高比电阻粉尘。其排放浓度可低于 50 毫克/米^3。

3.3.1.3 高频电源技术

高频电源技术具有重量轻、体积小、收尘效率高、对电网无干扰、节能等优点，成为可替代传统可控硅调压整流装置的电源。高频电源更适合高含尘的烟气，可有效避免电晕闭锁现象的发生。也可采取脉冲供电的方式，用于高比电阻粉尘收集。

3.3.1.4 高温型袋式收尘技术

采用耐高温不锈钢纤维作为过滤材料，能直接处理 280～450℃的高温含尘烟气。过滤材料的物理、化学稳定性好，对所处理的烟气性质要求不严，因此滤袋使用寿命长、适用范围广。过滤速度高，可以在 1～8 米/秒内选取，常用过滤速度可以达到常规袋式除尘器的 4～5 倍。设备性能优良，适用性强。采用超声波吹灰器作为清灰装置，实现了在高温工况下对除尘设备的清灰，而且吹灰器能稳定、连续地运行。采用离线清灰的方式，可实现除尘模块离线抢修。

3.3.1.5 褶式滤筒收尘技术

褶式滤筒收尘器是一种采用细纱仿黏聚酯长纤维滤料做成的一体化滤筒元件进行过滤的新型收尘器，滤料表面覆 PTFE（聚四氟乙烯）膜，实现了表面过滤，效率高达 99.99%以上，烟尘排放浓度可低于 20 毫克/米^3。因滤筒的特殊结构（滤料为褶皱式），同袋式收尘器相比，滤筒的过滤面积比同尺寸的滤袋增加了数倍。滤筒坚固不易变形，保证了滤料的使用寿命和收尘器的过滤效果。

3.3.2 脱硫新技术

3.3.2.1 等离子体烟气脱硫脱硝技术

等离子体烟气脱硫脱硝技术采用烟气中高压脉冲电晕放电产生的高能活性离子，将烟气中的二氧化硫和氮氧化物氧化为高价的硫氧化物和氮氧化物，最终与水蒸气和注入反应器的氨反应生成硫酸铵和硝酸铵。等离子体烟气脱硫脱硝的特点是工程投资及运行费用低，能同时脱硫脱硝，产物可以作为肥料，无二次污染。

3.3.2.2 生物脱硫技术

生物脱硫是在常温常压下利用需氧、厌氧菌的生物特性，将烟气中的二氧化硫以单质硫的形式分离回收。生物脱硫的运行成本比传统脱硫方式运行费用低 30%以上。

3.3.3 污酸、废水处理新技术

3.3.3.1 污酸蒸发浓缩回收技术

污酸蒸发浓缩回收技术是加热污酸，使其蒸发浓缩，生产浓硫酸。

该技术较传统的石灰石—石膏法处理废硫酸，可减少大量低质量石膏的产生，避免了二次污染，回收有用资源。

该技术适用于任何烟气制酸装置。

3.3.3.2 电絮凝法处理重金属废水

电絮凝法是以铝、铁等金属为阳极，以石墨或其他材料为阴极，在电流作用下，铝、铁等金属离子进入水中与水电解产生的氢氧根形成氢氧化物，氢氧化物絮凝将重金属吸附，生成絮状物，从而使水得到净化。

该技术具有结构紧凑，占地面积小，不需要使用药剂，维护操作方便，自动化程度高等优点。但该技术电源性能有待改善，目前只适用于处理中低浓度重金属废水，产生的二次固体废物较多，易造成二次污染。

3.3.3.3 微生物法处理重金属废水

微生物处理法是利用细菌、真菌（酵母）、藻类等生物材料及其生命代谢活动去除或积累废水中的重金属，并通过一定的方法使重金属离子从微生物体内释放出来，从而降低废水中重金属离子的浓度。微生物法处理重金属废水主要通过吸附作用及沉淀作用。微生物法处理重金属废水与传统的物理化学方法相比有以下优点：运行费用低，生成的化学或生物污泥量少；去除极低浓度重金属离子的效率高；操作 pH 及温度范围宽（pH 3～9，温度 4～90℃）；高吸附率，高选择性。技术研发重点集中在菌种的分离提取、基因工程菌的构造、混合菌的培养，以及优势菌的筛选、培养、驯化等方面。

4 钴冶炼污染防治可行技术

4.1 钴冶炼污染防治可行技术概述

按整体性原则，从设计时段的源头污染预防到生产时段的污染防治，依据生产工序的产污节点和技术经济适宜性，确定可行技术组合。

钴冶炼污染防治可行技术组合见图 6～图 10。

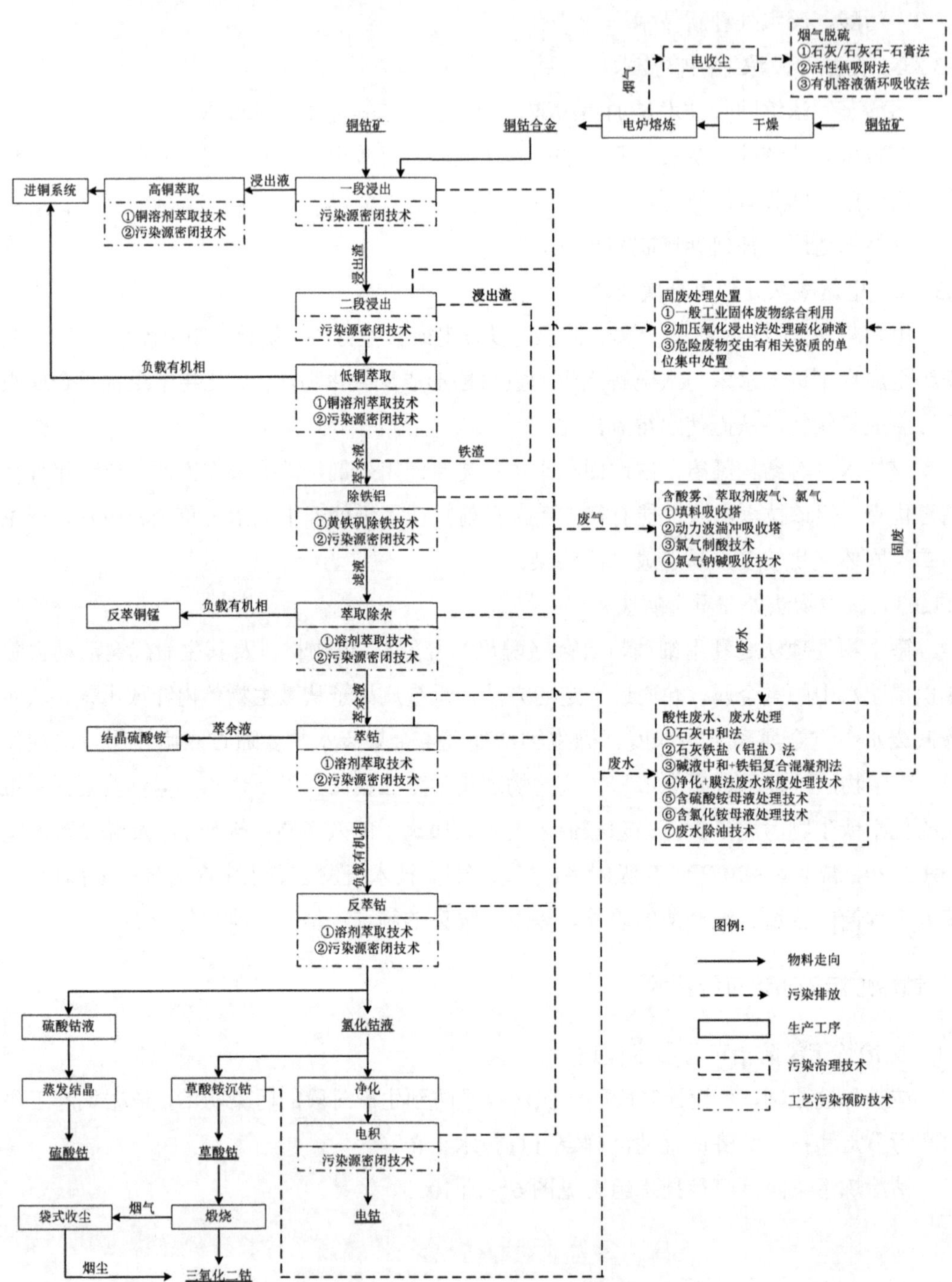

图6 从铜钴矿中提取钴污染防治可行技术组合

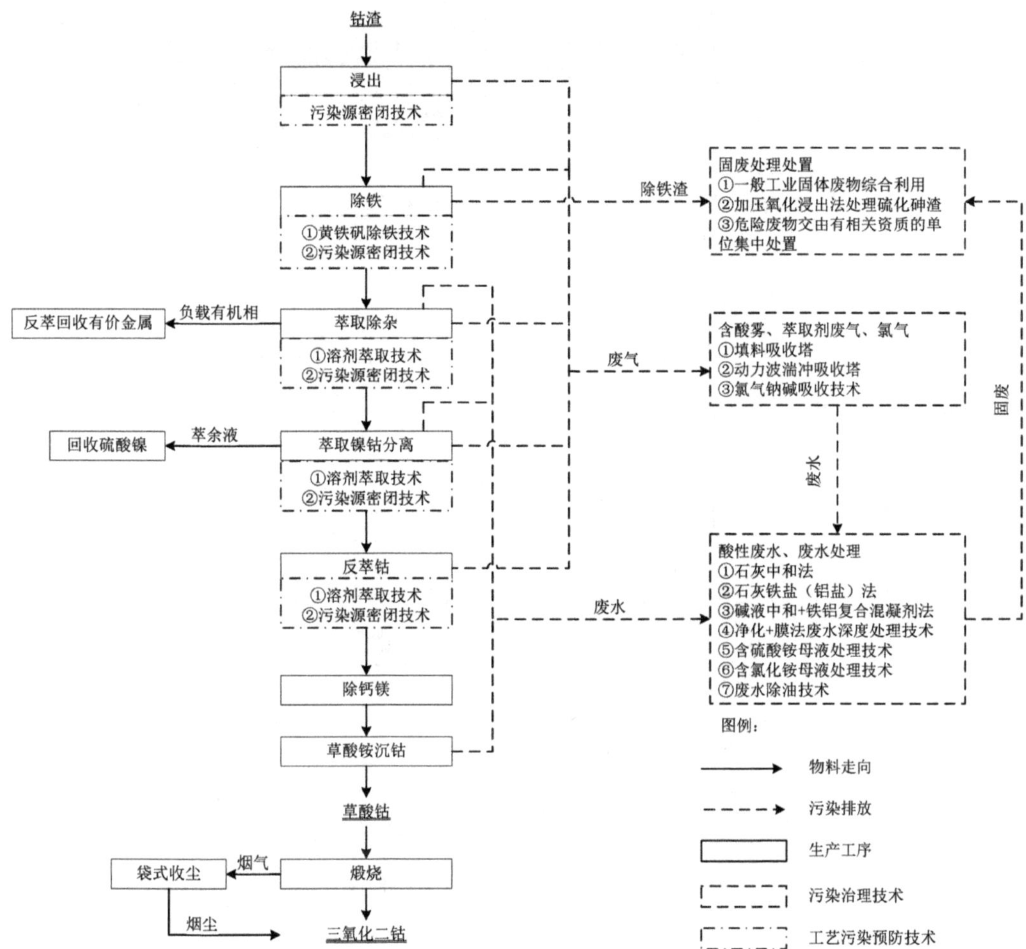

图 7 从镍冶炼钴渣中回收钴污染防治可行技术组合

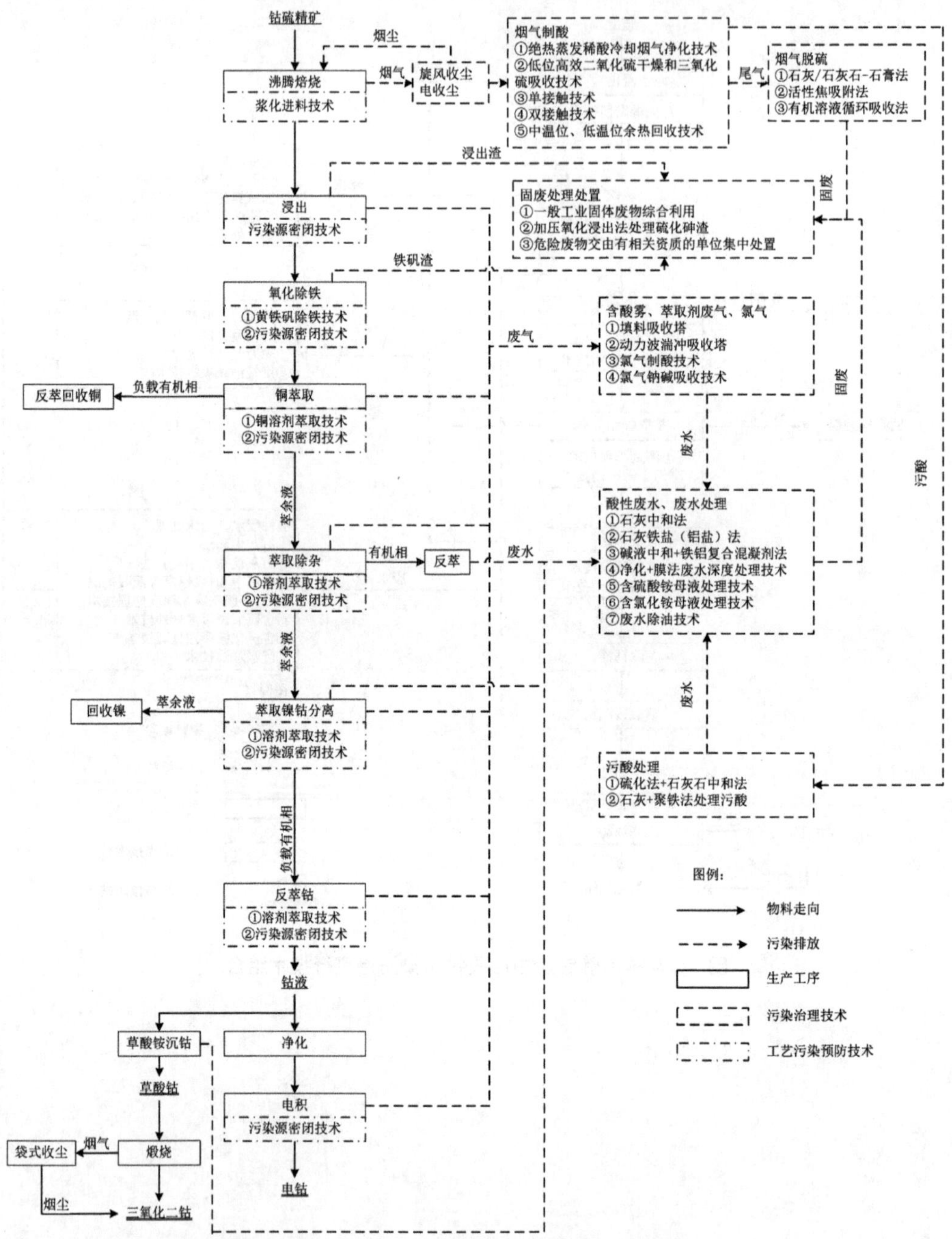

图 8　从钴硫精矿中提取钴污染防治可行技术组合

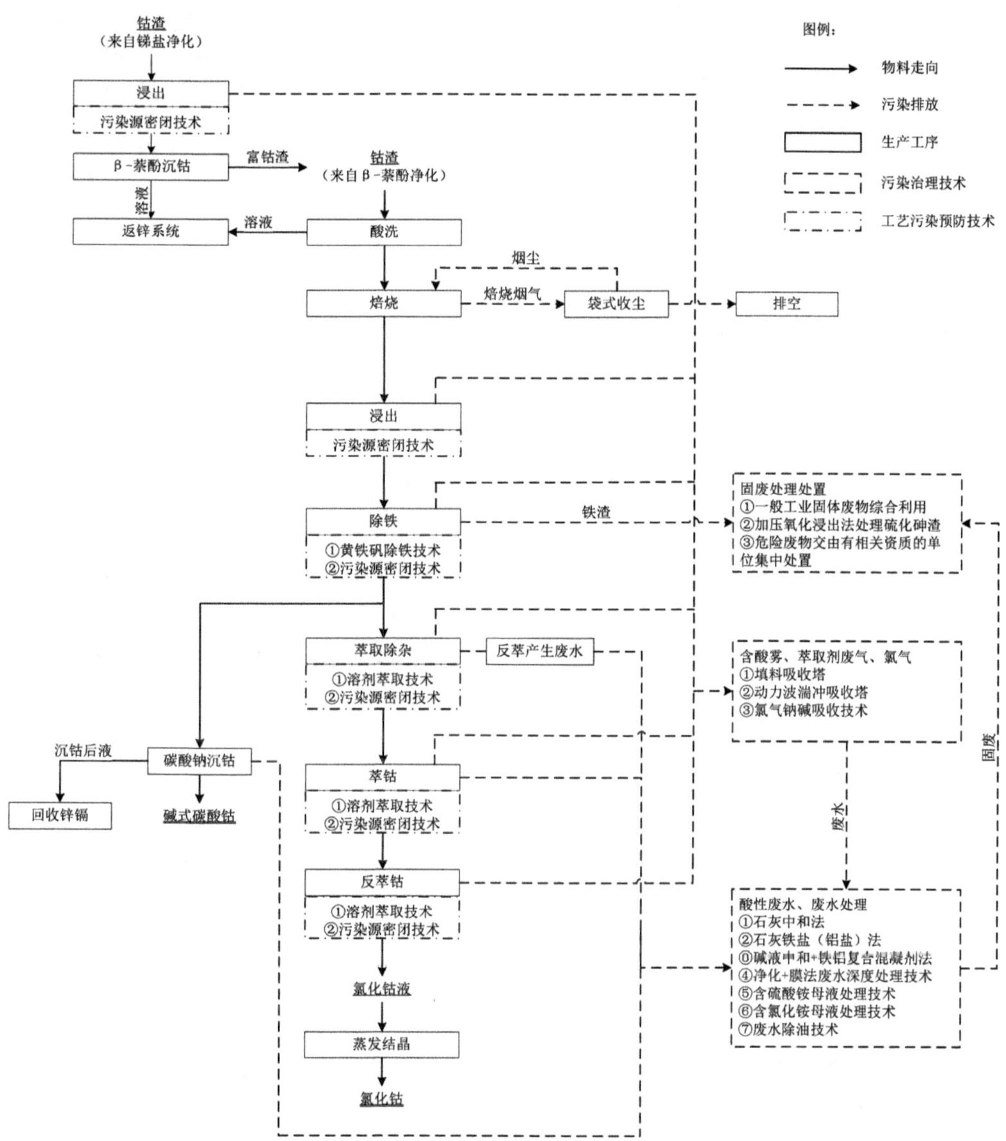

图9　从锌冶炼钴渣中回收钴污染防治可行技术组合（一）

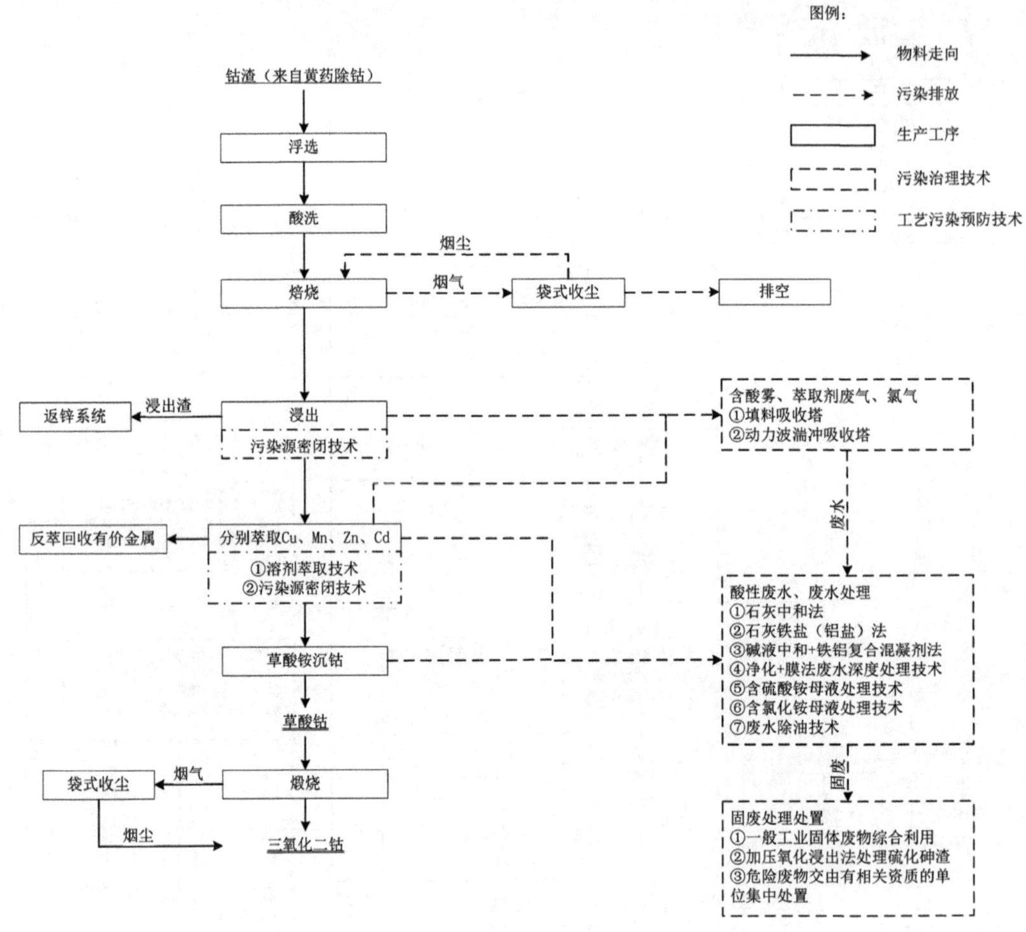

图 10 从锌冶炼钴渣中回收钴污染防治可行技术组合（二）

4.2 钴冶炼污染预防可行技术

钴冶炼污染预防可行技术见表 4。

表 4 钴冶炼污染预防可行技术

可行技术	主要技术指标	适用性
流态化焙烧炉浆化进料技术	矿浆浓度 25%～30%，脱砷率 80%～90%，烟尘率 55%～70%	钴硫精矿的焙烧上料
黄铁矾除铁技术	操作温度 85～95℃，pH1.5～3	浸出液除铁工序
铜溶剂萃取技术		浸出液回收铜
溶剂萃取技术	镍、钴回收率 98.5%～99%	除铁后液净化除杂及镍钴分离工序
含硫酸铵母液处理技术	生产满足国家标准的硫酸铵产品，无废水排放	P507 萃余液、P204 皂化水和转皂后硫酸铵母液等含硫酸铵母液

可行技术	主要技术指标	适用性
含氯化铵母液处理技术	生产满足国家标准的氯化铵产品，无废水排放	草酸钴、碳酸钴沉淀含铵尾液以及草酸钴、碳酸钴洗水的处理
氯气制酸技术	盐酸合成吸收效率 99.9%	钴电积工序副产品氯气的处理
氯气钠碱吸收技术	尾气净化效率 99.9%	次氯酸钠除铁时生成的少量氯气、氯化钴电积末期阳极室生成的少量氯气、氯气制酸尾气的净化
污染源密闭技术		焙烧、浸出、萃取、电积工序污染源的密闭

4.3　烟气收尘可行技术

4.3.1　电收尘技术

4.3.1.1　可行工艺参数

电收尘器计算参数的选择，应符合表 5 的规定。当电收尘器入口含尘量大于 50 克/米^{3}时，应采取相应的措施，如采用预收尘设备、五电场电收尘器、高频电源供电等。

表 5　电收尘器计算参数

参数名称	参数指标
烟尘粒度	≥0.1 μm
烟气过滤速度	0.2～1.0 m/s
设备阻力	≤400 Pa
允许操作温度	≤400℃（且高于露点温度 30℃）
允许烟气含尘量	50 g/m^3
烟尘比电阻	1×10^4～4×10^{12}Ω·cm
驱进速度	2～10 cm/s
同极距	400～600 mm

4.3.1.2　污染物消减及排放

电除尘器除尘效率为 99.0～99.8%，烟尘排放浓度低于 50 毫克/米^3。由于电收尘不是烟气处理的最末端，后续处理有烟气制酸及烟气脱硫，因此对电收尘器后粉尘浓度的控制应结合技术及经济因素综合考虑。一般送硫酸厂烟气粉尘浓度控制在 500 毫克/米^{3}以下。

4.3.1.3　二次污染及防治措施

电收尘器卸灰过程中可能造成二次扬尘。防治措施包括密闭运输，如采用埋刮板、斗式提升机、螺旋输送机等密闭运输设备；采用密闭罐车运输；采用气力输灰系统。

4.3.1.4　技术经济适用性

该技术一次性投资大，运行和维护成本低，主要用于干燥窑、焙烧窑烟气收尘。

4.3.2　袋式收尘技术

4.3.2.1　可行工艺参数

袋式收尘器技术参数的选择应符合表 6 的规定。

表 6　袋式收尘器技术参数

参数名称	参数指标
烟尘粒度	≥0.1 μm
烟气过滤速度	0.2～1.0 m/min
设备阻力	1 200～2 000 Pa
允许操作温度	≤250℃
允许烟气含尘量	50 g/m^3

袋式收尘器滤料的选择应考虑烟气的性质及烟气温度的波动。各种滤料操作温度应符合表 7 的规定。

表 7　各种滤料允许操作温度

滤料名称	允许最高操作温度/℃
毛呢、柞蚕丝	100
涤纶 208	120
诺梅克斯和美塔斯（MATAMEX）	220
玻璃纤维	250
聚四氟乙烯（PTFE）	250
聚苯硫醚（PPS）	190
聚酰亚胺（P84）	250
氟美斯（FMS）	260

当用于精矿干燥收尘时，由于烟气温度低且含水分高，应采用抗结露覆膜滤料，并在收尘器壳体采用保温加热措施，清灰方式采用脉冲清灰。

4.3.2.2　污染物消减及排放

袋式除尘器的除尘总效率大于 99.5%，最高可达 99.99%。烟尘排放浓度可低于 20 毫克/米^3。

4.3.2.3　二次污染及防治措施

袋式收尘器卸灰过程中可能造成二次扬尘。防治措施包括密闭运输，如采用埋刮板、斗式提升机、螺旋输送机等密闭运输设备；采用密闭罐车运输；采用气力输灰系统。

4.3.2.4 技术经济适用性

袋式收尘器初投资较低，费用差异取决于滤袋材质的不同。运行费用高，主要来自更换滤袋的费用及风机电耗。适用于精矿干燥烟气收尘、焙烧窑烟气收尘、环保通风除尘。

4.3.3 旋风收尘技术

4.3.3.1 可行工艺参数

旋风收尘器技术参数的选择应符合表 8 的规定。

表 8 旋风收尘器技术参数

参数名称	参数指标
烟尘粒径	≥10 μm
入口烟气流速	12～25 m/s
筒体断面流速	3～5 m/s
阻力	800～1 500 Pa
允许操作温度	≤450℃
允许烟气含尘量	400～1 000 g/m³

4.3.3.2 污染物消减及排放

除尘效率 70%～90%。

4.3.3.3 二次污染及防治措施

旋风收尘器卸灰过程中可能造成二次扬尘。防治措施包括密闭运输，如采用埋刮板、斗式提升机、螺旋输送机等密闭运输设备；采用密闭罐车运输；采用气力输灰系统。

4.3.3.4 技术经济适用性

旋风收尘器作为预收尘器使用，以减轻后续收尘设备的负荷。

4.3.4 烟气收尘主要技术指标

烟气收尘主要技术指标见表 9。

表 9 烟气收尘流程及技术指标

熔炼炉名称	流程	系统总收尘效率/%	系统总漏风率/%	电收尘器（或袋式收尘器）操作温度/℃	可行工艺参数	系统二噁英净化效率/%
铜钴矿熔炼电炉	烟气表面冷却→袋式收尘器→风机→放空	≥99.5	≤15	低于滤料允许操作温度 30℃且高于露点温度 30℃		
钴硫精矿流化态焙烧炉	余热锅炉→旋风收尘器→电收尘器→风机→制酸	≥99.9	≤20 不含锅炉	≤400 露点以上 30℃	过滤风速 0.2～1.0 m/s 4～5 电场	

熔炼炉名称	流程	系统总收尘效率/%	系统总漏风率/%	电收尘器（或袋式收尘器）操作温度/℃	可行工艺参数	系统二噁英净化效率/%
锌系统回收钴渣焙烧窑	→袋式收尘器→风机→放空	≥99.5	≤15	低于滤料允许操作温度及露点以上 30℃		≥95

4.4 烟气制酸可行技术

烟气制酸可行技术及主要技术指标见表 10。

表 10 烟气制酸可行技术及主要技术指标

所在工段	最佳可行技术	最佳可行工艺参数	污染物消减及排放	技术适用性
烟气净化	绝热蒸发稀酸冷却烟气净化技术	一级洗涤进口烟气温度 250～280℃ 一级洗涤出口烟气温度 55～65℃ 电除雾器进口烟气温度约 42～52℃ 出电除雾器酸雾含量＜5 mg/m^3 出电除雾器尘含量＜2 mg/m^3 出电除雾器砷、氯含量＜1 mg/m^3 出电除雾器氟含量＜0.5 mg/m^3	烟气净化外排压滤渣和废酸。采用绝热蒸发稀酸冷却烟气净化技术，提高了循环酸浓度，减少了废酸排放量，降低了新水消耗	钴硫精矿焙烧烟气的湿式净化
干燥吸收	低位高效二氧化硫干燥和三氧化硫吸收技术	出干燥塔烟气水分≤100 mg/m^3 干燥塔循环酸浓度 93%～95% 干燥塔出塔酸温＜65℃ 吸收塔循环酸浓度 98.2%～98.8% 吸收塔循环酸温度 45～75℃ 吸收塔进塔气温 130～180℃	尾气酸雾含量≤40 mg/m^3 尾气 SO_2 含量≤400 mg/m^3 SO_3 吸收效率≥99.99%	适用于钴硫精矿焙烧烟气二氧化硫干燥和三氧化硫吸收
转化	单接触+尾气脱硫技术	因单接触技术 SO_2 转化率较低，尾气须经脱硫处理	SO_2 转化率≥95%	SO_2 浓度 3.5%～6%的烟气制取硫酸
	双接触技术	尾气可经脱硫装置处理	SO_2 总转化率≥99.5%	SO_2 浓度 6%～14%的烟气制取硫酸
转化、吸收工段	中温位、低温位余热回收技术		余热利用率可提高到 90%以上	冶炼烟气制酸系统

4.5 烟气脱硫可行技术

4.5.1 石灰/石灰石—石膏法烟气脱硫技术

4.5.1.1 可行工艺参数

选择活性好且碳酸钙（$CaCO_3$）含量大于 90%的脱硫剂；石灰石粉的细度保证-250

目占 90%。当 Ca/S 摩尔比为 1.02～1.05、循环浆液 pH 为 5.0～6.0 时，脱硫效率应大于 95%；脱硫石膏纯度应大于 90%，脱硫系统阻力应小于 2 500 帕。

4.5.1.2 污染物削减及排放

当烟气二氧化硫含量为 1 000～3 500 毫克/米^3 时，二氧化硫排放浓度应低于 200 毫克/米^3，脱硫效率大于 95%。

4.5.1.3 二次污染及防治措施

脱硫废水应处理后回用。脱硫产生的石膏应外运综合利用。

4.5.1.4 技术经济适用性

石灰石/石灰—石膏法适用于二氧化硫浓度小于 5 000 毫克/米^3 的冶炼烟气治理，尤其适用于精炼炉等高温烟气二氧化硫治理。该技术脱硫副产物为石膏，高质量石膏具有综合利用价值。

4.5.2 活性焦吸附法烟气脱硫技术

4.5.2.1 可行工艺参数

通过活性焦层烟气流速 0.3～1.2 米/秒。

4.5.2.2 污染物削减及排放

脱硫效率可高于 95%。

4.5.2.3 二次污染及防治措施

活性焦输送、筛分过程中产生粉尘，需采用袋式除尘器收集净化。

4.5.2.4 技术经济适用性

该技术二次污染小，适用于厂内蒸汽供应充足，场地宽裕，副产物二氧化硫可回收利用的冶炼企业。

4.5.3 有机溶液循环吸收烟气脱硫技术

4.5.3.1 可行工艺参数

副产二氧化硫纯度不小于 99%。吸收剂年损失率不大于 10%，低压蒸汽（0.4～0.6 兆帕）消耗不大于 25 吨蒸气/吨二氧化硫。系统阻力不大于 2 000 帕。

4.5.3.2 污染物削减及排放

当烟气中二氧化硫含量为 5 000 毫克/米^3 以下时，二氧化硫排放浓度应在 200 毫克/米^3 以下，脱硫效率大于 96%。

4.5.3.3 二次污染及防治措施

少量脱硫废水可送至全厂污水处理站集中处理。

4.5.3.4 技术经济适用性

有机溶液循环吸收法对烟气含硫量具有较强的适应性，副产物二氧化硫可以直接送入冶炼制酸工艺单元，增加硫酸产量。该技术目前主体设备采用不锈钢材质，一次性投资较高，约为 150 元/米^3。适用于二氧化硫浓度大于 3 000 毫克/米^3，有配套冶炼烟气制酸的冶炼企业，尤其适合制酸尾气脱硫。

4.6 其他废气治理可行技术

4.6.1 填料吸收塔技术

4.6.1.1 可行工艺参数

填料吸收塔技术适合处理的废气浓度、净化效果等见表 11。

表 11 填料吸收塔技术性能参数

废气性质	初始浓度/（mg/m^3）	净化效果/%
HCl	≤600	95～99
H_2SO_4	≤600	85～90
NO_x	＜3 000	80～90
Cl_2	＜3 000	80～90
吸收中和液	2%～6% NaOH 溶液或水	

当入塔初始浓度超过上述数据时需采用过滤网式净化回收装置作为初级处理，也可采用串联多级吸收方式，确保排风达标。

4.6.1.2 污染物消减及排放

废气排放浓度可达到如下指标：硫酸雾低于 40 毫克/米^3、氯气低于 60 毫克/米^3、氯化氢低于 80 毫克/米^3。

4.6.1.3 二次污染及防治措施

吸收废液尽可能返回工艺系统或综合利用，无利用价值时送污酸污水处理站。

4.6.1.4 技术经济适用性

该技术建设投资适中，运行费用低，净化效果好，适用于硫酸雾、盐酸雾以及其他水溶性气体的吸收处理。吸收液有水和碱液两种，视被吸收有害物质的成分确定。采用空塔喷淋时可作为废气处理的预处理。

4.6.2 动力波湍冲废气吸收技术

4.6.2.1 可行工艺参数

适合处理的废气浓度、净化效果等见表 11。

4.6.2.2 污染物消减及排放

废气排放浓度可达到如下指标：硫酸雾低于 40 毫克/米^3、氯气低于 60 毫克/米^3、氯化氢低于 80 毫克/米^3。

4.6.2.3 二次污染及防治措施

吸收废液尽可能返回工艺系统或综合利用，无利用价值时送污酸污水处理站。

4.6.2.4　技术经济适用性

该技术建设投资及运行费用适中，净化效果较好，该适用于氯气、氮氧化物等废气的吸收处理。

4.7　污酸处理可行技术

污酸处理可行技术及主要技术指标见表 12。

表 12　污酸处理可行技术及主要技术指标

可行技术	可行工艺参数	污染物消减及排放	二次污染及防治措施	技术适用性
硫化法+石灰石/石灰中和法	硫化反应槽 pH 控制范围小于 2，中和槽 pH 控制范围 2～3	去除率 Cu 96%～98%、Co 90%～92%、As 96%～98%	硫化渣主要成分为 CuS 和 As_2S_3，属危险废物，可用于回收砷、铜等重金属。石膏渣主要成分为 $CaSO_4$，可作为生产水泥的添加剂。硫化反应槽和硫化浓密机溢出的 H_2S 气体需采用 NaOH 溶液喷淋吸收，生成的 Na_2S 溶液用作硫化法处理废水的药剂	该技术建设投资高，运行成本高
石灰+铁盐法	一段石膏生产阶段 pH 2～3，二段氧化沉砷阶段 pH 3～5	脱砷率达到 98%以上	砷渣中砷的含量较高，可用于回收砷。石膏渣主要成分为硫酸钙，可作为生产水泥的添加剂	建设投资适中，运行成本较高

4.8　酸性废水处理可行技术

酸性废水处理可行技术及主要技术指标见表 13。

表 13　酸性废水处理可行技术及主要技术指标

可行技术	可行工艺参数	污染物消减及排放	二次污染及防治措施	技术适用性
石灰中和法处理污水	处理单一重金属离子污水要求的 pH Cd^{2+}：pH 11～12 Co^{2+}：pH 9～12 Cr^{3+}：pH 7～8.5 Cu^{2+}：pH 7～12 Fe^{2+}：pH 9～13 Fe^{3+}：pH≮4 Zn^{2+}：pH 9～10	去除率 Cu 98%～99%、Co 90%～92%、As 98%～99%、F 80%～99%	中和渣中含 As^{3+}、F^-和 Cu^{2+}等重金属离子，按危险废物处理处置	适用于钴冶炼工艺含酸废水及污酸处理后污水的处理

可行技术	可行工艺参数	污染物消减及排放	二次污染及防治措施	技术适用性
石灰—铁盐（铝盐）法处理污水	中和反应 pH 控制范围 9～11	去除率 Cu% 98～99%、Co 90～92%、As 98%～99%、F 80%～99%、其他金属离子 98%～99%	中和渣中含 As^{3+}、F^{-}和 Cu^{2+}等重金属离子，按危险废物处理处置	钴冶炼工艺含酸废水及污酸处理后污水的处理
碱液中和+铁铝复合混凝剂法处理钴湿法精炼工段废水		钴去除率 98%～99%		该技术适用于钴湿法精炼工段废水的处理

4.9　废水处理可行技术

废水处理可行技术及主要技术指标见表 14。

表 14　废水处理可行技术及主要技术指标

最佳可行技术	最佳可行工艺参数	污染物消减及排放	二次污染及防治措施	技术适用性
净化+膜法废水深度处理技术	pH 控制范围 6～9	出水 SS 低于 5 mg/L，脱盐率达到 75%	沉淀渣属一般固体废物，送渣场堆存。除盐产生的浓盐水回用于冲渣等，不外排	适用于污水处理后水的进一步处理
废水除油技术	含油废水先经隔油池回收浮油，再进行第二步油水分离	出水含油低于 5 mg/L	隔油池浮油打捞回用，粗粒化油水分离器回收有机相	该技术适用于萃余液、反萃废水等含油废水的处理

4.10　固体废物处理处置可行技术

4.10.1　一般工业固体废物综合利用技术

一般工业固体废物可用于生产建材、矿井回填、喷砂除锈等。

4.10.2　加压氧化浸出法处理硫化砷渣

4.10.2.1　可行工艺参数

硫化渣浆化预热温度 90～100℃，加压浸出温度 150～160℃，加压浸出反应时间 5h。

4.10.2.2　污染物消减及排放

砷浸出率＞98.5%，砷回收率＞98%，铜浸出率＞95%，浸出渣含砷＜1%，排放酸雾浓度＜2 毫克/米^3。

4.10.2.3 二次污染及防治措施

加压浸出釜、闪蒸槽、冷却结晶槽、搅拌还原槽产生的酸雾、SO_2等采用洗涤塔循环喷淋吸收，吸收液采用2%～6% NaOH溶液。

4.10.2.4 技术经济适用性

该技术适用于硫化砷渣的综合回收利用。

4.10.3 危险废物的处理处置

危险废物可交由有相关资质的单位集中处置。

4.11 技术应用中的注意事项

（1）建立健全各项记录和生产管理制度。

（2）加强运行管理，建立岗位操作规程，制定应急预案，定期对员工进行技术培训和演练。

（3）加强生产设备的使用、维护和维修管理，保证设备运行正常。

（4）重视污染物检测和计量管理工作，定期进行全厂物料平衡测试。

（5）收尘设备的进出口设置温度、压力检测装置及含尘量检测孔。送制酸工序的烟气在风机出口处设流量和二氧化硫检测装置。

（6）采用袋式收尘器或电收尘器时，采取防止烟气结露的可靠措施，防止收尘设备及管道的腐蚀。

烟囱入口烟气的温度、压力、流量、含尘量、二氧化硫浓度、重金属含量等进行定期监测或在线连续检测。

（7）收尘系统在负压下操作，以避免有害气体的溢出。排灰设备密闭良好，防止二次污染。

（8）含砷烟尘宜采用就地包装后外运的方法，不得采用正压气力输送的方法。

（9）维护在线连续监测收尘设备正常的运行状态。

（10）烟气脱硫系统进出口均应安装烟气连续监测装置。

（11）废气净化设备的进出口应设置采样孔，对处理的废气进行定期的检测。

（12）重视节水管理，分别设计雨污分流系统、清浊分流系统，并加强各类废水的处理与回用，根据用水水质要求进行水的梯级利用，尽量减少排放。

（13）废水管线和处理设施做防渗处理，防止有害污染物进入土壤。

（14）收集并治理硫酸场地初期雨水、生产厂区其他场地初期雨水。

（15）制订环境监测计划，定期进行监测，监测频率不少于1次/日，监测因子至少包括水量、pH、铜、铅、锌、镉、镍、砷、钴等。

（16）固体废物分类堆存，暂存场地进行地面硬化并加盖雨篷和围墙。

（17）对固体废物处置场渗滤液及其处理后的排放水、地下水、大气进行定期监测。

（18）固体废物处置场使用单位建立日常检查维护制度。

（19）厂内危险废物暂存场地按照有关要求进行建设，并在场外设置标识。采用专用封闭车辆装运危险废物，以防止沿途遗撒。

（20）制订危险废物管理计划并向环保部门备案。

电解锰行业污染防治可行技术指南（试行）

环境保护部公告 2014 年 第 81 号

前 言

为贯彻执行《中华人民共和国环境保护法》，防治环境污染，完善环保技术工作体系，制定本指南。

本指南以当前技术发展和应用状况为依据，可作为电解锰行业污染防治工作的参考技术资料。

本指南由环境保护部科技标准司提出并组织制定。

本指南起草单位：中国环境科学研究院。

本指南由环境保护部解释。

1 总则

1.1 适用范围

本指南适用于以碳酸锰矿或经还原后的氧化锰矿为主要原料的电解锰企业和具有浸出氧化等后续工序的以氧化锰矿为主要原料的电解锰企业。

1.2 术语和定义

1.2.1 电解锰

是指用锰矿石经酸浸出获得锰盐，再送电解槽电解析出的单质金属。

1.2.2 化合

是指电解锰生产过程中的矿石浸出、除铁、中和、除重金属等工艺过程。

1.2.3 电解

是指将电流通过电解质溶液（又称电解液），在阴极和阳极上引起氧化还原反应的过程。

1.2.4 可溶性锰

指锰矿石中可以被硫酸所浸出的二价锰。

2 生产工艺及污染物排放

2.1 生产工艺及产污环节

采用湿法冶金工艺，以碳酸锰矿或经还原后的氧化锰矿为主要原料，经酸浸、净化、电解沉积后生产电解锰。整个工艺过程可分为制液和电解。制液包括浸出、氧化、净化、过滤等工序。电解包括电解、钝化、漂洗、干燥、剥离等工序。

电解锰生产工艺流程及主要产污环节如图 1。

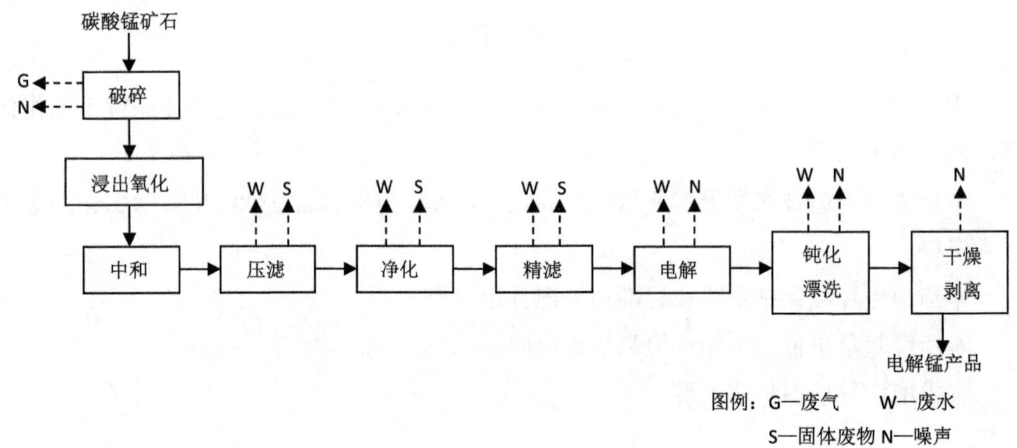

图 1 电解锰生产工艺流程及主要产污环节

2.2 污染物排放

电解锰生产过程产生的污染物包括废水、废气、固体废物和噪声。

2.2.1 废水

电解锰生产废水主要是极板冲洗废水、滤布清洗废水、隔膜布用水、酸雾吸收等工段产生的废水以及渣场渗滤液等。电解锰废水水质复杂，废水 pH 较低，一般在 4.5 左右，呈酸性；废水中含有铬、锰等重金属离子。六价铬通常以铬酸盐和重铬酸钾形式存在，总锰包括二价锰和四价锰，以二价锰为主。此外废水中悬浮物较多，色度较高，氨氮含量高。

2.2.2 废气

电解锰生产过程中的大气污染物主要来源于矿粉加工过程产生的尘，浸出工序中产生的硫酸雾以及中和过程中产生的无组织排放的氨气。粉尘的产生浓度约为 1 200 毫克/米^3，由除尘器处理后收集并作为原料回收利用；浸出工序产生的硫酸雾，产生浓度约为 100 毫克/米^3，经酸雾吸收塔进行处理。含尘气体和硫酸雾对人体和环境均具有危害性。

2.2.3 固体废物

（1）锰渣

锰渣主要是由矿石酸浸后固液分离产生的，含有大量的锰、氨氮，以及铜、锌、镉等重金属离子，经长期的堆放和雨淋，极易给锰渣堆放场周边的环境和生态带来环境污染隐患。

（2）阳极泥

主要成分为二氧化锰，另含有铅（5%）、硒（0.3%）等有害元素。严禁外售处置，容许自身作为原料回收利用，鼓励通过专用的回收处理设施回收铅、硒，作资源化利用。

（3）含铬污泥

含铬污泥主要产生于含铬废水经车间污水处理设施后的污泥，按相关规定属于危险废物（废物类别 HW21、废物代码 346-100-21），应进行安全处置。

2.2.4 噪声

电解锰生产过程中噪声源主要有破碎机、装载机、磨粉机、提升机、压滤机、循环水泵、冷却塔、产品剥离斗、压滤泵及空压机、风机等设备。大部分设备如破碎机、装载机等均置于厂房内，部分设备如空压机等设置在室内并设有消声器，厂房外噪声值低于 85 分贝（A）。水泵、风机位于室外，采取建筑隔声措施，风机加装消声器。

3 电解锰污染防治技术

3.1 清洁生产技术

清洁生产技术是指从源头及生产过程中削减污染物产生量的技术，主要包括源头削减类、过程控制类和末端循环类技术。

3.1.1 制粉工段

3.1.1.1 负压立磨技术

负压立磨技术是采用一种负压风扫式的粉磨设备，在对矿石进行研磨的同时实现烘干。

该技术磨粉效率高，能耗低，对原料的水分要求比较宽（含水率 1%～15%），与其他粉磨设备比较，节电效果较为显著，锰粉回收率可达 98%。所得产品质量稳定，颗粒级配均匀，且维修方便。

该技术适用于规模较大电解锰企业生产过程锰矿石的磨矿。

3.1.1.2 球磨技术

球磨技术是利用下落研磨体（如钢球、鹅卵石等）的冲击作用以及研磨体与球磨内壁的研磨作用而将物料粉碎并混合。物料在第一仓达到粗磨后，经单层隔仓板进入第二仓，该仓内镶有平衬板，内有钢球，将物料进一步研磨。粉状物通过卸料箅板排出，完成粉磨作业。

该技术安装简单，粉碎效率高，锰粉回收率可达 98%，可降低能耗，提高细粉粒度，增加处理能力。

该技术适用于电解锰生产过程锰矿石的磨矿。

3.1.2 制液工段

3.1.2.1 隔膜压滤技术

隔膜压滤技术是改进了普通箱式压滤机的设计，在滤板和滤布之间加装一层弹性膜，运行时，当入料结束，可将高压液体介质注入滤板和隔膜之间，使隔膜鼓起并压迫滤饼，实现对滤饼的进一步脱水。

该技术可将可溶性锰回收率提升到 92%以上，滤渣可溶性锰含量降至 1.5%以下，渣中含水率小于 25%以下，渣中含水量低于普通压滤技术。

该技术适用于电解锰化合工段后固液的分离。

3.1.2.2 锰粉二段酸浸洗涤一体化技术

利用较高酸度阳极液对滤饼中残留碳酸锰进行二段酸浸和洗涤；利用清水或低浓度含锰回水进行洗涤来降低硫酸锰残留；利用氨水对滤饼进行中和，实现对其中的锰渣无害化处理；将上述工艺和隔膜压滤技术整合，实现二段酸浸、洗涤和压滤的一体化。

该技术利用活塞式置换洗涤方式，大幅度降低了清水用量，保证了工艺水平衡。利用穿流式反应，提高了浸出速率，大幅度降低了锰渣中酸溶锰含量；采用多种氧化剂组合，除铁工艺和清液净化方式，降低氧化剂耗量，节约成本，提高净化效果。

该技术适用于电解锰化合浸出液的固液分离和洗涤。

3.1.3 电解及后序工段

3.1.3.1 增强塑料电解槽

增强塑料电解槽是利用化工新材料乙烯基树脂整体浇铸成型的电解槽来替代由木料构造的传统电解槽。

该技术节电性能突出，抗变形、耐腐蚀、绝缘性能较好、节约占地，极大地提高了企业投资的综合收益。

该技术适用于电解锰生产过程中合格液的电解。

3.1.3.2 连续抛沥逆洗及自控技术

连续抛沥逆洗技术是通过调整和改善电解锰生产过程中电解后序工段的传统工序，优化工艺参数，开发从起槽、钝化、漂洗、烘干到剥离、检验、浸油和入槽的一体化清洁生产成套技术，实现该技术的设备化和自动控制。

该技术可提高电解液、钝化液回用率，减少废水排放量，消除废水中氨氮对环境造成的污染，并降低电解车间粉尘和噪声；提高电解锰行业的技术水平，改善劳动条件，有利于发展循环经济，实现清洁生产和可持续发展。

该设备适用于电解锰生产过程电解及后序工段的极板出入槽及钝化、清洗烘干剥离等后期处理。

3.2　水污染治理技术

水污染治理技术是指采用传统的末端处理工艺治理水污染物的技术。

3.2.1　化学沉淀法

化学沉淀法是通过向废水中投加化学药剂（氢氧化物、石灰等），使重金属锰离子与水中溶解性的物质发生化学反应，生成难溶化合物，再采用沉淀或气浮等技术加以分离，达到去除锰离子的目的。

该技术对重金属离子的去除效率很高（大于 98%），基本可处理除汞以外的所有重金属离子；对水质有较强的适应性；工艺流程短，设备简单，原料来源广泛，废水处理费用低。但中和反应后生产的泥渣，存在二次污染。

该技术适用于电解锰生产过程中产生的伴有重金属离子的酸性废水。

3.2.2　铁屑微电解法

铁屑微电解法是利用废铁屑，可掺入一定比例的石墨、活性炭、铝屑等，设计成过滤床，以工业废水为电解质溶液，形成原电池，发生电极反应对废水进行处理，达到处理电解锰废水为目的的工艺过程。

该技术以废铁屑为原料，能达到以废治废的目的，且设备投资和土建设施投资少，运行费用低，铬去除率高，处理能力大，维修方便，但容易造成溶出大量的铁屑。

该技术适用于电解锰酸性废水的处理。

3.2.3　还原—中和沉淀法

还原—中和沉淀法是利用硫酸与铁屑将废水中的六价铬还原为三价铬后，向废水中投加石灰将 pH 调节到 10～11，使废水中的锰离子、三价铬离子转化为氢氧化锰和氢氧化铬沉淀除去，最后用硫酸将废水的 pH 反调至 6～9，达到中和的目的。

该技术适用于电解锰含铬含锰废水的处理。

3.2.4　絮凝沉淀法

絮凝沉淀法是通过向废水中投加絮凝剂，使废水中难以沉淀的细小颗粒及胶体颗粒脱稳并相互聚集成粗大的颗粒而沉淀，实现与废水分离，达到水质净化。

该技术适用于电解锰含锰废水的处理。

3.2.5　电解法

电解法处理含锰废水是利用电化学原理，使废水中的锰离子在阴极被还原，并以单质形式沉淀下来，从而达到去除并回收资源的目的。

电解法可处理锰离子浓度较低（≤1 000 毫克/升）的废水，具有无二次污染，能耗少，能回收锰等优点，是一种有发展前景的含金属离子废水的处理方法。

该技术适用于电解锰含锰废水的处理。

3.2.6 铬离子循环利用技术

铬离子循环利用技术主要为除 Cr^{6+}系统，包括三级除 Cr^{6+}交换柱，两柱串联吸附，另一柱备用，当一柱吸附饱和后进入再生阶段，另外两柱串联吸附，如此交替循环。该技术可实现 Mg^{2+}镁离子、Cr^{6+}的一次性分离和废水中的 Cr^{6+}的回收利用，Cr^{6+}回收率达到 99.9%以上，回收 Cr^{6+}浓度达到 7 g/L 以上，可直接回用。

该技术适用于电解锰废水中 Cr^{6+}的回收。

3.3 大气污染治理技术

大气污染治理是指采用传统的末端治理工艺，治理粉尘、酸雾等气体污染物的技术。

3.3.1 粉尘治理技术

3.3.1.1 袋式除尘技术

袋式除尘技术利用纤维织物的过滤作用对含尘气体进行净化，当含尘气体进入袋式除尘器后，颗粒大、比重大的粉尘，由于重力的作用沉降下来，落入灰斗，含有较细小粉尘的气体在通过滤料时，粉尘被阻留，使气体得到净化。

袋式除尘技术除尘效率高，适用性强，但运行维护工作量较大，滤袋破损需及时更换。为避免潮湿粉尘造成糊袋现象，应采用由防水滤料制成的滤袋。

该技术适用于电解锰破碎工序立磨机、雷蒙磨机、球磨机等设备的除尘。

3.3.1.2 旋风+袋式除尘技术

旋风+袋式除尘技术首先利用旋风除尘器去除掉大粒径的粉尘颗粒，再利用袋式除尘器去除较小颗粒尘粒，以达到更好的除尘效率。

该技术具有旋风除尘器结构简单、易于安装和维护管理，设备投资和操作费用较低等特点，又具有袋式除尘器高除尘效率，实用性强的优点。

该技术适用于电解锰破碎工序立磨机、雷蒙磨机、球磨机等设备的除尘。

3.3.1.3 电除尘技术

电除尘技术通过在电极上施加高电压后使含尘气体电离，进入电场空间的烟尘荷电在电场力的作用下向反电极性的板极移动并集积其上，释放电荷，然后振打将沉积在板极上的烟尘落入灰斗，来实现电除尘。

该技术占地面积较大，对制造、安装、运行、维护都有较高的要求。

该技术适用于电解锰破碎工序立磨机、雷蒙磨机、球磨机等设备的除尘。

3.3.1.4 水膜除尘技术

水膜除尘技术是通过尘粒与液滴或水膜的惯性碰撞、截留微尘的过程。粒径 1～5 微米以上颗粒直接被捕获，微细颗粒则通过无规则运动与液滴接触加湿彼此凝聚增重而沉降。

该除尘技术结构简单，技术含量低，耗水量小，但高度较大，布置困难，且在实际运行中发现有带水现象，不适用于电解锰行业。

3.3.2　酸雾治理技术

3.3.2.1　酸雾吸收塔技术

酸雾吸收塔利用塔体上部喷淋碱性吸收液，下部进入塔体的酸性气体与喷淋液呈逆流流动，经过设置在塔内的高效低阻填料和穿孔板，达到气液充分接触去除气体污染的目的。

该技术具有结构简单、能耗低、净化效率高和适用范围广的特点。能有效去除氨气、硫酸雾等水溶性气体。

该技术适用于电解锰制液工段中浸出氧化过程产生的酸雾的净化吸收。

3.3.2.2　文丘里技术

文丘里技术主要是利用当风吹过阻挡物时，在阻挡物的背风面上方端口附近气压相对较低，从而产生吸附作用并导致空气的流动的原理，最终用气流实现废气中污染物的输送达到净化的目的。

文丘里技术除尘及处理废气效率较高，但由于能耗较大，多用于化工行业除尘和气态污染物的吸收，在电解锰行业应用较少。

3.4　固体废物处理处置技术

锰渣按相关规定，经鉴别不具有危险特性的，可用于生产建材，如锰渣制砖等，也可利用一般工业废物处置场进行永久性集中贮存；含铬污泥和阳极泥属于危险废物，为确保环境安全，应交由资质的单位处置，杜绝二次污染。其中，锰渣制砖是将可溶性二价锰离子氧化成四价的不可溶的锰离子，使之固定在废渣中，不再危害环境。对锰渣中含有铅、镉、镍等重金属，投加石灰后，生成相应的难溶固体，如氢氧化铅、氢氧化镉、氢氧化镍等沉淀物。通过固化作用，可明显减少锰渣的浸出毒性。而且由于 pH 增大，游离氨的比例增大，随着水分的蒸发，游离氨挥发，氨氮的浓度也会显著降低。

该技术可减少大量锰渣的占地面积，消除垮坝造成的环境危害和锰渣中残留的硫酸根、氨氮及重金属对环境造成的安全隐患；该技术产品质量符合《混凝土实心砖》（GB/T 21144—2007）和《墙体材料应用统一技术规范》（GB 50574—2010）的技术要求。

该技术适用于电解锰生产过程中产生锰渣的资源化利用。

3.5　噪声污染治理技术

噪声污染主要从声源、传播途径和受体防护 3 个方面进行防治。尽可能选用低噪声设备，采用消声、隔振、减振等措施从声源上控制噪声；采用隔声、吸声、绿化等措施在传播途径上降噪。

3.6 电解锰污染防治新技术

电解锰污染防治新技术是指在近几年研发成功、并在部分企业开展示范的污染防治技术。

3.6.1 无硒电解技术

无硒电解技术采用低成本、无毒的新型无硒添加剂替代剧毒二氧化硒，避免大量的硒仍残留在废水和锰渣中。

该技术可全部或部分取代目前采用的二氧化硒添加剂，但吨产品电耗比有硒产品增加 1 000～1 500 千瓦时，直流电耗达 7 500～7 800 千瓦时/吨金属锰。

该技术适用于电解锰电解工序。

3.6.2 无铬钝化工艺

无铬钝化技术通过无铬钝化剂，使钝化液中不含铬及铬的任何价位离子，在源头上控制了铬离子的存在。该技术不使用含铬钝化剂，从根本上消除了铬污染。

该技术适用于电解锰钝化过程。

3.6.3 空气氧化除铁技术

空气氧化除铁技术通过空气压缩机，利用空气管路将高压气体引入到浸出槽中，在浸出槽底部加装曝气装置，使空气从浸出槽底部的曝气装置进入浸出液中，以实现空气与矿浆的充分接触，使氧分子与 Fe^{2+}充分接触形成 Fe^{3+}，再通过调整浸出液 pH 最终形成 $Fe(OH)_3$沉淀，从而达到除铁的目的。

该技术除去铁离子的效果明显，不仅不用添加二氧化锰粉，节约生产成本，减轻劳动强度，而且还能提高碳酸锰矿石中锰金属的浸出率。

该技术适用于电解锰生产过程中的浸出氧化。

4 电解锰污染防治可行技术

4.1 电解锰污染防治可行技术概述

电解锰行业污染防治可行技术包括清洁生产技术和污染物治理可行技术。电解锰行业污染防治可行技术组合见图 2。

4.2 清洁生产技术

电解锰行业清洁生产技术包括工艺过程（制粉工段、制液工段、电解及后序工段）污染防治可行技术和末端循环利用技术。

4.2.1 工艺过程污染防治可行技术

电解锰行业工艺过程污染预防可行技术，即在生产过程中通过技术升级、设备改造等方法削减生产过程中的污染物产生量，技术内容及主要技术指标见表 1。

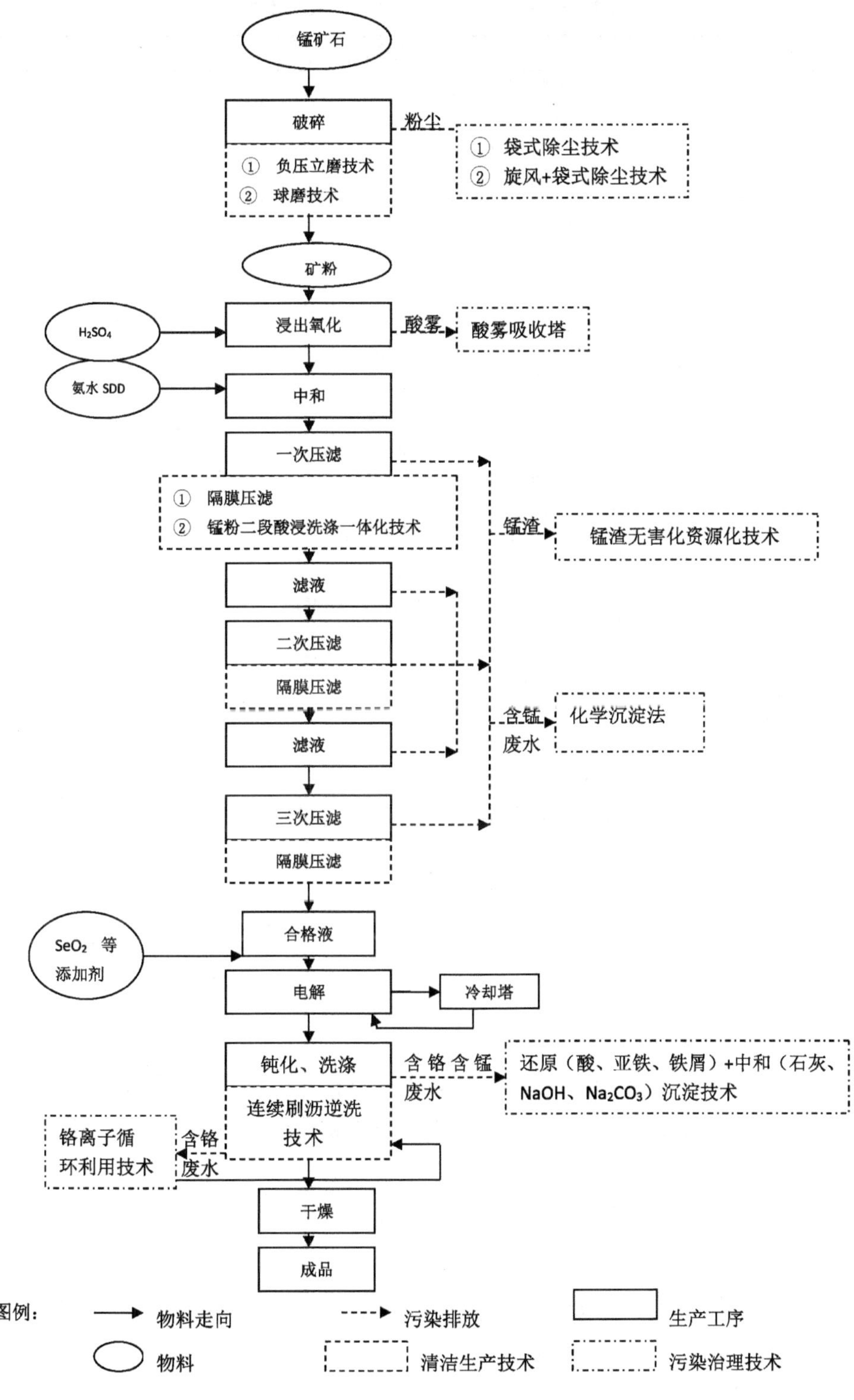

图 2 电解锰行业污染防治可行技术组合图

表 1　电解锰清洁生产技术及主要技术指标

工序	清洁生产技术	主要技术指标	技术适用性
制粉	负压立磨技术	（1）磨粉细度：60～400 目； （2）磨矿功耗：≤40 kW·h/t； （3）设备作业率：≥85%； （4）噪声：≤60 分贝	原料锰矿品位 10%～17%的大中型电解锰企业
	球磨技术	（1）磨粉细度 60～400 目； （2）磨粉功耗：≤60 kW·h/t； （3）设备作业率：≥85%； （4）噪声：≤70 分贝	原料锰矿品位 10%～17%的中小型电解锰
制液	隔膜压滤技术	（1）隔膜压力：16～25 kg/cm^2； （2）滤渣水分：≤25%； （3）滤渣水溶锰含量：≤2%	电解锰企业制液工序
	锰粉二段酸浸洗涤一体化技术	（1）隔膜压力：16～25 kg/cm^2； （2）滤渣水分：≤25%； （3）滤渣水溶锰含量：≤1.5%	电解锰制液工序原有隔膜压滤技术改造
电解及后序工段	连续刷沥逆洗及自动化技术	出槽平均时间 40 s 内，出槽机械手提升速度 1 m/s，运行速度 2 m/s，每次提升电极板数目 20 片左右；密封式负压自动剥离，人工校验与机械整板相结合，清洗液闭路循环	电解锰企业电解工序

4.2.2　末端循环利用技术

4.2.2.1　锰渣制砖资源化利用技术

锰渣制砖资源化利用技术是通过锰渣无害化、大参比等方法，将锰渣资源化制备成建筑材料的技术。

（1）工艺参数

锰渣添加量≥30%，水泥 10%～15%，石硝 5%～8%，砂石 47%～55%。外添加剂石灰 8%～10%。

（2）污染物削减与排放

以一个年产 3 万吨的电解锰企业为例，利用该技术可以减排电解锰渣 25 万吨/年左右。锰渣制砖消耗大量电解锰渣解除了电解锰渣堆积所带来的生态环境污染及隐患。

（3）技术经济适用性

该技术适用于电解锰企业锰渣综合利用，尤其适用于锰渣产生量大的电解锰企业。

4.2.2.2　铬离子回收技术

铬离子回收技术是采用离子交换手段，将废水中的六价铬回收并回用到生产工艺的技术。

（1）工艺参数

废水 pH 3～6，SS＜5 毫克/升，Cr^{6+}＜400 毫克/升，石油类＜50 毫克/升，进水流速

约 0.10BV/min，双柱处理，再生周期约 10 天。

（2）污染物削减与排放

当进水 pH 3～6，SS＜5 毫克/升，Cr^{6+}＜400 毫克/升，石油类＜50 毫克/升时，含铬废水稳定达标，六价铬循环利用率＞97%。以年产 3 万吨电解锰企业为例，削减六价铬排放约 2 吨/年。

（3）技术经济适用性该技术适用于电解锰综合废水和含铬含锰废水的治理。

4.3 污染治理可行技术

4.3.1 废水治理可行技术

4.3.1.1 化学沉淀法

化学沉淀法是采用向废水中加入适当的沉淀剂、调节废水 pH 等手段，将废水中的可溶污染物转化成沉淀物质而除去的方法。

（1）工艺参数

石灰中和池 pH 调节至 11±0.2，连续搅拌约 1 小时；沉淀池 NaOH 溶液 pH 调节至 12±0.2，连续搅拌约 1.5 小时后加入 0.1%的 PAM 溶液 25 毫克/升继续搅拌约 10 分钟后，沉淀 2～3 小时。沉淀后上清液排入二级沉淀池，加入硫酸调节 pH 至 7.0±0.5，加入 10%PAC 溶液 200 毫克/升进行混凝反应，搅拌约 1 小时后加入 0.1%的 PAM 溶液 25 毫克继续搅拌约 10 分钟沉淀 2～3 小时。

（2）污染物排放

出水指标如下：pH 在 6～9，Mn 含量小于 2 毫克/升，SS 小于 70 毫克/升。

（3）二次污染及防治措施中和反应池的沉渣经压滤处理后的 10%滤饼（体积比）运至锰渣场集中处理。

（4）技术经济适用性

该技术适用于电解锰酸性含锰废水的处理，运行费用低。

4.3.1.2 还原—中和沉淀法

还原—中和沉淀法是采用向废水中投加适当的还原物质（如铁粉-硫酸，硫酸亚铁），将废水中的六价铬还原成三价铬，并进一步调节 pH 将污染物转化成沉淀而除去的方法。

（1）工艺参数

H_2SO_4 将 pH 调节至 2～3，硫酸亚铁溶液 5%～10%，反应 15～30 分钟，石灰乳调节 pH 至 10.5，搅拌反应 15 分钟后进沉淀池停留 40 分钟～1 小时。

（2）污染物排放

处理后出水 COD_{Cr}＜100 毫克/升，Cr^{6+}＜0.5 毫克/升，Mn＜2.0 毫克/升，NH_3-N＜15 毫克/升。

（3）二次污染及防治措施沉淀池污泥经压滤滤渣送锰渣场集中处理。

（4）技术经济适用性

该技术适用于电解锰含铬含锰废水的处理，投资与运行费用较低。

4.3.2　大气污染治理可行技术

4.3.2.1　袋式除尘技术

袋式除尘技术是采用布袋作为过滤材料，将废气通过布袋而除去悬浮粉尘的方法。

（1）工艺参数

气布比为 0.8～1.2 米/分钟；系统阻力小于 1 500 帕；系统漏风系数小于 3%。

（2）污染物削减和排放

对于粒径 0.5 微米的粉尘，除尘效率为 98%～99%，总除尘效率可达 99.5%，排放浓度可控制在 30 毫克/米^3 以下。

（3）二次污染及防治措施

袋式除尘器除尘下来的锰粉作为原料利用。

（4）技术经济适用性

袋式除尘器不受烟尘比电阻和物化特性等的影响，适用于电解锰企业破碎工段除尘。

4.3.2.2　旋风+袋式除尘技术

旋风+袋式除尘技术是在袋式除尘技术的基础上，增加一级（或多级）旋除尘，以提高整个系统的除尘效率。

（1）工艺参数

旋风除尘器的进口风速为 18 米/秒，系统阻力小于 1 060 帕，系统漏风系数小于 3%；袋式除尘器的气布比为 0.8～1.2 米/分钟；系统阻力小于 1 500 帕；系统漏风系数小于 3%。

（2）污染物削减和排放除尘效率可达 99.5%，排放浓度可控制在 20 毫克/米^3 以下。

（3）二次污染及防治措施

旋风除尘+袋式除尘器除尘下来的锰粉作为原料利用。

（4）技术经济适用性

该技术适用于电解锰企业破碎工段除尘。

4.3.2.3　酸雾吸收塔

酸雾吸收塔即常规的化工吸收装置，包括板式塔、填料塔、鼓泡塔等，将含酸雾的废水通过吸收塔达到去除酸雾的目的。

（1）工艺参数

采用浓度为 2%～6%碱液进行喷淋收集产生化合的废气，中和处理，通过与水膜充分接触把酸雾除去后，经烟囱排向大气。应根据处理酸雾量选择碱液喷淋的量和塔容积。

（2）污染物排放

废气排放浓度可达 45 毫克/米^3 以下。

（3）二次污染及防治措施

应及时补充碱液防止酸性气体处理不完全产生二次污染。

（4）技术经济适用性

该技术适用于电解锰化合工段酸雾的治理。

4.3.2.4　大气污染防治可行技术适用性

袋式除尘、旋风+袋式除尘是电解锰生产企业粉尘排放控制的可行技术；酸雾吸收塔是电解锰企业酸雾排放控制的可行技术。其技术适用性和排放水平见表 2。

表 2　电解锰生产企业大气排放控制可行技术适用性及排放水平

污染物种类	可行技术	治理效率	适用性	排放水平/（mg/m^3）
粉尘	袋式除尘	＞99.5%	适用于各种电解锰企业的粉尘治理	＜30
	旋风+袋式除尘	＞99.5%	适用于各种电解锰企业的粉尘治理	＜20
酸雾	酸雾吸收塔	90%～95%	适用于所有电解锰企业或电解锰生产工艺过程中产生的酸雾治理	＜45

4.3.3　固体废物处理处置可行技术（方法）

固体废物处理处置包括废水处理工艺产生的含铬废渣和电解过程产生的阳极泥，均需按国家危险固废管理的相关规定，委托有资质的单位外运并安全处置。

含铬废渣的安全处置方法适用于有铬钝化的电解锰企业，阳极泥的安全处置方法适用于所有电解锰企业。

4.4　技术应用中的注意事项

（1）建立健全各项数据记录和生产管理制度；

（2）加强运行管理，建立并执行岗位操作规程，制定应急预案，定期对员工进行技术培训和应急演练；

（3）加强生产设备的使用、维护和维修管理，保证设备运行正常；

（4）按要求设置污染源标志，重视污染物检测和计量管理工作，定期进行全厂物料平衡测试；

（5）持续开展清洁生产，导入健康安全环境管理体系；

（6）贯彻“节约与开源并重、节流优先、治污为本”的用水原则，全面推广“分质用水、串级用水、循环用水、一水多用、废水回用”的节水技术，提高水的重复利用率；

（7）排水做到清污分流，按排水水质设置独立的处理系统；

（8）废水管线和处理设施进行防渗处理，防止有害污染物进入地下水；生产区和污水治理区初期雨水进行收集并处理；

（9）按环保部门要求安装在线监控设备，并对在线监控设备定期进行保养、维护和校正，保证设备正常运行；

（10）定期检查酸雾吸收塔的塔体、液箱、喷雾系统、填料，气液分离器等完好性，及时更换填料；

（11）为防止污染事故的发生，需建有确保稳定达标排放的应急池；

（12）新建的用于堆存锰渣的渣场要按照《一般工业固体废物贮存、处置场污染控制标准》的有关规定执行；对现有的渣场要经过调查并对地下水进行监测，对造成地下水污染的渣场要停止使用，并采取补救措施消除污染，并承担相应的法律责任。对确认未造成地下水污染的要覆土、绿化；

（13）电解锰生产工艺产生的固体废物全部收集，并在厂区范围内或厂外综合利用，严禁乱堆乱放；

（14）锰渣运输过程中严禁污染物“跑、冒、滴、漏”现象的发生，建立严格的管理责任制度，责任落实到人；

（15）含铬污泥、阳极泥等重金属污泥属于危险废物，委托有危险废物经营许可证的机构进行集中处置，其贮存和运输按照危险废物管理要求进行，并建立健全管理制度，不得与其他一般废渣一起堆存；

（16）加强锰矿场管理，作好喷淋、围挡或密闭等抑尘措施；

（17）定期检查除尘设备的漏风率、阻力、过滤风速、除尘效率和运行噪声等；袋式除尘器定期清灰，及时检查滤袋破损情况并更换滤袋；

（18）新建除尘器运行 6 个月后，复核各个参数，其数值与原设计值相比衰减不大于 15%；

（19）除尘器收集到的粉尘回用做生产原料过程中，运输采用密闭输送，避免输送过程中泄漏；

（20）采用低噪声设备或采用隔声、减震措施，控制噪声源强；

（21）设备与管理间采用金属软管柔性连接，减少噪声。

铅冶炼废气治理工程技术规范

HJ 2049—2015

前　言

为贯彻《中华人民共和国环境保护法》和《中华人民共和国大气污染防治法》，规范铅冶炼废气治理工程的建设与运行管理，防治环境污染，保护环境和人体健康，制定本标准。

本标准规定了铅冶炼废气治理工程的设计、施工、验收、运行和维护的技术要求。

本标准为指导性标准。

本标准为首次发布。

本标准由环境保护部科技标准司组织制定。

本标准主要起草单位：云南亚太环境工程设计研究有限公司、昆明冶金研究院、昆明有色冶金设计研究院股份公司、云南驰宏锌锗股份有限公司。

本标准环境保护部 2015 年 11 月 20 日批准。

本标准自 2016 年 1 月 1 日起实施。

本标准由环境保护部解释。

1　适用范围

本标准规定了铅冶炼废气治理的设计、施工、验收、运行和维护等技术要求。

本标准适用于以铅精矿为原料的铅冶炼过程所产生废气的治理工程，可作为环境影响评价、工程咨询、设计、施工、验收及运行管理的技术依据。

本标准不适用于再生铅冶炼废气的治理工程。

2　规范性引用文件

本标准引用了下列文件或其中的条款。凡是未注明日期的引用文件，其最新版本适用于本标准。

GB 5083　生产设备安全卫生设计总则

GB/T 12801 生产过程安全卫生要求总则
GB 13746 铅作业安全卫生规程
GB/T 16157 固定污染源排气中颗粒物测定与气态污染物采样方法
GB/T 17398 铅冶炼防尘防毒技术规程
GB 18597 危险废物贮存污染控制标准
GB 18599 一般工业固体废物贮存、处置场污染控制标准
GB 20424 重金属精矿产品中有害元素的限量规范
GB/T 23349 肥料中砷、镉、铅、铬、汞生态指标
GB 25466 铅、锌工业污染物排放标准
GB 50016 建筑设计防火规范
GB 50019 采暖通风与空气调节设计规范
GB 50046 工业建筑防腐蚀设计规范
GB/T 50087 工业企业噪声控制设计规范
GB 50187 工业企业总平面设计规范
GB 50212 建筑防腐蚀工程施工规范
GB 50252 工业安装工程施工质量验收统一标准
GB 50254 电气装置安装工程 低压电器施工及验收规范
GB 50275 风机、压缩机、泵安装工程施工及验收规范
GB 50300 建筑工程施工质量验收统一标准
GB 50630 有色金属工程设计防火规范
GB 50753 有色金属冶炼厂收尘设计规范
GB 50880 冶炼烟气制酸工艺设计规范
GB 50985 铅锌冶炼厂工艺设计规范
GB 50988 有色金属工业环境保护工程设计规范
GBZ 1 工业企业设计卫生标准
GBZ 2.1 工作场所有害因素职业接触限值 第 1 部分：化学有害因素
GBZ 2.2 工作场所有害因素职业接触限值 第 2 部分：物理因素
HJ/T 48 烟尘采样器技术条件
HJ/T 55 大气污染物无组织排放监测技术导则
HJ/T 75 固定污染源烟气排放连续监测技术规范
HJ/T 76 固定污染源烟气排放连续监测系统技术要求及检测方法
HJ/T 373 固定污染源监测质量保证与质量控制技术规范
HJ/T 397 固定源废气监测技术规范

HJ 462 工业锅炉及炉窑湿法烟气脱硫工程技术规范

《建设项目（工程）竣工验收管理办法》（计建设〔1990〕1215 号）

3 术语和定义

下列术语和定义适用于本标准。

3.1 铅冶炼废气 waste gas of lead smelting

指铅冶炼过程中产生的含有害物质的各类气体。

3.2 脱硫效率 desulfurization efficiency

指烟气脱硫前后标准状态下干烟气（扣除了烟气中水分）中 SO_2 浓度差值与脱硫前标准状态下干烟气中 SO_2 浓度的百分比。

3.3 环境集烟 fugitive gas collecting

指通过系统设计，对熔炼炉、鼓风炉、烟化炉、浮渣处理炉窑、铸渣机和铸锭机等加料口、出料口及出渣口等处排放的烟气进行收集的过程。

4 污染物和污染负荷

4.1 污染物来源与分类

4.1.1 铅冶炼过程产生的废气主要包括各类含硫含尘烟气、含尘气体、硫酸雾、电解酸雾。

a）含硫含尘烟气主要产生于铅精矿烧结、熔炼、还原、渣处理等过程。其主要污染物为颗粒物、二氧化硫，以及铅、锌、砷、铊、镉、汞等重金属及化合物。

b）含尘气体主要产生于原料装卸、输送、配料、造粒、干燥、给料和铅融化、铸锭等过程，其主要污染物为颗粒物。

c）硫酸雾主要产生于制酸过程，主要污染物为硫酸。

d）电解酸雾产生于铅电解车间，主要污染物为含氟硅酸。

4.2 污染负荷

4.2.1 铅冶炼过程烟气量通过实际测量确定。各工序排放的各类废气可逐一进行废气排放量测量，废气排放量测量应符合 HJ/T 55、HJ/T 75、HJ/T 76 的要求。

4.2.2 若无实际测量数据时，废气排放量可类比同等生产规模、同类原料及产品或相近工艺的排放数据确定或通过物料衡算确定。

4.2.3 铅冶炼过程烟气排放量可由参考式（1）或表 1 所给数据进行校核。

$$Q=\frac{P}{C\times T\times F}\times 10^{6} \tag{1}$$

式中：Q —— 烟气排放设备小时废气排放量，m^3/h；

P—— 计算时段内某烟气排放设备某污染物排放量，kg；

C—— 某烟气排放设备某污染物监测时段内平均浓度，mg/m^3；

F—— 某烟气排放设备监测时段内生产负荷，%；

T—— 计算时段内某烟气排放设备的生产小时数，h；

表 1 铅冶炼废气中污染物来源及浓度

单位：mg/m^3

<table>
<tr><th colspan="2">废气种类</th><th>来源</th><th>颗粒物浓度</th><th>SO_2/%</th><th>铅及其化合物</th><th>汞及其化合物</th></tr>
<tr><td colspan="2">含尘烟气</td><td>原料制备、输送等过程</td><td>5 000～10 000</td><td>—</td><td rowspan="9">1 400～3 000</td><td rowspan="9">50～250</td></tr>
<tr><td rowspan="9">含硫烟气</td><td>烧结烟气</td><td>ISP 法烧结机</td><td>25 000～40 000</td><td>平均 1.0～6.0，最低 0.2，采用富氧技术可达 10 以上</td></tr>
<tr><td rowspan="2">熔炼烟气</td><td>ISP 鼓风炉</td><td>150 000～250 000</td><td><0.5</td></tr>
<tr><td>熔炼炉（底吹熔炼、顶吹熔炼、富氧底吹、富氧侧吹）</td><td>100 000～200 000</td><td>5～25</td></tr>
<tr><td>还原烟气</td><td>鼓风炉、富氧直接还原炉</td><td>8 000～30 000</td><td>0.02～3</td></tr>
<tr><td>烟化烟气</td><td>烟化炉</td><td>50 000～100 000</td><td>0.02～0.03</td></tr>
<tr><td>熔铅烟气</td><td>熔铅锅</td><td>1 000～2 000</td><td>微量</td></tr>
<tr><td>电铅烟气</td><td>电铅锅</td><td>1 000～2 000</td><td>—</td></tr>
<tr><td>浮渣反射烟气</td><td>浮渣反射炉</td><td>5 000～10 000</td><td><1</td></tr>
<tr><td>环境集烟烟气</td><td>熔炼炉、鼓风炉、烟化炉、浮渣处理炉窑等加料口、铸渣机和铸锭机上部</td><td>1 000～5 000</td><td colspan="3">无规则、波动大</td></tr>
<tr><td colspan="2">硫酸雾</td><td>制酸系统</td><td>—</td><td colspan="3">—</td></tr>
<tr><td colspan="2">电解酸雾</td><td>铅电解车间</td><td>—</td><td colspan="3">—</td></tr>
</table>

5 总体要求

5.1 一般规定

5.1.1 铅冶炼企业建设与运行管理应该符合国家和地方相关产业政策、规划等管理要求。

5.1.2 铅冶炼废气治理工程应严格执行环保工程“三同时”制度。

5.1.3 铅冶炼废气排放应达到 GB 25466 及地方排放标准的要求，符合环境影响评价审批文件的规定，并满足污染物总量控制要求。

5.1.4　铅冶炼应在易产生废气无组织排放的位置设置废气收集及处理装置，废气治理过程中应防止废气逸出。

5.1.5　铅冶炼废气治理过程要防止二次污染的产生，确保废水达标排放，保证治理过程收集的烟尘（粉尘）以及其他固体废物的处理处置满足 GB 18597、GB 18599 的规定，并符合环评批复文件的要求。

5.1.6　铅冶炼废气治理工程应采取可行技术、生产管理和行政管理等有效措施，防止重金属等污染物的无组织排放。

5.1.7　铅冶炼废气治理工程应安装合格的在线监测设备、监测报警系统和应急处理系统，在线监测设施应按要求与当地环保部门联网。

5.1.8　铅电解宜采取抑制减少酸雾和酸雾净化处理措施，保证作业环境和外排酸雾浓度达到容许浓度限值要求。

5.1.9　铅阳极泥综合利用过程中产生的废气应根据具体工艺、废气类型和气量，选用合适的除尘、脱硫、脱酸（碱）及脱除其他有害气体的工艺进行处理。

5.1.10　铅冶炼烟气制酸和制酸尾气净化系统不得设置烟气旁路。

5.2　清洁生产

5.2.1　铅冶炼企业应积极采取节能减排及清洁生产技术，从源头控制污染物产生。

5.2.2　铅冶炼企业应对矿物原料进行全分析，入炉铅精矿中重金属含量应符合 GB 20424 的要求。

5.2.3　铅冶炼废气治理工程应根据企业所选冶炼工艺，选择安全、环保、节能的废气治理工艺和设备。

5.2.4　烟（粉）尘的输送设备要密封或处于负压状态，防止外泄污染环境。

5.2.5　收尘系统捕集的烟尘中，砷、镉、汞等有害元素含量过高时，不宜返回冶炼系统。

5.3　工程构成

5.3.1　铅冶炼废气治理工程包括主体工程、辅助工程和公用工程。

5.3.2　主体工程包括废气收集系统、收尘系统、脱硫系统、酸雾控制系统和副产品处理系统。

5.3.3　辅助工程包括电气、土建、暖通空调、消防、仪表及控制、在线监测、化验分析等。

5.3.4　公用工程包括供电系统、蒸汽系统、压缩空气系统、工艺水及循环水系统等。

5.4　总平面布置

5.4.1　总平面布置应符合 GB 50187、GB 50988 和 GB 50985 的相关规定。

5.4.2　铅冶炼废气治理设施平面布置应满足各处理单元的功能和处理流程要求，处理设施的间距应紧凑、合理，满足施工与安装的要求。

5.4.3　管线综合布置应根据总平面布置、治理区单元内的平面布置、管内介质、施工及维护检修等因素确定，在平面及空间上应与主体工程相协调。

5.4.4　副产品处理系统应结合工艺流程和场地条件因地制宜布置。

6　工艺设计

6.1　一般规定

6.1.1　铅冶炼废气治理工艺应根据铅冶炼厂规模和不同工艺产生的废气量、废气成分和污染物浓度的实际情况确定。

6.1.2　铅冶炼废气治理工程的设计和建设应采取有效的隔声、消声和减振措施，噪声和振动控制应符合 GB/T 50087 的要求。

6.1.3　采用袋式收尘器或电收尘器等干式收尘装置时，应有防止烟气结露的措施。

6.1.4　废气治理应注重节能设计和余热利用。

6.2　铅冶炼废气治理工艺

6.2.1　铅冶炼废气治理工艺流程如图 1 所示。

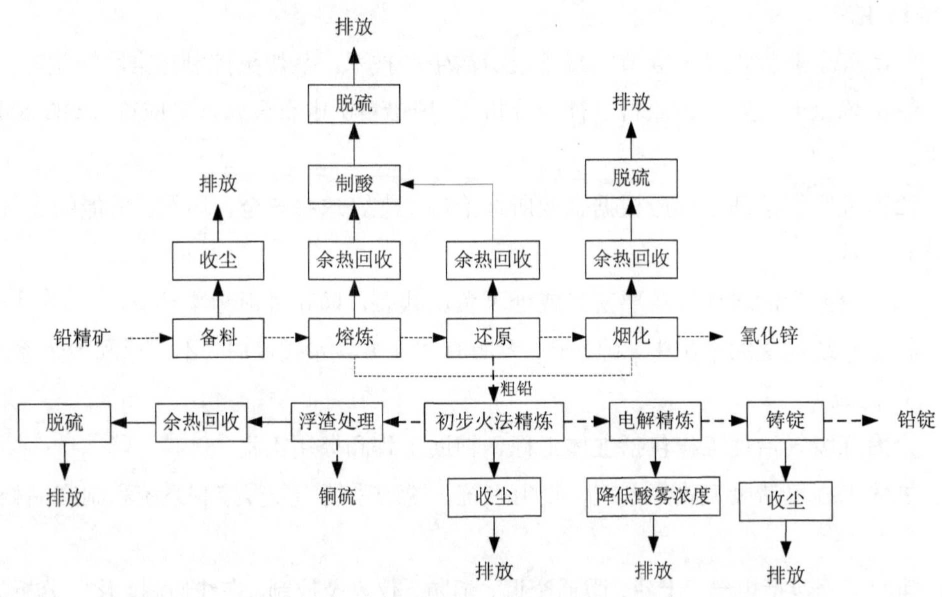

图 1　铅冶炼废气治理工艺流程简图

6.3　废气收尘

6.3.1　针对铅冶炼企业采用不同冶炼工艺，收尘工艺技术见表 2。

表 2 铅冶炼废气典型收尘技术流程表

颗粒物来源	收尘工艺流程	工艺参数[a]	备注
铅精矿仓中给料、输送、配料等过程产生粉尘	集气罩→袋式收尘（或微动力收尘[b]）→排气筒	总除尘效率＞99.5%，外排粉尘浓度＜50 mg/m³	收集粉尘返回生产系统
烧结机烟尘	烧结机烟气→沉尘室（或旋风收尘器）→电收尘→制酸	制酸烟气含尘浓度＜300 mg/m³	净化后烟气制酸，收集烟尘返回配料工序
熔炼炉烟尘	熔炼炉烟气→余热锅炉→电收尘→制酸	制酸烟气含尘浓度＜300 mg/m³	净化后烟气制酸，收集烟尘返回配料工序
还原炉烟尘	还原炉烟气→余热锅炉→冷却烟道→袋式收尘→脱硫→排气筒	总除尘效率＞99.9%，外排烟尘浓度＜30 mg/m³	收集烟尘送精矿仓配料
烟化炉烟尘	烟化炉烟气→余热锅炉→冷却烟道→袋式收尘→脱硫→排气筒	外排烟尘浓度＜50 mg/m³	收集烟尘作副产品综合利用
熔铅锅/电铅锅铅烟尘	集气罩→袋式收尘→排气筒	总除尘效率＞99.6%，外排铅烟尘浓度＜8 mg/m³	收集铅尘应密封储运，及时返回工艺
浮渣反射炉烟尘	烟气→表面冷却器（或冷却烟道）→袋式收尘→排气筒	总除尘效率＞99.8%，外排烟尘浓度＜20 mg/m³	收集烟应密封储运，及时返回配料工序
环境集烟（粉）尘	集气罩→袋式收尘→排气筒	总除尘效率＞99.5%，外排烟（粉）尘浓度＜25 mg/m³	收集烟（粉）尘送精矿仓配料

注：a 工艺参数中外排烟（粉）尘还应满足尘中铅含量＜8 mg/m³。
b 适用于物料破碎、筛分、皮带转运系统的收尘。

6.3.2 烟气收尘应满足 GB 50753 要求，并符合下列要求：

a）收尘系统宜负压下操作；排灰设备应密闭良好，防止产生二次污染。

b）应控制适当的气流速度和收尘管道风压，防止集气罩周围产生紊流，影响收尘效果。

c）采用袋式收尘器或电收尘器等干式收尘装置时，应有防止烟气结露的措施。

d）收尘系统配置应根据炉型、容量、炉况、铅矿成分、辅助燃料成分、脱硫工艺、烟气工况、气象条件、操作维护管理等确定。

d）收尘装置的收尘性能应满足下道工序的浓度限值要求，外排烟气应满足有关排放标准规定的烟（粉）尘排放浓度和烟气黑度限制的要求。

e）熔炼炉、还原炉和烟化炉等生产工艺参数波动大时，收尘系统应设置缓冲或预处理设施。

f）在保证含尘气体被充分捕集的前提下，应根据含尘气体性质、结合经济原则，选取单独或集中收尘方式。废气含不同组分烟（粉）尘的宜单独设置收尘。

6.3.3 烟（粉）尘输排应符合下列要求：

a）烟（粉）尘输排装置要简单，便于维护管理、故障少，作业率高。

b）应根据排尘状态、间歇或连续性、烟（粉）尘性质、排尘量和收尘器排尘口处的压力状态等参数综合考虑选择烟（粉）尘输排装置。

c）如采用气力输送装置，距离较近的宜用真空吸送式，距离较远的宜用压缩空气或氮气压送方式。

6.4 废气脱硫

6.4.1 废气制酸

6.4.1.1 富氧熔炼工艺、富氧渣还原工艺、ISP 法烧结工艺烟气应进入制酸系统制酸；其他如普通还原炉烟气、烟化炉烟气、环境集烟烟气等，可按实际情况优先与高浓度的废气就近配气后，再进入制酸系统。

6.4.1.2 铅冶炼废气制酸系统设计应符合 GB 50880 及其他相关制酸工艺设计文件的要求。新建和改造项目宜采用绝热蒸发稀酸冷却烟气净化技术。制酸系统后应建设脱硫系统，确保废气达标排放。

6.4.1.3 铅冶炼过程中制酸出口硫酸雾不能达标时，可在末端加装纤维除雾器等降低酸雾的设备。

6.4.1.4 制酸过程中产生的废水应处理达到工艺用水水质要求，宜尽量做到废水循环利用。

6.4.1.5 余热锅炉应符合烟道式余热锅炉设计相关标准，同时还应考虑废气中气态铅冷凝引起管道和余热锅炉的黏结问题，宜在余热锅炉前段增设辐射冷却器，防止锅炉受损。

6.4.2 低浓度 SO_2 废气脱硫

6.4.2.1 普通还原炉烟气、烟化炉烟气、环境集烟烟气等 SO_2 含量超过排放标准且又无法进行制酸的低浓度 SO_2 废气，以及制酸系统末端产生的制酸尾气，应进行脱硫处理。

6.4.2.2 低浓度 SO_2 废气脱硫工艺宜选用湿法工艺，除脱硫效率高外，还可进一步湿法除尘，减少铅冶炼烟气中重金属含量。脱硫工艺路线如图 2 所示。

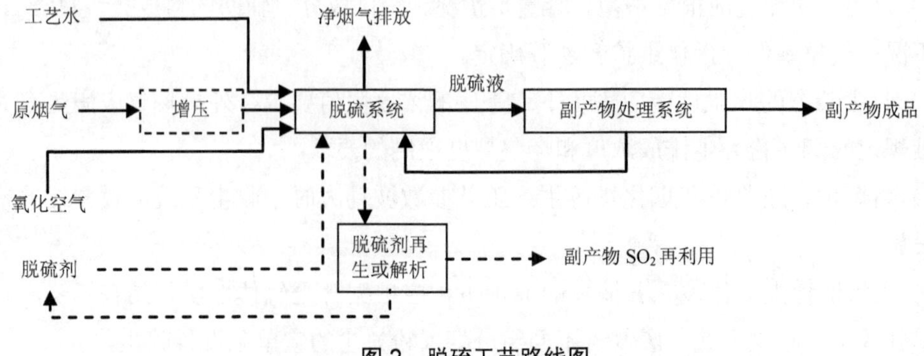

图 2 脱硫工艺路线图

6.4.2.3 脱硫系统设计应以达标治理、循环利用、不产生二次污染为原则，宜优先考虑采用副产物可资源化利用的脱硫工艺；宜根据当地脱硫剂来源、副产物市场、安全环境等条件进行技术经济综合比较后确定脱硫工艺。参见表 3。

表 3 各种脱硫工艺流程的特点

技术方法	SO_2 含量/%	原料	原料消耗比/（t/t SO_2）	副产品	脱硫效率/%
氧化锌法	<3.5	氧化锌粉	1.27	硫酸锌、亚硫酸锌、高浓度 SO_2	一般<90
氨法	<3.5	液氨、氨水、尿素等氨源	0.532（折液氨）	硫酸铵化肥、高浓度 SO_2	>95
有机溶液法	0.5～18	有机胺	$0.9\sim3.0\times10^{-3}$	高浓度 SO_2	>96
钠碱法	<3.5	氢氧化钠、碳酸钠	1.25～1.66	硫酸钠、亚硫酸钠	>95
石灰石（电石渣）/石膏法	<1.5	石灰、电石渣等	1.8～1.9	脱硫石膏、亚硫酸钙	>90

6.4.2.4 石灰石/石灰法、钠碱法脱硫工艺可参照 HJ 462 执行，其他工艺方法应符合国家相关规定。

6.4.2.5 脱硫装置宜根据废气量、二氧化硫含量等要求，按处理能力富余量不小于负荷的 10%进行设计。

6.4.2.6 废气进入脱硫系统前应先除尘，进入脱硫系统的废气中固体颗粒物含量应不影响副产物质量及装置正常运行。

6.4.2.7 脱硫方案设计时应首先考虑脱硫副产品的综合利用，当脱硫副产品暂时不能利用时，应进行毒性鉴别，按鉴别性质进行处理和处置，使其不产生二次污染。

6.4.2.8 脱硫系统中长期保持连续运行的装置应建有备用系统。

6.4.2.9 脱硫系统应设置事故池（槽）、围堰等应急设施，以防止污染物负荷突变时发生事故或安全隐患。

6.4.3 废气输送管路

6.4.3.1 废气输送管路应考虑脱硫系统建设后烟气压力降变化，烟气压力不足时宜设置增压动力设备。

6.4.3.2 废气输送管路设计应保证烟尘在烟道内不会沉积，并在烟道低凹处设置清灰装置。对烟道内聚集粉尘，应考虑附加荷重。

6.4.3.3 烟道水平管段较长时宜安装膨胀节，烟道膨胀节、烟气密封机宜根据需要设置垂直排水管，排水可并入废水处理系统或沉降后回用。

6.4.4 吸收系统

6.4.4.1 吸收系统应满足技术性能要求，宜选用占地少、流程短、节能低耗的工艺及设备。

6.4.4.2 吸收系统应设事故泵、事故槽（池），事故槽（池）容量应满足事故处理时液体物料的倒换和储存。

6.4.4.3 浆液槽（池）应防腐并设置防沉积或堵塞装置。

6.4.4.4 脱硫剂储量宜不少于 3～7 d 用量，可根据输送距离远近及供应能力增减储量。

6.4.4.5 应减少尘、油及其他杂质进入脱硫液中，必要时可配置相应的除杂设施。

6.4.4.6 脱硫塔宜采用低压力降型，顶部或出口烟道上应设除雾器。

6.4.4.7 脱硫塔内部结构、喷淋层设置及液气比、气速，应保证脱硫液与烟气充分接触和脱硫达标，并同时控制脱硫剂逃逸。

6.4.4.8 管道材质应与工艺配套，管道布置设计应避免浆液沉积，浆液管道上宜设置排空和冲洗设施。

6.4.4.9 易结垢设备及部位应设置方便可靠的冲洗设施。吸收塔除雾器、下料口等经常或定期需冲洗部位宜采用远程控制的冲洗阀实现自动控制和远程操作。

6.4.4.10 脱硫塔（槽）检修时，需将溶液排出，宜在塔体或流出管道开口更低位设置排液孔和排液管，用阀门控制，以便入塔检修维护。

6.4.5 副产物处理系统

6.4.5.1 应根据所选工艺技术要求及市场条件，选择副产物品种及质量等级，并不应影响脱硫系统的主要技术性能。

6.4.5.2 副产物生产系统的设计和布局应根据产品性质、加工条件、运输要求等确定。

6.4.5.3 铅冶炼废气脱硫过程所产出销售的脱硫副产品质量应符合国家或行业标准要求，副产品用作农用肥料时还应满足 GB/T 23349 的要求。

6.4.5.4 副产物处理系统应充分考虑原烟气含尘量和组成对副产品品质影响，必要时应增设相应的处理工艺设备。

6.5 二次污染控制

6.5.1 铅冶炼企业应从工艺、制度和管理上防止二次污染的产生，并按要求编制环境应急预案。

6.5.2 原辅料、中间物料、各种渣和泥、收尘灰的运输、装卸、贮存过程中，应严格控制洒落、扬尘及渗水等泄漏情况。

6.5.3 收尘系统捕集的烟尘中，砷、镉、汞等有害元素含量过高时，不宜返回冶炼系统。

6.5.4 制酸过程中产生的酸泥、脱硫过程产生的尘泥和底泥，应严格按批次取样、鉴别，属于危险废物的应按危险废物管理的相关规定处理处置。

6.5.5 宜在脱硫工艺过程中采取措施脱除重金属，副产物中重金属含量应符合相应产品标准，应考虑副产物的储存、堆放和运输，并应严防污水渗漏、浮尘等造成二次污染。

7 主要工艺设备和材料

7.1 收尘系统

7.1.1 收尘器的选择应根据烟气性质、温度、湿含量、烟尘的粒度，除尘效率等合理选择。

a）干式粗收尘设备宜采用旋风收尘器，干式细收尘设备宜采用袋式收尘器、电收尘器和电袋一体收尘器。

b）常用湿式收尘设备有水膜旋风收尘器、冲击式收尘器、自激式收尘器和文丘里管等，适于含湿量较大的含尘烟气，宜根据烟气状况和当地气象条件进行选择。

7.1.2 收尘管道材质应具有坚固、耐磨、抗压和耐腐蚀的特点。

7.1.3 当废气中含有腐蚀性介质时，冷却装置、风机、集气收尘罩、阀门和颗粒过滤器等应满足相关防腐要求。

7.1.4 滤料、滤袋、滤袋框架等主要材料应符合环保产品标准的规定，并适应含尘气体的温度和性质。

7.2 制酸系统

7.2.1 制酸系统设备宜选用成熟可靠、耐腐蚀、便于操作和维护的设备和材料，以达到高开车率。

7.2.2 硫酸生产的设施设备应具有一定的技术先进性，稳定性好、原料利用率高，能耗低、污染小；硫酸生产的催化剂及设施设备应具有技术先进性、稳定可靠、原料转化率高、能耗低、污染小。

7.2.3 风机选择应带振喘保护、逆流保护功能，避免可能的酸雾腐蚀和酸泥沉积。应有宽广工作范围和高精度，满足冶炼烟气不均、频繁调速的要求。

7.2.4 制酸和酸储存系统地面应严格防腐、防渗，避免地下水污染。

7.2.5 制酸系统应有节能和余热利用装置。

7.3 脱硫系统

7.3.1 材料选择

7.3.1.1 脱硫剂选择原则：脱硫效率高、容易获得、价格低廉、易于运输、对废气中重金属有一定脱除作用、不对环境造成新污染、脱硫副产物应无毒稳定且有一定经济价值。

7.3.1.2 脱硫系统应充分考虑工艺特点，选择性价比高，具有耐磨、防腐特性的材料，并符合相关标准要求。

7.3.1.3 脱硫塔主材应适应脱硫工艺特点、脱硫剂的性质，有质量与安全控制措施。塔体其他构件宜采用涂覆防腐材料的碳钢、玻璃钢、合金钢等。

7.3.1.4 脱硫液用泵宜选用全合金或钢衬胶材质；浆液管道宜选用玻璃钢、合金钢、钢衬塑或钢衬胶材质；固液分离设备与吸收接触部分宜选用合金钢、玻璃钢，碳钢内衬等材质。

7.3.1.5 氨法脱硫工艺中严禁在氨盐溶液和和氨水管道上使用含铜或铜合金阀门。

7.3.2 设备选择

7.3.2.1 设备和管线、部件选型和配置应满足长期稳定运行的要求，配置应避免物料阻塞，选择材料应具有耐温性、耐蚀性、耐冲刷性和抗结晶性。

7.3.2.2 脱硫塔的数量应根据冶炼装置规模和配置、废气量、脱硫塔容量、操作弹性、可靠性和布置条件等因素确定。

7.3.2.3 循环泵的过流部件应能耐固体颗粒磨损、耐酸腐蚀、耐高氯、高氟等离子腐蚀。

8 检测及过程控制

8.1 分析检测

8.1.1 铅冶炼废气系统应在冶金炉窑出口烟道、除尘器、引风机、脱硫塔（槽）入口、排气筒等设备、设施处安装检测仪器仪表，并将分析检测数据引入控制室。仪表选型应能适应烟气温度、含尘、含酸的环境。

8.1.2 除尘器前后、脱硫塔（槽）前后应设置规范的永久性监测平台和采样孔，并符合GB/T 16157、HJ/T 397 的相关规定。

8.1.3 应在烟气排放口设排放连续监测系统，并符合 HJ/T 76 的要求；连续监测应按HJ/T 75 执行。

8.1.4 脱硫塔、溶液槽应安装液位计及配套的报警装置，按需要安装密度计、pH 计等在线监测仪器，吸收循环泵出口应安装流量计和压力表。

8.1.5 检测指标主要包括：

a）废气各处理工段主要工艺参数：温度、流量等；

b）主要设备运行状态：压差、电流、轴承温度等；

c）主要污染物浓度：颗粒物、SO_2、硫酸雾及重金属类指标。

d）脱硫液：pH、密度、流量、成分等。

8.2 过程控制

8.2.1 在分析检测的基础上，宜设置控制系统对过程进行控制，宜采用分散控制系统（DCS）或可编程逻辑控制器（PLC）进行控制，包括数据采集和处理、模拟量控制、顺序控制等；对参与控制的检测参数，应设报警上、下限值，设声光报警和必要的联锁保护；应设脱硫系统旁路开闭路信号。

8.2.2 除尘、制酸、脱硫控制室可结合系统和现场情况设独立的控制室，或并入主工艺控制室统一监控。设独立的除尘、脱硫系统控制室的，冷却烟道中的烟气温度、烟气流量等表征主工艺是否正常的重要参数也应引入主工艺控室显示。

8.2.3 烟气温度、流量，除尘器压差、电压，引风机电流，电机绕组、轴承温度等烟气检测参数发生异常，污染物分析检测值超过排放限值时，应及时检查物料变化、主工艺工况、除尘系统、制酸系统及脱硫系统等运行状况，并通过控制调整，及时消除异常。

9 主要辅助工程

9.1 电气系统

9.1.1 供电系统

9.1.1.1 供电设备及系统设置应符合有关标准规定。

9.1.1.2 应结合项目用电负荷的特点及总体布局，充分利用原有设施，原有设施不能满足供电需求时，可设置变配电所或低压配电室。

9.1.1.3 对影响到装置安全的重要设备应按照用电负荷的重要性质确定负荷等级。

9.1.1.4 主要生产设备宜采用集中—机旁两地控制方式。在生产设备机旁设现场操作箱，正常生产采用集中控制，当设备检修时切换到机旁控制。

9.2 建筑与结构

9.2.1 建筑

9.2.1.1 一般规定

a）废气处理区域内的建筑设计应根据工艺流程、使用要求、自然条件、建筑地点等因素进行整体布局，并考虑与建筑周围环境的协调，满足功能要求。

b）建筑物的防火设计应符合 GB 50016、GB 50630 的要求。

c）厂区噪声控制设计应符合 GB/T 50087 的规定。

d）工程建筑物的建筑安全等级不小于二级，耐火等级不小于二级。生产的火灾危险性分类为丁类。建（构）物腐蚀等级为强腐蚀。建筑防腐对气相和液相腐蚀进行防护处理，符合 GB 50046、GB 50212 要求。

e）建构筑物采用钢构架、轻钢、钢筋砼等结构，抗震强度满足相关标准要求。

f）为防止气相性腐蚀，厂房电力电缆和控制电缆宜选用防腐型，电缆桥架宜进行防腐处理，局部控制柜宜采用防腐、防尘、防水系列，宜选用防腐型混合光或金属卤化物灯具。

g）建筑设计除执行本规定外，应符合国家和行业的现行有关设计标准的规定。

9.3 暖通

9.3.1 采暖通风与空气调节应符合 GB 50019 要求。

9.3.2 生产厂房等有可能逸出大量有害气体的场所，应设置事故通风设施，事故通风换气次数不小于 12 次/小时。

9.4 消防

9.4.1 消防系统设计应符合 GB 50016、GB 50630 的规定。

9.4.2 对于新建工程，消防站的设置由全厂统一设置；已建工程加装废气处理装置时，宜利用已有的消防设施、消防给水系统，布置消防给水管网及添置必要的消防器材，设备选型宜与主体工程一致。

9.4.3 废气处理系统的火灾探测及报警系统宜在各废气处理点设置监控点，并与全厂火灾探测及报警系统实现通信。

9.5 给排水废气治理系统给排水设计应和全厂一致，系统宜尽量采用雨水回用和循环水，降低水耗。

10 劳动安全与职业卫生

10.1 一般规定

10.1.1 铅冶炼废气治理装置的设计、制造、安装、使用和维修，应符合 GB 5083、GB/T 12801、GB 13746 的要求，重视劳动安全与卫生防护。

10.1.2 铅冶炼废气治理装置建设、运行中污染物防治与排放，应符合国家现行环保法规和标准的有关规定。

10.1.3 铅冶炼废气治理装置的建设和运行中，应满足国家和地方相关职业卫生和职业病的相关法律、法规和标准要求。

10.1.4 铅冶炼废气治理装置可行性研究阶段应有环境保护、劳动安全和职业卫生的论证内容。在初步设计阶段，应有环境保护、劳动安全和职业卫生专篇。

10.1.5 铅冶炼废气治理装置使用过程安全卫生的基本要求、防护技术和管理措施应符合 GB/T 12801 中的有关规定。

10.1.6 在铅冶炼废气治理装置建成运行的同时，安全和卫生设施也应同时建成运行，并制定相应的安全操作规程和职业卫生管理制度。

10.1.7 应加强员工安全教育、培养良好的职业卫生习惯。

10.2 劳动安全

10.2.1 建立并严格执行经常性和定期的安全检查制度，及时消除潜在隐患，防止事故发生。

10.2.2 对经常检查维修点，应设安全通道。有坠落危险开口处，应设盖板或安全栏杆。

10.2.3 废气治理装置安全防护应采取有效的防腐蚀、防漏、防雷、防静电、防火、防爆和抗震加固措施。

10.2.4 产生或使用有毒有害气体的场所，应按规定设置气体泄漏检测、报警装置。

10.2.5 操作人员应配备工作服、手套、劳保鞋、防毒面具、过滤式口罩等劳保用品，防止烫伤、灼伤和中毒。

10.3 职业卫生

10.3.1 作业环境须满足 GBZ 1 和 GBZ 2.1 和 GBZ 2.2 的规定。

10.3.2 防尘、防噪声与振动、防电磁辐射、防暑与防寒等职业卫生要求应符合 GBZ 1 的规定。

10.3.3 防尘防毒应符合 GB/T 17398 要求。

11 施工与验收

11.1 工程施工

11.1.1 工程总承包、设计、施工单位应具有相应的资质。

11.1.2 工程施工应符合国家和行业相应专项工程施工规范、施工程序及管理文件的要求。

11.1.3 工程施工应按设计文件、施工图和设备安装使用说明书的规定进行，工程变更应取得设计单位的设计变更文件后再施工。

11.1.4 工程施工中采用的工程技术文件、承包合同文件对施工质量验收的要求不得低于国家相关专项工程规范的规定。

11.1.5 工程施工中使用的设备、材料、配件等应符合相关国家标准，并应取得供货商的产品合格证后方可使用。

11.1.6 施工除遵守相关的施工技术规范以外，还应遵守国家工程质量、安全卫生、消防等标准。

11.2 竣工验收

11.2.1 工程竣工验收的程序和内容应符合 GB 50252、GB 50254、GB 50275、GB 50300、《建设项目（工程）竣工验收管理办法》等有关规定。工程竣工验收前，严禁投入生产性使用。

11.2.2 生产主体工程与废气治理工程应同时进行环境保护验收，现有生产设备或改造设施应单独进行环境保护验收。

11.2.3 工程配套建设的烟气连续监测及数据传输系统，应与工程同时进行环境保护验收。

11.2.4 贮气罐、压力管道等压力容器及其配套件须经特种设备主管部门验收。

11.2.5 在生产试运行期间应对工程进行性能测试，性能报告应作为环境保护验收的重要内容。验收程序和内容应符合相关标准和安装文件的有关规定。

12 运行与维护

12.1 一般规定

12.1.1 铅冶炼废气治理工程的运行、维护及安全管理除应执行本标准外，还应符合国家现行有关强制性标准的规定。

12.1.2 未经当地环境保护行政主管部门批准，不得擅自停运废气处理装置。

12.1.3 废气治理装置运行应根据工艺要求，定期对各类设备、电气、自控仪表及建（构）筑物进行检查维护，确保装置稳定可靠运行。

12.1.4 应建立健全与装置运行维护相关的各项运行、维护规程和管理制度。

12.1.5 废气治理系统运行、维护和检修时，不应影响冶炼系统和后续废气治理装置的正常、稳定、连续运行。大修时应考虑和冶炼设施大修同步进行。

12.1.6 废气治理装置运行过程中，所有参与过程控制的烟气检测参数、监测参数和污染物排放参数，应有完善的历史记录，历史记录至少保存 12 个月。

12.2 人员与运行管理

12.2.1 废气治理装置应设专人操作，同时由环保管理部门负责装置运行的监管。

12.2.2 运行操作人员，上岗前应进行以下内容的专业培训，经考试合格，持证上岗：

a）必要的工艺技术知识、安全知识；

b）启动前的检查和启动要求的条件；

c）处置设备的正常运行，包括设备的启动和关闭；

d）控制、报警和指示系统的运行和检查，以及必要时的纠正操作；

e）最佳的运行温度、压力、脱硫效率的控制和调节，以及保持设备良好运行的条件；

f）设备运行故障的发现、检查和排除；

g）事故或紧急状态下人工操作和事故处理；

h）设备日常和定期维护；

i）设备运行及维护记录，以及其他事件的记录和报告。

j）常用有毒有害化学品运输使用知识及防毒、防腐蚀、防火等安全知识和技能培训。

12.2.3 应建立废气处理系统运行状况、设施维护和生产活动等记录制度，主要记录内容包括：

a）系统启动、停止时间；

b）原材料进厂质量分析数据，进厂数量，进厂时间；

c）系统运行工艺控制参数记录，至少应包括装置进出口 SO_2 含量、烟尘含量、烟气温度、烟气流量、烟气压力、用水量、脱硫剂消耗量；

d）主要设备的运行和维修情况的记录；

e）烟气连续监测数据记录；

f）废水、渣和副产物生产情况的记录；

g）生产事故及处置情况的记录；

h）定期检测、评价及评估情况的记录等。

12.2.4 运行人员应按规定做好交接班制度和巡视制度。有毒、腐蚀性物品装卸应加强监控。

12.3 维护保养

12.3.1 装置的维护保养应纳入全厂的维护保养计划中。

12.3.2 维修人员应根据维护保养规定定期检查、更换或维修必要的部件。

12.3.3 维修人员应做好维护保养记录。

12.3.4 计量装置、压力容器及其配套件应定期由具有相应资质的单位检验。

12.4 事故应急

12.4.1 铅冶炼企业废气治理系统应编制环境保护应急预案，并及时按相关规定进行修订、更新和备案，使之规范、符合、有效。

12.4.2 铅冶炼企业应按应急预案要求，加强员工培训、组织预演，并在组织制度和结构上保证废气治理系统发生事故或其他导致二次污染的情况发生时，应急救援职能人员能根据应急响应级别，按照预案要求，各司其职，及时有效地展开事故应急救援行动。

12.4.3 铅冶炼企业应从工艺、制度和管理上防止二次污染和各种事故的产生，加强生产和设备监控，在二次污染及其他事故产生时，应立即执行应急预案，并报告相关部门。

废铅酸蓄电池处理污染控制技术规范

HJ 519—2009

前言

为贯彻《中华人民共和国环境保护法》和《中华人民共和国固体废物污染环境防治法》，规范废铅酸蓄电池收集及处理过程，防止废铅酸蓄电池铅处理过程对环境的污染，保护环境，保障人体健康，制定本标准。

本标准适用于废铅酸蓄电池处理过程中的资源再生利用全过程环境污染防治，并指导相应的生产运营及回收利用工作。

本标准为首次发布。

本标准附录 A 和附录 B 为资料性附录。

本标准由环境保护部科技标准司组织制定。

本标准起草单位：中国环境科学学会、沈阳环境科学研究院、中国科学院高能物理研究所、国家环境保护危险废物处置工程技术中心。

本标准由环境保护部 2009 年 12 月 21 日批准。

本标准自 2010 年 3 月 1 日起开始实施。

本标准由环境保护部解释。

1 适用范围

本标准规定了废铅酸蓄电池收集、贮存、运输和资源再生利用过程中的污染防治以及铅回收企业运行管理要求。

本标准适用于废铅酸蓄电池收集、贮存、运输、处理等资源再生利用全过程的污染控制，并可用于指导资源再生企业建厂选址、工程建设以及建成后的污染控制管理工作。

2 规范性引用文件

本标准引用了下列文件或其中的条款。凡是未注明日期的引用文件，其最新版本适用于本标准。

GB 190　危险货物包装标志

GB 3095　环境空气质量标准

GB 8978　污水综合排放标准

GB 9078　工业炉窑大气污染物排放标准

GB 12348　工业企业厂界环境噪声排放标准

GB 13392　道路运输危险货物车辆标志

GB 15562.2　环境保护图形标志　固体废物贮存（处置）场

GB 15618　土壤环境质量标准

GB 14848　地下水质量标准

GB 16297　大气污染物综合排放标准

GB 18484　危险废物焚烧污染控制标准

GB 18597　危险废物贮存污染控制标准

HJ/T 364　废塑料回收与再生利用污染控制技术规范（试行）

危险废物转移联单管理办法（国家环境保护总局令　第 5 号）

危险废物经营许可证管理办法（国务院令　第 408 号）

危险废物经营单位编制应急预案指南（国家环境保护总局公告　2007 年第 48 号）

3　术语和定义

下列术语和定义适用于本标准。

3.1　铅酸蓄电池

指由电解液、元件以及盛装它们的容器组成的，能够以化学能的形式储存接收的电能并能在接入用电回路后释放能量的装置。

3.2　废铅酸蓄电池

指在生产、生活和其他活动中产生的丧失原有利用价值或者虽未丧失利用价值但被抛弃或者放弃的铅酸蓄电池。

3.3　电极板

指电池中的正负两极，由铅制成格栅，正极表面涂有二氧化铅，负极表面涂有多孔具有可渗透性的金属铅。通常还含有锑、砷、铋、镉、铜、钙和锡等化学物质，以及硫酸钡、炭黑和木质素等膨胀材料。

3.4　电解液

指电极板浸入其中的离子导体。

3.5　收集

指废铅酸蓄电池回收经营单位将分散的废铅酸蓄电池进行集中的活动。

3.6 运输

指废铅酸蓄电池运输者使用专用车辆，将铅酸蓄电池送至废铅酸蓄电池资源再生利用单位的过程。

3.7 贮存

指废铅酸蓄电池收集、运输、资源再生过程中和处理前临时贮存和长期贮存。

3.8 铅回收

指通过各种方法、技术和工艺，把铅从废铅酸蓄电池中提取出来，以便于利用。

3.9 火法冶金

指通过高温的方法在熔融状态将金属从中提炼出来的技术工艺。

3.10 湿法冶炼

指通过采用某种溶剂，在溶液中借助化学作用，将金属从中提炼出来的技术工艺。

3.11 清洁生产

指不断采取改进设计，使用清洁的能源和原料，采用先进的工艺技术与设备、改善管理、综合利用等措施，从源头削减污染，提高资源利用率，减少或者避免生产、服务和产品使用过程中污染物的产生和排放，以减轻或者消除对人类健康和环境的危害。

3.12 废铅酸蓄电池铅回收企业

指对废铅酸蓄电池中以铅为主的有用资源进行回收利用的企业（以下简称“铅回收企业”）。

4 废铅酸蓄电池的收集、运输和贮存

4.1 总体要求

4.1.1 废铅酸蓄电池属于危险废物，从事废铅酸蓄电池收集、贮存、利用的单位应按照《危险废物经营许可证管理办法》的规定获得经营许可证。禁止无经营许可证或者不按照经营许可证规定从事废铅酸蓄电池收集、贮存、利用的经营活动。

4.1.2 收集、运输、贮存废铅酸蓄电池的容器应根据废铅酸蓄电池的特性而设计，不易破损、变形，其所用材料能有效地防止渗漏、扩散，并耐酸腐蚀。装有废铅酸蓄电池的容器必须粘贴符合 GB 18597 中附录 A 所要求的危险废物标签。

4.1.3 转移废铅酸蓄电池的，应执行《危险废物转移联单管理办法》有关规定，禁止在转移过程中擅自拆解、破碎、丢弃废铅酸蓄电池。

4.2 收集

4.2.1 从事废铅酸蓄电池收集的单位应向县级以上商务主管部门进行再生资源回收经营者备案登记。

4.2.2 鼓励铅酸蓄电池生产单位利用其销售渠道，推进生产者责任延伸，对废铅酸蓄电

池统一集中回收、暂存后送有资质的铅回收企业进行处置。对铅酸蓄电池生产单位，其产品应有回收、再利用标志说明，以确保使用后能够采用有利于环境保护的方式利用或处置。

4.2.3 鼓励由铅酸蓄电池生产企业及再生铅生产企业共同建立国内跨行政区域废铅酸蓄电池的回收体系，推进废铅酸蓄电池的合理收集和处理。

4.2.4 收集者可在收集区域内设置再生资源社会回收亭，建设废铅酸蓄电池暂存库，以利于中转。

4.2.5 废铅酸蓄电池的收集和运输人员应配备必要的个人防护装备，如耐酸工作服、专用眼镜、耐酸手套等，防止收集和运输过程中对人体健康可能产生的潜在影响。

4.2.6 废铅酸蓄电池收集过程应以环境无害化的方式运行，应在收集过程中采取以下防范措施，避免可能引起人身和环境危害的事故发生。

（1）废铅酸蓄电池运输前，产生者应当自行或者委托有关单位进行合理包装，防止运输过程出现泄漏。不得擅自倾倒、丢弃废铅酸蓄电池中的电解液。

（2）废铅酸电池有电解液渗漏的，其渗漏液应贮存在耐酸容器中。

（3）拆装后的铅材料应包装后收集。

4.2.7 收集者不应大量贮存废铅酸蓄电池，暂存库贮存废铅酸蓄电池量不应大于 30 t。

4.3 运输

4.3.1 废铅酸蓄电池公路运输车辆应按 GB 13392 的规定悬挂相应标志。铁路运输和水路运输危险废物时，均应在集装箱外按 GB 190 的规定悬挂相应的危险货物标志。

4.3.2 运输单位应具有危险货物运输资质和对危险废物包装发生破裂、泄漏或其他事故进行处理的能力。

4.3.3 运输车辆在公路上行驶应持有通行证。其上应证明废物的来源、性质、运往地点，必要时须有单位人员负责押运工作。

4.3.4 废铅酸蓄电池运输单位应制定详细的运输方案及路线，并制定事故应急预案，配备事故应急及个人防护设备，以保证在收集、运输过程中发生事故时能有效地减少以至防止对环境的污染。

4.3.5 废铅酸蓄电池运输时应采取有效的包装措施，以防止电池中有害成分的泄漏污染，不得继续将废铅酸蓄电池破碎、粉碎，以防止电池中有害成分的泄漏污染。

4.3.6 废铅酸蓄电池运输车辆驾驶员和押运人员等必须经过危险废物和应急救援方面的培训，包括防火、防泄漏以及应急联络等。

4.4 贮存

4.4.1 废铅酸蓄电池的贮存设施应参照 GB 18597 的有关要求进行建设和管理。基于废铅酸蓄电池收集和回收的特殊性，可以分为长期贮存和暂时贮存两种方式。

4.4.2 废铅酸蓄电池的长期贮存设施还应符合以下要求：

（1）贮存点应防雨，必须远离其他水源和热源；

（2）贮存点应有耐酸地面隔离层，以便于截留和收集废酸电解液；

（3）应有足够的废水收集系统，以便溢出的溶液送到酸性电解液的处理站；

（4）应只有一个入口，并且在一般情况下，应关闭此入口以避免灰尘的扩散；

（5）应具有空气收集、排气系统，用以过滤空气中的含铅灰尘和更新空气；

（6）应设有适当的防火装置；

（7）作为危险品贮存点，必须设立警示标志，只允许专门人员进入贮存设施；

（8）应设立负压排气系统。

4.4.3 废铅酸蓄电池的暂时贮存设施可以以销售单位库房作为暂存库，但暂存库的设计应符合上述安全防护要求，并防止电解液泄漏，严格控制环境污染。禁止将废铅酸蓄电池堆放在露天场地，避免废蓄电池遭受雨淋水浸。

4.4.4 应避免贮存大量的废铅酸蓄电池或贮存时间过长，贮存点应有足够的空间，暂存时间最长不得超过 60 天，长期贮存时间最长不得超过 1 年。

5 铅回收企业建设及清洁生产要求

5.1 一般要求

5.1.1 废铅酸蓄电池资源再生利用设施建设应经过充分的技术经济论证并通过环境影响评价，包括环境风险评价。

5.1.2 废铅酸蓄电池资源再生利用工程规模的确定和详细技术路线的选择，应根据服务区域废铅酸蓄电池的产生情况、社会经济发展水平、城市总体规划、技术的先进合理性等确定。并应保证现有再生铅的生产规模大于 1 万吨/年，改扩建企业再生铅的生产规模大于 2 万吨/年，新建企业生产规模应大于 5 万吨/年。

5.1.3 废铅酸蓄电池资源再生利用应采用成熟可靠的技术、工艺和设备，做到运行稳定、维修方便、经济合理、保护环境、安全卫生。

5.2 铅回收企业选址要求

5.2.1 厂址选择应符合当地城市总体发展规划和环保规划，符合当地大气污染防治、水资源保护、自然保护的要求。

5.2.2 铅回收企业不得建设在饮用水水源保护区陆域范围和 GB 3095 中规定的环境空气质量 I 类功能区以及自然保护区、生态功能保护区、风景名胜区等需要特殊保护的地区。

5.2.3 厂址选择还应符合以下条件：

（1）厂址应满足工程建设的工程地质条件、水文地质条件和气象条件，不应选在地震断层、滑坡、泥石流、沼泽、流沙、采矿隐落区以及居民区上风向地区。

（2）选址应综合考虑交通、运输距离、土地利用现状、基础设施状况等因素，并应进行公众调查。

（3）厂址不应受洪水、潮水或内涝的威胁，或有可靠的防洪、排涝措施。

（4）厂址附近应有满足生产、生活的供水水源。

（5）厂址附近应保障电力供应。

5.3 铅回收企业设施建设要求

5.3.1 铅回收企业设施应包括预处理系统、铅冶炼系统，环境保护设施以及相应配套工程和生产管理等设施。

5.3.2 铅回收企业出入口、暂时贮存设施、处置场所等，应按 GB 15562.2 的要求设置警示标志。

5.3.3 应在法定边界设置隔离围护结构，防止无关人员和家禽、宠物进入。

5.3.4 废铅酸蓄电池贮存库房、车间应采用全封闭、微负压设计，室内排出的空气必须进行净化处理。

5.3.5 现有铅回收企业铅回收率应大于 95%，新建铅回收企业铅回收率应大于 97%。

5.3.6 再生铅工艺过程应采用密闭的熔炼设备或湿法冶金工艺设备，并在负压条件下生产，防止废气逸出。

5.3.7 应具有完整废水、废气的净化设施、报警系统和应急处理装置，确保废水、废气达标排放。

5.3.8 再生铅冶炼过程中产生的粉尘和污泥应配备符合环境保护要求的处置设施，以确保其得到妥善、安全处置。

5.4 铅回收企业清洁生产要求

5.4.1 新建铅回收企业应严格执行清洁生产工艺，严格按照国家清洁生产相关法规、标准和技术规范等管理性文件所确定的生产工艺与装备要求、资源能源利用指标、产品指标、污染物产生指标（末端处理前）、废物回收利用指标和环境管理要求等进行建设和生产。现有企业应限期达到清洁生产要求，逐步淘汰工艺技术落后、能耗高、资源综合利用率低和环境污染严重的工艺和设备。

5.4.2 铅回收企业应积极推进工艺、技术和设备更新改造，积极推进更先进的清洁生产技术。

6 污染控制要求

6.1 工艺过程污染控制要求

6.1.1 预处理

6.1.1.1 废铅酸蓄电池的资源再生应先经过预处理后，再采用冶金的方法处理电极板填料等含铅物料。

6.1.1.2　废铅酸蓄电池的预处理一般包括机械打孔、破碎、分离等，其过程应符合以下要求：

（1）废铅酸蓄电池的机械打孔应采取妥善措施避免二次污染产生。

（2）废铅酸蓄电池破碎工艺应保证电池中的铅板、连接器、塑料盒和酸性电解液等成分在后续步骤中易被分离。

（3）破碎后的铅的氧化物和硫酸盐可通过筛分、水力分选、过滤等方式使其从其他的原料中分离出来。

（4）应对废塑料进行清洗，并应清洗至无污染，基本不含铅后方可进一步回收利用。

（5）预处理过程应积极推进采用自动破碎分选设备进行。

6.1.1.3　废铅酸蓄电池预处理过程应在封闭式的构筑物中进行，对于新建5万吨/年的再生铅企业，应采取封闭式预处理措施；对于现有企业，应做到车间局部抽风，保证车间环境清洁。不得对废铅酸蓄电池进行人工破碎和在露天环境下进行破碎作业。

6.1.1.4　在回收拆解过程中应将塑料、铅电极板、含铅物料、废酸液分别回收、处理。对于隔板、废硫酸电解液等废物应分类计量且对各自的去向有明确的记录。

6.1.1.5　废铅酸蓄电池中的废酸液应收集处理，不得将其排入下水道或排入环境中。

6.1.2　铅回收

6.1.2.1　经预处理后的含有金属铅、铅的氧化物、铅的硫酸盐以及其他金属如钙、铜、银、锑、砷及锡等物质的电池碎片可采取火法冶金法或湿法冶金法把金属铅从混合物中分离出来。

6.1.2.2　铅回收过程应采用技术装备先进、设备产能高、资源综合利用率高、环境保护好的先进工艺，不得采用设备单产能低，处理能力小、资源综合利用率低、环境污染严重、能耗高的落后工艺。

6.1.2.3　火法冶金法

（1）火法冶金法一般包括两种方式，即一种是先预脱硫后高温冶炼还原铅；另一种方法为直接熔炼还原回收铅，同时进行硫的回收处理工艺。

（2）预脱硫过程可通过与碳酸铵或碳酸钠和氢氧化钠的混合物或三氧化二铁和碳酸钙混合物等反应来脱硫，脱硫产生的硫酸钠溶液可进一步纯化生产高纯度的盐。

（3）利用直接熔炼还原回收铅，其冶炼过程应对含二氧化硫烟气进行收集制酸，其尾气应经净化处理后实现达标排放。

（4）火法冶金可采用回转窑、鼓风炉、电炉、旋转窑、反射炉（不含直接燃煤的反射炉）等。应严格控制熔炼介质和还原介质的加入数量，以保证去除电池碎片中所有的硫和其他杂质以及还原所有的铅氧化物。

（5）利用火法冶金工艺进行废铅酸蓄电池资源再生，其冶炼过程应在密闭负压条件下进行，以免有害气体和粉尘逸出，收集的气体应进行净化处理，达标后排放。

6.1.2.4　湿式冶金法

（1）湿法冶金一般包括两种工艺方法：一种是预脱硫—电解沉积工艺，另一种是固相电还原铅工艺。

（2）预脱硫—电解沉积工艺浸出前应采用$(NH_4)_2CO_3$或碱金属碳酸盐等脱硫剂，把铅膏中的硫酸铅脱硫和二氧化铅还原，转化为易溶于H_2SiF_6或HBF_4的铅化合物；脱硫料可采用硅氟酸或硼氟酸电解液浸出得到电解液，电解液应进行电解沉积进而得到产品电铅，贫电解液返回浸出，然后将脱硫液蒸发回收副产品。

（3）固相电解还原铅工艺可采用 NaOH 作为电解液，采用不锈钢板作为阴、阳电极板，但阴极板两面附设不锈钢隔板。经过 NaOH 浆化的铅膏填装于阴极板两面的框架中，电解时铅膏中的固相铅化物质从阴极表面获得电子而直接还原为金属铅。

（4）湿式冶金过程中应将铅的结晶状或者海绵状的电解沉积物收集起来后，压成纯度高的铅饼，然后送到炉中浇铸成锭。

（5）利用湿式冶金工艺进行废铅酸蓄电池资源再生，其工艺过程应在封闭式构筑物内进行，排出气体须进行除湿净化，达标后排放。

6.2　末端污染控制要求

6.2.1　大气污染控制

（1）对于铅回收企业的所有工序排放出来的粉尘，应经过收集和处理后排放。

（2）对于粉尘，可根据污染治理程度的要求，采用布袋除尘器、静电除尘器、旋风除尘器、陶瓷过滤器或湿式除尘器。收集好的粉尘可以直接返回铅回收生产系统。

（3）对于SO_2，其消除可采用干式、半干式、半湿和湿式等方法。采用先进成熟的脱硫技术和设备进行。

（4）铅回收企业的废气排放应按照 GB 16297、GB 9078 的排放限值执行。

6.2.2　酸性电解液和溢出液污染控制

（1）若采用中和处理，应达到中和渣无害化。

（2）铅回收企业应有污水处理站，用以处理流出回收厂的污水、雨水、废铅酸蓄电池仓库储存时的溢出液等。未经处理的电解液不得直接排放。再生厂排放废水应当满足 GB 8978 和其他相应标准的要求。

6.2.3　残渣污染控制

（1）铅回收企业产生的冶炼残渣、废气净化灰渣、废水处理污泥、分选残余物应按照危险废物进行管理，可送危险废物安全填埋场进行处置。

（2）禁止将资源再生过程中产生的残渣等危险废物任意堆放或填埋。

6.2.4 噪声污染控制

（1）主要噪声设备，如破碎机、泵、风机等应采取基础减振和消声及隔声措施。

（2）厂界噪声应符合 GB 12348 的要求。

6.2.5 废铅酸蓄电池的资源再生装置应设置废水、废气、废渣等污染控制系统外，还应配置报警系统和应急处理装置。

6.2.6 无组织排放污染控制

（1）废铅酸蓄电池的收集和运输过程中废铅酸电池有电解液渗漏的，其渗漏液应及时进行回收，采用烧碱、生石灰等碱性物质进行中和，中和后的物质进行集中回收，避免造成周围环境的污染。

（2）在工艺设计、工程设计时，尽量避免造成无组织排放现象的出现。如物流运输尽量采用负压密封管道输送；生产车间实行密闭微负压设计，其产生的废气经过分支管道集中到总管道，最终进行净化、吸收、达标排放。

（3）废铅酸蓄电池暂存库、贮存库应处于微负压状态，其产生硫酸雾、粉尘应进行集中净化回收处理，达标后排放。

（4）废铅酸蓄电池破碎分选车间处于微负压状态，其中的硫酸雾和粉尘在出气口经过集中净化、回收后达标排放。

（5）废铅酸蓄电池外壳应经过彻底清洗后，满足环保标准 HJ/T 364 的要求后方准再生使用。

（6）定期或不定期进行安全、环保检查，发现无组织排放及时采取措施，减少无组织排放。

（7）在无组织排放现场，采取应急措施，把有害排放物纳入有组织排放系统。

7 运行管理要求

7.1 运行基本条件

7.1.1 铅回收企业应按照《危险废物经营许可证管理办法》获得许可证后方可运营；未取得危险废物经营许可证的单位不得从事有关废铅酸蓄电池铅回收处置活动。

7.1.2 应具有经过培训的技术人员、管理人员和相应数量的操作人员。

7.1.3 具有完备的保障废铅酸蓄电池安全回收处置的规章制度和劳动保护措施。

7.1.4 具有保证铅回收企业正常运行的周转资金和辅助原料。

7.1.5 具备主要污染物监测能力和监测设备。

7.1.6 具备再生铅产品质量监测能力和设备。

7.2 机构设置与劳动定员

7.2.1 铅回收企业运营机构设置应以精干高效、提高劳动生产率和有利于生产经营为原则，做到分工合理、职责分明。

7.2.2 铅回收企业劳动定员可分为生产人员、辅助生产人员和管理人员。劳动定员应以按岗定人为原则，根据项目的工艺特点、技术水平、自动控制水平、投资体制、当地社会化服务水平和经济管理的要求合理确定。

7.3 人员培训

7.3.1 铅回收企业应对操作人员、技术人员及管理人员进行相关法律法规和专业技术、安全防护、应急处理等理论知识和操作技能培训。

7.3.2 培训内容应包括以下几个方面：

（1）一般要求：

①熟悉有关废铅酸蓄电池铅回收管理的法律和规章制度；

②了解废铅酸蓄电池铅回收过程危险性方面的知识；

③明确铅回收安全生产和环境保护的重要意义；

④熟悉铅回收企业运作的工艺流程；

⑤掌握劳动安全防护设施、设备使用的知识和个人卫生措施；

⑥熟悉处理泄漏和其他事故的应急操作程序。

（2）资源再生操作人员和技术人员的培训还应包括：

①在不同岗位的人员应懂得如何使用以及学会如何分辨在回收厂不同岗位的员工的劳动保护装备的差别；

②处置设备的正常运行，包括设备的启动和关闭；

③控制、报警和指示系统的运行和检查，以及必要时的纠正操作；

④铅回收过程产生的排放物应达到的排放标准；

⑤设备运行故障的检查和排除；

⑥事故或紧急情况下人工操作和事故处理；

⑦设备日常和定期维护；

⑧设备运行及维护记录，以及泄漏事故和其他事件的记录及报告；

⑨技术人员应掌握铅回收利用相关理论知识和设备的基本工作原理。

7.4 废铅酸蓄电池接收

7.4.1 废铅酸蓄电池接收应严格执行危险废物转移联单制度。

7.4.2 铅回收企业有责任协助运输单位对废铅酸蓄电池包装发生破裂、泄漏或其他事故进行处理。

7.4.3 现场交接时应认真核对废铅酸蓄电池的数量、种类等，并确认与危险废物转移联单是否相符。

7.4.4 铅回收企业应对接收的废物及时登记。

7.5 交接班及运行登记制度

7.5.1 为保证铅回收企业生产活动安全有序进行，应建立严格的交接班制度，内容包括：

（1）生产设施、设备、工具及生产辅助材料的交接；

（2）运行记录的交接；

（3）上下班交接人员应在现场进行实物交接；

（4）运行记录交接前，交接班人员应共同巡视现场；

（5）交接班程序未能顺利完成时，应及时向生产管理负责人报告；

（6）交接班人员应对实物及运行记录核实确定后签字确认。

7.5.2 铅回收企业应建立危险废物经营情况记录簿，详细记载每日收集、贮存、利用或处置废铅酸蓄电池的类别、数量、有无事故或其他异常情况等，并按照危险废物转移联单的有关规定，保管需存档的转移联单。危险废物经营情况记录簿与危险废物转移联单同期保存。

7.5.3 当地环境保护行政主管部门和其他有关管理部门应依据这些准确信息建立数据库，为管理和处置废铅酸蓄电池提供可靠的依据。

7.5.4 再生铅回收企业生产设施运行状况、设施维护和回收处置生产活动等记录的主要内容包括：

（1）危险废物转移联单记录；

（2）废铅酸蓄电池接收登记记录；

（3）废铅酸蓄电池进厂运输车车牌号、来源、重量、进场时间、离场时间等记录；

（4）生产设施运行工艺控制参数记录；

（5）生产设施维修情况记录；

（6）环境监测数据记录；

（7）生产事故及处置情况记录。

7.6 监测及评估制度

7.6.1 主要监测对象：

（1）废水：应对经废水处理站处理的出水进行监测，监测指标至少包括 pH、含硫量（以 SO_4^{2-}计）和有代表性的重金属物质（如 Pb、Cd、Hg 等）。

（2）大气：应对污染物净化设施排放口进行监测。新建厂应安装连续监测设备，对粉尘（Pb）、硫酸雾等进行在线监测，应对铅回收企业周围进行环境监测。

（3）土壤和植物：应定期对厂内及厂区周边的土壤和植物进行监测。

（4）地下水：应按照 GB 14848 定期对厂内及厂区周边的地下水质量进行监测。

（5）无组织排放：应定期或不定期对无组织排放的污染物进行监测。

（6）健康检查：对所有工作人员应定期进行健康检查。废铅酸蓄电池资源再生过程主要污染物排放监测以及再生厂环境监测要求见附录 A 和附录 B。

7.6.2　应定期对废铅酸蓄电池资源再生效果进行监测和评估，必要时应采取改进措施。

7.6.3　应定期对铅回收企业的设施、设备运行及安全状况进行检测和评估，消除安全隐患。

7.6.4　应定期对废铅酸蓄电池资源再生生产程序及人员操作进行安全评估，必要时采取有效的改进措施。

7.7　应急预案

7.7.1　铅回收企业应建立应急预案，应急预案可按照《危险废物经营单位编制应急预案指南》（国家环境保护总局公告　2007 年第 48 号）的要求制定，并定期进行演练。

7.7.2　应急预案至少应包括以下内容：

（1）废铅酸蓄电池收集过程中的贮存过程中发生事故时的应急预案；

（2）废铅酸蓄电池贮存过程中发生事故时的应急预案；

（3）废铅酸蓄电池运输过程中发生事故时的应急预案；

（4）废铅酸蓄电池资源再生设施、设备发生故障、事故时的应急预案。

附录 A
（资料性附录）
废铅酸蓄电池资源再生过程主要污染物排放监测要求

<table>
<tr><th>铅回收方法</th><th>排放类型</th><th>指标</th><th>监测频率</th><th>监测点位</th><th>执行标准</th></tr>
<tr><td rowspan="7">火法冶金</td><td rowspan="3">大气排放</td><td>粉尘（Pb）</td><td>在线监测</td><td rowspan="3">污染物净化设施排放口</td><td rowspan="3">GB 9078</td></tr>
<tr><td>SO_2</td><td>在线监测</td></tr>
<tr><td>烟气黑度</td><td>1 次/季</td></tr>
<tr><td rowspan="4">废水排放</td><td>pH</td><td rowspan="4">1 次/季</td><td rowspan="3">常规污水处理设施排放口</td><td rowspan="4">GB 8978</td></tr>
<tr><td>COD_{Cr}</td></tr>
<tr><td>SS</td></tr>
<tr><td>重金属（总铅、总砷、总镉总汞、总镍）</td><td>车间和常规污水处理设施排放口</td></tr>
<tr><td rowspan="5">湿法冶金</td><td rowspan="2">大气排放</td><td>硫酸雾</td><td rowspan="2">1 次/季</td><td rowspan="2">污染物净化设施排放口</td><td rowspan="2">GB 16297</td></tr>
<tr><td>铅及铅的化合物</td></tr>
<tr><td rowspan="3">废水排放</td><td>pH</td><td rowspan="2">在线监测</td><td rowspan="2">常规污水处理设施排放口</td><td rowspan="3">GB 8978</td></tr>
<tr><td>SO_4^{2-}</td></tr>
<tr><td>重金属（总铅、总砷、总镉总汞、总镍）</td><td>1 次/季</td><td>车间和常规污水处理设施排放口</td></tr>
</table>

附录 B

（资料性附录）

废铅酸蓄电池再生铅回收企业环境监测要求

<table>
<tr><th colspan="3">指标</th><th>监测频次</th><th>监测点位</th><th>执行标准</th></tr>
<tr><td rowspan="5">空气质量</td><td rowspan="2">日均值</td><td>TSP</td><td>1～2 期/a</td><td rowspan="5">厂界</td><td rowspan="5">GB 3095</td></tr>
<tr><td>SO_2</td><td>1～2 期/a</td></tr>
<tr><td>小时均值</td><td>SO_2</td><td>1～2 期/a</td></tr>
<tr><td>季平均</td><td>Pb</td><td>1～2 期/a</td></tr>
<tr><td>月平均</td><td>Pb</td><td>1～2 期/a</td></tr>
<tr><td rowspan="5">土壤</td><td rowspan="5">浓度</td><td>pH</td><td>2 期/a</td><td rowspan="5">厂界周围土壤</td><td rowspan="5">GB 15618</td></tr>
<tr><td>铅</td><td>2 期/a</td></tr>
<tr><td>砷</td><td>2 期/a</td></tr>
<tr><td>镉</td><td>2 期/a</td></tr>
<tr><td>镍</td><td>2 期/a</td></tr>
</table>

电镀废水治理工程技术规范

HJ 2002—2010

前　言

为贯彻执行《中华人民共和国环境保护法》《中华人民共和国水污染防治法》《中华人民共和国海洋污染防治法》《建设项目环境保护管理条例》和《电镀污染物排放标准》规范电镀废水治理工程建设与运行管理，防治环境污染，保护环境和人体健康，制定本标准。

本标准规定了电镀废水治理工程设计、施工、验收和运行的技术要求。

本标准为首次发布。

本标准的附录 A 为资料性附录。

本标准由环境保护部科技标准司组织制定。

本标准主要起草单位：北京中兵北方环境科技发展有限责任公司、中国兵器工业集团公司。

本标准由环境保护部 2010 年 12 月 17 日批准。

本标准自 2011 年 3 月 1 日起实施。

本标准由环境保护部解释。

1　适用范围

本标准规定了电镀废水治理工程设计、施工、验收和运行的技术要求。

本标准适用于电镀废水治理工程的技术方案选择、工程设计、施工、验收、运行等的全过程管理和已建电镀废水治理工程的运行管理，可作为环境影响评价、环境保护设施设计与施工、建设项目竣工环境保护验收及建成后运行与管理的技术依据。

2　规范性引用文件

本标准引用了下列文件或其中的条款。凡是未注明日期的引用文件，其最新版本适用于本标准。

GB 12348　工业企业厂界环境噪声排放标准

GB 15562.2　环境保护图形标志　固体废物贮存（处置）场

GB 18597　危险废物贮存污染控制标准

GB 21900　电镀污染物排放标准

GB 50009　建筑结构荷载规范

GB 50016　建筑设计防火规范

GB 50052　供配电系统设计规范

GB 50054　低压配电设计规范

GB 50141　给水排水构筑物施工及验收规范

GB 50191　构筑物抗震设计规范

GB 50194　工程施工现场供用电安全规范

GB 50204　混凝土结构工程施工质量验收规范

GB 50231　机械设备安装工程施工及验收通用规范

GB 50268　给水排水管道工程施工及验收规范

GB 50303　建筑电气工程施工质量验收规范

GBJ 13　室外给水设计规范

GBJ 22　厂矿道路设计规范

GBJ 87　工业企业噪声控制设计规范

GBJ 136　电镀废水治理设计规范

HJ/T 212　污染源在线自动监控（监测）系统数据传输标准

HJ/T 283　环境保护产品技术要求　厢式压滤机和板框压滤机

HJ/T 353　水污染源在线监测系统安装技术规范（试行）

HJ/T 355　废水在线监测系统的运行维护技术规范

HJ/T 314　清洁生产标准　电镀行业

《建设项目（工程）竣工验收办法》（计建设〔1990〕1215 号）

《建设项目竣工环境保护验收管理办法》（国家环境保护总局令　第 13 号）

3　术语和定义

下列术语和定义适用于本标准。

3.1　电镀废水　waste water of electroplating

指电镀生产过程中排放的各种废水，包括镀件酸洗废水、漂洗废水、钝化废水、刷洗地坪和极板的废水、由于操作或管理不善引起的“跑、冒、滴、漏”产生的废水，废水处理过程中自用水以及化验室排水等。

3.2　重金属废水　waste water containing heavy metals

指电镀生产中排放的含有镉、铬、铅、镍、银、铜、锌等金属离子的废水。根据废水中所含重金属元素，又分别称为含镉废水、含铬废水、含铅废水、含镍废水、含银废水、含铜废水、含锌废水等。

3.3　电镀混合废水　mix-waste water of electroplating

指电镀生产排放的不同镀种和不同污染物混合在一起的废水。包括经过预处理的含氰废水和含铬废水。

3.4　电镀污泥　electroplating sludge

指电镀废水治理过程中产生的化学污泥。

4　污染物和污染负荷

4.1　电镀废水分类

电镀废水一般按废水所含污染物类型或重金属离子的种类分类，如酸碱废水、含氰废水、含铬废水、含重金属废水等。当废水中含有一种以上污染物时（如氰化镀镉，既有氰化物又有镉），一般仍按其中一种污染物分类；当同一镀种有几种工艺方法时，也可按不同工艺再分成小类，如焦磷酸镀铜废水、硫酸铜镀铜废水等。将不同镀种和不同污染物混合在一起的废水统称为电镀混合废水。

4.2　主要污染物和浓度范围

电镀废水的主要污染物及其质量浓度范围可参考附录 A。

4.3　设计水量和设计水质

4.3.1　新建电镀废水处理工程的设计水量和设计水质应根据批准的环境影响评价文件，并考虑一定的设计余量确定。

设计水量水质也可采取实测数据，其中设计水量可按实测值的 110%～120%进行确定。没有实测条件的，可采用类比调查数据；无类比数据时，也可按电镀车间（生产线）总用水量的 85%～95%估算废水的处理量。无水质数据的，可参考表 1 给出的主要污染物浓度范围确定。

4.3.2　进入治理设施的废水进水浓度，应满足设计进水要求，达不到要求的应进行预处理。

4.3.3　废水处理后，需回用的应满足回用工序的用水水质要求。废水排放应符合 GB 21900 或地方排放标准规定，或满足环境影响评价审批文件要求。

5　总体要求

5.1　一般规定

5.1.1　电镀企业应推行清洁生产，提高清洗效率，减少废水产生量。有条件的企业，废水处理后应回用。

5.1.2 新建电镀企业（或生产线），其废水处理工程应与主体工程同时设计、同时施工、同时投入使用。

5.1.3 电镀废水治理工程的建设规模应根据废水设计水量确定；工艺配置应与企业生产系统相协调；分期建设的应满足企业总体规划的要求。

5.1.4 电镀废水应分类收集、分质处理。其中，规定在车间或生产设施排放口监控的污染物，应在车间或生产设施排放口收集和处理；规定在总排放口监控的污染物，应在废水总排放口收集和处理。含氰废水和含铬废水应单独收集与处理。电镀溶液过滤后产生的滤渣和报废的电镀溶液不得进入废水收集和处理设施。

5.1.5 电镀废水治理工程在建设和运行中，应采取消防、防噪、抗震等措施。处理设施、构（建）筑物等应根据其接触介质的性质，采取防腐、防漏、防渗等措施。

5.1.6 废水总排放口应安装在线监测系统，并符合 HJ/T 353、HJ/T 355 和 HJ/T 212 的要求。

5.1.7 电镀污泥属于危险废物，应按规定送交有资质的单位回收处理或处置。电镀污泥在企业内的临时贮存应符合 GB 18597 的规定。

5.1.8 电镀废水处理站应设置应急事故水池，应急事故水池的容积应能容纳 12～24h 的废水量。

5.1.9 电镀废水处理工程建设项目，除应遵循本规范和环境影响评价审批文件要求外，还应符合国家基本建设程序以及国家有关标准、规范和规划的规定。

5.2 工程构成

5.2.1 电镀废水治理工程项目主要包括：废水处理构（建）筑物与设备，辅助工程和配套设施等。

5.2.2 废水处理构（建）筑物与设备包括：废水收集、调节、提升、预处理、处理、回用与排放、污泥浓缩与脱水和药剂配制、自动检测控制等。

5.2.3 辅助工程包括：厂（站）区道路、围墙、绿地工程；独立的供电工程和供排水工程、供压缩空气；专用的化验室、控制室、仓库、维修车间、污泥临时堆放场所等。

5.2.4 配套设施包括：办公室、休息室、浴室、卫生间等。

5.2.5 废水处理站应按照国家和地方的有关规定设置规范排污口。

5.3 工程选址与总体布置

5.3.1 废水处理工程选址应符合规划要求并具有良好的工程地质条件；宜靠近电镀生产车间，废水可自流进入废水处理站；便于施工、维护和管理；处理后的废水有良好的排放条件。

5.3.2 废水处理站平面布置应满足各处理单元的功能和处理流程要求，建（构）筑物及设施的间距应紧凑、合理，并满足施工、安装的要求；各类管线连接应简捷，避免相互干扰；通道设置宜方便维修管理及药剂和污泥运送。

5.3.3 废水处理站工艺设备宜按处理流程和废水性质分类布置，设备、装置排列整齐合理，便于操作和维修。寒冷地区，其室外管道和装置应保温。

5.3.4 废水处理所用的材料、药剂等不应露天堆放。应根据需要设置存放场所，废水处理站应设污泥临时堆放场地，采取相应的防腐、防渗、防雨淋等措施，并符合 GB 18597 的规定。

5.3.5 废水处理站应设地面冲洗水和设备渗漏水的收集系统，并排入废水调节池。

5.3.6 废水处理站的建筑造型应简洁美观，与周围环境相协调。废水处理站周围应绿化。

6 工艺设计

6.1 酸、碱废水

6.1.1 酸、碱废水的处理应首先利用酸、碱废水本身的自然中和或利用酸、碱废液、废渣等相互中和处理。

6.1.2 电镀预处理工序的酸、碱废水混合后，一般呈酸性，宜以中和酸为主。处理酸性废水，当没有碱性废物可利用时，可采用碱性药剂中和或过滤中和。当废水中含有多种金属离子时，宜采用药剂中和。

6.1.3 中和反应会产生大量沉渣，应通过沉淀予以去除。当沉渣量少时，可采用竖流式沉淀池和连续排渣；当沉渣量大，重力排泥困难时，可采用平流式沉淀池，沉渣用吸泥机排出。

6.1.4 酸、碱废水中和反应后所产生的干污泥量，宜通过试验确定。当无条件试验时，可按处理废水体积的 0.1%～0.25%估算。

6.2 含氰废水

6.2.1 一般规定

6.2.1.1 含氰废水应单独处理。在处理前，不得与其他废水混合。

6.2.1.2 废水中氰离子质量浓度小于 50 mg/L 时，宜采用碱性氯化法处理；废水中氰离子质量浓度大于 50 mg/L 时，宜采用电解处理技术。臭氧处理含氰废水，对进水氰离子质量浓度没有限制，但含有络合氰根离子的废水，不宜采用臭氧处理。

6.2.1.3 含氰废水处理应避免铁、镍离子混入。

6.2.1.4 含氰废水经过处理，游离氰达到控制要求后可进入混合废水处理系统，去除重金属离子。

6.2.1.5 处理过程可能产生少量 CNCl 气体，故应在密闭和通风条件下操作，并采取防护措施。收集的气体应经过处理后，通过排气筒排放。

6.2.2 碱性氯化处理技术

6.2.2.1 废水处理量较小、水质浓度变化不大的，宜采用间歇式一级氧化处理；废水处理量较大、水质浓度变化幅度较大，而且对排放水质要求较高的，宜采用连续式二级氧化处理。

6.2.2.2 含氯氧化剂宜选用次氯酸钠、二氧化氯、液氯等。选取氧化剂既要考虑经济性，也要注重安全性。

6.2.2.3 采用碱性氯化处理含氰废水时，宜采用图 1 所示的基本工艺流程。

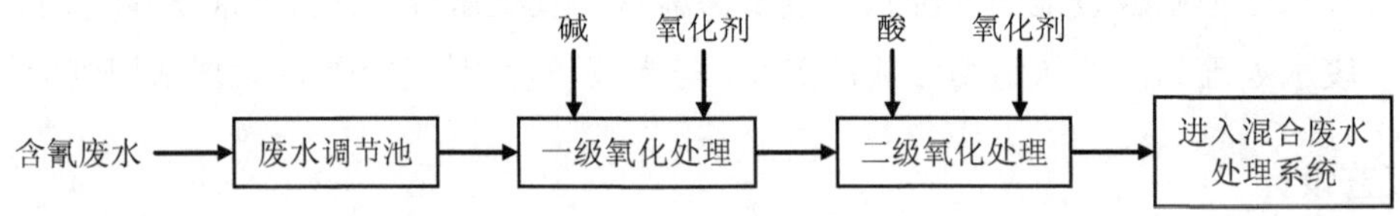

图 1 碱性氯化处理含氰废水基本工艺流程

6.2.2.4 采用碱性氯化处理含氰废水时，应满足以下技术条件和要求：

a）氧化剂的投入量应通过试验确定。当无条件试验时，其投入量宜按氰离子与活性氯的重量比计算确定。其重量比：当一级氧化处理时宜为 1∶3～1∶4；二级氧化处理时宜为 1∶7～1∶8。一级氧化和二级氧化所需氧化剂应分阶段投加，投加比为 1∶1；

b)pH 控制和反应时间：一级氧化的 pH 应控制在 10～11，反应时间宜为 10～15 min；二级氧化的 pH 应控制在 6.5～7.0，反应时间宜为 10～15 min；

c）有效氯的投加量可采用氧化还原电位（ORP）自动控制。一级处理，ORP 达到 300 mV 时反应基本完成；二级处理，ORP 需达到 650 mV；

d）废水温度宜控制在 15～50℃。反应后废水中余氯量应在 2～5 mg/L 范围内。

6.2.3 臭氧氧化处理技术

6.2.3.1 臭氧氧化处理含氰废水时，宜采用图 2 所示的基本工艺流程。

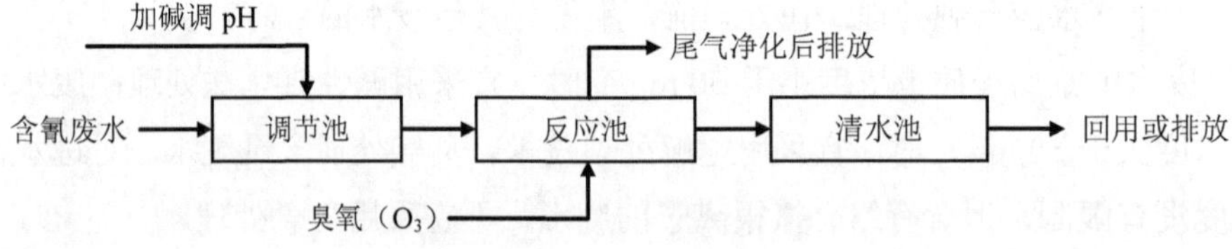

图 2 臭氧氧化处理含氰废水基本工艺流程

6.2.3.2 臭氧氧化处理含氰废水时，应满足以下技术条件和要求：

a）臭氧投量：一级氧化反应理论投量质量比为 m（CN^-）∶m（O_3）=1∶1.85；二级氧化反应理论投量质量比为 m（CN^-）∶m（O_3）=1∶4.61。实际投药比要比理论值大，应根据实验确定；

b）对游离氰根，去除率达 97%时，接触时间不宜少于 15 min；去除率达 99%时，接触时间不宜少于 20 min。反应池尾气应收集并经碱液吸收后排放；

c）pH 应控制在 9～11；

d）如采用亚铜离子为催化剂，可缩短反应时间。

6.2.4　电解处理技术

6.2.4.1　电解处理含氰废水宜采用图 3 所示的基本工艺流程。

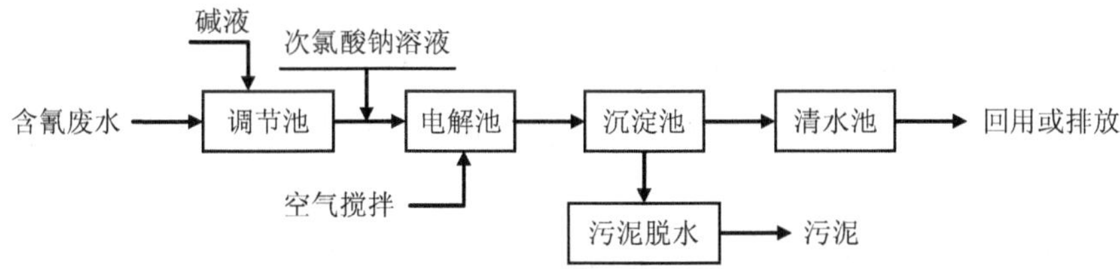

图 3　电解处理含氰废水基本工艺流程

6.2.4.2　采用电解处理含氰废水，宜满足以下技术条件和要求：

a）废水的 pH 宜控制在 9～10，可用 NaOH 溶液进行调节；

b）NaCl 投加量可按氰浓度的 30～60 倍估算；

c）电解槽净极距宜采用 20～30 cm；

d）阳极电流密度宜控制在 0.3～0.5 A/dm^2，槽电压宜为 6～8.5 V；

e）采用空气搅拌，用气量为 0.1～0.5 m^3/（min·m^3），空气压力为（0.5～1.0）×10^5 Pa；

f）产生的沉淀物沉淀困难时，可投加混凝剂。

6.3　含铬废水

6.3.1　一般规定

6.3.1.1　含铬废水应单独收集处理，不得将其他废水混入。将六价铬还原为三价铬后，可与其他重金属废水混合处理。

6.3.1.2　沉淀污泥脱水后，应用塑料袋包装，防止因漏、滴或散落而污染环境。

6.3.1.3　用离子交换处理镀铬清洗废水，六价铬离子质量浓度不宜大于 200 mg/L；镀黑铬和镀含氟铬的清洗废水不宜采用离子交换处理。

6.3.2　亚硫酸盐还原处理技术

6.3.2.1　亚硫酸盐还原法处理含铬废水，宜采用图 4 所示的基本工艺流程。

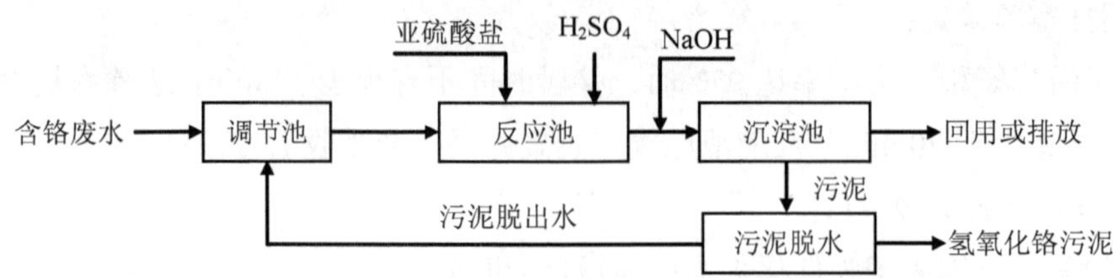

图 4　亚硫酸盐还原处理含铬废水基本工艺流程

6.3.2.2　亚硫酸盐还原法处理含铬废水，应满足以下技术条件和要求：

a）可采用间歇式及连续式处理。采用间歇处理时，调节池容积按平均每小时废水流量的 4～8 h 计算；采用连续式处理时，可适当减小调节池容量，并设置自动检测与投药装置；

b）亚硫酸盐宜选用亚硫酸氢钠、亚硫酸钠、焦亚硫酸钠等；

c）进水 pH 宜控制在 2.5～3.0；ORP 宜控制在 230～270 mV；反应时间宜控制在 20～30 min；

d）亚硫酸盐的投加量应通过试验确定，亦可按表 1 给出的参考值选择；

表 1　亚硫酸盐与六价铬的投量比（质量比）

亚硫酸盐种类	理论值投量比	实际使用量
六价铬：亚硫酸氢钠	1：3	1：（4～5）
六价铬：亚硫酸钠	1：3.6	1：（4～5）
六价铬：焦亚硫酸钠	1：2.74	1：（3.5～4）

e）废水经还原反应后，宜加碱调废水 pH7～8，使三价铬沉淀，反应时间应大于 20 min，反应后的沉淀时间宜为 1.0～1.5 h；

f）沉淀剂宜为氢氧化钠、氢氧化钙、碳酸钙等。通常根据价格、沉淀速率、污泥生成量、脱水效果和污泥是否回收进行选择。

6.3.2.3　亚硫酸盐还原的反应池应满足处理一次的周期时间。反应池内宜采用机械搅拌，不宜采用空气搅拌。反应池和沉淀池宜设于地面，同时加盖，并设通风装置。

6.3.3　硫酸亚铁—石灰处理技术

6.3.3.1　含铬废水采用硫酸亚铁—石灰处理时，基本工艺流程见图 4。其中还原剂采用硫酸亚铁，中和剂采用石灰。

6.3.3.2　采用硫酸亚铁—石灰处理含铬废水时，应满足以下技术条件和要求：

a）运行条件应符合表 2 的基本要求；

表 2　硫酸亚铁处理含铬废水的运行条件

六价铬质量浓度/（mg/L）	加药前调 pH	投药量（质量比）六价铬∶硫酸亚铁	反应后调 pH	搅拌时间/min
＜25	2～3	1∶（40～50）	7.5～8.5	搅拌混匀即可
25～50		1∶（35～40）		5～10
50～100		1∶（30～35）		10～20
＞100		1∶30		20

b）连续处理时，反应时间应大于 30 min；间歇处理时，反应时间宜为 2～4 h；

c）反应时宜采用空气搅拌或机械搅拌；

d）石灰的投加量宜控制为：m（Cr^{6+}）∶$m[Ca(OH)_2]$＝1∶（8～15）。

6.3.4　微电解处理技术

6.3.4.1　采用微电解处理含铬废水时，宜采用图 5 所示的基本工艺流程。

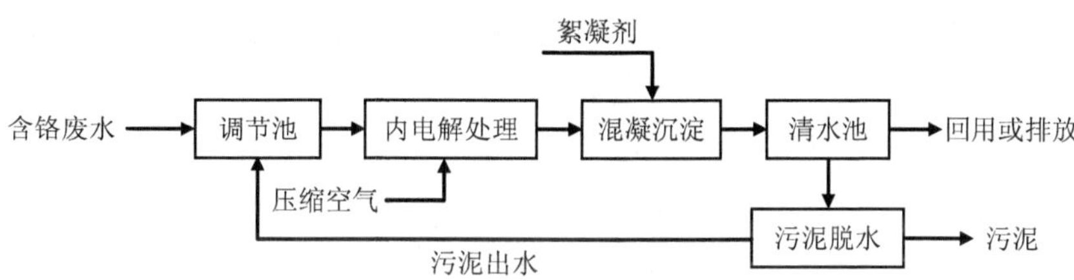

图 5　微电解处理含铬废水基本工艺流程

6.3.4.2　采用微电解处理含铬废水时，应满足以下技术条件和要求：

a）处理废水量大于或等于 5 m^3/h 时，可采用连续式处理；小于 5 m^3/h 时，宜采用间歇式处理；

b）进水 pH 宜控制在 2～4，微电解装置的出水应加碱调 pH 为 8～9。

6.3.4.3　铁屑在填装设备前，应进行除杂、除油和除锈处理。在运行过程中，为防止铁屑结块，应定时对其进行气水联合反冲，反冲洗水应进入污泥沉淀池。

6.3.4.4　在设施检修或停运期间，微电解装置内的铁屑填料层必须保持用水浸没，防止空气氧化和板结。

6.3.5　离子交换处理技术

6.3.5.1　离子交换处理含铬废水宜采用图 6 所示的基本工艺流程。

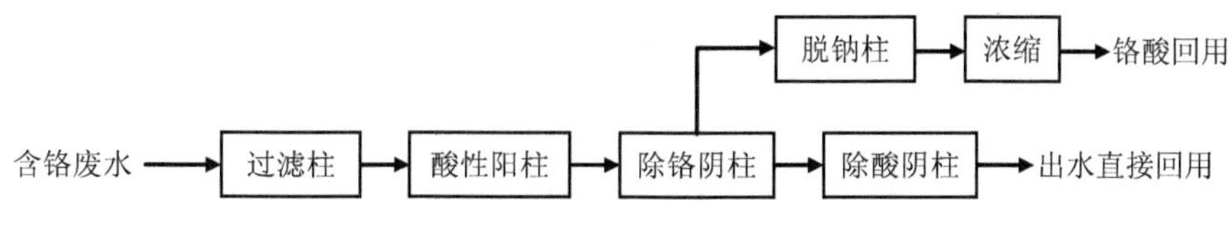

图 6　离子交换处理含铬废水基本工艺流程

6.3.5.2 离子交换处理含铬废水的设计、运行除符合 GBJ 136 中的条件外，还应满足以下技术条件和要求：

a）进水六价铬离子质量浓度不宜大于 200 mg/L；

b）进入阴柱废水的 pH 应控制在 5 以下；

c）阴柱的再生剂宜选用工业用氢氧化钠，再生液用除盐水配制；阴柱的清洗水宜用除盐水。清洗终点 pH 应控制在 8～10；

d)阳柱的再生剂宜用工业用盐酸;阳柱的清洗水可用自来水。清洗终点 pH 为 2～3。

6.3.5.3 离子交换树脂再生时的淋洗水，含六价铬离子部分应返回调节池；含酸、碱和重金属离子部分应经处理达标后回用或排放。

6.4 重金属废水

6.4.1 一般规定

6.4.1.1 当废水中含有氰化物时，应先去除氰化物；如废水中含有六价铬离子，应将六价铬还原为三价铬，再处理废水中的重金属离子。

6.4.1.2 离子交换处理某类重金属废水时，不得将其他镀种废水、冲刷地坪等废水混入。离子质量浓度不宜大于 200 mg/L。离子交换处理重金属废水的设计、运行控制技术条件和参数，应符合 GBJ 136 中的相关规定和要求。过滤柱、交换柱的反洗、淋洗等排水应全部进入电镀废水处理系统，处理达标后回用或排放。

6.4.1.3 采用反渗透装置处理重金属废水，应采取杀菌消毒和控制结垢的预处理措施。反渗透装置产生的浓缩水，应通过生化处理系统，处理达标后排放。

6.4.2 含镉废水

6.4.2.1 氢氧化物沉淀处理技术

6.4.2.1.1 当废水中的镉以离子形式存在时，可采用氢氧化物沉淀处理技术。

6.4.2.1.2 采用氢氧化物沉淀处理含镉废水时，宜采用图 7 所示的基本工艺流程。

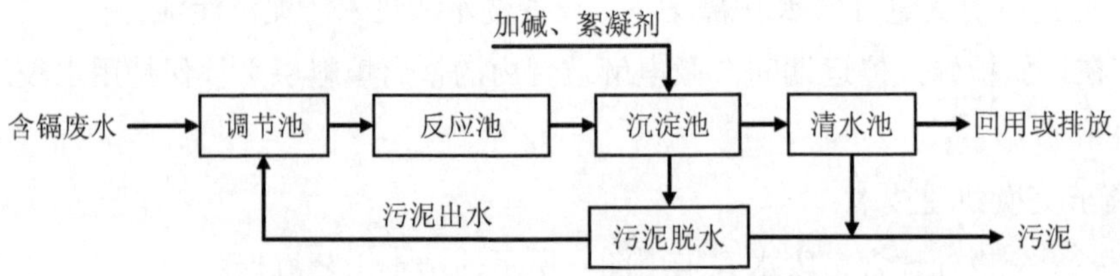

图 7 化学沉淀处理含镉废水基本工艺流程

6.4.2.1.3 采用氢氧化物沉淀处理含镉废水时，应满足以下技术条件和要求：

a）废水中镉离子质量浓度不宜大于 50 mg/L；

b）可采用聚合硫酸铁为絮凝剂，聚丙烯酰胺或硫化铁为助凝剂。絮凝剂的投加量宜为 40 mg/L；

c）反应池宜设搅拌。混合反应时，废水 pH 宜控制在 9 左右；反应时间宜为 10～15 min；

d）沉淀时间应大于 30 min。

6.4.2.2　硫化物沉淀处理技术

6.4.2.2.1　采用硫化物沉淀处理含镉废水时，宜采用图 8 所示的基本工艺流程：

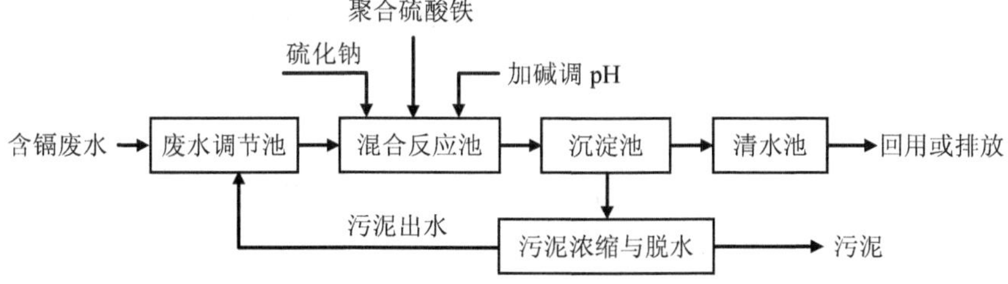

图 8　硫化物沉淀处理含镉废水基本工艺流程

6.4.2.2.2　采用硫化镉沉淀处理含镉废水时，应满足以下技术条件和要求：

a）硫化钠投加量宜为 100 mg/L 左右；

b）聚合硫酸铁或其他铁盐投加量为 30～40 mg/L；

c）反应 pH 范围为 7～9；

d）反应搅拌时间 10 min；沉淀时间为 30 min。

6.4.2.3　离子交换处理技术

6.4.2.3.1　氰化镀镉废水宜采用图 9 所示的基本工艺流程；无氰镀镉废水宜采用图 10 所示的基本工艺流程。

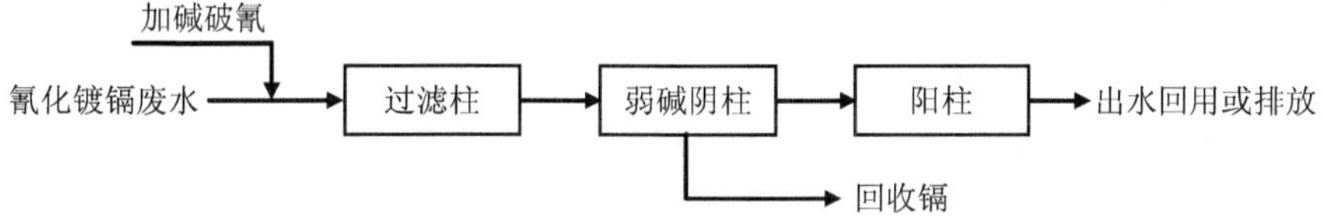

图 9　氰化镀镉废水离子交换处理基本工艺流程

图 10　无氰镀镉废水离子交换处理基本工艺流程

6.4.2.3.2　采用离子交换处理含镉废水，应满足以下技术条件和要求：

a）进水中镉离子质量浓度不宜大于 100 mg/L；

b）废水中的镉以 Cd^{2+}形式存在时，宜用酸性阳离子交换树脂处理；废水中的镉以各种络合阴离子形式存在时，宜选用阴离子交换树脂处理；

c）吸附饱和后的阴离子交换树脂，宜选用 NH_4NO_3 和氨水混合液作为再生剂进行再生，每小时用量为 4 倍于树脂体积，再生速度用 1～2 倍每小时树脂体积；

d）阳离子树脂交换柱应与阴离子树脂交换柱同步再生。再生剂为 2 mol/L 的盐酸，再生流速为 0.5 m/h，再生剂用量为 2 倍于树脂体积。阳离子树脂交换柱洗脱液进入中和池处理。

6.4.2.4　学沉淀—反渗透处理技术

6.4.2.4.1　化学沉淀—反渗透组合技术适宜于氰化镀镉槽中清洗废水的处理，基本工艺流程见图 11。

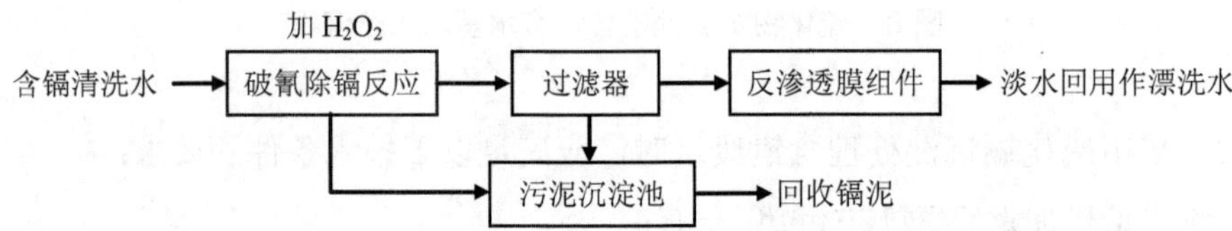

图 11　化学沉淀—反渗透联合处理氰化镀镉废水基本工艺流程

6.4.2.4.2　采用反渗透处理含镉清洗水时，应符合以下技术条件和要求：

a）对单纯的硫酸镉废水，宜采用醋酸纤维膜进行反渗透分离；

b）对氰化镀镉漂洗废水，宜选用稳定性、抗氧化性、抗酸性和抗碱性良好的反渗透膜；

c）废水进入反渗透器前，需采用 H_2O_2 进行破氰和镉沉淀，废水经反应沉淀后，上清液再通过反渗透浓缩分离；

投加 H_2O_2 时，应不断搅拌。H_2O_2 的投量为理论值的 1.3～1.5 倍。

6.4.3　含镍废水

6.4.3.1　化学沉淀处理技术

采用化学沉淀处理含镍废水时，宜采用图 4 所示的基本处理单元。同时，应满足以下技术条件和要求：

a）在废水中投加氢氧化钠，反应 pH 应大于 9；

b）反应时间不宜少于 20 min，并采用机械搅拌；

c）为加快悬浮物沉淀，可投加铁盐混凝剂。

6.4.3.2 离子交换处理技术

6.4.3.2.1 离子交换处理镀镍清洗废水，宜采用图12所示的双阳柱全饱和基本工艺流程。

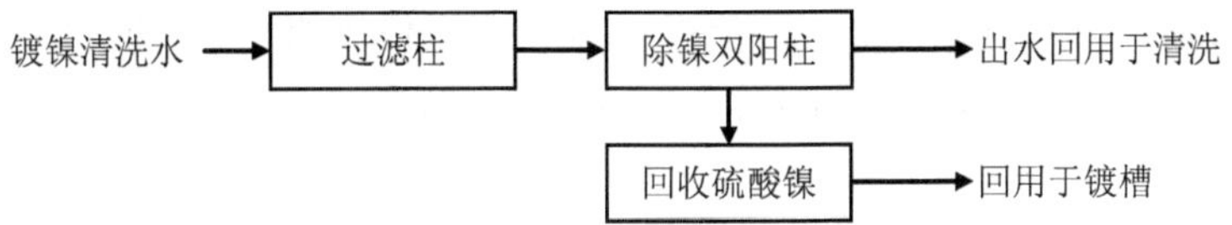

图 12 离子交换处理镀镍清洗水基本工艺流程

6.4.3.2.2 采用离子交换处理镀镍清洗水时，应满足以下技术条件和要求：

a）进水镍离子质量浓度不宜大于 200 mg/L。

b）阳离子交换剂宜采用凝胶型强酸阳离子交换树脂、大孔型弱酸阳离子交换树脂或凝胶型弱酸阳离子交换树脂，均应以钠型投入运行。

c）强酸阳离子交换树脂在交换、再生等过程中胀缩率较小，而弱酸阳离子交换树脂的胀缩率很大，当树脂由 Na 型转化为 Ni 型或 H 型时，其体积比（Ni 型/Na 型或 H 型/Na 型）达 0.5～0.6，因此，在设计交换柱时，树脂层上部应留有足够的空间。

d）当进水中悬浮物质量浓度超过 10 mg/L 时，应设置过滤柱。

e）离子交换处理含镍废水回收的硫酸镍溶液，宜作为镀镍槽的蒸发损失的补充液或作为调整镀镍槽槽液 pH 的调整液使用。其中，镀光亮镍生产工艺的清洗水经处理后回收的硫酸镍溶液，应返回镀光亮镍镀槽，不可回用于半光亮镍镀槽。

f）当回收的硫酸镍溶液中含有的硫酸钙、硫酸镁、硫酸钠等杂质超过镀镍槽液允许限值时，应进行净化后才能回用。

6.4.3.3 反渗透处理技术

6.4.3.3.1 采用反渗透处理镀镍清洗水时，宜采用图 13 所示的基本工艺流程。

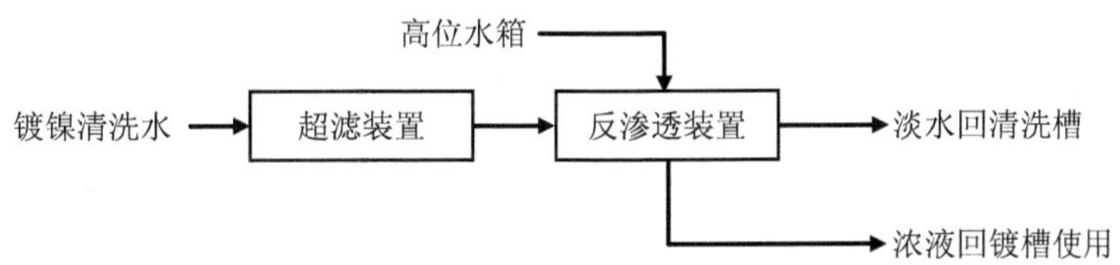

图 13 反渗透处理含镍清洗水基本工艺流程

6.4.3.3.2 采用反渗透处理镀镍清洗水时，应满足以下技术条件和要求：

a）采用反渗透膜分离处理镀镍清洗水时，镀件的清洗方式必须采用二级、三级或多级逆流漂洗，以减少反渗透装置的容量。

b）在反渗透装置上方应设一个高位水箱，当高压泵停止工作时，水就自动从高压水箱流经管膜内，使膜保持湿润；高压水管路上应装有安全阀门，并设旁通管路。一旦压力超过工作压力，安全阀自动降压，原液经旁通管路流回原液槽。

c）为防止反渗透膜的化学损伤，进水中余氯含量应小于 0.1 mg/L。去除氧化剂的方法可采用颗粒活性炭吸附，也可投加还原剂（如亚硫酸氢钠），并通过 ORP 进行监控。

d）采用反渗透装置处理后的淡水可用于镀件漂洗，浓液可直接返回镀镍槽使用。

6.4.4　含铜废水

6.4.4.1　离子交换处理技术

6.4.4.1.1　离子交换处理氰化镀铜和铜锡合金废水时，宜采用图 14 所示的基本工艺流程。如废水中含钙、镁离子浓度较高时，可在阴离子交换柱前增设 H 型弱酸阳离子交换柱。

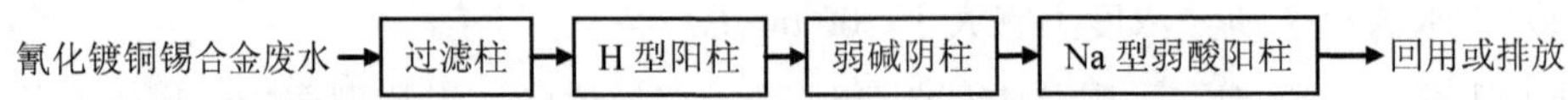

图 14　离子交换处理氰化镀铜锡合金废水基本工艺流程

6.4.4.1.2　采用离子交换处理氰化镀铜和铜锡合金废水时，应满足以下技术条件和要求：

a）进水中总氰离子质量浓度不宜大于 100 mg/L。

b）阴树脂饱和后，应在负压条件下加酸进行再生。阴树脂再生柱下方应设置一个敞口碱槽，槽内贮存溶液量应大于 1/2 树脂量、碱液浓度不低于 10 mol/L。

c）处理装置所在场地应有每小时换气 8～12 次的机械通风设施。通风设施的电气开关应安装在门外或门口。

d）阴树脂再生，应严格遵守以下规定：

①在树脂再生的整个过程中，非特殊情况不得中断。操作人员必须完成再生、淋洗等全过程后才能离开岗位；

②在再生过程中，不准停止负压系统，特殊情况需要停止时，必须首先关闭树脂再生柱、碱液吸收罐、破氰反应罐所有阀门；

③碱液吸收罐内氢氧化钠溶液浓度应不小于 2.8 mol/L，负压系统的循环水箱内循环水应呈碱性。

e）在运行和再生等过程排出的反洗水、淋洗水、废再生液以及更新后排出的循环水等，均含有氰离子，应经破氰处理。

6.4.4.1.3　采用离子交换处理硫酸铜镀铜废水时，宜采用图 15 所示的双阳柱全饱和基本工艺流程，并满足以下技术条件和要求：

a）可与电解联合使用，从再生洗脱液中回收铜；

b）处理系统循环水的补充水应用除盐水；

c）阳柱再生宜采用硫酸作为再生液，同时避免循环水中混入钙、镁离子。如再生洗脱液中有硫酸钙、硫酸镁白色沉淀时，应通过静止沉淀和过滤除去；

d）处理后水应循环利用。

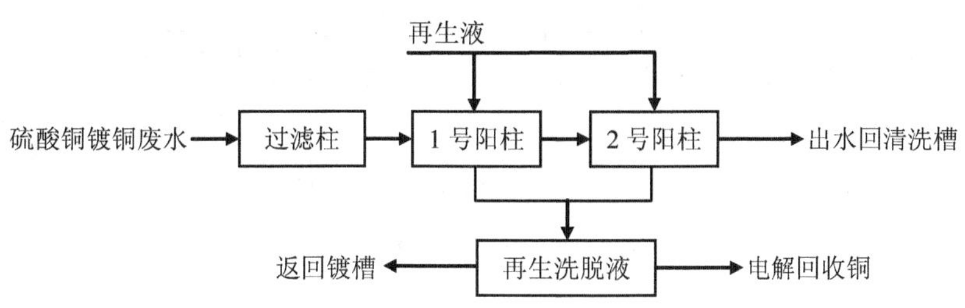

图 15　离子交换处理硫酸铜镀铜废水基本工艺流程

6.4.4.1.4　采用离子交换处理焦磷酸铜镀铜废水时，宜采用图 16 所示的双阴柱全饱和基本工艺流程，并应满足以下技术条件和要求：

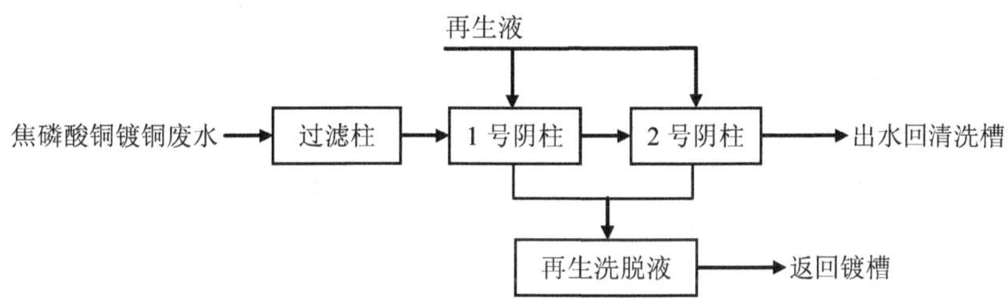

图 16　离子交换处理焦磷酸铜镀铜废水基本工艺流程

a）再生柱的洗脱液，含有较高浓度的铜离子，可直接回镀槽作为补充液使用；

b）如运行中循环水和补充水采用自来水，由于自来水中钙、镁等离子形成白色沉淀，加重了过滤柱负荷，所以，应在过滤柱前增设一个阳柱。

6.4.4.2　电解处理技术

采用电解处理含铜废水并回收铜时，宜采用图 17 所示基本工艺流程，并满足以下技术条件和要求：

a）电解槽宜采用无隔膜、单极性平板电极。电解槽电源可采用直流电源。电解槽和电源设备均应可靠接地；

b）电解槽的阳极材料宜采用不溶性材质，阴极材料宜采用不锈钢板或铜板，并宜设置 2 套；

c）当废水含铜质量浓度大于 700 mg/L 时，阴极电流密度宜采用 0.5～1.0 A/dm^2；当废水含铜质量浓度小于 700 mg/L 时，阴极电流密度宜采用 0.1～0.5 A/dm^2，硫酸铜废水的电流密度可略高于氰化镀铜废水。

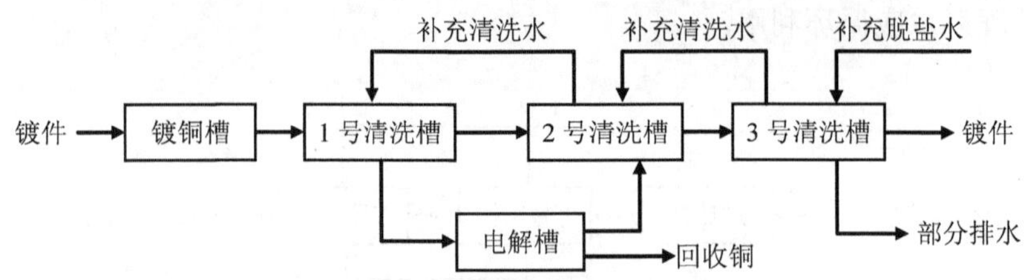

图 17 电解处理镀铜废水基本工艺流程

6.4.5 含锌废水

6.4.5.1 化学沉淀处理技术

6.4.5.1.1 采用化学沉淀处理碱性锌酸盐镀锌清洗废水时，宜采用图 18 所示的基本工艺流程，并满足以下技术条件和要求：

a）废水中锌离子含量不宜大于 50 mg/L；

b）废水进水的 pH 宜控制在 9～12；

c）反应时间宜采用 5～10 min；

d）絮凝剂宜采用碱式氯化铝，其投加量宜为 15 mg/L（以铝离子计）；

e）经处理后的清洗水可循环利用，但每天应补充 10%～15%的新鲜水量；

f）含锌污泥（含水率 99.7%）的体积宜按处理废水体积的 4%～8%确定。

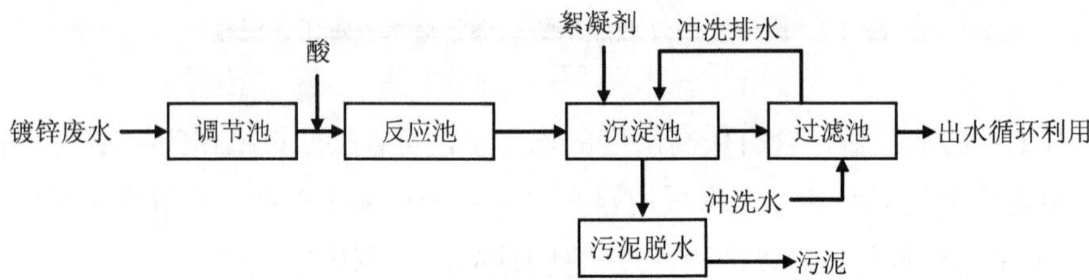

图 18 化学沉淀处理碱性锌酸盐镀锌废水基本工艺流程

6.4.5.1.2 采用化学沉淀处理铵盐镀锌废水时，宜采用图 19 所示的基本工艺流程，并满足以下技术条件和要求：

a）采用石灰处理铵盐镀锌废水时，石灰宜先调制成石灰乳后投加；氧化钙投加量（质量比）宜为 m（Ca^{2+}）：m（Zn^{2+}）＝3∶1～4∶1；

b）处理时可用石灰（按计算量）和氢氧化钠调整废水 pH11～12，pH 不能超过 13，搅拌 10～20 min；

c）如废水中含有六价铬离子，宜投加硫酸亚铁，将六价铬还原为三价铬，硫酸亚铁的投加量根据六价铬离子浓度及废水中存在的亚铁离子总量确定，助凝剂宜采用阴离子型或非离子型的聚丙烯酰胺，投加量为 5～10 mg/L。

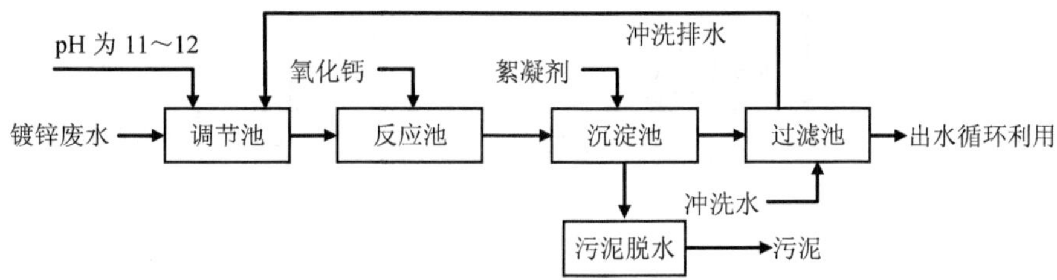

图 19　化学沉淀处理铵盐镀锌废水基本工艺流程

6.4.5.2　离子交换处理技术

6.4.5.2.1　采用离子交换处理钾盐镀锌废水时，宜采用图 20 所示的双阳柱全饱和基本工艺流程。

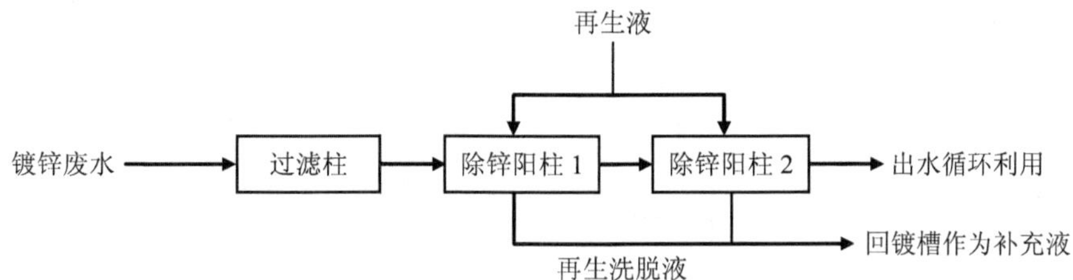

图 20　离子交换处理钾盐镀锌废水基本工艺流程

6.4.5.2.2　采用离子交换处理钾盐镀锌废水时，应满足以下技术条件和要求：

a）过滤柱滤料采用活性炭时，宜用 3.0 mol/L HCl 活性炭体积量的 2 倍用量再生，再生时间为 50 min，再生后用自来水清洗到出水 pH 为 7 左右即可投入运行；

b）交换柱再生洗脱液含有较高浓度的锌离子，可直接回镀槽作为补充液使用。若洗脱液中带有铁离子量过多时，可用氢氧化钠调整 pH 到 3 以上，使氢氧化铁沉淀后再回用。

6.4.6　含铅废水

采用磷酸盐沉淀处理含铅废水时，宜采用图 21 所示的基本工艺流程，并满足以下技术条件和要求：

a）沉淀剂宜采用磷酸钠；磷酸钠的投加量应根据试验确定；

b）反应时可投加助凝剂，助凝剂宜选用聚丙烯酰胺（PAM），其投加量宜控制在 5 mg/L；

c）磷酸钠和 PAM 不宜同时加入，应先加磷酸钠，0.5 min 后再加入 PAM；

沉淀后的沉渣经烘干脱水后，可用作塑料稳定剂。

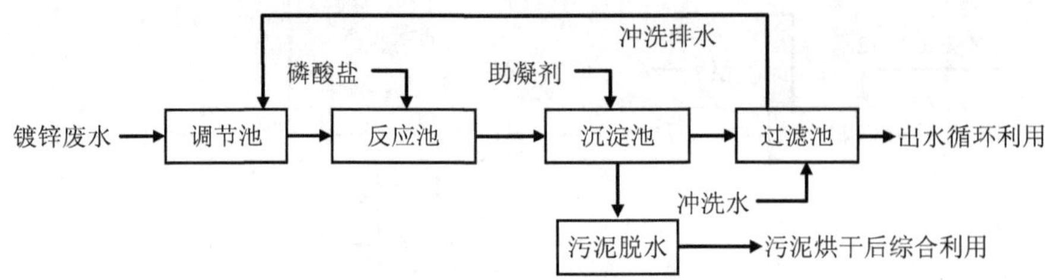

图 21 磷酸盐沉淀处理含铅废水基本工艺流程

6.4.7 含银废水

6.4.7.1 用电解回收银时，一级回收槽内废水中银离子质量浓度宜在 200～600 mg/L。

6.4.7.2 用电解处理氰化镀银废水时，可采用图 22 所示基本工艺流程。当清洗槽排水中氰离子浓度超过排放标准时，应经化学处理。

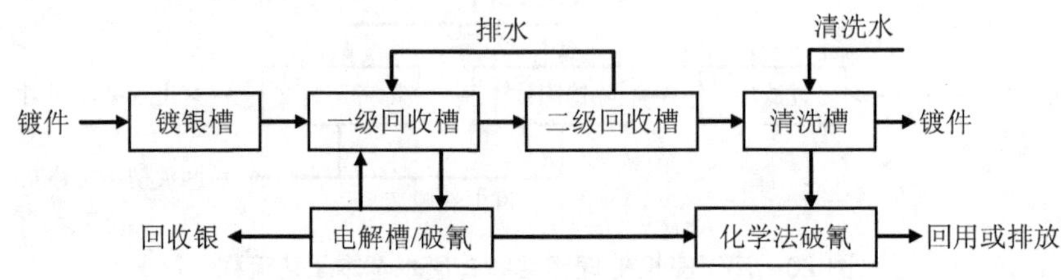

图 22 镀银废水处理基本工艺流程

6.4.7.3 回收槽的补充水应采用除盐水。

6.4.7.4 电解槽宜采用无隔膜、单极性平板电极电解槽或同心双筒电极旋流式电解槽。电解槽的电源，可采用直流电源或脉冲电源，但应通过技术经济比较确定。电解槽和电源设备应可靠接地。

6.4.7.5 电解槽的阴极材料可采用不锈钢，并宜设两套。阳极材料应根据废水性质和电解槽形式确定。

6.4.7.6 电解设备的选择应根据每小时镀件带出槽液银（或氰）离子量来确定。电解设备阴极析出银量可按式（1）计算：

$$M_x = IK\eta \qquad (1)$$

式中：M_x——电解设备阴极析出银量，g/h；

I——采用的电流值，A；

K——银的电化当量，K=4.025 g/（A·h）；

η——阴极电流效率，按设备给出值选（一般应为 20%～50%）。电解设备阴极析出银量，应大于 1.3 倍的每小时镀件带出槽液银离子量。

6.4.7.7　采用旋流电解处理含银废水并回收银时，还应满足以下技术条件和要求：

a）阴、阳极间距宜控制在 5～10 mm；

b）旋流电解提取白银的最佳工艺条件宜采用：槽电压 1.8～2.2 V，电流密度 0.17～0.6 A/dm^3，电流效率 70%～80%，旋流量 400～600 L/h，阴离子起始质量浓度为 0.5～5 g/L；

c）电解破氰的最佳工艺条件宜采用：槽电压 3～4 V，电流密度 10～13 A/dm^3，氯化钠质量分数 3%～5%，氰酸根去除率大于 99%；

d）镀银漂洗水或老化液经回收白银，完成破氰后，若氰离子浓度仍不符合排放标准，可使用化学法破氰。

6.4.8　含氟废水的处理

对含氟废水宜采用石灰-硫酸铝处理，先向废水中投加石灰乳，调节废水 pH 到 6～7.5，然后再投加硫酸铝或碱式氯化铝，其投加量与除氟效果成正比，具体投加量应通过试验确定。由于电镀工艺中使用氢氟酸量不多，一般不单独处理。

6.5　电镀混合废水

6.5.1　电镀混合废水中的特征污染物铬、镉、铅、镍、银、铜、锌、铁、铝等金属离子和氰化物应在车间排水口处理；COD、BOD、总磷、总氮、氨氮、色度、石油类、悬浮物、氟化物等污染物宜在总排放口处理。

6.5.2　微电解-膜分离联合处理技术

6.5.2.1　微电解-膜分离联合处理电镀混合废水时，宜采用图 23 所示的基本工艺流程。

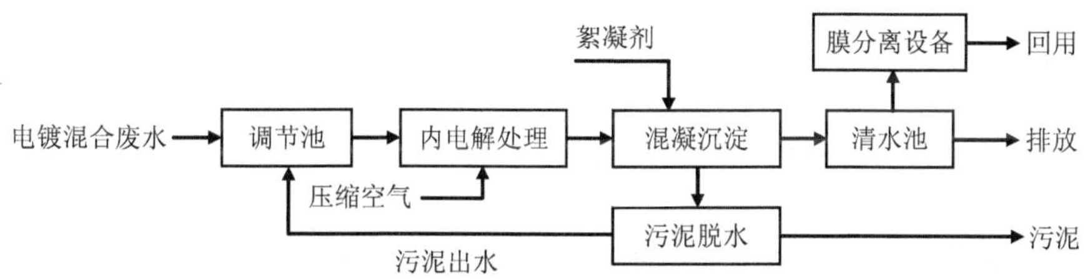

图 23　微电解-膜分离联合处理含铬废水基本工艺流程

6.5.2.2　采用微电解-膜分离联合处理电镀混合废水时，宜满足以下技术条件和要求：

a）微电解处理设备的材质宜选用不锈钢或碳钢，内壁应做防腐处理。

b）铸铁屑粒径宜大于 5 mm；装填高度不宜小于 1.5 m。

c）进水 pH 宜控制在 2～5；废水与铁屑填料的接触时间不宜少于 20 min。

d）处理系统在运行期间，应定时向微电解设备自动通入压缩空气。空气通入量为 0.1～0.13 m^3/（min • m^2）；压力为 0.3～0.7 MPa；通气时间为 1～3 min；脉冲频率宜为 2～5 s；周期宜为 1～2 h。如采用溶气水，溶气水与原水的比例可为 30%～50%，或视溶气水对反应器填料层冲击强度确定。溶气罐的水力停留时间宜设置为 3 min 左右。

e）微电解设备出水应用碱（或石灰乳）调 pH 为 8～11 进行固液分离，为加快污泥沉淀，可适当投加助凝剂。

f）当采用连续式处理时，宜设水质自动检测和投药自动控制装置；间歇循环式处理废水，内电解设备内的流速不宜低于 20 m/h，填料的装填高度不宜低于 1.5 m。间歇循环处理以六价铬达标为终点，调整循环池内废水 pH 为 8～11 进行固液分离。

g）微电解设备在检修或不运行期间，应保持设备内的水位始终浸没铁屑填料。如设备维修需将废水排空时，其设备维修和注满水的时间间隔应不超过 4 h。

h）微电解与膜分离联合处理电镀混合废水时，应根据回用水水质、水量要求，选择膜分离工艺形式。对膜分离产生的浓水，宜进入有机废水生化处理系统，经处理达标后排放。

6.5.3 凝聚沉淀处理技术

6.5.3.1 镀混合废水中含有三价铬、铜、镍、锌、铁以及少量的铅时，宜采用硫酸亚铁作为还原剂，每种重金属离子质量浓度不宜超过 30～40 mg/L。废水中的悬浮物总量不宜超过 600 mg/L。

6.5.3.2 电镀混合废水中含有铬、铜、镍、锌时，处理过程中 pH 宜控制在 8～9 范围内；当有镉离子时，废水 pH 应大于或等于 10.5，同时应防止混合废水中两性金属的再溶解。

6.5.3.3 处理过程中，可根据需要投加絮凝剂和助凝剂，其品种和投加量应通过实验确定。

6.5.3.4 处理后出水一般可用于作镀前预处理用水，可作为冲洗地坪或冲洗厕所卫生设备等用水。

6.5.4 生物处理技术

6.5.4.1 电镀废水中的 COD、石油类、总磷、氨氮与总氮等污染物，应采用生物处理达标后排放。

6.5.4.2 生物处理电镀混合废水，宜采用图 24 所示的基本工艺流程。

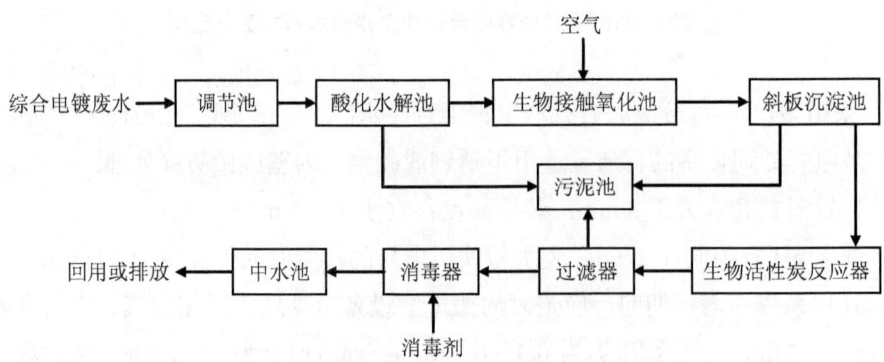

图 24 生物处理综合电镀废水基本工艺流程

6.5.4.3　由于铬、铅、镉、铜、锌、铁等重金属对微生物均有毒害作用，所以，进入生物处理系统的重金属离子应经过预处理。

6.5.4.4　宜根据综合电镀废水的水质，合理选用酸化水解池作为初级处理、生物活性炭作为二级处理，高效过滤器、药剂消毒作为深度处理工艺。

6.5.4.5　处理过程中所产生的污泥，经管道汇集后自流入污泥浓缩池，经浓缩、脱水后外运集中处理，上清液重新流回调节池。

6.5.4.6　为保证整个处理系统的安全可靠运行，生物接触氧化池和高效过滤器应设有反冲洗管路，反冲洗水来自自来水或该流程处理后的出水。

6.5.4.7　生物接触氧化池宜按一级、二级两格串联布置，水力停留时间不小于 4 h（一级 2.6 h、二级 1.4 h）。池中应设有立体弹性填料，框架为碳钢结构，内外涂防腐涂料，池底应设有微孔曝气软管布气，气水比宜按（10～15）：1 考虑。

6.5.4.8　生物活性炭的主要设计和运行参数宜满足以下要求：

a）活性炭粒径：0.9～1.2 mm；床高：2～4 m；空床停留时间：20～30 min；体积负荷（BOD）：0.25～0.75 kg/（m^3·d）；水力负荷：8～10 m^3/（m^2·h）。

b）生物活性炭的有效体积（活性炭体积）宜按式（2）计算：

$$V = \frac{Q(S_0 - S_e)}{N_V} \tag{2}$$

式中：V——有效体积，m^3；

Q——废水平均日流量，m^3/d；

S_0——进水 BOD 值，mg/L；

S_e——出水 BOD 值，mg/L；

N_V——容积去除负荷（BOD），g/（m^3·d），一般取 0.5～1 g/（m^3·d）。

c）生物活性炭的总面积宜按式（3）计算：

$$A = \frac{V}{H} \tag{3}$$

式中：A——生物活性炭的总面积，m^2；

H——活性炭总高度，m。

7　污泥浓缩与脱水

7.1　一般规定

7.1.1　电镀废水处理过程中产生的污泥属于危险废物。电镀污泥的处理处置要体现资源化、减量化和无害化。应首先考虑回收其中的重金属，不能回收利用时，应妥善保管，防止二次污染。

7.1.2 电镀污泥的回收和综合利用应优先利用本单位的生产工艺。污泥脱水、干燥程度及其构筑物和设备的选择，应根据回收和综合利用的要求确定。

7.1.3 不具备综合利用条件、需要对电镀污泥进行处理处置的，应按照国家有关危险废物转移联单管理办法的规定办理相应的手续，交由有资质的单位进行处理与处置。

7.1.4 电镀污泥的浓缩、固液分离构筑物和设备的排水，应收集到废水调节池。

7.2 污泥浓缩

7.2.1 沉淀池排出的污泥，在脱水前宜先进行浓缩。

7.2.2 沉淀池排出的污泥含水率，如无试验资料或类似处理运行数据可参考时，石灰法可按 99.5%～98.0%选用。同一处理方法有污泥回流时，沉淀池排出的污泥较无污泥回流时的污泥含水率要小。浓缩后污泥在无试验资料或类似处理运行数据可参考时，含水率可按 98%～96%选用。

7.2.3 浓缩池的排泥可采用水力排泥和斗式排泥。其中，斗式排泥时污泥斗壁与水平面夹角为 55°～60°。多斗排泥时应每斗设单独的排泥管和排泥阀。

7.2.4 间歇式浓缩池应在不同高度设置排出澄清水的设施。浓缩池位于地下时宜加盖。

7.3 污泥脱水

7.3.1 污泥脱水可采用污泥脱水设备进行机械脱水，也可通过污泥干化场自然脱水。污泥脱水设备的选型应根据污泥性能和脱水要求，经技术经济比较后确定。

7.3.2 污泥脱水设备可采用各种类型的压滤机，其过滤强度和滤饼含水率可由试验或参照类似污泥脱水运行数据确定。当缺乏有关资料时，对石灰法处理废水，有沉渣回流且脱水前不加絮凝剂，压滤后的滤饼含水量可为 82%～80%，过滤强度可为 6～8 kg/（m^2·h）（干基）。当沉渣中硫酸钙含量高时，滤饼含水率可取 75%或更小。

污泥脱水用厢式压滤机和板框压滤机的选用，应符合 HJ/T 283 的规定。

7.3.3 污泥脱水设备的配置应符合以下要求：

a）压滤机宜单列布置；

b）有滤饼贮斗或滤饼堆放场地，其容积或面积根据滤饼外运条件确定；

c）应考虑滤饼外运的设施和通道。

7.3.4 脱水后的污泥，应用塑料袋进行包装后，存放在具有防雨淋、防渗、防扬散、防流失的场所，并应按照 GB 15562.2 的规定，设置明显标识，按 GB 18597 要求进行管理。

7.3.5 压滤机的设计工作时间每班不宜大于 6 h。

7.3.6 污泥在脱水前是否投加絮凝剂，可通过试验和技术经济比较后确定。

8　主要工艺设备（设施）和材料

8.1　一般规定

8.1.1　废水处理主要工艺设备（设施）和材料应根据处理基本工艺流程设计和选型，其设计参数应满足基本工艺流程对设备（设施）处理效果的要求。

8.1.2　主要设备和材料，属于已颁布产品标准的，其性能要求应符合其产品标准要求。对于非标设备和材料，其加工质量要求和使用寿命不得低于产品说明书规定的技术指标与使用期限，且应具有良好的防腐蚀性。

8.1.3　主要设备或处理构筑物应不少于 2 个（或分成 2 格）。当废水流量小，调节池容量大，且每天工作时间较少的废水处理站，也可考虑只设 1 个。

8.2　格栅

8.2.1　在废水进入废水处理站或水泵集水池前应设置格栅。

8.2.2　格栅栅条空隙宽度一般可采用 10～15 mm，水泵集水池前的格栅空隙宽度应满足水泵要求。格栅采用人工或机械清理。

8.2.3　当废水呈酸性时，格栅应采用不锈钢或其他耐腐蚀材料。

8.3　废水调节池

8.3.1　连续处理的废水处理站应设置废水调节池。调节池容积应根据废水量变化规律计算确定，一般能收集 4～8 h 废水量。当废水处理站需要处理初期雨水时，调节池还应考虑初雨水量，其调节池容积按电镀生产厂区污染面积和降雨量计算。

8.3.2　调节池应方便沉渣清理，悬浮物较多的废水宜采用机械清理。

8.3.3　调节池应根据废水的性质采取相应的防腐措施。

8.4　污水泵

8.4.1　水泵的选型和台数应与废水的水质、水量及处理系列相适应，宜按每个系列的处理水量选 1 台工作泵，1 台备用泵。

8.4.2　抽升腐蚀性废水，应选用耐腐蚀的水泵、管道和配件。泵房地面应防腐。

8.4.3　抽升可能产生有毒、有害气体的污水泵房，应设计为单独的建筑物，并有可靠的通风设施。

8.5　混合反应池

8.5.1　水处理药剂与废水的混合与反应，宜采用机械搅拌或水力搅拌。间歇处理废水可采用压缩空气搅拌。

8.5.2　药剂与废水混合时间为 3～5 min，反应时间为 10～30 min。

8.5.3　药剂与废水混合反应过程中，如产生有害气体，则混合池和反应池应加盖密闭，设通风设施。混合池和反应池不宜采用压缩空气搅拌。

8.5.4 混合池和反应池都应设排空管，排空管应通向调节池。

8.5.5 混合池和反应池应根据废水水质采取相应的防腐措施。

8.6 沉淀池

8.6.1 沉淀池的设计参数应根据废水处理试验数据或参照类似废水处理的沉淀池运行资料确定。当没有试验条件和缺乏有关资料时，其设计参数可参考表 3。

表 3 工业废水沉淀池设计参数

池型	表面负荷/[m^3/（m^2·h）]	沉淀时间/h	固体通量/[kg/（m^2·d）]	出水堰负荷/[m^3/（d·m）]	池深/m
竖流式	0.7～1.2	1.5～2.0	40～60	100～130	＞5
辐流式	1.2～1.5	1.0～1.5	50～70	100～150	3～3.5
斜管式	3～4	1.0～1.5	50～70	100～300	＞5.5
澄清池	1.2～1.5	1.5	70～80	100～200	＞5

8.6.2 斜板（管）设计一般采用斜板间距（斜管直径）50～80 mm，其斜长不小于 1.0 m，倾角 60°。

8.6.3 有污泥回流的斜板（管）沉淀池，回流污泥根据工艺要求可与药剂同时加入到废水混合池，或与药剂混合后加入到废水中，或先与废水混合后再投加药剂。其计算流量应为废水和回流污泥之和。

8.6.4 斜板（管）沉淀池的排泥宜采用机械排泥或排泥斗。沉淀池排泥斗的斗壁与水平面的夹角，圆斗不宜小于 55°，方斗不宜小于 60°，每个泥斗应设单独的排泥管和排泥阀。

8.7 过滤池

8.7.1 废水经加药沉淀后，是否需要过滤，应根据出水水质要求确定。

8.7.2 当需要设计过滤池时，可参照 GBJ 13 中有关规定。

8.7.3 过滤池的反冲洗水应返回废水调节池，不得直接外排。

9 检测与过程控制

9.1 电镀废水治理工程应根据工艺要求，在调节池、中间水池、污泥浓缩池、清水池等水池设液位控制仪，并有高/低位接点输出，可自动及手动控制泵的启停。

9.2 废水处理站的处理水量宜采用流量计控制；pH 调节宜采用 pH 计；加药系统宜采用氧化还原电位仪（ORP）等控制加药量，缺药时可自动报警。

9.3 自动控制系统应设配电柜和控制柜。控制分自动和手动互切换双回路控制系统，并具有自动保护和声光报警功能。

9.4 有条件的企业，应在含氰废水处理单元和含铬废水处理单元安装游离氰和六价铬在线检测系统。

9.5　电镀废水处理站应设水质监测化验室，应具备监测分析所有需要控制的污染项目（如六价铬、总铬、总铅、总镉、总镍、总银、铜、锌、铁、铝、氰化物、pH、COD、总磷、总氮、氨氮、氟化物、色度、悬浮物等）的能力。并按照检测项目配置相应的监测分析仪器和玻璃器皿。

10　辅助工程

10.1　电气

10.1.1　废水处理站的供电等级，应与生产车间相同。独立的废水处理站供电宜按二级负荷设计。

10.1.2　低压配电设计应符合 GB 50054 的规定。

10.1.3　供配电系统应符合 GB 50052 的规定。

10.1.4　建设工程施工现场供用电安全应符合 GB 50194 的规定。

10.2　给水、排水和消防

10.2.1　废水处理站排水宜采用重力流排放。

10.2.2　给水管与处理装置衔接时应采取防止污染给水系统的措施。

10.2.3　废水处理站消防设计应符合 GB 50016 的有关规定，并配置消防器材。

10.3　采暖通风

10.3.1　地下构筑物应有通风设施。

10.3.2　在寒冷地区，处理构筑物和管线应有防冻措施。当采暖时，处理构筑物室内温度可按 5℃设计；加药间、化验室和操作室等的室内温度可按 15℃设计。

10.4　建筑、结构、道路与绿化

10.4.1　处理构筑物应符合 GB 5 0009 和 GB 50191 的有关规定，并采取防腐蚀、防渗漏措施。

10.4.2　处理水池等构筑物应设排空设施，排出的水应回流到调节池。

10.4.3　废水处理站内道路应符合 GBJ 22 的有关规定。

10.4.4　废水处理站的绿化面积，可根据实际情况确定。

11　劳动安全与职业卫生

11.1　劳动安全

11.1.1　高架处理构筑物应设置栏杆、防滑梯、照明和避雷针等安全设施。各构筑物应设有便于行走的操作平台、走道板、安全护栏和扶手，栏杆高度和强度应符合国家有关劳动安全规定。

11.1.2 所有正常不带电的电气设备的金属外壳均应采取接地或接零保护；钢结构、排气管、排风管和铁栏杆等金属物应采用等电位连接。

11.1.3 各种机械设备裸露的传动部分应设置防护罩，不能设置防护罩的应设置防护栏杆，周围应保持一定的操作活动空间。

11.1.4 地下构筑物应有清理、维修工作时的安全措施。主要通道处应设置安全应急灯。在设备安装和检修时应有相应的保护设施。

11.1.5 存放有害化学物质的构筑物应有良好的通风设施和阻隔防护设施。有害或危险化学品的贮存应符合国家相关规定的要求。

11.1.6 废水调节池如需顶盖，则应留有排气孔。

11.1.7 废水处理站危险部位应有安全警示标志。并配置必要的消防、安全、报警与简单救护等设施。

11.2 职业卫生

11.2.1 废水处理设施在建设、运行过程中产生的废气、废水、废渣、噪声及其他污染物排放应严格执行国家环境保护法规、标准和批复的环境影响评价文件的有关规定。

11.2.2 废水处理设备的噪声应符合 GB 12348 的规定，对建筑物内部设施噪声源控制应符合 GBJ 87 中的有关规定。

11.2.3 噪声控制应优先采取噪声源控制措施。废水处理站不宜采用高噪声风机。

11.2.4 加药设施附近应有保障工作人员卫生安全的设施。

11.2.5 加氯间的设计应符合 GBJ 13 的有关规定。

11.2.6 加药间宜与药剂库毗邻，根据具体情况设置搬运、起吊设备和计量设施。

11.2.7 药剂贮量一般不少于 15 d 的投药量，也可根据药剂用量和当地药剂供应条件等合理确定。

12 工程施工与验收

12.1 一般规定

12.1.1 承担电镀废水治理工程的设计单位、施工单位应具备相应的工程设计资质或施工资质。

12.1.2 施工单位应按照设计图纸、技术文件、设备图纸等组织施工。施工过程中，应做好材料设备、隐蔽工程和分项工程等中间环节的质量验收；隐蔽工程应经过中间验收合格后，方可进行下一道工序施工。

12.1.3 施工中所使用的设备、材料、器件等应符合现行国家标准和设计要求，并取得供货商的产品合格证书。不得使用不合格产品。设备安装应符合 GB 50231 的规定。

12.1.4 管道工程的施工和验收应符合 GB 50268 的规定；混凝土结构工程的施工和验收

应符合 GB 50204 的规定；构筑物的施工和验收应符合 GB 50141 的规定。

12.1.5 施工单位除应遵守相关的技术规范外，还应遵守国家有关部门颁布的劳动安全及卫生、消防等国家强制性标准。

12.1.6 电镀废水治理工程施工与验收应有施工监理单位参加。

12.2 工程施工

12.2.1 土建施工

12.2.1.1 在土建施工前，应认真了解设计图纸和设备安装对土建的要求，了解预留预埋件的位置和做法，对有高程要求的设备基础要严格控制在设备要求的误差范围内。

12.2.1.2 在进行结构设计时应充分考虑池体的抗浮，施工过程中应计算池体的抗浮稳定性及各施工阶段的池体自重与水的浮力之比，检查池体能否满足抗浮要求。

12.2.1.3 各类水池宜采用钢筋混凝土结构。土建施工应重点控制池体的抗浮处理、地基处理、池体抗渗处理，满足设备安装对土建施工的要求。

12.2.1.4 在软弱地基上施工且构筑物荷载不大时，应采取适当的措施对地基进行处理，必要时可采用桩基。

12.2.1.5 施工过程中应加强建筑材料和施工工艺的控制，杜绝出现裂缝和渗漏。出现渗漏处，应会同设计等有关方面确定处理方案，彻底解决问题。

12.2.1.6 模板、钢筋、混凝土分项工程应严格执行 GB 50204 规定。其中，模板架设应有足够强度、刚度和稳定度，表面平整无缝隙，尺寸正确；钢筋规格、数量准确，绑扎牢固应满足搭接长度要求，无锈蚀；混凝土配合比、施工缝预留、伸缩缝设置、设备基础预留孔及预埋螺栓位置均应符合规范和设计要求，冬季施工应注意防冻。

12.2.2 设备安装

12.2.2.1 设备基础应按照设计要求和图纸规定浇筑，混凝土标号、基面位置高程应符合说明书和技术文件规定。混凝土基础应平整坚实，并有隔振措施。预埋件水平度及平整度应符合 GB 50231 规定。地脚螺栓应按照原机出厂说明书的要求预埋，位置应准确，安装应稳定。安装好的机械应严格符合外形尺寸的公称允许偏差，不允许超差。

12.2.2.2 各种机电设备安装后应进行试车。试车应满足下列要求：

a）启动时应按照标注箭头方向旋转，启动运转应平稳，运转中无振动和异常声响；

b）运转齿合与差动机构运转应按产品说明书的规定同步运行，没有阻塞、碰撞现象；

c）运转中各部件应保持动态所应有的间隙，无抖动晃摆现象；

d）试运转用手动或自动操作，设备全程完整动作 5 次以上，整体设备应运行灵活，并保持紧张状态；

e）各限位开关运转中应动作及时，安全可靠；

f）电极运转中温升应在正常值范围内；

各部轴承注加规定润滑油，应不漏、不发热，温升小于 60℃。

12.3 工程验收

12.3.1 电镀废水治理工程竣工验收应按《建设项目（工程）竣工验收办法》、相应专业验收规范和本标准的有关规定进行。

12.3.2 建筑电气工程施工质量验收应符合 GB 50303 的规定。各设备、构（建）筑物单体按国家或行业的有关标准、规范验收后，应进行清水联通启动验收和整体调试。

12.3.3 试运行应在系统通过整体调试、各环节运转正常、技术指标达到设计和合同要求后启动。

12.3.4 电镀废水治理工程验收应提供以下资料：主管部门的批准文件；经批准的设计文件和设计变更文件；工程合同；设备供货合同和合同附件；设备技术文件和技术说明书；专项设备施工验收文件和工程监理报告。

12.4 环境保护验收

12.4.1 电镀废水治理工程试运行期应进行性能试验。废水处理工程性能试验应包括以下内容：最大处理水量试验；最大处理效率试验；污泥脱水试验；电能和药剂消耗试验；运行稳定性试验。

12.4.2 电镀废水治理工程环境保护验收应按《建设项目环境保护竣工验收管理办法》的规定进行，并提供以下技术资料：项目审批文件；批准的设计文件和设计变更文件；性能试验报告；验收监测报告；试运行期连续运行报告（一般不少于 30 个工作日）及完整的试运行记录；管理制度与岗位操作规程。

12.4.3 电镀废水治理设施经环境保护竣工验收合格后，可正式投入使用。

13 运行与维护

13.1 一般规定

13.1.1 电镀废水处理站应建立操作规程、运行记录、水质检测、设备检修、人员上岗培训、应急预案、安全注意事项等处理设施运行与维护的相关制度，适时监控运行效果，加强处理设施的运行、维护与管理。

13.1.2 电镀企业应将废水处理设施作为生产系统的组成部分进行管理，应配备专职人员负责废水处理设施的操作、运行和维护。废水处理设备设施每年进行一次检修，其日常维护与保养应纳入企业正常的设备维护管理工作。

13.1.3 电镀企业不得擅自停止电镀废水治理设施的正常运行。因维修、维护致使处理设施部分或全部停运时，应事先征得当地环保部门的批准。

13.1.4 电镀废水处理站的运行记录和水质检测报告作为原始记录，应妥善保存，不得丢失或撕毁。

13.2 人员与运行管理

13.2.1 废水处理站的操作人员应经过岗位技能培训，熟悉废水处理的整体工艺、相关技术条件和设施、运行操作的基本要求，能够合理处置运行过程中出现的各种故障与技术问题。

13.2.2 废水处理站的操作人员应严格按照操作规程要求，运行、维护和管理废水处理设施，检查记录处理构筑物、设备、电器和仪表的运行状况。

13.2.3 操作人员应遵守岗位职责，如实填写运行记录。运行记录的内容应包括：水泵及相关处理设备/设施的启动-停止时间、处理水量、水温、pH；电器设备的电流、电压、检测仪器的适时检测数据；投加药剂名称、调配浓度、投加量、投加时间、投加点位；处理设施运行状况与处理后出水情况等。

13.2.4 废水处理站的操作人员应做好交接班记录。非操作人员不得擅自启动、关闭废水处理设备。

13.2.5 废水处理站的操作人员应根据处理设施、设备的使用情况，提出检修内容与检修周期；对可能出现故障的设备和装置应提出具体的维护与维修措施。

13.2.6 当发现废水处理设施运行不正常或处理效果出现较大波动，不能满足排放要求时，应及时采取措施，进行调整。

13.2.7 废水处理站的操作人员应负责应急事故水池等应急设施的日常管理，并根据处理工艺特点与污染物特性，制定出生产事故、废水污染物负荷突变等突发情况下的应急调节措施。

13.3 水质检测

13.3.1 电镀废水处理站应设置水质监控点，适时检测与监控处理设施的运行状况与处理效果。

13.3.2 水质监控点应符合以下要求：当对废水处理系统的整体效率进行监控时，水质监控点应设在废水处理设施的总进水口和总排水口；当对处理设施各单元的处理效率进行监控时，监控点应设在处理单元的进水口和单元的排水口。

13.3.3 电镀废水处理站在运行期间，每天均应根据设施的运行状况，对处理水质进行检测，并建立水质检测报告制度。检测项目、采样点、采样频率、采用的监测分析方法应按照 GB 21900 所规定的要求进行。已安装在线监测系统的，也应定期取样，进行人工检测，比对数据。

13.3.4 在检测分析过程中，应及时、真实填写原始记录，不得凭追忆事后补填或抄填。

13.3.5 检测报告应执行三级审核制。第一级审核应校对原始记录的完整性和规范性，仪器设备、分析方法的适用性和有效性，检测数据和计算结果的准确性，校对人员应在原始记录上签名；第二级审核应校核检测报告和原始记录的一致性，报告内容完整性、数据准确性和结论正确性；第三级审核应检查检测报告是否经过了校核，报告内容的完整性和符合性，监测结果的合理性和结论的正确性。第二、第三级校核、审核后，均应在检测报告上签名。

附录 A
（资料性附录）
电镀废水的来源、主要成分及其质量浓度范围

表 A.1　电镀废水的来源、主要成分及其质量浓度范围

废水种类	废水来源	废水主要成分	主要污染物质量浓度范围
酸碱废水	镀前处理、冲洗地坪	各种酸类和碱类等	酸、碱废水混合后，一般呈酸性，pH 3～6
含氰废水	氰化镀工序	氰络合金属离子、游离氰等	pH 8～11，总氰根离子 10～50 mg/L
含铬废水	粗化、镀铬、钝化、化学镀铬、阳极化处理	六价铬、铜等金属离子	pH 4～6，六价铬离子 10～200 mg/L
含镉废水	无氰镀镉、氰化镀镉	镉离子、游离氰离子	pH 8～11，镉离子≤50 mg/L，游离氰离子 10～50 mg/L
含镍废水	镀镍、化学镀镍	镀镍：硫酸镍、氯化镍、硼酸、添加剂化学镍：硫酸镍、络合剂、还原剂	镀镍：pH 6 左右，镍离子≤100 mg/L 化学镍：pH 取决于溶液类型，镍离子≤50 mg/L
含铜废水	酸性镀铜、焦磷酸盐镀铜、氰化镀铜、镀铜锡合金、镀铜锌合金	酸性镀铜废水：硫酸铜、硫酸 焦磷酸盐镀铜：焦磷酸铜、焦磷酸钾、柠檬酸钾、氨三乙酸以及添加剂	酸性铜：pH 2～3，铜离子≤100 mg/L 焦磷酸铜：pH7 左右，铜离子≤50 mg/L
含锌废水	碱性锌酸盐镀锌	锌离子、氢氧化钠和部分添加剂等	pH>9，锌离子≤50 mg/L
	钾盐镀锌	锌离子、氯化钾、硼酸和部分光亮剂	pH 6 左右，锌离子≤50 mg/L
	硫酸锌镀锌	硫酸锌、部分光亮剂	pH 6～8，锌离子≤50 mg/L
	铵盐镀锌	氯化锌、氯化铵、锌的络合物和添加剂	pH 6～9，锌离子≤50 mg/L
含铅废水	氟硼酸盐镀铅、镀铅锡铜合金	氟硼酸铅、氟硼酸根、氟离子	pH 3 左右，铅离子 150 mg/L 左右，氟离子 60 mg/L 左右
含银废水	氰化镀银、硫代硫酸盐镀银	银离子、游离氰离子	pH 8～11，银离子≤50 mg/L，游离氰离子 10～50 mg/L
含氟废水	冷封闭	镍离子、氟离子	pH 6 左右，镍离子≤20 mg/L，氟离子≤20 mg/L
混合废水	电镀前处理和清洗	铜、锌、镍、三价铬等重金属离子	pH 4～6，铜、锌、镍、三价铬等重金属离子均≤100 mg/L

制革及毛皮加工废水治理工程技术规范

HJ 2003—2010

前 言

为贯彻《中华人民共和国环境保护法》和《中华人民共和国水污染防治法》，规范制革及毛皮加工废水治理工程的建设与运行管理，防治环境污染，保护环境和人体健康，制定本标准。

本标准规定了制革及毛皮加工废水治理工程设计、施工、验收和运行管理的技术要求。

本标准为首次发布。

本标准的附录 A、附录 B、附录 C 为资料性附录。

本标准由环境保护部科技标准司组织制定。

本标准主要起草单位：山东省环境保护科学研究设计院、山东省皮革研究所、山东省皮革协会。

本标准由环境保护部 2010 年 12 月 17 日批准。

本标准自 2011 年 3 月 1 日起实施。

本标准由环境保护部解释。

1 适用范围

本标准规定了制革及毛皮加工废水治理工程的总体要求、工艺设计、检测控制、施工验收、运行维护等的技术要求。

本标准适用于以生皮为原料，采用铬鞣工艺的制革及毛皮加工废水治理工程，可作为环境影响评价、可行性研究、设计、施工、安装、调试、验收、运行和监督管理的技术依据，采用其他原料和鞣制工艺的制革及毛皮加工企业和集中加工区的废水治理工程可参照执行。

2 规范性引用文件

本标准引用了下列文件或其中的条款。凡是未注明日期的引用文件，其最新版本适用于本标准。

GB 4284 农用污泥中污染物控制标准

GB 5085.3 危险废物鉴别标准 浸出毒性鉴别

GB 7251 低压成套开关设备和控制设备

GB 12348 工业企业厂界环境噪声排放标准

GB 12801 生产过程安全卫生要求总则

GB 14554 恶臭污染物排放标准

GB 15562.1 环境保护图形标志 排放口（源）

GB 18484 危险废物焚烧污染控制标准

GB 18597 危险废物贮存污染控制标准

GB 18598 危险废物安全填埋污染控制标准

GB 18599 一般工业固体废物贮存、处置场污染控制标准

GB 50014 室外排水设计规范

GB 50015 建筑给水排水设计规范

GB 50016 建筑设计防火规范

GB 50019 采暖通风与空气调节设计规范

GB 50033 建筑采光设计标准

GB 50034 建筑照明设计标准

GB 50037 建筑地面设计规范

GB 50046 工业建筑防腐蚀设计规范

GB 50052 供配电系统设计规范

GB 50053 10 kV 及以下变电所设计规范

GB 50054 低压配电设计规范

GB 50055 通用用电设备配电设计规范

GB 50057 建筑物防雷设计规范

GB 50069 给水排水工程构筑物结构设计规范

GB 50093 自动化仪表工程施工及验收规范

GB 50108 地下工程防水技术规范

GB 50116 火灾自动报警系统设计规范

GB 50168 电气装置安装工程电缆线路施工及验收规范

GB 50169 电气装置安装工程接地装置施工及验收规范
GB 50187 工业企业总平面设计规范
GB 50204 混凝土结构工程施工质量验收规范
GB 50208 地下防水工程质量验收规范
GB 50222 建筑内部装修设计防火规范
GB 50231 机械设备安装工程施工及验收通用规范
GB 50236 现场设备、工业管道焊接工程施工及验收规范
GB 50243 通风与空调工程质量验收规范
GB 50254 电气装置安装工程低压电器施工及验收规范
GB 50255 电气装置安装工程电力变流设备施工及验收规范
GB 50256 电气装置安装工程起重机电气装置施工及验收规范
GB 50257 电气装置安装工程爆炸和火灾危险环境电气装置施工及验收规范
GB 50268 给水排水管道工程施工及验收规范
GB 50275 压缩机、风机、泵安装工程施工及验收规范
GB 50334 城市污水处理厂工程质量验收规范
GB 50336 建筑中水设计规范
GB 50395 视频安防监控系统工程设计规范
GB/T 16483 化学品安全技术说明书 内容和项目顺序
GB/T 18920 城市污水再生利用 城市杂用水水质
GB/T 19837 城市给排水紫外线消毒设备
GB/T 19923 城市污水再生利用 工业用水水质
GB/T 50335 污水再生利用工程设计规范
GBJ 115 工业电视系统工程设计规范
GBJ 125 给水排水设计基本术语标准
GBJ 141 给水排水构筑物施工及验收规范
GBZ 1 工业企业设计卫生标准
GBZ 2.1 工作场所有害因素职业接触限值 第 1 部分：化学有害因素
GBZ 2.2 工作场所有害因素职业接触限值 第 2 部分：物理有害因素
HJ/T 91 地表水和污水监测技术规范
HJ/T 92 水污染物排放总量监测技术规范
HJ/T 96 环境保护产品技术要求 pH 水质自动分析仪技术要求
HJ/T 101 环境保护产品技术要求 氨氮水质自动分析仪技术要求
HJ/T 242 环境保护产品技术要求 污泥脱水用带式压榨过滤机

HJ/T 247 环境保护产品技术要求 竖轴式机械表面曝气装置

HJ/T 250 环境保护产品技术要求 旋转式细格栅

HJ/T 251 环境保护产品技术要求 罗茨鼓风机

HJ/T 252 环境保护产品技术要求 中、微孔曝气器

HJ/T 259 环境保护产品技术要求 转刷曝气装置

HJ/T 261 环境保护产品技术要求 压力溶气气浮装置

HJ/T 262 环境保护产品技术要求 格栅除污机

HJ/T 265 环境保护产品技术要求 刮泥机

HJ/T 266 环境保护产品技术要求 吸泥机

HJ/T 272 环境保护产品技术要求 化学法二氧化氯消毒剂发生器

HJ/T 277 环境保护产品技术要求 旋转式滗水器

HJ/T 278 环境保护产品技术要求 单级高速曝气离心鼓风机

HJ/T 279 环境保护产品技术要求 推流式潜水搅拌机

HJ/T 280 环境保护产品技术要求 转盘曝气装置

HJ/T 282 环境保护产品技术要求 浅池气浮装置

HJ/T 283 环境保护产品技术要求 厢式压滤机和板框压滤机

HJ/T 336 环境保护产品技术要求 潜水排污泵

HJ/T 354 水污染源在线监测系统验收技术规范

HJ/T 369 环境保护产品技术要求 水处理用加药装置

HJ/T 377 环境保护产品技术要求 化学需氧量（COD_{Cr}）水质在线自动监测仪

CECS 111 寒冷地区污水活性污泥法处理设计规程

CECS 112 氧化沟设计规程

CJJ 60 城市污水处理厂运行、维护及其安全技术规程

LD 35 制革安全卫生规程

NY/T 1220.2 沼气工程技术规范 第 2 部分：供气设计

NY/T 1222 规模化畜禽养殖场沼气工程设计规范

QB/T 1261 毛皮工业术语

QB/T 2262 皮革工业术语

《建设项目（工程）竣工验收办法》（计建设〔1990〕1215 号）

《建设项目竣工环境保护验收管理办法》（国家环境保护总局令 第 13 号）

《排污口规范化整治技术要求》（试行）（环监〔1996〕470 号）

《污染源自动监测管理办法》（国家环境保护总局令 第 28 号）

3　术语和定义

QB/T 2262、QB/T 1261、GBJ 125 中的术语及下列术语和定义适用于本标准。

3.1　制革及毛皮集中加工区　leather and fur central processing zone

指由制革及毛皮加工工业为主的企业组成的，企业分布相对集中、区内功能齐全且相对独立的区域。

3.2　含硫废水　sulfur-containing wastewater

指制革工艺中采用灰碱法脱毛时产生的浸灰废液及相应的水洗工序废水。

3.3　脱脂废水　degreasing wastewater

指在制革及毛皮加工脱脂工序中，采用表面活性剂对生皮油脂进行处理所形成的废液及相应的水洗工序废水。

3.4　含铬废水　chromium-containing wastewater

指在铬鞣及铬复鞣工序中产生的废铬液及相应的水洗工序废水。

3.5　综合废水　integrated wastewater

指制革及毛皮加工企业或集中加工区产生的与生产直接或间接相关的排往综合废水处理工程内的各种废水的统称（如生产工艺废水、厂区生活污水等）。

3.6　制革及毛皮加工污泥　sludge

指在制革及毛皮加工废水治理过程中产生的污泥。

3.7　含铬污泥　chrome sludge

指含铬废水预处理过程中产生的污泥。

3.8　预处理　pretreatment

指为减轻综合废水处理负荷，回收有价值物质，对制革及毛皮加工生产过程中产生的污染物含量高且回收价值大或污染严重的废水进行初步净化的过程，也称为分类处理。

3.9　一级处理　primary treatment

指综合废水处理工程内以固液分离为主体的初级净化过程。

3.10　二级处理　secondary treatment

指综合废水处理工程内经一级处理后以生化处理为主体的净化过程。

3.11　深度处理　advanced treatment

指综合废水处理工程内进一步去除二级处理不能完全去除的污染物的净化过程。

4 废水水量和水质

4.1 废水水量

4.1.1 制革及毛皮加工废水水量可按下式计算：

$$Q_Y = Q_i + Q_j \qquad (1)$$

$$Q_i = \Sigma q_i (1-\alpha) = \beta Q \qquad (2)$$

式中：Q_Y——综合废水量（以生皮计），m^3/t；

Q_i——生产废水量（以生皮计），m^3/t；

Q_j——其他废水量（以生皮计），m^3/t，包括地面冲洗水和生活污水等，应参照 GB 50015、GB 50336 等标准确定；

q_i——各生产工序废水量（以生皮计），m^3/t，可参照附录 A 确定；

Q——生产用水量（以生皮计），m^3/t，可根据生产用水定额确定；

α——废水回用率，%，即回用废水量与废水产生量的比值，应根据废水实际回用情况或水平衡图确定；

β——按给水量计算排水量的折减系数，应根据企业生产工艺及给排水设施水平等因素确定，一般取 80%～90%。

4.1.2 典型制革废水量可参照表 1，典型毛皮加工废水量可参照表 2。

表 1 典型制革企业单位生皮综合废水量(1)

皮革种类	牛皮	猪皮	山羊皮	绵羊皮
废水量（以生皮计）/（m^3/t）	40～75	45～100	45～75	40～75

注：（1）按生皮质量核算：黄牛皮 20 kg/张，猪皮（盐）5 kg/张，羊皮（盐）3 kg/张。

表 2 典型毛皮加工企业单位生皮综合废水量

毛皮种类	羊剪绒（盐湿皮）	水貂（干板）	狐狸（干板）	猸子（盐湿皮）	兔皮（盐湿皮）
废水量（以生皮计）/（m^3/t）	70～140	50～90	110～160	80～100	80～110

4.1.3 生产废水量变化系数是指最大日最大时废水量与最大日平均时（生产设计规模）废水量的比值，其值应结合企业实际生产情况确定，当无相关资料时，可参照表 3。

表 3 废水量变化系数

废水来源	皮革集中加工区	制革企业	毛皮加工企业
变化系数	1.5～2.0	1.6～3.0	2.0～4.0

4.2　废水水质

4.2.1　废水水质可按下式计算：

$$C_i = \frac{W_i}{q_i} \times 1\,000 \tag{3}$$

$$C_Y = \frac{\sum W_i(1-\eta_i) + W_j}{Q_Y} \times 1\,000 \tag{4}$$

式中：C_i——各生产工序废水污染物质量浓度，mg/L；

C_Y——综合废水污染物质量浓度，mg/L；

W_i——各生产工序废水污染物产生量（以生皮计），kg/t，可参照附录 B 确定；

W_j——其他废水污染物产生量（以生皮计），kg/t，应参照 GB 50014、GB 50336 等标准确定；

η_i——各生产工序废水预处理污染物去除率，%，可参照附录 C.1。

4.2.2　典型制革废水水质可参照表 4，典型毛皮加工废水水质可参照表 5。

表 4　典型制革废水水质范围[1]

废水种类	pH	COD_{Cr}/（mg/L）	BOD_5/（mg/L）	SS/（mg/L）	S^{2-}/（mg/L）	总铬/（mg/L）	氨氮/（mg/L）	总氮/（mg/L）	动植物油/（mg/L）
含硫废水	12～14	5 000～40 000	2 500～10 000	3 000～20 000	800～5 000	—	50～100	80～150	150～800
脱脂废水	11～13	10 000～30 000	3 000～8 000	3 000～5 000	—	—	—	—	4 000～10 000
含铬废水	3.5～5	3 000～6 500	600～1 200	600～2 000	—	600～2 500	150～400	200～500	400～800
综合废水	8～10	3 000～4 000	1 200～1 800	2 000～4 000	40～100	30～80[2]	200～600	250～800	250～2 000

注：（1）表中综合废水水质为未进行预处理的水质。

（2）含铬废水经预处理后，综合废水总铬质量浓度为 0.1～1.5 mg/L。

表 5　典型毛皮加工废水水质范围[1]

废水种类	pH	COD_{Cr}/（mg/L）	BOD_5/（mg/L）	SS/（mg/L）	总铬/（mg/L）	氨氮/（mg/L）	总氮/（mg/L）	动植物油/（mg/L）
含铬废水	3.5～5	2 000～4 000	400～1 000	400～1 500	300～700	40～100	80～250	300～600
综合废水	8～10	1 500～3 500	600～1 200	1 000～2 500	10～20[2]	60～120	150～250	300～1 500

注：（1）表中综合废水水质为未进行预处理的水质。

（2）含铬废水经预处理后，综合废水总铬质量浓度为 0.1～1.0 mg/L。

5 总体要求

5.1 一般规定

5.1.1 应从废水的产生、处理和排放全过程进行控制，采用清洁生产技术，提高资源、能源利用率，降低污染物的产生量和排放量，预防污染环境。

5.1.2 制革及毛皮加工废水宜采用清污分流、雨污分流。

5.1.3 应以企业生产情况及发展规划为依据，贯彻国家产业政策和行业污染防治技术政策，统筹集中与分散、现有与新（扩、改）建的关系。

5.1.4 经处理后排放的废水应符合环境影响评价批复文件和相关排放标准的要求。

5.1.5 应配套建设二次污染的预防措施，保证污泥、恶臭、噪声等污染物排放满足GB 14554和GB 12348等相关环保标准的要求。

5.1.6 应按照《排污口规范化整治技术要求（试行）》建设废水排放口，设置符合GB/T 15562.1要求的废水排放口标志，并按照《污染源自动监控管理办法》安装污染物排放连续监测设备。

5.2 建设规模

5.2.1 建设规模应根据废水治理工程服务范围内的现有水量、水质和预期变化情况综合确定；现有企业应以实测数据为依据，新（扩、改）建企业应采用类比或物料衡算的方法确定。

5.2.2 预处理工程建设规模应与其相关生产单元的建设规模相匹配，按最大日流量计算。

5.2.3 综合废水处理工程的建设规模应符合下列要求：

a）格栅、预沉池等调节池前废水处理构筑物按最大日最大时流量计算；

b）调节池及其后废水处理构筑物按最大日平均时流量计算；

c）回用水处理系统根据可利用源水的水质、水量和回用环节，经水量平衡和技术经济分析后确定；

d）污泥处理与处置系统按最大日平均时污泥量计算。

5.3 项目构成

5.3.1 制革及毛皮加工废水治理工程由主体工程、配套工程和生产管理设施构成。

5.3.2 主体工程主要包括含硫废水预处理、脱脂废水预处理、含铬废水预处理和综合废水处理工程，其中的综合废水处理工程包括废水处理系统、回用水系统、污泥处理与处置系统和臭气处理系统：

a）废水处理系统包括一级处理、二级处理和深度处理单元；

b）回用水系统包括回用水贮存、输配和监控单元；

c）污泥处理与处置系统包括污泥均质、浓缩、脱水和最终处置单元；

d）臭气处理系统包括臭气收集和处理单元。

5.3.3 配套工程包括电气自动化、供排水和消防、采暖通风与空调、建筑结构、检测与过程控制等。

5.3.4 生产管理设施包括办公用房、值班室等。

5.4 厂址选择和总体布置

5.4.1 厂址选择和总体布置应纳入制革及毛皮加工企业或集中加工区总体规划，并满足环境影响评价、审批文件的要求。

5.4.2 总体布置应根据区内各建筑物和构筑物的功能和流程要求，结合厂址地形、气候和地质条件，经技术经济比较确定，并符合下列要求：

a）总平面布置合理、紧凑，满足施工、维护和管理等要求，并留有发展及设备更换的余地；

b）竖向布置应充分利用原有地形，尽可能做到土方平衡，降低运行电耗；

c）合理布置超越管线和维修放空设施，并确保不合格的放空水或污泥得到妥善处理和处置；

d）材料、药剂、污泥、废渣等不得露天堆放，存放场所应进行防渗及防水处理。

5.4.3 厂址选择、平面和竖向设计、总图运输、管线综合及绿化布置应根据项目组成情况确定，符合 GB 50187、GB 50014 和行业标准的规定。

6 工艺设计

6.1 一般规定

6.1.1 应优先采用处理效率高、节约能源、投资省的处理工艺，确保废水治理工程稳定、可靠、安全运行。

6.1.2 宜将综合废水处理工程，特别是生化处理单元设计成平行的两条线，其工艺设计应符合 GB 50014 中的相关规定。

6.1.3 厌氧技术的选用应充分考虑制革废水中硫化物、硫酸盐、铬、中性盐、低碳氮比（COD_{Cr}/TN）等对厌氧菌的抑制作用，加强清洁生产措施，尽量降低废水中毒性污染因子浓度。

6.2 处理工艺

6.2.1 提倡分类处理和集中处理相结合。含铬废水应先经预处理达标后再与其他废水混合处理，含硫废水和脱脂废水宜进行预处理，其工艺流程如图 1 所示。

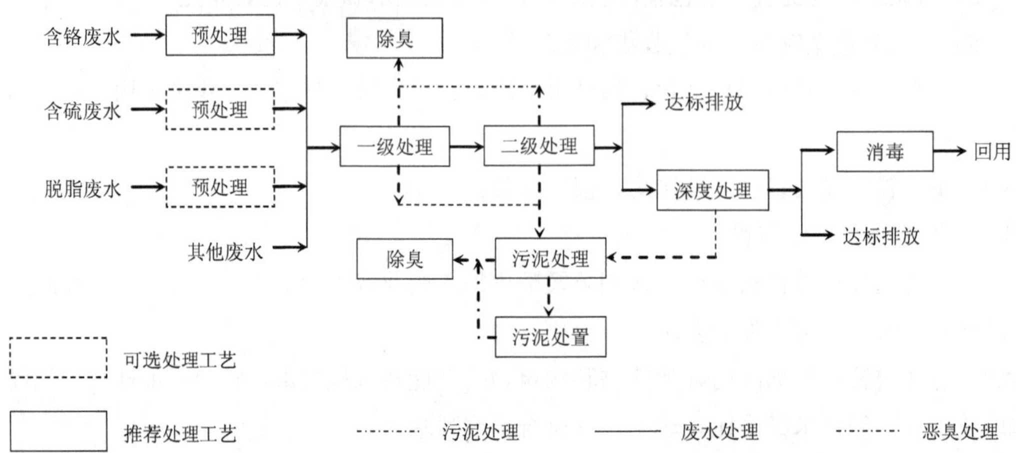

图 1 制革及毛皮加工废水治理工程工艺流程

6.2.2 处理效率应通过试验或同类企业类比资料确定。当无资料时，预处理工程处理效率可参照附录 C.1，综合废水处理工程处理效率可参照附录 C.2。

6.2.3 应根据现行的国家和地方排放标准、污染物的来源及性质、排水去向确定制革及毛皮加工废水处理程度，选择相应的处理级别和处理工艺。

6.2.4 排入集中加工区废水处理厂（站）的企业宜根据集中加工区要求选用预处理或预处理+一级处理工艺；排入城镇污水处理厂的企业宜根据污水处理厂接管要求选择预处理+一级或预处理+一级处理+二级处理工艺；直接排入自然水体的企业应根据排放标准要求选择预处理+一级处理+二级处理或预处理+一级处理+二级处理+深度处理工艺。

6.3 技术要求

6.3.1 含铬废水预处理

6.3.1.1 应结合生产工艺采用循环或碱沉淀技术处理含铬废水，处理后废水的铬含量达标后方可排入综合废水处理工程。

6.3.1.2 碱沉淀处理技术的工艺要求：

a）碱沉淀处理技术包括格栅、贮存、反应、压滤、水洗、酸化和陈化等工序。

b）碱沉淀常用的沉淀剂包括 MgO、NaOH、$Ca(OH)_2$、Na_2CO_3 和 $NaAlO_2$ 等，宜选用 MgO 和 NaOH，投料量宜根据化学平衡计算确定，控制铬液 pH 在 8.5～10.0 的范围内。

c）贮液池的贮液时间宜大于 2 d，碱沉淀工艺的反应时间宜为 1～2 h，沉降时间应大于 3 h。

d）沉淀分离出的铬泥宜采用板框压滤机压滤，压滤周期 4～6 h，处理能力约 1.5 kg/（m^2·次）。

e）酸化反应采用机械搅拌或空气搅拌的方式，反应 pH 宜为 2.0～2.3，反应时间应大于 1 h，沉降时间宜为 3～4 h。

f）硫酸用量应根据回收液中铬的含量进行确定，按下式计算：

$$M=\frac{AV}{B}\times 1.93 \tag{5}$$

式中：M——硫酸用量，g；

A——废铬液中 Cr_2O_3 的含量，g/L；

V——废铬液量，L；

B——工业硫酸的质量分数，%。

g）回收铬液宜经陈化后使用，陈化时间宜为 5～7 d，陈化后的 pH 应达到 2.5～2.8。

6.3.1.3 循环处理技术包括直接循环利用和浸酸/鞣制循环利用处理技术，循环处理技术一般包括格栅、贮存、净化、补铬、调节、回用等工序，控制参数应结合生产工艺、产品种类经试验确定后选用。

6.3.2 含硫废水预处理

6.3.2.1 含硫废水预处理包括催化氧化、化学混凝和酸化回收硫化氢等工艺，处理前应采用专用管道收集，格栅拦截。

6.3.2.2 催化氧化处理技术的工艺要求：

a）催化氧化处理技术宜采用锰盐催化氧化技术，使用的催化剂有硫酸锰、氯化锰和高锰酸钾等，常用硫酸锰，其投加量宜为硫化物含量的 5%；

b）催化氧化反应过程中，宜控制 pH 在 10.5～13.0 范围内，反应温度 15～40℃，催化氧化反应时间大于 6 h；

c）反应池曝气应采用鼓风（大孔或中孔）曝气或机械曝气形式，采用鼓风曝气时，供氧量（氧/S^{2-}）应大于 1.1 kg/kg，采用机械曝气时曝气功率（S^{2-}）宜大于 0.6 kW/kg，并应满足搅拌的要求。

6.3.2.3 化学混凝处理技术的工艺要求：

a）化学混凝处理技术包括混凝和沉淀（或气浮）2 个单元；

b）化学混凝处理技术处理含硫废水常用铁盐、铝盐等混凝剂，为了提高混凝效果也可采用复配混凝剂或与有机高分子混凝剂联用，使用前应根据废水水质特性，通过试验确定适宜的配方；

c）采用硫酸亚铁作混凝剂，反应前可用酸将含硫废水 pH 调至 8～9，反应终点宜控制 pH 至 7 左右；

d）混凝时间宜为 10～15 min；

e）沉淀时间宜为 3.0～5.0 h，表面负荷宜为 0.8～1.5 $m^3/(m^2\cdot h)$；

f）采用气浮工艺时，其设计参数宜通过试验确定，当无相关资料时，表面负荷宜取 1.5～2.5 m^3/（m^2·h）。

6.3.2.4 酸化回收硫化氢的工艺要求：

a）酸化回收硫化氢包括酸化反应、固液分离和碱吸收 3 个单元；

b）应用酸将酸化反应器中废液 pH 调至 4.0～4.5，酸化反应时间宜大于 6 h；

c）宜由真空泵连续抽出酸化反应器中的 H_2S 至吸收塔，整个反应过程中，吸收系统应保持在负压状态；

d）应采用 NaOH 配制吸收液；

e）酸化后的废液应通过固液分离的方式分离出其中的蛋白质；

f）分离后的废液可根据废液性质和生产工艺情况经再生后循环利用，可使用 CaO 作再生剂，再生废液应将 pH 调整到 12 左右。

6.3.3 脱脂废水预处理

6.3.3.1 脱脂废水预处理包括酸提取和气浮等工艺，处理前应采用专用管道收集，格栅拦截和隔油措施。

6.3.3.2 酸提取处理脱脂废水包括破乳、皂化、酸化和水洗工序，各工序的控制参数可参照表 6。

表 6 酸提取工艺主要设计参数

工序	pH	温度/℃	操作时间/h	备注
破乳	4	60	2.5～3	pH 为反应终点控制值
皂化	11～12	沸腾	1	pH 为反应终点控制值
酸化	4	—	2～3	pH 为反应终点控制值
水洗	6～7	40～60	—	洗 3 次

6.3.3.3 气浮处理工艺设计见 6.3.2.3 条第 f）款。

6.3.4 综合废水处理

6.3.4.1 综合废水处理工程前应设置粗格栅和细格栅，其工艺要求如下：

a）采用机械清除时，粗格栅间隙宜为 10～20 mm，采用人工清除时宜为 15～25 mm，格栅设置在水泵前应满足水泵要求；

b）细格栅宜选用具有自清能力的旋转机械格栅，格栅间隙宜为 2～5 mm；

c）格栅上部应设置工作平台，其高度应高出格栅前最高设计水位 0.5 m，工作平台上应有安全和冲洗设施；

d）栅渣宜通过机械输送，脱水后外运。

6.3.4.2 综合废水进入调节池前应经过沉砂或预沉处理，其工艺要求如下：

a）宜选用平流沉砂池或曝气沉砂池，池面应设浮渣或油脂刮除设施；

b）预沉池停留时间宜为 40～120 min，有效水深宜为 2.0～3.0 m，池面应设有浮渣或油脂刮除设施，也可设置油脂回收设施；

c）沉砂池及预沉池宜采用机械排除泥砂方式，池底应考虑防淤措施，采用重力排除泥砂时，排砂管和排泥管应考虑防堵或清通措施。

6.3.4.3 综合废水处理工程应设置调节池，其工艺要求如下：

a）调节池容积应根据废水在生产周期内的变化曲线采用图解法计算确定，单独制革及毛皮加工企业的调节时间宜大于 20 h，集中加工区的调节时间宜大于 16 h。当二级处理采用 SBR 处理工艺时，可根据工程规模和工艺流程适当减少调节池的容积；

b）当调节池兼作综合废水事故池时，其容积计算应考虑事故排放的容量，可按照 2 h 的废水最大时排放量确定；

c）当初期雨水需要处理时，调节池应考虑初期雨水的储存容量，储存雨水量的确定应符合 GB 50014 的规定，初期雨水的时间应根据雨水收集系统的设置状况、路面材料、污染物性质和降雨等情况确定，当缺乏相关资料时，可取 10～15 min；

d）调节池内应设置混合设施，当设置潜水推进器时，混合功率为 2～8W/m^3，当采用曝气（中孔或大孔）设备时，曝气量不宜小于 3 m^3/（m^2·h），当调节池兼有预生化或（催化）氧化等功能时，其曝气量还应满足工艺需氧量的要求，曝气设备应考虑防堵塞措施；

e）调节池底部应设有集水坑，池底应有不小于 0.01 的坡度，坡向集水坑，池壁应设置爬梯；

f）调节池应设置液位控制和报警装置。

6.3.4.4 综合废水处理工程应设置沉淀池，沉淀分为初次沉淀池、混凝沉淀池和二次沉淀池，沉淀池的形式应根据处理规模、工艺特点和场地地质条件等因素确定，可选用平流式、辐流式和竖流式等池型，其工艺要求如下：

a）沉淀池主要设计参数参照表 7；

表 7 沉淀池主要设计参数

沉淀池类型		沉淀时间/h	表面负荷/[m^3/（m^2·h）]	污泥含水率/%	固体负荷/[kg/（m^2·d）]
初次沉淀池		1.5～3.0	1.0～2.0	97～98.5	—
混凝沉淀池	二次沉淀池前	2.0～3.0	1.0～1.6	96～98	—
	二次沉淀池后	2.5～4.0	0.8～1.2	98～99.5	—
二次沉淀池	生物膜后	2.0～4.0	0.8～1.5	96～98	≤150
	活性污泥后	3.5～5.0	0.5～0.8	99.0～99.4	≤150

b）初次沉淀池宜采用机械排泥，并应有浮渣刮除设施；

c）应适当增大初次沉淀池深度，增加污泥区容积；

d）当采用斜板（管）沉淀池时，其表面负荷可按比普通沉淀池的表面负荷提高1～2倍考虑。

6.3.4.5 可在技术经济论证的基础上，采用水解酸化或厌氧处理工艺对综合废水进行处理，其工艺要求如下：

a）采用水解酸化处理工艺时，水解酸化时间宜取6～12 h；

b）宜采用常温或中温发酵工艺，反应器中的混合液温度宜控制在25～35℃的范围内；

c）制革废水厌氧单元宜采用二步厌氧或与其他废水混合处理的工艺，毛皮加工废水可采用一步厌氧工艺；

d）二步厌氧酸化段可采用厌氧填充床或厌氧接触反应器，甲烷化段和一步厌氧可采用UASB反应器；

e）酸化反应器中混合液的pH应控制在7.5以下，硫化物容积负荷（S^{2-}）宜为1.5～3 kg/m^3，COD_{Cr}容积负荷（COD_{Cr}）宜为25～45 kg/（m^3·d），污泥产率2%～4%；

f）厌氧接触反应器后的沉淀池表面负荷宜为 1.0～1.4 m^3/（m^2·d），沉淀时间宜为3.0～5.0 h，污泥回流比宜为30%～50%；

g）甲烷化段的UASB反应器容积负荷（COD_{Cr}）宜为5～15 kg/（m^3·d），水力停留时间宜大于12 h；

h）甲烷化段产生的混合生物气体宜净化后收集在沼气储柜中并作为燃料加以利用，生物气的净化、贮存技术可参照NY/T 1222和NY/T 1220.2的规定。

6.3.4.6 废水好氧生化处理宜选用有机负荷低、抗冲击负荷能力强、具有脱氮功能的工艺，如A/O、氧化沟、SBR和接触氧化等，其工艺设计应符合CECS 112、CECS 111等标准的规定，并满足以下要求：

a）生物反应池的容积宜采用硝化、反硝化动力学公式计算确定，并应充分考虑冬季低水温对去除碳源污染物和脱氮的影响，必要时可采取降低负荷、保温或增温等措施；

b）好氧生化处理单元的主要设计参数参照表8；

c）为强化氨氮的去除效果，可采用两段好氧生化处理工艺，当采用两段好氧工艺时，前段生化反应池以去除COD_{Cr}为主，后段反应池以去除氨氮为主；

d）好氧区（池）pH宜为7～8，剩余碱度宜大于70 mg/L（以$CaCO_3$计）；

表 8 好氧生化处理单元主要设计参数

好氧单元类型	污泥质量浓度/（g/L）	污泥负荷（COD_{Cr}/MLSS）/（kg/kg）	容积负荷（COD_{Cr}）/[kg/（m^3·d）]	水力停留时间/h	污泥回流比/%	运行周期/h	充水比/%
氧化沟	3.0～5.0	0.12～0.20	0.4～1.0	30～54 [(1)]	60～100	—	—
A/O	3.0～5.0	0.15～0.20	0.5～1.4	30～50 [(1)]	60～100	—	—
SBR	3.0～5.0	0.16～0.32	0.5～1.6	30～60	—	8～12	15～30
接触氧化	—	—	0.8～1.8	16～36 [(1)]	—	—	—

注：（1）水力停留时间为废水在好氧区和缺氧区内的总停留时间。

e）宜通过投加碱提高废水的剩余碱度，当采用 A/O 工艺时，可通过增加缺氧池容积，提高回收碱度量，投加碱量（以 $CaCO_3$ 计）可按下式计算：

$$W=7.14\times\delta N_1-3\times\delta N_2-0.15\times\delta C-W_1+W_2 \tag{6}$$

式中：W——加碱量，kg/d；

δN_1——硝化氮量，kg/d；

δN_2——反硝化脱氮量，kg/d；

δC——COD_{Cr} 去除量，kg/d；

W_1——进水碱度量，kg/d；

W_2——出水碱度量，kg/d。

f）生物反应池中好氧区的废水需氧量（O_2/COD_{Cr}）应根据去除的含碳有机物、氨氮的硝化反硝化程度等确定，也可采用 0.7～1.4 kg/kg 进行估算；

g）曝气设备应能根据废水水质、水量调节供氧量，较大规模的综合废水处理工程宜能自动调节供氧量；

h）曝气池应考虑设置泡沫消除设施，可采用添加消泡剂、喷水消泡和机械消泡等措施。

6.3.4.7 废水深度处理可采用混凝、沉淀（或澄清、气浮）、过滤、曝气生物滤池和硫酸亚铁-双氧水催化氧化（也称 Fenton 氧化）工艺，其工艺设计应符合 GB/T 50335 的规定，并满足以下要求：

a）采用混凝、沉淀（或澄清、气浮）工艺时，混合段速度梯度 G 值 300～600 s^{-1}，混合时间 30～120 s，反应段速度梯度 G 值 30～60 s^{-1}，反应时间 5～20 min，澄清池上升流速 0.4～0.6 mm/s，停留时间 1.5～2.0 h，气浮池气水接触时间 30～100 s，表面负荷 6～9 m^3/（m^2 · h），水力停留时间 20～40 min，沉淀池相关参数见 6.3.4.4 条中规定；

b）采用过滤工艺时，进水悬浮物宜小于 50 mg/L，过滤池工艺设计应符合 GB 50335 的规定，并参照同类企业运行数据，过滤器的选用和工艺设计应根据设备供应商提供的资料和同类企业运行数据确定；

c)采用曝气生物滤池工艺时，COD_{Cr}容积负荷宜为0.3～1.5 kg/(m^3·d)，氨氮(NH_3-N)容积负荷宜为0.3～0.8 kg/（m^3·d），有效停留时间宜大于3 h，宜选用球形轻质多孔陶粒滤料或塑料球形滤料，也可采用颗粒活性炭滤料，宜采用气水联合反冲洗，通过长柄滤头实现，反冲洗强度应根据采用的滤料确定，过滤前可采用臭氧氧化等措施改变原始化合物的结构，提高废水的可生化性；

d）采用Fenton氧化工艺时，试剂投加量应通过实验确定，氧化反应时间宜为30～60 min，反应pH宜为3～5，氧化反应后的废水应加碱中和，中和反应时间宜大于10 min，中和反应后的废水应通过沉淀（气浮）分离出废水中的含铁悬浮物，可投加PAM强化混凝效果，混凝沉淀（气浮）的技术要求参见6.3.4.7条第a）款；

e）当有脱盐要求时，可增加离子交换、超滤、纳滤、反渗透等技术中的一种或几种组合；

f）当有回用要求时，深度处理后的废水应进行消毒处理，宜采用二氧化氯、紫外线等消毒技术，采用氯化消毒时，加氯量宜为有效氯5～10 mg/L，消毒接触时间应大于30 min；采用紫外线消毒时，紫外线剂量可按20～30 mW·s/cm^2确定。

6.3.5 废水回用

6.3.5.1 废水回用应以本厂回用为主、厂外回用为辅。

6.3.5.2 在满足生产工艺要求的前提下，制革及毛皮加工企业应提高水的循环利用率，尽量回收有用原料，控制排入综合废水处理工程内的废水及污染物量。

6.3.5.3 处理后的综合废水可作为准备工段和废水处理工程某些工序的生产用水、厂区环境保洁及其他用水，其回用水质应根据用水环节参照GB/T 18920和GB/T 19923等国家标准。

6.3.5.4 综合废水回用水贮存、输配和监测应符合GB/T 50335的规定。

6.3.6 污泥处理与处置

6.3.6.1 制革及毛皮加工废水产生的污泥包括预处理污泥、综合废水处理物化污泥和剩余污泥；其中预处理污泥和综合废水处理物化污泥量应根据处理工艺按照化学反应物料平衡计算确定，综合废水处理剩余污泥量可参照GB 50014的规定。

6.3.6.2 以生皮为原料进行估算，经脱水后的含铬废水处理污泥产生量（DS/生皮）为20～30 kg/t，综合废水处理生化处理前物化污泥产生量（DS/生皮）为100～220 kg/t，生化处理剩余污泥量（DS/生皮）为20～40 kg/t，生化处理后物化污泥产生量（DS/生皮）为15～25 kg/t；以盐湿皮为原料进行估算，其污泥产量为生皮产量的15%～30%。

6.3.6.3 含铬废水处理产生的含铬污泥，可根据皮革生产需求制成铬鞣剂，回用于鞣制过程，不能利用的应按危险废物处置。

6.3.6.4 综合废水处理过程中产生的污泥经鉴别为危险废物的按危险废物处置，经鉴别为一般固体废物的按一般固体废物处置；鉴别方法应按照 GB 5085.3 等相关标准执行。

6.3.6.5 污泥处理工艺应根据污泥的最终处置方式确定，并符合下列要求：

a）污泥浓缩可采用重力浓缩、机械浓缩和气浮浓缩工艺，当采用重力浓缩时，污泥固体负荷宜为 20～40 kg/（m^2·d），浓缩时间不宜小于 16 h，当采用机械浓缩时，应根据设备供应商提供的资料和同类企业运行数据确定，经试验和技术经济分析后，也可采用气浮浓缩工艺；

b）应设置污泥均质池，均质池内应设置潜水搅拌器等设备，均质池内的停留时间应根据排泥方案确定，一般为 6～10 h；

c）污泥应进行脱水，污泥脱水机械的类型应按污泥的性质、产生量和脱水要求，经技术经济比较后确定，宜选用离心脱水机，当污泥量较少时，可选用厢式、板框压滤机；

d）污泥在脱水前，应加药调理，污泥加药后，应立即混合反应，进入脱水机，药剂种类和投加量应通过试验确定，污泥脱水前的含水率宜小于 98%，污泥脱水后的含水率应小于 80%。

6.3.6.6 污泥的最终处置主要包括综合利用、焚烧和填埋等途径，应优先考虑综合利用，并符合以下要求：

a）污泥综合利用应因地制宜，考虑农用应慎重，按 GB 4284 等相关标准执行，土地利用应严格控制污泥和土壤中积累的重金属及其他有毒物质含量，生产建材应满足相关产品质量的要求；

b）污泥填埋应符合 GB 18597、GB 18598 和 GB 18599 等标准的规定；

c）污泥的干化焚烧宜集中进行，实施中应参照 GB 50014、GB 18484 等标准的规定。

6.3.7 臭气处理

6.3.7.1 应有效控制恶臭污染源，并符合下列技术要求：

a）优化工艺单元设计，减少废水收集及治理系统臭气的产生和散发；

b）定期清理格栅、沉砂池、预沉池、调节池、水解池、污泥池等工艺单元中的浮渣，及时处置工艺过程中产生的栅渣、污泥等污染物；

c）实时投加或喷洒化学除臭剂。

6.3.7.2 宜对臭气进行收集、处理和排放，并符合下列技术要求：

a）采取密闭、局部隔离及负压抽吸等措施，集中收集工艺过程（格栅、沉砂池、预沉池、调节池、水解池、污泥池、污泥脱水机等）中产生的臭气；

b）污水泵房、污泥脱水间、加药间等应设置通风或臭气收集设施，并确保排放废气符合现行国家标准的要求。

6.3.7.3 宜采用物理、生物、化学除臭等工艺处理集中收集的臭气，并符合下列技术要求：

a）采用离子除臭工艺前应对臭气进行过滤净化，宜控制进气湿度小于 85%，温度小于 65℃，放电电压小于 3 kV，离子产生量大于 1.0×10^6 个/cm^3，臭氧质量浓度小于 0.2 mg/m^3，臭气停留时间 1.0～2.0 s。

b）采用生物滤池工艺时，填料孔隙率 40%～80%，填料有机质含量 25%～55%，填料厚度 1.0～1.5 m，反应温度 15～35℃，湿度 50%～65%，液体投配率 0.7～1.4 m^3/（m^3·d），臭气停留时间 30～90 s。

c）采用化学洗涤工艺时，填料高度 1.8～3.0 m，液气比 1.5～2.5，臭气停留时间 1.5～3 s，宜采用次氯酸钠、高锰酸钾、双氧水、氢氧化钠等洗涤液。

7 主要工艺设备和材料

7.1 配置要求

7.1.1 常用设备包括泵、曝气设备、格栅、刮吸泥机、滗水器、脱水机、加药和消毒设备等。

7.1.2 格栅除污机、潜水推进器、表面曝气机、滗水器等宜按双系列或多系列分别配置。

7.1.3 加药设备应按加入药液的种类和处理系列分别配置。

7.1.4 水泵、污泥泵、加药泵、鼓风机等应设置备用设备。

7.1.5 泵类、曝气装置、加药装置等宜储备核心部件和易损部件。

7.2 设备选型与防腐

7.2.1 设备和材料应从工程设计、招标采购、施工安装、运行维护、调试验收等环节进行控制，选用满足工艺、符合下列标准要求的产品：

a）旋转式细格栅应符合 HJ/T 250 的规定，格栅除污机应符合 HJ/T 262 的规定；

b）潜水排污泵应符合 HJ/T 336 的规定；

c）单机高速曝气离心鼓风机应符合 HJ/T 278 的规定，罗茨风机应符合 HJ/T 251 的规定；

d）竖轴式机械表面曝气机应符合 HJ/T 247 的规定，横轴式转刷曝气装置应符合 HJ/T 259 的规定，转盘曝气装置应符合 HJ/T 280 的规定；

e）鼓风式中、微孔曝气器应符合 HJ/T 252 的规定；

f）潜水推流搅拌机应符合 HJ/T 279 的规定；

g）旋转式滗水器应符合 HJ/T 277 的规定；

h）刮泥机应符合 HJ/T 265 的规定，吸泥机应符合 HJ/T 266 的规定；

i）气浮装置应符合 HJ/T 261 和 HJ/T 282 的规定；

j）污泥脱水用厢式压滤机和板框压滤机应符合 HJ/T 283 的规定，带式压滤机应符合 HJ/T 242 的规定；

k）加药设备应符合 HJ/T 369 的规定；

l）化学法二氧化氯消毒剂发生器应符合 HJ/T 272 的规定，紫外线消毒设备应符合 GB/T 19837 的规定。

7.2.2 应对易腐蚀的设备、管渠及材料采取相应的防腐蚀措施，根据腐蚀性质，结合当地情况，因地制宜地选用经济合理、技术可靠的防腐蚀措施，并应达到国家现行有关标准的规定，有条件的企业宜采用耐腐蚀材料。

8 检测与过程控制

8.1 检测

8.1.1 应根据处理工艺和管理要求设置水量计量、水位观察、水质观测、取样监测化验、药品计量的仪器、仪表，对废水治理工程主要参数进行定期检测和监测，对重点控制指标实现在线检测和监测。

8.1.2 用于为废水治理工程实现闭环控制和性能考核提供数据的在线检测装置，其检测点分别设在受控单元内或进、出口处，采样频次和检测项目应根据工艺控制要求确定。

8.1.3 用于环保部门监测验证污染排放指标的在线监测装置，其采样点、采样频次和监测项目应符合排放标准、HJ/T 91 和 HJ/T 92 等国家相关标准的规定，并与监控中心联网。

8.1.4 检测项目及位置应符合以下要求：

a）预处理应检测进、出口流量、温度、pH、SS、特征污染物（如硫化物、总铬、氨氮）及投药量、产泥量等指标；

b）一级处理宜检测进、出口流量、pH、SS、COD_{Cr}、特征污染物（如硫化物、总铬、氨氮）及投药量、产泥量等指标；

c）水解酸化池宜检测进、出口的 pH、H_2S、ORP、COD_{Cr}和 BOD_5和反应池内的污泥浓度等指标；

d）厌氧处理单元应检测进、出口的 pH、H_2S、COD_{Cr}、BOD_5和沼气产生量，以及反应池内的挥发酸和污泥浓度等指标；

e）好氧生化单元应检测废水进、出口的 pH、碱度、COD_{Cr}、BOD_5、硫化物、氨氮、SS 以及反应池内的 DO、碱度、污泥沉降比和污泥浓度等指标；

f）深度处理单元宜检测进、出口 pH、COD_{Cr}、BOD_5、SS、氨氮、总铬和六价铬等指标。

8.1.5 现场检测仪表宜具备防腐、防爆、抗渗漏、防结垢、自清洗等功能。

8.1.6 宜采用符合 HJ/T 96、HJ/T 101、HJ/T 377 等规定的监测仪器。

8.2 过程控制

8.2.1 应根据工程规模、工艺流程和运行管理要求选择适合的控制方式，确定参数控制要求。

8.2.2 小型综合废水处理工程的主要生产工艺单元可采用自动控制，较大规模的综合废水处理工程宜采用集中管理和监视、分散控制的计算机控制系统。

8.2.3 综合废水处理工程的过程控制应参照 GB 50014 的规定。

9 主要辅助工程

9.1 电气自动化

9.1.1 废水治理工程电气专业的技术要求应与生产过程中相应专业的技术要求一致，工作电源的引接和操作室设置应与生产过程统筹考虑，高、低电压等级和用电中性接地方式应与生产设备一致。

9.1.2 电气系统设计应符合 GB 50052、GB 50053、GB 50054、GB 50055、GB 7251 和 GB 50057 等现行国家和行业标准的规定，照明设计应符合 GB 50034 的规定。

9.1.3 控制系统应在满足系统出水水质、节能、经济、安全和适用的前提下，运行可靠，便于维护和管理，自动化控制水平应根据废水处理规模、水质处理要求、企业经济条件等因素合理确定。

9.1.4 自动化控制系统设计应符合国际标准化组织或国家颁布的相关标准及要求，工业电视系统应符合 GBJ 115 和 GB 50395 的规定。

9.2 供排水和消防

9.2.1 废水治理工程供排水和消防系统应与生产系统统筹考虑，生活用水、生产用水及消防设施应符合 GB 50015、GB 50016 和 GB 50222 等国家现行标准的规定。

9.2.2 废水治理工程区内给水管网宜采用生产、生活和消防联合供水系统。

9.2.3 回用水输配系统应独立设置，其供水管道宜采用塑料给水管、塑料和金属复合管或其他给水管材，并应根据使用要求安装计量装置。

9.2.4 废水治理工程的火灾危险类别属于丁（戊）类（厌氧单元除外），耐火等级的判定应与其相关的生产装置统筹考虑，变、配电间、控制室、化验室应按不低于二级耐火等级设计，其他建（构）筑物的耐火等级应不低于三级；当含有厌氧处理单元时，厌氧单元生产的火灾危险性为甲类，防火等级应按一级耐火等级设计。

9.3 采暖通风与空调

9.3.1 建筑物内应有采暖通风与空气调节系统，并应符合 GB 50019 等国家现行标准的规定。

9.3.2 废水治理工程采暖系统设计应与生产车间统一规划，热源宜由厂区或集中加工区采暖系统提供；当建筑物机械通风不能满足工艺对室内温度、湿度要求时应设空调装置。

9.3.3 各类建、构筑物的通风设计应符合下列原则：

a）加盖构筑物应设通风设施；

b）有可能放散有毒和有害气体的建筑物，应根据满足室内最高允许浓度所需换气次数确定通风量，室内空气严禁再循环，有条件宜设有毒有害气体的检测和报警装置；

c）有防爆要求的车间应设事故通风，事故风机应为防爆型，事故风机可兼作夏季通风用。

9.4 建筑结构

9.4.1 建筑的造型应简洁、新颖，建筑风格宜与整个废水治理工程相协调。

9.4.2 厂房建筑、防腐、采光和结构应符合 GB 50037、GB 50046、GB 50033 等现行国家标准的规定。

9.4.3 应根据不同地区气候条件的差异采用不同的结构形式，严寒地区的建筑结构应采取防冻措施。

9.4.4 构筑物应符合 GB 50069 和 GB 50108 等现行国家标准的规定。

10 劳动安全与职业卫生

10.1 劳动安全

10.1.1 劳动安全管理应符合 GB 12801 和 LD 35 的规定。

10.1.2 应对工作人员进行必要的培训，并且提供工作人员所需的防护用品。

10.1.3 应建立并严格执行经常性的和定期的安全检查制度，及时消除事故隐患，防止事故发生。

10.1.4 应按照 GB/T 16483 等标准的要求管理和使用工艺过程中的化学药剂。

10.1.5 应有必要的安全防护和报警装置，并在厂区各明显位置配有禁烟、防火和限速等标志。

10.1.6 应制定火警、易燃、爆炸、自然灾害等意外事件的应急预警预案。

10.2 职业卫生

10.2.1 职业卫生应符合 GBZ 1、GBZ 2.1 和 GBZ 2.2 的规定。

10.2.2 职业病防护设备、防护用品应确保处于正常工作状态，不得擅自拆除或停止使用。

10.2.3 具有有害气体、易燃气体、异味、粉尘和环境潮湿的场所，应有良好的通风设施。

11 施工与验收

11.1 工程施工

11.1.1 工程施工应符合国家和行业施工程序及管理文件的要求。

11.1.2 工程设计、施工单位应具有与该工程相应的资质等级。

11.1.3 建筑、安装工程应符合施工设计文件、设备技术文件的要求，对工程的变更应取得设计单位的设计变更文件后再进行施工。

11.1.4 工程施工中使用的设备、材料、器件等应符合相关的国家标准，并应取得产品合格证后方可使用。

11.1.5 施工单位应遵守相关的工程施工技术规范等国家标准的要求。

11.2 工程验收

11.2.1 与生产工程同步建设的废水治理工程应与生产工程同时验收，升级改造的废水治理工程应单独进行验收。

11.2.2 废水治理工程分两个阶段进行验收，第一阶段为建设项目竣工验收，第二阶段为建设项目竣工环境保护验收。

11.2.3 应按《建设项目（工程）竣工验收办法》《建设项目竣工环境保护验收管理办法》及相关专业现行验收规范组织验收。

11.2.4 配套建设的废水在线监测系统应与废水治理工程同时进行建设项目竣工环境保护验收，验收的程序和内容应符合 HJ/T 354 的规定。

11.2.5 应依据主管部门的批准（核准）文件、设计文件、设计变更文件、工程合同、设备供货合同、项目环评审批文件、各类污染物环境监测报告、试运行期间废水在线监测报告、完整的启动试运行记录等进行废水治理工程的验收。

11.2.6 相关专业验收的程序和内容应符合 GB 50093、GB 50168、GB 50169、GB 50204、GB 50208、GB 50231、GB 50236、GB 50243、GB 50254、GB 50257、GB 50268、GB 50275、GB 50334 和 GBJ 141 等标准的规定。

12 运行和维护

12.1 一般规定

12.1.1 运行和维护应符合国家现行法律法规及标准的规定。

12.1.2 应配备环境保护专职技术人员和水质监测仪器。

12.1.3 应确保稳定运行达标率 100%，设备综合完好率大于 90%。

12.2 运行

12.2.1 岗位工作人员应通过培训考核后上岗，使其熟悉设备运行和维护的具体要求，具有熟练的操作技能。

12.2.2 岗位工作人员应定期进行培训，对其掌握废水治理工艺、设备的操作、维护和管理技能进行评估，采取有效措施持续提高其专业技能。

12.2.3 应制定水处理工程的操作规程、工作制度、定期巡检制度和维护管理制度等；运行人员应按制度履行职责，确保系统经济稳定运行。

12.2.4 综合废水治理工程的运行管理宜参照 CJJ 60 的规定。

12.3 维护保养

12.3.1 废水治理工程应在满足设计工况的条件下运行，并根据工艺要求，定期对各类工艺、电气、自控设备仪表及建（构）筑物进行检查和维护。

12.3.2 废水治理设施的维护保养应纳入全厂的维护保养计划中，使废水治理设施的计划检修时间与相关工艺设施同步。

12.4 记录

12.4.1 应建立废水治理工程运行、设施维护和生产活动等的记录制度，主要记录内容包括：

a）启动、停止时间；

b）运行工艺控制参数；

c）废水监测数据、废水排放、污泥处理情况；

d）药剂进厂质量分析数据，进厂数量，进厂时间；

e）污泥鉴别情况；

f）污泥、栅渣的出厂数量、时间，处置地点、处置情况；

g）主要设备的运行和维修情况；

h）生产事故及处置情况；

i）定期检测及评估情况等。

12.4.2 应制定统一的记录格式，并按格式填写，确保填写内容准确、及时、完整，不得随意涂改。

12.4.3 所有记录应制定清单，以备查询，对于需长期保存的记录应交档案室存档保管。

12.5 应急措施

12.5.1 应根据生产及周围环境情况，制定各种可能的突发性事故的应急预案，配备人力、设备、通信等资源，使治理工程具备应急处置的条件。

12.5.2 废水治理工程发生异常情况或重大事故，应及时分析，启动应急预案，并按规定向有关部门报告。

12.5.3 应建设含铬废水的事故贮池，制定相应的事故防控措施，杜绝事故排放。

12.5.4 应设置危险气体（甲烷、硫化氢）和危险化学品的控制与防护设施。

附录 A
（资料性附录）
制革及毛皮加工工序废水量

A.1 制革工序废水量

典型制革工序废水量如表 A.1 所示。

表 A.1 典型制革工序废水量（以生皮计） 单位：m^3/t

生皮种类	浸水	脱脂	浸灰/脱毛	脱灰/软化	浸酸鞣铬	复鞣加脂	整饰	其他[(1)]	合计
牛皮	6～14	0～4	6～11	8～13	3～6	12～19	4～6	1～2	40～75
猪皮	8～18	4～6	7～16	8～20	4～8	10～24	3～6	1～2	45～100
羊皮	7～15	2～6	6～10	9～14	3～6	10～16	2～6	1～2	40～75

注：（1）其他废水包括车间冲洗、配套工程排水和生活污水等。

A.2 毛皮加工工序废水量

典型毛皮加工工序废水量如表 A.2 所示。

表 A.2 典型毛皮加工工序废水量（以生皮计） 单位：m^3/t

生皮种类	前处理	浸酸、鞣制	整饰等	合计
羊剪绒（盐湿皮）	38～76	9～18	23～46	70～140
水貂（干板）	12～22	12～22	26～46	50～90
狐狸（干板）	40～58	26～38	44～64	110～160
猾子（盐湿皮）	19～24	14～18	47～58	80～100
兔皮（盐湿皮）	29～38	22～29	29～38	80～105

附录 B
（资料性附录）
制革及毛皮加工废水污染物产生量及工序产污率

B.1 制革及毛皮加工废水污染物产生量

典型制革及毛皮加工废水单位生皮污染物产生量如表 B.1 所示。

表 B.1 典型制革及毛皮加工废水污染物产生量（以生皮计） 单位：kg/t

污染指标	COD_{Cr}	SS	BOD_5	氨氮	总氮	总铬	硫化物	硫酸盐	动植物油
制革废水	150～250	100～150	70～110	15～30	20～40	2～5	3～10	30～70	20～100
毛皮加工废水	70～150	50～80	35～60	2～5	7～12	1～4	—	15～20	15～65

B.2 制革废水工序产污率

典型制革废水工序产污率如表 B.2 所示。

表 B.2 典型制革废水工序产污率 单位：%

生产单元	污染指标						
	COD_{Cr}	SS	氨氮	总氮	总铬	硫化物	硫酸盐
浸水	12～18	12～20	—	3～8	—	—	—
浸灰	50～55	50～60	5～15	35～40	—	92～97	—
脱灰/软化	10～15	8～10	65～75	40～45	—	3～8	15～25
浸酸鞣铬	5～10	4～6	5～10	8～12	70～80	—	55～60
复鞣加脂染色	10～15	10～15	1～3	3～8	20～25	—	15～20

B.3 毛皮加工废水工序产污率

典型毛皮加工废水工序产污率如表 B.3 所示。

表 B.3 典型毛皮加工废水工序产污率 单位：%

生产单元	污染指标					
	COD_{Cr}	SS	氨氮	总氮	总铬	硫酸盐
前处理	65～75	70～80	65～75	65～75	—	—
浸酸鞣铬	15～20	10～15	15～20	15～20	80～85	80～85
整饰等	10～15	10～15	10～15	10～15	15～20	15～20

附录 C
（资料性附录）
制革及毛皮加工废水治理工程典型工艺处理效率

C.1 制革及毛皮加工废水典型预处理工艺处理效率

制革及毛皮加工废水典型预处理工艺处理效率如表 C.1 所示。

表 C.1 制革及毛皮加工废水典型预处理工艺处理效率

废水种类	处理技术	主要工艺环节	处理效率/%				
			SS	COD_{Cr}	动植物油	S^{2-}	总铬
含硫废水	酸化回收	格栅（筛网）、酸化、固液分离	55～80	55～75	—	>90	—
	催化氧化	格栅（筛网）、催化氧化	—	10～20	—	>90	—
	化学混凝	格栅（筛网）、混凝沉淀（气浮）	60～80	55～75	—	>95	—

废水种类	处理技术	主要工艺环节	处理效率/%				
			SS	COD_{Cr}	动植物油	S^{2-}	总铬
脱脂废水	酸提取	格栅、隔油、酸提取	75～85	＞90	＞95	—	—
	气浮	格栅、隔油、气浮	80～90	＞90	＞95	—	—
含铬废水	碱沉淀	格栅、碱沉淀、压滤、水洗、陈化	70～90	60～80	—	—	＞99

C.2 制革及毛皮加工综合废水典型处理工艺处理效率

制革及毛皮加工综合废水典型处理工艺处理效率如表 C.2 所示。

表 C.2 制革及毛皮加工综合废水典型处理工艺处理效率

处理程度	处理技术	主要工艺环节	处理效率/%			
			SS	COD_{Cr}	BOD	NH_3-N
一级	自然沉淀	格栅、沉砂、调节、沉淀	45～65	40～50	30～45	—
	混凝沉淀	格栅、预沉、调节、混凝沉淀	70～90	50～70	45～65	—
	混凝气浮	格栅、预沉、调节、混凝气浮	80～90	60～70	55～65	—
二级	活性污泥	活性污泥生物反应池、二次沉淀池	75～90	80～90	90～98	50～95
	生物膜	生物膜反应池、二次沉淀池	80～90	80～90	90～98	65～95
	厌氧好氧	水解（厌氧）、好氧	85～90	85～90	95～98	70～95
深度	混凝沉淀	混凝沉淀（澄清、气浮）、（过滤）	50～75	15～30	15～25	—
	曝气生物滤池	混凝沉淀+过滤	30～50	15～40	50～80	70～90
	Fenton 氧化	Fenton 氧化+混凝沉淀	50～70	＞60	＞50	—

第六篇 重点行业排放标准

铅、锌工业污染物排放标准（节选）

GB 25466—2010

1 适用范围

本标准规定了铅、锌工业企业水污染物和大气污染物排放限值、监测和监控要求，以及标准的实施与监督等相关规定。

本标准适用于铅、锌工业企业的水污染物和大气污染物排放管理，以及铅、锌工业企业建设项目的环境影响评价、环境保护设施设计、竣工环境保护验收及其投产后的水污染物和大气污染物排放管理。

本标准不适用于再生铅、锌及铅、锌材压延加工等工业，也不适用于附属于铅、锌工业企业的非特征生产工艺和装置。

本标准适用于法律允许的污染物排放行为。新设立污染源的选址和特殊保护区域内现有污染源的管理，除执行本标准外，还应符合《中华人民共和国大气污染防治法》《中华人民共和国水污染防治法》《中华人民共和国海洋环境保护法》《中华人民共和国固体废物污染环境防治法》《中华人民共和国环境影响评价法》等法律、法规、规章的相关规定执行。

本标准规定的水污染物排放控制要求适用于企业直接或间接向其法定边界外排放水污染物的行为。

4 污染物排放控制要求

4.1 水污染物排放控制要求

4.1.1 自 2011 年 1 月 1 日起至 2011 年 12 月 31 日止，现有企业执行表 1 规定的水污染物排放限值。

4.1.2 自 2012 年 1 月 1 日起，现有企业执行表 2 规定的水污染物排放限值。

4.1.3 自 2010 年 10 月 1 日起，新建企业执行表 2 规定的水污染物排放限值。

表 1　现有企业水污染物排放浓度限值及单位产品基准排水量

单位：mg/L（pH 除外）

序号	污染物项目	限值		污染物排放监控位置
		直接排放	间接排放	
1	pH	6～9	6～9	企业废水总排放口
2	化学需氧量（COD_{Cr}）	100	200	
3	悬浮物（SS）	70	70	
4	氨氮（以 N 计）	15	25	
5	总磷（以 P 计）	1.5	2.0	
6	总氮（以 N 计）	20	30	
7	总锌	2.0	2.0	
8	总铜	0.5	0.5	
9	硫化物	1.0	1.0	
10	氟化物	10	10	
11	总铅	1.0		车间或生产设施废水排放口
12	总镉	0.1		
13	总汞	0.05		
14	总砷	0.5		
15	总镍	1.0		
16	总铬	1.5		
单位产品基准排水量	选矿（原矿）/（m^3/t）	3.5		排水量计量位置与污染物排放监控位置一致
	冶炼/（m^3/t）	15		

表 2　新建企业水污染物排放浓度限值及单位产品基准排水量

单位：mg/L（pH 除外）

序号	污染物项目	限值		污染物排放监控位置
		直接排放	间接排放	
1	pH	6～9	6～9	企业废水总排放口
2	化学需氧量（COD_{Cr}）	60	200	
3	悬浮物（SS）	50	70	
4	氨氮（以 N 计）	8	25	
5	总磷（以 P 计）	1.0	2.0	
6	总氮（以 N 计）	15	30	
7	总锌	1.5	1.5	
8	总铜	0.5	0.5	
9	硫化物	1.0	1.0	
10	氟化物	8	8	

序号	污染物项目	限值		污染物排放监控位置
		直接排放	间接排放	
11	总铅	0.5		车间或生产设施废水排放口
12	总镉	0.05		
13	总汞	0.03		
14	总砷	0.3		
15	总镍	0.5		
16	总铬	1.5		
单位产品基准排水量	选矿（原矿）/（m^3/t）	2.5		排水量计量位置与污染物排放监控位置一致
	冶炼/（m^3/t）	8		

4.1.4 在需要采取特别保护措施的地区，应严格控制企业的污染物排放行为，执行表 3 规定的水污染物特别排放限值。

表 3 水污染物特别排放限值 单位：mg/L（pH 除外）

序号	污染物项目	限值		污染物排放监控位置
		直接排放	间接排放	
1	pH	6～9	6～9	企业废水总排放口
2	化学需氧量（COD_{Cr}）	50	60	
3	悬浮物（SS）	10	50	
4	氨氮（以 N 计）	5	8	
5	总磷（以 P 计）	0.5	1.0	
6	总氮（以 N 计）	10	15	
7	总锌	1.0	1.0	
8	总铜	0.2	0.2	
9	硫化物	1.0	1.0	
10	氟化物	5	5	
11	总铅	0.2		车间或生产设施废水排放口
12	总镉	0.02		
13	总汞	0.01		
14	总砷	0.1		
15	总镍	0.5		
16	总铬	1.5		
单位产品基准排水量	选矿（原矿）/（m^3/t）	1.5		排水量计量位置与污染物排放监控位置一致
	冶炼/（m^3/t）	4		

执行水污染物特别排放限值的地域范围、时间，由国务院环境保护行政主管部门或省级人民政府规定。

4.2 大气污染物排放控制要求

4.2.1 自 2011 年 1 月 1 日起至 2011 年 12 月 31 日止，现有企业执行表 4 规定的大气污染物排放限值。

表 4 现有企业大气污染物排放浓度限值 单位：mg/m^3

序号	污染物	适用范围	排放浓度限值	污染物排放监控位置
1	颗粒物	干燥	200	车间或生产设施排气筒
		其他	100	
2	二氧化硫	所有	960	
3	硫酸雾	制酸	35	
4	铅及其化合物	熔炼	10	
5	汞及其化合物	烧结、熔炼	1.0	

4.2.2 自 2012 年 1 月 1 日起，现有企业执行表 5 规定的大气污染物排放限值。

4.2.3 自 2010 年 10 月 1 日起，新建企业执行表 5 规定的大气污染物排放限值。

表 5 新建企业大气污染物排放浓度限值 单位：mg/m^3

序号	污染物	适用范围	排放浓度限值	污染物排放监控位置
1	颗粒物	所有	80	车间或生产设施排气筒
2	二氧化硫	所有	400	
3	硫酸雾	制酸	20	
4	铅及其化合物	熔炼	8	
5	汞及其化合物	烧结、熔炼	0.05	

4.2.4 企业边界大气污染物任何 1 h 平均浓度执行表 6 规定的限值。

表 6 现有和新建企业边界大气污染物浓度限值 单位：mg/m^3

序号	污染物项目	最高浓度限值
1	二氧化硫	0.5
2	颗粒物	1.0
3	硫酸雾	0.3
4	铅及其化合物	0.006
5	汞及其化合物	0.000 3

5 污染物监测要求

5.1 水污染物监测要求

对企业排放水污染物浓度的测定采用表 7 所列的方法标准。

表 7 水污染物浓度测定方法标准

序号	污染物项目	方法标准名称	标准编号
1	pH	水质 pH 的测定 玻璃电极法	GB/T 6920—1986
2	化学需氧量	水质 化学需氧量的测定 重铬酸盐法	GB/T 11914—1989
		水质 化学需氧量的测定 快速消解分光光度法	HJ/T 399—2007
3	悬浮物	水质 悬浮物的测定 重量法	GB/T 11901—1989
4	氨氮	水质 氨氮的测定 气相分子吸收光谱法	HJ/T 195—2005
		水质 氨氮的测定 纳氏试剂分光光度法	HJ 535—2009
		水质 氨氮的测定 水杨酸分光光度法	HJ 536—2009
		水质 氨氮的测定 蒸馏-中和滴定法	HJ 537—2009
5	总磷	水质 总磷的测定 钼酸铵分光光度法	GB/T 11893—1989
6	总氮	水质 总氮的测定 气相分子吸收光谱法	HJ/T 199—2005
		水质 总氮的测定 碱性过硫酸钾消解紫外分光光度法	GB/T 11894—1989
7	总锌	水质 铜、锌、铅、镉的测定 原子吸收分光光度法	GB/T 7475—1987
8	总铜	水质 铜、锌、铅、镉的测定 原子吸收分光光度法	GB/T 7475—1987
9	硫化物	水质 硫化物的测定 亚甲基蓝分光光度法	GB/T 16489—1996
		水质 硫化物的测定 碘量法	HJ/T 60—2000
10	氟化物	水质 氟化物的测定 离子选择电极法	GB/T 7484—1987
		水质 氟化物的测定 茜素磺酸锆目视比色法	HJ 487—2009
		水质 氟化物的测定 氟试剂分光光度法	HJ 488—2009
11	总铅	水质 铜、锌、铅、镉的测定 原子吸收分光光度法	GB/T 7475—1987
12	总镉	水质 铜、锌、铅、镉的测定 原子吸收分光光度法	GB/T 7475—1987
13	总汞	水质 汞的测定 冷原子吸收分光光度法	GB/T 7468—1987
14	总砷	水质 总砷的测定 二乙基二硫代氨基甲酸银分光光度法	GB/T 7485—1987
15	总镍	水质 镍的测定 火焰原子吸收分光光度法	GB/T 11912—1989
16	总铬	水质 总铬的测定	GB/T 7466—1987

5.2 大气污染物监测要求

对企业排放大气污染物浓度的测定采用表 8 所列的方法标准。

表 8 大气污染物浓度测定方法标准

序号	污染物项目	方法标准名称	标准编号
1	颗粒物	固定污染源排气中颗粒物的测定与气态污染物采样方法	GB/T 16157—1996
		环境空气 总悬浮颗粒物的测定 重量法	GB/T 15432—1995
2	二氧化硫	固定污染源排气中二氧化硫的测定 碘量法	HJ/T 56—2000
		固定污染源排气中二氧化硫的测定 定电位电解法	HJ/T 57—2000
		环境空气 二氧化硫的测定 甲醛吸收-副玫瑰苯胺分光光度法	HJ 482—2009
		环境空气 二氧化硫的测定 四氯汞盐吸收-副玫瑰苯胺分光光度法	HJ 483—2009
3	硫酸雾	固定污染源废气 硫酸雾的测定 离子色谱法（暂行）	HJ 544—2009
		硫酸浓缩尾气 硫酸雾的测定 铬酸钡比色法	GB/T 4920—1985
4	铅及其化合物	固定污染源废气 铅的测定 火焰原子吸收分光光度法（暂行）	HJ 538—2009
		环境空气 铅的测定 石墨炉原子吸收分光光度法（暂行）	HJ 539—2009
5	汞及其化合物	环境空气 汞的测定 巯基棉富集-冷原子荧光分光光度法（暂行）	HJ 542—2009
		固定污染源废气 汞的测定 冷原子吸收分光光度法（暂行）	HJ 543—2009

附件：《铅、锌工业污染物排放标准》（GB 25466—2010）修改单

为进一步加强大气污染防治工作，落实国务院批复实施的《重点区域大气污染防治“十二五”规划》的相关要求，我部决定修改国家污染物排放标准《铅、锌工业污染物排放标准》（GB 25466—2010），在标准中增加大气污染物特别排放限值，具体内容如下：

根据国家环境保护工作的要求，在国土开发密度较高、环境承载能力开始减弱，或大气环境容量较小、生态环境脆弱，容易发生严重大气环境污染问题而需要采取特别保护措施的地区，应严格控制企业的污染物排放行为，在上述地区的企业执行表 1 规定的大气污染物特别排放限值。新增加的氮氧化物浓度的测定采用表 2 所列的方法标准。

执行大气污染物特别排放限值的地域范围、时间，由国务院环境保护行政主管部门或省级人民政府规定。

表 1　《铅、锌工业污染物排放标准》（GB 25466—2010）大气污染物特别排放限值

单位：mg/m^3

序号	污染物项目	适用范围	限值	污染物排放监控位置
1	颗粒物	所有	10	车间或生产设施排气筒
2	二氧化硫	所有	100	
3	氮氧化物（以 NO_2 计）	所有	100	
4	硫酸雾	制酸	20	
5	铅及其化合物	熔炼	2	
6	汞及其化合物	烧结、熔炼	0.05	

表 2　氮氧化物浓度测定方法标准

序号	方法标准名称	方法标准编号
1	固定污染源排气中氮氧化物的测定　紫外分光光度法	HJ/T 42
2	固定污染源排气中氮氧化物的测定　盐酸萘乙二胺分光光度法	HJ/T 43

锡、锑、汞工业污染物排放标准（节选）

GB 30770—2014

1 适用范围

本标准规定了锡、锑、汞采选及冶炼工业企业水和大气污染物的排放限值、监测和监控要求，以及标准的实施与监督等相关规定。

本标准适用于现有锡、锑、汞采选及冶炼工业企业水污染物和大气污染物排放管理，以及锡、锑、汞采选及冶炼工业企业建设项目的环境影响评价、环境保护设施设计、竣工环境保护验收及其投产后的水污染物和大气污染物排放管理。

本标准不适用于锡、锑、汞再生及加工等工业。

本标准适用于法律允许的污染物排放行为。新设立污染源的选址和特殊保护区域内现有污染源的管理，按照《中华人民共和国大气污染防治法》《中华人民共和国水污染防治法》《中华人民共和国海洋环境保护法》《中华人民共和国固体废物污染环境防治法》《中华人民共和国放射性污染防治法》《中华人民共和国环境影响评价法》等法律、法规、规章的相关规定执行。

本标准规定的水污染物排放控制要求适用于企业直接或间接向其法定边界外排放水污染物的行为。

4 污染物排放控制要求

4.1 水污染物排放控制要求

4.1.1 自 2015 年 1 月 1 日起至 2015 年 12 月 31 日止，现有企业执行表 1 规定的水污染物排放限值。

表 1 现有企业水污染物排放限值　　单位：mg/L（pH 除外）

序号	污染物项目	限值		污染物排放监控位置
		直接排放	间接排放	
1	pH	6～9	6～9	企业废水总排放口
2	化学需氧量（COD_{Cr}）	100	200	

序号	污染物项目	限值		污染物排放监控位置
		直接排放	间接排放	
3	总磷	1.5	2.0	企业废水总排放口
4	总氮	20	40	
5	氨氮	15	25	
6	石油类	5	10	
7	悬浮物	100（采选）	200（采选）	
		70（其他）	140（其他）	
8	硫化物	1.0	1.5	
9	氟化物	10	15	
10	总铜	0.5		
11	总锌	2.0		
12	总锡[1)]	4.0		
13	总锑	1.0		
14	总汞	0.05		车间或生产装置排放口
15	总镉	0.1		
16	总铅	1.0		
17	总砷	0.5		
18	六价铬	0.5		
单位产品基准排水量	选矿/（m^3/t 原矿）	1.65 2.5[2)]		排水量计量位置与污染物排放监控位置一致
	锡、锑冶炼/（m^3/t 产品）	7.5		
	汞冶炼/（m^3/t 产品）	4		

注：1）为锡、锑工业企业废水监测项目；2）为多金属锑矿。

4.1.2 自 2016 年 1 月 1 日起，现有企业执行表 2 规定的水污染物排放限值。

4.1.3 自 2014 年 7 月 1 日起，新建企业执行表 2 规定的水污染物排放限值。

表 2 新建企业水污染物排放限值 单位：mg/L（pH 除外）

序号	污染物项目	限值		污染物排放监控位置
		直接排放	间接排放	
1	pH	6～9	6～9	企业废水总排放口
2	化学需氧量（COD_{Cr}）	60	200	
3	总磷	1.0	2.0	
4	总氮	15	40	
5	氨氮	8	25	
6	石油类	3	10	
7	悬浮物	70（采选）	200（采选）	
		30（其他）	140（其他）	
8	硫化物	0.5	1.5	
9	氟化物	5	15	

序号	污染物项目	限值		污染物排放监控位置
		直接排放	间接排放	
10	总铜	0.2		企业废水总排放口
11	总锌	1.0		
12	总锡[1]	2.0		
13	总锑	0.3		
14	总汞	0.005		车间或生产装置排放口
15	总镉	0.02		
16	总铅	0.2		
17	总砷	0.1		
18	六价铬	0.2		
单位产品基准排水量	选矿/（m^3/t 原矿）	1.4 2.0[2]		排水量计量位置与污染物排放监控位置一致
	锡、锑冶炼/（m^3/t 产品）	5.0		
	汞冶炼/（m^3/t 产品）	2.0		

注：1）为锡、锑工业企业废水监测项目；2）为多金属锑矿。

根据环境保护工作的要求，在国土开发密度已经较高、环境承载能力开始减弱，或水环境容量较小、生态环境脆弱，容易发生严重水环境污染等问题而需要采取特别保护措施的地区，应严格控制企业的污染物排放行为，在上述地区的企业执行表 3 规定的水污染物特别排放限值。

执行水污染物特别排放限值的地域范围、时间，由国务院环境保护主管部门或省级人民政府规定。

表 3　水污染物特别排放限值　　单位：mg/L（pH 除外）

序号	污染物项目	限值		污染物排放监控位置
		直接排放	间接排放	
1	pH	6～9	6～9	企业废水总排放口
2	化学需氧量（COD_{Cr}）	50	60	
3	总磷	0.5	1.0	
4	总氮	10	15	
5	氨氮	5	8	
6	石油类	1	3	
7	悬浮物	10	30	
8	硫化物	0.5	1.0	
9	氟化物	5	10	
10	总铜	0.2		
11	总锌	1.0		
12	总锡[1]	2.0		
13	总锑	0.3		

序号	污染物项目	限值		污染物排放监控位置
		直接排放	间接排放	
14	总汞	0.005		车间或生产装置排放口
15	总镉	0.02		
16	总铅	0.2		
17	总砷	0.1		
18	六价铬	0.2		
单位产品基准排水量	选矿/（m^3/t 原矿）	1.0 1.5[2)]		排水量计量位置与污染物排放监控位置一致
	锡、锑冶炼/（m^3/t 产品）	3.0		
	汞冶炼/（m^3/t 产品）	1.0		

注：1）为锡、锑工业企业废水监测项目；2）为多金属锑矿。

4.2 大气污染物排放控制要求

4.2.1 自 2015 年 1 月 1 日起至 2015 年 12 月 31 日止，现有企业执行表 4 规定的大气污染物排放限值。

表 4 现有企业大气污染物排放限值 单位：mg/m^3

序号	生产类别	工艺或工序	污染物名称及排放限值											污染物排放监控位置
			二氧化硫	颗粒物	硫酸雾	氮氧化物	氟化物	锡及其化合物[1)]	锑及其化合物[1)]	汞及其化合物[1)]	镉及其化合物[1)]	铅及其化合物[1)]	砷及其化合物[1)]	
1	采选	破碎、筛分	—	120	—	—	—	—	—	—	—	—	—	车间或生产设施排气筒
		其他	—	80	—	—	—	—	—	—	—	—	—	
2	锡冶炼	全部	750	80	—	300	6	8	8	0.015	0.05	8	0.5	
3	锑冶炼	全部	750	80	—	300	—	8	8	0.015	0.05	0.78[2)]	0.5	
4	汞冶炼	全部	750	80	—	300	—	—	8	0.015	—	0.7	—	
5	烟气制酸	全部	960	50	45	300	6	8	8	0.015	0.05	0.05	0.5	
6	单位产品基准排气量（m^3/吨产品）		冶炼		63 000						排气量计量位置与污染物排放监控位置一致			

注：1）金属及其化合物均以金属元素计；2）以脆硫锑铅矿为原料的锑冶炼企业。

4.2.2 自 2016 年 1 月 1 日起，现有企业执行表 5 规定的大气污染物排放浓度限值。

4.2.3 自 2014 年 7 月 1 日起，新建企业执行表 5 规定的大气污染物排放浓度限值。

表 5 新建企业大气污染物排放浓度限值

单位：mg/m^3

序号	生产类别	工艺或工序	污染物名称及排放限值											污染物排放监控位置
			二氧化硫	颗粒物	硫酸雾	氮氧化物	氟化物	锡及其化合物[1]	锑及其化合物[1]	汞及其化合物[1]	镉及其化合物[1]	铅及其化合物[1]	砷及其化合物[1]	
1	采选	破碎、筛分	—	50	—	—	—	—	—	—	—	—	—	车间或生产设施排气筒
		其他	—	30	—	—	—	—	—	—	—	—	—	
2	锡冶炼	全部	400	30	—	200	3	4	1	0.01	0.05	2	0.5	
3	锑冶炼	全部	400	30	—	200	—	1	4	0.01	0.05	0.5 2[2]	0.5	
4	汞冶炼	全部	400	30	—	200	—	—	1	0.01	—	0.5	—	
5	烟气制酸	全部	400	30	20	200	3	1	1	0.01	0.05	0.5	0.5	
6	单位产品基准排气量/（m^3/t 产品）		冶炼		63 000						排气量计量位置与污染物排放监控位置一致			

注：1）金属及其化合物均以金属元素计；2）以脆硫锑铅矿为原料的锑冶炼企业。

4.2.4 根据环境保护工作的要求，在国土开发密度已经较高、环境承载能力开始减弱，或大气环境容量较小、生态环境脆弱，容易发生严重大气环境污染等问题而需要采取特别保护措施的地区，应严格控制企业的污染物排放行为，在上述地区的企业执行表 6 规定的大气污染物特别排放限值。

执行大气污染物特别排放限值的地域范围、时间，由国务院环境保护主管部门或省级人民政府规定。

表 6 大气污染物特别排放限值

单位：mg/m^3

序号	生产过程	污染物名称及排放限值											污染物排放监控位置
		二氧化硫	颗粒物	硫酸雾	氮氧化物	氟化物	锡及其化合物[1]	锑及其化合物[1]	汞及其化合物[1]	镉及其化合物[1]	铅及其化合物[1]	砷及其化合物[1]	
1	采选	—	10	—	—	—	—	—	—	—	—	—	车间或生产设施排气筒
2	锡冶炼	100	10	—	100	3	4	1	0.01	0.05	2	0.5	

序号	生产过程	污染物名称及排放限值											污染物排放监控位置
		二氧化硫	颗粒物	硫酸雾	氮氧化物	氟化物	锡及其化合物[1]	锑及其化合物[1]	汞及其化合物[1]	镉及其化合物[1]	铅及其化合物[1]	砷及其化合物[1]	
3	锑冶炼	100	10	—	100	—	1	4	0.01	0.05	0.52[2]	0.5	
4	汞冶炼	100	10	—	100	—	—	1	0.01	—	0.5	—	车间或生产设施排气筒
5	烟气制酸	100	10	10	100	3	1	1	0.01	0.05	0.5	0.5	
6	单位产品基准排气量/（m^3/t 产品）		冶炼		63 000					排气量计量位置与污染物排放监控位置一致			

注：1）金属及其化合物均以金属元素计；2）以脆硫锑铅矿为原料的锑冶炼企业。

4.2.5　企业边界大气污染物执行表 7 规定的浓度限值。

表 7　现有企业和新建企业边界大气污染物限值　　单位：mg/m^3

序号	污染物项目	浓度限值		
		锡工业	锑工业	汞工业
1	硫酸雾	0.3		
2	氟化物	0.02	—	—
3	锡及其化合物[1]	0.24	0.24	—
4	锑及其化合物[1]	0.01	0.01	—
5	汞及其化合物[1]	0.000 3	0.000 3	0.000 3
6	镉及其化合物[1]	0.000 2	0.000 2	—
7	铅及其化合物[1]	0.006	0.006	0.006
8	砷及其化合物[1]	0.003	0.003	—

注：1）金属及其化合物均以金属元素计。

5　污染物监测要求

5.1　水污染物监测要求

对企业排放水污染物浓度的测定采用表 8 所列的方法标准。

表 8 水污染物浓度测定方法标准

序号	污染物项目	方法标准名称	方法标准编号
1	pH	水质 pH 的测定 玻璃电极法	GB 6920
2	化学需氧量（COD_{Cr}）	水质 化学需氧量的测定 重铬酸盐法	GB 11914
		水质 化学需氧量的测定 快速消解分光光度法	HJ/T 399
3	总磷	水质 总磷的测定 钼酸铵分光光度法	GB 11893
4	总氮	水质 总氮的测定 碱性过硫酸钾消解紫外分光光度法	HJ 636
		水质 总氮的测定 气相分子吸收光谱法	HJ/T 199
5	氨氮	水质 氨氮的测定 纳氏试剂分光光度法	HJ 535
		水质 氨氮的测定 水杨酸分光光度法	HJ 536
		水质 氨氮的测定 蒸馏—中和滴定法	HJ 537
		水质 氨氮的测定 气相分子吸收光谱法	HJ/T 195
6	石油类	水质 石油类和动植物油类的测定 红外分光光度法	HJ 637
7	悬浮物	水质 悬浮物的测定 重量法	GB 11901
8	硫化物	水质 硫化物的测定 亚甲基蓝分光光度法	GB/T 16489
		水质 硫化物的测定 碘量法	HJ/T 60
9	氟化物	水质 氟化物的测定 离子选择电极法	GB 7484
		水质 氟化物的测定 茜素磺酸锆目视比色法	HJ 487
		水质 氟化物的测定 氟试剂分光光度法	HJ 488
10	总铜	水质 铜、锌、铅、镉的测定 原子吸收分光光度法	GB 7475
		水质 铜的测定 二乙基二硫代氨基甲酸钠分光光度法	HJ 485
		水质 65 种元素的测定 电感耦合等离子体质谱法	HJ 700
11	总锌	水质 铜、锌、铅、镉的测定 原子吸收分光光度法	GB 7475
		水质 锌的测定 双硫腙分光光度法	GB 7472
		水质 65 种元素的测定 电感耦合等离子体质谱法	HJ 700
12	总铅	水质 铜、锌、铅、镉的测定 原子吸收分光光度法	GB 7475
		水质 铅的测定 双硫腙分光光度法	GB 7470
		水质 65 种元素的测定 电感耦合等离子体质谱法	HJ 700
13	总镉	水质 铜、锌、铅、镉的测定 原子吸收分光光度法	GB 7475
		水质 镉的测定 双硫腙分光光度法	GB 7471
		水质 65 种元素的测定 电感耦合等离子体质谱法	HJ 700
14	总锡	水质 65 种元素的测定 电感耦合等离子体质谱法	HJ 700
15	总锑	水质 汞、砷、硒、铋和锑的测定 原子荧光法	HJ 694
		水质 65 种元素的测定 电感耦合等离子体质谱法	HJ 700
16	总汞	水质 总汞的测定 冷原子吸收分光光度法	HJ 597
		水质 总汞的测定 高锰酸钾—过硫酸钾消解法双硫腙分光光度法	GB 7469
		水质 汞、砷、硒、铋和锑的测定 原子荧光法	HJ 694
17	总砷	水质 总砷的测定 二乙基二硫代氨基甲酸银分光光度法	GB 7485
		水质 65 种元素的测定 电感耦合等离子体质谱法	HJ 700
		水质 汞、砷、硒、铋和锑的测定 原子荧光法	HJ 694
18	六价铬	水质 六价铬的测定 二苯碳酰二肼分光光度法	GB 7467

5.3　大气污染物监测要求

5.3.2　对企业排放大气污染物浓度的测定采用表 9 所列的方法标准。

表 9　大气污染物浓度测定方法标准

序号	监测项目	方法标准名称	方法标准编号
1	颗粒物	固定污染源排气中颗粒物测定与气态污染物采样方法	GB/T 16157
		环境空气　总悬浮颗粒物的测定　重量法	GB/T 15432
2	二氧化硫	固定污染源排气中二氧化硫的测定　碘量法	HJ/T 56
		固定污染源排气中二氧化硫的测定　定电位电解法	HJ/T 57
		固定污染源废气　二氧化硫的测定　非分散红外吸收法	HJ 629
		环境空气　二氧化硫的测定　甲醛吸收-副玫瑰苯胺分光光度法	HJ 482
		环境空气　二氧化硫的测定　四氯汞盐吸收-副玫瑰苯胺分光光度法	HJ 483
3	硫酸雾	固定污染源废气　硫酸雾的测定　离子色谱法（暂行）	HJ 544
4	氮氧化物	固定污染源排气中氮氧化物的测定　紫外分光光度法	HJ/T 42
		固定污染源排气中氮氧化物的测定　盐酸萘乙二胺分光光度法	HJ/T 43
		环境空气　氮氧化物（一氧化氮和二氧化氮）的测定　盐酸萘乙二胺分光光度法	HJ 479
5	氟化物	环境空气　氟化物的测定　滤膜采样氟离子选择电极法	HJ 480
		环境空气　氟化物的测定　石灰滤纸采样氟离子选择电极法	HJ 481
6	锡及其化合物	大气固定污染源　锡的测定　石墨炉原子吸收分光光度法	HJ/T 65
		空气和废气　颗粒物中铅等金属元素的测定　电感耦合等离子体质谱法	HJ 657
7	锑及其化合物	空气和废气　颗粒物中铅等金属元素的测定　电感耦合等离子体质谱法	HJ 657
8	汞及其化合物	固定污染源废气　汞的测定　冷原子吸收分光光度法（暂行）	HJ 543
9	镉及其化合物	大气固定污染源　镉的测定　火焰原子吸收分光光度法	HJ/T 64.1
		大气固定污染源　镉的测定　石墨炉原子吸收分光光度法	HJ/T 64.2
		大气固定污染源　镉的测定　对-偶氮苯重氮氨基偶氮苯磺酸分光光度法	HJ/T 64.3
		空气和废气　颗粒物中铅等金属元素的测定　电感耦合等离子体质谱法	HJ 657
10	铅及其化合物	环境空气　铅的测定　火焰原子吸收分光光度法	GB/T 15264
		空气和废气　颗粒物中铅等金属元素的测定　电感耦合等离子体质谱法	HJ 657
		固定污染源废气　铅的测定　火焰原子吸收分光光度法（暂行）	HJ 538
11	砷及其化合物	环境空气和废气　砷的测定　二乙基二硫代氨基甲酸银分光光度法（暂行）	HJ 540
		空气和废气　颗粒物中铅等金属元素的测定　电感耦合等离子体质谱法	HJ 657

再生铜、铝、铅、锌工业污染物排放标准（节选）

GB 31574—2015

1 适用范围

本标准规定了再生有色金属（铜、铝、铅、锌）工业企业水污染物和大气污染物排放限值、监测和监控要求，以及标准的实施与监督等相关规定。

本标准适用于再生有色金属（铜、铝、铅、锌）工业企业的水污染物和大气污染物排放管理，以及再生有色金属（铜、铝、铅、锌）工业企业建设项目的环境影响评价、环境保护设施设计、竣工环境保护验收及其投产后的水污染物和大气污染物排放管理。

原生有色金属工业企业原料中加入废有色金属执行相应的原生有色金属工业污染物排放标准。

本标准不适用于原生有色金属熔炼及压延加工等工业企业的水污染物和大气污染物排放管理；也不适用于附属于再生有色金属工业企业的非特征生产工艺和装置的水污染物和大气污染物排放管理。

本标准适用于法律允许的污染物排放行为。新设立污染源的选址和特殊保护区域内污染源的管理，除执行本标准外，还应符合《中华人民共和国大气污染防治法》《中华人民共和国水污染防治法》《中华人民共和国海洋环境保护法》《中华人民共和国固体废物污染环境防治法》《中华人民共和国环境影响评价法》等法律、法规、规章的相关规定执行。

本标准规定的水污染物排放控制要求适用于企业直接或间接向其法定边界外排放水污染物的行为。

4 污染物排放控制要求

4.1 水污染物排放控制要求

4.1.1 自 2015 年 7 月 1 日起，新建企业执行表 1 规定的水污染物排放限值。

4.1.2 2017 年 1 月 1 日以前，现有企业仍执行现行标准。自 2017 年 1 月 1 日起，现有企业执行表 1 规定的水污染物排放限值。

表 1 水污染物排放限值　　单位：mg/L（pH 除外）

<table>
<tr><th rowspan="2">序号</th><th rowspan="2">污染物项目</th><th colspan="2">限值</th><th rowspan="2">污染物排放监控位置</th></tr>
<tr><th>直接排放</th><th>间接排放[1]</th></tr>
<tr><td>1</td><td>pH</td><td>6～9</td><td>—</td><td rowspan="10">企业废水总排放口</td></tr>
<tr><td>2</td><td>化学需氧量（COD_{Cr}）</td><td>50</td><td>—</td></tr>
<tr><td>3</td><td>悬浮物</td><td>30</td><td>—</td></tr>
<tr><td>4</td><td>石油类</td><td>3</td><td>10</td></tr>
<tr><td>5</td><td>氨氮</td><td>8</td><td>—</td></tr>
<tr><td>6</td><td>总氮</td><td>15</td><td>—</td></tr>
<tr><td>7</td><td>总磷</td><td>1</td><td>—</td></tr>
<tr><td>8</td><td>总铜</td><td>0.2</td><td>0.2</td></tr>
<tr><td>9</td><td>总锌</td><td>1</td><td>1</td></tr>
<tr><td>10</td><td>硫化物</td><td>1</td><td>1</td></tr>
<tr><td>11</td><td>总铅</td><td>0.2</td><td>0.2</td><td rowspan="7">生产车间或设施废水排放口</td></tr>
<tr><td>12</td><td>总砷</td><td>0.1</td><td>0.1</td></tr>
<tr><td>13</td><td>总镍</td><td>0.1</td><td>0.1</td></tr>
<tr><td>14</td><td>总镉</td><td>0.01</td><td>0.01</td></tr>
<tr><td>15</td><td>总铬</td><td>0.5</td><td>0.5</td></tr>
<tr><td>16</td><td>总锑[2]</td><td>0.3</td><td>0.3</td></tr>
<tr><td>17</td><td>总汞</td><td>0.01</td><td>0.01</td></tr>
<tr><td colspan="2">单位产品基准排水量/（m^3/t 产品）</td><td colspan="2">1</td><td>排水量计量位置与污染物排放监控位置一致</td></tr>
</table>

注：（1）废水进入城镇污水处理厂或经由城镇污水管线排放的，应达到直接排放限值要求；废水进入园区（包括各类工业园区、开发区、工业聚集地等）污水处理厂执行间接排放限值，未规定间接排放限值的污染物项目由排污企业与园区污水处理厂根据其污水处理能力商定相关标准，并报当地环境保护主管部门备案。

（2）适用于再生铅和再生铜工业企业。

4.1.3 根据环境保护工作的要求，在国土开发密度已经较高、环境承载能力开始减弱，或水环境容量较小、生态环境脆弱，容易发生严重水环境污染问题而需要采取特别保护措施的地区，应严格控制企业的污染排放行为，在上述地区的企业执行表 2 规定的水污染物特别排放限值。

执行水污染物特别排放限值的地域范围、时间，由国务院环境保护主管部门或省级人民政府规定。

表 2 水污染物特别排放限值　　单位：mg/L（pH 除外）

<table>
<tr><th rowspan="2">序号</th><th rowspan="2">污染物项目</th><th colspan="2">限值</th><th rowspan="2">污染物排放监控位置</th></tr>
<tr><th>直接排放</th><th>间接排放[1]</th></tr>
<tr><td>1</td><td>pH</td><td>6～9</td><td>—</td><td rowspan="2">企业废水总排放口</td></tr>
<tr><td>2</td><td>化学需氧量（COD_{Cr}）</td><td>30</td><td>—</td></tr>
</table>

序号	污染物项目	限值		污染物排放监控位置
		直接排放	间接排放[1]	
3	悬浮物	10	—	企业废水总排放口
4	石油类	1	3	
5	氨氮	5	—	
6	总氮	10	—	
7	总磷	0.5	—	
8	总铜	0.2	0.2	
9	总锌	0.2	0.2	
10	硫化物	0.3	0.3	
11	总铅	0.2	0.2	生产车间或设施废水排放口
12	总砷	0.1	0.1	
13	总镍	0.1	0.1	
14	总镉	0.01	0.01	
15	总铬	0.5	0.5	
16	总锑[2]	0.3	0.3	
17	总汞	0.01	0.01	
单位产品基准排水量/（m^3/t 产品）		0.5		排水量计量位置与污染物排放监控位置一致

注：（1）废水进入城镇污水处理厂或经由城镇污水管线排放的，应达到直接排放限值要求；废水进入园区（包括各类工业园区、开发区、工业聚集地等）污水处理厂执行间接排放限值，未规定间接排放限值的污染物项目由排污企业与园区污水处理厂根据其污水处理能力商定相关标准，并报当地环境保护主管部门备案；

（2）适用于再生铅和再生铜工业企业。

4.1.4 对于排放含有放射性物质的污水，除执行本标准外，还应符合 GB 18871 的规定。

4.1.5 水污染物排放浓度限值适用于单位产品实际排水量不高于单位产品基准排水量的情况。若单位产品实际排水量超过单位产品基准排水量，须按式（1）将实测水污染物浓度换算为水污染物基准排水量排放浓度，并以水污染物基准排水量排放浓度作为判定排放是否达标的依据。产品产量和排水量统计周期为一个工作日。

在企业的生产设施同时生产两种以上产品、可适用不同排放控制要求或不同行业国家污染物排放标准，且生产设施产生的污水混合处理排放的情况下，应执行排放标准中规定的最严格的浓度限值，并按式（1）换算水污染物基准排水量排放浓度。

$$\rho_{基} = \frac{Q_{总}}{\sum Y_i \cdot Q_{i基}} \cdot \rho_{实} \tag{1}$$

式中：$\rho_{基}$——水污染物基准排水量排放质量浓度，mg/L；

$Q_{总}$——实测排水总量，m^3；

Y_i——某种产品产量，t；

$Q_{i基}$——某种产品的单位产品基准排水量，m^3/t；

$\rho_{实}$——实测水污染物排放浓度，mg/L。

若 $Q_{总}$与$\sum Y_i Q_{i基}$的比值小于 1，则以水污染物实测浓度作为判定排放是否达标的依据。

4.2　大气污染物排放控制要求

4.2.1　自 2015 年 7 月 1 日起，新建企业执行表 3 规定的大气污染物排放限值。

4.2.2　2017 年 1 月 1 日以前，现有企业仍执行现行标准。自 2017 年 1 月 1 日起，现有企业执行表 3 规定的大气污染物排放限值。

表 3　大气污染物排放限值　　单位：mg/m^3（二噁英类除外）

序号	污染物项目	再生有色金属企业	限值	污染物排放监控位置
1	二氧化硫	所有	150	车间或生产设施排气筒
2	颗粒物	所有	30	
3	氮氧化物	所有	200	
4	硫酸雾	再生铜、再生铅、再生锌	20	
5	氟化物	再生铝	3	
6	氯化氢	再生铝	30	
7	二噁英类	所有	0.5 $ngTEQ/m^3$	
8	砷及其化合物	所有	0.4	
9	铅及其化合物	再生铅、再生铜	2	
		再生铝、再生锌	1	
10	锡及其化合物	所有	1	
11	锑及其化合物	再生铅、再生铜	1	
12	镉及其化合物	所有	0.05	
13	铬及其化合物	所有	1	
单位产品基准排气量/（m^3/t 产品）		炉窑	10 000	排气量计量位置与污染物排放监控位置一致

4.2.3　根据国家环境保护工作的要求，在国土开发密度已经较高、环境承载能力开始减弱，或大气环境容量较小、生态环境脆弱，容易发生严重大气环境污染问题而需要采取特别保护措施的地区，应严格控制企业的污染物排放行为，在上述地区的企业执行表 4 规定的大气污染物特别排放限值。执行大气污染物特别排放限值的地域范围、时间，由国务院环境保护行政主管部门或省级人民政府规定。

表 4　大气污染物特别排放限值　　单位：mg/m^3（二噁英类除外）

序号	污染物项目	再生有色金属企业	限值	污染物排放监控位置
1	二氧化硫	所有	100	车间或生产设施排气筒
2	颗粒物	所有	10	

<table>
<tr><th>序号</th><th>污染物项目</th><th>再生有色金属企业</th><th>限值</th><th>污染物排放监控位置</th></tr>
<tr><td>3</td><td>氮氧化物</td><td>所有</td><td>100</td><td rowspan="12">车间或生产设施排气筒</td></tr>
<tr><td>4</td><td>硫酸雾</td><td>再生铜、再生铅、再生锌</td><td>10</td></tr>
<tr><td>5</td><td>氟化物</td><td>再生铝</td><td>3</td></tr>
<tr><td>6</td><td>氯化氢</td><td>再生铝</td><td>30</td></tr>
<tr><td>7</td><td>二噁英类</td><td>所有</td><td>0.5 ngTEQ/m³</td></tr>
<tr><td>8</td><td>砷及其化合物</td><td>所有</td><td>0.4</td></tr>
<tr><td rowspan="2">9</td><td rowspan="2">铅及其化合物</td><td>再生铅、再生铜</td><td>2</td></tr>
<tr><td>再生铝、再生锌</td><td>1</td></tr>
<tr><td>10</td><td>锡及其化合物</td><td>所有</td><td>1</td></tr>
<tr><td>11</td><td>锑及其化合物</td><td>再生铅、再生铜</td><td>1</td></tr>
<tr><td>12</td><td>镉及其化合物</td><td>所有</td><td>0.05</td></tr>
<tr><td>13</td><td>铬及其化合物</td><td>所有</td><td>1</td></tr>
<tr><td colspan="2">单位产品基准排气量/（m³/t 产品）</td><td>炉窑</td><td>10 000</td><td>排气量计量位置与污染物排放监控位置一致</td></tr>
</table>

4.2.4 企业边界大气污染物任何 1 小时平均浓度执行表 5 规定的限值。

表 5 企业边界大气污染物限值

单位：mg/m³

序号	污染物项目	再生有色金属企业	限值
1	硫酸雾	再生铜、再生铅、再生锌	0.3
2	氟化物	再生铝	0.02
3	氯化氢	再生铝	0.2
4	砷及其化合物	所有	0.01
5	铅及其化合物	所有	0.006
6	锡及其化合物	所有	0.24
7	锑及其化合物	再生铅、再生铜	0.01
8	镉及其化合物	所有	0.000 2
9	铬及其化合物	所有	0.006

4.2.5 在现有企业生产、建设项目竣工环保验收及其后的生产过程中，负责监管的环境保护主管部门应对周围居住、教学、医疗等用途的敏感区域环境质量进行监控。建设项目的具体监控范围为环境影响评价确定的周围敏感区域；未进行过环境影响评价的现有企业，监控范围由负责监管的环境保护主管部门，根据企业排污的特点和规律及当地的自然、气象条件等因素，参照相关环境影响评价技术导则确定。地方政府应对本辖区环境质量负责，采取措施确保环境状况符合环境质量标准要求。

4.2.6 产生大气污染物的生产工艺和装置必须设立局部或整体气体收集系统和集中净化处理装置。所有排气筒高度应按环境影响评价要求确定，不得低于 15 m。

4.2.7 大气污染物排放浓度限值适用于单位产品实际排气量不高于基准排气量的情况。若单位产品实际排气量超过基准排气量，须将实测大气污染物浓度换算为大气污染物基准排气量排放浓度，并以大气污染物基准排气量排放浓度作为判定排放是否达标的依据。大气污染物基准排气量排放浓度的换算，可参照水污染物基准排水量排放浓度的计算公式。产品产量和排气量统计周期为一个工作日。

4.2.8 应在有硬化地面的料棚或仓库中储存废有色金属原料，并加强原料预处理过程中的环境管理，采取措施控制扬尘。禁止采用无污染物排放控制设施的焚烧设备处理废有色金属原料。

铜、镍、钴工业污染物排放标准（节选）

GB 25467—2010

1 适用范围

本标准规定了铜、镍、钴工业企业水污染物和大气污染物排放限值、监测和监控要求，以及标准的实施与监督等相关规定。

本标准适用于铜、镍、钴工业企业的水污染物和大气污染物排放管理，以及铜、镍、钴工业企业建设项目的环境影响评价、环境保护设施设计、竣工环境保护验收及其投产后的水污染物和大气污染物排放管理。

本标准不适用于铜、镍、钴再生及压延加工等工业；也不适用于附属于铜、镍、钴工业的非特征生产工艺和装置。

本标准适用于法律允许的污染物排放行为；新设立污染源的选址和特殊保护区域内现有污染源的管理，按照《中华人民共和国大气污染防治法》《中华人民共和国水污染防治法》《中华人民共和国海洋环境保护法》《中华人民共和国固体废物污染环境防治法》《中华人民共和国放射性污染防治法》《中华人民共和国环境影响评价法》等法律、法规、规章的相关规定执行。

本标准规定的水污染物排放控制要求适用于企业直接或间接向其法定边界外排放水污染物的行为。

4 污染物排放控制要求

4.1 水污染物排放控制要求

4.1.1 自 2011 年 1 月 1 日起至 2011 年 12 月 31 日止，现有企业执行表 1 规定的水污染物排放限值。

4.1.2 自 2012 年 1 月 1 日起，现有企业执行表 2 规定的水污染物排放限值。

4.1.3 自 2010 年 10 月 1 日起，新建企业执行表 2 规定的水污染物排放限值。

表 1 现有企业水污染物排放浓度限值及单位产品基准排水量

单位：mg/L（pH 除外）

<table>
<tr><th rowspan="2">序号</th><th rowspan="2">污染物项目</th><th colspan="2">限 值</th><th rowspan="2">污染物排放监控位置</th></tr>
<tr><th>直接排放</th><th>间接排放</th></tr>
<tr><td>1</td><td>pH</td><td>6～9</td><td>6～9</td><td rowspan="14">企业废水总排放口</td></tr>
<tr><td rowspan="2">2</td><td rowspan="2">悬浮物</td><td>100（采选）</td><td>200（采选）</td></tr>
<tr><td>70（其他）</td><td>140（其他）</td></tr>
<tr><td rowspan="2">3</td><td rowspan="2">化学需氧量（COD_{Cr}）</td><td>120（湿法冶炼）</td><td>300（湿法冶炼）</td></tr>
<tr><td>100（其他）</td><td>200（其他）</td></tr>
<tr><td>4</td><td>氟化物（以 F 计）</td><td>8</td><td>15</td></tr>
<tr><td>5</td><td>总氮</td><td>20</td><td>40</td></tr>
<tr><td>6</td><td>总磷</td><td>1.5</td><td>2.0</td></tr>
<tr><td>7</td><td>氨氮</td><td>15</td><td>20</td></tr>
<tr><td>8</td><td>总锌</td><td>2.0</td><td>4.0</td></tr>
<tr><td>9</td><td>石油类</td><td>8</td><td>15</td></tr>
<tr><td rowspan="2">10</td><td rowspan="2">总铜</td><td>1.0
（矿山及湿法冶炼）</td><td>2.0
（矿山及湿法冶炼）</td></tr>
<tr><td>0.5（其他）</td><td>1.0（其他）</td></tr>
<tr><td>11</td><td>硫化物</td><td>1.0</td><td>1.0</td></tr>
<tr><td>12</td><td>总铅</td><td colspan="2">1.0</td><td rowspan="6">车间或生产设施废水排放口</td></tr>
<tr><td>13</td><td>总镉</td><td colspan="2">0.1</td></tr>
<tr><td>14</td><td>总镍</td><td colspan="2">1.0</td></tr>
<tr><td>15</td><td>总砷</td><td colspan="2">0.5</td></tr>
<tr><td>16</td><td>总汞</td><td colspan="2">0.05</td></tr>
<tr><td>17</td><td>总钴</td><td colspan="2">1.0</td></tr>
<tr><td rowspan="4">单位产品基准排水量</td><td>选矿（原矿）/（m^3/t）</td><td colspan="2">1.65</td><td rowspan="4">排水量计量位置与污染物排放监控位置一致</td></tr>
<tr><td>铜冶炼/（m^3/t）</td><td colspan="2">25</td></tr>
<tr><td>镍冶炼/（m^3/t）</td><td colspan="2">35</td></tr>
<tr><td>钴冶炼/（m^3/t）</td><td colspan="2">70</td></tr>
</table>

表 2 新建企业水污染物排放浓度限值及单位产品基准排水量

单位：mg/L（pH 除外）

<table>
<tr><th rowspan="2">序号</th><th rowspan="2">污染物项目</th><th colspan="2">限值</th><th rowspan="2">污染物排放监控位置</th></tr>
<tr><th>直接排放</th><th>间接排放</th></tr>
<tr><td>1</td><td>pH</td><td>6～9</td><td>6～9</td><td rowspan="5">企业废水总排放口</td></tr>
<tr><td rowspan="2">2</td><td rowspan="2">悬浮物</td><td>80（采选）</td><td>200（采选）</td></tr>
<tr><td>30（其他）</td><td>140（其他）</td></tr>
<tr><td rowspan="2">3</td><td rowspan="2">化学需氧量（COD_{Cr}）</td><td>100（湿法冶炼）</td><td>300（湿法冶炼）</td></tr>
<tr><td>60（其他）</td><td>200（其他）</td></tr>
</table>

序号	污染物项目	限值		污染物排放监控位置
		直接排放	间接排放	
4	氟化物（以 F 计）	5	15	企业废水总排放口
5	总氮	15	40	
6	总磷	1.0	2.0	
7	氨氮	8	20	
8	总锌	1.5	4.0	
9	石油类	3.0	15	
10	总铜	0.5	1.0	
11	硫化物	1.0	1.0	
12	总铅	0.5		车间或生产设施废水排放口
13	总镉	0.1		
14	总镍	0.5		
15	总砷	0.5		
16	总汞	0.05		
17	总钴	1.0		
单位产品基准排水量	选矿（原矿）/（m^3/t）	1.0		排水量计量位置与污染物排放监控位置一致
	铜冶炼/（m^3/t）	10		
	镍冶炼/（m^3/t）	15		
	钴冶炼/（m^3/t）	30		

4.1.4 根据环境保护工作的要求，在国土开发密度已经较高、环境承载能力开始减弱，或环境容量较小、生态环境脆弱，容易发生严重环境污染等问题而需要采取特别保护措施的地区，应严格控制企业的污染物排放行为，在上述地区的企业执行表 3 规定的水污染物特别排放限值。

执行水污染物特别排放限值的地域范围、时间，由国务院环境保护行政主管部门或省级人民政府规定。

表 3 水污染物特别排放限值 单位：mg/L（pH 除外）

序号	污染物项目	限 值		污染物排放监控位置
		直接排放	间接排放	
1	pH	6～9	6～9	企业废水总排放口
2	悬浮物	30（采选）	80（采选）	
		10（其他）	30（其他）	
3	化学需氧量（COD_{Cr}）	50	60	
4	氟化物（以 F 计）	2	5	
5	总氮	10	15	
6	总磷	0.5	1.0	
7	氨氮	5	8	
8	总锌	1.0	1.5	

<table>
<tr><th rowspan="2">序号</th><th rowspan="2">污染物项目</th><th colspan="2">限 值</th><th rowspan="2">污染物排放监控位置</th></tr>
<tr><th>直接排放</th><th>间接排放</th></tr>
<tr><td>9</td><td>石油类</td><td>1.0</td><td>3.0</td><td rowspan="3">企业废水总排放口</td></tr>
<tr><td>10</td><td>总铜</td><td>0.2</td><td>0.5</td></tr>
<tr><td>11</td><td>硫化物</td><td>0.5</td><td>1.0</td></tr>
<tr><td>12</td><td>总铅</td><td colspan="2">0.2</td><td rowspan="6">车间或生产设施废水排放口</td></tr>
<tr><td>13</td><td>总镉</td><td colspan="2">0.02</td></tr>
<tr><td>14</td><td>总镍</td><td colspan="2">0.5</td></tr>
<tr><td>15</td><td>总砷</td><td colspan="2">0.1</td></tr>
<tr><td>16</td><td>总汞</td><td colspan="2">0.01</td></tr>
<tr><td>17</td><td>总钴</td><td colspan="2">1.0</td></tr>
<tr><td rowspan="4">单位产品基准排水量</td><td>选矿（原矿）/（m^3/t）</td><td colspan="2">0.8</td><td rowspan="4">排水量计量位置与污染物排放监控位置相同</td></tr>
<tr><td>铜冶炼/（m^3/t）</td><td colspan="2">8</td></tr>
<tr><td>镍冶炼/（m^3/t）</td><td colspan="2">12</td></tr>
<tr><td>钴冶炼/（m^3/t）</td><td colspan="2">16</td></tr>
</table>

4.1.5 水污染物排放浓度限值适用于单位产品实际排水量不高于单位产品基准排水量的情况。若单位产品实际排水量超过单位产品基准排水量，须按式（1）将实测水污染物浓度换算为水污染物基准排水量排放浓度，并以水污染物基准排水量排放浓度作为判定排放是否达标的依据。产品产量和排水量统计周期为一个工作日。

在企业的生产设施同时生产两种以上产品、可适用不同排放控制要求或不同行业国家污染物排放标准，且生产设施产生的污水混合处理排放的情况下，应执行排放标准中规定的最严格的浓度限值，并按式（1）换算水污染物基准排水量排放浓度。

$$\rho_{基} = \frac{Q_{总}}{\sum Y_i \cdot Q_{i基}} \cdot \rho_{实} \quad (1)$$

式中：$\rho_{基}$——水污染物基准排水量排放浓度，mg/L；

$Q_{总}$——排水总量，m^3；

Y_i——第 i 种产品产量，t；

$Q_{i基}$——第 i 种产品的单位产品基准排水量，m^3/t；

$\rho_{实}$——实测水污染物浓度，mg/L。

若 $Q_{总}$ 与 $\sum Y_i Q_{i基}$ 的比值小于 1，则以水污染物实测浓度作为判定排放是否达标的依据。

4.2 大气污染物排放控制要求

4.2.1 自 2011 年 1 月 1 日起至 2011 年 12 月 31 日止，现有企业执行表 4 规定的大气污染物排放限值。

表 4 现有企业大气污染物排放浓度限值

单位：mg/m^3

序号	生产类别	工艺或工序	限值										污染物排放监控位置
			二氧化硫	颗粒物	砷及其化合物	硫酸雾	氯气	氯化氢	镍及其化合物	铅及其化合物	氟化物	汞及其化合物	
1	采选	破碎、筛分	—	150	—	—	—	—	—	—	—	—	车间或生产设施排气筒
		其他	800	100		45	70	120					
2	铜冶炼	物料干燥	800	100	0.5	45	—	—	—	0.7	9.0	0.012	
		环境集烟	960										
		其他	900										
3	镍、钴冶炼	全部	960	100	0.5	45	70	120	4.3	0.7	9.0	0.012	车间或生产设施排气筒
4	烟气制酸	一转一吸	960	50	0.5	45	—	—	—	0.7	9.0	0.012	
		两转两吸	860										
单位产品基准排气量		铜冶炼/（m^3/t）	24 000										
		镍冶炼/（m^3/t）	40 000										

4.2.2 自 2012 年 1 月 1 日起，现有企业执行表 5 规定的大气污染物排放限值。

4.2.3 自 2010 年 10 月 1 日起，新建企业执行表 5 规定的大气污染物排放限值。

表 5 新建企业大气污染物排放浓度限值

单位：mg/m^3

序号	生产类别	工艺或工序	限值										污染物排放监控位置
			二氧化硫	颗粒物	砷及其化合物	硫酸雾	氯气	氯化氢	镍及其化合物	铅及其化合物	氟化物	汞及其化合物	
1	采选	破碎、筛分	—	100	—	—	—	—	—	—	—	—	车间或生产设施排气筒
		其他	400	80		40	60	80					
2	铜冶炼	全部	400	80	0.4	40	—	—	—	0.7	3.0	0.012	
3	镍、钴冶炼	全部	400	80	0.4	40	60	80	4.3	0.7	3.0	0.012	
4	烟气制酸	全部	400	50	0.4	40	—	—	—	0.7	3.0	0.012	
单位产品基准排气量		铜冶炼/（m^3/t）	21 000										
		镍冶炼/（m^3/t）	36 000										

4.2.4 企业边界大气污染物任何 1 h 平均浓度执行表 6 规定的限值。

表 6　现有和新建企业边界大气污染物浓度限值　单位：mg/m³

序号	污染物	限值
1	二氧化硫	0.5
2	颗粒物	1.0
3	硫酸雾	0.3
4	氯气	0.02
5	氯化氢	0.15
6	砷及其化合物	0.01
7	镍及其化合物[1)]	0.04
8	铅及其化合物	0.006
9	氟化物	0.02
10	汞及其化合物	0.001 2

注：1）镍、钴冶炼企业监控。

4.2.5　在现有企业生产、建设项目竣工环保验收后的生产过程中，负责监管的环境保护主管部门应对周围居住、教学、医疗等用途的敏感区域环境质量进行监测。建设项目的具体监控范围为环境影响评价确定的周围敏感区域；未进行过环境影响评价的现有企业，监控范围由负责监管的环境保护主管部门，根据企业排污的特点和规律及当地的自然、气象条件等因素，参照相关环境影响评价技术导则确定。地方政府应对本辖区环境质量负责，采取措施确保环境状况符合环境质量标准要求。

4.2.6　产生大气污染物的生产工艺和装置必须设立局部或整体气体收集系统和集中净化处理装置，净化后的气体由排气筒排放，所有排气筒高度应不低于 15 m（排放氯气的排气筒高度不得低于 25 m）。排气筒周围半径 200 m 范围内有建筑物时，排气筒高度还应高出最高建筑物 3 m 以上。

4.2.7　炉窑基准过量空气系数为 1.7，实测炉窑的大气污染物排放浓度，应换算为基准过量空气系数排放浓度。生产设施应采取合理的通风措施，不得故意稀释排放，若单位产品实际排气量超过单位产品基准排气量，须将实测大气污染物浓度换算为大气污染物基准排气量排放浓度，并以大气污染物基准排气量排放浓度作为判定排放是否达标的依据。大气污染物基准排气量排放浓度的换算，可参照采用水污染物基准排水量排放浓度的计算公式。在国家未规定其他生产设施单位产品基准排气量之前，暂以实测浓度作为判定是否达标的依据。

附件三：《铜、镍、钴工业污染物排放标准》（GB 25467—2010）修改单

为进一步加强大气污染防治工作，落实国务院批复实施的《重点区域大气污染防治“十二五”规划》的相关要求，我部决定修改国家污染物排放标准《铜、镍、钴工业污染物排放标准》（GB 25467—2010），在标准中增加大气污染物特别排放限值，具体内容如下：

根据国家环境保护工作的要求，在国土开发密度较高、环境承载能力开始减弱，或大气环境容量较小、生态环境脆弱，容易发生严重大气环境污染问题而需要采取特别保护措施的地区，应严格控制企业的污染物排放行为，在上述地区的企业执行表 1 规定的大气污染物特别排放限值。新增加的氮氧化物浓度的测定采用表 2 所列的方法标准。

执行大气污染物特别排放限值的地域范围、时间，由国务院环境保护行政主管部门或省级人民政府规定。

表 1 《铜、镍、钴工业污染物排放标准》（GB 25467—2010）大气污染物特别排放限值

单位：mg/m^3

序号	污染物项目	适用范围	限值	污染物排放监控位置
1	颗粒物	全部	10	车间或生产设施排气筒
2	二氧化硫	全部	100	
3	氮氧化物（以 NO_2 计）	全部	100	
4	硫酸雾	全部（破碎、筛分除外）	20	
5	氯化氢	采选，镍、钴冶炼	80	
6	氯气	采选，镍、钴冶炼	60	
7	氟化物	铜、镍、钴冶炼和制酸	3.0	
8	砷及其化合物	铜、镍、钴冶炼和制酸	0.4	
9	镍及其化合物	镍、钴冶炼	4.3	
10	铅及其化合物	铜、镍、钴冶炼和制酸	0.7	
11	汞及其化合物	铜、镍、钴冶炼和制酸	0.012	

表 2 氮氧化物浓度测定方法标准

序号	方法标准名称	方法标准编号
1	固定污染源排气中氮氧化物的测定 紫外分光光度法	HJ/T 42
2	固定污染源排气中氮氧化物的测定 盐酸萘乙二胺分光光度法	HJ/T 43

硫酸工业污染物排放标准（节选）

GB 26132—2010

1　适用范围

本标准规定了硫酸工业企业或生产设施水和大气污染物的排放限值、监测和监控要求，以及标准的实施与监督等相关规定。

本标准适用于现有硫酸工业企业水和大气污染物排放管理。

本标准适用于对硫酸工业企业建设项目的环境影响评价、环境保护设施设计、竣工环境保护验收及其投产后的水、大气污染物排放管理。

本标准不适用于冶炼尾气制酸和硫化氢制酸工业企业的水和大气污染物排放管理。

本标准适用于法律允许的污染物排放行为。新设立污染源的选址和特殊保护区域内现有污染源的管理，按照《中华人民共和国水污染防治法》《中华人民共和国大气污染防治法》《中华人民共和国海洋环境保护法》《中华人民共和国固体废物污染环境防治法》《中华人民共和国放射性污染防治法》《中华人民共和国环境影响评价法》等法律、法规、规章的相关规定执行。

本标准规定的水污染物排放控制要求适用于企业直接或间接向其法定边界外排放水污染物的行为。

4　污染物排放控制要求

4.1　水污染物排放控制要求

4.1.1　自 2011 年 10 月 1 日起至 2013 年 9 月 30 日止，现有企业执行表 1 规定的水污染物排放限值。

表 1　现有企业水污染物排放限值　　单位：mg/L（pH 除外）

序号	污染物项目	生产工艺	排放限值		污染物排放监控位置
			直接排放	间接排放	
1	pH	硫黄制酸、硫铁矿制酸及石膏制酸	6～9	6～9	企业废水总排放口
2	化学需氧量（COD_{Cr}）		60	100	

序号	污染物项目		生产工艺	排放限值		污染物排放监控位置
				直接排放	间接排放	
3	悬浮物		硫黄制酸、硫铁矿制酸及石膏制酸	70	100	企业废水总排放口
4	石油类			5	8	
5	氨氮			10	20	
6	总氮			20	40	
7	总磷	磷石膏		20	30	
		其他		1	2	
8	硫化物		硫铁矿制酸及石膏制酸	1	1	
9	氟化物			10	15	
10	总砷			0.5		车间或生产装置排放口
11	总铅			1		
单位产品基准排水量/（m^3/t）			硫黄制酸	0.3		排水量计量位置与污染物排放监控位置相同
			硫铁矿制酸及石膏制酸	1.5		

4.1.2　自 2013 年 10 月 1 日起，现有企业执行表 2 规定的水污染物排放限值。

4.1.3　自 2011 年 3 月 1 日起，新建企业执行表 2 规定的水污染物排放限值。

表 2　新建企业水污染物排放限值　　单位：mg/L（pH 除外）

序号	污染物项目		生产工艺	排放限值		污染物排放监控位置
				直接排放	间接排放	
1	pH		硫黄制酸、硫铁矿制酸及石膏制酸	6～9	6～9	企业废水总排放口
2	化学需氧量（COD_{Cr}）			60	100	
3	悬浮物			50	100	
4	石油类			3	8	
5	氨氮			8	20	
6	总氮			15	40	
7	总磷	磷石膏		10	30	
		其他		0.5	2	
8	硫化物		硫铁矿制酸及石膏制酸	1	1	
9	氟化物			10	15	
10	总砷			0.3		车间或生产装置排放口
11	总铅			0.5		
单位产品基准排水量/（m^3/t）			硫黄制酸	0.2		排水量计量位置与污染物排放监控位置相同
			硫铁矿制酸及石膏制酸	1		

4.1.4　根据环境保护工作的要求，在国土开发密度已经较高、环境承载能力开始减弱，或水环境容量较小、生态环境脆弱，容易发生严重水环境污染问题而需要采取特别保护

措施的地区，应严格控制企业的污染排放行为，在上述地区的企业执行表 3 规定的水污染物特别排放限值。

执行水污染物特别排放限值的地域范围、时间，由国务院环境保护行政主管部门或省级人民政府规定。

表 3　水污染物特别排放限值　　单位：mg/L（pH 除外）

<table>
<tr><th rowspan="2">序号</th><th rowspan="2">污染物项目</th><th rowspan="2">生产工艺</th><th colspan="2">排放限值</th><th rowspan="2">污染物排放监控位置</th></tr>
<tr><th>直接排放</th><th>间接排放</th></tr>
<tr><td>1</td><td>pH</td><td rowspan="7">硫黄制酸、硫铁矿制酸及石膏制酸</td><td>6～9</td><td>6～9</td><td rowspan="9">企业废水总排放口</td></tr>
<tr><td>2</td><td>化学需氧量（COD_{Cr}）</td><td>50</td><td>60</td></tr>
<tr><td>3</td><td>悬浮物</td><td>15</td><td>50</td></tr>
<tr><td>4</td><td>石油类</td><td>3</td><td>3</td></tr>
<tr><td>5</td><td>氨氮</td><td>5</td><td>8</td></tr>
<tr><td>6</td><td>总氮</td><td>10</td><td>15</td></tr>
<tr><td>7</td><td>总磷</td><td>0.5</td><td>0.5</td></tr>
<tr><td>8</td><td>硫化物</td><td rowspan="4">硫铁矿制酸及石膏制酸</td><td>0.5</td><td>1</td></tr>
<tr><td>9</td><td>氟化物</td><td>10</td><td>10</td></tr>
<tr><td>10</td><td>总砷</td><td colspan="2">0.1</td><td rowspan="2">车间或生产装置排放口</td></tr>
<tr><td>11</td><td>总铅</td><td colspan="2">0.1</td></tr>
<tr><td colspan="2" rowspan="2">单位产品基准排水量/（m^3/t）</td><td>硫黄制酸</td><td colspan="2">0.2</td><td rowspan="2">排水量计量位置与污染物排放监控位置相同</td></tr>
<tr><td>硫铁矿制酸及石膏制酸</td><td colspan="2">1</td></tr>
</table>

4.1.5　水污染物排放浓度限值适用于单位产品实际排水量不高于单位产品基准排水量的情况。若单位产品实际排水量超过单位产品基准排水量，须按式（1）将实测水污染物浓度换算为水污染物基准水量排放浓度，并以水污染物基准水量排放浓度作为判定排放是否达标的依据。产品产量和排水量统计周期为一个工作日。

在企业的生产设施同时生产两种以上产品、可适用不同排放控制要求或不同行业国家污染物排放标准，且生产设施产生的污水混合处理排放的情况下，应执行排放标准中规定的最严格的浓度限值，并按式（1）换算水污染物基准水量排放浓度。

$$\rho_{基} = \frac{Q_{总}}{\sum Y_i \cdot Q_{i基}} \cdot \rho_{实} \tag{1}$$

式中：$\rho_{基}$——水污染物基准水量排放浓度，mg/L；

$Q_{总}$——实测排水总量，m^3；

Y_i——某种产品产量，t；

$Q_{i基}$——某种产品的单位产品基准排水量，m^3/t；

$\rho_{实}$——实测水污染物浓度，mg/L。

若 $Q_{总}$ 与 $\Sigma Y_i Q_{i基}$ 的比值小于 1，则以水污染物实测浓度作为判定排放是否达标的依据。

4.2　大气污染物排放控制要求

4.2.1　自 2011 年 10 月 1 日起至 2013 年 9 月 30 日止，现有企业执行表 4 规定的大气污染物排放限值。

表 4　现有企业大气污染物排放浓度限值　　单位：mg/m^3

序号	污染物项目	排放限值	污染物排放监控位置
1	二氧化硫	860	硫酸工业尾气排放口
2	硫酸雾	45	
3	颗粒物	50	破碎、干燥及排渣等工序排放口

4.2.2　自 2013 年 10 月 1 日起，现有企业执行表 5 规定的大气污染物排放限值。

4.2.3　自 2011 年 3 月 1 日起，新建企业执行表 5 规定的大气污染物排放限值。

表 5　新建企业大气污染物排放浓度限值　　单位：mg/m^3

序号	污染物项目	排放限值	污染物排放监控位置
1	二氧化硫	400	硫酸工业尾气排放口
2	硫酸雾	30	
3	颗粒物	50	破碎、干燥及排渣等工序排放口

4.2.4　根据环境保护工作的要求，在国土开发密度已经较高、环境承载能力开始减弱，或大气环境容量较小、生态环境脆弱，容易发生严重大气环境污染问题而需要采取特别保护措施的地区，应严格控制企业的污染排放行为，在上述地区的企业执行表 6 规定的大气污染物特别排放限值。

执行大气污染物特别排放限值的地域范围、时间，由国务院环境保护行政主管部门或省级人民政府规定。

表 6　大气污染物特别排放限值　　单位：mg/m^3

序号	污染物项目	排放限值	污染物排放监控位置
1	二氧化硫	200	硫酸工业尾气排放口
2	硫酸雾	5	
3	颗粒物	30	破碎、干燥及排渣等工序排放口

4.2.5　现有企业和新建企业单位产品基准排气量执行表 7 规定的限值。

表 7 单位产品基准排气量 单位：m^3/t

序号	生产工艺	单位产品基准排气量	污染物排放监控位置
1	硫黄制酸	2 300	硫酸工业尾气排放口（排气量计量位置与污染物排放监控位置相同）
2	硫铁矿制酸	2 800	
3	石膏制酸	4 300	

4.2.6 企业边界大气污染物任何 1 h 平均浓度执行表 8 规定的限值。

表 8 企业边界大气污染物无组织排放限值 单位：mg/m^3

序号	污染物项目	最高浓度限值	监控点
1	二氧化硫	0.5	企业边界
2	硫酸雾	0.3	
3	颗粒物	0.9	

4.2.7 在现有企业生产、建设项目竣工环保验收后的生产过程中，负责监管的环境保护主管部门应对周围居住、教学、医疗等用途的敏感区域环境质量进行监测。建设项目的具体监控范围为环境影响评价确定的周围敏感区域；未进行过环境影响评价的现有企业，监控范围由负责监管的环境保护主管部门，根据企业排污的特点和规律及当地的自然、气象条件等因素，参照相关环境影响评价技术导则确定。地方政府应对本辖区环境质量负责，采取措施确保环境状况符合环境质量标准要求。

4.2.8 产生大气污染物的生产工艺和装置必须设立局部或整体气体收集系统和集中净化处理装置。所有排气筒高度应不低于 15 m。排气筒周围半径 200 m 范围内有建筑物时，排气筒高度还应高出最高建筑物 3 m 以上。

4.2.9 大气污染物排放浓度限值适用于单位产品实际排气量不高于单位产品基准排气量的情况。若单位产品实际排气量超过单位产品基准排气量，须将实测大气污染物浓度换算为大气污染物基准气量排放浓度，并以大气污染物基准气量排放浓度作为判定排放是否达标的依据。大气污染物基准气量排放浓度的换算，可参照采用水污染物基准水量排放浓度的计算公式。

产品产量和排气量统计周期为一个工作日。

钒工业污染物排放标准（节选）

GB 26452—2011

1 适用范围

本标准规定了钒工业企业特征生产工艺和装置水污染物和大气污染物的排放限值、监测和监控要求，以及标准的实施与监督等相关规定。

本标准适用于现有钒工业企业水和大气污染物排放管理，以及钒工业企业建设项目的环境影响评价、环境保护设施设计、竣工环境保护验收及其投产后的水、大气污染物排放管理。

本标准适用于法律允许的污染物排放行为；新设立污染源的选址和特殊保护区域内现有污染源的管理，按照《中华人民共和国水污染防治法》《中华人民共和国大气污染防治法》《中华人民共和国海洋环境保护法》《中华人民共和国固体废物污染环境防治法》《中华人民共和国放射性污染防治法》《中华人民共和国环境影响评价法》等法律、法规、规章的相关规定执行。

本标准规定的水污染物排放控制要求适用于企业直接或间接向其法定边界外排放水污染物的行为。

4 污染物排放控制要求

4.1 水污染物排放控制要求

4.1.1 自 2012 年 1 月 1 日起至 2012 年 12 月 31 日止，现有企业执行表 1 规定的水污染物排放限值。

4.1.2 现有企业自 2013 年 1 月 1 日起执行表 2 规定的水污染物排放限值。

4.1.3 新建企业自 2011 年 10 月 1 日起执行表 2 规定的水污染物排放限值。

表 1　现有企业水污染物排放浓度限值及单位产品基准排水量

单位：mg/L（pH 除外）

序号	污染物项目	排放限值		污染物排放监控位置
		直接排放	间接排放	
1	pH	6～9	6～9	企业废水总排放口
2	悬浮物	70	70	
3	化学需氧量（COD_{Cr}）	80	100	
4	硫化物	1.0	1.0	
5	氨氮	25	40	
6	总氮	40	60	
7	总磷	1.0	2.0	
8	氯化物（以 Cl^- 计）	500	500	
9	石油类	10	10	
10	总锌	2.0	2.0	
11	总铜	0.5	0.5	
12	总镉	0.1		车间或生产设施废水排放口
13	总铬	1.5		
14	六价铬	0.5		
15	总钒	2.0		
16	总铅	1.0		
17	总砷	0.5		
18	总汞	0.05		
单位产品（V_2O_5 或 V_2O_3）基准排水量/（m^3/t）		20		排水量计量位置与污染物排放监控位置一致

表 2　新建企业水污染物排放浓度限值及单位产品基准排水量

单位：mg/L（pH 除外）

序号	污染物项目	排放限值		污染物排放监控位置
		直接排放	间接排放	
1	pH	6～9	6～9	企业废水总排放口
2	悬浮物	50	70	
3	化学需氧量（COD_{Cr}）	60	100	
4	硫化物	1.0	1.0	
5	氨氮	10	40	
6	总氮	20	60	
7	总磷	1.0	2.0	
8	氯化物（以 Cl^- 计）	300	300	
9	石油类	5	5	企业废水总排放口
10	总锌	2.0	2.0	
11	总铜	0.3	0.3	

序号	污染物项目	排放限值		污染物排放监控位置
		直接排放	间接排放	
12	总镉	0.1		车间或生产设施废水排放口
13	总铬	1.5		
14	六价铬	0.5		
15	总钒	1.0		
16	总铅	0.5		
17	总砷	0.2		
18	总汞	0.03		
单位产品（V_2O_5或V_2O_3）基准排水量/（m^3/t）		10		排水量计量位置与污染物排放监控位置一致

4.1.4 根据环境保护工作的要求，在国土开发密度较高、环境承载能力开始减弱，或水环境容量较小、生态环境脆弱，容易发生严重环境污染问题而需要采取特别保护措施的地区，应严格控制企业的污染物排放行为，在上述地区的企业执行表 3 规定的水污染物特别排放限值。

执行水污染物特别排放限值的地域范围、时间，由国务院环境保护行政主管部门或省级人民政府规定。

表 3 水污染物特别排放限值 单位：mg/L（pH 除外）

序号	污染物项目	排放限值		污染物排放监控位置
		直接排放	间接排放	
1	pH	6～9	6～9	企业废水总排放口
2	悬浮物	20	50	
3	化学需氧量（COD_{Cr}）	30	60	
4	硫化物	1.0	1.0	
5	氨氮	8	10	
6	总氮	15	20	
7	总磷	0.5	1.0	
8	氯化物（以Cl^-计）	200	200	
9	石油类	1	1	
10	总锌	1.0	1.0	
11	总铜	0.2	0.2	
12	总镉	0.1		车间或生产设施废水排放口
13	总铬	1.5		
14	六价铬	0.5		
15	总钒	0.3		
16	总铅	0.1		
17	总砷	0.1		
18	总汞	0.01		
单位产品（V_2O_5或V_2O_3）基准排水量/（m^3/t）		3		排水量计量位置与污染物排放监控位置一致

4.1.5 对于排放含有放射性物质的污水，除执行本标准外，还应符合 GB 18871—2002 的规定。

4.1.6 水污染物排放浓度限值适用于单位产品实际排水量不高于单位产品基准排水量的情况。若单位产品实际排水量超过单位产品基准排水量，须按式（1）将实测水污染物浓度换算为水污染物基准排水量排放浓度，并以水污染物基准排水量排放浓度作为判定排放是否达标的依据。产品产量和排水量统计周期为一个工作日。

在企业的生产设施同时生产两种以上产品、可适用不同排放控制要求或不同行业国家污染物排放标准，且生产设施产生的污水混合处理排放的情况下，应执行排放标准中规定的最严格的浓度限值，并按式（1）换算水污染物基准排水量排放浓度。

$$\rho_{基} = \frac{Q_{总}}{\sum Y_i \cdot Q_{i基}} \cdot \rho_{实} \tag{1}$$

式中：$\rho_{基}$——水污染物基准排水量排放质量浓度，mg/L；

$Q_{总}$——排水总量，m^3；

Y_i——某种产品产量，t；

$Q_{i基}$——某种产品的单位产品基准排水量，m^3/t；

$\rho_{实}$——实测水污染物浓度，mg/L。

若 $Q_{总}$与$\sum Y_iQ_{i基}$的比值小于 1，则以水污染物实测浓度作为判定排放是否达标的依据。

4.2 大气污染物排放控制要求

4.2.1 自 2012 年 1 月 1 日起至 2012 年 12 月 31 日止，现有企业执行表 4 规定的大气污染物排放限值。

表 4 现有企业大气污染物排放浓度限值及单位产品基准排气量

单位：mg/m^3

序号	生产过程	工艺或工序	污染物名称及排放限值						污染物排放监控位置
			二氧化硫	颗粒物	氯化氢	硫酸雾	氯气	铅及其化合物	
1	原料预处理	破碎、筛分、混配料、球磨、制球、原料输送等装置及料仓	—	100	—	—	—	0.7	车间或生产设施排气筒
2	焙烧	焙烧炉/窑	700	100	100	—	65	1.5	
3	沉淀	沉淀池/罐	—	—	—	35	—	0.7	
4	熔化（制取 V_2O_5）	熔化炉	700	100	100	—	65	1.5	
5	干燥（制取 V_2O_3）	干燥炉/窑	700	100	—	—	—	1.5	

序号	生产过程	工艺或工序	污染物名称及排放限值						污染物排放监控位置
			二氧化硫	颗粒物	氯化氢	硫酸雾	氯气	铅及其化合物	
6	还原（制取 V_2O_3）	还原炉/窑	700	100	—	—	—	1.5	车间或生产设施排气筒
7	熟料输送及储运	熟料仓、卸料点等	—	100	—	—	—	0.7	
8	其他		—	100	—	—	—	0.7	
单位产品（V_2O_5 或 V_2O_3）基准排气量/（m^3/t）			150 000						车间或生产设施排气筒

注：浸出过程产生的含碱蒸汽必须经过吸收净化，吸收液循环利用后进入废水处理系统。

4.2.2　现有企业自 2013 年 1 月 1 日起执行表 5 规定的大气污染物排放限值。

4.2.3　新建企业自 2011 年 10 月 1 日起执行表 5 规定的大气污染物排放限值。

表 5　新建企业大气污染物排放浓度限值及单位产品基准排气量

单位：mg/m^3

序号	生产过程	工艺或工序	污染物名称及排放限值						污染物排放监控位置
			二氧化硫	颗粒物	氯化氢	硫酸雾	氯气	铅及其化合物	
1	原料预处理	破碎、筛分、混配料、球磨、制球、原料输送等装置及料仓	—	50	—	—	—	0.5	车间或生产设施排气筒
2	焙烧	焙烧炉/窑	400	50	80	—	50	1.0	
3	沉淀	沉淀池/罐	—	—	—	20	—	0.5	
4	熔化（制取 V_2O_5）	熔化炉	400	50	80	—	50	1.0	
5	干燥（制取 V_2O_3）	干燥炉/窑	400	50	—	—	—	1.0	
6	还原（制取 V_2O_3）	还原炉/窑	400	50	—	—	—	1.0	
7	熟料输送及储运	熟料仓、卸料点等	—	50	—	—	—	0.5	
8	其他		—	50	—	—	—	0.7	
单位产品（V_2O_5 或 V_2O_3）基准排气量/（m^3/t）			130 000						车间或生产设施排气筒

注：浸出过程产生的含碱蒸汽必须经过吸收净化，吸收液循环利用后进入废水处理系统。

4.2.4　企业边界大气污染物任何 1 h 平均浓度执行表 6 规定的限值。

表 6 现有和新建企业边界大气污染物浓度限值 单位：mg/m^3

序号	污染物	最高浓度限值
1	二氧化硫	0.3
2	颗粒物	0.5
3	氯化氢	0.15
4	硫酸雾	0.3
5	氯气	0.02
6	铅及其化合物	0.006

4.2.5 在现有企业生产、建设项目竣工环保验收及其后的生产过程中，负责监管的环境保护行政主管部门，应对周围居住、教学、医疗等用途的敏感区域环境空气质量进行监测，并采取措施保证空气中污染物浓度符合环境质量标准的要求。建设项目的具体监控范围为环境影响评价确定的周围敏感区域；未进行过环境影响评价的现有企业，监控范围由负责监管的环境保护行政主管部门，根据企业排污的特点和规律及当地的自然、气象条件等因素，参照相关环境影响评价技术导则，因地制宜地予以确定。

4.2.6 产生大气污染物的生产工艺和装置必须设立局部或整体气体收集系统和集中处理装置，达标排放。所有排气筒高度应不低于30 m。排气筒周围半径 200 m 范围内有建筑物时，排气筒高度还应高出最高建筑物 3 m 以上。

4.2.7 炉窑基准过量空气系数为 1.6，实测炉窑的大气污染物排放浓度，应换算为基准过量空气系数排放浓度。生产设施应采取合理的通风措施，不得故意稀释排放，若单位产品实际排气量超过单位产品基准排气量，须将实测大气污染物浓度换算为大气污染物基准气量排放浓度，并以大气污染物基准气量排放浓度作为判定排放是否达标的依据。大气污染物基准气量排放浓度的换算，可参照采用水污染物基准水量排放浓度的计算公式。在国家未规定其他生产设施单位产品基准排气量之前，暂以实测浓度作为判定是否达标的依据。

附件六：《钒工业污染物排放标准》（GB 26452—2011）修改单

为进一步加强大气污染防治工作，落实国务院批复实施的《重点区域大气污染防治“十二五”规划》的相关要求，我部决定修改国家污染物排放标准《钒工业污染物排放标准》（GB 26452—2011），在标准中增加大气污染物特别排放限值，具体内容如下：

根据国家环境保护工作的要求，在国土开发密度较高、环境承载能力开始减弱，或大气环境容量较小、生态环境脆弱，容易发生严重大气环境污染问题而需要采取特别保护措施的地区，应严格控制企业的污染物排放行为，在上述地区的企业执行表 1 规定的大气污染物特别排放限值。新增加的氮氧化物浓度的测定采用表 2 所列的方法标准。

执行大气污染物特别排放限值的地域范围、时间，由国务院环境保护行政主管部门或省级人民政府规定。

表 1 《钒工业污染物排放标准》（GB 26452—2011）大气污染物特别排放很值

单位：mg/m³

<table>
<tr><th rowspan="2">序号</th><th rowspan="2">生产过程</th><th rowspan="2">工艺或工序</th><th colspan="7">污染物名称及排放限值</th><th rowspan="2">污染物排放监控位置</th></tr>
<tr><th>氮氧化物（以 NO_2 计）</th><th>二氧化硫</th><th>颗粒物</th><th>氯化氢</th><th>硫酸雾</th><th>氯气</th><th>铅及其化合物</th></tr>
<tr><td>1</td><td>原料预处理</td><td>破碎、筛分、混配料、球磨、制球、原料输送等装置及料仓</td><td>—</td><td>—</td><td>10</td><td>—</td><td>—</td><td>—</td><td>0.5</td><td rowspan="8">车间或生产设施排气筒</td></tr>
<tr><td>2</td><td>焙烧</td><td>焙烧炉/窑</td><td>100</td><td>100</td><td>10</td><td>80</td><td>—</td><td>50</td><td>1.0</td></tr>
<tr><td>3</td><td>沉淀</td><td>沉淀池/罐</td><td>—</td><td>—</td><td>—</td><td>—</td><td>20</td><td>—</td><td>0.5</td></tr>
<tr><td>4</td><td>熔化（制取 V_2O_5）</td><td>熔化炉</td><td>100</td><td>100</td><td>10</td><td>80</td><td>—</td><td>50</td><td>1.0</td></tr>
<tr><td>5</td><td>干燥（制取 V_2O_3）</td><td>干燥炉/窑</td><td>100</td><td>100</td><td>10</td><td>—</td><td>—</td><td>—</td><td>1.0</td></tr>
<tr><td>6</td><td>还原（制取 V_2O_3）</td><td>还原炉/窑</td><td>100</td><td>100</td><td>10</td><td>—</td><td>—</td><td>—</td><td>1.0</td></tr>
<tr><td>7</td><td>熟料输送及储运</td><td>熟料仓、卸料点等</td><td>—</td><td>—</td><td>10</td><td>—</td><td>—</td><td>—</td><td>0.5</td></tr>
<tr><td>8</td><td>其他</td><td></td><td>—</td><td>—</td><td>10</td><td>—</td><td>—</td><td>—</td><td>0.7</td></tr>
</table>

表 2 氮氧化物浓度测定方法标准

序号	方法标准名称	方法标准编号
1	固定污染源排气中氮氧化物的测定 紫外分光光度法	HJ/T 42
2	固定污染源排气中氮氧化物的测定 盐酸萘乙二胺分光光度法	HJ/T 43

电池工业污染物排放标准（节选）

GB 30484—2013

1　适用范围

本标准规定了电池［包括锌锰电池（糊式电池、纸板电池、叠层电池、碱性酸锰电池）、锌空气电池、锌银电池、铅蓄电池、镉镍电池、氢镍电池、锂离子电池、锂电池、太阳电池］工业企业水污染物和大气污染物排放限值、监测和监控要求，以及标准的实施与监督等相关规定。

本标准适用于电池工业企业或生产设施的水污染物和大气污染物排放管理，以及电池工业企业建设项目的环境影响评价、环境保护设施设计、竣工环境保护验收及其投产后的水污染物和大气污染物排放管理。

本标准适用于法律允许的污染物排放行为。新设立污染源的选址和特殊保护区域内现有污染源的管理，按照《中华人民共和国大气污染防治法》《中华人民共和国水污染防治法》《中华人民共和国海洋环境保护法》《中华人民共和国固体废物污染环境防治法》《中华人民共和国环境影响评价法》等法律、法规、规章的相关规定执行。

本标准规定的水污染物排放控制要求适用于企业直接或间接向其法定边界外排放水污染物的行为。

4　污染物排放控制要求

4.1　水污染物排放控制要求

自 2014 年 7 月 1 日起至 2015 年 12 月 31 日止，现有企业执行表 1 规定的水污染物排放限值。

自 2016 年 1 月 1 日起，现有企业执行表 2 规定的水污染物排放限值。

自 2014 年 3 月 1 日，新建企业起执行表 2 规定的水污染物排放限值。

表 1　现有企业水污染物排放限值　　　单位：mg/L（pH 除外）

<table>
<tr><th rowspan="3">序号</th><th rowspan="3">污染物</th><th colspan="6">排放限值</th><th rowspan="3">污染物排放监控位置</th></tr>
<tr><th colspan="5">直接排放</th><th rowspan="2">间接排放</th></tr>
<tr><th>锌锰/锌银/锌空气电池</th><th>铅蓄电池</th><th>镉镍/氢镍电池</th><th>锂离子/锂电池</th><th>太阳电池</th></tr>
<tr><td>1</td><td>pH</td><td>6～9</td><td>6～9</td><td>6～9</td><td>6～9</td><td>6～9</td><td>6～9</td><td rowspan="7">企业废水总排放口</td></tr>
<tr><td>2</td><td>化学需氧量</td><td>100</td><td>100</td><td>100</td><td>100</td><td>100</td><td>150</td></tr>
<tr><td>3</td><td>悬浮物</td><td>70</td><td>70</td><td>70</td><td>70</td><td>70</td><td>140</td></tr>
<tr><td>4</td><td>总磷</td><td>1.0</td><td>1.0</td><td>1.0</td><td>1.0</td><td>1.0</td><td>2.0</td></tr>
<tr><td>5</td><td>总氮</td><td>20</td><td>20</td><td>20</td><td>20</td><td>20</td><td>40</td></tr>
<tr><td>6</td><td>氨氮</td><td>15</td><td>15</td><td>15</td><td>15</td><td>15</td><td>30</td></tr>
<tr><td>7</td><td>氟化物（以 F 计）</td><td>—</td><td>—</td><td>—</td><td>—</td><td>10.0</td><td>注 4</td></tr>
<tr><td>8</td><td>总锌</td><td>2.0</td><td>—</td><td>—</td><td>—</td><td>—</td><td rowspan="8">注 4</td><td rowspan="2"></td></tr>
<tr><td>9</td><td>总锰</td><td>2.0</td><td>—</td><td>—</td><td>—</td><td>—</td></tr>
<tr><td>10</td><td>总汞</td><td>0.02</td><td>—</td><td>—</td><td>—</td><td>—</td><td rowspan="6">车间或车间处理设施排放口</td></tr>
<tr><td>11</td><td>总银[1]</td><td>0.5</td><td>—</td><td>—</td><td>—</td><td>—</td></tr>
<tr><td>12</td><td>总铅</td><td>—</td><td>0.7</td><td>—</td><td>—</td><td>—</td></tr>
<tr><td>13</td><td>总镉</td><td>—</td><td>0.05</td><td>0.1</td><td>—</td><td>—</td></tr>
<tr><td>14</td><td>总镍</td><td>—</td><td>—</td><td>1.0</td><td>—</td><td>—</td></tr>
<tr><td>15</td><td>总钴[2]</td><td>—</td><td>—</td><td>—</td><td>0.1</td><td>—</td></tr>
<tr><td rowspan="12">单位产品基准排水量[3]</td><td rowspan="3">锌锰/锌银/锌空气电池</td><td colspan="3">糊式电池</td><td colspan="2">1.6 m^3/万只</td><td rowspan="12">注 4</td><td rowspan="12">企业废水总排放口</td></tr>
<tr><td colspan="3">碱性锌锰电池/纸板电池/叠层电池/锌空气电池</td><td colspan="2">1.0 m^3/万只</td></tr>
<tr><td colspan="3">扣式电池/锌银电池</td><td colspan="2">0.5 m^3/万只</td></tr>
<tr><td rowspan="3">铅蓄电池</td><td colspan="3">极板制造+组装</td><td colspan="2">0.25 m^3/kVA·h</td></tr>
<tr><td colspan="3">极板制造</td><td colspan="2">0.22 m^3/kVA·h</td></tr>
<tr><td colspan="3">组装</td><td colspan="2">0.03 m^3/kVA·h</td></tr>
<tr><td colspan="4">镉镍/氢镍电池</td><td colspan="2">0.3 m^3/万只</td></tr>
<tr><td colspan="4">锂离子/锂电池</td><td colspan="2">1.0 m^3/万只</td></tr>
<tr><td rowspan="4">太阳电池</td><td rowspan="3">硅太阳电池</td><td colspan="2">硅片+电池制造</td><td colspan="2">3.0 m^3/kW</td></tr>
<tr><td colspan="2">电池制造</td><td colspan="2">1.5 m^3/kW</td></tr>
<tr><td colspan="2">硅片制造</td><td colspan="2">1.8 m^3/kW</td></tr>
<tr><td colspan="3">非晶硅太阳电池[5]</td><td colspan="2">0.3 m^3/kW</td></tr>
</table>

注 1：总银为锌银电池监测项目。

2：以钴酸锂为正极锂离子电池监测总钴；其他类型锂离子/锂电池不监测总钴。

3：锌锰、锌空气电池产量折合为 R20 电池计算；扣式电池/锌银电池产量统计不分型号大小。

4：间接排放限值与直接排放限值一致。

5：其他类型太阳电池排水量按非晶硅太阳电池基准排水量执行。

表 2 新建企业水污染物排放限值 单位：mg/L（pH 除外）

<table>
<tr><th rowspan="3">序号</th><th rowspan="3">污染物</th><th colspan="6">排放限值</th><th rowspan="3">污染物排放监控位置</th></tr>
<tr><th colspan="5">直接排放</th><th rowspan="2">间接排放</th></tr>
<tr><th>锌锰/锌银/锌空气电池</th><th>铅蓄电池</th><th>镉镍/氢镍电池</th><th>锂离子/锂电池</th><th>太阳电池</th></tr>
<tr><td>1</td><td>pH</td><td>6～9</td><td>6～9</td><td>6～9</td><td>6～9</td><td>6～9</td><td>6～9</td><td rowspan="9">企业废水总排放口</td></tr>
<tr><td>2</td><td>化学需氧量</td><td>70</td><td>70</td><td>70</td><td>70</td><td>70</td><td>150</td></tr>
<tr><td>3</td><td>悬浮物</td><td>50</td><td>50</td><td>50</td><td>50</td><td>50</td><td>140</td></tr>
<tr><td>4</td><td>总磷</td><td>0.5</td><td>0.5</td><td>0.5</td><td>0.5</td><td>0.5</td><td>2.0</td></tr>
<tr><td>5</td><td>总氮</td><td>15</td><td>15</td><td>15</td><td>15</td><td>15</td><td>40</td></tr>
<tr><td>6</td><td>氨氮</td><td>10</td><td>10</td><td>10</td><td>10</td><td>10</td><td>30</td></tr>
<tr><td>7</td><td>氟化物（以 F 计）</td><td>—</td><td>—</td><td>—</td><td>—</td><td>8.0</td><td rowspan="3">注 4</td></tr>
<tr><td>8</td><td>总锌</td><td>1.5</td><td>—</td><td>—</td><td>—</td><td>—</td></tr>
<tr><td>9</td><td>总锰</td><td>1.5</td><td>—</td><td>—</td><td>—</td><td>—</td></tr>
<tr><td>10</td><td>总汞</td><td>0.005</td><td>—</td><td>—</td><td>—</td><td>—</td><td rowspan="6">注 4</td><td rowspan="6">车间或车间处理设施排放口</td></tr>
<tr><td>11</td><td>总银 [1]</td><td>0.2</td><td>—</td><td>—</td><td>—</td><td>—</td></tr>
<tr><td>12</td><td>总铅</td><td>—</td><td>0.5</td><td>—</td><td>—</td><td>—</td></tr>
<tr><td>13</td><td>总镉</td><td>—</td><td>0.02</td><td>0.05</td><td>—</td><td>—</td></tr>
<tr><td>14</td><td>总镍</td><td>—</td><td>—</td><td>0.5</td><td>—</td><td>—</td></tr>
<tr><td>15</td><td>总钴 [2]</td><td>—</td><td>—</td><td>—</td><td>0.1</td><td>—</td></tr>
<tr><td rowspan="12">单位产品基准排水量 [3]</td><td rowspan="3">锌锰/锌银/锌 空气电池</td><td colspan="3">糊式电池</td><td colspan="2">1.3 m^3/万只</td><td rowspan="12">注 4</td><td rowspan="12">企业废水总排放口</td></tr>
<tr><td colspan="3">碱性锌锰电池/纸板电池/叠层电池/锌空气电池</td><td colspan="2">0.8 m^3/万只</td></tr>
<tr><td colspan="3">扣式电池/锌银电池</td><td colspan="2">0.4 m^3/万只</td></tr>
<tr><td rowspan="3">铅蓄电池</td><td colspan="3">极板制造+组装</td><td colspan="2">0.2 m^3/kVA·h</td></tr>
<tr><td colspan="3">极板制造</td><td colspan="2">0.18 m^3/kVA·h</td></tr>
<tr><td colspan="3">组装</td><td colspan="2">0.025 m^3/kVA·h</td></tr>
<tr><td colspan="4">镉镍/氢镍电池</td><td colspan="2">0.25 m^3/万只</td></tr>
<tr><td colspan="4">锂离子/锂电池</td><td colspan="2">0.8 m^3/万只</td></tr>
<tr><td rowspan="4">太阳电池</td><td rowspan="3">硅太阳电池</td><td colspan="2">硅片+电池制造</td><td colspan="2">2.5 m^3/kW</td></tr>
<tr><td colspan="2">电池制造</td><td colspan="2">1.2 m^3/kW</td></tr>
<tr><td colspan="2">硅片制造</td><td colspan="2">1.5 m^3/kW</td></tr>
<tr><td colspan="3">非晶硅太阳电池 [5]</td><td colspan="2">0.2 m^3/kW</td></tr>
<tr><td colspan="9">注 1、2、3、4、5：参见表 1。</td></tr>
</table>

根据环境保护工作的要求，在国土开发密度已经较高、环境承载能力开始减弱，或环境容量较小、生态环境脆弱，容易发生严重环境污染等问题而需要采取特别保护措施的地区，应严格控制企业的污染物排放行为，在上述地区的企业执行表 3 规定的水污染物特别排放限值。

执行水污染物特别排放限值的地域范围、时间，由国务院环境保护行政主管部门或省级人民政府规定。

表 3　水污染物特别排放限值　　　　单位：mg/L（pH 除外）

<table>
<tr><th rowspan="3">序号</th><th rowspan="3">污染物</th><th colspan="6">排放限值</th><th rowspan="3">污染物排放监控位置</th></tr>
<tr><th colspan="5">直接排放</th><th rowspan="2">间接排放</th></tr>
<tr><th>锌锰/锌银/锌空气电池</th><th>铅蓄电池</th><th>镉镍/氢镍电池</th><th>锂离子/锂电池</th><th>太阳电池</th></tr>
<tr><td>1</td><td>pH</td><td>6～9</td><td>6～9</td><td>6～9</td><td>6～9</td><td>6～9</td><td>6～9</td><td rowspan="9">企业废水总排放口</td></tr>
<tr><td>2</td><td>化学需氧量</td><td>50</td><td>50</td><td>50</td><td>50</td><td>50</td><td>70</td></tr>
<tr><td>3</td><td>悬浮物</td><td>10</td><td>10</td><td>10</td><td>10</td><td>10</td><td>50</td></tr>
<tr><td>4</td><td>总磷</td><td>0.5</td><td>0.5</td><td>0.5</td><td>0.5</td><td>0.5</td><td>0.5</td></tr>
<tr><td>5</td><td>总氮</td><td>15</td><td>15</td><td>15</td><td>15</td><td>15</td><td>15</td></tr>
<tr><td>6</td><td>氨氮</td><td>8</td><td>8</td><td>8</td><td>8</td><td>8</td><td>10</td></tr>
<tr><td>7</td><td>氟化物（以 F 计）</td><td>—</td><td>—</td><td>—</td><td>—</td><td>2.0</td><td rowspan="3">注 4</td></tr>
<tr><td>8</td><td>总锌</td><td>1.0</td><td>—</td><td>—</td><td>—</td><td>—</td></tr>
<tr><td>9</td><td>总锰</td><td>1.0</td><td>—</td><td>—</td><td>—</td><td>—</td></tr>
<tr><td>10</td><td>总汞</td><td>0.001</td><td>—</td><td>—</td><td>—</td><td>—</td><td rowspan="6">注 4</td><td rowspan="6">车间或车间处理设施排放口</td></tr>
<tr><td>11</td><td>总银[1]</td><td>0.1</td><td>—</td><td>—</td><td>—</td><td>—</td></tr>
<tr><td>12</td><td>总铅</td><td>—</td><td>0.1</td><td>—</td><td>—</td><td>—</td></tr>
<tr><td>13</td><td>总镉</td><td>—</td><td>0.01</td><td>0.01</td><td>—</td><td>—</td></tr>
<tr><td>14</td><td>总镍</td><td>—</td><td>—</td><td>0.05</td><td>—</td><td>—</td></tr>
<tr><td>15</td><td>总钴[2]</td><td>—</td><td>—</td><td>—</td><td>0.1</td><td>—</td></tr>
<tr><td rowspan="12">单位产品基准排水量[3]</td><td rowspan="3">锌锰/锌银/锌空气电池</td><td colspan="3">糊式电池</td><td colspan="2">1.0 $\mathrm{m^3}$/万只</td><td rowspan="12">注 4</td><td rowspan="12">企业废水总排放口</td></tr>
<tr><td colspan="3">碱性锌锰电池/纸板电池/叠层电池/锌空气电池</td><td colspan="2">0.6 $\mathrm{m^3}$/万只</td></tr>
<tr><td colspan="3">扣式电池/锌银电池</td><td colspan="2">0.3 $\mathrm{m^3}$/万只</td></tr>
<tr><td rowspan="3">铅蓄电池</td><td colspan="3">极板制造+组装</td><td colspan="2">0.15 $\mathrm{m^3}$/kVA·h</td></tr>
<tr><td colspan="3">极板制造</td><td colspan="2">0.13 $\mathrm{m^3}$/kVA·h</td></tr>
<tr><td colspan="3">组装</td><td colspan="2">0.02 $\mathrm{m^3}$/kVA·h</td></tr>
<tr><td colspan="4">镉镍/氢镍电池</td><td colspan="2">0.2 $\mathrm{m^3}$/万只</td></tr>
<tr><td colspan="4">锂离子/锂电池</td><td colspan="2">0.6 $\mathrm{m^3}$/万只</td></tr>
<tr><td rowspan="4">太阳电池</td><td rowspan="3" colspan="2">硅太阳电池</td><td>硅片+电池制造</td><td colspan="2">2.0 $\mathrm{m^3}$/kW</td></tr>
<tr><td>电池制造</td><td colspan="2">1.0 $\mathrm{m^3}$/kW</td></tr>
<tr><td>硅片制造</td><td colspan="2">1.2 $\mathrm{m^3}$/kW</td></tr>
<tr><td colspan="3">非晶硅太阳电池[5]</td><td colspan="2">0.15 $\mathrm{m^3}$/kW</td></tr>
<tr><td colspan="9">注 1、2、3、4、5：参见表 1。</td></tr>
</table>

4.2　大气污染物排放控制要求

4.2.1　自 2014 年 7 月 1 日起至 2015 年 12 月 31 日止，现有企业执行表 4 规定的大气污染物排放限值。

4.2.2　自 2016 年 1 月 1 日起，现有企业执行表 5 规定的大气污染物排放限值。

4.2.3　自 2014 年 3 月 1 日，新建企业起执行表 5 规定的大气污染物排放限值。

表 4　现有企业大气污染物排放限值　单位：mg/m³

序号	污染物	排放限值					污染物排放监控位置
		锌锰/锌银/锌空气电池	铅蓄电池	镉镍/氢镍电池	锂离子/锂电池	太阳电池[1]	
1	硫酸雾	—	10	—	—	—	车间或生产设施排气筒
2	铅及其化合物	—	0.7	—	—	—	
3	汞及其化合物	0.01	—	—	—	—	
4	镉及其化合物	—	—	0.5	—	—	
5	镍及其化合物	—	—	2.0	—	—	
6	沥青烟	20	—	—	—	—	
7	氟化物	—	—	—	—	8.0	
8	氯化氢	—	—	—	—	8.0	
9	氯气	—	—	—	—	5.0	
10	氮氧化物	—	—	—	—	50	
11	非甲烷总烃	—	—	—	80	—	
12	颗粒物	50	50	50	50	50	

注 1：晶体硅太阳电池监控氟化物、氯化氢、氯气、氮氧化物和颗粒物，其他类型太阳电池只监控颗粒物。

表 5　新建企业大气污染物排放限值　单位：mg/m³

序号	污染物	排放限值					污染物排放监控位置
		锌锰/锌银/锌空气电池	铅蓄电池	镉镍/氢镍电池	锂离子/锂电池	太阳电池[1]	
1	硫酸雾	—	5	—	—	—	车间或生产设施排气筒
2	铅及其化合物	—	0.5	—	—	—	
3	汞及其化合物	0.01	—	—	—	—	
4	镉及其化合物	—	—	0.2	—	—	
5	镍及其化合物	—	—	1.5	—	—	
6	沥青烟	10	—	—	—	—	
7	氟化物	—	—	—	—	3.0	
8	氯化氢	—	—	—	—	5.0	
9	氯气	—	—	—	—	5.0	
10	氮氧化物	—	—	—	—	30	
11	非甲烷总烃	—	—	—	50	—	
12	颗粒物	30	30	30	30	30	

注 1：参见表 4。

4.2.4 企业边界大气污染物任何 1 h 平均浓度执行表 6 规定的限值。

表 6 现有和新建企业边界大气污染物浓度限值

序号	污染物	最高浓度限值/（mg/m^3）
1	硫酸雾	0.3
2	铅及其化合物	0.001
3	汞及其化合物	0.000 05
4	镉及其化合物	0.000 005
5	镍及其化合物	0.02
6	沥青烟	生产设备不得有明显的无组织排放存在
7	氟化物	0.02
8	氯化氢	0.15
9	氯气	0.02
10	氮氧化物	0.12
11	颗粒物	0.3
12	非甲烷总烃	2.0

制革及毛皮加工工业水污染物排放标准（节选）

GB 30486—2013

1　适用范围

本标准规定了制革及毛皮加工企业水污染物排放限值、监测和监控要求，以及标准的实施与监督等相关规定。

本标准适用于现有制革及毛皮加工企业的水污染物排放管理。

本标准适用于对制革及毛皮加工企业建设项目的环境影响评价、环境保护设施设计、竣工环境保护验收及其投产后的水污染物排放管理。

本标准适用于法律允许的水污染物排放行为；新设立污染源的选址和特殊保护区域内现有污染源的管理，按照《中华人民共和国水污染防治法》《中华人民共和国海洋环境保护法》《中华人民共和国环境影响评价法》等法律、法规、规章的相关规定执行。

本标准规定的水污染物排放控制要求适用于企业直接或间接向其法定边界外排放水污染物的行为。

4　水污染物排放控制要求

4.1　自 2014 年 7 月 1 日起至 2015 年 12 月 31 日止，现有企业执行表 1 规定的水污染物排放限值。

表 1　现有企业水污染物排放浓度限值及单位产品基准排水量

单位：mg/L，pH、色度除外

序号	污染物项目	直接排放限值		间接排放限值	污染物排放监控位置
		制革企业	毛皮加工企业		
1	pH	6～9	6～9	6～9	企业废水总排放口
2	色度	50	50	100	
3	悬浮物	80	80	120	
4	五日生化需氧量（BOD_5）	40	40	80	
5	化学需氧量（COD_{Cr}）	150	150	300	
6	动植物油	15	15	30	

序号	污染物项目	直接排放限值		间接排放限值	污染物排放监控位置
		制革企业	毛皮加工企业		
7	硫化物	1	0.5	1.0	企业废水总排放口
8	氨氮	35	25	70	
9	总氮	70	50	140	
10	总磷	2	2	4	
11	氯离子	3 000	4 000	4 000	
12	总铬	1.5			车间或生产设施废水排放口
13	六价铬	0.2			
单位产品基准排水量/（m^3/t 原料皮）		65	80	注 1	排水量计量位置与污染物排放监控位置相同

注 1：制革企业和毛皮加工企业的单位产品基准排水量的间接排放限值与各自的直接排放限值相同。

4.2 自 2016 年 1 月 1 日起，现有企业执行表 2 规定的水污染物排放限值。

4.3 自 2014 年 3 月 1 日起，新建企业执行表 2 规定的水污染物排放限值。

表 2 新建企业水污染物排放浓度限值及单位产品基准排水量

单位：mg/L，pH、色度除外

序号	污染物名称	直接排放限值		间接排放限值	污染物排放监控位置
		制革企业	毛皮加工企业		
1	pH	6～9	6～9	6～9	企业废水总排放口
2	色度	30	30	100	
3	悬浮物	50	50	120	
4	五日生化需氧量（BOD_5）	30	30	80	
5	化学需氧量（COD_{Cr}）	100	100	300	
6	动植物油	10	10	30	
7	硫化物	0.5	0.5	1.0	
8	氨氮	25	15	70	
9	总氮	50	30	140	
10	总磷	1	1	4	
11	氯离子	3 000	4 000	4 000	
12	总铬	1.5			车间或生产设施废水排放口
13	六价铬	0.1			
单位产品基准排水量/（m^3/t 原料皮）		55	70	注 1	排水量计量位置与污染物排放监控位置相同

注 1：制革企业和毛皮加工企业的单位产品基准排水量的间接排放限值与各自的直接排放限值相同。

根据环境保护工作的要求，在国土开发密度已经较高、环境承载能力开始减弱，或环境容量较小、生态环境脆弱，容易发生严重环境污染等问题而需要采取特别保护措施的地区，应严格控制企业的污染物排放行为，在上述地区的企业执行表 3 规定的水污染物特别排放限值。

执行水污染物特别排放限值的地域范围、时间，由国务院环境保护行政主管部门或省级人民政府规定。

表 3 水污染物特别排放限值及单位产品基准排水量

单位：mg/L，pH、色度除外

序号	污染物名称	排放限值		污染物排放监控位置
		直接排放	间接排放	
1	pH	6～9	6～9	企业废水总排放口
2	色度	20	30	
3	悬浮物	10	50	
4	五日生化需氧量（BOD_5）	20	30	
5	化学需氧量（COD_{Cr}）	60	100	
6	动植物油	5	10	
7	硫化物	0.2	0.5	
8	氨氮	15	25	
9	总氮	20	40	
10	总磷	0.5	1	
11	氯离子	1 000	1 000	
12	总铬	0.5		车间或生产设施废水排放口
13	六价铬	0.05		
单位产品基准排水量/（m^3/t 原料皮）		40		排水量计量位置与污染物排放监控位置相同

电镀污染物排放标准（节选）

GB 21900—2008

1　适用范围

本标准规定了电镀企业和拥有电镀设施企业的电镀水污染物和大气污染物的排放限值等内容。

本标准适用于现有电镀企业的水污染物排放管理、大气污染物排放管理。

本标准适用于对电镀设施建设项目的环境影响评价、环境保护设施设计、竣工环境保护验收及其投产后的水、大气污染物排放管理。

本标准也适用于阳极氧化表面处理工艺设施。

本标准适用于法律允许的污染物排放行为；新设立污染源的选址和特殊保护区域内现有污染源的管理，按照《中华人民共和国大气污染防治法》《中华人民共和国水污染防治法》《中华人民共和国海洋环境保护法》《中华人民共和国固体废物污染环境防治法》《中华人民共和国放射性污染防治法》和《中华人民共和国环境影响评价法》等法律、法规、规章的相关规定执行。

本标准规定的水污染物排放浓度限值适用于企业向环境水体的排放行为。

企业向设置污水处理厂的城镇排水系统排放废水时，有毒污染物总铬、六价铬、总镍、总镉、总银、总铅、总汞在本标准规定的监控位置执行相应的排放限值；其他污染物的排放控制要求由企业与城镇污水处理厂根据其污水处理能力商定或执行相关标准，并报当地环境保护主管部门备案；城镇污水处理厂应保证排放污染物达到相应排放标准要求。

建设项目拟向设置污水处理厂的城镇排放水系统排放废水时，由建设单位和城镇污水处理厂按前款的规定执行。

4　污染物排放控制要求

4.1　水污染物排放控制要求

4.1.1　现有企业自 2009 年 1 月 1 日至 2010 年 6 月 30 日起执行表 1 规定的水污染物排

放限值。

表 1　现有企业水污染物排放限值

序号	污染物项目	排放限值	污染物排放监控位置
1	总铬/（mg/L）	1.5	车间或生产设施废水排放口
2	六价铬/（mg/L）	0.5	
3	总镍/（mg/L）	1.0	
4	总镉/（mg/L）	0.1	
5	总银/（mg/L）	0.5	
6	总铅/（mg/L）	1.0	
7	总汞/（mg/L）	0.05	
8	总铜/（mg/L）	1.0	企业废水总排放口
9	总锌/（mg/L）	2.0	
10	总铁/（mg/L）	5.0	
11	总铝/（mg/L）	5.0	
12	pH	6～9	
13	悬浮物/（mg/L）	70	
14	化学需氧量/（COD_{Cr}，mg/L）	100	
15	氨氮/（mg/L）	25	
16	总氮/（mg/L）	30	
17	总磷/（mg/L）	1.5	
18	石油类/（mg/L）	5.0	
19	氟化物/（mg/L）	10	
20	总氰化物/（以 CN^- 计，mg/L）	0.5	
单位产品基准排水量/（L/m^2）（镀件镀层）	多层镀	750	排水量计量位置与污染物排放监控位置一致
	单层镀	300	

4.1.2　现有企业自 2010 年 7 月 1 日起执行表 2 规定的水污染物排放限值。

4.1.3　新建企业自 2008 年 8 月 1 日起执行表 2 规定的水污染物排放限值。

表 2　新建企业水污染物排放限值

序号	污染物项目	排放限值	污染物排放监控位置
1	总铬/（mg/L）	1.0	车间或生产设施废水排放口
2	六价铬/（mg/L）	0.2	
3	总镍/（mg/L）	0.5	
4	总镉/（mg/L）	0.05	
5	总银/（mg/L）	0.3	
6	总铅/（mg/L）	0.2	
7	总汞/（mg/L）	0.01	
8	总铜/（mg/L）	0.5	企业废水总排放口

序号	污染物项目		排放限值	污染物排放监控位置
9	总锌/（mg/L）		1.5	企业废水总排放口
10	总铁/（mg/L）		3.0	
11	总铝/（mg/L）		3.0	
12	pH		6～9	
13	悬浮物/（mg/L）		50	
14	化学需氧量/（COD_{Cr}，mg/L）		80	
15	氨氮/（mg/L）		15	
16	总氮/（mg/L）		20	
17	总磷/（mg/L）		1.0	
18	石油类/（mg/L）		3.0	
19	氟化物/（mg/L）		10	
20	总氰化物/（以 CN^-计，mg/L）		0.3	
单位产品基准排水量/（L/m^2）（镀件镀层）		多层镀	500	排水量计量位置与污染物排放监控位置一致
		单层镀	200	

根据环境保护工作的要求，在国土开发密度已经较高、环境承载能力开始减弱，或水环境容量较小、生态环境脆弱，容易发生严重水环境污染等问题而需要采取特别保护措施的地区，应严格控制企业的污染物排放行为，在上述地区的企业执行表 3 规定的水污染物特别排放限值。

执行水污染物特别排放限值的地域范围、时间，由国务院环境保护行政主管部门或省级人民政府规定。

表 3　水污染物特别排放限值

序号	污染物项目	排放限值	污染物排放监控位置
1	总铬/（mg/L）	0.5	车间或生产设施废水排放口
2	六价铬/（mg/L）	0.1	
3	总镍/（mg/L）	0.1	
4	总镉/（mg/L）	0.01	
5	总银/（mg/L）	0.1	
6	总铅/（mg/L）	0.1	
7	总汞/（mg/L）	0.005	
8	总铜/（mg/L）	0.3	企业废水总排放口
9	总锌/（mg/L）	1.0	
10	总铁/（mg/L）	2.0	
11	总铝/（mg/L）	2.0	
12	pH	6～9	
13	悬浮物/（mg/L）	30	
14	化学需氧量/（COD_{Cr}，mg/L）	50	
15	氨氮/（mg/L）	8	

序号	污染物项目	排放限值	污染物排放监控位置
16	总氮/（mg/L）	15	企业废水总排放口
17	总磷/（mg/L）	0.5	
18	石油类/（mg/L）	2.0	
19	氟化物/（mg/L）	10	
20	总氰化物/（以 CN^- 计，mg/L）	0.2	
单位产品基准排水量/（L/m^2）（镀件镀层）	多层镀	250	排水量计量位置与污染物排放监控位置一致
	单层镀	100	

4.1.4 对于排放含有放射性物质的污水，除执行本标准外，还应符合 GB 18871 的规定。

4.2 大气污染物排放控制要求

4.2.1 现有企业自 2009 年 1 月 1 日至 2010 年 6 月 30 日，执行表 4 规定的大气污染物排放限值。

表 4 现有企业大气污染物排放限值 单位：mg/m^3

序号	污染物项目	排放限值	污染物排放监控位置
1	氯化氢	50	车间或生产设施排气筒
2	铬酸雾	0.07	
3	硫酸雾	40	
4	氮氧化物	240	
5	氰化氢	1.0	
6	氟化物	9	

4.2.2 现有企业自 2010 年 7 月 1 日起执行表 5 规定的大气污染物排放限值。

4.2.3 新建企业自 2008 年 8 月 1 日起执行表 5 规定的大气污染物排放限值。

表 5 新建企业大气污染物排放限值 单位：mg/m^3

序号	污染物项目	排放限值	污染物排放监控位置
1	氯化氢	30	车间或生产设施排气筒
2	铬酸雾	0.05	
3	硫酸雾	30	
4	氮氧化物	200	
5	氰化氢	0.5	
6	氟化物	7	

4.2.4 现有和新建企业单位产品基准排气量按表 6 的规定执行。

表 6 单位产品基准排气量

序号	工艺种类	基准排气量/（m^3/m^2）（镀件镀层）	排气量计量位置
1	镀锌	18.6	车间或生产设施排气筒
2	镀铬	74.4	
3	其他镀种（镀铜、镍等）	37.3	
4	阳极氧化	18.6	
5	发蓝	55.8	

烧碱、聚氯乙烯工业污染物排放标准（节选）

GB 15581—2016

1　适用范围

本标准规定了烧碱、聚氯乙烯工业企业水和大气污染物的排放限值、监测和监控要求，以及标准的实施与监督等相关规定。

本标准适用于现有烧碱、聚氯乙烯工业企业水和大气污染物排放管理，以及烧碱、聚氯乙烯工业企业建设项目的环境影响评价、环境保护设施设计、竣工环境保护验收及其投产后的水污染物和大气污染物排放管理。

本标准适用于法律允许的污染物排放行为。新设立的污染源的选址和特殊保护区域内现有污染源的管理，除执行本标准外，还应按照《中华人民共和国水污染防治法》《中华人民共和国大气污染防治法》《中华人民共和国海洋环境保护法》《中华人民共和国固体废物污染环境防治法》《中华人民共和国环境影响评价法》等法律、法规、规章的相关规定执行。

电解氯化钾生产氢氧化钾过程中的水污染物和大气污染物排放管理参照本标准执行。

本标准不适用于苛化法烧碱生产过程中的污染物排放管理。

本标准规定的水污染物排放控制要求适用于企业直接或间接向其法定边界外排放水污染物的行为。

4　污染物排放控制要求

4.1　水污染物排放控制要求

4.1.1　自 2016 年 9 月 1 日起，新建企业执行表 1 规定的水污染物排放限值。

4.1.2　2018 年 7 月 1 日以前，现有企业应继续执行现行标准。自 2018 年 7 月 1 日起，现有企业执行表 1 规定的水污染物排放限值。

表 1 水污染物排放限值 单位：mg/L（pH 除外）

<table>
<tr><th rowspan="2">序号</th><th rowspan="2">污染物项目</th><th rowspan="2">控制污染源</th><th colspan="2">排放限值</th><th rowspan="2">污染物排放监控位置</th></tr>
<tr><th>直接排放</th><th>间接排放</th></tr>
<tr><td>1</td><td>PH</td><td>烧碱企业、聚氯乙烯企业</td><td>6～9</td><td>6～9</td><td rowspan="10">企业废水总排放口</td></tr>
<tr><td>2</td><td>化学需氧量（COD_{Cr}）</td><td>烧碱企业、聚氯乙烯企业</td><td>60</td><td>250</td></tr>
<tr><td>3</td><td>五日生化需氧量（BOD_5）</td><td>聚氯乙烯企业</td><td>20</td><td>60</td></tr>
<tr><td>4</td><td>悬浮物</td><td>烧碱企业、聚氯乙烯企业</td><td>30</td><td>70</td></tr>
<tr><td>5</td><td>石油类</td><td>烧碱企业、聚氯乙烯企业</td><td>3</td><td>10</td></tr>
<tr><td>6</td><td>氨氮</td><td>烧碱企业、聚氯乙烯企业</td><td>15</td><td>40</td></tr>
<tr><td>7</td><td>总氮</td><td>烧碱企业、聚氯乙烯企业</td><td>20</td><td>50</td></tr>
<tr><td>8</td><td>总磷</td><td>烧碱企业、聚氯乙烯企业</td><td>1</td><td>5</td></tr>
<tr><td>9</td><td>硫化物</td><td>乙炔法聚氯乙烯企业</td><td>0.5</td><td>0.5</td></tr>
<tr><td>10</td><td>总钡</td><td>烧碱企业</td><td>5</td><td>5</td></tr>
<tr><td>11</td><td>活性氯</td><td>烧碱企业</td><td colspan="2">0.5</td><td rowspan="4">车间或生产装置排放口</td></tr>
<tr><td>12</td><td>氯乙烯</td><td>聚氯乙烯企业</td><td colspan="2">0.5</td></tr>
<tr><td>13</td><td>总汞</td><td>乙炔法聚氯乙烯企业</td><td colspan="2">0.003</td></tr>
<tr><td>14</td><td>总镍</td><td>烧碱企业</td><td colspan="2">0.05</td></tr>
<tr><td colspan="2" rowspan="3">单位产品基准排水量/（m^3/t 产品）</td><td>烧碱企业</td><td colspan="2">1</td><td rowspan="3">排水量计量位置与污染物排放监控位置相同</td></tr>
<tr><td>乙炔法聚氯乙烯企业</td><td colspan="2">5</td></tr>
<tr><td>乙烯氧氯化法聚氯乙烯企业</td><td colspan="2">2</td></tr>
</table>

4.1.3 根据环境保护工作的要求，在国土开发密度已经较高、环境承载能力开始减弱，或水环境容量较小、生态环境脆弱，容易发生严重水环境污染问题而需要采取特别保护措施的地区，应严格控制企业的污染排放行为，在上述地区的企业执行表 2 规定的水污染物特别排放限值。

执行水污染物特别排放限值的地域范围、时间由国务院环境保护行政主管部门或省级人民政府规定。

表 2 水污染物特别排放限值 单位：mg/L（pH 除外）

<table>
<tr><th rowspan="2">序号</th><th rowspan="2">污染物项目</th><th rowspan="2">控制污染源</th><th colspan="2">排放限值</th><th rowspan="2">污染物排放监控位置</th></tr>
<tr><th>直接排放</th><th>间接排放</th></tr>
<tr><td>1</td><td>pH</td><td>烧碱企业、聚氯乙烯企业</td><td>6～9</td><td>6～9</td><td rowspan="4">企业废水总排放口</td></tr>
<tr><td>2</td><td>化学需氧量（COD_{Cr}）</td><td>烧碱企业、聚氯乙烯企业</td><td>40</td><td>60</td></tr>
<tr><td>3</td><td>五日生化需氧量（BOD_5）</td><td>聚氯乙烯企业</td><td>10</td><td>20</td></tr>
<tr><td>4</td><td>悬浮物</td><td>烧碱企业、聚氯乙烯企业</td><td>20</td><td>30</td></tr>
</table>

序号	污染物项目	控制污染源	排放限值		污染物排放监控位置
			直接排放	间接排放	
5	石油类	烧碱企业、聚氯乙烯企业	1	3	企业废水总排放口
6	氨氮	烧碱企业、聚氯乙烯企业	8	15	
7	总氮	烧碱企业、聚氯乙烯企业	10	20	
8	总磷	烧碱企业、聚氯乙烯企业	0.5	1	
9	硫化物	乙炔法聚氯乙烯企业	0.2	0.2	
10	总钡	烧碱企业	5	5	
11	活性氯	烧碱企业	0.5		车间或生产装置排放口
12	氯乙烯	聚氯乙烯企业	0.5		
13	总汞	乙炔法聚氯乙烯企业	0.003		
14	总镍	烧碱企业	0.05		
单位产品基准排水量/（m^3/t 产品）		烧碱企业	1		排水量计量位置与污染物排放监控位置相同
		乙炔法聚氯乙烯企业	5		
		乙烯氧氯化法聚氯乙烯企业	2		

4.1.4 地方省级人民政府环境保护行政主管部门应根据辖区烧碱和聚氯乙烯工业废水氯化物的实际排放情况和环境保护工作要求制订地方氯化物排放限值，对其加强排放管理。

4.1.5 水污染物排放浓度限值适用于单位产品实际排水量不高于单位产品基准排水量的情况。若单位产品实际排水量超过单位产品基准排水量，需按式（1）将实测水污染物浓度换算为水污染物基准排水量排放浓度，并以水污染物基准排水量排放浓度作为判定排放是否达标的依据。产品产量和排水量统计周期为一个工作日。

在企业的生产设施同时生产两种以上产品、可适用不同排放控制要求或不同行业国家污染物排放标准，且生产设施产生的污水混合处理排放的情况下，应执行排放标准中规定的最严格的浓度限值，并按式（1）换算为水污染物基准排水量排放浓度。

$$C_{基}=\frac{Q_{总}}{\sum Y_i Q_{i基}}\times C_{实} \tag{1}$$

式中：$C_{基}$ —— 水污染物基准水量排放浓度，mg/L；

$Q_{总}$ —— 实测排水总量，m^3；

Y_i —— 第 i 种产品产量，t；

$Q_{i基}$ —— 第 i 种产品的单位产品基准排水量，m^3/t；

$C_{实}$ —— 实测水污染物排放浓度，mg/L；

若 $Q_{总}$ 与 $\sum Y_i Q_{i基}$ 的比值小于 1，则以水污染物实测浓度作为判定排放是否达标的依据。

4.2 大气污染物排放控制要求

4.2.1 自 2016 年 9 月 1 日起，新建企业执行表 3 规定的大气污染物排放浓度限值。

4.2.2 2018 年 7 月 1 日以前，现有企业应继续执行现行标准。自 2018 年 7 月 1 日起，现有企业执行表 3 规定的大气污染物排放浓度限值。

表 3 大气污染物排放浓度限值

单位：mg/m^3

序号	污染物项目	控制污染源		排放限值	污染物排放
		企业类型	污染源		
1	颗粒物	烧碱企业、聚氯乙烯企业	聚氯乙烯干燥	80	污染物净化设施排放口
			电石破碎	60	
			其他	30	
2	二氧化硫	烧碱企业、聚氯乙烯企业	固碱炉、焚烧炉	100	
3	氮氧化物	烧碱企业、聚氯乙烯企业	固碱炉、焚烧炉	200	
4	氯气	烧碱企业	电解、氯氢处理	5	
5	氯化氢	烧碱企业、聚氯乙烯企业	氯化氢合成、氯乙烯合成、焚烧炉	20	
6	汞及其化合物	乙炔法聚氯乙烯企业	氯乙烯合成、焚烧炉	0.01	
7	氯乙烯	聚氯乙烯企业	氯乙烯合成、聚氯乙烯制备和干燥	10	
8	二氯乙烷	聚氯乙烯企业	氯乙烯合成	5	
9	非甲烷总烃（以碳计）	聚氯乙烯企业	氯乙烯合成、聚氯乙烯制备和干燥	50	
10	二噁英类	聚氯乙烯企业	焚烧炉	0.1	
11	单位产品非甲烷总烃排放量/（kg/t）		聚氯乙烯企业	0.5	

4.2.3 根据环境保护工作的要求，在国土开发密度已经较高、环境承载力开始减弱，或大气环境容量较小、生态环境脆弱，容易发生严重大气环境污染问题而需要采取特别保护措施的地区，应严格控制企业的污染物排放行为，在上述地区的企业执行表 4 规定大气污染物特别排放限值。

执行大气污染物特别排放限值的地域范围、时间由国务院环境保护主管部门或省级人民政府规定。

表 4 大气污染物特别排放浓度限值

单位：mg/m^3

序号	污染物项目	控制污染源		排放限值	污染物排放
		企业类型	污染源		
1	颗粒物	烧碱企业、聚氯乙烯企业	聚氯乙烯干燥	60	污染物净化设施排放口
			电石破碎	50	
			其他	20	
2	二氧化硫	烧碱企业、聚氯乙烯企业	固碱炉、焚烧炉	50	
3	氮氧化物	烧碱企业、聚氯乙烯企业	固碱炉、焚烧炉	120	
4	氯气	烧碱企业	电解、氯氢处理	5	

序号	污染物项目	控制污染源		排放限值	污染物排放
		企业类型	污染源		
5	氯化氢	烧碱企业、聚氯乙烯企业	氯化氢合成、氯乙烯合成、焚烧炉	20	污染物净化设施排放口
6	汞及其化合物	乙炔法聚氯乙烯企业	氯乙烯合成、焚烧炉	0.01	
7	氯乙烯	聚氯乙烯企业	氯乙烯合成、聚氯乙烯制备和干燥	10	
8	二氯乙烷	聚氯乙烯企业	氯乙烯合成	5	
9	非甲烷总烃（以碳计）	聚氯乙烯企业	氯乙烯合成、聚氯乙烯制备和干燥	20	
10	二噁英类	聚氯乙烯企业	焚烧炉	0.1	
11	单位产品非甲烷总烃排放量/（kg/t）		聚氯乙烯企业	0.2	

4.2.4　非焚烧类废气排放口以实测浓度判定是否达标。燃烧和焚烧类废气排放口实测大气污染物排放浓度须按式（2）折算为基准氧含量排放浓度，并与排放限值比较判定排放是否达标。固体燃料燃烧的基准氧含量为 6%，液体和气体燃料燃烧的基准氧含量为 3%。

$$\rho = \rho' \times \frac{21 - O_2}{21 - O_2'} \qquad (2)$$

式中：ρ —— 大气污染物基准含氧量排放浓度，mg/m^3；

ρ' —— 实测的大气污染物排放浓度，mg/m^3；

O_2 —— 基准干烟气氧含量，%；

O_2' —— 实测干烟气氧含量，%。

4.2.5　企业边界大气污染物任何 1 小时平均浓度执行表 5 规定的限值。

表 5　企业边界大气污染物浓度限值

序号	污染物项目	控制污染源	最高浓度限值	监控点
1	氯气	烧碱企业	0.1	企业边界
2	氯化氢	烧碱企业、聚氯乙烯企业	0.2	
3	汞及其化合物	乙炔法聚氯乙烯企业	0.000 3	
4	氯乙烯	聚氯乙烯企业	0.15	
5	二氯乙烷	聚氯乙烯企业	0.15	

4.2.6　在现有企业生产、建设项目竣工环保验收后的生产过程中，负责监管的环境保护主管部门应对周围居住、教学、医疗等用途的敏感区域环境质量进行监控。建设项目的具体监控范围为环境影响评价确定的周围敏感区域，如有新增环境敏感点也应纳入监控范围；未进行过环境影响评价的现有企业，监控范围由负责监管的环境保护主管部门，

根据企业排污的特点和规律及当地的自然、气象条件等因素，参照相关环境影响评价技术导则确定。地方政府应对本辖区环境质量负责，采取措施确保环境状况符合环境质量标准要求。

4.2.7 聚氯乙烯企业应采取措施对其生产设备与管线组件、挥发性有机液体的贮运以及废水收集、处理和储存设施大气污染物无组织排放进行严格控制。

4.2.8 产生大气污染物的生产工艺和装置必须设立局部或整体气体收集系统和集中净化处理装置，达标排放。所有排气筒高度应按环境影响评价要求确定，至少不低于 15 m（排放含氯气的排气筒高度不得低于 25 m）。

污水综合排放标准（节选）

GB 8978—1996

1　主题内容与适用范围

1.1　主题内容

本标准按照污水排放去向，分年限规定了 69 种水污染物最高允许排放浓度及部分行业最高允许排放水量。

1.2　适用范围

本标准适用于现有单位水污染物的排放管理，以及建设项目的环境影响评价、建设项目环境保护设施设计、竣工验收及其投产后的排放管理。

按照国家综合排放标准与国家行业排放标准不交叉执行的原则，造纸工业执行《造纸工业水污染物排放标准》（GB 3544—92），船舶执行《船舶污染物排放标准》（GB 3552—83），船舶工业执行《船舶工业污染物排放标准》（GB 4286—84），海洋石油开发工业执行《海洋石油开发工业含油污水排放标准》（GB 4914—85），纺织染整工业执行《纺织染整工业水污染物排放标准》（GB 4287—92），肉类加工工业执行《肉类加工工业水污染物排放标准》（GB 13457—92），合成氨工业执行《合成氨工业水污染物排放标准》（GB 13458—92），钢铁工业执行《钢铁工业水污染物排放标准》（GB 13456—92），航天推进剂使用执行《航天推进剂水污染物排放标准》（GB 14374—93），兵器工业执行《兵器工业水污染物排放标准》（GB 14470.1—14470.3—93 和 GB 4274—4279—84），磷肥工业执行《磷肥工业水污染物排放标准》（GB 15580—95），烧碱、聚氯乙烯工业执行《烧碱、聚氯乙烯工业水污染物排放标准》（GB 15581—95），其他水污染物排放均执行本标准。

4　技术内容

4.1　标准分级

4.1.1　排入 GB 3838Ⅲ类水域（划定的保护区和游泳区除外）和排入 GB 3097 中二类海域的污水，执行一级标准。

4.1.2　排入 GB 3838 中Ⅳ、Ⅴ类水域和排入 GB 3097 中三类海域的污水，执行二级标准。

4.1.3 排入设置二级污水处理厂的城镇排水系统的污水，执行三级标准。

4.1.4 排入未设置二级污水处理厂的城镇排水系统的污水，必须根据排水系统出水受纳水域的功能要求，分别执行 4.1.1 和 4.1.2 的规定。

4.1.5 GB 3838 中Ⅰ、Ⅱ类水域和Ⅲ类水域中划定的保护区，GB 3097 中一类海域，禁止新建排污口，现有排污口应按水体功能要求，实行污染物总量控制，以保证受纳水体水质符合规定用途的水质标准。

4.2 标准值

4.2.1 本标准将排放的污染物按其性质及控制方式分为二类。

4.2.1.1 第一类污染物，不分行业和污水排放方式，也不分受纳水体的功能类别，一律在车间或车间处理设施排放口采样，其最高允许排放浓度必须达到本标准要求（采矿行业的尾矿坝出水口不得视为车间排放口）。

4.2.1.2 第二类污染物，在排污单位排放口采样，其最高允许排放浓度必须达到本标准要求。

4.2.2 本标准按年限规定了第一类污染物和第二类污染物最高允许排放浓度及部分行业最高允许排水量，分别为：

4.2.2.1 1997 年 12 月 31 日之前建设（包括改、扩建）的单位，水污染物的排放必须同时执行表 1、表 2、表 3 的规定。

4.2.2.2 1998 年 1 月 1 日起建设（包括改、扩建）的单位，水污染物的排放必须同时执行表 1、表 4、表 5 的规定。

4.2.2.3 建设（包括改、扩建）单位的建设时间，以环境影响评价报告书（表）批准日期为准划分。

4.3 其他规定

4.3.1 同一排放口排放两种或两种以上不同类别的污水，且每种污水的排放标准又不同时，其混合污水的排放标准按附录 A 计算。

4.3.2 工业污水污染物的最高允许排放负荷量按附录 B 计算。

4.3.3 污染物最高允许年排放总量按附录 C 计算。

4.3.4 对于排放含有放射性物质的污水，除执行本标准外，还需符合《辐射防护规定》（GB 8703—88）。

表 1 第一类污染物最高允许排放浓度 单位：mg/L

序号	污染物	最高允许排放浓度
1	总汞	0.05
2	烷基汞	不得检出
3	总镉	0.1

序号	污染物	最高允许排放浓度
4	总铬	1.5
5	六价铬	0.5
6	总砷	0.5
7	总铅	1.0
8	总镍	1.0
9	苯并[*a*]芘	0.000 03
10	总铍	0.005
11	总银	0.5
12	总α放射性	1 Bq/L
13	总β放射性	10 Bq/L

表 2　第二类污染物最高允许排放浓度

（1997 年 12 月 31 日之前建设的单位）　　单位：mg/L

序号	污染物	适用范围	一级标准	二级标准	三级标准
1	pH	一切排污单位	6～9	6～9	6～9
2	色度（稀释倍数）	染料工业	50	180	—
		其他排污单位	50	80	—
3	悬浮物（SS）	采矿、选矿、选煤工业	100	300	—
		脉金选矿	100	500	—
		边远地区砂金选矿	100	800	—
		城镇二级污水处理厂	20	30	—
		其他排污单位	70	200	400
4	五日生化需氧量（BOD_5）	甘蔗制糖、苎麻脱胶、湿法纤维板工业	30	100	600
		甜菜制糖、酒精、味精、皮革、化纤浆粕工业	30	150	600
		城镇二级污水处理厂	20	30	—
		其他排污单位	30	60	300
5	化学需氧量（COD）	甜菜制糖、焦化、合成脂肪酸、湿法纤维板、染料、洗毛、有机磷农药工业	100	200	1 000
		味精、酒精、医药原料药、生物制药、苎麻脱胶、皮革、化纤浆粕工业	100	300	1 000
		石油化工工业（包括石油炼制）	100	150	500
		城镇二级污水处理厂	60	120	—
		其他排污单位	100	150	500
6	石油类	一切排污单位	10	10	30
7	动植物油	一切排污单位	20	20	100
8	挥发酚	一切排污单位	0.5	0.5	2.0

序号	污染物	适用范围	一级标准	二级标准	三级标准
9	总氰化合物	电影洗片（铁氰化合物）	0.5	5.0	5.0
		其他排污单位	0.5	0.5	1.0
10	硫化物	一切排污单位	1.0	1.0	2.0
11	氨氮	医药原料药、染料、石油化工工业	15	50	—
		其他排污单位	15	25	—
12	氟化物	黄磷工业	10	20	20
		低氟地区（水体含氟量＜0.5 mg/L）	10	20	30
		其他排污单位	10	10	20
13	磷酸盐（以P计）	一切排污单位	0.5	1.0	—
14	甲醛	一切排污单位	1.0	2.0	5.0
15	苯胺类	一切排污单位	1.0	2.0	5.0
16	硝基苯类	一切排污单位	2.0	3.0	5.0
17	阴离子表面活性剂（LAS）	合成洗涤剂工业	5.0	15	20
		其他排污单位	5.0	10	20
18	总铜	一切排污单位	0.5	1.0	2.0
19	总锌	一切排污单位	2.0	5.0	5.0
20	总锰	合成脂肪酸工业	2.0	5.0	5.0
		其他排污单位	2.0	2.0	5.0
21	彩色显影剂	电影洗片	2.0	3.0	5.0
22	显影剂及氧化物总量	电影洗片	3.0	6.0	6.0
23	元素磷	一切排污单位	0.1	0.3	0.3
24	有机磷农药（以P计）	一切排污单位	不得检出	0.5	0.5
25	粪大肠菌群数	医院*、兽医院及医疗机构含病原体污水	500 个/L	1 000 个/L	5 000 个/L
		传染病、结核病医院污水	100 个/L	500 个/L	1 000 个/L
26	总余氯（采用氯化消毒的医院污水）	医院*、兽医院及医疗机构含病原体污水	＜0.5**	＞3（接触时间≥1 h）	＞2（接触时间≥1 h）
		传染病、结核病医院污水	＜0.5**	＞6.5（接触时间≥1.5 h	＞5（接触时间≥1.5 h）

注：* 指 50 个床位以上的医院。

** 加氯消毒后须进行脱氯处理，达到本标准。

表 3 部分行业最高允许排水量

（1997 年 12 月 31 日之前建设的单位）

<table>
<tr><th>序号</th><th colspan="3">行业类别</th><th>最高允许排水量或
最低允许水重复利用率</th></tr>
<tr><td rowspan="6">1</td><td rowspan="6">矿山工业</td><td colspan="2">有色金属系统选矿</td><td>水重复利用率 75%</td></tr>
<tr><td colspan="2">其他矿山工业采矿、选矿、选煤等</td><td>水重复利用率 90%（选煤）</td></tr>
<tr><td rowspan="4">脉金选矿</td><td>重选</td><td>16.0 m^3/t（矿石）</td></tr>
<tr><td>浮选</td><td>9.0 m^3/t（矿石）</td></tr>
<tr><td>氰化</td><td>8.0 m^3/t（矿石）</td></tr>
<tr><td>碳浆</td><td>8.0 m^3/t（矿石）</td></tr>
<tr><td>2</td><td colspan="3">焦化企业（煤气厂）</td><td>1.2 m^3/t（焦炭）</td></tr>
<tr><td>3</td><td colspan="3">有色金属冶炼及金属加工</td><td>水重复利用率 80%</td></tr>
<tr><td rowspan="3">4</td><td colspan="3" rowspan="3">石油炼制工业（不包括直排水炼油厂）
加工深度分类：
A. 燃料型炼油；
B. 燃料+润滑油型炼油厂；
C. 燃料+润滑油型+炼油化工型炼油厂；（包括加工高含硫原油页岩油和石油添加剂生产基地的炼油厂）</td><td>A＞500 万 t，1.0 m^3/t（原油）
250 万～500 万 t，1.2 m^3/t（原油）
＜250 万 t，1.5 m^3/t（原油）</td></tr>
<tr><td>B＞500 万 t，1.5 m^3/t（原油）
250 万～500 万 t，2.0 m^3/t（原油）
＜250 万 t，2.0 m^3/t（原油），</td></tr>
<tr><td>C＞500 万 t，2.0 m^3/t（原油）
250 万～500 万 t，2.5 m^3/t（原油）
＜250 万 t，2.5 m^3/t（原油）</td></tr>
<tr><td rowspan="3">5</td><td rowspan="3">合成洗涤剂工业</td><td colspan="2">氯化法生产烷基苯</td><td>200.0 m^3/t（烷基苯）</td></tr>
<tr><td colspan="2">裂解法生产烷基苯</td><td>70.0 m^3/t（烷基苯）</td></tr>
<tr><td colspan="2">烷基苯生产合成洗涤剂</td><td>10.0 m^3/t（产品）</td></tr>
<tr><td>6</td><td colspan="3">合成脂肪酸工业</td><td>200.0 m^3/t（产品）</td></tr>
<tr><td>7</td><td colspan="3">湿法生产纤维板工业</td><td>30.0 m^3/t（板）</td></tr>
<tr><td rowspan="2">8</td><td rowspan="2">制糖工业</td><td colspan="2">甘蔗制糖</td><td>10.0 m^3/t（甘蔗）</td></tr>
<tr><td colspan="2">甜菜制糖</td><td>4.0 m^3/t（甜菜）</td></tr>
<tr><td rowspan="3">9</td><td rowspan="3">皮革工业</td><td colspan="2">猪盐湿皮</td><td>60.0 m^3/t（原皮）</td></tr>
<tr><td colspan="2">牛干皮</td><td>100.0 m^3/t（原皮）</td></tr>
<tr><td colspan="2">羊干皮</td><td>150.0 m^3/t（原皮）</td></tr>
<tr><td rowspan="5">10</td><td rowspan="5">发酵酿造工业</td><td rowspan="3">酒精工业</td><td>以玉米为原料</td><td>150.0 m^3/t（酒精）</td></tr>
<tr><td>以薯类为原料</td><td>100 m^3/t（酒精）</td></tr>
<tr><td>以糖蜜为原料</td><td>80.0 m^3/t（酒）</td></tr>
<tr><td colspan="2">味精工业</td><td>600.0 m^3/t（味精）</td></tr>
<tr><td colspan="2">啤酒工业（排水量不包括麦芽水部分）</td><td>16.0 m^3/t（啤酒）</td></tr>
<tr><td>11</td><td colspan="3">铬盐工业</td><td>5.0 m^3/t（产品）</td></tr>
<tr><td>12</td><td colspan="3">硫酸工业（水洗法）</td><td>15.0 m^3/t（硫酸）</td></tr>
<tr><td>13</td><td colspan="3">苎麻脱胶工业</td><td>500 m^3/t（原麻）或
750 m^3/t（精干麻）</td></tr>
<tr><td>14</td><td colspan="3">化纤浆粕</td><td>本色：150 m^3/t（浆）
漂白：240 m^3/t（浆）</td></tr>
</table>

序号	行业类别		最高允许排水量或最低允许水重复利用率
15	粘胶纤维工业（单纯纤维）	短纤维（棉型中长纤维、毛型中长纤维）	300 m^3/t（纤维）
		长纤维	800 m^3/t（纤维）
16	铁路货车洗刷		5.0 m^3/辆
17	电影洗片		5 m^3/1 000 m（35 mm 的胶片）
18	石油沥青工业		冷却池的水循环利用率 95%

表 4 第二类污染物最高允许排放浓度

（1998 年 1 月 1 日后建设的单位） 单位：mg/L

序号	污染物	适用范围	一级标准	二级标准	三级标准
1	pH	一切排污单位	6～9	6～9	6～9
2	色度（稀释倍数）	一切排污单位	50	80	—
3	悬浮物（SS）	采矿、选矿、选煤工业	70	300	—
		脉金选矿	70	400	—
		边远地区砂金选矿	70	800	—
		城镇二级污水处理厂	20	30	—
		其他排污单位	70	150	400
4	五日生化需氧量（BOD_5）	甘蔗制糖、苎麻脱胶、湿法纤维板、染料、洗毛工业	20	60	600
		甜菜制糖、酒精、味精、皮革、化纤浆粕工业	20	100	600
		城镇二级污水处理厂	20	30	—
		其他排污单位	20	30	300
5	化学需氧量（COD）	甜菜制糖、合成脂肪酸、湿法纤维板、染料、洗毛、有机磷农药工业	100	200	1 000
		味精、酒精、医药原料药、生物制药、苎麻脱胶、皮革、化纤浆粕工业	100	300	1 000
		石油化工工业（包括石油炼制）	60	120	—
		城镇二级污水处理厂	60	120	500
		其他排污单位	100	150	500
6	石油类	一切排污单位	5	10	20
7	动植物油	一切排污单位	10	15	100
8	挥发酚	一切排污单位	0.5	0.5	2.0
9	总氰化合物	一切排污单位	0.5	0.5	1.0
10	硫化物	一切排污单位	1.0	1.0	1.0

序号	污染物	适用范围	一级标准	二级标准	三级标准
11	氨氮	医药原料药、染料、石油化工工业	15	50	—
		其他排污单位	15	25	—
12	氟化物	黄磷工业	10	15	20
		低氟地区（水体含氟量<0.5 mg/L）	10	20	30
		其他排污单位	10	10	20
13	磷酸盐（以P计）	一切排污单位	0.5	1.0	—
14	甲醛	一切排污单位	1.0	2.0	5.0
15	苯胺类	一切排污单位	1.0	2.0	5.0
16	硝基苯类	一切排污单位	2.0	3.0	5.0
17	阴离子表面活性剂（LAS）	一切排污单位	5.0	10	20
18	总铜	一切排污单位	0.5	1.0	2.0
19	总锌	一切排污单位	2.0	5.0	5.0
20	总锰	合成脂肪酸工业	2.0	5.0	5.0
		其他排污单位	2.0	2.0	5.0
21	彩色显影剂	电影洗片	1.0	2.0	3.0
22	显影剂及氧化物总量	电影洗片	3.0	3.0	6.0
23	元素磷	一切排污单位	0.1	0.1	0.3
24	有机磷农药（以P计）	一切排污单位	不得检出	0.5	0.5
25	乐果	一切排污单位	不得检出	1.0	2.0
26	对硫磷	一切排污单位	不得检出	1.0	2.0
27	甲基对硫磷	一切排污单位	不得检出	1.0	2.0
28	马拉硫磷	一切排污单位	不得检出	5.0	10
29	五氯酚及五氯酚钠（以五氯酚计）	一切排污单位	5.0	8.0	10
30	可吸附有机卤化物（AOX）（以Cl计）	一切排污单位	1.0	5.0	8.0
31	三氯甲烷	一切排污单位	0.3	0.6	1.0
32	四氯化碳	一切排污单位	0.03	0.06	0.5
33	三氯乙烯	一切排污单位	0.3	0.6	1.0
34	四氯乙烯	一切排污单位	0.1	0.2	0.5
35	苯	一切排污单位	0.1	0.2	0.5
36	甲苯	一切排污单位	0.1	0.2	0.5
37	乙苯	一切排污单位	0.4	0.6	1.0
38	邻-二甲苯	一切排污单位	0.4	0.6	1.0
39	对-二甲苯	一切排污单位	0.4	0.6	1.0
40	间-二甲苯	一切排污单位	0.4	0.6	1.0

<table>
<tr><th>序号</th><th>污染物</th><th>适用范围</th><th>一级标准</th><th>二级标准</th><th>三级标准</th></tr>
<tr><td>41</td><td>氯苯</td><td>一切排污单位</td><td>0.2</td><td>0.4</td><td>1.0</td></tr>
<tr><td>42</td><td>邻-二氯苯</td><td>一切排污单位</td><td>0.4</td><td>0.6</td><td>1.0</td></tr>
<tr><td>43</td><td>对-二氯苯</td><td>一切排污单位</td><td>0.4</td><td>0.6</td><td>1.0</td></tr>
<tr><td>44</td><td>对-硝基氯苯</td><td>一切排污单位</td><td>0.5</td><td>1.0</td><td>5.0</td></tr>
<tr><td>45</td><td>2,4-二硝基氯苯</td><td>一切排污单位</td><td>0.5</td><td>1.0</td><td>5.0</td></tr>
<tr><td>46</td><td>苯酚</td><td>一切排污单位</td><td>0.3</td><td>0.4</td><td>1.0</td></tr>
<tr><td>47</td><td>间-甲酚</td><td>一切排污单位</td><td>0.1</td><td>0.2</td><td>0.5</td></tr>
<tr><td>48</td><td>2,4-二氯酚</td><td>一切排污单位</td><td>0.6</td><td>0.8</td><td>1.0</td></tr>
<tr><td>49</td><td>2,4,6-三氯酚</td><td>一切排污单位</td><td>0.6</td><td>0.8</td><td>1.0</td></tr>
<tr><td>50</td><td>邻苯二甲酸二丁酯</td><td>一切排污单位</td><td>0.2</td><td>0.4</td><td>2.0</td></tr>
<tr><td>51</td><td>邻苯二甲酸二辛酯</td><td>一切排污单位</td><td>0.3</td><td>0.6</td><td>2.0</td></tr>
<tr><td>52</td><td>丙烯腈</td><td>一切排污单位</td><td>2.0</td><td>5.0</td><td>5.0</td></tr>
<tr><td>53</td><td>总硒</td><td>一切排污单位</td><td>0.1</td><td>0.2</td><td>0.5</td></tr>
<tr><td rowspan="2">54</td><td rowspan="2">粪大肠菌群数</td><td>医院*、兽医院及医疗机构含病原体污水</td><td>500 个/L</td><td>1 000 个/L</td><td>5 000 个/L</td></tr>
<tr><td>传染病、结核病医院污水</td><td>100 个/L</td><td>500 个/L</td><td>1 000 个/L</td></tr>
<tr><td rowspan="2">55</td><td rowspan="2">总余氯（采用氯化消毒的医院污水）</td><td>医院*、兽医院及医疗机构含病原体污水</td><td>＜0.5**</td><td>＞3（接触时间≥1 h）</td><td>＞2（接触时间≥1 h）</td></tr>
<tr><td>传染病、结核病医院污水</td><td>＜0.5**</td><td>＞6.5（接触时间≥1.5 h）</td><td>＞5（接触时间≥1.5 h）</td></tr>
<tr><td rowspan="3">56</td><td rowspan="3">总有机碳（TOC）</td><td>合成脂肪酸工业</td><td>20</td><td>40</td><td>—</td></tr>
<tr><td>苎麻脱胶工业</td><td>20</td><td>60</td><td>—</td></tr>
<tr><td>其他排污单位</td><td>20</td><td>30</td><td>—</td></tr>
</table>

注：其他排污单位：指除在该控制项目中所列行业以外的一切排污单位。

* 指 50 个床位以上的医院。

** 加氯消毒后须进行脱氯处理，达到本标准。

表 5 部分行业最高允许排水量

（1998 年 1 月 1 日后建设的单位）

<table>
<tr><th>序号</th><th colspan="3">行业类别</th><th>最高允许排水量或最低允许排水重复利用率</th></tr>
<tr><td rowspan="6">1</td><td rowspan="6">矿山工业</td><td colspan="2">有色金属系统选矿</td><td>水重复利用率 75%</td></tr>
<tr><td colspan="2">其他矿山工业采矿、选矿、选煤等</td><td>水重复利用率 90%（选煤）</td></tr>
<tr><td rowspan="4">脉金选矿</td><td>重选</td><td>16.0 m^3/t（矿石）</td></tr>
<tr><td>浮选</td><td>9.0 m^3/t（矿石）</td></tr>
<tr><td>氰化</td><td>8.0 m^3/t（矿石）</td></tr>
<tr><td>碳浆</td><td>8.0 m^3/t（矿石）</td></tr>
<tr><td>2</td><td colspan="3">焦化企业（煤气厂）</td><td>1.2 m^3/t（焦炭）</td></tr>
<tr><td>3</td><td colspan="3">有色金属冶炼及金属加工</td><td>水重复利用率 80%</td></tr>
</table>

<table>
<tr><th>序号</th><th colspan="3">行业类别</th><th colspan="2">最高允许排水量或最低允许排水重复利用率</th></tr>
<tr><td rowspan="3">4</td><td colspan="3" rowspan="3">石油炼制工业（不包括直排水炼油厂）
加工深度分类：
A. 燃料型炼油厂
B. 燃料＋润滑油型炼油厂
C. 燃料＋润滑油型＋炼油化工型炼油厂（包括加工高含硫原油页岩油和石油添加剂生产基地的炼油厂）</td><td>A</td><td>＞500 万 t，
1.0 m³/t（原油）
250 万～500 万 t，
1.2 m³/t（原油）
＜250 万 t，
1.5 m³/t（原油）</td></tr>
<tr><td>B</td><td>＞500 万 t，
1.5 m³/t（原油）
250 万～500 万 t，
2.0 m³/t（原油）
＜250 万 t，
2.0 m³/t（原油）</td></tr>
<tr><td>C</td><td>＞500 万 t，
2.0 m³/t（原油）
250 万～500 万 t，
2.5 m³/t（原油）
＜250 万 t，
2.5 m³/t（原油）</td></tr>
<tr><td rowspan="3">5</td><td rowspan="3">合成洗涤剂工业</td><td colspan="2">氯化法生产烷基苯</td><td colspan="2">200.0 m³/t（烷基苯）</td></tr>
<tr><td colspan="2">裂解法生产烷基苯</td><td colspan="2">70.0 m³/t（烷基苯）</td></tr>
<tr><td colspan="2">烷基苯生产合成洗涤剂</td><td colspan="2">10.0 m³/t（产品）</td></tr>
<tr><td>6</td><td colspan="3">合成脂肪酸工业</td><td colspan="2">200.0 m³/t（产品）</td></tr>
<tr><td>7</td><td colspan="3">湿法生产纤维板工业</td><td colspan="2">30.0 m³/t（板）</td></tr>
<tr><td rowspan="2">8</td><td rowspan="2">制糖工业</td><td colspan="2">甘蔗制糖</td><td colspan="2">10.0 m³/t</td></tr>
<tr><td colspan="2">甜菜制糖</td><td colspan="2">4.0 m³/t</td></tr>
<tr><td rowspan="3">9</td><td rowspan="3">皮革工业</td><td colspan="2">猪盐湿皮</td><td colspan="2">60.0 m³/t</td></tr>
<tr><td colspan="2">牛干皮</td><td colspan="2">100.0 m³/t</td></tr>
<tr><td colspan="2">羊干皮</td><td colspan="2">150.0 m³/t</td></tr>
<tr><td rowspan="5">10</td><td rowspan="5">发酵、酿造工业</td><td rowspan="3">酒精工业</td><td>以玉米为原料</td><td colspan="2">100.0 m³/t</td></tr>
<tr><td>以薯类为原料</td><td colspan="2">80.0 m³/t</td></tr>
<tr><td>以糖蜜为原料</td><td colspan="2">70.0 m³/t</td></tr>
<tr><td colspan="2">味精工业</td><td colspan="2">600.0 m³/t</td></tr>
<tr><td colspan="2">啤酒行业（排水量不包括麦芽水部分）</td><td colspan="2">16.0 m³/t</td></tr>
<tr><td>11</td><td colspan="3">铬盐工业</td><td colspan="2">5.0 m³/t（产品）</td></tr>
<tr><td>12</td><td colspan="3">硫酸工业（水洗法）</td><td colspan="2">15.0 m³/t（硫酸）</td></tr>
<tr><td rowspan="2">13</td><td colspan="3" rowspan="2">苎麻脱胶工业</td><td colspan="2">500 m³/t（原麻）</td></tr>
<tr><td colspan="2">750 m³/t（精干麻）</td></tr>
<tr><td>14</td><td>黏胶纤</td><td colspan="2">短纤维</td><td colspan="2">300.0 m³/t（纤维）</td></tr>
</table>

序号	行业类别		最高允许排水量或最低允许排水重复利用率
	维工业单纯纤维	（棉型中长纤维、毛型中长纤维）	
		长纤维	800.0 m^3/t（纤维）
15	化纤浆粕		本色：150 m^3/t（浆）； 漂白：240 m^3/t（浆）
16	制药工业医药原料药	青霉素	4 700 m^3/t（氰霉素）
		链霉素	1 450 m^3/t（链霉素）
		土霉素	1 300 m^3/t（土霉素）
		四环素	1 900 m^3/t（四环素）
		洁霉素	9 200 m^3/t（洁霉素）
		金霉素	3 000 m^3/t（金霉素）
		庆大霉素	20 400 m^3/t（庆大霉素）
		维生素 C	1 200 m^3/t（维生素 C）
		氯霉素	2 700 m^3/t（氯霉素）
		新诺明	2 000 m^3/t（新诺明）
		维生素 B_1	3 400 m^3/t（维生素 B_1）
		安乃近	180 m^3/t（安乃近）
		非那西汀	750 m^3/t（非那西汀）
		呋喃唑酮	2 400 m^3/t（呋喃唑酮）
		咖啡因	1 200 m^3/t（咖啡因）
17	有机磷农药工业	乐果**	700 m^3/t（产品）
		甲基对硫磷（水相法）**	300 m^3/t（产品）
		对硫磷（P_2S_5 法）**	500 m^3/t（产品）
		对硫磷（$PSCl_3$ 法）**	550 m^3/t（产品）
		敌敌畏（敌百虫碱解法）	200 m^3/t（产品）
		敌百虫	40 m^3/t（产品） （不包括三氯乙醛生产废水）
		马拉硫磷	700 m^3/t（产品）
18	除草剂工业	除草醚	5 m^3/t（产品）
		五氯酚钠	2 m^3/t（产品）
		五氯酚	4 m^3/t（产品）
		2 甲 4 氯	14 m^3/t（产品）
		2,4-D	4 m^3/t（产品）
		丁草胺	4.5 m^3/t（产品）
		绿麦隆（以 Fe 粉还原）	2 m^3/t（产品）
		绿麦隆（以 Na_2S 还原）	3 m^3/t（产品）
19	火力发电工业		3.5 m^3（MW·h）
20	铁路货车洗刷		5.0 m^3/辆

序号	行业类别		最高允许排水量或最低允许排水重复利用率
21	电影洗片	$5\ m^3/1\ 000\ m$（35 mm 胶片）	
22	石油沥青工业	冷却池的水循环利用率 95%	

注：* 产品按 100%浓度计。

** 不包括 P_2S_5、$PSCl_3$、$PC1_3$ 原料生产废水。

大气污染物综合排放标准（节选）

GB 16297—1996

1 主题内容与适用范围

1.1 主题内容

本标准规定了 33 种大气污染物的排放限值，同时规定了标准执行中的各种要求。

1.2 适用范围

1.2.1 在我国现有的国家大气污染物排放标准体系中，按照综合性排放标准与行业性排放标准不交叉执行的原则，锅炉执行《锅炉大气污染物排放标准》（GB 13271—91），工业炉窑执行《工业炉窑大气污染物排放标准》（GB 9078—1996）、火电厂执行《火电厂大气污染物排放标准》（GB 13223—1996）、炼焦炉执行《炼焦炉大气污染物排放标准》（GB 16171—1996）、水泥厂执行《水泥厂大气污染物排放标准》（GB 4915—1996）、恶臭物质排放执行《恶臭污染物排放标准》（GB 14554—93）、汽车排放执行《汽车大气污染物排放标准》（GB 14761.1—14761.7—93）、摩托车排气执行《摩托车排气污染物排放标准》（GB 14621—93），其他大气污染物排放均执行本标准。

1.2.2 本标准实施后再行发布的行业性国家大气污染物排放标准，按其适用范围规定的污染源不再执行本标准。

1.2.3 本标准适用于现有污染源大气污染物排放管理，以及建设项目的环境影响评价、设计、环境保护设施竣工验收及其投产后的大气污染物排放管理。

6 标准值

6.1 1997 年 1 月 1 日前设立的污染源（以下简称为现有污染源）执行表 1 所列标准值。

6.2 1997 年 1 月 1 日起设立（包括新建、扩建、改建）的污染源（以下简称为新污染源）执行表 2 所列标准值。

表 1 现有污染源大气污染物排放限值

序号	污染物	最高允许排放浓度/(mg/m³)	最高允许排放速率/（kg/h）				无组织排放监控浓度限值	
			排气筒/m	一级	二级	三级	监控点	浓度/(mg/m³)
5	铬酸雾	0.080	15	禁排	0.009	0.014	周界外浓度最高点	0.007 5
			20		0.015	0.023		
			30		0.051	0.078		
			40		0.089	0.13		
			50		0.14	0.21		
			60		0.19	0.29		
9	铅及其化合物	0.90	15	禁排	0.005	0.007	周界外浓度最高点	0.007 5
			20		0.007	0.011		
			30		0.031	0.048		
			40		0.055	0.083		
			50		0.085	0.13		
			60		0.12	0.18		
			70		0.17	0.26		
			80		0.23	0.35		
			90		0.31	0.47		
			100		0.39	0.60		
10	汞及其化合物	0.015	15	禁排	1.8×10^{-3}	2.8×10^{-3}	周界外浓度最高点	0.001 5
			20		3.1×10^{-3}	4.6×10^{-3}		
			30		10×10^{-3}	16×10^{-3}		
			40		18×10^{-3}	27×10^{-3}		
			50		27×10^{-3}	41×10^{-3}		
			60		39×10^{-3}	59×10^{-3}		
11	镉及其化合物	1.0	15	禁排	0.060	0.090	周界外浓度最高点	0.050
			20		0.10	0.15		
			30		0.34	0.52		
			40		0.59	0.90		
			50		0.91	1.4		
			60		1.3	2.0		
			70		1.8	2.8		
			80		2.5	3.7		
12	铍及其化合物	0.015	15	禁排	1.3×10^{-3}	2.0×10^{-3}	周界外浓度最高点	0.001 0
			20		2.2×10^{-3}	3.3×10^{-3}		
			30		7.3×10^{-3}	11×10^{-3}		
			40		13×10^{-3}	19×10^{-3}		
			50		19×10^{-3}	29×10^{-3}		
			60		27×10^{-3}	41×10^{-3}		
			70		39×10^{-3}	58×10^{-3}		
			80		52×10^{-3}	79×10^{-3}		

序号	污染物	最高允许排放浓度/（mg/m³）	最高允许排放速率/（kg/h）				无组织排放监控浓度限值	
			排气筒/m	一级	二级	三级	监控点	浓度/（mg/m³）
13	镍及其化合物	5.0	15	禁排	0.18	0.28	周界外浓度最高点	0.050
			20		0.31	0.46		
			30		1.0	1.6		
			40		1.8	2.7		
			50		2.7	4.1		
			60		3.9	5.9		
			70		5.5	8.2		
			80		7.4	11		

表 2　新污染源大气污染物排放限值

序号	污染物	最高允许排放浓度/（mg/m³）	最高允许排放速率/（kg/h）			无组织排放监控浓度限值	
			排气筒/m	二级	三级	监控点	浓度/（mg/m³）
5	铬酸雾	0.070	15	0.008	0.012	周界外浓度最高点	0.006 0
			20	0.013	0.020		
			30	0.043	0.066		
			40	0.076	0.12		
			50	0.12	0.18		
			60	0.16	0.25		
6	硫酸雾	430（火炸药厂）	15	1.5	2.4	周界外浓度最高点	1.2
			20	2.6	3.9		
		45（其他）	30	8.8	13		
			40	15	23		
			50	23	35		
			60	33	50		
			70	46	70		
			80	63	95		
7	氟化物	90（普钙工业）	15	0.10	0.15	周界外浓度最高点	20（μg/m³）
			20	0.17	0.26		
		9.0（其他）	30	0.59	0.88		
			40	1.0	1.5		
			50	1.5	2.3		
			60	2.2	3.3		
			70	3.1	4.7		
			80	4.2	6.3		
8	*氯气	65	25	0.52	0.78	周界外浓度最高点	0.40
			30	0.87	1.3		
			40	2.9	4.4		
			50	5.0	7.6		
			60	7.7	12		
			70	11	17		
			80	15	23		

序号	污染物	最高允许排放浓度/（mg/m^3）	最高允许排放速率/（kg/h）			无组织排放监控浓度限值	
			排气筒/m	二级	三级	监控点	浓度/（mg/m^3）
9	铅及其化合物	0.70	15	0.004	0.006	周界外浓度最高点	0.006 0
			20	0.006	0.009		
			30	0.027	0.041		
			40	0.047	0.071		
			50	0.072	0.11		
			60	0.10	0.15		
			70	0.15	0.22		
			80	0.20	0.30		
			90	0.26	0.40		
			100	0.33	0.51		
10	汞及其化合物	0.012	15	1.5×10^{-3}	2.4×10^{-3}	周界外浓度最高点	0.001 2
			20	2.6×10^{-3}	3.9×10^{-3}		
			30	7.8×10^{-3}	13×10^{-3}		
			40	15×10^{-3}	23×10^{-3}		
			50	23×10^{-3}	35×10^{-3}		
			60	33×10^{-3}	50×10^{-3}		
11	镉及其化合物	0.85	15	0.050	0.080	周界外浓度最高点	0.040
			20	0.090	0.13		
			30	0.29	0.44		
			40	0.50	0.77		
			50	0.77	1.2		
			60	1.1	1.7		
			70	1.5	2.3		
			80	2.1	3.2		
12	铍及其化合物	0.012	15	1.1×10^{-3}	1.7×10^{-3}	周界外浓度最高点	0.000 8
			20	1.8×10^{-3}	2.8×10^{-3}		
			30	6.2×10^{-3}	9.4×10^{-3}		
			40	11×10^{-3}	16×10^{-3}		
			50	16×10^{-3}	25×10^{-3}		
			60	23×10^{-3}	35×10^{-3}		
			70	33×10^{-3}	50×10^{-3}		
			80	44×10^{-3}	67×10^{-3}		
13	镍及其化合物	4.3	15	0.15	0.24	周界外浓度最高点	0.040
			20	0.26	0.34		
			30	0.88	1.3		
			40	1.5	2.3		
			50	2.3	3.5		
			60	3.3	5.0		
			70	4.6	7.0		
			80	6.3	10		

序号	污染物	最高允许排放浓度/（mg/m³）	最高允许排放速率/（kg/h）			无组织排放监控浓度限值	
			排气筒/m	二级	三级	监控点	浓度/（mg/m³）
14	锡及其化合物	8.5	15	0.31	0.47	周界外浓度最高点	0.24
			20	0.52	0.79		
			30	1.8	2.7		
			40	3.0	4.6		
			50	4.6	7.0		
			60	6.6	10		
			70	9.3	14		
			80	13	19		

大气中铅及其无机化合物的卫生标准

GB 7355—87

为控制和改善铅及其无机化合物对居住区大气环境的污染，保障人民身体健康，促进生产发展而制定本标准。

本标准适用于铅冶炼、生产和加工铅企业周围居住区的大气。同时适用于城市大气环境。

1 标准的限值

居住区大气中铅及其无机化合物（换算成铅）的日平均最高容许浓度为 0.001 5mg/m^3。

2 监测检验方法

本标准采用“无火焰原子吸收分光光度法”检测大气中铅及其无机化合物，见附录A（补充件，略）。

3 标准实施

本标准由各级卫生防疫站或各级环境卫生监测站负责监督和检查执行情况。

4 本标准用词说明

日平均最高容许浓度：指任何一日平均浓度不许超过的限值。

第七篇

重点行业清洁生产

清洁生产审核办法

国家发展和改革委员会　环境保护部令　第38号

第一章　总　则

第一条　为促进清洁生产，规范清洁生产审核行为，根据《中华人民共和国清洁生产促进法》，制定本办法。

第二条　本办法所称清洁生产审核，是指按照一定程序，对生产和服务过程进行调查和诊断，找出能耗高、物耗高、污染重的原因，提出降低能耗、物耗、废物产生以及减少有毒有害物料的使用、产生和废弃物资源化利用的方案，进而选定并实施技术经济及环境可行的清洁生产方案的过程。

第三条　本办法适用于中华人民共和国领域内所有从事生产和服务活动的单位以及从事相关管理活动的部门。

第四条　国家发展和改革委员会会同环境保护部负责全国清洁生产审核的组织、协调、指导和监督工作。县级以上地方人民政府确定的清洁生产综合协调部门会同环境保护主管部门、管理节能工作的部门（以下简称节能主管部门）和其他有关部门，根据本地区实际情况，组织开展清洁生产审核。

第五条　清洁生产审核应当以企业为主体，遵循企业自愿审核与国家强制审核相结合、企业自主审核与外部协助审核相结合的原则，因地制宜、有序开展、注重实效。

第二章　清洁生产审核范围

第六条　清洁生产审核分为自愿性审核和强制性审核。

第七条　国家鼓励企业自愿开展清洁生产审核。本办法第八条规定以外的企业，可以自愿组织实施清洁生产审核。

第八条　有下列情形之一的企业，应当实施强制性清洁生产审核：

（一）污染物排放超过国家或者地方规定的排放标准，或者虽未超过国家或者地方规定的排放标准，但超过重点污染物排放总量控制指标的；

（二）超过单位产品能源消耗限额标准构成高耗能的；

（三）使用有毒有害原料进行生产或者在生产中排放有毒有害物质的。

其中有毒有害原料或物质包括以下几类：

第一类，危险废物。包括列入《国家危险废物名录》的危险废物，以及根据国家规定的危险废物鉴别标准和鉴别方法认定的具有危险特性的废物。

第二类，剧毒化学品、列入《重点环境管理危险化学品目录》的化学品，以及含有上述化学品的物质。

第三类，含有铅、汞、镉、铬等重金属和类金属砷的物质。

第四类，《关于持久性有机污染物的斯德哥尔摩公约》附件所列物质。

第五类，其他具有毒性、可能污染环境的物质。

第三章 清洁生产审核的实施

第九条 本办法第八条第（一）款、第（三）款规定实施强制性清洁生产审核的企业名单，由所在地县级以上环境保护主管部门按照管理权限提出，逐级报省级环境保护主管部门核定后确定，根据属地原则书面通知企业，并抄送同级清洁生产综合协调部门和行业管理部门。

本办法第八条第（二）款规定实施强制性清洁生产审核的企业名单，由所在地县级以上节能主管部门按照管理权限提出，逐级报省级节能主管部门核定后确定，根据属地原则书面通知企业，并抄送同级清洁生产综合协调部门和行业管理部门。

第十条 各省级环境保护主管部门、节能主管部门应当按照各自职责，分别汇总提出应当实施强制性清洁生产审核的企业单位名单，由清洁生产综合协调部门会同环境保护主管部门或节能主管部门，在官方网站或采取其他便于公众知晓的方式分期分批发布。

第十一条 实施强制性清洁生产审核的企业，应当在名单公布后一个月内，在当地主要媒体、企业官方网站或采取其他便于公众知晓的方式公布企业相关信息。

（一）本办法第八条第（一）款规定实施强制性清洁生产审核的企业，公布的主要信息包括：企业名称、法人代表、企业所在地址、排放污染物名称、排放方式、排放浓度和总量、超标及超总量情况。

（二）本办法第八条第（二）款规定实施强制性清洁生产审核的企业，公布的主要信息包括：企业名称、法人代表、企业所在地址、主要能源品种及消耗量、单位产值能耗、单位产品能耗、超过单位产品能耗限额标准情况。

（三）本办法第八条第（三）款规定实施强制性清洁生产审核的企业，公布的主要信息包括：企业名称、法人代表、企业所在地址、使用有毒有害原料的名称、数量、用途，排放有毒有害物质的名称、浓度和数量，危险废物的产生和处置情况，依法落实环境风险防控措施情况等。

（四）符合本办法第八条两款以上情况的企业，应当参照上述要求同时公布相关信息。

企业应对其公布信息的真实性负责。

第十二条　列入实施强制性清洁生产审核名单的企业应当在名单公布后两个月内开展清洁生产审核。本办法第八条第（三）款规定实施强制性清洁生产审核的企业，两次清洁生产审核的间隔时间不得超过五年。

第十三条　自愿实施清洁生产审核的企业可参照强制性清洁生产审核的程序开展审核。

第十四条　清洁生产审核程序原则上包括审核准备、预审核、审核、方案的产生和筛选、方案的确定、方案的实施、持续清洁生产等。

第四章　清洁生产审核的组织和管理

第十五条　清洁生产审核以企业自行组织开展为主。实施强制性清洁生产审核的企业，如果自行独立组织开展清洁生产审核，应具备本办法第十六条第（二）款、第（三）款的条件。不具备独立开展清洁生产审核能力的企业，可以聘请外部专家或委托具备相应能力的咨询服务机构协助开展清洁生产审核。

第十六条　协助企业组织开展清洁生产审核工作的咨询服务机构，应当具备下列条件：

（一）具有独立法人资格，具备为企业清洁生产审核提供公平、公正和高效率服务的质量保证体系和管理制度。

（二）具备开展清洁生产审核物料平衡测试、能量和水平衡测试的基本检测分析器具、设备或手段。

（三）拥有熟悉相关行业生产工艺、技术规程和节能、节水、污染防治管理要求的技术人员。

（四）拥有掌握清洁生产审核方法并具有清洁生产审核咨询经验的技术人员。

第十七条　列入本办法第八条第（一）款和第（三）款规定实施强制性清洁生产审核的企业，应当在名单公布之日起一年内，完成本轮清洁生产审核并将清洁生产审核报告报当地县级以上环境保护主管部门和清洁生产综合协调部门。列入第八条第（二）款规定实施强制性清洁生产审核的企业，应当在名单公布之日起一年内，完成本轮清洁生产审核并将清洁生产审核报告报当地县级以上节能主管部门和清洁生产综合协调部门。

第十八条　县级以上清洁生产综合协调部门应当会同环境保护主管部门、节能主管部门，对企业实施强制性清洁生产审核的情况进行监督，督促企业按进度开展清洁生产审核。

第十九条 有关部门以及咨询服务机构应当为实施清洁生产审核的企业保守技术和商业秘密。

第二十条 县级以上环境保护主管部门或节能主管部门，应当在各自的职责范围内组织清洁生产专家或委托相关单位，对以下企业实施清洁生产审核的效果进行评估验收：

（一）国家考核的规划、行动计划中明确指出需要开展强制性清洁生产审核工作的企业。

（二）申请各级清洁生产、节能减排等财政资金的企业。

上述涉及本办法第八条第（一）款、第（三）款规定实施强制性清洁生产审核企业的评估验收工作由县级以上环境保护主管部门牵头，涉及本办法第八条第（二）款规定实施强制性清洁生产审核企业的评估验收工作由县级以上节能主管部门牵头。

第二十一条 对企业实施清洁生产审核评估的重点是对企业清洁生产审核过程的真实性、清洁生产审核报告的规范性、清洁生产方案的合理性和有效性进行评估。

第二十二条 对企业实施清洁生产审核的效果进行验收，应当包括以下主要内容：

（一）企业实施完成清洁生产方案后，污染减排、能源资源利用效率、工艺装备控制、产品和服务等改进效果，环境、经济效益是否达到预期目标。

（二）按照清洁生产评价指标体系，对企业清洁生产水平进行评定。

第二十三条 对本办法第二十条中企业实施清洁生产审核效果的评估验收，所需费用由组织评估验收的部门报请地方政府纳入预算。承担评估验收工作的部门或者单位不得向被评估验收企业收取费用。

第二十四条 自愿实施清洁生产审核的企业如需评估验收，可参照强制性清洁生产审核的相关条款执行。

第二十五条 清洁生产审核评估验收的结果可作为落后产能界定等工作的参考依据。

第二十六条 县级以上清洁生产综合协调部门会同环境保护主管部门、节能主管部门，应当每年定期向上一级清洁生产综合协调部门和环境保护主管部门、节能主管部门报送辖区内企业开展清洁生产审核情况、评估验收工作情况。

第二十七条 国家发展和改革委员会、环境保护部会同相关部门建立国家级清洁生产专家库，发布行业清洁生产评价指标体系、重点行业清洁生产审核指南，组织开展清洁生产培训，为企业开展清洁生产审核提供信息和技术支持。

各级清洁生产综合协调部门会同环境保护主管部门、节能主管部门可以根据本地实际情况，组织开展清洁生产培训，建立地方清洁生产专家库。

第五章　奖励和处罚

第二十八条　对自愿实施清洁生产审核，以及清洁生产方案实施后成效显著的企业，由省级清洁生产综合协调部门和环境保护主管部门、节能主管部门对其进行表彰，并在当地主要媒体上公布。

第二十九条　各级清洁生产综合协调部门及其他有关部门在制订实施国家重点投资计划和地方投资计划时，应当将企业清洁生产实施方案中的提高能源资源利用效率、预防污染、综合利用等清洁生产项目列为重点领域，加大投资支持力度。

第三十条　排污费资金可以用于支持企业实施清洁生产。对符合《排污费征收使用管理条例》规定的清洁生产项目，各级财政部门、环境保护部门在排污费使用上优先给予安排。

第三十一条　企业开展清洁生产审核和培训的费用，允许列入企业经营成本或者相关费用科目。

第三十二条　企业可以根据实际情况建立企业内部清洁生产表彰奖励制度，对清洁生产审核工作中成效显著的人员给予奖励。

第三十三条　对本办法第八条规定实施强制性清洁生产审核的企业，违反本办法第十一条规定的，按照《中华人民共和国清洁生产促进法》第三十六条规定处罚。

第三十四条　违反本办法第八条、第十七条规定，不实施强制性清洁生产审核或在审核中弄虚作假的，或者实施强制性清洁生产审核的企业不报告或者不如实报告审核结果的，按照《中华人民共和国清洁生产促进法》第三十九条规定处罚。

第三十五条　企业委托的咨询服务机构不按照规定内容、程序进行清洁生产审核，弄虚作假、提供虚假审核报告的，由省、自治区、直辖市、计划单列市及新疆生产建设兵团清洁生产综合协调部门会同环境保护主管部门或节能主管部门责令其改正，并公布其名单。造成严重后果的，追究其法律责任。

第三十六条　对违反本办法相关规定受到处罚的企业或咨询服务机构，由省级清洁生产综合协调部门和环境保护主管部门、节能主管部门建立信用记录，归集至全国信用信息共享平台，会同其他有关部门和单位实行联合惩戒。

第三十七条　有关部门的工作人员玩忽职守，泄露企业技术和商业秘密，造成企业经济损失的，按照国家相应法律法规予以处罚。

第六章　附　则

第三十八条　本办法由国家发展和改革委员会和环境保护部负责解释。

第三十九条 各省、自治区、直辖市、计划单列市及新疆生产建设兵团可以依照本办法制定实施细则。

第四十条 本办法自2016年7月1日起施行。原《清洁生产审核暂行办法》（国家发展和改革委员会、国家环境保护总局令 第16号）同时废止。

清洁生产审核评估与验收指南

环办科技〔2018〕5号

第一章　总　则

第一条　为科学规范推进清洁生产审核工作，保障清洁生产审核质量，指导清洁生产审核评估与验收工作，根据《中华人民共和国清洁生产促进法》和《清洁生产审核办法》（国家发展和改革委员会、环境保护部令　第38号），制定本指南。

第二条　本指南所称清洁生产审核评估是指企业基本完成清洁生产无/低费方案，在清洁生产中/高费方案可行性分析后和中/高费方案实施前的时间节点，对企业清洁生产审核报告的规范性、清洁生产审核过程的真实性、清洁生产中/高费方案及实施计划的合理性和可行性进行技术审查的过程。

本指南所称清洁生产审核验收是指按照一定程序，在企业实施完成清洁生产中/高费方案后，对已实施清洁生产方案的绩效、清洁生产目标的实现情况及企业清洁生产水平进行综合性评定，并做出结论性意见的过程。

第三条　本指南适用于《清洁生产审核办法》第二十条规定的“国家考核的规划、行动计划中明确指出需要开展强制性清洁生产审核工作的企业”和“申请各级清洁生产、节能减排等财政资金的企业”以及从事清洁生产管理活动的部门，其他需要开展清洁生产审核评估与验收的企业可参照本指南执行。

第四条　清洁生产审核评估与验收应坚持科学、公正、规范、客观的原则。

第五条　地方各级环境保护主管部门或节能主管部门组织清洁生产专家或委托相关单位，负责职责范围内的清洁生产审核评估与验收工作。

第二章　清洁生产审核评估

第六条　地市级（县级）环境保护主管部门或节能主管部门按照职责范围提出年度需开展清洁生产审核评估的企业名单及工作进度安排，逐级上报省级环境保护主管部门或节能主管部门确认后书面通知企业。

第七条　须开展清洁生产审核评估的企业应向本地具有管辖权限的环境保护主管

部门或节能主管部门提交以下材料：

（一）《清洁生产审核报告》及相应的技术佐证材料；

（二）委托咨询服务机构开展清洁生产审核的企业，应提交《清洁生产审核办法》第十六条中咨询服务机构需具备条件的证明材料；自行开展清洁生产审核的企业应按照《清洁生产审核办法》第十五条、第十六条的要求提供相应技术能力证明材料。

第八条 清洁生产审核评估应包括但不限于以下内容：

（一）清洁生产审核过程是否真实，方法是否合理；清洁生产审核报告是否能如实客观反映企业开展清洁生产审核的基本情况等。

（二）对企业污染物产生水平、排放浓度和总量，能耗、物耗水平，有毒有害物质的使用和排放情况是否进行客观、科学的评价；清洁生产审核重点的选择是否反映了能源、资源消耗、废物产生和污染物排放方面存在的主要问题；清洁生产目标设置是否合理、科学、规范；企业清洁生产管理水平是否得到改善。

（三）提出的清洁生产中/高费方案是否科学、有效，可行性是否论证全面，选定的清洁生产方案是否能支撑清洁生产目标的实现。对“双超”和“高耗能”企业通过实施清洁生产方案的效果进行论证，说明能否使企业在规定的期限内实现污染物减排目标和节能目标；对“双有”企业实施清洁生产方案的效果进行论证，说明其能否替代或削减其有毒有害原辅材料的使用和有毒有害污染物的排放。

第九条 本地具有管辖权限的环境保护主管部门或节能主管部门组织专家或委托相关单位成立评估专家组，各专家可采取电话函件征询、现场考察、质询等方式审阅企业提交的有关材料，最后专家组召开集体会议，参照《清洁生产审核评估评分表》（见附表 1，略）打分界定评估结果并出具技术审查意见。

第十条 清洁生产审核评估结果实施分级管理，总分低于 70 分的企业视为审核技术质量不符合要求，应重新开展清洁生产审核工作；总分为 70～90 分的企业，需按专家意见补充审核工作，完善审核报告，上报主管部门审查后，方可继续实施中/高费方案；总分高于 90 分的企业，可依据方案实施计划推进中/高费方案的实施。

技术审查意见参照《清洁生产审核评估技术审查意见样表》（见附表 3，略）内容进行评述，提出清洁生产审核中尚存的问题，对清洁生产中/高费方案的可行性给出意见。

第十一条 本地具有管辖权限的环境保护主管部门或节能主管部门负责将评估结果及技术审查意见反馈给企业，企业需在清洁生产审核过程中予以落实。

第三章 清洁生产审核验收

第十二条 地方各级环境保护主管部门或节能主管部门应督促企业实施完成清洁生产中/高费方案并及时开展清洁生产审核验收工作。

第十三条　须开展清洁生产审核验收的企业应将验收材料提交至负责验收的环境保护主管部门或节能主管部门，主要包括：

（一）《清洁生产审核评估技术审查意见》；

（二）《清洁生产审核验收报告》；

（三）清洁生产方案实施前、后企业自行监测或委托有相关资质的监测机构提供的污染物排放、能源消耗等监测报告。

第十四条　《清洁生产审核验收报告》应由企业或委托咨询服务机构完成，其内容应当包括但不限于以下方面：（1）企业基本情况；（2）《清洁生产审核评估技术审查意见》的落实情况；（3）清洁生产中/高费方案完成情况及环境、经济效益汇总；（4）清洁生产目标实现情况及所达到的清洁生产水平；（5）持续开展清洁生产工作机制建设及运行情况。

第十五条　负责清洁生产审核验收的环境保护主管部门或节能主管部门组织专家或委托相关单位成立验收专家组，开展现场验收。现场验收程序包括听取汇报、材料审查、现场核实、质询交流、形成验收意见等。

第十六条　清洁生产审核验收内容包括但不限于以下内容：

（一）核实清洁生产绩效：企业实施清洁生产方案后，对是否实现清洁生产审核时设定的预期污染物减排目标和节能目标，是否落实有毒有害物质减量、减排指标进行评估；查证清洁生产中/高费方案的实际运行效果及对企业实施清洁生产方案前后的环境、经济效益进行评估；

（二）确定清洁生产水平：已经发布清洁生产评价指标体系的行业，利用评价指标体系评定企业在行业内的清洁生产水平；未发布清洁生产评价指标体系的行业，可以参照行业统计数据评定企业在行业内的清洁生产水平定位或根据企业近三年历史数据进行纵向对比说明企业清洁生产水平改进情况。

第十七条　清洁生产审核验收结果分为“合格”和“不合格”两种。依据《清洁生产审核验收评分表》（见附表 2，略）综合得分达到 60 分及以上的企业，其验收结果为“合格”。存在但不限于下列情况之一的，清洁生产审核验收不合格：

（一）企业在方案实施过程中存在弄虚作假行为；

（二）企业污染物排放未达标或污染物排放总量、单位产品能耗超过规定限额的；

（三）企业不符合国家或地方制定的生产工艺、设备以及产品的产业政策要求；

（四）达不到相关行业清洁生产评价指标体系三级水平（国内清洁生产一般水平）或同行业基本水平的；

（五）企业在清洁生产审核开始至验收期间，发生节能环保违法违规行为或未完成限期整改任务；

（六）其他地方规定的相关否定内容。

第十八条 地市级（县级）环境保护主管部门或节能主管部门应及时将验收“合格”与“不合格”企业名单报送省级主管部门，由省级主管部门以文件形式或在其官方网站向社会公布，对于验收“不合格”的企业，要求其重新开展清洁生产审核。

第四章 监督和管理

第十九条 生态环境部、国家发展改革委负责对全国的清洁生产审核评估与验收工作进行监督管理，并委托相关技术支持单位定期对全国清洁生产审核评估与验收工作情况及评估验收机构进行抽查。

第二十条 省级环境保护主管部门、节能主管部门每年按要求将本行政区域开展清洁生产审核评估与验收工作情况报送生态环境部、国家发展改革委。

第二十一条 清洁生产审核评估与验收工作经费及培训经费由组织评估与验收的部门提出年度经费安排，报请地方财政部门纳入预算予以保障，承担评估与验收工作的部门或者专家不得向被评估与验收企业及咨询服务机构收取费用。

第二十二条 评估与验收的专家组成员应从国家或地方清洁生产专家库中选取，由熟悉行业、清洁生产及节能环保的专家组成，且具有高级职称或 10 年以上从业经验的中级职称，专家组成员不得少于 3 人。参加评估或验收的专家如与企业或清洁生产审核咨询服务机构存在利益关系的，应当主动回避。

第二十三条 评估与验收组织部门应定期对专家进行培训，统一清洁生产审核评估与验收尺度，承担评估与验收工作的部门及专家应对评估或验收结论负责。

第五章 附 则

第二十四条 本指南引用的有关文件，如有修订，按最新文件执行。

第二十五条 各省、自治区、直辖市、计划单列市及新疆生产建设兵团有关主管部门可以依照本指南制定适合本区域的实施细则。

第二十六条 本指南由生态环境部、国家发展改革委负责解释，自印发之日起施行。

工业清洁生产审核规范和工业清洁生产实施效果评估规范

工信部节〔2015〕154号

第一章　总　则

第一条　为落实《中华人民共和国清洁生产促进法》，规范工业清洁生产审核，促进企业不断提高清洁生产水平，制定本规范。

第二条　本规范所称工业清洁生产审核是指按照一定程序，对工业生产过程进行调查和诊断，找出能耗高、物耗高、污染重的原因，提出减少有毒有害物料的使用和产生，降低能耗、物耗以及污染物产生的方案，并对方案的投入、产出效果进行分析，进而选定技术、经济及环境可行的清洁生产方案并实施的过程。

第三条　本规范适用于中华人民共和国境内所有从事工业生产活动的单位以及从事相关管理活动的部门。

第四条　工业清洁生产审核以工业企业为主体，鼓励企业自愿开展审核，按照自主审核为主的原则，因地制宜，有序开展，注重实效，持续推进。

第二章　审核类型

第五条　工业清洁生产审核分为自愿性审核和强制性审核。

第六条　有下列情形之一的企业，应当实施强制性审核：

（一）污染物排放超过国家或地方规定的排放标准，或者虽未超过国家或地方规定的排放标准，但超过重点污染物排放总量控制指标的（以下简称“双超”企业）；

（二）超过单位产品能源消耗限额标准构成高耗能的（以下简称“高耗能”企业）；

（三）使用有毒、有害原料进行生产或者在生产中排放有毒、有害物质的（以下简称“双有”企业）。

有毒、有害物质是指被列入《危险货物品名表》（GB 12268）、《危险化学品目录》《国家危险废物名录》和《剧毒化学品目录》中的剧毒、强腐蚀性、强刺激性、放射性（不包括核电设施和军工核设施）、致癌、致畸等物质。

第七条 自愿性审核是指本规范第六条规定的强制性审核以外的企业，根据自身发展需要，为进一步节约资源、削减污染物排放量，自愿开展的清洁生产审核。

第三章 审核方式

第八条 工业清洁生产审核方式包括企业自主审核和咨询机构协助审核。

第九条 开展清洁生产审核的人员应具备以下条件：

（一）掌握清洁生产审核知识；

（二）至少包括工艺技术、环保、能源、财务等专业人员；

（三）具有三年以上行业从业经验；

（四）工艺技术、环保、能源三专业的审核人员至少有一名具有高级职称。

第十条 鼓励具备上述审核人员条件的企业自主开展清洁生产审核。

第十一条 不具备上述审核人员条件的企业，可以聘请外部审核人员或委托咨询服务机构协助企业组织开展清洁生产审核。

咨询机构应按其服务的行业范围开展相应咨询服务，开展服务的人员也应具备上述审核人员条件。

第十二条 鼓励企业自主审核与咨询机构协助审核相结合的创新方式。

县级以上工业主管部门可结合本地区行业特点，针对行业存在的关键共性问题，组织开展行业清洁生产审核。

对于工业企业聚集的各类工业园区，可充分发挥工业园区管委会的组织协调作用，开展园区集中式清洁生产审核。

第四章 组织实施

第十三条 工业清洁生产审核原则上按照审核准备、预审核、审核、方案产生和筛选、实施方案的确定、编写审核报告、方案的实施等程序开展。

第十四条 县级以上工业主管部门组织推动辖区内企业自愿性审核工作，指导企业开展审核。

开展自愿性审核的企业在编制完成审核报告后一个月内将审核报告报送所在地县级以上工业主管部门，并在媒体上公布清洁生产方案的实施计划，接受公众监督，但涉及商业秘密的除外。

对按上述要求开展自愿性审核的企业，县级以上工业主管部门在其部门网站或主要媒体上公布名单，予以表彰。

第十五条 县级以上工业主管部门根据当地环境保护部门发布的“双超”“双有”企业名单和当地节能主管部门发布的“高耗能”企业名单，按职责指导企业开展强制性清洁生产审核。

实施强制性清洁生产审核的企业，应当将审核结果向所在地县级以上地方人民政府负责清洁生产综合协调的部门、环境保护部门报告，并在本地区主要媒体上公布，接受公众监督，但涉及商业秘密的除外。

第五章 鼓励措施

第十六条 县级以上工业主管部门应指导和督促企业实施清洁生产方案。对开展自愿性审核的企业，可利用清洁生产、技术改造、节能减排等资金对企业实施清洁生产方案给予优先支持；对审核成效显著的企业可给予奖励。

第十七条 县级以上工业主管部门可根据实际情况制定相应的补贴或奖励政策，鼓励企业将推行清洁生产纳入发展战略，编制清洁生产规划，开展清洁生产审核，持续推进清洁生产各项工作。

第十八条 县级以上工业主管部门可以依照本规范制定实施细则。

附件 1

工业清洁生产实施效果评估规范

第一条 为落实《中华人民共和国清洁生产促进法》，指导和鼓励工业企业有效实施清洁生产审核提出的方案，规范实施效果评估程序，制定本规范。

第二条 本规范所称工业清洁生产实施效果评估，是指按照一定程序，在企业实施完成清洁生产方案之后，对所取得的绩效及企业清洁生产水平进行科学地、量化地评估，并给出评估结果的过程。

第三条 县级以上工业主管部门会同同级相关管理部门，结合地区工业布局、资源能源及环境突出问题，组织对所在地开展强制性清洁生产审核的重点企业实施效果开展评估。

第四条 工业清洁生产实施效果评估应在企业清洁生产方案全部实施并稳定达到设计目标后三个月内开展，评估一般不超过一个月。

对于需评估的“双超”和“高耗能”企业，方案实施完成后，必须在达到污染物排放标准、总量控制以及单位产品能耗限额指标要求后，再进行实施效果评估。

对于需评估的“双有”企业，方案实施完成后，可直接进行实施效果评估。

第五条 工业清洁生产实施效果评估人员至少包括工艺技术、环保、能源、财务等专业人员，且应掌握清洁生产审核知识，具有高级职称及五年以上行业从业经验。参加评估的人员与企业或审核咨询服务机构存在利益关系，可能影响评估公正时，应当主动提出回避。

第六条 工业清洁生产实施效果评估包括两部分内容：一是绩效评估，即企业清洁生产方案实施前后的环境、经济效益评估，是与自身的纵向对比；二是清洁生产水平评价，即企业实施完成清洁生产方案后，其清洁生产水平在行业内的定位，是与同类企业的横向对比。

第七条 绩效评估重点是企业实施清洁生产技术改造方案前后的环境、经济效益评估，评估内容包括但不限于以下内容：

（一）产业政策与法规符合性。

（二）与清洁生产审核的目标和指标进行衔接、对比情况。

（三）产品改进情况，例如，产品合格率、产品质量、产品寿命、生命周期评价等。

（四）资源能源利用改进情况，例如，单位产品能耗、单位产品耗水量、原料利用率等。

（五）工艺、装备与过程控制改进情况，例如主体工艺装备水平、信息化水平、自动化水平等。

（六）污染物控制改进情况，例如，污染物排放总量、产（排）污强度、有毒有害物质的替代、废弃物无害化和减量化、无组织排放控制等。

第八条 清洁生产水平评价是指企业在行业内的清洁生产水平定位。已经发布清洁生产评价指标体系的行业，利用评价指标体系评定企业在行业内的清洁生产水平定位；未发布清洁生产评价指标体系的行业，可以参照行业统计数据评定企业在行业内的清洁生产水平定位。

第九条 县级以上工业主管部门根据本地区情况组织开展工业清洁生产实施效果评估，出具评估报告。评估报告应包括企业清洁生产绩效评估结果和清洁生产水平评价结果。

第十条 工业清洁生产实施效果评估所需费用纳入同级政府预算，承担评估工作的部门不得向被评估企业收取费用。

第十一条 工业清洁生产实施效果评估报告可作为工业企业行业准入，落后产能界定，清洁生产示范企业认定，申请政府财政清洁生产、技术改造、节能减排等资金补助的参考依据。

第十二条 鼓励自愿性审核的企业参照本规范开展清洁生产实施效果评估，发布实施效果自评估报告。

第十三条 县级以上工业主管部门可以依照本规范制定实施细则。

清洁生产标准　粗铅冶炼业（节选）

HJ 512—2009

1　适用范围

本标准规定了粗铅冶炼业企业清洁生产的一般要求。本标准将粗铅冶炼业清洁生产指标分为六类，即生产工艺与装备要求、资源能源利用指标、产品指标、污染物产生指标（末端处理前）、废物回收利用指标和环境管理要求。

本标准适用于粗铅冶炼生产企业的清洁生产审核、清洁生产潜力与机会的判断，以及清洁生产绩效评定和清洁生产绩效公告制度，也适用于环境影响评价、排污许可证等环境管理制度。

4　规范性技术要求

4.1　指标分级

本标准给出了粗铅冶炼业企业生产过程清洁生产水平的三级技术指标：

一级：国际清洁生产先进水平；

二级：国内清洁生产先进水平；

三级：国内清洁生产基本水平。

4.2　指标要求

粗铅冶炼业企业清洁生产技术指标要求，见表 1。

表 1　粗铅冶炼业清洁生产技术指标要求

<table>
<tr><th colspan="2">清洁生产指标等级</th><th>一级</th><th>二级</th><th>三级</th></tr>
<tr><td colspan="5">一、资源能源利用指标</td></tr>
<tr><td colspan="2">1. 铅总回收率/%</td><td colspan="2">≥97</td><td>>96</td></tr>
<tr><td colspan="2">2. 金入粗铅率/%</td><td colspan="3">≥96</td></tr>
<tr><td colspan="2">3. 银入粗铅率/%</td><td colspan="3">≥95</td></tr>
<tr><td colspan="2">4. 总硫利用率/%</td><td>≥96</td><td>≥95</td><td>>94</td></tr>
<tr><td rowspan="2">5. 二氧化硫转化率/%</td><td>二转二吸</td><td>≥99.8</td><td>≥99.6</td><td rowspan="2">≥99</td></tr>
<tr><td>低浓度二氧化硫制酸</td><td>≥99.5</td><td>≥99</td></tr>
</table>

清洁生产指标等级		一级	二级	三级
6. 单位产品新鲜水用量/（t/t）		≤10	≤15	≤25
7. 单位产品综合能耗（折合标准煤计算）/（kg/t）		≤450		
二、产品指标				
1. 硫酸中汞含量/%		0.001	0.01	—
2. 硫酸中砷含量/%		0.000 1	0.005	—
三、污染物产生指标（末端处理前）				
1. 单位产品废水产生量/（t/t）		≤4	≤8	≤12
2. 单位产品二氧化硫产生量/（kg/t）	制酸尾气	≤2	≤4	≤8
	其他	≤2	≤4	≤8
3. 单位产品颗粒物产生量/（kg/t）		≤1.5	≤3.0	≤5.0
四、废物回收利用指标				
1. 工业用水重复利用率/%		≥98	≥95	≥90
2. 固体废物综合利用率/%		≥90	≥80	≥60

清洁生产标准　铅电解业（节选）

HJ 513—2009

1　适用范围

本标准规定了铅电解业企业清洁生产的一般要求。本标准将铅电解业企业清洁生产指标分为五类，即生产工艺与装备要求、资源能源利用指标、产品指标、污染物产生指标（末端处理前）和环境管理要求。

本标准适用于铅电解生产企业的清洁生产审核、清洁生产潜力与机会的判断，以及清洁生产绩效评定和清洁生产绩效公告制度，也适用于环境影响评价、排污许可证等环境管理制度。

4　规范性技术要求

4.1　指标分级

本标准给出了铅电解业企业生产过程清洁生产水平的三级技术指标：

一级：国际清洁生产先进水平；

二级：国内清洁生产先进水平；

三级：国内清洁生产基本水平。

4.2　指标要求

铅电解业企业清洁生产技术指标要求见表 1。

表 1　铅电解业清洁生产技术指标要求

清洁生产指标等级	一级	二级	三级
一、资源能源利用指标			
1. 铅回收率/%	≥99		≥98
2. 单位产品直流电耗/（kW・h/t）	≤120		
3. 残极率/%	≤38	≤40	≤45
4. 单位产品硅氟酸耗/（kg/t）	≤2.5	≤3.5	≤4.0

清洁生产指标等级	一级	二级	三级
二、产品指标			
电铅质量要求	符合 GB/T 469 中一号铅锭的质量要求		符合 GB/T 469 中相应牌号铅锭的质量要求
三、污染物产生指标（末端处理前）			
单位产品铅尘产生量（以 Pb 计）/（kg/t）	≤8	≤12	≤20

清洁生产标准 铜冶炼业（节选）

HJ 558—2010

1 适用范围

本标准规定了铜冶炼业企业清洁生产的一般要求。本标准将铜冶炼业清洁生产指标分为六类，即生产工艺与装备要求、资源能源利用指标、产品指标、污染物产生指标（末端处理前）、废物回收利用指标和环境管理要求。

本标准适用于以硫化铜精矿为主要原料的火法冶炼企业（不包括以废杂铜为主要原料的铜冶炼企业，也不包括湿法冶炼铜的企业）的清洁生产审核、清洁生产潜力与机会的判断，以及清洁生产绩效评定和清洁生产绩效公告制度，也适用于环境影响评价、排污许可证等环境管理制度。

4 规范性技术要求

4.1 指标分级

本标准给出了铜冶炼业企业生产过程清洁生产水平的三级技术指标：

一级：国际清洁生产先进水平；

二级：国内清洁生产先进水平；

三级：国内清洁生产基本水平。

4.2 指标要求

铜冶炼业企业清洁生产技术指标要求，见表 1。

表 1 铜冶炼业清洁生产技术指标要求

清洁生产指标等级		一级	二级	三级
一、生产工艺与装备要求				
1. 主体冶炼工艺		采用富氧闪速熔炼或富氧熔池熔炼工艺		采用不违背《铜冶炼行业准入条件》的冶炼工艺
熔炼工艺	最终弃渣含铜/%	≤0.6	≤0.7	≤0.8
	烟气二氧化硫 SO_2 含量/%	≥20	≥10	≥6

<table>
<tr><th colspan="4">清洁生产指标等级</th><th>一级</th><th>二级</th><th>三级</th></tr>
<tr><td rowspan="2">吹炼工序</td><td colspan="3">粗铜含硫/%</td><td>≤0.1</td><td>≤0.2</td><td>≤0.4</td></tr>
<tr><td colspan="3">炉龄/d</td><td>≥240</td><td>≥150</td><td>≥80</td></tr>
<tr><td rowspan="6">精炼工序</td><td rowspan="4">反射炉</td><td colspan="2">精炼周期/h</td><td>≤10</td><td>≤15</td><td>≤20</td></tr>
<tr><td colspan="2">大修炉龄/d</td><td>≥10</td><td>≥8</td><td>≥4</td></tr>
<tr><td rowspan="2">渣率</td><td>燃油/%</td><td>≤1.0</td><td>≤2.5</td><td>≤4.5</td></tr>
<tr><td>燃煤/%</td><td>≤2.5</td><td>≤4</td><td>≤8</td></tr>
<tr><td rowspan="2">回转炉</td><td colspan="2">精炼周期/h</td><td>≤6</td><td>≤8</td><td>≤12</td></tr>
<tr><td>渣率</td><td>燃油/%</td><td>≤3</td><td>≤4.5</td><td>≤6</td></tr>
<tr><td colspan="7">二、资源能源利用指标</td></tr>
<tr><td rowspan="2">1. 单位产品工艺能耗</td><td colspan="3">粗铜（折合标准煤）/（kg/t）</td><td>≤330</td><td>≤410</td><td>≤500</td></tr>
<tr><td colspan="3">阳极铜（折合标准煤）/（kg/t）</td><td>≤380</td><td>≤460</td><td>≤550</td></tr>
<tr><td rowspan="2">2. 单位产品综合能耗</td><td colspan="3">粗铜（折合标准煤）/（kg/t）</td><td>≤340</td><td>≤430</td><td>≤530</td></tr>
<tr><td colspan="3">阳极铜（折合标准煤）/（kg/t）</td><td>≤390</td><td>≤480</td><td>≤580</td></tr>
<tr><td rowspan="2">3. 银回收率</td><td colspan="3">铜冶炼总回收率/%</td><td colspan="2">≥97.5</td><td>≥97</td></tr>
<tr><td colspan="3">粗铜冶炼总回收率/%</td><td colspan="2">≥98.5</td><td>≥98</td></tr>
<tr><td rowspan="2">4. 硫的回收</td><td colspan="3">硫的总捕集率/%</td><td colspan="2">≥98.5</td><td>≥98</td></tr>
<tr><td colspan="3">硫的回收率/%</td><td>≥97</td><td>≥96.5</td><td>≥96</td></tr>
<tr><td colspan="4">5. 耐火材料单耗/（kg/t 粗铜）</td><td>≤10</td><td>≤15</td><td>≤50</td></tr>
<tr><td colspan="4">6. 单位产品新水耗量/（t/t）</td><td>≤20</td><td>≤23</td><td>≤25</td></tr>
<tr><td colspan="7">三、产品指标</td></tr>
<tr><td colspan="4">1. 粗铜中杂质含量</td><td>达到 YS/T 70—2001 一级品要求</td><td colspan="2">达到 YS/T 70—2001 二级品要求</td></tr>
<tr><td colspan="4">2. 硫酸中的汞、砷含量</td><td>达到 GB/T 534 优等品要求</td><td colspan="2">达到 GB/T 534 一等品要求</td></tr>
<tr><td colspan="7">四、污染物产生指标（末端处理前）</td></tr>
<tr><td rowspan="3">1. 废水</td><td colspan="3">单位产品废水产生量/（m^3/t）</td><td>≤15</td><td>≤18</td><td>≤20</td></tr>
<tr><td colspan="2" rowspan="2">单位产品化学需氧量的产生量/（g/t）</td><td>闪速熔炼</td><td>≤3 500</td><td>≤4 000</td><td>≤5 500</td></tr>
<tr><td>熔池熔炼</td><td>≤700</td><td>≤900</td><td>≤1 100</td></tr>
<tr><td rowspan="9">2. 废气</td><td colspan="3">单位产品废气产生量/（m^3/t）</td><td>≤15 000</td><td>≤20 000</td><td>≤22 000</td></tr>
<tr><td colspan="3">单位产品产生二氧化硫（SO$_2$）产生量（制酸后）/（kg/t）</td><td>≤12</td><td>≤16</td><td>≤20</td></tr>
<tr><td colspan="2" rowspan="2">单位产品烟尘产生量/（kg/t）</td><td>闪速熔炼</td><td>≤200</td><td>≤280</td><td>≤320</td></tr>
<tr><td>熔池熔炼</td><td>≤50</td><td>≤60</td><td>≤80</td></tr>
<tr><td colspan="2" rowspan="2">单位产品工业粉尘产生量/（kg/t）</td><td>闪速熔炼</td><td>≤15</td><td>≤18</td><td>≤22</td></tr>
<tr><td>熔池熔炼</td><td>≤7</td><td>≤9</td><td>≤10</td></tr>
<tr><td colspan="2" rowspan="2">单位产品铅产生量/（g/t）</td><td>闪速熔炼</td><td colspan="3">≤80</td></tr>
<tr><td>熔池熔炼</td><td colspan="3">≤190</td></tr>
<tr><td colspan="3">单位产品砷产生量/（g/t）</td><td colspan="3">≤1 100</td></tr>
<tr><td colspan="7">五、废物回收利用指标</td></tr>
<tr><td colspan="4">1. 工业用水重复利用率/%</td><td>≥97</td><td>≥96</td><td>≥95</td></tr>
<tr><td colspan="4">2. 固体废物综合利用率/%</td><td>≥95</td><td>≥90</td><td>≥85</td></tr>
</table>

清洁生产标准 铜电解业（节选）

HJ 559—2010

1 适用范围

规定了铜电解业的一般要求。铅冶炼业清洁生产指标分为六类，即生产工艺与装备要求、资源能源利用指标、产品指标、污染物产生指标（末端处理前）、废物回收利用指标和环境管理要求。

本标准适用于铜电解企业的清洁生产审核、清洁生产潜力与机会的判断，以及清洁生产绩效评定和清洁生产绩效公告制度，也适用于环境影响评价、排污许可证等环境管理制度。

4 范性技术要求

4.1 指标分级

本标准给出了铜电解企业生产过程清洁生产水平的三级技术指标：

一级：国际清洁生产先进水平；

二级：国内清洁生产先进水平；

三级：国内清洁生产基本水平。

4.2 指标要求

铜电解企业清洁生产技术指标要求，见表1。

表 1 铜电解业清洁生产技术指标要求

清洁生产等级指标	一级	二级	三级
一、源能源利用指标			
1. 效率/%	≥98	≥95	≥93
2. 单位产品综合能耗（折合标准煤）/（kg/t）	≤130	≤170	≤220
3. 单位产品直流电耗/（kW·h/t）	≤240	≤260	≤280
4. 单位产品蒸汽消耗/（t/t）	≤0.40	≤0.65	≤0.75
5. 铜的回收率/%	≥99.8	≥99.5	≥99.0

<table>
<tr><th colspan="2">清洁生产等级指标</th><th>一级</th><th>二级</th><th>三级</th></tr>
<tr><td rowspan="2">6. 残极率/%</td><td>大阳极板（350 kg）</td><td>≤16</td><td colspan="2">≤18</td></tr>
<tr><td>小阳极板（250 kg）</td><td>≤18</td><td colspan="2">≤20</td></tr>
<tr><td colspan="2">7. 吨铜耗水量/（m^3/t）</td><td>≤3.5</td><td>≤4.0</td><td>≤5.0</td></tr>
<tr><td colspan="5">二、产品指标</td></tr>
<tr><td colspan="2">1. 高纯阴极铜</td><td colspan="3" rowspan="2">按照 GB/T 467—1997 执行</td></tr>
<tr><td colspan="2">2. 标准阴极铜</td></tr>
<tr><td colspan="5">三、污染物产生指标（末端处理前）</td></tr>
<tr><td>1. 废气</td><td>单位产品硫酸雾产生量/（kg/t）</td><td>≤0.5</td><td>≤0.6</td><td>≤0.7</td></tr>
<tr><td rowspan="6">2. 废水</td><td>单位产品废水产生量/（m^3/t）</td><td>≤1.2</td><td>≤1.5</td><td>≤2.0</td></tr>
<tr><td>单位产品化学需氧量（COD）/（g/t）</td><td>≤60</td><td>≤70</td><td>≤90</td></tr>
<tr><td>单位产品铜（Cu^{2+}）产生量/（g/t）</td><td>≤0.23</td><td>≤0.25</td><td>≤0.28</td></tr>
<tr><td>单位产品铅（Pb^{2+}）产生量/（g/t）</td><td>≤3.2</td><td>≤3.5</td><td>≤4.0</td></tr>
<tr><td>单位产品镍（Ni^{2+}）产生量/（g/t）</td><td>≤0.080</td><td>≤0.085</td><td>≤0.100</td></tr>
<tr><td>单位产品总砷产生量/（mg/t）</td><td>≤16</td><td>≤18</td><td>≤20</td></tr>
<tr><td colspan="5">四、废物回收利用指标</td></tr>
<tr><td colspan="2">1. 阳极泥及黑铜粉利用率/%</td><td colspan="3">100</td></tr>
<tr><td colspan="2">2. 电解槽冲洗及阴极铜表面清洗水</td><td colspan="3">沉淀后回用至电解液循环系统，循环使用</td></tr>
</table>

清洁生产标准　废铅蓄电池铅回收业（节选）

HJ 510—2009

1　适用范围

本标准规定了废铅酸蓄电池铅回收业清洁生产的一般要求。本标准将废铅酸蓄电池铅回收业清洁生产指标分为六类，即生产工艺与装备指标、资源能源利用指标、产品指标、污染物产生指标（末端处理前）、废物回收利用指标和环境管理要求。

本标准适用于废铅酸蓄电池铅回收业企业的清洁生产审核和清洁生产潜力与机会的判断、清洁生产绩效评估和清洁生产绩效公告制度，也适用于环境影响评价和排污许可证等环境管理制度。

4　规范性技术要求

4.1　指标分级

本标准给出了铅回收业生产过程清洁生产水平的三级技术指标：

一级：国际清洁生产先进水平；

二级：国内清洁生产先进水平；

三级：国内清洁生产基本水平。

4.2　指标要求

火法冶炼类铅回收业清洁生产指标要求如表 1 所示。

湿法冶金类铅回收业清洁生产指标要求如表 2 所示。

表 1　铅回收业清洁生产指标要求（火法冶炼类）

指标	一级	二级	三级
一、生产工艺与装备要求			
1．备料工艺与装备	自动破碎分选系统		机械化破碎分选
	预脱硫（不含富氧底吹-鼓风炉熔炼工艺）		
2．冶炼工艺与装备	回转短窑熔炼、富氧底吹-鼓风炉熔炼、自动铸锭机等		反射炉（直接燃煤反射炉除外）、鼓风炉熔炼、自动铸锭机等

指标	一级	二级	三级
二、产品指标			
1．再生粗铅主品位/%	铅≥99	铅≥98.5	铅≥98
2．聚丙烯	纯度为 98%～99%，铅含量小于 0.1%		
三、资源能源利用指标			
1．铅总回收率/%	＞98	＞97	＞95
2．总硫利用率/%	≥98	≥96	≥95
3．资源综合利用率/%	≥95	≥90	≥85
4．单位综合能耗（标煤/粗铅）/（kg/t）	＜100	＜120	＜130
5．单位电耗/（kW·h/t）	＜100	＜100	＜100
四、污染物产生指标（末端治理前）			
1．渣含铅率/%	＜1.8	＜1.9	＜2
2．隔板（占废蓄电池解体后产物质量百分比）/%	1.0～3.0	1.0～3.0	1.0～3.0
3．二氧化硫质量分数 [a]（制酸工艺）/%	8.0～10.0	3.5～4.5	1.0～3.5
4．二氧化硫质量浓度（预处理脱硫工艺）/（mg/m^3）	≤460	≤760	≤960
五、废物回收利用指标			
1．塑料回收率/%	≥99	≥98	≥95
2．废电解液综合利用率/%	＞98	＞95	＞90
3．废水循环利用率/%	＞95	＞93	＞90
六、环境管理要求			
1．环境法律法规标准	符合国家和地方有关法律、法规。污染物排放达到国家和地方污染物排放标准、总量控制要求。排污许可证以及危险废物收集、贮存、运输和处置符合管理要求		
2．生产过程环境管理	每个生产工序要有操作规程，对重点岗位要有作业指导书；易造成污染的设备和废物产生部位要有警示牌；生产工序能分级考核；要建立环境管理制度，其中包括：开停工及停工检修时的环境管理程序；新、改、扩建项目管理及验收程序；贮运系统污染控制制度；环境监测管理制度；污染事故应急处理预案，并进行演练；环境管理记录和台账		
3．环境审核	按照《清洁生产审核暂行办法》的要求进行了清洁生产审核，全部实施了无/低费方案。当地环保部门对清洁生产方案进行了评估		
4．环境管理制度	按照 GB/T 24001 建立运行环境管理体系，相关环境管理手册、程序文件及作业文件等齐备	环境管理制度健全，原始记录及统计数据齐全有效	

指标	一级	二级	三级
5. 固体废物处理处置	对一般工业固体废物进行妥善处理。对铅尘等危险废物按照有关要求进行无害化处置。应制订危险废物管理计划（包括减少危险废物产生量和危害性的措施以及危险废物贮存、利用、处置措施）向所在地县级以上地方人民政府环境保护主管部门备案。向所在地县级以上地方人民政府环境保护主管部门申报危险废物产生种类、产生量、流向、贮存、处置等有关资料。应针对危险废物的产生、收集、贮存、运输、利用、处置，制定意外事故防范措施和应急预案，并向所在地县以上地方人民政府环境保护主管部门备案		
6. 相关环境管理	废铅酸蓄电池收集与运输严格按照危险废物管理程序执行；原材料供应方的管理；协作方、服务方的环境管理程序齐全		

a 对应相应级别再生粗铅主品位。

表 2 铅回收业清洁生产指标要求（湿法冶金类）

指标	一级	二级	三级
一、生产工艺与装备要求			
1. 备料工艺与装备	自动破碎分选系统		机械化破碎分选
	预脱硫		
2. 生产工艺与装备	电解沉积工艺设备、电还原工艺设备、自动铸锭机		
二、产品指标			
电解铅	符合 GB/T 469 一号铅标准		
三、资源能源利用指标			
1. 铅总回收率/%	＞99	＞98	＞95
2. 总硫利用率/%	≥99	≥97	≥95
3. 资源综合利用率/%	≥95	≥90	≥85
4. 电流效率/%	≥96	≥95	≥92.5
5. 直流电单耗/（kW·h/t）	≤550	≤700	≤800
6. 单位综合能耗（标煤/电铅）/（kg/t）	≤280	≤320	≤360
四、污染物产生指标（末端治理前）			
1. 渣含铅率/%	＜1.6	＜1.8	＜2.0
2. 隔板（占废蓄电池拆解后产物质量百分比）/%	1.0～3.0	1.0～3.0	1.0～3.0
五、废物回收利用指标			
1. 塑料回收率/%	≥99	≥98	≥95
2. 废电解液综合利用率/%	≥98	95～98	90～95
3. 废水循环利用率/%	＞95	＞93	＞90
六、环境管理要求			
1. 环境法律法规标准	符合国家和地方有关法律、法规。污染物排放达到国家和地方污染物排放标准、总量控制要求。排污许可证以及危险废物收集、贮存、运输和处置符合管理要求		

<table>
<tr><th>指标</th><th>一级</th><th>二级</th><th>三级</th></tr>
<tr><td>2．生产过程环境管理</td><td colspan="3">每个生产工序要有操作规程，对重点岗位要有作业指导书；易造成污染的设备和废物产生部位要有警示牌；生产工序能分级考核要建立环境管理制度，其中包括：开停工及停工检修时的环境管理程序；新、改、扩建项目管理及验收程序；贮运系统污染控制制度；环境监测管理制度；污染事故的应急处理预案并进行演练；环境管理记录和台账</td></tr>
<tr><td>3．环境审核</td><td colspan="3">按照《清洁生产审核暂行办法》的要求进行了清洁生产审核，并全部实施了无/低费方案。当地环保部门对清洁生产方案进行了评估</td></tr>
<tr><td>4.环境管理制度</td><td>按照 GB/T 24001 建立运行环境管理体系，相关环境管理手册、程序文件及作业文件等齐备</td><td colspan="2">环境管理制度健全，原始记录及统计数据齐全有效</td></tr>
<tr><td>5．固体废物处理处置</td><td colspan="3">对一般工业固体废物进行妥善处理。对铅尘等危险废物按照有关要求进行无害化处置。应制订危险废物管理计划（包括减少危险废物产生量和危害性的措施以及危险废物贮存、利用、处置措施）向所在地县级以上地方人民政府环境保护主管部门备案。向所在地县级以上地方人民政府环境保护主管部门申报危险废物产生种类、产生量、流向、贮存、处置等有关资料。应针对危险废物的产生、收集、贮存、运输、利用、处置，制定意外事故防范措施和应急预案，并向所在地县以上地方人民政府环境保护主管部门备案</td></tr>
<tr><td>6．相关方环境管理</td><td colspan="3">废铅酸蓄电池收集与运输严格按照危险废物管理程序执行；协作方、服务方的环境管理程序齐全</td></tr>
</table>

再生铅行业清洁生产评价指标体系（节选）

国家发展和改革委员会　环境保护部　工业和信息化部

公告　2015 年　第 36 号

为贯彻《中华人民共和国环境保护法》和《中华人民共和国清洁生产促进法》，指导和推动再生铅企业依法实施清洁生产，提高资源利用率，减少和避免污染物的产生，保护和改善环境，制定再生铅行业清洁生产评价指标体系（以下简称“指标体系”）。

本指标体系依据综合评价所得分值将清洁生产等级划分为三级，I 级为国际清洁生产领先水平；II 级为国内清洁生产先进水平；III级为国内清洁生产基本水平。随着技术的不断进步和发展，本指标体系将适时修订。

1　适用范围

本指标体系规定了再生铅行业清洁生产的一般要求。本指标体系将清洁生产指标分为六类，即生产工艺与装备要求、资源和能源消耗指标、资源综合利用指标、污染物产生指标、产品特征指标和清洁生产管理指标。

本指标体系适用于再生铅企业的清洁生产审核、清洁生产潜力评估，清洁生产绩效评定和公告、环境影响评价、排污许可证、环境领跑者等管理制度。

4　评价指标体系

4.1　指标选取说明

本指标体系根据清洁生产的原则要求和指标的可度量性，进行指标选取。根据评价指标的性质，可分为定量指标和定性指标两种。定量指标选取了有代表性的、能反映“节能”“降耗”“减污”和“增效”等有关清洁生产最终目标的指标，综合考评企业实施清洁生产的状况和企业清洁生产程度。

定性指标根据国家有关推行清洁生产的产业发展和技术进步政策、资源环境保护政策规定以及行业发展规划选取，用于考核企业执行有关政策法规情况。

4.2　指标基准值及其说明

在定量评价指标中，各指标的评价基准值是衡量该项指标是否符合清洁生产基本要求的评价基准。本指标体系确定各定量评价指标的评价基准值的依据是：凡国家或行业在有关政策、规划等文件中对该项指标已有明确要求的就执行国家要求的数值；凡国家或行业对该项指标尚无明确要求的，则选用国内重点大中型再生铅企业近年来清洁生产所实际达到的中上等以上水平的指标值。在定性评价指标体系中，衡量该项指标是否贯彻执行国家有关政策、法规的情况，按“是”或“否”两种选择进行评定。

4.3　指标体系

1. 废铅蓄电池破碎分选-还原熔炼-火法精炼或电解精炼工艺的清洁生产评价指标体系见表 1。

2. 废铅电池破碎分选-湿法冶炼工艺的清洁生产评价指标体系见表 2。

表 1　废铅蓄电池破碎分选-还原熔炼-火法精炼或电解精炼工艺清洁生产评价指标

<table>
<tr><th>序号</th><th>一级指标</th><th>一级指标权重</th><th colspan="2">二级指标</th><th>单位</th><th>二级指标权重</th><th>Ⅰ级基准值</th><th>Ⅱ级基准值</th><th>Ⅲ级基准值</th></tr>
<tr><td>1</td><td rowspan="12">生产工艺及设备指标</td><td rowspan="12">0.3</td><td rowspan="5">废铅蓄电池破碎分选工序</td><td>废铅蓄电池处置情况</td><td></td><td>0.05</td><td colspan="3">处置地点必须是封闭式的，防渗、防溢流液体，通风，远离水源和热源</td></tr>
<tr><td>2</td><td>*破碎分选装置</td><td></td><td>0.10</td><td colspan="2">采用全自动化破碎分选技术</td><td>采用机械化破碎分选技术</td></tr>
<tr><td>3</td><td>*分离</td><td></td><td>0.05</td><td colspan="3">确保铅膏、栅板、隔板、塑料和电解液完全分离</td></tr>
<tr><td>4</td><td>预脱硫及副产物回收</td><td></td><td>0.05</td><td colspan="3">使用碳酸钠、氢氧化钠等作为脱硫剂，脱硫副产物硫酸钠、硫酸钙等均需回收</td></tr>
<tr><td>5</td><td>*废水处理和循环利用装置</td><td></td><td>0.05</td><td colspan="3">废水闭路循环使用、不外泄</td></tr>
<tr><td>6</td><td rowspan="7">还原熔炼和火法精炼工序</td><td>*熔炼方式</td><td></td><td>0.15</td><td>富氧熔炼</td><td colspan="2">空气熔炼</td></tr>
<tr><td>7</td><td>炉窑</td><td></td><td>0.05</td><td colspan="3">鼓励使用连续熔池熔炼炉；反射炉、短窑等炉型并配有富氧熔炼方式</td></tr>
<tr><td>8</td><td>自动化控制系统</td><td></td><td>0.05</td><td>计算机控制进料和冶炼过程，具有炉内温度、压力、气体成分、废气流量或速率、重金属等在线监测装置</td><td colspan="2">计算机控制进料和冶炼过程，具有炉温、压力等关键参数的在线监测</td></tr>
<tr><td>9</td><td>废气无组织排放处理</td><td></td><td>0.05</td><td colspan="2">炉体密闭，负压收集逸出气体</td><td>炉体密闭</td></tr>
<tr><td>10</td><td>烟尘收集和处理</td><td></td><td>0.1</td><td>采用高效自动化除尘设备</td><td colspan="2">采用高效机械化除尘设备</td></tr>
<tr><td>11</td><td>粉状物料储运</td><td></td><td>0.05</td><td colspan="3">采用封闭式仓储，贮存仓库配通风设施，封闭式输送</td></tr>
<tr><td>12</td><td>余热利用装置</td><td></td><td>0.1</td><td>采用高效的余热换热器，余热用于发电</td><td colspan="2">采用高效的余热换热器，余热用于供给热水或热空气</td></tr>
</table>

序号	一级指标	一级指标权重	二级指标		单位	二级指标权重	Ⅰ级基准值	Ⅱ级基准值	Ⅲ级基准值
13	生产工艺及设备指标	0.3	电解精炼工序	*化料		0.05	冶炼产粗铅不需铸锭，直接液态入热连	冶炼产粗铅铸锭后冷态入热连	
14				熔铅锅	t	0.05	≥100	≥75	≥60
15				自动化水平		0.05	熔铅锅面固定，自动加药，残极连续机械加入；阴、阳极自动铸造；电铅锅机械扒渣；生产过程废气（硅氟酸雾）有效的收集与处理措施	阴、阳极自动铸造；电铅锅机械扒渣；生产过程产生的硅氟酸雾具备有效的收集与处理措施	
16	资源源消和能耗指标	0.10	废铅蓄电池破碎分选工序	单位产品碳酸钠消耗	kg/t	0.05	≤150		
17				单位产品氢氧化钠消耗	kg/t	0.05	≤20		≤25
18			还原熔炼工序	单位产品白煤消耗	kg/t	0.1	≤75		≤85
19				单位产品铁屑消耗	kg/t	0.1	≤80		
20			火法精炼工序	单位产品硝酸钠消耗	kg/t	0.05	≤3		
21			电解精炼工序	单位产品硅氟酸消耗	kg/t	0.1	≤2	≤2.5	≤3
22				残极率	%	0.1	≤38	≤40	≤45
23				单位产品直流电耗	kW·h/t	0.1	≤120		≤150
24			单位产品总氢氧化钠消耗		kg/t	0.1	≤30		
25			*单位产品综合能耗（折合标准煤计算）		kgce/t	0.15	≤100	≤120	≤130
26			单位产品新鲜水用量		kg/t	0.1	≤300		≤500

<table>
<tr><th>序号</th><th>一级指标</th><th>一级指标权重</th><th colspan="2">二级指标</th><th>单位</th><th>二级指标权重</th><th>Ⅰ级基准值</th><th>Ⅱ级基准值</th><th>Ⅲ级基准值</th></tr>
<tr><td>27</td><td rowspan="8">资源综合利用指标</td><td rowspan="8">0.15</td><td colspan="2">硫酸钠回收率</td><td>%</td><td>0.15</td><td colspan="2">≥98</td><td>≥95</td></tr>
<tr><td>28</td><td colspan="2">石膏处置率</td><td>%</td><td>0.05</td><td colspan="3">100</td></tr>
<tr><td>29</td><td colspan="2">废酸处理利用率</td><td>%</td><td>0.1</td><td colspan="3">100</td></tr>
<tr><td>30</td><td colspan="2">*塑料回收率</td><td>%</td><td>0.1</td><td colspan="3">≥99</td></tr>
<tr><td>31</td><td colspan="2">废渣处置率</td><td>%</td><td>0.1</td><td colspan="3">100</td></tr>
<tr><td>32</td><td colspan="2">电解液循环利用率</td><td>%</td><td>0.1</td><td colspan="3">100</td></tr>
<tr><td>33</td><td colspan="2">*铅总回收率</td><td>%</td><td>0.2</td><td colspan="3">≥98</td></tr>
<tr><td>34</td><td colspan="2">废水重复利用率</td><td>%</td><td>0.2</td><td colspan="3">100</td></tr>
<tr><td>35</td><td rowspan="4">产品特征指标</td><td rowspan="4">0.1</td><td colspan="2">粗铅锭</td><td>%</td><td rowspan="4">1</td><td colspan="2">≥97</td><td>≥96</td></tr>
<tr><td>36</td><td colspan="2">铅合金锭</td><td>%</td><td colspan="3">符合 GB/T 21181</td></tr>
<tr><td>37</td><td colspan="2">精炼铅锭</td><td>%</td><td colspan="3">符合 GB/T 21181</td></tr>
<tr><td>38</td><td colspan="2">电解铅锭</td><td>%</td><td colspan="3">符合 GB/T 469</td></tr>
<tr><td>39</td><td rowspan="8">污染物产生指标（末端处理前）</td><td rowspan="8">0.2</td><td rowspan="8">废水</td><td>单位产品废水产生量</td><td>m^3/t</td><td>0.1</td><td colspan="3">≤1</td></tr>
<tr><td>40</td><td>*废水中的 Pb</td><td>g/t</td><td>0.1</td><td>≤2</td><td>≤3</td><td>≤4</td></tr>
<tr><td>41</td><td>废水中其他物质（总 Cu、Zn、As、Ni、Cd、Cr、Sb、Hg 等）</td><td>g/t</td><td>0.05</td><td colspan="3">Cu：≤4；Zn：≤20；As：≤2；Ni：≤2；Cd：≤0.2；Cr：≤10；Sb：≤6；Hg：≤0.2</td></tr>
<tr><td>42</td><td>pH</td><td>—</td><td>0.025</td><td colspan="3">6～9</td></tr>
<tr><td>43</td><td>*氨氮</td><td>g/t</td><td>0.05</td><td>≤10</td><td>≤20</td><td>≤40</td></tr>
<tr><td>44</td><td>COD_{Cr}</td><td>g/t</td><td>0.05</td><td>≤100</td><td>≤300</td><td>≤500</td></tr>
<tr><td>45</td><td>总磷</td><td>g/t</td><td>0.025</td><td>≤1</td><td>≤3</td><td>≤5</td></tr>
<tr><td>46</td><td>悬浮物</td><td>g/t</td><td>0.025</td><td>≤100</td><td>≤200</td><td>≤300</td></tr>
</table>

<table>
<tr><th>序号</th><th>一级指标</th><th>一级指标权重</th><th colspan="2">二级指标</th><th>单位</th><th>二级指标权重</th><th>Ⅰ级基准值</th><th>Ⅱ级基准值</th><th>Ⅲ级基准值</th></tr>
<tr><td>47</td><td rowspan="9">污染物产生指标（末端处理前）</td><td rowspan="9">0.2</td><td rowspan="7">废气</td><td>单位产品烟气产生量</td><td>m³/t</td><td>0.1</td><td colspan="3">≤10 000</td></tr>
<tr><td>48</td><td>*SO₂</td><td>kg/t</td><td>0.1</td><td>≤5</td><td>≤10</td><td>≤15</td></tr>
<tr><td>49</td><td>NOₓ</td><td>kg/t</td><td>0.1</td><td colspan="2">≤1</td><td>≤2</td></tr>
<tr><td>50</td><td>烟尘（颗粒物）</td><td>kg/t</td><td>0.05</td><td>≤5</td><td>≤10</td><td>≤15</td></tr>
<tr><td>51</td><td>*烟尘中的 Pb</td><td>g/t</td><td>0.1</td><td>≤200</td><td colspan="2">≤400</td></tr>
<tr><td>52</td><td>烟尘中的其他金属（Cd、Sn、Sb、As 等）</td><td>g/t</td><td>0.025</td><td colspan="3">Cd：≤10；Cr：≤200；Sn：≤200；Sb：≤200；As：≤80</td></tr>
<tr><td>53</td><td>硅氟酸雾</td><td>mg/m³</td><td>0.05</td><td>≤20</td><td colspan="2">≤45</td></tr>
<tr><td>54</td><td rowspan="2">废渣</td><td>单位产品废渣产生量</td><td>kg/t</td><td>0.025</td><td colspan="3">≤150</td></tr>
<tr><td>55</td><td>* 废渣含铅量</td><td>%</td><td>0.025</td><td colspan="3">≤2</td></tr>
<tr><td>56</td><td rowspan="8">清洁生产管理指标</td><td rowspan="8">0.15</td><td colspan="3">*环境政策、法律法规标准执行情况</td><td>0.15</td><td colspan="3">符合国家和地方有关环境法律、法规，严格执行建设项目环境影响评价制度和建设项目环保“三同时” 制度，废水、废气、噪声等污染物排放符合国家和地方排放标准；污染物排放应达到国家和地方污染物排放总量控制指标和排污许可证管理要求；符合行业产业政策</td></tr>
<tr><td>57</td><td colspan="3">开展清洁生产审核</td><td>0.05</td><td colspan="3">按照国家和地方要求完成清洁生产审核工作</td></tr>
<tr><td>59</td><td colspan="3">固体废物处理处置</td><td>0.1</td><td colspan="3">采用符合国家规定的废物处置方法处理废物；一般固体废物按照 GB 18599 进行妥善处理；危险固体废物等按照 GB 18597 相关规定执行</td></tr>
<tr><td>60</td><td colspan="3">环境管理体系制度</td><td>0.05</td><td colspan="3">按照 GB/T 24001 建立并运行环境管理体系，环境管理程序文件及作业文件齐备</td></tr>
<tr><td>62</td><td colspan="3">污染物排放监测</td><td>0.05</td><td colspan="3">按《污染源自动监控管理办法》规定，安装污染物排放自动监控设备，且与环保主管部门的监控系统联网，装置能正常运行</td></tr>
<tr><td>63</td><td colspan="3">废水处理设施管理</td><td>0.05</td><td>建有废水处理设施运行中控系统，建立治污设施运行台账</td><td colspan="2">建立治污设施运行台账</td></tr>
<tr><td>65</td><td colspan="3">地下水监测</td><td>0.025</td><td colspan="3">按 HJ/T 164 的要求进行监测</td></tr>
<tr><td>66</td><td colspan="3">危险化学品管理</td><td>0.05</td><td colspan="3">符合《危险化学品安全管理条例》相关要求</td></tr>
</table>

序号	一级指标	一级指标权重	二级指标	单位	二级指标权重	Ⅰ级基准值	Ⅱ级基准值	Ⅲ级基准值
67	清洁生产管理指标	0.15	环境管理制度和组织机构		0.025	有完善的环境管理制度和机构以及专业的环境管理人才有专门的环境管理机构和专业环境管理人员		
68			污水排放口管理		0.05	排污口符合《排污口规范化整治技术要求（试行）》相关要求		
69			界区内的气相无组织排放和“跑、冒、滴、漏”点源		0.05	≤8 个	≤10 个	≤15 个
70			环境信息公开		0.05	按照《环境信息公开办法（试行）》要求公开环境信息		
71						按照 HJ 617 编写企业环境报告书		
72			环境应急		0.05	针对危险废物的产生、收集、贮存、运输、利用、处置，制定意外事故的防范措施和应急预案，开展重大环境污染事故应急演练，建立重大事故应急预警机制，应急预案必须经过评审备案		
73			*生产过程环境管理		0.05	废铅蓄电池的收集、运输和贮存，废铅蓄电池回收企业的清洁生产要求和设施建设要求，工艺过程污染控制要求以及污染物控制要求均按标准 HJ 519 执行		
74					0.05	对所有原辅材料均有质检制度和消耗定额管理制度；对所有生产工序有操作规程，主要岗位有作业指导书		
75					0.05	熔铅锅、电铅锅等产生粉尘部位，均要配备控制与处理装置		
76					0.1	电解槽应采取覆盖剂等酸雾抑制措施		

注：带* 的指标为限定性指标。

表 2 废铅蓄电池破碎分选-湿法冶炼工艺清洁生产评价指标

序号	一级指标	一级指标权重	二级指标	单位	二级指标权重	Ⅰ级基准值	Ⅱ级基准值	Ⅲ级基准值
1	生产工艺及设备指标	0.3	废铅蓄电池处置情况		0.15	处置地点必须是封闭式的，防渗、防溢流液体，通风，远离水源和热源		
2			*破碎分选装置		0.25	采用全自动化破碎分选技术		采用机械化破碎分选技术
3			*分离		0.20	确保铅膏、栅板、隔板、塑料和电解液完全分离		
4			预脱硫及副产品回收		0.05	使用碳酸钠、氢氧化钠等作为脱硫剂，脱硫副产物硫酸钠、硫酸钙等均需回收		
5			*废水处理和循环利用装置		0.25	废水闭路循环使用、不外泄		
6			粉状物料储运		0.1	采用封闭式仓储，贮存仓库配通风设施，封闭式输送		
7	资源和能源消耗指标	0.10	单位产品硅氟酸消耗	kg/t	0.2	≤2	≤2.5	≤3
9			单位产品直流电耗	kW·h/t	0.3	≤700		
10			*单位产品综合能耗	kgce/t	0.3	≤130		
11			单位产品新鲜水用量	kg/t	0.2	≤300		≤500
12	资源综合利用指标	0.15	电解液循环利用率	%	0.2	100		
13			*废酸处理利用率	%	0.2	100		
14			塑料回收率	%	0.2	≥99		
15			*铅总回收率	%	0.2	≥98		
16			废水重复利用率	%	0.2	100		
17	产品特征指标	0.1	电解铅	%	1	符合 GB/T 469		
18	污染物产生指标（末端处理前）	0.2	单位产品废水产生量	m^3/t	0.2	≤1		
19			*废水中的 Pb	g/t	0.2	≤2	≤3	≤4
20			废水中其他物质（总 Cu、Zn、As、Ni、Cd、Cr、Sb、Hg 等）	g/t	0.1	Cu：≤4；Zn：≤20；As：≤2；Ni：≤2Cd：≤0.2；Cr：≤10；Sb：≤6；Hg：≤0.2		
21			pH	—	0.1	6～9		

序号	一级指标	一级指标权重	二级指标	单位	二级指标权重	I 级基准值	II 级基准值	III级基准值
22	污染物产生指标（末端处理前）	0.2	*氨氮	g/t	0.1	≤10	≤20	≤40
23			COD_{Cr}	g/t	0.1	≤100	≤300	≤500
24			悬浮物	g/t	0.1	≤100	≤200	≤300
25			硅氟酸雾	mg/m^3	0.1	≤20	≤45	
26	清洁生产管理指标	0.15	*环境法律法规标准执行情况		0.2	符合国家和地方有关环境法律、法规，严格执行建设项目环境影响评价制度和建设项目环保“三同时”制度，废水、废气、噪声等污染物排放符合国家和地方排放标准；污染物排放应达到国家和地方污染物排放总量控制指标和排污许可证管理要求，符合行业产业政策		
27			开展清洁生产审核		0.05	按照国家和地方要求的完成清洁生产审核		
29			固体废物管理		0.05	采用符合国家规定的废物处置方法处理废物；一般固体废物按照 GB 18599 进行妥善处理；危险固体废物等按照 GB 18597 相关规定执行		
30			含铅废水的处理		0.05	采用符合国家规定的废水处理方法处理含铅工业废水		
31			环境管理体系制度		0.05	按照 GB/T 24001 建立并运行环境管理体系，环境管理程序文件及作业文件齐备		
32			污染物排放监测		0.05	按《污染源自动监控管理办法》规定，安装污染物排放自动监控设备，且与环保主管部门的监控系统联网，装置能正常运行		
33			废水处理设施管理		0.05	建有废水处理设施运行中控系统，建立治污设施运行台账		建立治污设施运行台账
35			地下水监测点		0.05	按 HJ/T 164 的要求进行监测		
36			危险化学品管理		0.05	符合《危险化学品安全管理条例》相关要求		
37			环境管理制度和组织机构		0.05	有完善的环境管理制度和机构以及专业的环境管理人才		有专门的环境管理机构和专业环境管理人员
38			污水排放口管理		0.05	排污口符合《排污口规范化整治技术要求（试行）》相关要求		

序号	一级指标	一级指标权重	二级指标	单位	二级指标权重	I 级基准值	II 级基准值	III级基准值
39	清洁生产管理指标	0.15	环境信息公开		0.05	按照《环境信息公开办法（试行）》要求公开环境信息		
40						按照 HJ 617 编写企业环境报告书		
41			环境应急		0.05	针对危险废物的产生、收集、贮存、运输、利用、处置，制定意外事故的防范措施和应急预案，开展重大环境污染事故应急演练，建立重大事故应急预警机制，应急预案必须经过评审备案		
42			*生产过程环境管理		0.1	废铅蓄电池的收集、运输和贮存，废铅蓄电池回收企业的清洁生产要求和设施建设要求，工艺过程污染控制要求以及污染物控制要求均按标准 HJ 519 执行		
43					0.05	对所有原辅材料均有质检制度和消耗定额管理制度；对所有生产工序有操作规程，主要岗位有作业指导书		
44					0.05	电解槽应采取覆盖剂等酸雾抑制措施		

注：带* 的指标为限定性指标。

电池行业清洁生产评价指标体系（节选）

国家发展和改革委员会　环境保护部　工业和信息化部
公告　2015 年　第 36 号

为贯彻《中华人民共和国环境保护法》和《中华人民共和国清洁生产促进法》，指导和推动电池企业依法实施清洁生产，提高资源利用率，减少和避免污染物的产生，保护和改善环境，制定电池行业清洁生产评价指标体系（以下简称“指标体系”）。

本指标体系依据综合评价所得分值将清洁生产等级划分为三级，I 级为国际清洁生产领先水平；II 级为国内清洁生产先进水平；III级为国内清洁生产基本水平。随着技术的不断进步和发展，本评价指标体系将适时修订。

1　适用范围

本指标体系规定了电池企业清洁生产的一般要求。本指标体系包括铅蓄电池、锌系列电池、镉镍电池、氢镍电池、锂离子电池、锂原电池生产企业的清洁生产评价指标。本指标体系不适用本体系中未涉及的电池原料制造企业的清洁生产评价。本指标体系将清洁生产指标分为六类，即生产工艺及设备要求、资源和能源消耗指标、资源综合利用指标、产品特征指标、污染物产生（控制）指标和清洁生产管理指标。

本指标体系适用于电池企业清洁生产审核、清洁生产潜力与机会的判断、清洁生产绩效评定和清洁生产绩效公告、环境影响评价、排污许可证、环境领跑者等管理制度。

4　评价指标体系

4.1　指标选取说明

本评价指标体系根据清洁生产的原则要求和指标的可度量性，进行指标选取。根据评价指标的性质，可分为定量指标和定性指标两种。

定量指标选取了有代表性的、能反映“节能”“降耗”“减污”和“增效”等有关清洁生产最终目标的指标，综合考评企业实施清洁生产的状况和企业清洁生产程度。定性指标根据国家有关推行清洁生产的产业发展和技术进步政策、资源环境保护政策规定以及行业发展规划选取，用于考核企业对有关政策法规的符合性及其清洁生产工作实施情况。

4.2　指标基准值及其说明

在定量评价指标中，各指标的评价基准值是衡量该项指标是否符合清洁生产基本要求的评价基准。本评价指标体系确定各定量评价指标的评价基准值的依据是：凡国家或行业在有关政策、法规及相关规划中，对该项指标已有明确要求的，执行国家要求的指标值；凡国家或行业对该项指标尚无明确要求的，则选用国内重点大中型电池企业近年来清洁生产所实际达到的中上等以上水平的指标值。在定性评价指标体系中，衡量该项指标是否贯彻执行国家有关政策、法规的情况，按“是”或“否”两种选择来评定。

4.3　指标体系不同类型电池企业清洁生产评价指标体系的各评价指标、评价基准值和权重值见表 1～表 5。

表 1 铅蓄电池评价指标项目、权重及基准值

序号	一级指标	一级指标权重	二级指标		单位	二级指标权重	I 级基准值	II 级基准值	III级基准值
1	生产工艺及设备要求	0.2	铅粉制造			0.1	铅锭冷加工造粒技术		熔铅造粒技术
2			和膏			0.05	自动全密封和膏机		
3			涂膏			0.05	自动涂膏技术与设备/灌浆或挤膏工艺		
4			板栅铸造			0.1	车间、熔铅锅封闭；采用连铸辊式、拉网式板栅和卷绕式电极等先进技术	车间、熔铅锅封闭；采用集中供铅重力浇铸技术	
5			化成			0.1	内化成		外化成
						0.15	车间封闭；酸雾收集处理；废酸回收利用		车间封闭；酸雾收集处理；外化成槽封闭
						0.1	能量回馈式充电机		电阻消耗式充电机
6			极板分离			0.1	整体密封；采用机械化分板刷板（耳）工艺		
7			组装			0.15	采用机械化包板、称板设备；采用自动烧焊机或铸焊机等自动化生产设备		
8			配酸和灌酸（配胶与灌胶）			0.1	密闭式自动灌酸机（灌胶机）		
9	资源和能源消耗指标	0.2	*单位产品取水量	起动型铅蓄电池	$m^3/kVA·h$	0.4	0.08	0.10	0.12
				动力用铅蓄电池			0.09	0.10	0.11
				工业用铅蓄电池			0.13	0.15	0.17
				组装			0.02	0.022	0.025
10			*单位产品综合能耗	起动型铅蓄电池	kgce/kVA·h	0.4	4.5	4.8	5.3
				动力用铅蓄电池			4.2	4.8	5.0
				工业用铅蓄电池			3.8	4.2	4.5
				组装			1.8	2.2	2.4

序号	一级指标	一级指标权重	二级指标		单位	二级指标权重	Ⅰ级基准值	Ⅱ级基准值	Ⅲ级基准值
11	资源和能源消耗指标	0.2	铅消耗量	起动型铅蓄电池	kg/kVA·h	0.2	18	19	20
				动力用铅蓄电池			21	22	24
				工业用铅蓄电池			20	21	22
12	资源综合利用指标	0.1	水重复利用率		%	1	85	75	65
13	产品特征指标	0.1	*产品镉含量		10^{-6}	1	20		
14	污染物控制指标	0.2	*单位产品废水产生量	起动型铅蓄电池	m^3/kVA·h	0.2	0.07	0.09	0.11
				动力用铅蓄电池			0.08	0.09	0.10
				工业用铅蓄电池			0.11	0.13	0.15
				组装			0.015	0.02	0.022
15			*单位产品废水总铅产生量	起动型铅蓄电池	g/kVA·h	0.3	0.2	0.26	0.32
				动力用铅蓄电池			0.25	0.27	0.3
				工业用铅蓄电池			0.3	0.4	0.45
				组装			0.03	0.04	0.05
16			*单位产品废气总铅控制量	铅蓄电池	g/kVA·h	0.5	0.06	0.1	0.12
				组装			0.02	0.04	0.05
17	清洁生产管理指标	0.2							

注1：带*的指标为限定性指标。

表 2　锌系列电池企业指标项目、权重及基准值

序号	一级指标	一级指标权重	二级指标		单位	二级指标权重	Ⅰ级基准值	Ⅱ级基准值	Ⅲ级基准值
1	生产工艺及设备要求	0.2	拌粉			0.4	自动控制、密闭搅拌混合技术		
2			组装			0.4	自动装配工艺		
3			封口			0.2	自动涂胶机、封口机，封口剂预热采用电加热		
4	资源和能源消耗指标	0.2	*单位产品取水量	糊式锌锰电池	m^3/万只	0.5	1.0	1.1	1.3
				纸板锌锰电池、碱锰电池、叠层电池			0.4	0.5	0.6
				扣式碱锰电池、扣式氧化银电池、扣式锌空气电池			0.35	0.4	0.45
5			*单位产品综合能耗		kgce/万只	0.5	9	10	11
6	资源综合利用指标	0.1	水重复利用率		%	1	40	30	20
7	产品特征指标	0.1	*产品汞含量	糊式锌锰电池	μg/g	1	120		
				纸板锌锰电池、碱锰电池、叠层电池			1		
				扣式碱锰电池、扣式氧化银电池、扣式锌空气电池			5		
8	污染物产生指标	0.2	*单位产品废水产生量	糊式锌锰电池	m^3/万只	0.6	0.9	1.0	1.2
				纸板锌锰电池、碱锰电池、叠层电池			0.35	0.45	0.55
				扣式碱锰电池、扣式氧化银电池、扣式锌空气电池			0.3	0.35	0.4
9			*单位产品总汞产生量	糊式锌锰电池	g/万只	0.4	0.4	0.5	0.6
				纸板锌锰电池、碱锰电池、叠层电池			0.03	0.04	0.05
				扣式碱锰电池、扣式氧化银电池、扣式锌空气电池			0.05	0.07	0.1
10	清洁生产管理指标	0.2	参见表 5						

注 1：带*的指标为限定性指标。

表 3　镉镍电池企业指标项目、权重及基准值

序号	一级指标	一级指标权重	二级指标		单位	二级指标权重	Ⅰ级基准值	Ⅱ级基准值	Ⅲ级基准值
1	生产工艺及设备要求	0.1	化成			0.5	封口化成		
2			装配			0.5	机械化分选配组设备		人工分选配组设备
3	资源和能源消耗指标	0.3	*单位产品取水量	烧结工艺	m^3/万 Ah	0.5	80	90	100
				发泡工艺			1.2	1.4	1.5
4			*单位产品综合能耗	烧结工艺	kgce/万 Ah	0.5	3 000	3200	3 500
				发泡工艺			80	100	120
5	资源综合利用指标	0.1	水重复利用率		%	1	70	60	50
6	污染物产生指标	0.3	*单位产品废水产生量	烧结工艺	m^3/万 Ah	0.5	55	60	65
				发泡工艺			0.8	0.9	1.0
7			*单位产品总镉产生量	烧结工艺	g/万 Ah	0.25	80	90	130
				发泡工艺			1.2	1.5	2.0
8			*单位产品总镍产生量	烧结工艺	g/万 Ah	0.25	80	90	130
				发泡工艺			1.2	1.5	2.0
9	清洁生产管理指标	0.2	参见表 5						

注 1：带*的指标为限定性指标。

注 2：氢镍电池、锌镍电池企业参照执行。

表 4 锂离子电池/锂原电池企业指标项目、权重及基准值

序号	一级指标	一级指标权重	二级指标	单位	二级指标权重	Ⅰ级基准值	Ⅱ级基准值	Ⅲ级基准值
1	生产工艺及设备要求	0.2	合浆		0.1	密闭进料		
2			涂布		0.5	间歇式涂布		连续式涂布
3			放电		0.4	能量回馈式		电阻消耗式
4	资源和能源消耗指标	0.3	*单位产品取水量	m^3/万 Ah	0.5	1.2	1.5	1.8
5			*单位产品综合能耗	kgce/万 Ah	0.5	350	400	600
6	资源综合利用指标	0.1	水重复利用率	%	0.5	80	75	70
7			*NMP（N-甲基吡咯烷酮）回收率	%	0.5	97	95	90
8	污染物产生指标	0.2	*单位产品废水产生量	m^3/万 Ah	0.5	0.8	1.0	1.2
9			*单位产品 COD_{Cr} 产生量	kg/万 Ah	0.25	0.2	0.25	0.3
10			*总钴产生量	g/万 Ah	0.25	0.8	1.0	1.2
11	清洁生产管理指标	0.2	参见表 5					

注 1：带*的指标为限定性指标。

表 5 电池企业清洁生产管理指标项目基准值

序号	一级指标	二级指标	二级指标权重	Ⅰ级基准值	Ⅱ级基准值	Ⅲ级基准值
1	清洁生产管理指标	*环境法律法规标准执行情况	0.1	符合国家和地方有关环境法律、法规，废水、废气、噪声等污染物排放符合国家和地方排放标准；污染物排放应达到国家和地方污染物排放总量控制指标和排污许可证管理要求		
2		*产业政策执行情况	0.1	生产规模符合国家和地方相关产业政策以及区域环境规划，不使用国家和地方明令淘汰的落后工艺装备和机电设备		
3		*清洁生产审核情况	0.1	按照国家和地方要求，开展清洁生产审核		
4		环境管理体系	0.1	按照 GB/T 24001 建立并运行环境管理体系，环境管理手册、程序文件及作业文件齐备	对生产过程中的环境因素进行控制，有严格的操作规程，建立相关方管理程序、清洁生产审核制度和各种环境管理制度，特别是固体废物（包括危险废物）的转移制度	对生产过程中的主要环境因素进行控制，有操作规程，建立相关方管理程序、清洁生产审核制度和必要环境管理制度
5		环境管理制度	0.05	有健全的企业环境管理机构；制定有效的环境管理制度；环保档案管理情况良好		
6		*环境应急预案	0.1	按《突发环境事件应急预案管理暂行办法》制定企业环境风险应急预案，应急设施、物资齐备，并定期培训和演练		
7		*危险化学品管理	0.05	符合《危险化学品安全管理条例》相关要求		
8		水污染物排放管理	0.03	*厂区排水实行清污分流，雨污分流，污污分流；含重金属的洗浴废水和洗衣废水应按重金属废水处理		
			0.02	含盐废水有效处理，含盐废水排放应符合 CJ343		
9		污染物排放监测：在线监测设备	0.02	安装废气、废水重金属在线监测设备	安装废水重金属在线监测设备	
		污染物排放监测：监测能力建设	0.03	具备自行环境监测能力；对污染物排放状况及其对周边环境质量的影响开展自行监测		具备自行环境监测能力；对污染物排放状况开展自行监测
10		*排放口管理	0.05	排污口符合《排污口规范化整治技术要求（试行）》相关要求		

序号	一级指标	二级指标		二级指标权重	Ⅰ级基准值	Ⅱ级基准值	Ⅲ级基准值
11		*固体废物处理处置	一般固体废物	0.02	一般固体废物按照 GB 18599 相关规定执行		
			危险废物	0.08	对危险废物（如含重金属污泥、含重金属劳保用品、含重金属包装物、含重金属类废电池等），应按照 GB 18597 相关规定，进行危险废物管理，应交持有危险废物经营许可证的单位进行处理。应制定并向所在地县级以上地方人民政府环境行政主管部门备案危险废物管理计划（包括减少危险废物产生量和危害性的措施以及危险废物贮存、利用、处置措施），向所在地县级以上地方人民政府环境保护行政主管部门申报危险废物产生种类、产生量、流向、贮存、处置等有关资料。应针对危险废物的产生、收集、贮存、运输、利用、处置，制定意外事故防范措施和应急预案，向所在地县以上地方人民政府环境保护行政主管部门备案		
12		能源计量器具配备情况		0.05	计量器具配备率符合 GB 17167、GB 24789 三级计量要求	计量器具配备率符合 GB 17167、GB 24789 二级计量要求	
13		环境信息公开		0.05	按照《企业事业单位环境信息公开办法》公开环境信息，按照 HJ 617 编写企业环境报告书		按照《企业事业单位环境信息公开办法》公开环境信息
14		相关方环境管理		0.05	对原材料供应方、生产协作方、相关服务方提出环境管理要求		

注 1：带*的指标为限定性指标。

锑行业清洁生产评价指标体系（节选）

国家发展和改革委员会　环境保护部　工业和信息化部
公告　2015 年　第 36 号

为贯彻《中华人民共和国环境保护法》和《中华人民共和国清洁生产促进法》，指导和推动锑采选、冶炼和锑白（三氧化二锑）生产企业依法实施清洁生产，提高资源利用率，减少和避免污染物的产生，保护和改善环境，制定锑行业清洁生产评价指标体系（以下简称“指标体系”）。

本指标体系依据综合评价所得分值将清洁生产等级划分为三级，Ⅰ级为国际清洁生产领先水平；Ⅱ级为国内清洁生产先进水平；Ⅲ级为国内清洁生产基本水平。随着技术的不断进步和发展，本评价指标体系将适时修订。

1　适用范围

本评价指标体系规定了锑采选、冶炼和锑白（三氧化二锑）生产企业清洁生产的一般要求。本评价指标体系将清洁生产标准指标分成生产工艺与设备指标、资源与能源消耗指标、资源综合利用指标、污染物产生指标、产品特征指标（矿山生态保护指标）、清洁生产管理指标。

本指标体系适用于锑采选、冶炼和锑白（三氧化二锑）生产企业清洁生产审核、清洁生产潜力与机会的判断、清洁生产绩效评定和清洁生产绩效公告，环境影响评价、排污许可证、环境领跑者等管理制度。

4　评价指标体系

4.1　指标选取说明

本评价指标体系根据清洁生产的原则要求和指标的可度量性，进行指标选取。根据评价指标的性质，可分为定量指标和定性指标两种。

定量指标选取了有代表性的、能反映“节能”“降耗”“减污”和“增效”等有关清洁生产最终目标的指标，综合考评企业实施清洁生产的状况和企业清洁生产程度。定性指标根据国家有关推行清洁生产的产业发展和技术进步政策、资源环境保护政策规定以及行业发展规划选取，用于考核企业对有关政策法规的符合性及其清洁生产工作实施情况。

4.2 指标基准值及其说明

各指标的评价基准值是衡量该项指标是否符合清洁生产基本要求的评价基准。

在定量评价指标中，各指标的评价基准值是衡量该项指标是否符合清洁生产基本要求的评价基准。本评价指标体系确定各定量评价指标的评价基准值的依据是：凡国家或行业在有关政策、规划等文件中对该项指标已有明确要求的就执行国家要求的数值；凡国家或行业对该项指标尚无明确要求的，则选用国内大中型锑采矿企业、锑选矿企业、锑冶炼企业和锑白（三氧化二锑）生产企业近年来清洁生产所实际达到的中上等以上水平的指标值。因此，本定量评价指标体系的评价基准值代表了行业清洁生产的先进水平。

在定性评价指标体系中，衡量该项指标是否贯彻执行国家有关政策、法规的情况，按“是”或“否”两种选择来评定。

4.3 指标体系

锑采矿企业、锑选矿企业、锑冶炼企业和锑白（三氧化二锑）生产企业清洁生产评价指标体系的各评价指标、评价基准值和权重值见表 1～表 5。

表 1 锑矿采矿企业评价指标项目、权重及基准值

<table>
<tr><th>序号</th><th>一级指标</th><th>一级指标权重值</th><th colspan="2">二级指标</th><th>单位</th><th>二级指标权重值</th><th>Ⅰ级基准值</th><th>Ⅱ级基准值</th><th>Ⅲ级基准值</th></tr>
<tr><td>1</td><td rowspan="4">生产工艺与设备指标</td><td rowspan="4">0.30</td><td colspan="2">生产工艺</td><td>—</td><td>0.3</td><td colspan="3">根据矿石赋存条件、地质条件和经济合理性选择最适合的采矿工艺</td></tr>
<tr><td>2</td><td colspan="2">生产装备</td><td>—</td><td>0.3</td><td colspan="3">采用大型化，效率高、能耗低的采矿装备</td></tr>
<tr><td>3</td><td colspan="2">通风</td><td>—</td><td>0.2</td><td colspan="3">矿井建立机械通风系统；进入矿井的空气无有毒、有害物质的污染；矿井通风系统的有效风量率不低于 60%</td></tr>
<tr><td>4</td><td colspan="2">排水</td><td>—</td><td>0.2</td><td>满足最大矿坑涌水量排水要求</td><td colspan="2">符合有色金属矿山地下开采生产技术规程</td></tr>
<tr><td rowspan="5">5</td><td rowspan="6">资源与能源消耗指标</td><td rowspan="6">0.24</td><td rowspan="5">单位产品综合能耗※</td><td>硫化锑、硫氧化混合矿</td><td rowspan="5">kgce/t 采（掘）量</td><td rowspan="5">0.5</td><td>≤2.88</td><td>≤3.2</td><td>≤3.52</td></tr>
<tr><td>脆硫铅锑矿、锡锑多金属矿（开采深度≤250 m）</td><td>≤3.5</td><td>≤5</td><td>≤6</td></tr>
<tr><td>脆硫铅锑矿、锡锑多金属矿（500 m≥开采深度>250 m）</td><td>≤6</td><td>≤7.5</td><td>≤8.5</td></tr>
<tr><td>脆硫铅锑矿、锡锑多金属矿（750 m≥开采深度>500 m）</td><td>≤8.5</td><td>≤10</td><td>≤11</td></tr>
<tr><td>脆硫铅锑矿、锡锑多金属矿（开采深度>750 m）</td><td>≤11</td><td>≤12.5</td><td>≤13.5</td></tr>
<tr><td>6</td><td colspan="2">单位产品新鲜水耗※</td><td>m^3/t 原矿</td><td>0.5</td><td>≤0.3</td><td>≤0.4</td><td>≤0.5</td></tr>
</table>

序号	一级指标	一级指标权重值	二级指标		单位	二级指标权重值	Ⅰ级基准值	Ⅱ级基准值	Ⅲ级基准值
7	资源综合利用指标	0.22	开采回采率※		%	0.6	≥90	≥88	≥85
8			废石综合利用率		%	0.4	≥60	≥40	≥20
9	污染物产生指标	0.04	作业场所粉尘浓度		mg/m^3	1.0	≤1	≤2.5	≤5
10	矿山生态保护指标	0.10	复垦率		%	1.0	≥90	≥85	≥50
11	清洁生产管理指标	0.10	环境法律法规标准※		—	0.2	生产工艺和装备符合产业政策要求，污染物排放达到排放标准、符合总量控制和排污许可证管理要求，严格执行建设项目环境影响评价制度和建设项目环保“三同时”制度		
12			废物处理处置※		—	0.2	根据固体废物性质鉴别的结果，一般工业固体废物按照 GB 18599 的要求进行处置，危险废物按照 GB 18597、GB 18598 等的要求进行处置		
13			组织机构		—	0.1	建立健全专门环保管理机构，配备专职管理人员，开展环境保护和清洁生产有关工作		
14			清洁生产审核	审核管理文件及审核周期、验收	—	0.2	按照 GB/T 24001 建立并有效运行环境管理体系，环境管理手册、程序文件及作业文件齐备，定期完成新一轮清洁生产审核，审核方案全部实施，并通过验收		
15			环保设施运行管理		—	0.1	环保设施正常运行，无跑、冒、滴、漏现象，设立环保标识，环保设施运行台账齐全		
16			环境应急※		—	0.2	编制环境风险应急预案，并进行备案，定期开展环境风险应急演练，可及时应对重大环境污染事故发生		

注：带※的指标为限定性指标。

表 2 锑矿选矿企业评价指标项目、权重及基准值

序号	一级指标	一级指标权重值	二级指标			单位	二级指标权重值	Ⅰ级基准值	Ⅱ级基准值	Ⅲ级基准值
1	生产工艺与设备指标	0.30	生产工艺			—	0.2	采用先进、适用的选矿工艺和技术		
2			生产装备			—	0.2	采用具有大型化、一定自动化程度、效率高、能耗低的国际先进水平的选矿装备		
3			生产作业地面防渗措施			—	0.2	具备		
4			事故性渗漏防范措施			—	0.2	具备		
5			共伴生矿产资源综合利用措施和设施			—	0.2	具备		
6	资源与能源消耗指标	0.16	单位产品综合能耗※	硫化锑、硫氧化混合矿	手选、重选	kgce/t 原矿	0.5	≤2.5	≤2.75	≤3
					手选、浮选			≤2.57	≤2.85	≤3.14
					浮选			≤2.7	≤3	≤3.3
					重选+浮选			≤3	≤3.5	≤4
					手选、重介质预选、重—浮选			≤3	≤3.3	≤3.5
				脆硫铅锑矿、锡锑多金属矿				≤12	≤13	≤14
7			单位产品新鲜水耗※	硫化锑矿		m^3/t 原矿	0.5	≤2	≤3	≤4
				混合（难选）矿和脆硫铅锑矿、锡锑多金属矿				≤3	≤4.5	≤6
8	资源综合利用指标	0.24	选矿回收率※	锑（硫化锑矿）		%	0.3	≥90	≥85	≥80
				锑（混合（难选）矿和脆硫铅锑矿）				≥80	≥75	≥70
9				可回收共伴生有价金属		%	0.3	≥80	≥75	≥70
10			工业用水重复利用率※			%	0.2	≥85	≥80	≥75
11			尾矿综合利用率			%	0.2	≥30	≥20	≥15

序号	一级指标	一级指标权重值	二级指标			单位	二级指标权重值	Ⅰ级基准值	Ⅱ级基准值	Ⅲ级基准值
12	污染物产生指标	0.16	作业场所粉尘浓度			mg/m^3	0.1	≤1	≤2.5	≤5
13			单位产品特征污染物产生量（废水）※	硫化锑矿	Pb	g/t 原矿	0.15	≤0.8	≤0.96	≤1.12
					Hg	g/t 原矿	0.15	≤0.02	≤0.024	≤0.028
					Cd	g/t 原矿	0.15	≤0.08	≤0.096	≤0.112
					As	g/t 原矿	0.15	≤0.4	≤0.48	≤0.56
					Sb	g/t 原矿	0.15	≤1.2	≤1.44	≤1.68
					COD	g/t 原矿	0.15	≤240	≤288	≤336
14				混合（难选）矿和脆硫铅锑矿	Pb	g/t 原矿	0.15	≤1.2	≤1.4	≤1.6
					Hg	g/t 原矿	0.15	≤0.03	≤0.035	≤0.04
					Cd	g/t 原矿	0.15	≤0.12	≤0.14	≤0.16
					As	g/t 原矿	0.15	≤0.6	≤0.7	≤0.8
					Sb	g/t 原矿	0.15	≤1.8	≤2.1	≤2.4
					COD	g/t 原矿	0.15	≤360	≤420	≤480
15	产品特征指标	0.04	锑精矿化学成分量			—	1	符合 YST 385 锑精矿的质量标准		
			铅锑精矿化学成分量					符合 YST 882 铅锑精矿的质量标准		
16	清洁生产管理指标	0.10	环境法律法规标准※			—	0.2	生产工艺和装备符合产业政策要求，污染物排放达到排放标准、符合总量控制和排污许可证管理要求，严格执行建设项目环境影响评价制度和建设项目环保“三同时”制度		
17			废物处理处置※			—	0.2	采取专用尾矿库，具有完善的集、回水措施和排洪措施，尾矿库坝面和坝坡采取覆盖等措施并有专人维护管理，根据固体废物性质鉴别的结果，一般工业固体废物按照 GB 18599 的要求进行处置，危险废物按照 GB 18597、GB 18598 等的要求进行处置		

序号	一级指标	一级指标权重值	二级指标		单位	二级指标权重值	Ⅰ级基准值	Ⅱ级基准值	Ⅲ级基准值
18	清洁生产管理指标	0.10	组织机构		—	0.1	建立健全专门环保管理机构，配备专职管理人员，开展环境保护和清洁生产有关工作		
19			清洁生产审核	审核管理文件及审核周期、验收	—	0.2	按照 GB/T 24001 建立并有效运行环境管理体系，环境管理手册、程序文件及作业文件齐备，定期完成新一轮清洁生产审核，审核方案全部实施，并通过验收		
20			环保设施运行管理		—	0.1	环保设施正常运行，无跑、冒、滴、漏现象，设立环保标识，环保设施运行台账齐全		
21			环境应急※		—	0.2	编制环境风险应急预案，并进行备案，定期开展环境风险应急演练，可及时应对重大环境污染事故发生		

注：(1) 带※的指标为限定性指标。

(2) 污染物产生指标中废水的相关指标均指尾矿库废水量及回水口处污染物浓度等相关指标。

(3) 多金属矿单位产品新鲜水耗指标按照分配到锑精矿的新鲜用水量核定。

表 3 硫化锑、硫氧化混合锑精矿冶炼企业评价指标项目、权重及基准值

序号	一级指标	一级指标权重值	二级指标	单位	二级指标权重值	Ⅰ级基准值	Ⅱ级基准值	Ⅲ级基准值
1	生产工艺与设备指标	0.30	冶炼工艺	—	0.4	富氧挥发熔炼工艺	挥发熔炼工艺	挥发焙烧工艺
2			精炼反射炉	m^2	0.2	≥18	≥15	≥10
3			鼓风炉	m^2	0.2	≥4	≥3	≥1
			平炉			≥12	≥10	≥8
4			废气的收集与处理	—	0.1	具有防止废气逸出措施。在易产生废气无组织排放的位置设有废气收集净化装置		
5			粉状物料输送	—	0.05	采用封闭式仓储，贮存仓库配通风设施，采用封闭式输送		
6			余热利用装置	—	0.05	具有余热锅炉或其他余热利用装置		

序号	一级指标	一级指标权重值	二级指标		单位	二级指标权重值	Ⅰ级基准值	Ⅱ级基准值	Ⅲ级基准值
7	资源与能源消耗指标	0.16	单位产品综合能耗※		kgce/t（锑锭）	0.5	≤1 000	≤1 030	
8			单位产品新鲜水耗※		m^3/t（锑锭）	0.5	≤15	≤20	≤30
9	资源综合利用指标	0.24	冶炼回收率※	锑（硫氧混合矿）	%	0.4	≥93	≥92	≥90
				锑（硫化锑矿）			≥96		≥95
10				可回收共伴生有价金属		0.2	≥90	≥85	≥80
11			工业用水重复利用率※		%	0.2	≥98	≥95	
12			工业固体废物综合利用率		%	0.2	≥90	≥80	≥75
13	污染物产生指标	0.16	单位产品特征污染物产生量（废气）※	Pb	g/t（锑锭）	0.12	≤25.2	≤31.5	
14				Hg	g/t（锑锭）	0.12	≤0.47	≤0.63	
				Cd	g/t（锑锭）	0.12	≤2.52	≤3.15	
15				As	g/t（锑锭）	0.16	≤25.2	≤31.5	
16				Sb	g/t（锑锭）	0.16	≤189	≤252	
17				二氧化硫	kg/t（锑锭）	0.16	≤6.3	≤25.2	
18				氮氧化物	kg/t（锑锭）	0.16	≤6.3	≤12.6	

序号	一级指标	一级指标权重值	二级指标	单位	二级指标权重值	Ⅰ级基准值	Ⅱ级基准值	Ⅲ级基准值
19	原料与产品特征指标	0.04	锑锭	—	1	符合 GB/T 1599 相应牌号锑锭的质量标准		
20	清洁生产管理指标	0.10	环境法律法规标准※	—	0.2	生产工艺和装备符合产业政策要求，污染物排放达到排放标准、符合总量控制和排污许可证管理要求，严格执行建设项目环境影响评价制度和建设项目环保“三同时”制度		
21			废物处理处置※	—	0.2	根据固体废物性质鉴别的结果，一般工业固体废物按照 GB 18599 的要求进行处置，危险废物按照 GB 18597、GB 18598 等的要求进行处置		
22			组织机构	—	0.1	建立健全专门环保管理机构，配备专职管理人员，开展环境保护和清洁生产有关工作		
23 24			清洁生产审核 审核管理文件及审核周期、验收	—	0.2	按照 GB/T 24001 建立并有效运行环境管理体系，环境管理手册、程序文件及作业文件齐备，定期完成新一轮清洁生产审核，审核方案全部实施，并通过验收		
25			环保设施运行管理		0.1	环保设施正常运行，无跑、冒、滴、漏现象，设立环保标识，环保设施运行台账齐全		
26			环境应急※		0.2	编制环境风险应急预案，并进行备案，定期开展环境风险应急演练，可及时应对重大环境污染事故发生		

注：（1）带※的指标为限定性指标。

（2）锑冶炼采用挥发熔炼工艺，布袋收尘器作为生产设施，收下的锑氧粉为下一段工序的原料，污染物产生指标均指废气排口的相关指标。

（3）单位能耗计算按照 GB 21349—2014 锑冶炼企业单位产品能耗消耗限额第 5 款统计范围、计算方法及计算范围计算。

表 4　脆硫铅锑矿冶炼企业评价指标项目、权重及基准值

序号	一级指标	一级指标权重值	二级指标		单位	二级指标权重值	Ⅰ级基准值	Ⅱ级基准值	Ⅲ级基准值
1	生产工艺与设备指标	0.30	冶炼工艺		—	0.4	熔池熔炼工艺和旋涡柱连续熔炼工艺		
2			精炼反射炉		m^2	0.3	≥18	≥14	≥10
3			废气的收集与处理		—	0.1	具有防止废气逸出措施。在易产生废气无组织排放的位置设有废气收集净化装置		
4			粉状物料输送		—	0.1	采用封闭式仓储，贮存仓库配通风设施，采用封闭式输送		
5			余热利用装置		—	0.1	具有余热锅炉或其他余热利用装置		
6	资源与能源消耗指标	0.16	单位产品综合能耗※		kgce/t（锑锭、铅锭、高铅锑锭）	0.5	≤1 800	≤1 900	≤2 100
7			单位产品新鲜水耗※		m^3/t（锑锭、铅锭、高铅锑锭）	0.5	≤30	≤35	≤40
8	资源综合利用指标	0.24	冶炼回收率※	锑	%	0.2	≥90	≥85	≥80
9				铅		0.2	≥95	≥90	≥88
10				其他有价金属		0.1	≥85		≥80
11			工业用水重复利用率※		%	0.2	≥98		≥95
12			工业固体废物综合利用率		%	0.2	≥90	≥80	≥75
13			总硫利用率		%	0.1	≥96	≥95	≥94

序号	一级指标	一级指标权重值	二级指标		单位	二级指标权重值	Ⅰ级基准值	Ⅱ级基准值	Ⅲ级基准值
14	污染物产生指标	0.16	单位产品特征污染物产生量（废水）[※]	Pb	g/t（锑锭、铅锭、高铅锑锭）	0.1	≤7.5	≤10	
15				Hg	g/t（锑锭、铅锭、高铅锑锭）	0.05	≤0.025	≤0.05	
16				Cd	g/t（锑锭、铅锭、高铅锑锭）	0.05	≤3.5	≤4.5	
17				As	g/t（锑锭、铅锭、高铅锑锭）	0.1	≤3.75	≤5	
18				Sb	g/t（锑锭、铅锭、高铅锑锭）	0.1	≤12.5	≤15	
19			单位产品特征污染物产生量（废气）[※]	Pb	g/t（锑锭、铅锭、高铅锑锭）	0.1	≤100.8	≤126	
20				Hg	g/t（锑锭、铅锭、高铅锑锭）	0.05	≤0.47	≤0.63	
21				Cd	g/t（锑锭、铅锭、高铅锑锭）	0.05	≤2.52	≤3.15	
22				As	g/t（锑锭、铅锭、高铅锑锭）	0.1	≤25.2	≤31.5	
23				Sb	g/t（锑锭、铅锭、高铅锑锭）	0.1	≤189	≤252	
24				二氧化硫	kg/t（锑锭、铅锭、高铅锑锭）	0.1	≤6.3	≤25.2	
25				氮氧化物	kg/t（锑锭、铅锭、高铅锑锭）	0.1	≤6.3	≤12.6	
26	原料与产品特征指标	0.04	锑锭		—	0.5	符合 GB/T 1599 锑锭的质量标准		
27			铅锭		—	0.5	符合 GB/T 469 铅锭的质量标准		
28	管理指标清洁生产	0.10	环境法律法规标准[※]		—	0.2	生产工艺和装备符合产业政策要求，污染物排放达到排放标准、符合总量控制和排污许可证管理要求，严格执行建设项目环境影响评价制度和建设项目环保“三同时”制度		
29			废物处理处置[※]		—	0.2	根据固体废物性质鉴别的结果，一般工业固体废物按照 GB 18599 的要求进行处置，危险废物按照 GB 18597、GB 18598 等的要求进行处置		
30			组织机构		—	0.1	建立健全专门环保管理机构，配备专职管理人员，开展环境保护和清洁生产有关工作		

序号	一级指标	一级指标权重值	二级指标		单位	二级指标权重值	Ⅰ级基准值	Ⅱ级基准值	Ⅲ级基准值
31	清洁生产管理指标	0.10	清洁生产审核	审核管理文件及审核周期、验收	—	0.2	按照 GB/T 24001 建立并有效运行环境管理体系，环境管理手册、程序文件及作业文件齐备，定期完成新一轮清洁生产审核，审核方案全部实施，并通过验收		
32									
33			环保设施运行管理		—	0.1	环保设施正常运行，无跑、冒、滴、漏现象，设立环保标识，环保设施运行台账齐全		
34			环境应急※		—	0.2	编制环境风险应急预案，并进行备案，定期开展环境风险应急演练，可及时应对重大环境污染事故发生		

注：（1）带※的指标为限定性指标。

（2）污染物产生指标中废水的相关指标均指进入废水处理总站的废水，不包含生产循环用水。

（3）锑冶炼采用挥发熔炼工艺，布袋收尘器作为生产设施，收下的锑氧粉为下一段工序的原料，污染物产生指标均指废气排口的相关指标。

表 5　锑白（三氧化二锑）生产企业评价指标项目、权重及基准值

序号	一级指标	一级指标权重值	二级指标		单位	二级指标权重值	Ⅰ级基准值	Ⅱ级基准值	Ⅲ级基准值
1	生产工艺与设备指标	0.30	生产工艺与装备		—	0.8	采用先进的生产工艺和技术，采用自动化程度高、机械性能好、效率高、能耗低设备		
2			废气的收集与处理		—	0.2	具有防止废气逸出措施。在易产生废气无组织排放的位置设有废气收集净化装置		
3	资源与能源消耗指标	0.16	单位产品综合能耗※	间接法（以精锑为原料）	kgce/t（锑白）	1	≤15		≤20
4	资源综合利用指标	0.24	冶炼回收率（锑）※	间接法（以精锑为原料）	%	0.7	≥99.2	≥99.1	≥99
5			工业固体废物综合利用率		%	0.3	≥90	≥80	≥75

序号	一级指标	一级指标权重值	二级指标		单位	二级指标权重值	Ⅰ级基准值	Ⅱ级基准值	Ⅲ级基准值
6	污染物产生指标	0.16	单位产品特征污染物产生量（废气）※	Sb（间接法，以精锑为原料）	g/t（锑白）	1	≤8	≤16	≤20
7	原料与产品特征指标	0.04	锑白（三氧化二锑）		—	1	符合 GB/T 4062 的质量要求		
8	清洁生产管理指标	0.10	环境法律法规标准※		—	0.2	生产工艺和装备符合产业政策要求，污染物排放达到排放标准、符合总量控制和排污许可证管理要求，严格执行建设项目环境影响评价制度和建设项目环保“三同时”制度		
9			废物处理处置※		—	0.2	根据固体废物性质鉴别的结果，一般工业固体废物按照 GB 18599 的要求进行处置，危险废物按照 GB 18597、GB 18598 等的要求进行处置		
10			组织机构		—	0.1	建立健全专门环保管理机构，配备专职管理人员，开展环境保护和清洁生产有关工作		
11			清洁生产审核	审核管理文件及审核周期、验收	—	0.2	按照 GB/T 24001 建立并有效运行环境管理体系，环境管理手册、程序文件及作业文件齐备，定期完成新一轮清洁生产审核，审核方案全部实施，并通过验收		
12			环保设施运行管理		—	0.1	环保设施正常运行，无跑、冒、滴、漏现象，设立环保标识，环保设施运行台账齐全		
13			环境应急※		—	0.2	编制环境风险应急预案，并进行备案，定期开展环境风险应急演练，可及时应对重大环境污染事故发生		

注：（1）带※的指标为限定性指标。

（2）锑白生产采用氧化挥发工艺，布袋收尘器作为生产设施，收下的锑白粉为产品，污染物产生指标均指废气排口的相关指标。

电镀行业清洁生产评价指标体系（节选）

国家发展和改革委员会　环境保护部　工业和信息化部
公告　2015 年　第 25 号

为贯彻《中华人民共和国环境保护法》和《中华人民共和国清洁生产促进法》，指导和推动电镀企业依法实施清洁生产，提高资源利用率，减少和避免污染物的产生，保护和改善环境，制定电镀行业清洁生产评价指标体系（以下简称“指标体系”）。

本指标体系依据综合评价所得分值将清洁生产等级划分为三级，I 级为国际清洁生产领先水平；II 级为国内清洁生产先进水平；III级为国内清洁生产一般水平。随着技术的不断进步和发展，本评价指标体系将适时修订。

1　适用范围

本指标体系规定了电镀和阳极氧化企业（车间）清洁生产的一般要求。本指标体系将清洁生产指标分为六类，即生产工艺及装备指标、资源和能源消耗指标、资源综合利用指标、污染物产生指标、产品特征指标和清洁生产管理指标。

本指标体系适用于电镀和阳极氧化企业（车间）清洁生产审核、清洁生产潜力与机会的判断、清洁生产绩效评定和清洁生产绩效公告，环境影响评价、排污许可证、环境领跑者等管理制度。

4　评价指标体系

4.1　指标选取说明

根据清洁生产的原则要求和指标的可度量性，进行本评价指标体系的指标选取。根据评价指标的性质，分为定量指标和定性指标两类。

定量指标选取了有代表性的、能反映“节能”“降耗”“减污”和“增效”等有关清洁生产最终目标的指标，综合考评企业实施清洁生产的状况和企业清洁生产程度。定性指标根据国家有关推行清洁生产的产业发展和技术进步政策、资源环境保护政策规定以及行业发展规划等选取，用于考核企业对有关政策法规的符合性及其清洁生产工作实施情况。

4.2 指标基准值及其说明

各指标的评价基准值是衡量该项指标是否符合清洁生产基本要求的评价基准。

在定量评价指标中，各指标的评价基准值是衡量该项指标是否符合清洁生产基本要求的评价基准。本评价指标体系确定各定量评价指标的评价基准值的依据，是我国电镀行业发展实际情况，多年来已经实施清洁生产审核企业的审核报告。在定性评价指标体系中，衡量该项指标是否贯彻执行国家有关政策、法规的情况，是否采用电镀行业污染防治措施，按“是”或“否”两种选择来评定。

4.3 指标体系电镀企业清洁生产评价指标体系的各评价指标、评价基准值和权重值见表 1 和表 2。

表 1 综合电镀清洁生产评价指标项目、权重及基准值

序号	一级指标	一级指标权重	二级指标	单位	二级指标权重	Ⅰ级基准值	Ⅱ级基准值	Ⅲ级基准值
1	生产工艺及装备指标	0.33	采用清洁生产工艺[1]		0.15	1. 民用产品采用低铬[9]或三价铬钝化； 2. 民用产品采用无氰镀锌； 3. 使用金属回收工艺； 4. 电子元件采用无铅镀层替代铅锡合金	1. 民用产品采用低铬[9]或三价铬钝化； 2. 民用产品采用无氰镀锌； 3. 使用金属回收工艺	
2			清洁生产过程控制		0.15	1. 镀镍、锌溶液连续过滤； 2. 及时补加和调整溶液； 3. 定期去除溶液中的杂质	1. 镀镍溶液连续过滤； 2. 及时补加和调整溶液； 3. 定期去除溶液中的杂质	
3			电镀生产线要求		0.4	电镀生产线采用节能措施[2]，70%生产线实现自动化或半自动化[7]	电镀生产线采用节能措施[2]，50%生产线实现半自动化[7]	电镀生产线采用节能措施[2]
4			有节水设施		0.3	根据工艺选择逆流漂洗、淋洗、喷洗，电镀无单槽清洗等节水方式，有用水计量装置，有在线水回收设施		根据工艺选择逆流漂洗、喷淋等，电镀无单槽清洗等节水方式，有用水计量装置
5	资源消耗指标	0.10	*单位产品每次清洗取水量[3]	L/m^2	1	≤8	≤24	≤40
6	资源综合利用指标	0.18	锌利用率[4]	%	0.8/n	≥82	≥80	≥75
7			铜利用率[4]	%	0.8/n	≥90	≥80	≥75
8			镍利用率[4]	%	0.8/n	≥95	≥85	≥80
9			装饰铬利用率[4]	%	0.8/n	≥60	≥24	≥20
10			硬铬利用率[4]	%	0.8/n	≥90	≥80	≥70
11			金利用率[4]	%	0.8/n	≥98	≥95	≥90

序号	一级指标	一级指标权重	二级指标	单位	二级指标权重	I 级基准值	II 级基准值	III级基准值
12	资源综合利用指标	0.18	银利用率[4]（含氰镀银）	%	0.8/n	≥98	≥95	≥90
13			电镀用水重复利用率	%	0.2	≥60	≥40	≥30
14	污染物产生指标	0.16	*电镀废水处理率[10]	%	0.5	100		
15			*有减少重金属污染物污染预防措施[5]		0.2	使用四项以上（含四项）减少镀液带出措施		至少使用三项减少镀液带出措施
			*危险废物污染预防措施		0.3	电镀污泥和废液在企业内回收或送到有资质单位回收重金属，交外单位转移须提供危险废物转移联单		
16	产品特征指标	0.07	产品合格率保障措施[6]		1	有镀液成分和杂质定量检测措施、有记录；产品质量检测设备和产品检测记录	有镀液成分定量检测措施、有记录；有产品质量检测设备和产品检测记录	
17	管理指标	0.16	*环境法律法规标准执行情况		0.2	废水、废气、噪声等污染物排放符合国家和地方排放标准；主要污染物排放应达到国家和地方污染物排放总量控制指标		
18			*产业政策执行情况		0.2	生产规模和工艺符合国家和地方相关产业政策		
19			环境管理体系制度及清洁生产审核情况		0.1	按照 GB/T 24001 建立并运行环境管理体系，环境管理程序文件及作业文件齐备；按照国家和地方要求，开展清洁生产审核	拥有健全的环境管理体系和完备的管理文件；按照国家和地方要求，开展清洁生产审核	
20			*危险化学品管理		0.10	符合《危险化学品安全管理条例》相关要求		

序号	一级指标	一级指标权重	二级指标	单位	二级指标权重	Ⅰ级基准值	Ⅱ级基准值	Ⅲ级基准值
21	管理指标	0.16	废水、废气处理设施运行管理		0.1	非电镀车间废水不得混入电镀废水处理系统；建有废水处理设施运行中控系统，包括自动加药装置等；出水口有 pH 自动监测装置，建立治污设施运行台账；对有害气体有良好的净化装置，并定期检测	非电镀车间废水不得混入电镀废水处理系统；建立治污设施运行台账，有自动加药装置，出水口有 pH 自动监测装置；对有害气体有良好净化装置，并定期检测	非电镀车间废水不得混入电镀废水处理系统；建立治污设施运行台账，出水口有 pH 自动监测装置，对有害气体有良好的净化装置，并定期检测
22			*危险废物处理处置		0.1	危险废物按照 GB 18597 等相关规定执行		
23			能源计量器具配备情况		0.1	能源计量器具配备率符合 GB 17167 标准		
24			*环境应急预案		0.1	编制系统的环境应急预案并开展环境应急演练		

注：带“*”号的指标为限定性指标。

①使用金属回收工艺可以选用镀液回收槽、离子交换法回收、膜处理回收、电镀污泥交有资质单位回收金属等方法。

②电镀生产线节能措施包括使用高频开关电源和/或可控硅整流器和/或脉冲电源，其直流母线压降不超过 10%并且极杠清洁、导电良好、淘汰高耗能设备、使用清洁燃料。

③“每次清洗取水量”是指按操作规程每次清洗所耗用水量，多级逆流漂洗按级数计算清洗次数。

④镀锌、铜、镍、装饰铬、硬铬、镀金和含氰镀铱为 7 个常规镀种，计算金属利用率时 *n* 为被审核镀种数；镀锡、无氰镀银等其他镀种可以参照“铜利用率”计算。

⑤减少单位产品重金属污染物产生量的措施包括：镀件缓慢出槽以延长镀液滴流时间（影响产品质量的除外）、挂具浸塑、科学装挂镀件、增加镀液回收槽、镀槽间装导流板，槽上喷雾清洗或淋洗（非加热镀槽除外）、在线或离线回收重金属等。

⑥提高电镀产品合格率是最有效减少污染物产生的措施，“有镀液成分和杂质定量检测措施、有记录”是指使用仪器定量检测镀液成分和主要杂质并有日常运行记录或委外检测报告。

⑦自动生产线所占百分比以产能计算；多品种、小批量生产的电镀企业（车间）对生产线自动化没有要求。

⑧生产车间基本要求：设备和管道无跑、冒、滴、漏现象，有可靠的防范泄漏措施、生产作业地面、输送废水管道、废水处理系统有防腐防渗措施、有酸雾、氰化氢、氟化物、颗粒物等废气净化设施，有运行记录。

⑨低铬钝化指钝化液中铬酸酐含量低于 5 g/L。

⑩电镀废水处理量应≥电镀车间（生产线）总用水量的 85%（高温处理槽为主的生产线除外）。

⑪非电镀车间废水：电镀车间废水包括电镀车间生产、现场洗手、洗工服、洗澡、化验室等产生的废水。其他无关车间并不含重金属的废水为“非电镀车间废水”。

表 2　阳极氧化清洁生产评价指标项目、权重及基准值

序号	一级指标	一级指标权重	二级指标	单位	二级指标权重	Ⅰ级基准值	Ⅱ级基准值	Ⅲ级基准值
1	生产工艺及装备指标⑥	0.4	采用清洁生产工艺		0.2	1. 除油使用水基清洗剂； 2. 碱浸蚀液加铝离子络合剂以延长寿命； 3. 阳极氧化液加入添加剂以延长寿命； 4. 阳极氧化液部分更换老化槽液以延长寿命； 5. 低温封闭	1. 除油使用水基清洗剂； 2. 碱浸蚀液加铝离子络合剂； 3. 硫酸阳极氧化液添加具有α活性羟基羧酸类物质	1. 除油使用水基清洗剂； 2. 硫酸阳极氧化液添加具有α活性羟基羧酸类物质
2			清洁生产过程控制		0.1	1. 适当延长零件出槽停留时间，以减少槽液带出量； 2. 使用过滤机，延长槽液寿命	适当延长零件出槽停留时间，以减少槽液带出量	
3			阳极氧化生产线要求		0.4	生产线采用节能措施①，70%生产线实现自动化或半自动化④	生产线采用节能措施①，50%生产线实现自动化或半自动化④	阳极氧化生产线采用节能措施①
4			有节水设施		0.3	根据工艺选择逆流漂洗、淋洗、喷洗，阳极氧化无单槽清洗等节水方式，有用水计量装置，有在线水回收设施	根据工艺选择逆流漂洗、喷淋等，阳极氧化无单槽清洗等节水方式，有用水计量装置	
5	资源消耗指标	0.15	*单位产品每次清洗取水量②	L/m^2	1	≤8	≤24	≤40
6	资源综合利用指标	0.1	阳极氧化用水重复利用率	%	1	≥50	≥30	≥30
7			*阳极氧化废水处理率	%	0.5	100		

序号	一级指标	一级指标权重	二级指标	单位	二级指标权重	Ⅰ级基准值	Ⅱ级基准值	Ⅲ级基准值
8	污染物产生指标	0.15	*重金属污染物污染预放措施[③]		0.2	使用四项以上（含四项）减少槽液带出措施[③]	使用四项以上（含四项）减少槽液带出措施[③]	至少使用三项减少槽液带出措施[③]
			*危险废物污染预防措施		0.3	阳极氧化污泥和废液在企业内回收或送到有资质单位回收重金属，电镀污泥和废液在企业内回收或送到有资质单位回收重金属，交外单位转移须提供危险废物转移联单		
9	产品特征指标	0.07	产品合格率保障措施		0.5	有槽液成分和杂质定量检测措施、有记录；产品质量检测设备和产品检测记录	有槽液成分定量检测措施、有记录；有产品质量检测设备和产品检测记录	
10			产品合格率	%	0.5	98	94	90
11	清洁生产管理指标	0.13	*环境法律法规标准执行情况		0.2	符合国家和地方有关环境法律、法规，废水、废气、噪声等污染物排放符合国家和地方排放标准；主要污染物排放应达到国家和地方污染物排放总量控制指标		
12			*产业政策执行情况		0.2	生产规模和工艺符合国家和地方相关产业政策		
13			环境管理体系制度及清洁生产审核情况		0.1	按照GB/T 24001建立并运行环境管理体系，环境管理程序文件及作业文件齐备；按照国家和地方要求，开展清洁生产审核	拥有健全的环境管理体系和完备的管理文件；按照国家和地方要求，开展清洁生产审核；符合《危险化学品安全管理条例》相关要求	
14			*危险化学品管理		0.1	符合《危险化学品安全管理条例》相关要求		
15			废水、废气处理设施运行管理		0.1	非阳极氧化车间废水不得混入阳极氧化废水处理系统；建有废水处理设施运行中控系统，包括自动加药装置等；出水口有pH自动监测装置，建立治污设施运行台账；对有害气体有良好净化装置，并定期检测	非阳极氧化车间废水不得混入阳极氧化废水处理系统；建立治污设施运行台账，有自动加药装置，出水口有pH自动监测装置；对有害气体有良好的净化装置，并定期检测	非阳极氧化车间废水不得混入阳极氧化废水处理系统；建立治污设施运行台账，出水口有pH自动监测装置，对有害气体有良好的净化装置，并定期检测

序号	一级指标	一级指标权重	二级指标	单位	二级指标权重	Ⅰ级基准值	Ⅱ级基准值	Ⅲ级基准值
16	清洁生产管理指标	0.13	*危险废物处理处置		0.1	危险废物按照 GB 18597 等相关规定执行		
17			能源计量器具配备情况		0.1	能源计量器具配备率符合 GB 17167 标准		
18			*环境应急预案		0.1	编制系统的环境应急预案并开展环境应急演练		

注：带*的指标为限定性指标。

①阳极氧化生产线节能措施包括使用高频开关电源和/或可控硅整流器和/或脉冲电源，其直流母线压降不超过 10%并且极杠清洁、导电良好、淘汰高耗能设备、使用清洁燃料。

②“每次清洗取水量”是指按操作规程每次清洗所耗用水量，多级逆流漂洗按级数计算清洗次数。

③减少单位产品酸、碱和重金属污染物产生量的措施包括：零件缓慢出槽以延长镀液滴流时间（影响氧化层质量的除外）、挂具浸塑、科学装挂零件、增加氧化液回收槽、氧化槽和其他槽间装导流板，槽上喷雾清洗或淋洗（非加热氧化槽除外）、在线或离线回收酸、碱等。

④自动生产线所占百分比以产能计算；对多品种、小批量生产的电镀企业（车间）生产线自动化没有要求。

⑤生产车间基本要求：设备和管道无跑、冒、滴、漏现象，有可靠的防范泄漏措施、生产作业地面、输送废水管道、废水处理系统有防腐防渗措施、有酸雾、氟化物、颗粒物等废气净化设施，有运行记录。

铅锌采选业清洁生产评价指标体系（节选）

国家发展和改革委员会 环境保护部 工业和信息化部
公告 2015年 第25号

为贯彻《中华人民共和国环境保护法》和《中华人民共和国清洁生产促进法》，指导和推动铅锌采选企业依法实施清洁生产，提高资源利用率，减少和避免污染物的产生，保护和改善环境，为铅锌采选企业开展清洁生产提供技术支持和导向，制定铅锌采选业清洁生产评价指标体系（以下简称“指标体系”）。

本指标体系依据综合评价所得分值将清洁生产等级划分为三级，Ⅰ级为国际清洁生产领先水平；Ⅱ级为国内清洁生产先进水平；Ⅲ级为国内清洁生产基本水平。随着技术的不断进步和发展，本指标体系将适时修订。

1 适用范围

本指标体系规定了铅锌采选企业清洁生产的一般要求。本指标体系将清洁生产指标分成生产工艺与装备要求、资源能源消耗指标、资源能源利用指标、污染物产生指标（末端处理前）、矿山生态保护指标、产品特征指标和环境管理要求。

本指标体系适用于铅锌采选企业清洁生产审核、清洁生产潜力与机会的判断、清洁生产绩效评定和清洁生产绩效公告，环境影响评价、排污许可证、环境领跑者等管理制度。

4 评价指标体系

4.1 指标选取说明

本指标体系根据清洁生产的原则要求和指标的可度量性，进行指标选取。根据评价指标的性质，可分为定量指标和定性指标两种。

定量指标选取了有代表性的、能反映“节能”“降耗”“减污”和“增效”等有关清洁生产最终目标的指标，综合考评企业实施清洁生产的状况和企业清洁生产程度。定性指标根据国家有关推行清洁生产的产业发展和技术进步政策、资源环境保护政策规定以及行业发展规划选取，用于考核企业对有关政策法规的符合性及其清洁生产工作实施情况。

4.2 指标基准值及其说明

各指标的评价基准值是衡量该项指标是否符合清洁生产基本要求的评价基准。

在定量评价指标中，各指标的评价基准值是衡量该项指标是否符合清洁生产基本要求的评价基准。本指标体系确定各定量评价指标的评价基准值的依据是：凡国家或行业在有关政策、规划等文件中对该项指标已有明确要求的就执行国家要求的数值；凡国家或行业对该项指标尚无明确要求的，则选用国内大中型铅锌采选企业近年来清洁生产所实际达到的中上等以上水平的指标值。因此，本定量评价指标体系的评价基准值代表了行业清洁生产的先进水平。

在定性评价指标体系中，衡量该项指标是否贯彻执行国家有关政策、法规的情况，按“是”或“否”两种选择来评定。

4.3 指标体系

铅锌采选企业清洁生产评价指标体系的各评价指标、评价基准值和权重值见表 1～表 4。

表 1 铅锌采矿企业评价指标项目、权重及基准值（露天开采）

序号	一级指标	一级指标权重值	二级指标		单位	二级指标权重值	Ⅰ级基准值	Ⅱ级基准值	Ⅲ级基准值
1	生产工艺及设备要求	0.30	穿孔			0.30	采用国际先进的高效、配有除尘净化装置及自动化程度高的凿岩设备	采用国内的先进高效、配有除尘净化装置的凿岩设备	采用国内较先进、凿岩效率高的湿式凿岩设备
2			采矿工艺		—	0.30	采用先进的采矿工艺和爆破技术		采用合理的采矿工艺和适宜的爆破技术
3			铲装		—	0.15	采用先进的、效率高、能耗低、大型化装岩设备		采用较先进的机械化铲装设备
4			运输		—	0.15	采用先进的、高效的运输系统		采用较先进的机械化运输设备
5			排水		—	0.10	满足 30 年一遇的矿坑涌水量排水要求	满足 20 年一遇的矿坑涌水量排水要求	满足最大矿坑涌水量排水要求
6	资源能源消耗指标	0.15	电耗		kW·h/t 原矿	0.50	≤1.5	≤2.0	≤3.5
7			采矿综合能耗		kgce/t 原矿	0.50	≤0.50	≤0.80	≤1.3
8	资源利用指标	0.25	矿石贫化率		%	0.20	≤ 4.0	≤4.5	≤5
9			*矿石损失率		%	0.50	≤3.5	≤4.0	≤5.0
10			矿坑涌水利用率		%	0.30	≥80	≥75	≥70
11	污染物产生指标	0.05	采矿作业场所粉尘浓度		g/m^3	1.0	≤6.0	≤8.0	≤10
12	矿山生态保护指标	0.10	排土场复垦率	历史遗留	%	1.0	≥85	≥45	≥20
13				新建	%		≥90	≥85	≥75

序号	一级指标	一级指标权重值	二级指标	单位	二级指标权重值	Ⅰ级基准值	Ⅱ级基准值	Ⅲ级基准值
14	清洁生产管理指标	0.15	※ 环境法律法规标准执行情况		0.10	符合国家和地方有关环境法律、法规，污染物排放达到国家排放标准、总量控制和排污许可证管理要求		
15			※ 产业政策执行情况		0.10	生产规模符合国家和地方产业政策要求，不使用国家和地方明令淘汰的落后工艺和装备		
16			开展清洁生产审核		0.10	按照国家和地方要求，开展清洁生产审核		
17			环境管理体系制度		0.10	按照 GB/T 24001 建立并运行环境管理体系，环境管理程序文件及作业文件齐备		拥有健全的环境管理体系和完备的管理文件
18			※建设项目环保“三同时”执行情况		0.10	严格执行建设项目环境影响评价制度和建设项目环保“三同时”制度		
19			废水处理设施运行管理		0.10	建有废水处理设施运行中控系统并建立废水处理设施运行台账		建立废水处理设施运行台账
20			※ 污染物排放监测		0.10	对污染物排放实施定期监测		
21			废物的处理处置		0.10	露天矿山应设置有专用的防洪、排洪设施；排土场渗漏液按有关要求设置处理设施并达到相应的排放要求；设有矿坑水处理设施和排输管道，并达到回用或排放要求；采取湿式作业和洒水降尘措施；对不能综合利用的废石设专门的处置场所，一般固体废物按 GB 18599、危险废物按 GB 18598 等相关规定执行		
22			环境信息		0.10	按照《环境信息公开（试行）》第十九条要求公开环境信息		按照《环境信息公开（试行）》第二十条要求公开环境信息
23			环境应急预案		0.10	根据《突发环境事件应急预案管理办法》（环发〔2010〕113 号）及环境保护法要求，制定企业突发环境事件应急预案		

注：带※的指标为限定性指标。

表2 铅锌采矿企业评价指标项目、权重及基准值（地下开采）

序号	一级指标	一级指标权重值	二级指标	单位	二级指标权重值	Ⅰ级基准值	Ⅱ级基准值	Ⅲ级基准值
1	生产工艺及设备要求	0.30	凿岩	—	0.15	采用国际先进的高效、配有除尘净化装置及自动化程度高的凿岩设备	采用国内的先进高效、配有除尘净化装置的凿岩设备	采用国内较先进、凿岩效率高的湿式凿岩设备
2			采矿工艺	—	0.15	采用国际先进的机械化程度高的装药车，采用控制爆破技术		采用国内较先进的机械化装药设备，采用控制爆破技术
3			铲装	—	0.10	采用国内先进的高效、能耗低的铲运机、装岩机等装岩设备		采用较先进的机械化铲装设备
4			运输	—	0.10	采用先进的、高效的运输系统		采用较先进的机械化运输设备
5			提升	—	0.10	采用先进的自动化程度高的提升系统		采用较先进的的提升机系统
6			※通风	—	0.20	采用配有自动控制、监测系统的通风系统，采用低压、大风量、高效、节能、低噪声的矿用通风机	采用低压、大风量、高效、节能、低噪声的矿用通风机	
7			※排水	—	0.10	满足最大矿井涌水量2.5倍排水要求	满足最大矿井涌水量2倍排水要求	满足最大矿井涌水量排水要求
8			采空区	—	0.10	及时处理采空区		
9	资源能源消耗指标	0.15	电耗	kW·h/t 原矿	0.50	≤15	≤20	≤ 25
10			采矿综合能耗	kgce/t 原矿	0.50	≤4.0	≤5.0	≤6.3
11	资源利用指标	0.30	矿石贫化率	%	0.20	≤8.0	≤9.0	≤ 10
12			※矿石损失率	%	0.40	≤8.0	≤9.0	≤10
13			矿井水利用率	%	0.20	≥80	≥75	≥70
14			废石综合利用率	%	0.20	≥90	≥70	≥50

序号	一级指标	一级指标权重值	二级指标	单位	二级指标权重值	Ⅰ级基准值	Ⅱ级基准值	Ⅲ级基准值
15	污染物产生指标	0.10	废石产生量	m^3/t 原矿	0.40	≤0.2	≤0.25	≤0.30
16			采矿作业场所粉尘浓度	g/m^3	0.60	≤8.0	≤9.0	≤10
17	清洁生产管理指标	0.15	※ 环境法律法规标准执行情况		0.10	符合国家和地方有关环境法律、法规，污染物排放达到国家排放标准、总量控制和排污许可证管理要求		
18			※ 产业政策执行情况		0.10	生产规模符合国家和地方产业政策要求，不使用国家和地方明令淘汰的落后工艺和装备		
19			开展清洁生产审核		0.10	按照国家和地方要求，开展清洁生产审核		
20			环境管理体系制度		0.10	按照 GB/T 24001 建立并运行环境管理体系，环境管理程序文件及作业文件齐备		拥有健全的环境管理体系和完备的管理文件
21			※建设项目环保“三同时”执行情况		0.10	严格执行建设项目环境影响评价制度和建设项目环保“三同时”制度		
22			废水处理设施运行管理		0.10	建有废水处理设施运行中控系统并建立废水处理设施运行台账		建立废水处理设施运行台账
23			※ 污染物排放监测		0.10	对污染物排放实施定期监测		
24			废物的处理处置		0.10	设有矿坑水处理设施和排输管道，并达到回用或排放要求；采取湿式作业和洒水降尘措施；对不能综合利用的废石设专门的处置场所，一般固体废物按 GB 18599、危险废物按 GB 18598 等相关规定执行		
25			环境信息		0.10	按照《环境信息公开（试行）》第十九条要求公开环境信息		按照《环境信息公开（试行）》第二十条要求公开环境信息
26			环境应急预案		0.10	根据《突发环境事件应急预案管理办法》（环发〔2010〕113 号）及环境保护法要求，制定企业突发环境事件应急预案		

注：带※的指标为限定性指标。

表 3 铅锌选矿企业评价指标项目、权重及基准值

序号	一级指标	一级指标权重值	二级指标	单位	二级指标权重值	Ⅰ级基准值	Ⅱ级基准值	Ⅲ级基准值
1	生产工艺及设备要求	0.20	采用节能设备	—	0.30	采用自动化程度高、机械性能好、效率高、能耗低的设备		无应淘汰的高能耗设备
2			选择合理选矿工艺	—	0.35	采用先进的选矿工艺和选矿技术		选矿工艺、技术符合清洁生产要求
3			选矿设备设施的完整性	—	0.25	具备完整的选矿设备及配套设施		
4			事故性泄漏防范措施	—	0.10	具备事故性泄漏防范措施		
5	资源能源消耗指标	0.20	※新水用量	m^3/t	0.40	≤1.0	≤1.2	≤1.5
6			电耗	kW·h/t 原矿	0.40	≤28	≤30	≤35
7			综合能耗	kgce/t 原矿	0.20	≤6.0	≤6.5	≤7
8	资源利用指标	0.30	铅选矿金属实际回收率	%	0.15	≥91.0	≥88.0	≥85.0
9			锌选矿金属实际回收率	%	0.15	≥92.0	≥89.0	≥87.5
10			※伴生元素回收程度	%	0.35	≥70	≥60	≥50
11			※工业用水重复利用率	%	0.20	≥85	≥83	≥80
12			尾矿综合利用率（地下矿山）	%	0.15	≥50	≥40	≥30
13	污染物产生指标	0.10	※废水产生量	m^3/t	0.25	≤4.0	≤4.2	≤4.5
14			废水中 Pb 的最高允许浓度	mg/L	0.15	≤0.40	≤0.45	≤0.50
15			废水中 Zn 的最高允许浓度	mg/L	0.10	≤1.30	≤1.40	≤1.50
16			废水中 Cu 的最高允许浓度	mg/L	0.10	≤0.40	≤0.45	≤0.50
17			废水中 As 的最高允许浓度	mg/L	0.10	≤0.20	≤0.25	≤0.30
18			废水中 Cd 的最高允许浓度	mg/L	0.10	≤0.04	≤0.05	≤0.05

序号	一级指标	一级指标权重值	二级指标	单位	二级指标权重值	Ⅰ级基准值	Ⅱ级基准值	Ⅲ级基准值
19	污染物产生指标	0.10	化学需氧量（COD）	mg/L	0.10	≤50	≤55	≤60
20			作业环境空气中粉尘最高允许浓度	mg/m^3	0.10	≤6.0	≤8.0	≤10.0
21	产品特征指标	0.05	铅精矿	等级	0.50	符合铅精矿质量标准（YS/T 319—2007）		
22			锌精矿	等级	0.50	符合锌精矿质量标准（YS/T 320—2007）		
23	清洁生产管理指标	0.15	※ 环境法律法规标准执行情况		0.10	符合国家和地方有关环境法律、法规，污染物排放达到国家排放标准、总量控制和排污许可证管理要求		
24			※ 产业政策执行情况		0.10	生产规模符合国家和地方产业政策要求，不使用国家和地方明令淘汰的落后工艺和装备		
25			开展清洁生产审核		0.10	按照国家和地方要求，开展清洁生产审核		
26			环境管理体系制度		0.10	按照 GB/T 24001 建立并运行环境管理体系，环境管理程序文件及作业文件齐备		拥有健全的环境管理体系和完备的管理文件
27			※ 建设项目环保“三同时”执行情况		0.10	严格执行建设项目环境影响评价制度和建设项目环保“ 三同时” 制度		
28			废水处理设施运行管理		0.10	建有废水处理设施运行中控系统并建立废水处理设施运行台账		建立废水处理设施运行台账
29			※ 污染物排放监测		0.10	对污染物排放实施定期监测		
30			尾矿处理与处置		0.10	采取专用尾矿库，具有防渗、集排水措施、尾矿库坝面、坝坡采取覆盖等措施并有专人维护管理，符合危险废物鉴别标准要求的固体废物严格按 GB 18598 等相关规定执行		
31			环境信息		0.10	按照《环境信息公开（试行）》第十九条要求公开环境信息		按照《环境信息公开（试行）》第二十条要求公开环境信息
32			环境应急预案		0.10	根据《突发环境事件应急预案管理办法》（环发〔2010〕113 号）及环境保护法要求，制定企业突发环境事件应急预案		

注：带※的指标为限定性指标。

电解锰行业清洁生产评价指标体系（节选）

国家发展和改革委员会　环境保护部　工业和信息化部

公告　2016 年　第 21 号

为贯彻《中华人民共和国环境保护法》和《中华人民共和国清洁生产促进法》，指导和推动电解锰行业企业依法实施清洁生产，提高资源利用率，减少和避免污染物的产生，保护和改善环境，制定电解锰行业清洁生产评价指标体系（以下简称“指标体系”）。

本指标体系依据综合评价所得分值将清洁生产等级划分为三级，Ⅰ级为国内清洁生产领先水平；Ⅱ级为国内清洁生产先进水平；Ⅲ级为国内清洁生产一般水平。随着技术的不断进步和发展，本评价指标体系将适时修订。

1　适用范围

本文件规定了电解锰行业（不含锰矿开采）清洁生产的一般要求。本指标体系将清洁生产评价指标分为六类，即生产工艺及装备要求、资源能源消耗指标、资源综合利用指标、污染物产生指标、产品特征指标和清洁生产管理指标。

本指标体系适用于电解锰行业（不含锰矿开采）企业清洁生产审核、清洁生产潜力与机会的判断、清洁生产绩效评定和清洁生产绩效公告，也适用于环境影响评价、排污许可证、环保领跑者等环境管理需求。

4　评价指标体系

4.1　指标选取说明

根据清洁生产的原则要求和指标的可度量性，进行本评价指标体系的指标选取。根据评价指标的性质，分为定量指标和定性指标两类。

定量指标选取了具有代表性、能反映“节能、降耗、减污和增效”等有关清洁生产最终目标的指标，用于考核企业清洁生产的技术水平状况。定性指标根据国家有关推行清洁生产的产业发展和技术进步政策、资源环境保护政策规定以及行业发展规划等选取，用于考核企业执行相关法律法规和标准政策情况。

4.2 指标基准值及其说明

在定量评价指标中，各指标的评价基准值是衡量该项指标是否满足相应清洁生产水平的基准数据。本评价指标体系确定各定量评价指标基准值的依据是：凡国家或行业在有关政策、规划等文件中对该项指标已有明确要求的就执行国家要求的数值；凡国家或行业对该项指标尚无明确要求的，则选用国内重点电解锰企业近年来清洁生产所实际达到的中上等以上水平的指标值。

在定性评价指标体系中，衡量该项指标是否全部满足国家有关政策、法规的规定，按“是”或“否”进行评定。

4.3 指标体系

电解锰行业清洁生产评价指标体系各指标、评价基准值和权重值见表 1。

表 1　电解锰行业清洁生产评价指标、权重及基准值

一级指标	一级指标权重	序号	二级指标		二级指标权重	单位	基准值		
							Ⅰ级	Ⅱ级	Ⅲ级
生产工艺及装备要求	0.25	1	制粉工序	制粉设备	0.05	—	能耗在 25 kW·h/t 矿粉以下的	能耗在 35 kW·h/t 矿粉以下的	能耗在 45 kW·h/t 矿粉以下的
							采用封闭负压粉碎系统		
		2		矿粉贮存与输送	0.05	—	采取封闭式或防扬散贮存，贮存仓库配通风设施；输送机输送、全封闭输送通道；自动进料、设置封闭进料斗，上料过程无粉尘产生	采取封闭式或防扬散贮存，贮存仓库配通风设施；自动进料，设防尘投料斗；设除尘设备	贮存仓库配自然通风设施；人工或半自动进料，设防尘投料斗；设除尘设备
		3	化合工序	化合槽	0.05	m^3	≥400	≥300	≥250
		4	固液分离工序	*固液分离设备	0.1	%	高压隔膜压滤等满足锰渣滤饼含水率≤24%的设备	高压隔膜压滤等满足锰渣滤饼含水率≤26%的设备	
		5	电解及后续工序	电解槽	0.08	—	耐腐蚀工程塑料或其他非木质耐腐蚀材料电解槽，且电解槽架空安装	耐腐蚀工程塑料或其他非木质耐腐蚀材料电解槽	
		6		整流系统效率	0.05	%	≥97	≥93	≥90
		7		阴极板出入槽方式	0.1	—	自动化方式出、入槽	夹具吊装方式出槽、入槽	
		8		钝化工艺	0.1	—	采用免钝化工艺或使用无铬钝化剂		钝化过程重铬酸钾用量≤2 kg/tMn
		9		*钝化/清洗装备	0.1	—	自动化流水线钝化、冲洗板	轨道移动式钝化槽集中钝化、超声清洗	固定钝化槽集中钝化、高压水枪冲洗
		10		剥离方式	0.08	—	自动剥离流水线	机械剥离	人工剥离
		11	环保设施	*化合酸雾吸收装置	0.06	—	安装酸雾吸收装置		
		12		电解车间氨气逸散设施	0.06	—	设置强制通风设施		
		13	公辅系统	防腐防渗漏措施	0.06	—	生产车间地面、废水收集和处理系统，满足《工业建筑防腐蚀设计规范》（GB 50046）的有关要求		

一级指标	一级指标权重	序号	二级指标	二级指标权重	单位	基准值		
						Ⅰ级	Ⅱ级	Ⅲ级
		14	*给排水系统	0.06	—	清污分离、雨污分离，分质处理		
资源能源消耗指标	0.2	15	直流电耗	0.25	kW·h/tMn	≤5 800/7 500[1]	≤6 000/8 000[1]	≤6 300/8 500[1]
		16	酸溶性锰综合回收率（碳酸锰矿粉/二氧化锰矿粉）	0.25	%	≥88/88[2]	≥85/85[2]	≥80/80[2]
		17	*单位产品取水量	0.25	m^3/tMn	≤2	≤3	
		18	硫酸单耗	0.1	t/tMn	≤1.9	≤2.0	≤2.1
		19	二氧化硒（或二氧化硫）单耗	0.15	kg/tMn	≤1.0/20	≤1.2/25	≤1.5/30
资源综合利用指标	0.12	20	工业用水重复利用率	0.25	%	≥90	≥85	≥80
		21	*废水处理及回用率	0.25	—	设废水处理站，处理达标后100%回用于工艺	设废水处理站，处理后部分废水回用于工艺	
		22	渣坝下游渗滤液回收率	0.2	%	100%		
		23	电解锰渣无害化处理和综合利用率	0.3	%	≥20	≥15	≥10
污染物产生指标	0.26	24	*单位产品废水产生量（处理前）	0.2	m^3/tMn	≤1	≤2	≤3
		25	单位产品废水总锰产生量	0.15	g/tMn	≤1 200	≤2 000	≤3 000
		26	单位产品废水六价铬产生量	0.15	g/tMn	≤30		≤150
		27	单位产品废水氨氮产生量	0.05	g/tMn	≤1 200	≤4 000	≤6 000
		28	单位产品废水 COD 产生量	0.05	g/tMn	≤500	≤520	≤550
		29	锰渣产生量（湿基，碳酸锰矿/二氧化锰矿）	0.2	t/tMn	≤6.8/4.9[2]	≤8.4/6.9[2]	≤10.6/7.8[2]
		30	锰渣中水溶性锰含量（干基）	0.1	%	≤0.8	≤1.2	≤1.5
		31	阳极泥产生量	0.1	kg/tMn	≤50	≤80	≤120

一级指标	一级指标权重	序号	二级指标	二级指标权重	单位	基准值		
						Ⅰ级	Ⅱ级	Ⅲ级
产品特征指标	0.05	32	产品合格率（符合 YB/T 051 中相应规格的成分要求）	0.5	%	100	≥98	≥95
		33	产品中硒含量（YB/T 051 DJMn D 级/P 级）	0.5	%	≤0.04	≤0.05	≤0.06
清洁生产管理指标	0.12	34	*环境法律法规标准	0.25	—	符合国家和地方有关环境法律、法规；污染物排放达到国家和地方排放标准；满足环境影响评价、环保“三同时”制度、总量控制和排污许可证管理要求；符合国家和地方相关产业政策，不使用国家和地方明令淘汰或禁止的落后工艺和装备		
		35	*固体废物处理处置	0.1	—	电解锰渣按 GB 18599 中第Ⅱ类一般工业固体废物的要求贮存、处置；废水处理过程产生的含铬废渣，按 GB 18597 的相关规定执行；电解过程产生的电解锰阳极泥，参照 GB 18597 的相关规定执行		
		36	*清洁生产组织、管理及实施	0.3	—	设有清洁生产管理部门和配备专职管理人员；制订有清洁生产工作规划及年度工作计划		
						每年清洁生产中、高费方案实施率≥90%	每年清洁生产中、高费方案实施率≥70%	每年清洁生产中、高费方案实施率≥50%
		37	*生产工艺用水管理	0.15	—	安装计量仪表，主要用水点位制定定量考核制度		
		38	节能管理	0.1	—	按国家规定要求，组织开展节能评估与能源审计工作，实施节能改造项目完成率为 90%；能源计量器具配备率符合 GB 17167 三级计量要求	按国家规定要求，组织开展节能评估与能源审计工作，实施节能改造项目完成率≥70%；能源计量器具配备率符合 GB 17167 二级计量要求	按国家规定要求，组织开展节能评估与能源审计工作，实施节能改造项目完成率≥50%；能源计量器具配备率符合 GB 17167 二级计量要求
		39	环境信息公开	0.1	—	按照《环境信息公开办法（试行）》要求公开环境信息；按照 HJ 617 编写企业环境报告书		

标注*为限定性指标。

[1]为无硒电解；[2]为采用二氧化锰矿为原料。

制革行业清洁生产评价指标体系（节选）

国家发展和改革委员会　环境保护部　工业和信息化部
公告　2017 年　第 7 号

为贯彻《中华人民共和国环境保护法》和《中华人民共和国清洁生产促进法》，指导和推动制革企业依法实施清洁生产，提高资源利用率，减少和避免污染物的产生，保护和改善环境，制定制革行业清洁生产评价指标体系（以下简称“指标体系”）。

本指标体系依据综合评价所得分值将清洁生产等级划分为三级，Ⅰ级为国际清洁生产领先水平；Ⅱ级为国内清洁生产先进水平；Ⅲ级为国内清洁生产基本水平。随着技术的不断进步和发展，本评价指标体系将适时修订。

1　适用范围

本指标体系规定了制革企业清洁生产的一般要求。本指标体系将清洁生产指标分为六类，即生产工艺及设备要求、资源和能源消耗指标、资源综合利用指标、污染物产生指标、产品特征指标和清洁生产管理指标。

本指标体系适用于制革企业的清洁生产审核、清洁生产潜力与机会的判断以及清洁生产绩效评定和清洁生产绩效公告制度，也适用于环境影响评价、排污许可证管理、环保领跑者等环境管理制度。

本评价指标体系适用于牛皮、羊皮、猪皮制革企业。其他类型制革企业参照本指标体系执行。

4　评价指标体系

4.1　指标选取说明

本评价指标体系根据清洁生产的原则要求和指标的可度量性，进行指标选取。根据评价指标的性质，可分为定量指标和定性指标两种。

定量指标选取了有代表性的，能反映“节能”“降耗”“减污”和“增效”等有关清洁生产最终目标的指标，综合考评企业实施清洁生产的状况和企业清洁生产程度。

定性指标根据国家有关推行清洁生产的产业发展和技术进步政策、资源环境保护政策规定以及行业发展规划选取，用于考核企业对有关政策法规的符合性及其清洁生产工作实施情况。

4.2　指标基准值及其说明

在定量评价指标中，各指标的评价基准值是衡量该项指标是否符合清洁生产基本要求的评价基准。本评价指标体系确定各定量评价指标的评价基准值的依据是：凡国家或行业在有关政策、规划等文件中对该项指标已有明确要求的就执行国家要求的数值；凡国家或行业对该项指标尚无明确要求的，则选用国内重点大中型制革企业近年来清洁生产所实际达到的中上等以上水平的指标值。因此，本定量评价指标体系的评价基准值代表了行业主要制革工艺的清洁生产先进水平。

在定性评价指标体系中，衡量该项指标是否贯彻执行国家有关政策、法规的情况，按“是”或“否”两种选择来评定。

4.3　指标体系

不同类型制革企业清洁生产评价指标体系的各评价指标、评价基准值和权重值见表1～表4。

表 1 牛革企业定量评价指标项目、权重及基准值

序号	一级指标	一级指标权重	二级指标		单位	二级指标权重	Ⅰ级基准值	Ⅱ级基准值	Ⅲ级基准值
1	资源和能源消耗指标	0.25	*单位产品取水量	生皮-成品革工艺	m^3/m^2 成品革	0.7	0.2	0.25	0.35
				生皮-蓝湿革工艺	m^3/m^2 蓝湿革		0.16	0.2	0.3
				蓝湿革-成品革工艺	m^3/m^2 成品革		0.06	0.08	0.11
2			*单位产品综合能耗	生皮-成品革工艺	kgce/m^2 成品革	0.3	1.8	2.0	2.4
				生皮-蓝湿革工艺	kgce/m^2 蓝湿革		0.4	0.45	0.5
				蓝湿革-成品革工艺	kgce/m^2 成品革		1.5	1.7	2
3	资源综合利用指标	0.05	水的重复利用率	生皮-成品革工艺	%	1.0	60	55	45
				生皮-蓝湿革工艺			70	60	50
				蓝湿革-成品革工艺			30	25	20
4	污染物产生指标	0.3	*单位产品废水产生量	生皮-成品革工艺	m^3/m^2 成品革	0.2	0.17	0.22	0.3
				生皮-蓝湿革工艺	m^3/m^2 蓝湿革		0.14	0.17	0.25
				蓝湿革-成品革工艺	m^3/m^2 成品革		0.05	0.07	0.1
5			*单位产品化学需氧量产生量	生皮-成品革工艺	g/m^2 成品革	0.2	850	1 000	1 200
				生皮-蓝湿革工艺	g/m^2 蓝湿革		700	750	1 000
				蓝湿革-成品革工艺	g/m^2 成品革		250	320	400
6			*单位产品总氮产生量	生皮-成品革工艺	g/m^2 成品革	0.2	28	46	84
				生皮-蓝湿革工艺	g/m^2 蓝湿革		25	42	80
				蓝湿革-成品革工艺	g/m^2 成品革		4	7	11
7			*单位产品氨氮产生量	生皮-成品革工艺	g/m^2 成品革	0.2	20	33	60
				生皮-蓝湿革工艺	g/m^2 蓝湿革		18	30	58
				蓝湿革-成品革工艺	g/m^2 成品革		3	5	8
8			*单位产品总铬产生量	生皮-成品革工艺	g/m^2 成品革	0.2	8.0	10.0	14.5
				生皮-蓝湿革工艺	g/m^2 蓝湿革		5.5	6.5	10.0
				蓝湿革-成品革工艺	g/m^2 成品革		2.5	3.5	5.0
9	定性评价指标	0.4	参见表 4[a]						

注：带*的指标为限定性指标。

[a] 表 4 计算结果为本表的一部分，计算方法与本表其他指标相同。

表 2 羊革企业定量评价指标项目、权重及基准值

序号	一级指标	一级指标权重	二级指标		单位	二级指标权重	Ⅰ级基准值	Ⅱ级基准值	Ⅲ级基准值
1	资源和能源消耗指标	0.25	*取水量	生皮-成品革工艺	m^3/m^2 成品革	0.7	0.12	0.17	0.27
				生皮-蓝湿革工艺	m^3/m^2 蓝湿革		0.1	0.14	0.22
				蓝湿革-成品革工艺	m^3/m^2 成品革		0.04	0.06	0.09
2			*综合能耗	生皮-成品革工艺	kgce/m^2 成品革	0.3	1.1	1.4	1.8
				生皮-蓝湿革工艺	kgce/m^2 蓝湿革		0.2	0.3	0.4
				蓝湿革-成品革工艺	kgce/m^2 成品革		1.0	1.3	1.5
3	资源综合利用指标	0.05	水重复利用率	生皮-成品革工艺	%	1.0	60	55	45
				生皮-蓝湿革工艺			70	60	50
				蓝湿革-成品革工艺			30	25	20
4	污染物产生指标	0.3	*单位产品废水产生量	生皮-成品革工艺	m^3/m^2 成品革	0.2	0.1	0.14	0.22
				生皮-蓝湿革工艺	m^3/m^2 蓝湿革		0.08	0.12	0.18
				蓝湿革-成品革工艺	m^3/m^2 成品革		0.03	0.05	0.07
5			*单位产品化学需氧量产生量	生皮-成品革工艺	g/m^2 成品革	0.2	500	630	880
				生皮-蓝湿革工艺	g/m^2 蓝湿革		400	540	720
				蓝湿革-成品革工艺	g/m^2 成品革		150	220	280
6			*单位产品总氮产生量	生皮-成品革工艺	g/m^2 成品革	0.2	17	30	62
				生皮-蓝湿革工艺	g/m^2 蓝湿革		15	30	58
				蓝湿革-成品革工艺	g/m^2 成品革		3	6	9
7			*单位产品氨氮产生量	生皮-成品革工艺	g/m^2 成品革	0.2	12	21	44
				生皮-蓝湿革工艺	g/m^2 蓝湿革		11	20	41
				蓝湿革-成品革工艺	g/m^2 成品革		2	4	6
8			*单位产品总铬产生量	生皮-成品革工艺	g/m^2 成品革	0.2	4.5	7.3	10.5
				生皮-蓝湿革工艺	g/m^2 蓝湿革		3.2	4.8	7.3
				蓝湿革-成品革工艺	g/m^2 成品革		1.4	2.5	3.4
9	定性评价指标	0.4	参见表 4[a]						

注：带*的指标为限定性指标。

[a] 表 4 计算结果为本表的一部分，计算方法与本表其他指标相同。

表 3　猪革企业定量评价指标项目、权重及基准值

序号	一级指标	一级指标权重	二级指标		单位	二级指标权重	Ⅰ级基准值	Ⅱ级基准值	Ⅲ级基准值
1	资源和能源消耗指标	0.25	*取水量	生皮-成品革工艺	m^3/m^2 成品革	0.7	0.15	0.2	0.3
				生皮-蓝湿革工艺	m^3/m^2 蓝湿革		0.12	0.16	0.24
				蓝湿革-成品革工艺	m^3/m^2 成品革		0.05	0.06	0.09
2			*综合能耗	生皮-成品革工艺	kgce/m^2 成品革	0.3	1	1.3	1.6
				生皮-蓝湿革工艺	kgce/m^2 蓝湿革		0.2	0.3	0.4
				蓝湿革-成品革工艺	kgce/m^2 成品革		0.9	1	1.3
3	资源综合利用指标	0.05	水重复利用率	生皮-成品革工艺	%	1.0	60	55	45
				生皮-蓝湿革工艺			70	60	50
				蓝湿革-成品革工艺			30	25	20
4	污染物产生指标	0.3	*单位产品废水产生量	生皮-成品革工艺	m^3/m^2 成品革	0.2	0.13	0.17	0.26
				生皮-蓝湿革工艺	m^3/m^2 蓝湿革		0.1	0.14	0.21
				蓝湿革-成品革工艺	m^3/m^2 成品革		0.04	0.05	0.08
5			*单位产品化学需氧量产生量	生皮-成品革工艺	g/m^2 成品革	0.2	650	760	1050
				生皮-蓝湿革工艺	g/m^2 蓝湿革		500	630	840
				蓝湿革-成品革工艺	g/m^2 成品革		200	220	320
6			*单位产品总氮产生量	生皮-成品革工艺	g/m^2 成品革	0.2	22	36	73
				生皮-蓝湿革工艺	g/m^2 蓝湿革		18	35	68
				蓝湿革-成品革工艺	g/m^2 成品革		4	6	10
7			*单位产品氨氮产生量	生皮-成品革工艺	g/m^2 成品革	0.2	16	26	52
				生皮-蓝湿革工艺	g/m^2 蓝湿革		13	25	48
				蓝湿革-成品革工艺	g/m^2 成品革		3	4	7
8			*单位产品总铬产生量	生皮-成品革工艺	g/m^2 成品革	0.2	6.0	8.0	12.0
				生皮-蓝湿革工艺	g/m^2 蓝湿革		4.1	5.6	8.5
				蓝湿革-成品革工艺	g/m^2 成品革		2.0	2.5	4.0
9	定性评价指标	0.4	参见表 4[a]						

注：带*的指标为限定性指标。

[a] 表 4 计算结果为本表的一部分，计算方法与本表其他指标相同。

表 4 制革企业定性评价指标项目及权重

序号	一级指标	指标分值	二级指标	指标分值	Ⅰ级基准值	Ⅱ级基准值	Ⅲ级基准值
1	生产工艺及设备要求	0.2	原皮处理	0.05	低温少盐保藏，部分采用鲜皮加工	低温少盐保藏	
				0.05	转笼除盐（采用盐水保存的除外）		
2			脱毛、浸灰	0.2	无硫低硫保毛脱毛，浸灰液循环利用		低硫脱毛
3			脱灰、软化	0.1	无铵盐脱灰		低铵盐脱灰
4			浸酸、鞣制	0.2	无盐浸酸；高吸收、高结合铬鞣或含铬液全循环利用，或其他环保型非铬鞣	少盐浸酸；少铬鞣制，含铬液循环利用	
5			复鞣	0.05	100%采用低铬、无甲醛、高吸收、低氮低盐复鞣剂	低铬、无甲醛、高吸收、低氮低盐复鞣剂占比 80%以上	低铬、无甲醛、高吸收、低氮低盐复鞣剂占比 70%以上
6			染色	0.1	100%采用高吸收染料	高吸收染料占比 50%以上	
7			加脂	0.1	100%采用高吸收、无卤代有机物、可降解加脂剂	高吸收、无卤代有机物、可降解加脂剂占比 80%以上	高吸收、无卤代有机物、可降解加脂剂占比 70%以上
8			涂饰	0.1	100%采用清洁涂饰材料（环保型着色材料、水基涂饰材料、涂饰层高效交联材料、环保型胶黏剂和整饰剂，不使用甲醛，不含有害重金属等）和涂饰工艺［高体积低压（HVLP）系统、泡沫喷涂系统、辊涂等］	清洁涂饰材料占比 80%以上（环保型着色材料、水基涂饰材料、涂饰层高效交联材料、环保型胶黏剂和整饰剂），不使用甲醛，不含有害重金属等	
9			装备	0.01	100%采用小液比工艺，高效节能节水转鼓	小液比工艺，高效节能节水转鼓占比 80%以上	小液比工艺，高效节能节水转鼓占比 50%以上
				0.02	*不使用国家和地方明令淘汰的落后工艺和装备		
10			*原辅材料	0.02	不使用国际上禁用的偶氮染料及含致癌芳香胺基团的染料；润湿剂、脱脂剂、复鞣剂、加脂剂等不含 APE/APEO		

序号	一级指标	指标分值	二级指标		指标分值	Ⅰ级基准值	Ⅱ级基准值	Ⅲ级基准值
11	产品特征指标	0.05	*产品有害物质含量		1.0	符合 GB 20400 的指标要求		
12	清洁生产管理指标	0.15	*环境法律法规标准执行情况		0.1	符合国家和地方有关环境法律、法规，废水、废气、噪声等污染物排放符合国家、地方或行业标准，符合制革工业污染防治政策；污染物排放应达到国家和地方污染物排放总量控制指标和排污许可证管理要求；符合国家、地方和行业产业政策		
13			*一般固体废物管理		0.05	一般固体废物按照 GB 18599 相关规定执行		
14			*危险废物管理		0.05	对使用铬鞣剂进行铬鞣、复鞣工艺产生的废水处理污泥，皮革切削工艺产生的含铬皮革废碎料等危险废物，贮存应符合 GB 18597 相关规定，应交由有资质的单位进行处理；应按国家或地方危险废物相关规定进行管理		
15			*清洁生产审核情况		0.05	按照国家和地方要求，开展清洁生产审核		
16			管理体系建设情况	环境管理体系	0.05	按照 GB/T 24001 建立环境管理体系，并通过第三方认证		按照 GB/T 24001 建立环境管理体系
				能源管理体系	0.05	按照 GB/T 23331 建立能源管理体系，并通过第三方认证		按照 GB/T 23331 建立能源管理体系
17			污染物处理设施管理	废水	0.05	建有废水处理设施运行中控系统，建立治污设施运行台账	建立治污设施运行台账	
					0.04	按照《污染源自动监控管理办法》的规定，安装污染物排放自动监控设备，并与环境保护主管部门的监控设备联网，并保证设备正常运行。对含盐废水需进行有效处理		
					0.05	排水实行清污分流，雨污分流；对于鞣制废液等难以处理的废水能够实现单独收集和处理		
				*废气	0.06	对生产、废物处理等环节产生的 VOCs 和恶臭进行有效收集和处理，符合国家、地方或行业排放要求		
18			计量器具配备管理		0.05	计量器具配备率符合 GB 17167、GB 24789 三级计量要求，并制定定量考核制度	计量器具配备率符合 GB 17167、GB 24789 二级计量要求，并制定定量考核制度	

序号	一级指标	指标分值	二级指标	指标分值	I 级基准值	II 级基准值	III级基准值
19	清洁生产管理指标	0.15	生产设备的使用、维护、检修管理制度	0.05	有完善的设备使用、维护、检修管理制度，并严格执行		
20			环境管理制度和机构	0.05	具有完善的环境管理制度；设置专门环境管理机构和专职管理人员		
21			*排污口管理	0.05	排污口符合《排污口规范化整治技术要求（试行）》相关要求		
22			*危险化学品管理	0.05	符合《危险化学品安全管理条例》相关要求		
23			环境应急	0.05	根据《中华人民共和国环境保护法》及《突发环境事件应急预案管理办法》（环发〔2010〕133 号）要求，制定企业突发环境事件应急预案		
24			环境信息公开	0.1	按照《企业事业单位环境信息公开办法》（环境保护部令 2014 年第 31 号）要求公开环境信息		
25			相关方环境管理	0.05	对原材料供应方、生产协作方、相关服务方提出环境管理要求		

注：带*的指标为限定性指标。

[a] 禁用的偶氮染料是指国际上禁用的含有或可产生致癌性芳香胺类化合物（见附录 A）的染料。

聚氯乙烯行业清洁生产技术推行方案

工信部节〔2010〕104号

一、总体目标

1．到2012年，力争实现我国电石法聚氯乙烯行业低汞触媒普及率达50%，降低汞使用量208吨/年，并全部合理回收废汞触媒；盐酸深度脱吸技术推广到50%以上，处理废酸25万吨/年；全部利用电石渣，减排电石渣1 258万吨；废水排放由8 220万吨/年减到4 230万吨/年，减排3 990万吨；COD排放由19 230吨/年减到5 770吨/年，减排13 460吨；节约标煤200万吨。

2．加大分子筛固汞触媒技术研究力度，加大无汞触媒技术投入。

3．争取控氧干馏法回收废汞触媒中的氯化汞与活性炭技术及高效汞回收工艺的示范工程建设。

4．推广先进适用的清洁生产技术。到2012年实现我国电石法聚氯乙烯行业低汞触媒产能普及率达50%；完成260万吨产能的干法乙炔工艺的新建及技术改造，并配套完成780万吨干法水泥生产装置的投产；完成3 600万吨的聚合母液废水处理工程；盐酸深度脱吸技术配套硫氢化钠处理含汞废水技术普及率达到50%；进一步推广精馏尾气变压吸附技术。

二、推广技术

见下表。

序号	技术名称	适用范围	技术主要内容	解决的主要问题	技术来源	所处阶段	应用前景分析
1	乙烯氧氯化生产聚氯乙烯	新建 PVC 企业及电石法 PVC 企业改造	乙烯在含铜催化剂存在下经过氯化反应生产出二氯乙烷，纯净的二氯乙烷经过裂解生产氯乙烯和氯化氢，氯化氢再与乙烯氧氯化反应生成二氯乙烷。二氯乙烷裂解生产氯乙烯，氯乙烯经聚合成聚氯乙烯	乙烯原料路线相对电石乙炔原料路线来说，生产工艺没有电石渣等废物产出，同时不使用汞触媒，排放物少	自主研发	推广阶段	乙烯氧氯化法原料路线的产量约占 PVC 总产量的 14%；采用二氯乙烷主体联合法原料路线的产量约占 PVC 总产量和 16%。在东部沿海地区采用这种方法有一定的优势。但我国的乙烯资源短缺，为乙烯氧氯化生产氯乙烯带来了障碍
2	低汞触媒生产技术配套控氧干馏法回收废触媒中的 $HgCl_2$ 及活性炭的新工艺一体化技术	新建汞触媒生产企业或者高汞触媒生产企业改造、汞触媒回收企业	低汞触媒的氯化汞含量在 6%左右（高汞触媒的氯化汞含量为 10.5%～12%），是采用多次吸附氯化汞及多元络合助剂技术将氯化汞固定在活性炭有效孔隙中的一种新型催化剂，大大提高了催化剂的活性、降低了汞升华的速度，重金属污染物汞的消耗量和排放量均大幅度下降。 控氧干馏法回收废触媒中的 $HgCl_2$ 及活性炭的新工艺是针对低汞触媒开发的国内最先进的废汞触媒回收技术，这项工艺有效回收废汞触媒中的氯化汞，并使活性炭重复利用。整个生产工艺完全做到了密闭循环，没有废气、废液和废渣的排放，是汞触媒生产与回收的清洁生产技术	1. 降低了汞的消耗及汞的排放量。新型低汞触媒的含量只有 6%左右，汞消耗量下降 50%。同时减少了氯化汞的升华，因此大大降低了后处理中汞的排放。 2. 减少了含汞废活性炭的排放。传统的废汞触媒回收，在回收汞的过程中残渣排放、填埋。控氧干馏法回收废触媒中的 $HgCl_2$ 及活性炭的新工艺回收的是氯化汞，活性炭可以回收利用，因此不会有含汞废活性炭的排放，避免了汞流失到环境中。 3. 提高了汞的回收效率。传统的废汞触媒氯化汞回收的	自主研发	推广阶段	低汞触媒无论是使用寿命、反应活性及选择性都达到或优于高汞触媒，完全可以代替高汞触媒并使 PVC 生产成本有所下降。不仅降低了氯化汞的含量还减少了氯化汞的升华量，是一项清洁生产技术，可予全行业推广。 全行业推广需求量 1 万吨/年左右，目前生产能力只有 4 000 吨，年产量 1 500 吨左右。 全行业推广以后，汞的消耗量下降 70%以上，汞的排放量下降 90%以上。 该项技术相对原来的废汞触媒回收技术不仅可以高效地回收氯化汞还可以回收活性炭。目

序号	技术名称	适用范围	技术主要内容	解决的主要问题	技术来源	所处阶段	应用前景分析
2				是汞，回收效率为70%左右，而新的废汞触媒回收技术回收的是氯化汞，效率可以达到99%以上。 4. 实现氯化汞循环。由于低汞触媒是由特殊的活性炭生产的，因此可以实现氯化汞的回收循环利用，进一步降低汞的消耗，低汞触媒氯化汞的升华量很小，失活后废汞触媒中的氯化汞含量仍很高，经回收可再利用，从而实现氯化汞的循环，使电石法聚氯乙烯行业汞消耗量下降70%，汞排放量下降90%。 5. 回收工艺无“三废”排放。目前产生的废汞触媒用传统的回收方式污染严重，废渣、废气和废液都随便排放，而新型废汞触媒回收技术是在密闭条件下分别回收活性炭和氯化汞，没有“三废”的排放问题	自主研发	推广阶段	前行业内每年产生的废汞触媒和含汞废活性炭有1万吨以上。实现全行业回收后，可实现回收氯化汞600吨/年左右，减少200吨/年汞的排放。 计划到2012年，低汞触媒的普及率达到50%，每吨PVC汞的消耗量将下降 25%，汞的排放量下降 50%以上。行业内产生的含汞活性炭实现全部回收

序号	技术名称	适用范围	技术主要内容	解决的主要问题	技术来源	所处阶段	应用前景分析
3	干法乙炔发生配套干法水泥技术	新建电石法PVC生产企业及现有电石法PVC生产企业建设改造	干法乙炔发生是用略多于理论量的水以雾态喷在电石粉上产生乙炔气，同时产生的电石渣为含水量1%～15%干粉，不再产生电石渣浆废水。 干法乙炔工艺产生的电石渣可直接用于干法水泥生产，是解决电石渣排放最大、最有效的方法，同时干法乙炔发生产生的电石渣水分含量低，从而省去了压滤和烘干步骤，可以节省大量的能源	1. 解决了电石渣的排放。电石法PVC生产过程中，每吨PVC会产生1.50吨（干基）的电石渣。目前行业内的电石渣产生量超过1 000万吨，大多数采用填埋，干法乙炔发生技术配套干法水泥生产技术把原产生的电石渣改变为石灰粉，并用于水泥生产、制砖等，拓宽了应用领域。 2. 杜绝了电石渣浆的排放。湿法乙炔发生工艺，电石与水的反应比例为1∶17，因此每生产1吨PVC生产出25吨左右的电石渣浆。干法乙炔发生不产生电石渣废水。 3. 节水、节能效果明显。采用干法乙炔发生配套干法水泥工艺可以使每吨PVC降低水耗3吨，同时干法乙炔发生产生的电石渣生产水泥更加节能。 4. 降低能耗。新型干法水泥装置热耗由湿磨干烧的4 600 kJ/kg熟料降低到新型干法水泥的3 800 kJ/kg熟料，节煤21%以上，相当于减少0.18吨标煤/吨，该工艺具有较好的节能效果	自主研发	推广阶段	目前国内已有6～10家使用此技术。在行业内的普及率已有20%。该技术可在全行业内应用。 全行业推广以后，减少近2亿吨电石渣浆的产生。同时产生的电石渣将全部用于生产水泥。 到2012年计划完成260万吨产能的干法乙炔工艺配套780万吨的干法水泥生产装置的新建及技术改造。减少6 500万吨电石渣浆排放，减排约400万吨的电石渣

序号	技术名称	适用范围	技术主要内容	解决的主要问题	技术来源	所处阶段	应用前景分析
4	低汞触媒应用配套高效汞回收技术	新建电石法PVC生产企业与电石法PVC生产企业技术改造	低汞触媒技术是聚氯乙烯行业减排方面的重大突破，它的汞含量在6%左右，氯化汞固定在活性炭有效孔隙中的一种新型催化剂，提高了催化剂的活性、降低了汞升华的速度，重金属污染物汞的消耗量和排放量均大幅度下降。对我国电石法PVC行业所面临的汞问题的压力可以起到缓解作用。在不改变生产工艺、设备的前提下，完全可以替代传统的高汞触媒。 高效氯化汞回收技术是指通过工艺改造将升华到氯乙烯中的氯化汞回收的技术。PVC生产过程中升华的氯化汞蒸气随着氯乙烯气体进入汞吸附系统（包括冷却器、特殊结构的汞吸附器以及新型汞吸附剂），采用高效吸附工艺及吸附剂，可回收大部分氯化汞，这是有效截止氯化汞进入下道工序的关键	1. 降低行业内汞的使用量与排放量。 2. 减少行业内排放的废水、废渣中的汞的含量。 3. 降低PVC成本。由于低汞触媒的价格比较低，因此在一定程度上会降低PVC的生产成本。 4. 可回收再利用氯化汞	自主研发	推广阶段	高效汞回收技术是通过工艺改造，使最大效率的回收已升华的氯化汞，有效截止氯化汞进入下道工序，示范成功后，可在全行业内推广，应用前景良好。 全行业内目前使用汞触媒量在8 000吨/年以上，计划到2012年，低汞触媒推广率达到50%，每吨PVC使用汞的量下降25%。实现高效汞回收技术的工业化
5	盐酸脱吸工艺技术	新建电石法PVC生产企业与电石法PVC企业改造	氯乙烯混合气中混有5%～10%的HCl气体，经过水洗后产生一定量的含汞副产盐酸，目前处理副产盐酸的最好方法即采用盐酸全脱吸技术，将脱除的氯化氢重新回收利用，废水进吸收塔重新回到水洗工序，从而充分地利用了氯化氢资源，且保证了含汞废水的不流失	1.回收利用氯化氢、废酸达标，降低对环境的污染。 2. 降低废酸中的汞对环境的污染	自主研发	推广阶段	此技术全部推广后，将杜绝通过盐酸出售而将汞带出系统之外。实现氯化氢的综合利用。 目前行业内每年产生的含汞废盐酸在40万吨左右，只有20%废酸通过盐酸脱析技术处理，其余都出售或利用了。计划到2012年该技术推广率达到50%以上

序号	技术名称	适用范围	技术主要内容	解决的主要问题	技术来源	所处阶段	应用前景分析
6	PVC聚合母液处理技术	新建 PVC 企业和原来 PVC 企业技术改造	PVC 聚合母液是聚氯乙烯行业的主要废水，聚合母液中含有一定量的聚氯乙烯聚合用的助剂，COD 在 300 g/吨左右。 生物膜法是利用附着生长于某些固体物表面的微生物（即生物膜）进行有机污水处理的方法。生物膜法技术净化的母液废水出水指标满足《污水再生利用工程设计规范》（GB 50335—2002）中电厂循环水的回用水标准。 生化处理技术可以使母液中的 COD 降到 30 g/吨以下。 双膜法是采用超滤膜和反渗透膜两层主要的过滤膜来处理聚合母液，通过对母液废水的净化达到母液废水回用的效果。 膜处理技术主要是通过纳滤膜+反渗透，母液回收率在 70%左右	1. 降低排放污水中的 COD 含量。 2. 使废水综合利用，减少了母液污水的排放	自主研发	推广阶段	目前以我国 PVC 产量计算，每年产生的含 COD 废水在 6000 万吨以上，如果全部该项技术，可减少COD排放在1.62万吨以上，可回收4200万吨母液废水。计划到 2012 年建成 3600 万吨聚合母液处理装置。可减少 0.97 万吨/年的 COD 排放，可回收 2 500 万吨以上的母液废水

钛白粉行业清洁生产技术推行方案

工信部节〔2011〕381号

一、总体目标

（一）优先支持发展氯化法钛白粉沸腾氯化技术，预计到2013年，沸腾氯化技术在氯化法钛白粉生产中的普及率达到90%。在硫酸法钛白粉大力示范并推广多项清洁生产技术，包括连续酸解生产技术、余热浓缩废酸技术、硫钛联产节能和废副处理技术、酸解黑渣回收利用技术、副产石膏及硫酸亚铁综合利用技术等，预计到2013年，上述技术的普及率可达到60%。

（二）通过以上清洁生产技术的示范和推广，预计到2013年，可产生以下节能减排效果：节约标准煤46万吨标煤/年，节水2 800万米^3/年，减少废渣38.4万吨/年，减少有害废气排量48 000万米^3/年，节约钛精矿14.7万吨/年，减少废盐排量3万吨/年，削减二氧化硫排放量约2.8万吨/年，综合利用废酸液（浓度为20%）600万吨/年，综合利用硫酸亚铁约150万吨/年，可消化钛白稀废酸400多万吨/年，节约浓缩废酸用天然气1.6亿米^3，减少酸性废水处理用石灰30万吨，减少污水处理污泥140万吨。在2013年前消耗800万吨至1 000万吨化学石膏。

二、应用技术（指基本成熟、具有应用前景、尚未实现产业化的重大关键共性技术。下同）

见下表。

序号	技术名称	适用范围	技术主要内容	解决的主要问题	技术来源	所处阶段	应用前景分析
1	氯化法钛白粉生产技术	氯化法钛白粉生产企业	1. 氯化法是用含钛的原料，如天然金红石、人造金红石或氯化高钛渣等与氯气反应生成四氯化钛，经精馏提纯，然后再进行气相氧化，在速冷后经过气固分离得到钛白粉，主要包括氯化、氧化、后处理等工段； 2. 沸腾氯化法是氯化过程中利用流体的作用将固体颗粒悬浮起来进行氯化反应，关键设备是氯化炉； 3. 研发大型（产能不小于 6 万吨/年）氯化法钛白集成技术，提高氯化法装置产能，引领行业技术发展； 4. 开发适合国产钛矿物的流化床氯化法技术； 5. 改进氯化炉、氧化炉结构，提高氯化率和产品质量； 6. 系统正压采用旋风收尘器—喷雾措施，提高系统收尘效果； 7. 改进四氯化钛冷凝淋洗系统，提高淋洗效率； 8. 完成沸腾氯化装置大型化、国产化； 9. 改进排渣和氯化尾气淋洗工艺和设备，提高控制水平； 10. 采用沸腾氯化替代熔盐氯化技术，实现减排废盐 0.15 吨/吨	1. 打破国外对沸腾氯化技术的垄断和封锁，尽快提升国内氯化法钛白生产能力（发展大型化），可有效减少钛白行业污染物的产生和排放量； 2. 沸腾氯化替代熔盐氯化减少废熔盐排量 0.15 吨/吨产品，解决废盐处理问题； 3. 解决氯化冲渣废气和氯化尾气收集净化技术，可有效避免生产过程中有害废气污染排放； 4. 解决钙镁高钛资源利用问题，提高资源利用率，实现可持续发展； 5. 优化含氯废水和废渣的治理技术	自主研发和技术引进相结合	应用阶段	1. 氯化法在很多方面具有优势，得到钛白企业的认可。目前已被列入国家产业结构调整中鼓励类项目，借势快速发展，提高氯化法的产能； 2. 沸腾氯化技术比熔盐氯化技术更为先进，可在国内氯化法钛白、海绵钛工业有广阔推广应用； 3. 打破国外对沸腾氯化技术的垄断和封锁，推动大型氯化法钛白项目的发展； 4. 以先进技术引领行业发展，实现产业结构调整，提高产品内在品质和提升国际市场竞争力具有极大的推动作用，是实现我国从钛白产量大国向钛白粉强国转变的战略决策； 5. 有较好的节能减排效果，建设示范工程，有推广作用； 6. 采用本技术生产每吨钛白粉产生如下节能减排效果：沸腾氯化法钛白粉清洁生产技术可节约标准煤 0.43 吨，节水 50 米^3/年，减少废渣 1.6 吨，减少有害废气排量 2 000 米^3/年，通过提高资源利用率节约钛精矿 0.24 吨；较熔盐氯化技术减少废盐排量 0.15 吨。以年产 6 万吨沸腾氯化法钛白粉示范企业为例：可节约标准煤 2.58

序号	技术名称	适用范围	技术主要内容	解决的主要问题	技术来源	所处阶段	应用前景分析
1	氯化法钛白粉生产技术	氯化法钛白粉生产企业					万吨标煤/年，节水 300 万米^3/年，减少废渣 9.6 万吨/年，减少有害废气排量 12 000 万米^3/年，通过提高资源利用率节约钛精矿 1.44 万吨/年；较熔盐氯化技术减少废盐排量 0.9 万吨/年。目前，国内氯化法钛白粉产能在总产能中所占比例仅在 3%左右。通过优先支持发展氯化法钛白粉，到 2013 年国内氯化法钛白粉产能 45 万吨，达产率为 53%，产量为 24 万吨，可产生如下节能减排效果：节约标准煤 10.32 万吨/年，节约水 1 200 万米^3/年，减少废渣 38.4 万吨/年，减少有害废气排量 48 000 万米^3/年，通过提高资源利用率节约钛精矿 5.76 万吨/年；较熔盐氯化技术减少废盐排量 3.0 万吨/年
2	连续酸解技术	硫酸法钛白粉生产企业	钛矿连续酸解技术：酸解实现连续控制和调节，确保指标的稳定可控；酸、矿反应连续、放热均衡，反应平缓发生，酸解尾气生成均匀，瞬时量小（0.5 万～0.8 万标准米^3/时），而传统间歇法瞬时量大（3 万～4 万标准米^3/时*10 分钟）	1.酸解反应连续、稳定，单位时间内产生的酸解尾气量较少，夹带的酸雾量小，尾气处理较为容易，可确保酸解尾气达标排放； 2. 提高废酸回用量，废酸浓缩后实现废酸闭路循环，解决废酸处理难题； 3. 钛渣连续酸解除具备以上优势外，可减少或不产生硫酸亚铁，并可降低蒸汽耗量 30%～45%，实现硫酸法钛白清洁生产	引进消化吸收和自主创新	应用阶段	连续酸解可实现连续控制和调节，确保指标的稳定可控；由于连续酸解工艺酸、矿均反应连续、放热均衡，反应平缓发生，酸解尾气生成均匀，单位时间内酸解尾气量较少，夹带的酸雾量小，尾气处理较为容易，具有较大的环保优势；由于对反应进行全面地调节控制，大大提高了废酸回用量，如将废酸浓缩至 55%浓度，可实现全工艺中产生废酸量的闭路循环，

序号	技术名称	适用范围	技术主要内容	解决的主要问题	技术来源	所处阶段	应用前景分析
2	连续酸解技术	硫酸法钛白粉生产企业	钛渣连续酸解技术： 1. 酸解浆料补热模式研究，包括酸解浆料补热介质、酸解浆料补热模式及钛渣酸解补热装置及反应器、溶出装置等设备材质研究； 2. 钛渣连续酸解工艺技术研究； 3. 钛渣连续酸解装置设计与开发		自主研发	研发阶段	解决废酸处理难题；再加上连续酸解自动化程度高、装备占地面积小等优点，被国际上公认为硫酸法钛白环保技术之一。若采用钛渣为原料进行连续酸解，除具备以上优势外，还可以减少或不产生硫酸亚铁，并可降低蒸汽耗量30%～45%，真正实现硫酸法钛白的清洁生产。采用本技术生产每吨钛白粉产生如下节能减排效果：节约标准煤约0.024吨，节约水约16米^3，削减二氧化硫排放量约0.028吨。以年产4万吨钛白示范企业为例：节约标准煤约960吨/年，节约水约64万米^3/年，削减二氧化硫排放量约0.112万吨/年。目前，国内连续酸解硫酸法钛白粉产能在总产能中所占比例约10%，潜在普及率100%。到2013年，预计连续酸解硫酸法钛白粉生产技术在硫酸法钛白粉生产中的普及率将达到60%，则预计采用该技术的钛白粉产量约有100万吨，可产生如下节能减排效果：节约标准煤约2.4万吨/年，节水约1 600万米^3/年，削减二氧化硫排放量约2.8万吨/年

序号	技术名称	适用范围	技术主要内容	解决的主要问题	技术来源	所处阶段	应用前景分析
3	余热浓缩废酸技术	硫酸法钛白粉生产企业	利用联产硫酸与钛白粉生产过程产生的余热将硫酸法钛白粉产生的特征污染物低浓度废酸液浓缩成可再被利用的浓缩净化酸，废酸浓度可由3%～20%提高到60%左右	1.变废为宝，合理利用硫酸法钛白生产的废硫酸，增加了浓硫酸的产量，每吨钛白可增加浓硫酸的产量1吨； 2. 降低钛白生产过程中硫酸的消耗，使每吨钛白的硫酸消耗在3.5吨以下	自主研发	应用阶段	废酸浓缩综合利用是解决钛白废酸出路、降低企业环保治理成本之关键，使废酸被浓缩后循环利用，不仅使废水得到了治理，而且变废为宝，对企业利润与环境保护都具有较大的经济与社会意义。此技术将每吨钛白粉生产中产生的6吨浓度为20%的稀硫酸加工成2吨浓度为60%的浓缩净化酸。以年产10万吨钛白示范企业为例：将生产中产生的60万吨/年浓度为20%的稀硫酸加工成20万吨/年浓度为60%的浓缩净化酸，实现了资源的二次循环综合利用。目前，国内采用余热浓缩废酸技术的硫酸法钛白粉产能在总产能中所占比例较小，然而长期潜在普及率可达100%。到2013年，预计尾气余热浓缩废酸技术在硫酸法钛白粉生产中的普及率将达到60%，采用该技术的钛白粉产量约有100万吨，则以上数据预计可综合利用废酸液（20%）600万吨/年

序号	技术名称	适用范围	技术主要内容	解决的主要问题	技术来源	所处阶段	应用前景分析
4	硫钛联产节能和废副处理技术	硫酸法钛白粉生产企业	热能利用： 1. 制酸系统高中低余热利用； 2. 工业汽轮机适用技术； 3. 制酸系统和硫酸法钛白生产水、电、气平衡。 废副处理： 1. 废酸浓缩渣或硫酸亚铁和硫精砂或硫黄的混合方法； 2. 焚硫炉设计和控制，除尘系统设计和控制； 3. 平衡设计和控制； 4. 炉渣选铁技术和设备设计； 5. 废酸回用技术	制酸系统的能源利用问题：1. 硫酸法钛白废酸回收利用已经非常普遍，回收废酸过程产生的浓缩渣（主要含硫酸亚铁）处理比较困难，将其和流精砂或硫黄混合，投入硫酸系统焚硫炉，产出硫酸和钢铁厂原料——铁精粉，变废为宝；2. 硫酸法钛白结晶工序产生的硫酸亚铁非常巨大。将硫酸亚铁按一定比例掺入焚硫炉中，生产硫酸和铁精粉，解决硫酸亚铁市场问题；3. 将稀废酸通过预处理加入硫酸吸收系统制成高浓度硫酸，节约浓缩成本	自主研发	应用阶段	浓硫酸（98%）是硫酸法钛白行业生产的重要原料，一套年产 6 万吨钛白粉示范企业装置至少需配套 20 万吨硫黄制酸，配套硫酸装置首先可保证原料酸的供应。更重要的是，可副产 3.82 兆帕过热蒸汽 23.5 吨/小时，折算标准煤约 6.6 万吨/年，即每吨产品约 0.33 吨标准煤，可基本满足钛白粉生产过热蒸汽需求量，如运作得当则基本可以不需再为另配锅炉，节能效果可观。目前，国内采用硫钛联产热能利用技术的硫酸法钛白粉产能在总产能中所占比例较小，然而长期潜在普及率可达 80%。到 2013 年，预计硫钛联产热能利用技术在硫酸法钛白粉生产中的普及率将达到 60%，则预计采用该技术的钛白粉产量约有 100 万吨，节约的能源相当于每小时产生 3.82 兆帕过热蒸汽 390 吨，即过热蒸汽 320 万吨/年，折算标准煤约 33 万吨/年。 每吨硫酸法钛白产生 5～6 吨稀废酸，废酸浓缩后产生 1 吨主要含硫酸亚铁的废渣，废渣用碱性物质中和后堆放处理，每吨渣需消耗石灰 400 千克，中和后产生废渣 1.1 吨（干基）。使用本技术，将废渣和硫精砂或硫黄混匀

序号	技术名称	适用范围	技术主要内容	解决的主要问题	技术来源	所处阶段	应用前景分析
4	硫钛联产节能和废副处理技术	硫酸法钛白粉生产企业					后，加入硫酸装置的焚硫炉，废渣转化成硫酸和铁精粉，既解决环保问题又节约资源； 以年产 10 万吨项目为例，每年可综合利用废渣 10 万吨，节约硫精砂 2.5 万吨，生产铁精粉 2 万吨。到 2013 年，如果 50%的浓缩废渣用本技术处理，全国每年可综合利用废渣 100 多万吨，节约硫精砂 25 万吨，生产铁精粉 20 万吨，如果考虑到将硫酸亚铁投入焚硫炉转化成硫酸和铁精粉，则可以彻底解决硫酸亚铁市场销售问题
5	酸解黑渣回收利用技术	硫酸法钛白粉生产企业	采用酸解残渣浮选钛矿技术包括将含二氧化钛（TiO_2）20%、三价铁（Fe^{3+}）10%、硫酸（H_2SO_4）5%及杂质的钛白酸解残渣制浆分散后，加入浮选剂，而后通过选矿机，实现重质钛矿与废渣的分离，然后将所得的重质钛矿用干燥设备进行干燥，根据所用钛矿产地的不同，对浮选产品利用磁选设备进行磁选，进一步提高所选矿的品位，钛含量达到 40%～50%；所得到的钛矿按 5%～10%的比例与新矿一起进行粉碎或单独粉碎后再进行混配，按照优化的工艺条件，使反应的最高温度达到 180 摄氏度以上进行酸解反应； 由于回收的钛矿存在部分细粒子，酸解后难以实现钛液的净化，采用控制过滤技术，实现钛	1. 利用降低残渣中游离硫酸和回收硫酸氧钛，将钛白粉酸解收率提高 1.5%，减少酸性废水对分散设备的腐蚀； 2. 每吨钛白减少酸性固体废物排放 0.50～0.6 吨，解决固体废物的堆存环境问题； 3. 提高了钛资源利用率，将钛的原子利用率提高 4%以上，每吨钛白收率提高 3%	自主研发	应用阶段	目前我国硫酸法钛白总产量已突破 130 万吨，到 2013 年将突破 200 万吨，每吨产品需消耗 2.5 吨钛矿，酸解率按 95%计算，每年未酸解的钛矿达 24 万吨以上。利用酸解黑渣处理技术，将黑渣中钛回收率达到 85%以上，钛的原子利用率提高 4%以上，生产每吨产品可回收钛矿约 0.09 吨。以年产 10 万吨钛白示范企业为例可回收钛矿约 0.9 万吨/年。 目前，国内采用此技术的硫酸法钛白粉产能在总产能中所占比例约为 7%，然而长期潜在普及率可达 100%。到 2013 年，预计此技术在硫

序号	技术名称	适用范围	技术主要内容	解决的主要问题	技术来源	所处阶段	应用前景分析
5	酸解黑渣回收利用技术	硫酸法钛白粉生产企业	液和渣的分离，使净化后的钛液固含量小于30 ppm以，达到酸解残渣得到充分利用，而生产能够顺利行的目的； 酸解黑渣二次酸解技术：酸解黑渣经压滤机脱水处理后与浓硫酸混合打浆，控制一定的酸渣比，送入酸解锅，用蒸汽引发反应。酸解钛液单独沉降，分离泥渣后与正常钛液按一定比例混合再次沉降，达到沉降效果，分离的泥渣送污水站处理		自主研发	应用阶段	酸法钛白粉生产中的普及率将达到60%，则预计采用该技术的钛白粉产量约有100万吨。利用酸解黑渣处理技术，将黑渣中钛回收率达到85%以上，钛的原子利用率提高4%以上，以此普及率计算，每年可回收钛矿约9万吨。对提高我国钛资源利用率，减少固体废物的排放具有极大的推动作用
6	钛白副产石膏综合利用技术	硫酸法钛白粉生产企业	1. 利用水洗低浓度废酸与石灰中和生产石膏； 2. 利用“免煅烧脱硫石膏干粉砂浆技术”去除了传统生产工艺中的煅烧环节，直接利用二水脱硫石膏制备干粉砂浆，使生产工艺简化，生产成本大幅度降低； 3. 利用石膏煅烧、加压技术和硫酸法工艺生产过程中制酸余热，将二水硫酸钙（$CaSO_4 \cdot 2H_2O$），除去结晶水，变成β-半水石膏；加压将β-半水石膏转成α-半水石膏以提高材料强度	1.利用水洗低浓度废酸生产石膏代替天然石膏用于建材生产工艺的开发，开辟了低浓度废酸利用的新途径； 2. 石膏在建材方面有广泛的应用，用于制造水泥缓凝剂、石膏板、墙体、墙体装饰腻子、卫生和日用陶瓷生产用石膏模具等。基于以上应用，可消耗我国钛白粉生产中所产生的所有红、黄化学石膏副产品，达到物料零排放，进而形成全行业清洁生产发展模式	自主研发	应用阶段	硫酸法钛白粉生产工艺中一般每生产1吨钛白粉便产生的2～4吨石膏。以年产10万吨钛白示范企业为例，可综合利用的石膏副产品为20万～40万吨/年。到2013年，预计此技术在硫酸法钛白粉生产中的普及率将达到60%，潜在普及率100%。则预计采用该技术的钛白粉产量约有180万吨。钛白副产石膏综合利用技术的应用推广，可在2013年前消耗800万吨至1 000万吨化学石膏，产生直接经济效益保守估计25亿～30亿元

序号	技术名称	适用范围	技术主要内容	解决的主要问题	技术来源	所处阶段	应用前景分析
7	磷钛联产技术	硫酸法钛白粉生产企业	稀废酸和浓硫酸的配酸除杂工艺、设备设计，湿法磷酸操作控制参数，磷矿预处理工艺流程、操作参数和设备选型	硫酸法钛白产生大量稀废酸和酸性废水，稀废酸回收利用，一般需要浓缩，耗费大量热能。酸性废水一般要用碱性物质例如石灰或电石渣处理，处理成本高并产生较多中和污泥。通过与湿法磷酸生产嫁接，将废酸不经浓缩，直接用浓硫酸配酸达到 50%以上浓度，除去杂质后用于湿法磷酸的萃取工序，酸性废水用于磷矿的预处理工序。节约了浓缩废酸所需能源，减少了硫酸消耗和酸性废水的处理费用	自主研发	应用阶段	配套建设湿法磷酸（主要用于磷肥和磷酸盐生产）项目，生产每吨硫酸法钛白可消化钛白稀废酸 5 吨/年，节约浓缩废酸用天然气 200 方，同时，减少酸性废水处理用石灰 0.38 吨，减少污水处理污泥 1.75 吨。以 8 万吨的硫酸法钛白配套建设湿法磷酸（主要用于磷肥和磷酸盐生产）项目为例，可消化钛白稀废酸 40 多万吨/年，节约浓缩废酸用天然气 0.16 亿方，同时，减少酸性废水处理用石灰 3 万吨，减少污水处理污泥 14 万吨。到 2013 年，如果 80 万吨的硫酸法钛白配套建设湿法磷酸（主要用于磷肥和磷酸盐生产）项目，可消化钛白稀废酸 400 多万吨/年，节约浓缩废酸用天然气 1.6 亿米^3，同时，减少酸性废水处理用石灰 30 万吨，减少污水处理污泥 140 万吨

三、推广技术

序号	技术名称	适用范围	技术主要内容	解决的主要问题	技术来源	所处阶段	应用前景分析
1	钛白副产硫酸亚铁综合利用技术	硫酸法钛白粉生产企业	提取副产物硫酸亚铁并综合利用为有经济价值的产品：采用真空结晶技术分离硫酸亚铁；将分离出的硫酸亚铁用作铁系颜料、水处理产品、磁性材料和饲料的原料	1. 变废为宝，合理利用，采用硫酸亚铁提取技术和硫酸亚铁多用途综合利用技术，使我国生产钛白粉时所产生的副产品硫酸亚铁多用途综合利用； 2. 硫酸法钛白粉生产工艺中一般每生产万吨钛白粉便产生的万吨硫酸亚铁。解决了以往此种大量的固体废物的堆存环境问题如生产铁系颜料 60 万吨，便可消耗亚铁 12 万吨	自主研发	推广阶段	副产品硫酸亚铁以往被作为废渣堆放，易变为溶液对水域造成环境污染。经过此清洁生产技术，副产品硫酸亚铁可被逐渐开放用作铁系颜料、水处理产品、磁性材料和饲料的原料等具有良好经济价值的产品，对硫酸法钛白粉生产废渣处理具有重要的经济与环境价值； 硫酸法钛白粉生产工艺中一般每生产 1 吨钛白粉便产生的 1.5 吨硫酸亚铁。以年产 10 万吨钛白示范企业为例，可综合利用的硫酸亚铁副产品为 15 万吨/年； 到 2013 年，预计钛白副产硫酸亚铁综合利用技术在硫酸法钛白粉生产中的普及率将达到 60%，潜在普及率 100%。则预计采用该技术的钛白粉产量约有 100 万吨，以此产量计算，国内钛白粉行业可通过综合利用减排硫酸亚铁约 150 万吨/年，并将其转化为可再生使用的副产品

铬盐行业清洁生产技术推行方案

工信部节〔2011〕381号

一、总体目标

（一）到2013年，全行业实现采用铬铁碱溶氧化制铬酸钠技术、气动流化塔式连续液相氧化技术、钾系亚熔盐液相氧化法、无钙焙烧、碳化法生产红矾钠技术等清洁生产工艺生产。预计铬铁碱溶氧化制铬酸钠技术普及率达到15%，气动流化塔式连续液相氧化法普及率达到10%，钾系亚熔盐液相氧化法普及率达到10%，无钙焙烧技术普及率达到65%。

（二）预计到2013年，全行业可实现年节约铬铁矿5.16万吨/年，节约纯碱7.45万吨/年，节约硫酸11.22万吨/年，减少石灰石、白云石资源用量94.47万吨/年，节标煤26.2万吨/年，减排铬渣66.5万吨/年，减排二氧化碳79.92万吨/年；年增加经济效益5.9亿～6.8亿元/年。

二、应用技术（指基本成熟、具有应用前景、尚未实现产业化的重大关键共性技术。下同）

见下表。

序号	技术名称	适用范围	技术主要内容	解决的主要问题	技术来源	所处阶段	应用前景分析
1	铬铁碱溶氧化制铬酸钠	重铬酸钠生产	以冶金工业废铬铁（铬铁粉）和液体氢氧化钠为原料采用纯氧氧化，在水热体系中实现铬的碱性溶出，生产铬酸盐并副产铬铁系颜料。过程可充分利用了自热反应，实现生产系统的连续、稳定、经济运行	有效解决了传统焙烧法转窑等设备庞杂、热能利用率较低、污染大、运行费用高的问题，改变了我国铬盐生产高能耗、重污染的落后面貌。吨红矾钠能耗仅为 0.2 吨标煤，无六价铬（Cr^{6+}）渣排放，基本无废气、含铬废水排放。投资仅为有钙焙烧的 40%左右	自主研发	应用阶段（0.3 万吨/年装置已通过中试鉴定）	采用该技术吨产品可减排二氧化碳 4.556 吨，减排二氧化硫 8 千克，减排含铬废渣 2.5～3.0 吨，减排污染物六价铬 50～120 千克。以年产 5 万吨示范企业为例：可节标煤 10 万吨，减排铬渣 15 万吨；少用石灰石、白云石 23.3 万吨；减少二氧化碳排放量 22.78 万吨，减少二氧化硫排放量 400 吨，减排污染物六价铬 2 500～6 000 吨。该技术目前在行业中的普及率为 1%，潜在普及率 50%，预期 2013 年普及率可到 15%左右。按行业产量 35 万吨计，年节标煤 10.5 万吨；减排铬渣 15.75 万吨；少用石灰石、白云石 24.47 万吨；减排二氧化碳 23.92 万吨。减少二氧化硫排放量 420 吨，减排污染物六价铬 2 625～6 300 吨。年经济效益增加 1.0 亿～1.5 亿元
2	气动流化塔式连续液相氧化生产铬酸钠	重铬酸钠生产	以铬矿粉和烧碱（NaOH）为原料，利用专利设备气动流化塔、加压生产，清洁燃料为能源，实现连续、安全、环保、经济运行	用加压塔替代间歇反应釜，解决了钾系亚熔盐法只能采用钾碱为原料，生产铬酸钾，不能直接生产铬酸钠及间歇生产等问题，生产强度提高 50%，能耗降低 50%以上，投资降低 30%以上。矿耗为 1.05 吨/吨红矾钠，液碱循环使用，少量补充；铬收率98%以上。排渣量为0.5 吨/吨红矾钠，且渣中 Cr^{6+} 含量很低，生产成本降低 1 500～2 000 元/吨	自主研发	应用阶段（0.5 万吨/年中试装置）	采用该技术吨产品可减排二氧化碳 3.64 吨，减排含铬废渣 2.3 吨，减排污染物六价铬 50 千克，节标煤 1.3 吨。建设 1 万吨/年示范装置可节约铬铁矿 0.25 万吨、标煤 1.3 万吨；减排铬渣 2.3 万吨；减排二氧化碳 3.64 万吨，减排污染物六价铬 500 吨。该技术目前在进行 5 000 吨的中试，潜在普及率 50%。预期 2013 年普及率可到 10%左右。按行业产量 35 万吨计，每年可节约铬铁矿 0.88 万吨，节约标煤 4.6 万吨；减排铬渣 8 万吨；减排二氧化碳 12.7 万吨，减排污染物六价铬 1 750 吨，减少石灰石、白云石资源用量 8.2 万吨。年经济效益增加 0.5 亿～0.7 亿元

序号	技术名称	适用范围	技术主要内容	解决的主要问题	技术来源	所处阶段	应用前景分析
3	碳化法生产红矾钠技术	铬盐行业红矾钠系钾系产品制造	在前端无钙焙烧工艺基础上，回收工业窑炉尾气中的二氧化碳代替目前传统工艺中的硫酸进行铬酸钠酸化生产红矾钠	采用工业窑炉尾气中二氧化碳（体积比含量 20%～60%）应用于铬酸钠碳化生产红矾钠，铬酸钠碳化率达到 95%以上，避免使用硫酸，吨红矾钠纯碱消耗降至 350 千克、减排二氧化碳 500 千克、减排二氧化硫 3.76 千克、生产成本降低 20%	自主研发	应用阶段（1 000 吨级碳化法已实现中试）	采用该技术吨产品可减排二氧化碳 0.5 吨，二氧化硫 3.76 千克，减少硫酸用量 0.5 吨，纯碱 0.55 吨。按 1 万吨/年碳化法制备红矾钠示范工程计算，每年可减少硫酸用量 0.5 万吨，减少碳酸钠用量 0.55 万吨，综合减排二氧化碳 0.5 万吨，减排二氧化硫 37.9 吨，减排含铬芒硝 0.8 万吨，生产成本降低 20%，新增利润 1 800 万元，将实现红矾钠生产保护环境、节能减排和清洁化生产目的。该技术目前在进行 1 000 吨的中试，潜在普及率为无钙焙烧产量的 80%。预期 2013 年普及率可达到无钙焙烧产量的 50%左右。每年可减少硫酸用量 5.7 万吨、纯碱用量 6.3 万吨，综合减排二氧化碳 5.7 万吨、二氧化硫 427.7 吨、含铬芒硝 9.1 万吨，生产成本较传统硫酸法降低 20%以上，年经济效益增加 2.1 亿元

三、推广技术（指已经成熟、行业亟须应用、要加大推广力度或扩大应用范围的重大关键共性技术。下同）

见下表。

序号	技术名称	适用范围	技术主要内容	解决的主要问题	技术来源	所处阶段	应用前景分析
1	钾系亚熔盐液相氧化法	以铬铁矿及钾碱为原料液相氧化生产铬酸钾及下游氧化铬绿产品	运用亚熔盐非常规介质反应体系，建立高效-清洁转化铬铁矿资源的亚熔盐拟均相原子经济反应/分离新过程、新方法，取代传统高温窑炉气固焙烧工艺，主反应温度由老工艺 1 200℃降至 300℃、铬回收率提高 20%，能耗下降 20%。氧化铬绿生产成本与传统工艺相比下降 10%左右，从生产源头消除了铬渣、含铬粉尘废气污染	采用湿法磨矿和液相氧化清洁生产工艺，不使用干磨和高温煅烧转窑，解决了传统焙烧法转窑等设备庞杂、热能利用率较差、污染大的问题。铬收率为 98%，矿耗为 1.05 吨/吨（以红矾钠计）；钾碱介质循环再生，少量补充；排渣量为 0.5 吨/吨（以红矾钠计），渣中总铬小于 1%（以红矾钠计），较有钙焙烧的 4%～5%、无钙焙烧的 4%大大降低；水溶六价铬（Cr^{6+}）≤0.05%，副产品用于生产脱硫剂；无含铬芒硝产生。综合经济效益和环境效益显著提高	自主研发	推广阶段	采用该技术吨产品可减排减排二氧化碳 3.6 吨，减排二氧化硫 8 千克，减排粉尘 447 千克，减排含铬废渣 2.5～3.0 吨，减排污染物六价铬 50 千克。以 1 万吨示范企业计，年减排铬渣 2.5 万吨；减排二氧化碳 3.6 万吨，减排二氧化硫 80 吨。该技术目前在行业中的普及率为 2%，预期 2013 年普及率可达 10%。按行业产量 35 万吨计，每年可节约铬铁矿 0.83 万吨，年减排铬渣 8.75 万吨；减少石灰石、白云石资源用量 8.2 万吨；减排二氧化碳 12.6 万吨，减排二氧化硫 280 吨
2	无钙焙烧技术	重铬酸钠生产	无钙焙烧工艺是指在生产过程中不添加含钙辅料，使得其铬渣物性与有钙铬渣迥异，进而使得渣的物性得到极大的改善，渣中无水泥化物质，无含六价铬（Cr^{6+}）固溶体成分，易于高效浸	不添加石灰石、白云石，仅加少量填料。解决了有钙焙烧含六价铬（Cr^{6+}）渣量污染问题。吨红矾钠铬渣量由传统工艺的 1.5～2.8 吨/吨降 0.65～0.8 吨/吨，渣中水溶性六价铬（Cr^{6+}）含量降低 90%；吨红矾钠矿	自主研发	推广阶段（国内自有技术建设的 1 万吨/年装置，引进技术建设的 5	采用该技术吨产品可减排减排二氧化碳 1.12 吨，减排含铬废渣 1～2 吨。节标煤 0.4 吨。以 1 万吨示范企业计，可减排减排二氧化碳 1.12 万吨，减排含铬废渣 1 万～2 万吨。节标煤 0.4 万吨。该技术目前在行业中的普及率为 5%，

序号	技术名称	适用范围	技术主要内容	解决的主要问题	技术来源	所处阶段	应用前景分析
2			洗，渣中不含致癌物铬酸钙，排渣量大幅减少，无钙铬渣可冶炼铬基合金钢，实现铬渣零排放。从而有效地解决了铬盐生产的清洁化问题	耗（$Cr_2O_3$50%计）由 1.30 吨/吨降至 1.15 吨/吨；碱耗（碳酸钠 98%计）由 0.95 吨/吨降至 0.9 吨/吨；酸耗（硫酸 92.5%计）由 0.49 吨/吨降至 0.25 吨/吨。综合能耗降低 20%。无钙铬渣可全部冶炼铬基合金钢，实现铬渣零排放。铬收率达到 95.2%。可利用低品位氧化铬（$Cr_2O_3$40%）铬铁矿；生产成本降低 10%		万吨/年装置均已正常生产）	预期 2013 年普及率可达 65%。每年可节约铬铁矿 3.45 万吨、纯碱 1.15 万吨、硫酸 5.52 万吨、标煤 9.1 万吨；减排铬渣 34 万吨；减少石灰石、白云石资源用量 53.6 万吨；减排二氧化碳 25 万吨；回收铬铁资源 7.6 万吨。可利用低品位［氧化铬（Cr_2O_3）40%］铬铁矿，生产成本降低 10%，年经济效益增加 2.3 亿元

铬盐行业清洁生产实施计划

工信部联节〔2012〕96 号

一、铬盐行业实施清洁生产的紧迫性

铬盐是重要的无机化工产品，广泛应用于化工、轻工、冶金、纺织、机械等行业。据统计，我国国民经济中约 10%的工业产品与铬盐有关。铬盐的基础产品是重铬酸钠，我国重铬酸钠生产主要采用有钙焙烧工艺，生产过程中产生大量的含铬废渣（以下简称铬渣），铬渣中含有剧毒六价铬及较强致癌特性的铬酸钙，对生态环境和人民生命健康构成巨大威胁。

国外铬盐生产已全部实现了无钙焙烧，与有钙焙烧工艺相比，铬渣产生量减少 60%以上，不但降低了铬渣中六价铬的含量，还避免了铬酸钙的产生，使得铬渣的处理难度和成本都大幅下降。

近年来，虽然我国自主研发的无钙焙烧、液相氧化法等清洁生产工艺技术已实现产业化，但推广应用不够。截至目前，在产的 14 家铬盐生产企业中仅有少数几家采用清洁生产工艺，占总产能 20%左右，其余产能仍使用落后的有钙（含少钙）焙烧工艺，导致我国铬盐行业铬渣产生及堆存量增加，造成铬污染事件时有发生。因此，要解决铬盐行业的污染问题，必须在治理历史遗留铬渣的同时，全面推进清洁生产技术改造，从源头减少铬渣的产生量。

二、基本思路和主要目标

（一）基本思路

坚持源头减量化原则，以尽可能减少铬渣产生量和降低铬渣毒性为目标，通过促进技术升级与淘汰落后产能相结合，充分发挥企业主体作用，加强政策支持引导，明确铬盐行业实施清洁生产技术改造的时间节点，加快铬盐清洁生产技术的推广与应用，全面提高铬盐行业清洁生产水平。

（二）主要目标

2013 年底前，全面淘汰有钙焙烧落后生产工艺。在全行业推广无钙焙烧、钾系亚熔盐液相氧化法等成熟清洁生产技术；加快铬铁碱溶氧化制铬酸钠、气动流化塔式连续液相氧化法等新一代清洁生产技术的产业化应用。

三、主要任务

（一）确保铬盐行业落后产能淘汰任务如期完成。严格落实《产业结构调整指导目录（2011 年本）》关于淘汰铬盐落后产能的有关规定，制定淘汰落后产能时间表，确保在 2013 年底前淘汰有钙焙烧工艺。

（二）鼓励企业实施清洁生产技术改造。利用中央财政清洁生产专项资金重点支持企业实施烧结工段清洁生产技术改造。2013 年底前，采用无钙焙烧、钾系亚熔盐液相氧化法等成熟技术完成清洁生产技术改造的企业，项目验收通过后给予资金奖励。2012 年底前完成改造并通过验收的，给予高于 2013 年的资金奖励。

（三）加快新技术产业化应用。对率先实施铬铁碱溶氧化制铬酸钠、气动流化塔式连续液相氧化法等关键技术产业化应用的示范项目，中央财政清洁生产专项资金将给予资金补助。

四、具体步骤

（一）制定铬盐行业淘汰落后产能时间表。有关省级工业和信息化主管部门要对辖区内铬盐生产装置进行认定，对有钙焙烧工艺，提出淘汰落后产能时间表，报地方政府同意后实施。

（二）制订清洁生产技术改造计划。铬盐生产企业应制订清洁生产技术改造计划，包括实施改造的时间表、采用的技术、产能及预计投资等内容。并按照《铬化合物生产建设许可管理办法》的规定，依法取得《铬化合物生产建设许可证书》。

附件：

铬盐行业清洁生产示范项目申报要求

一、项目申报范围

铬盐行业清洁生产示范项目包括两类：一是推广示范项目，指应用成熟的先进适用清洁生产技术实施的重大技术改造项目；二是应用示范项目，指以验证新技术成熟度、可靠性、先进性为目的的产业化项目。重点支持《铬盐等 5 个行业清洁生产技术推行方案》中提出的清洁生产技术推广与应用。

二、项目申报条件

（一）一般要求

1. 符合国家产业政策，实施后原则上不新增产能。

2. 项目前期工作符合国家有关规定。

3. 项目整体（含子项）近三年内未得到中央财政资金支持（已申报其他渠道中央财政资金支持的项目不得重复申报）。

4. 固定资产总投资 3 000 万元以上。

（二）推广示范项目应至少有一个产业化成功应用案例，并达到吨产品的铬渣产生量不超过 0.8 吨，渣中氧化钙含量不超过 3%（以干渣计）的基本要求；应用示范项目原则上应具有中试验收报告，开工在建，或具备开工条件。

（三）应用示范项目应由技术知识产权拥有方出具在示范验证成功且具备国家买断条件时，同意优先采取国家买断使用权方式推广的书面承诺。

三、申报材料要求

（一）省级工业和信息化主管部门会同同级财政部门上报申请文件。文件内容主要包括申报项目基本情况说明、申报条件符合性审查意见、项目总投资额核定情况、对项目真实性及项目整体（含子项）近三年内未得到中央财政资金支持的承诺说明等。

（二）由具有乙级（含）以上咨询资质的专业机构分项目编写的清洁生产专项资金申请报告。

（三）省级工业和信息化主管部门、财政部门联合或中央企业组织专家对项目评审后出具的评审意见。

四、申请报告编制要点

（一）推广示范项目

1. 企业基本情况

包括所有制性质、主营业务、近三年来的销售收入、利润、资产负债率、项目法人等基本情况。

2. 项目基本情况

包括项目建设的必要性、主要建设内容、总投资及资金来源，以及项目前期工作情况等。

3. 示范效果分析

包括技术来源及先进性评价、解决的主要问题等。重点是对比分析项目实施前后，企业清洁生产水平提升情况（铬渣及其毒性削减及节能、降耗、资源综合利用等）以及经济效益评价。

4. 企业对项目材料真实性、合法性的承诺；企业对项目申请其他中央财政资金情况的说明

5. 有关附件要求（复印件）

（1）企业营业执照副本

（2）核准或备案文件

（3）规划部门出具的意见

（4）国土资源部门出具的项目用地审查意见（有新增土地的项目）

（5）环保部门出具的环境影响评价文件的审批意见

（6）项目验收报告

（7）项目实际投资证明材料

（8）项目单位通过清洁生产审核验收的证明材料

（9）吨产品铬渣产生量及渣中氧化钙含量的检测报告［报告应由具有相关资质的第三方机构提供，样品采集应在生产装置连续正常运行 1 个月以上的前提下进行，采集对象为浸洗干燥后产生的铬渣，采集方法按照《危险废物鉴别技术规范》（HJ/T 298—2007）的相关规定执行］

（10）前 3 年经社会中介机构审计的资产负债表、损益表和现金流量表

6. 装订要求

报告用 A4 纸简装装订，正反面打印。

（二）应用示范项目

1. 企业基本情况

包括所有制性质、主营业务、近三年来的销售收入、利润、资产负债率、项目法人等基本情况。

2. 项目基本情况

包括项目建设的必要性、主要建设内容、总投资及资金来源，以及项目前期工作情况等。

3. 示范技术来源及示范效果分析

包括国外同类技术情况；国内技术现状；技术来源（自主研发、引进应用、消化吸收创新开发等）、成熟情况、先进性评价及解决的主要问题；示范效果评价及推广应用前景分析，重点说明在行业推广的可能性及推广条件等；对提升行业清洁生产水平的作用和影响。

4. 项目实施条件及项目进展

包括资金来源、土地、环评等配套条件；建设周期；项目进展。

5. 示范验证成功后的推广承诺

示范技术知识产权拥有方须承诺，在示范验证技术应用成功后，具备国家买断条件时，同意优选采取国家买断方式转让使用权，由国家按双方协商价格买断技术，提供给企业无偿使用，并做好相应的技术支持、培训等服务。

6. 提供项目运行情况报告的承诺

示范项目申报单位需承诺，在项目投产验收 1 个月内，提供项目运行情况报告，包括关键技术参数、检测报告、运行监测日志、项目验收意见等。上述材料由省级工业主管部门报送工业和信息化部。

7. 企业对项目材料真实性、合法性的承诺；企业对项目申请其他中央财政资金情况的说明

8. 有关附件要求（复印件）

（1）企业营业执照副本

（2）核准或备案文件

（3）规划部门出具的意见

（4）国土资源部门出具的项目用地预审意见

（5）环保部门出具的环境影响评价文件的审批意见

（6）项目资金来源证明

（7）项目单位通过清洁生产审核验收的证明材料（初创单位除外）

（8）知识产权证明文件

（9）前 3 年经社会中介机构审计的资产负债表、损益表和现金流量表（初创企业除外）

（10）提供中试鉴定报告。

9. 装订要求

报告用 A4 纸简装装订，正反面打印。

五、申报时间及方式

省级工业和信息化主管部门会同同级财政部门按照本计划及《中央财政清洁生产专项资金管理暂行办法》有关要求组织申报示范项目；中央企业直接向工业和信息化部、财政部申报示范项目，并同时抄送项目所在地省级工业和信息化主管部门、财政部门。

申报时间按照工业和信息化部和财政联合下发的工业清洁生产示范项目申报的有关通知要求，将申报材料（纸质申请文件三份，专家评审意见、工业清洁生产示范项目汇总表、清洁生产专项资金申请报告的电子版光盘两份）邮寄至工业和信息化部节能与综合利用司（不受理现场申报，项目确定后再补报有关项目的清洁生产专项资金申请报告等纸质文件）。

六、项目管理要求

省级工业和信息化主管部门、财政部门要对辖区内中央财政资金支持的铬盐行业清洁生产应用示范项目进行跟踪管理，并按照申报工业清洁生产示范项目通知的相关规定，定期报送项目情况。

电池行业清洁生产实施方案

工信部节〔2011〕614号

一、电池行业重金属使用和污染物产排现状

（一）基本情况。我国是电池生产大国，2010年电池总产量400多亿只，占全世界50%以上，其中出口量约300亿只。涉重金属的铅蓄电池产量约14 417万千伏安时、普通锌锰电池240多亿只、镉镍电池约4亿只、扣式碱性锌锰电池约90亿只。

现有涉重金属电池生产企业约2 400家。主要包括铅蓄电池企业近2 000家；普通锌锰电池300家；镉镍电池80家；扣式碱锰电池20家。

（二）重金属使用情况。2010年我国电池行业耗铅约280万吨、镉7 800吨、汞140吨，分别占全国总使用量的80%、72%和15%。

（三）重金属污染物产排情况与废电池回收情况。据测算，2010年电池企业排放含重金属废水总量1 300多万吨，其中铅蓄电池企业排放废水1 100多万吨；产生含重金属固体废物24万吨，其中含铅固体废物23万吨，含镉固体废物约4 000吨；废铅蓄电池按规定有组织回收率不足30%。

二、实施清洁生产面临的主要问题

电池行业作为涉重金属的重点行业，实施清洁生产面临以下突出问题：一是电池生产企业对清洁生产重视不够，缺乏主动实施清洁生产的自觉性，突出表现在实施清洁生产审核的企业数量偏少，审核方案实施率不高。二是缺乏可有效减少重金属污染物产生及废旧电池回收再利用的关键共性清洁生产技术和装备，同时，已有先进适用清洁生产技术推广应用不够。三是通过原材料替代和减少产品中有毒有害物质含量等源头减量措施亟须加强。

三、总体思路和主要目标

（一）总体思路

认真落实《重金属污染综合防治“十二五”规划》，以削减电池行业重金属污染物产生量为目标，对涉重金属电池企业全面实施清洁生产审核，加大关键共性技术的攻关力度，加快成熟适用技术的推广应用，积极推进源头减量替代，突出生产过程控制，强化再生利用规范，努力促进电池行业绿色发展。

（二）主要目标

到 2015 年，我国电池行业汞、镉耗用总量比 2010 年分别削减 65%和 70%，铅蓄电池单位容量（千伏安时）耗铅量减少 2%。

四、主要任务

（一）全面开展清洁生产审核。从事涉重金属电池，包括铅蓄电池、镉镍电池、含汞锌锰电池、含汞氧化银电池、含汞锌空气电池等的生产企业，应依法实施强制性清洁生产审核，到 2012 年底前完成一轮清洁生产审核，并认真实施审核报告中提出的技术改造方案。地方工业主管部门应及时组织专家或委托相关机构对审核及方案实施情况进行系统评估，公布通过清洁生产审核评估的企业名单，引导和推动清洁生产工作有针对性、高质量地开展。对于未审核或审核未通过的企业，按照《清洁生产审核暂行办法》的有关规定处罚。

（二）加强科技创新，推动电池行业清洁生产技术进步。按照源头预防亟须、减量效果明显要求，加快攻关无汞氧化银电池、功率型铅蓄电池减铅技术、废电池规模化无害化再生关键技术与装备。重点支持卷绕式铅蓄电池，铅蓄电池扩展式、冲孔式、连铸连轧式板栅制造工艺，轨道交通车辆、工业机器人等领域用动力锂离子电池和氢镍电池技术与装备的应用示范。

（三）大力实施清洁生产技术改造工程。针对电池生产过程中重金属污染物产生的关键工艺环节，结合清洁生产审核报告要求，采用一批先进成熟适用的技术，实施清洁生产技术改造工程。积极推广铅蓄电池内化成工艺、扣式碱锰电池无汞化技术与装备、电动工具等民用动力锂离子电池与氢镍电池技术，减少生产过程中污染物产生量；加强涉重金属电池产品的原材料替代，大力支持纸板锌锰电池无汞无镉无铅技术和铅蓄电池无镉化技术的推广应用，从源头减少重金属使用量，大幅提升电池行业的清洁生产技术水平。

（四）建立废铅蓄电池再生利用技术装备示范工程。加快开发废旧铅蓄电池机械拆分技术与装备。鼓励铅蓄电池骨干企业和大型冶炼综合企业从事废铅蓄电池的再生利用，建立1～2个年生产能力5万吨以上，铅回收率大于98%的废铅蓄电池机械拆解、破碎、分选、再生利用集成技术与装备应用示范工程，提高废铅蓄电池的资源化利用技术水平，为建立规范废铅蓄电池回收再利用体系提供技术支撑。

五、保障措施

（一）加大资金支持力度。中央财政清洁生产专项资金优先支持电池行业重点清洁生产技术示范项目，加快科技成果产业化应用步伐。地方工业主管部门要充分利用地方技术改造、节能减排等财政资金渠道，加大对电池生产行业和废旧电池再生利用行业的清洁生产技术改造项目的支持力度；加强与各类科技计划的衔接和协调，加大财政科技经费对电池清洁生产技术开发的支持力度。

（二）完善政策标准。建立清洁生产审核的激励机制，对通过清洁生产评估的电池生产企业，特别是自愿开展清洁生产审核的企业，在地方主要媒体上给予通报表扬，在安排中央和地方节能减排资金时，对通过清洁生产审核评估的项目给予优先支持。加强与产业、环保等相关政策的衔接，把企业清洁生产水平作为行业准入、环境影响评价、上市融资审查等政策的重要内容，对技术普及率达到一定程度的行业，采取提高相应环保标准的措施，加快技术推广应用。

（三）明确管理部门和企业责任。国务院各有关部门按照中央编办确定的清洁生产职责分工，加强协调配合，督促和指导地方相关部门开展工作；各省、自治区、直辖市工业主管部门是实施的责任主体，要切实加强组织领导，确保按期完成目标和任务。电池生产和废旧电池再生利用企业是实施主体，要切实按照有关要求，积极推动自身清洁生产水平的提高，削减重金属污染物的排放，促进企业绿色发展。

（四）充分发挥行业协会、清洁生产中心桥梁作用。行业协会、清洁生产中心要充分发挥贴近企业、熟悉企业的优势，协助企业开展清洁生产审核，加强政策标准宣贯，推进电池企业清洁生产水平评价活动，提升企业清洁生产水平。要为企业提供信息咨询和技术服务，加强对行业清洁生产情况的分析，跟踪国内外技术发展动态，及时向政府部门提出意见和建议。

附件

电池行业重点清洁生产技术

一、推广类技术

（一）技术工艺改造类

1. 铅蓄电池内化成工艺技术

目前，国内大部分铅蓄电池企业极板采用外化成工艺，产生大量酸雾和含酸含铅废水。推广铅蓄电池内化成工艺，可大大减少含铅含酸废水及酸雾产生，年减少排放含铅废水 600 万吨以上，污水产量减少 50%以上。

2. 扣式碱性锌锰电池无汞化技术与装备

无汞扣式碱性锌锰电池关键技术主要包括电池钢壳结构及表面镀层处理、负极无汞合金锌粉材料、正极二氧化锰材料与电解液工艺配方，汞含量低于 0.000 5%。关键指标是防漏和储存性能。推广该技术可实现扣式碱性锌锰电池无汞化，年减少汞耗量约 100 吨，耗汞总量约减少 63%。目前扣式碱锰电池年产量达 90 多亿只，其中 10%已经达到无汞化。

3. 电动工具等民用动力锂离子电池与氢镍电池技术

镉镍电池主要应用在电动工具、电动玩具、电动剃须刀、对讲机等民用领域，年耗用镉约 5 800 吨。目前动力锂离子电池提高了安全性能，在高功率放电性能和循环寿命方面优于镉镍电池；氢镍电池的放电性能、电压和规格尺寸，与镉镍电池更具有互换性。在电动工具、电动玩具和电动剃须刀等民用消费电子产品领域，采用动力锂离子电池与氢镍电池替代镉镍电池 60%，即可减少镉的总耗用量 46%。

（二）有毒有害材料替代/减量化类

4. 纸板锌锰电池无汞无镉无铅技术

无汞无镉无铅纸板锌锰电池技术，即汞、镉、铅含量分别低于 0.000 5%、0.002%、0.004%。该技术改进负极锌筒合金组分与机械加工性能，采用有机和无机添加剂组合成缓腐蚀剂取代升汞、调整电解液与正极配方。目前纸板锌锰电池产量约 180 亿只，其中近 10%的产品已实现无汞无镉无铅化。推广该技术可利用现有生产线，实现纸板锌锰电池无汞无镉无铅化，年减少耗铅量 336 吨、镉 118 吨、汞 4 吨，其中汞的总耗用量可减少约 3%。

5. 铅蓄电池无镉化技术

无镉化技术为采用铅钙多元合金或其他无镉板栅合金，替代含镉板栅合金，镉含量低于 0.002%。推广该技术每年可减少镉耗量 2 000 吨，镉总耗用量可减少 25%，消除铅蓄电池生产、回收、运输、再生环节中的镉污染风险。目前无镉铅蓄电池约占电动自行车电池的 15%。

二、产业化示范类技术

1. 卷绕式铅蓄电池技术与装备

该技术采用延压铅板栅、卷绕式电极结构，提升了铅蓄电池大电流放电、耐振动和高低温等性能，提高了铅蓄电池功率密度，单位功率密度耗铅量减少 1/4。卷绕式铅蓄电池可应用于普通汽车和工程车辆的起动以及电动工具等电源领域，并可作为动力电池应用于轻度混合电动汽车、轻便型电动汽车。目前该技术已开发成功，可应用示范。

2. 扩展式、冲孔式、连铸连轧式铅蓄电池板栅制造工艺技术与装备

铅蓄电池正极板和负极板是由板栅作为活性物质的载体。扩展式（如拉网）板栅技术是采用冷挤压剪切扩展成型，可使板栅金属结构致密，耐腐蚀性明显提高，且板栅厚度较其他工艺薄很多，减少耗铅量和铅烟、铅渣排放量。板栅制造新技术还包括冲孔式、连铸连轧式工艺技术，目前上述工艺主要通过引进国外技术装备实现规模化生产，目前国内对同类技术与装备开始研发，已经有国产线，并有出口，具备应用前景。

3. 轨道交通车辆、工业机器人等领域用动力锂离子电池和氢镍电池技术

目前磁悬浮列车、工业机器人，以及轨道交通车辆（火车、地铁等）的电源系统通常采用镉镍电池。采用动力锂离子电池和氢镍电池替代镉镍电池，一方面减少废镉镍电池产生量（减少镉耗用总量约 3%）；另一方面提高动力电源的能量密度和功率密度。动力锂离子电池和氢镍电池技术的重点为提高电池的可靠性和安全性，以及电池系统管理技术。

三、研发类技术

1. 无汞氧化银电池技术

氧化银电池主要应用于高档电子手表和电子仪器，其汞含量约为电池重量的 1%，但废弃后直接进入环境，存在污染风险。在缺少氧化银电池回收处理机制的情况下，须从源头抓起，加快研发新型锌粉合金、代汞添加剂、电解液工艺配方及电池钢壳结构与表面处理工艺技术，实现氧化银电池无汞化。

2. 功率型（放电倍率 1C 以上）铅蓄电池减铅技术

研究和选用减铅添加剂、去硫酸盐化添加剂，降低铅蓄电池放电过程的极化，克服极板表面硫酸盐化，降低电池内阻，提高铅蓄电池的功率特性，使起动型等大功率使用的铅蓄电池配置容量减小，铅耗量在现有基础上降低 10%以上。减铅技术还包括采用超

薄极板，其他减铅 10%以上的技术。

3. 铅蓄电池等废电池规模化无害化再生利用技术与装备废铅蓄电池回收再生环节铅污染风险较大

目前，废铅蓄电池再生利用关键技术装备主要依赖进口，需要加大力度研发机械破碎、分选、铅膏脱硫、铅再生等环节拥有自主知识产权的核心技术工艺与装备，开发废水、废气和废渣污染综合防治与利用技术装备，实现废铅蓄电池规模化无害化再生利用。

加大研发废锌锰电池、氧化银电池、镉镍电池、氢镍电池、锂一次电池与锂离子电池等废电池再生利用工艺技术及装备。

关于发布2015年《国家先进污染防治示范技术名录（水污染治理领域）》和《国家鼓励发展的环境保护技术目录（水污染治理领域）》的公告（节选）

环境保护部公告　2015年　第82号

为贯彻《中华人民共和国环境保护法》和《中华人民共和国水污染防治法》，落实《国务院关于加强环境保护重点工作的意见》（国发〔2011〕35号）和《水污染防治行动计划》（国发〔2015〕17号），加快环保先进污染防治技术示范、应用和推广，我部组织有关单位筛选了一批先进水污染治理技术，编写形成了2015年《国家先进污染防治示范技术名录（水污染治理领域）》和《国家鼓励发展的环境保护技术目录（水污染治理领域）》，现予发布。《国家先进污染防治示范技术名录（水污染治理领域）》所列技术具有创新性，技术指标先进、治理效果好，基本达到实际工程应用水平，具有工程示范价值。《国家鼓励发展的环境保护技术目录（水污染治理领域）》所列技术是经工程实践证明了的成熟技术，治理效果稳定、经济合理可行，鼓励推广应用。

环境保护部

2015年12月7日

环境保护部办公厅

2015年12月8日印发

附件一

2015 年国家先进污染防治示范技术名录（水污染治理领域）（节选）

序号	技术名称	工艺路线及参数	主要技术指标	适用范围	技术特点	应用案例
5	离子交换纤维印制电路板重金属废水处理及资源化技术	废水（含铜、镍）经匀质匀量调节并经过滤去除固体颗粒杂质后流进离子交换纤维吸附系统，出水重金属离子浓度满足《电镀污染物排放标准》（GB 21900—2008）标准要求，可回用于生产工艺或进入综合废水处理工艺。离子交换纤维吸附饱和后可再生，再生浓缩液投加药剂，经沉淀压滤的滤饼资源化利用，滤液返回前端处理	含铜废水：进水总铜 142 mg/L，处理后总铜 0.256 mg/L，铜回收率可达 98%以上。含镍废水：进水总镍 84.4 mg/L，处理后总镍 0.010 mg/L，镍回收率可达 99%以上	印制电路板重金属废水（非络合废水）处理及资源化	采用纤维状离子交换材料，具有表面积大、吸附-脱附速度快的特点	江苏扬泰电子有限公司 1260 t/d PCB 重金属废水处理工程
8	冶炼烟气污酸中重金属处理及铼酸铵富集技术	在冶炼烟气制酸产生的含酸 5%～10%污酸中添加专用络合剂，使重金属离子及砷与药剂在反应器内快速反应后进入板框压滤机固液分离。滤液可返回动力波洗涤系统循环使用，也可用于稀酸补充液。滤饼可回收利用提取有价金属（铼酸铵）或外运处置	进水砷 1 000 mg/L，铜 42.75～156.15 mg/L；出水砷＜0.5 mg/L，铜＜0.1 mg/L。铅、镉的去除率也达到 90%以上	冶炼烟气制酸产生的含酸 5%～10%污酸及有色冶炼（采掘、冶炼）酸性废水的处理	采用专用络合剂及快速反应器，在强酸条件下实现快速反应生成沉淀物，药剂不会和污酸中的钙等碱土金属发生络合反应，产泥量减少。实现了污酸零排放	金川集团股份有限公司 30 m³/h 冶炼烟气制酸废水除铜除砷工业化改造工程

附件二

2015 年国家鼓励发展的环境保护技术目录（水污染治理领域）（节选）

序号	技术名称	工艺路线及参数	主要技术指标	适用范围	技术特点	应用案例
12	高压脉冲电絮凝电镀废水处理技术	采用高压脉冲电絮凝设备对电镀废水进行处理，出水经过中和、沉淀、机械过滤，去除悬浮物、微生物以及其他微细颗粒，最终实现废水达标排放	进水 pH 为 2.5～3.0，COD 低于 200 mg/L，六价铬低于 1 000 mg/L，Ni^{2+}低于 500 mg/L，Cu^{2+}低于 300 mg/L；出水平均 pH6.8，COD 76.7 mg/L，六价铬为 0.053 mg/L，Ni^{2+} 0.21 mg/L，Cu^{2+} 0.13 mg/L	电镀废水处理	与常规电絮凝技术相比，采用高压脉冲电极钝化慢、能耗低、电解效率高	番禺精美（镀化研）机械制造有限公司 1 000 m^3/d 电镀废水处理及回用工程
13	含铜废液多级错流萃取与逆流洗涤工艺回收铜技术	含铜废液经过多级（4～6 级）错流萃取形成富铜萃取剂和萃余液，富铜萃取剂经过多级逆流洗涤去除氯离子和铵离子后，以硫酸和硫酸铜为反萃取剂对洗涤后的富铜萃取剂进行多级逆流反萃，获得硫酸铜溶液和萃取剂，硫酸铜电解得到电解铜，萃取剂经过多级逆流洗涤去除硫酸根离子后返回含铜废液错流萃取。萃余液和洗涤液需单独处理。反萃取中每一级富铜萃取剂与硫酸、硫酸铜混合溶液流量最佳比例为 1∶1～1∶1.2，洗水与萃取剂的流量比为 1.2∶1～1∶1	铜回收率≥91.9%，氯化物回收率≥90.2%，氨氮回收率≥83.3%	印制电路板企业碱性蚀刻液处理	“多级错流萃取与逆流洗涤”保证了每段工序中物料不被杂质离子污染，相对延长了蚀刻液换缸周期	兴英科技（深圳）有限公司 50t/月蚀刻液铜回收循环再生工程

序号	技术名称	工艺路线及参数	主要技术指标	适用范围	技术特点	应用案例
4	同轴电絮凝重金属废水处理技术	重金属废水进入同轴电絮凝反应器，阳极溶解发生电絮凝反应，重金属等污染物发生氧化还原和絮凝、沉淀等反应，通过气浮分离后砂滤处理排放。占空比不高于50%，电流范围 0～100A，电压范围 1～36 V，流量范围 0～90 L/h	重金属（如镉、铬、铅、镍、锌及类金属砷等）去除率 95%～99%，黏土、煤、淤泥等悬浮物去除率 99%，磷酸盐去除率 93%	重金属废水处理	同轴型电絮凝使得絮凝反应在密闭空间进行，废水与电极接触更充分，反应完全，能耗低	云南乘风有色金属股份有限公司 120 m^3/d 重金属废水处理工程
15	含重金属高氨氮废水“强化解络合+精馏”处理技术	采用药剂强化解络合+精馏方法处理含重金属高氨氮废水。含重金属高氨氮废水经pH 调节进入汽提精馏塔，重金属-氨络合物在高温区解络合，氨气进入气相，溶液中的过量氢氧根与重金属反应生成沉淀促进解络合反应，最终实现氨和重金属的彻底脱除。氨气经冷凝形成浓度高于 16%的氨水或吸收形成铵盐回收利用，处理出水达标排放或回用。重金属沉淀物进入重金属回收系统	进水氨氮 1～70 g/L，Ni^{2+} 10～200 mg/L；出水氨氮＜10 mg/L，Ni^{2+}＜1 mg/L。回收浓度 16%以上的高纯浓氨水	有色冶金（钒、钨钼、镍钴、锆、铌钽）、电池、稀土等行业产生的含重金属高氨氮废水处理	采用药剂强化解络合+精馏技术实现重金属和氨氮的分别回收；采用高温高碱阻垢分散技术提高塔内壁疏水性能，降低了设备结垢	江门市长优实业有限公司 800 m^3/d 电池材料生产氨氮废水药剂强化热解络合汽提精馏法资源化综合处理工程

国家鼓励的有毒有害原料（产品）替代品目录（2016年版）（节选）

工信部联节〔2016〕398号

为贯彻落实《中国制造2025》和《工业绿色发展规划（2016—2020年）》，引导企业持续开发、使用低毒低害和无毒无害原料，减少产品中有毒有害物质含量，从源头削减或避免污染物产生，工业和信息化部、科技部、环境保护部组织编制了《国家鼓励的有毒有害原料（产品）替代品目录（2016年版）》，现予发布。

序号	替代品名称	被替代品名称	替代品主要成分	适用范围
一、研发类				
（一）重金属替代				
1	无汞催化剂	含汞催化剂	贵金属/非贵金属	乙炔法氯乙烯合成
2	三价铬硬铬电镀工作液	六价铬电镀液	三价铬	汽车减震器，液压部件等
3	稀土脱硝催化剂	钒基脱硝催化剂	镧、铈、钇等稀土元素的无机和有机化合物	电厂、窑炉等工业脱硝，机动车尾气净化，石油裂化裂解，有机废气处理
4	环保稀土颜料	铅基和镉基颜料	硫化铈等稀土硫化物	塑料、陶瓷、油漆、尼龙以及化学品等领域
二、应用类				
（一）重金属替代				
9	无铅防锈颜料	含铅防锈颜料	亚磷酸钙	防锈、防腐涂料
三、推广类				
（一）重金属替代				
24	无铅易切削黄铜	含铅易切削黄铜	铜、锌、铋、硅、锑、锡、钙、镁等	电子接插件和五金卫浴产品
25	无铬耐火砖	含铬耐火砖	主要成分为氧化镁、氧化铁或氧化铝	水泥、钢铁、有色等行业的高温窑炉
26	钨基合金镀层	铬镀层	铁、钴、钨	石油开采领域
27	高覆盖能力的硫酸盐三价黑铬电镀液	六价铬电镀液	硫酸盐体系、发黑剂	军工领域

序号	替代品名称	被替代品名称	替代品主要成分	适用范围
28	三价铬电镀液	六价铬电镀液	三价铬	汽车、电子、机械、仪器仪表
29	彩色三价铬常温钝化液	高浓度六价铬彩色钝化液	三价铬	镀锌钝化
30	铝合金锆钛系无铬钝化剂	铝合金六价铬钝化剂	氟锆酸及高分子化合物	汽车零部件、建材、卷材等行业
31	无铬达克罗涂液	达克罗涂液	锌、铝、钛	汽车零部件抗腐蚀应用
32	电解锰无铬钝化剂	电解锰重铬酸钾钝化剂	复合碳酸盐、磷化合物	电解锰行业钝化工艺
33	无铅电子浆料	含铅电子浆料	氧化锌、氧化硼、二氧化硅等	混合电路、热敏电阻、太阳能电池
34	锂离子电池	铅蓄电池	锂	电动自行车、通信备用电源、光伏发电等储能系统
35	无汞扣式碱性锌锰电池	含汞扣式碱性锌锰电池	锌、锰（不含重金属汞）	便携式仪表
36	氢镍电池、锂离子电池	镉镍电池	镍、稀土元素、锂（不含重金属镉）	电动工具、便携式电器电池
37	钙基复合稳定剂	铅盐稳定剂	硬脂酸锌、多羟基钙、，水滑石、抗氧剂等	PVC 塑料门窗异型材专用
38	钙锌复合稳定剂	铅盐稳定剂	硬脂酸钙、硬脂酸锌等	PVC 管材
39	稀土稳定剂	铅盐稳定剂	镧、铈元素的有机或无机盐类	PVC 制品
40	锌基复合热稳定剂	钡镉锌热稳定剂	有机酸锌盐、水滑石等	PVC 压延膜制品
41	低汞催化剂（氯化汞含量为 4%～6.5%）	含汞催化剂（氯化汞含量为 10%～12.5%）	氯化汞含量 4%～6.5%	乙炔法氯乙烯合成
42	多元复合稀土钨电极	放射性钍钨电极	镧、铈、钇稀土氧化物	焊接、切割、冶金等

说明：

1. 研发类，指亟须进行开发的原料（产品）；
2. 应用类，指已开发成功、具有较好推广使用前景、尚未实现产业化应用的原料（产品）；
3. 推广类，指已经成熟、需要加大推广力度、扩大使用范围的原料（产品）。

水污染防治重点行业清洁生产技术推行方案（节选）

工信部联节〔2016〕275 号

为贯彻落实《中国制造 2025》（国发〔2015〕28 号）和《水污染防治行动计划》（国发〔2015〕17 号），推进造纸、印染等 11 个重点行业实施清洁生产技术改造，降低工业新增水用量，提高水重复利用率，减少水污染物产生，严格控制并削减行业水污染物排放总量，推动全面达标排放，促进水环境质量持续改善，我们组织编制了《水污染防治重点行业清洁生产技术推行方案》（以下简称《方案》）。方案中涉及重金属排放重点行业的内容如下：

三、制革行业

序号	技术名称	适用范围	技术主要内容	解决的主要问题	应用前景分析
1	制革准备与鞣制工段废液分段循环系统	制革厂	分别独立收集制革过程中产生的浸水、浸灰、复灰、脱灰软化、浸酸鞣制废液，针对各废液中可有效再使用物质（如石灰、硫化物、酶类、铬等）的含量和特点，减少新鲜水生产时的化料使用比例，加入相应的制剂，直接代替新鲜水反复用于生产，不但解决了废液直接循环生产时皮革质量差、废液增稠的难题，而且提高了皮革质量，同时也避免了处理制革废水的复杂程序和昂贵代价	节水减排：使制革业的主要污染工序，例如，浸灰、鞣制工序等不再产生废水，节省制革废水治理的高昂投资，同时也解决了制革废液直接循环生产时烂面坏皮现象，克服了废液循环次数难持久的困难，大幅削减制革废水排放	该技术可节约铬粉 20%以上；酶类制剂可节约 50%左右；食盐可节约 70%左右。通过对主要加工工序废液的循环使用，废水产生量减少 30%以上；COD 产生量降低 50%以上；氨氮产生量降低 80%以上； 目前的普及率约 6%，并逐年扩大普及率，“十三五”可推广的普及率预计 25%，每年废水产生量减少 960 万吨以上，COD 产生量减少 1 240 吨以上、氨氮产生量减少 280 吨以上

序号	技术名称	适用范围	技术主要内容	解决的主要问题	应用前景分析
2	基于白湿皮的铬复鞣"逆转工艺"技术	制革厂	开发两性无铬鞣剂和两性复鞣染整助剂使无铬鞣制生产的白湿皮具有适当的等电点，对现有阴离子型复鞣染整材料具有良好的吸收和固定作用。白湿皮在复鞣染色加脂后再进行铬复鞣，仅使制革湿工序的最后一步产生含铬废水	采用此种工艺可大幅减少制革行业铬污染	减少含铬废水量 70%～80%，减少废水总铬产生量60%以上。该技术主要用于家具革、车用革的生产，预计"十三五"期间随着环保排放标准收严的趋势，将会得到大力推广； 目前还处于推广、改进阶段。"十三五"若推广的普及率达30%，可实现减少含铬废水180 万米^3/年，减少废水中总铬产生量 486 吨/年
3	铬鞣废水处理与资源化利用技术	制革厂	将单独收集的铬鞣废水采用碱沉淀法处理，回收的铬泥经酸化、氧化处理、调整碱度，回用于皮革鞣制或复鞣，上清液用于浸酸、铬鞣	(1) 降低含铬废水排放量 100%； (2) 减少铬用量 20%； (3) 节约盐用量 50%； (4) 减少铬危废处置费用； (5) 降低综合污水中氯离子含量 1 000～1 500 毫克/升	该技术目前在行业的普及率为 2%，潜在普及率为80%以上，若推广至 50%(1 亿张)，每年可减少含铬污泥产生量 8 750 吨，节约铬粉用量 1.5 万吨，节约盐用量 4 万吨，减少铬危险品处置费用 2 亿元
4	少硫保毛脱毛及少氨无氨脱灰软化集成技术	制革厂	少硫保毛脱毛法采用少硫化物进行脱毛，通过控制不同化工材料对毛的作用条件，使脱毛剂主要作用于毛根而留下完整的毛，再通过循环过滤系统将毛回收利用，不是随废水排放，该工段废水中 COD 产生量降低 60%～70%，硫化物降低 50%～80%；在脱灰软化段采用无氨少氨脱灰和软化剂替代传统硫酸铵和氯化铵进行脱灰软化操作，工段内可降低废水氨氮产生量 80%左右； 针对保毛脱毛，通过采用酶辅低硫保毛脱毛技术在护毛前使用中性蛋白酶松动表皮和毛根，可进一步降低硫化物的用量，硫化物减排效果更为突出，产生量可降低 80%左右，是一种易于推广应用的低硫保毛脱毛技术	有效降低废水 COD、硫化物及氨氮的产生量，减轻末端水污染处理压力	以年产 30 万张牛皮企业为例，采用该集成技术，COD 产生量减少 300 吨，硫化物产生量减少 15 吨，氨氮产生量减少 45 吨； 该技术目前行业普及率为15%，预计"十三五"普及率可达 30%，可减少 COD 2 万吨，减少硫化物 1 000 吨，氨氮减少 3 000 吨

序号	技术名称	适用范围	技术主要内容	解决的主要问题	应用前景分析
5	少铬高吸收鞣制技术	制革厂	主鞣采用高吸收铬鞣剂及改变鞣制条件等方法，提高铬与皮胶原的结合，铬的吸收率可由60%～70%提升至 90%左右，铬粉的使用量由8%降低至 5%，从而有效降低铬鞣废液中的总铬产生量以及含铬污泥产生量	通过提升铬的吸收率，降低鞣制废液中总铬产生量及含铬污泥产生量	该技术目前行业普及率为30%，预计“十三五”普及率可达 50%，总铬产生量可减少 2 500 吨，铬泥产生量减少 2.5 万吨
6	不浸酸高吸收铬鞣技术	制革厂	不浸酸高吸收铬鞣技术包括不浸酸铬鞣剂及不浸酸铬鞣技术和复鞣技术。该技术将完全避免鞣制过程中氯化钠等中性盐的使用，提高铬吸收率 30%～40%，减少40%～50%鞣后湿加工过程中铬的释放。在复鞣过程中使用不浸酸铬鞣剂，可以促进其他有机复鞣剂、加脂剂和染料的吸收	采用该技术可大幅减少制革行业中性盐和三价铬污染，大幅度降低废水中 COD 和悬浮物等污染	随着《制革及毛皮加工工业水污染物排放标准》（GB 30486—2013）的实施，该技术在减少中性盐和三价铬污染方面具有较好的应用前景； 若在“十三五”期间该技术在制革工艺中的采用率达到15%可实现每年可以减少鞣制过程中中性盐产生量1 800 吨，减少三价铬产生量300 吨，同时还可以大幅度降低制革废水中铬含量、COD、SS 和色度等污染

九、电镀行业

序号	技术名称	适用范围	技术主要内容	解决的主要问题	应用前景分析
1	三价铬镀铬	镀铬（室内件装饰铬）	本技术是指在镀铬溶液中用三价铬（Cr^{3+}）替代铬酐（Cr^{6+}）进行电镀的技术	本技术可消除镀铬过程中六价铬（Cr^{6+}）的使用，主要解决镀铬过程中铬酐带出量大、废液中铬浓度高、毒性大的问题	采用该技术每平方米镀铬层产生的废水中可减少六价铬排放55.4 克，减少含铬污泥 278 克； 由于电流效率提高，可节省能源消耗 30%； 以年产 1 万米^{2}镀铬层示范企业为例：可减少六价铬排放 554 千克；减少含铬污泥 2 780 千克； 该技术在室内件装饰铬领域的潜在普及率为 30%。每年可减少铬酸酐消耗量约 150 吨

序号	技术名称	适用范围	技术主要内容	解决的主要问题	应用前景分析
2	无氰预镀铜	钢铁件预镀铜	本技术是利用非氰化物作络合物和铜盐组成无氰镀铜液，在钢铁件直接镀铜，满足一般质量要求的技术。该技术可部分替代氰化镀铜。废水容易处理，不增加处理成本	本技术主要解决传统氰化镀铜溶液中使用氰化物作为络合的问题。通过采用无氰预镀铜溶液在钢铁件上预镀铜，可以避免氰化物的使用	采用该技术替代氰化物预镀铜，每平方米镀层可减少氰化物消耗 0.34 克； 以年产 1 万米^{2}铜镀层示范企业为例，可减少氰化物消耗 3.4 千克； 预计在钢铁件预镀铜方面，潜在普及率 50%，每年可减少氰化物消耗量约 4 吨； 对于孔隙率、结合力要求高的镀件，可能还需要含氰镀铜
3	激光熔覆技术	几何形状简单的油缸（煤矿机械）	本技术是利用大功率激光束聚集能量将预制粉末熔覆到油缸上，再通过机械加工成成品	本技术替代传统的油缸镀铬，从根本上消除了六价铬的使用，避免了镀铬过程产生的铬雾、废水、废渣等对环境的影响	采用该技术每平方米覆盖层可减少六价铬排放 55.4 克，减少含铬污泥 278 克； 以年产 1 万米^{2}覆盖层示范企业为例：可减少六价铬排放 554 千克；减少含铬污泥 2 780 千克； 该技术主要应用在煤矿机械中几何形状简单的油缸上部分替代铬镀层，潜在普及率为 2%，可减少铬酸酐年消耗量约 27 吨； 该技术也可用于钢铁零件磨损后尺寸修复
4	钨基合金镀层	镀硬铬（主要用于石油开采领域）	电沉积钨基系列合金或纳米晶合金镀是一种电沉积钨基系列非晶态合金或纳米晶合金代替电镀硬铬的技术，以硫酸亚铁、硫酸镍、硫酸钴、钨酸钠为主要原料，电沉积出钨基系列非晶合金或纳米合金镀层	本技术主要是通过使用钨基合金非晶态镀层或纳米晶合金镀层替代铬镀层，消除了六价铬污染问题	该技术不使用六价铬，采用该技术每平方米覆盖层可减少六价铬排放 55.4 克，减少含铬污泥 278 克；以年产 1 万米^{2}覆盖层示范企业为例：可减少六价铬排放 554 千克；减少含铬污泥 2 780 千克； 该技术主要用于石油开采领域，目前普及率为 20%，预计潜在普及率可到 50%左右，可减少铬酸酐消耗量约 1 500 吨/年。该技术也可用于石油工程机械部件领域，例如，活塞杆、油缸、阀块、管道等

序号	技术名称	适用范围	技术主要内容	解决的主要问题	应用前景分析
5	无铅无镉化学镀镍技术	化学镀镍	本技术是通过自催化反应，使溶液中的还原剂将镍离子在被镀基材表面依靠自催化还原作用而进行的金属沉积过程，在生产过程中不使用铅、镉等有毒有害重金属的添加剂	本技术通过使用环保型化学镀镍添加剂，解决了化学镀镍生产中使用含铅、镉等重金属的添加剂问题，消除了含铅、镉等重金属及其废弃物对环境的影响	该技术在镀镍过程中不使用含铅、镉等重金属的添加剂，采用该技术化学镀镍层可减少铅、镉使用量 1～2 毫克/升；以年产生化学镀镍废液 1 000 吨示范企业为例：可减少铅使用量 8 千克，减少镉使用量 8 千克；该技术应用于化学镀镍过程，目前普及率为 30%，预计潜在普及率可达 60%。可减少铅使用量 0.36 吨/年，镉使用量 0.36 吨/年

国家涉重金属重点行业清洁生产先进适用技术推荐目录

工业和信息化部公告 2017年 第45号

序号	行业	技术名称	适用范围	技术主要内容	解决的主要问题	技术来源
1	铬盐	气动流化塔铬盐清洁生产工艺	铬盐行业重铬酸钠生产	通过气动流化塔设备及技术生产铬酸钠，然后经过离子膜连续电解制取重铬酸钠，实现了重铬酸钠清洁生产工艺，与焙烧法技术相比，具有节能降耗减排、操作环节友好、产品质量高等优势	解决焙烧法反应温度高、铬渣量大、铬渣为危险废物、含铬芒硝等问题	自主研发
2	铬盐	高效自循环湿法连续制备红矾钠技术	铬盐行业红矾钠的生产	通过高效自循环湿法连续制备，实现红矾钠的清洁、高质、高效生产，与无钙焙烧加硫酸酸化等现有技术相比，具有资源利用率高、能耗低、成本低、质量优异、无铬渣及含铬芒硝产生等优势	解决传统红矾钠生产过程中环境污染严重、资源利用率低、能耗高、自动化程度低、生产粗放等系列问题，单位产品重金属污染物削减量明显，同时还可减排二氧化碳和二氧化硫	自主研发
3	铬盐	电解法制备晶体铬酸酐技术	铬盐行业铬酸酐生产	通过电解法氧化技术，实现铬酸酐的清洁化高效生产，与硫酸酸化法等现有技术相比，具有无含铬废物产生、产品质量优异等优势	解决铬酸酐生产工艺落后，生产环境恶劣，产品质量低，且副产大量的含铬硫酸氢钠及毒性氯化铬酰等问题，单位产品重金属铬污染消减量为45千克	自主研发
4	聚氯乙烯	PVC含汞废水处理技术	电石法PVC生产过程中产生的含汞废水处理	通过形态转化-固液分离，处理高浓度含汞废水，与膜法、树脂法相比，具有投资费用少、运行稳定的优势	解决了电石法PVC含汞废水深度处理的问题，水中的汞得到大幅度削减	自主研发
5	聚氯乙烯	固汞催化剂	电石法PVC行业乙炔氢氯化合成氯乙烯反应	通过添加增加活性与稳定性的催化组分，选用适宜孔径的载体，采用特殊的载体预处理方式，有效的延缓了催化组分的升华流失，抑制反应过程中形成积碳，保证了固汞催化剂产品在反应过程中的高活性与稳定性。产品具有活性高、稳定性好、寿命长、挥发损失少、填装量少的特点	能有效降低我国电石法聚氯乙烯行业的汞污染，并大幅度降低汞资源消耗，实现行业源头减排的目标，同时降低行业汞污染风险防控的难度	自主研发

序号	行业	技术名称	适用范围	技术主要内容	解决的主要问题	技术来源
6	电池	真空和膏技术	铅蓄电池生产	该技术将氧化度约为 75%的巴顿铅粉进行短时间的干混合，然后迅速加入稀硫酸溶液，使膏成为“半乳化”状态，接着进行湿混合，在此过程中铅粉和硫酸发生反应，在 4BS 晶种的引诱下生成的硫酸盐（3BS、4BS 等）不断改变水化程度和结晶状态；接着进行真空处理，除去过量的水使铅膏达到规定的视密度，同时降低铅膏温度至出膏温度（45℃以下）。真空和膏处于全密封状态，和膏过程中减少了酸雾的产生量	由于真空和膏在密闭环境中操作，酸雾产生量微乎其微，接近于零，同时节约了用水和用电	协同研发
7	电池	铅蓄电池极板清洁生产及电池绿色化成（成套）技术	铅蓄电池生产	该技术集中熔铅供铅、铅带连铸连轧、板栅连续成形、铅冷切制粒、鼓面双面涂板、分板、表面干化、自动收板，管式极板挤膏、自动收板，续固化干燥，极板连续内化成等技术和设备，并形成了生产系统	从原理上改变了铅蓄电池板栅生产工艺，主要效果： 1. 铅烟削减 95%以上，经处理后铅烟≤0.1 mg/m^3。低于国家大气排放标准。 2. 产品质量显著提高，普遍提高 1～2 个级别。 3. 生产效率提高 150%～200%	自主研发
8	电池	环保电池用（无铅、无镉）锌合金材料及其制造技术	锌锰干电池负极材料	该技术关键在于合金组分的选定，通过添加适量铝、钛、镁等配置锌合金材料，取代传统锌铅镉合金，生产工艺采取“精密合金+精密制造”模式，并配备先进适用的自动化工艺装备	主要解决了锌锰电池锌负极材料中含镉、含铅问题，为实现锌锰电池无镉无铅化提供原材料。与现有技术相比，将有害重金属铅的含量由 0.35%～0.80%降至 0.004%以下，将镉的含量由 0.03%～0.06%降至 0.002%以下，产品各项性能指标优于欧盟 RoHS 标准	自主研发
9	电池	铅蓄电池化成酸雾集中收集技术	铅蓄电池生产	电池化成酸雾集中净化系统包括酸雾集中容器、集气管和环保管道，酸雾集中容器开设有顶部开口和底部开口，环保管道上开设有接口，集气管分别连通接口与顶部开口，底部开口与铅酸蓄电池注酸口连通	通过应用本技术装备，铅蓄电池生产过程中酸雾排放得到有效控制，酸雾往大气排放较少，作业区域空气中硫酸含量低至 0.34 毫克/米^3，有利于员工职业健康和环境保护	自主研发，技术引进，

序号	行业	技术名称	适用范围	技术主要内容	解决的主要问题	技术来源
10	电池	铅蓄电池板栅连铸连冲技术	铅蓄电池生产	铅蓄电池板栅连铸连冲装置包括有熔铅炉、铅带成型装置、冷却喷淋头、铅带连轧装置、裁边器、铅带缓冲架、板栅连冲装置，其中铅带成型装置设在熔铅炉的出料口的下方，冷却喷淋头设在铅带成型装置和铅带连轧装置之间，冷却喷淋头的下方还设有铅带缓冲架，用于缓冲由铅带成型装置初步轧制成型的铅带，使其进入铅带连轧装置，铅带连轧装置另一侧依次设有裁边器、铅带缓冲架和板栅连冲装置	相比传统的铅蓄电池板栅冲制装置，连轧连冲装置集铅带轧制及板栅冲制于一体，便于进行板栅自动化、连续化生产，大大提高了生产效率，减少了板栅的损耗和铅的使用，降低了生产能耗及物耗，节约了生产成本，减少了对于环境的污染	自主研发
11	皮革	基于白湿皮的铬复鞣“逆转工艺”技术	制革厂	开发两性无铬鞣剂和两性复鞣染整助剂使无铬鞣制生产的白湿皮具有适当的等电点，对现有阴离子型复鞣染整材料具有良好的吸收和固定作用。白湿皮在复鞣染色加脂后再进行铬复鞣，仅使制革湿工序的最后一步产生含铬废水	该技术主要用于家具革、车用革的生产，采用此种工艺可大幅减少制革行业铬污染，包括减少含铬废水量70%～80%，减少废水总铬产生量60%以上	自主研发
12	皮革	铬鞣废水处理与资源化利用技术	制革厂	将单独收集的铬鞣废水采用碱沉淀法处理，回收的铬泥经酸化、氧化处理、调整碱度，回用于皮革鞣制或复鞣，上清液用于浸酸、铬鞣	目前，制革厂所产生的含铬废水主要被强制性分流，所采取处理措施多为碱沉淀法，由此产生的铬泥成为危险固废，本技术采用调整碱度，再生回用的工艺，可解决铬泥作为危废处置问题，实现废物的资源化利用具体效果：降低含铬废水排放量；减少铬用量约20%；节约盐用量约50%；减少铬危废处置费用；降低综合污水中氯离子含量1 000～1 500毫克/升	自主研发
13	皮革	制革准备与鞣制工段废液分段循环技术	制革厂	分别独立收集制革过程中产生的浸水、浸灰、复灰、脱灰软化、浸酸鞣制废液，针对各废液中可有效再使用物质（例如，石灰、硫化物、酶类、铬等）的含量和特点，减少新鲜水生产时的化料使用比例，加入相应的制剂，直接代替新鲜水反复用于生产，不但解决了废液直接循环生产时皮革质量差、废液增稠的难题，而且提高了皮革质量，同时也避免了处理制革废水的复杂程序和昂贵代价	使制革业的主要污染工序，例如，浸灰、鞣制工序等不再产生废水，节省制革废水治理的高昂投资，同时也解决了制革废液直接循环生产时烂面坏皮现象，克服了废液循环次数难持久的困难，大幅削减制革废水排放	自主研发

序号	行业	技术名称	适用范围	技术主要内容	解决的主要问题	技术来源
14	铅锌冶炼	密闭富氧负压高效熔炼炉定向熔炼工艺技术	处理低硫复杂二次废渣	通过炉料配比、熔炼渣型、温度和反应气氛的优化控制，在密闭富氧高效熔炼炉中实现“烟气—炉渣—冰铜—合金”多相平衡机制调控，该技术具有原料适应性广、有价金属综合回收率高等优点	高效处理并综合回收有色金属冶炼产生的低品位复杂渣料，有效解决传统鼓风炉熔炼系统所存在的烟尘和废气散排严重、机械化和自动化水平低、劳动强度大等问题	自主研发
15	铅锌冶炼	高铁氧化锌含铟物料高效利用技术	氧化锌综合利用	通过采用中酸浸、低酸浸、高酸浸的三段浸出，两步还原，一次中和的工艺流程，与现有技术项目，锌的回收率由 92%提高至96%，铟的浸出率由 61%提高至85%、铅渣中铅品位由 30%提高至 40%	采用中酸浸、低酸浸、高酸浸的三段浸出，两步还原，一次中和的工艺流程，实现锌铅铟铁高效回收利用	自主研发
16	铅锌冶炼	回转窑尾气综合治理技术	回转窑尾气综合治理	通过采用动力波洗涤，动力波吸收的形式进行烟气治理，利用纯碱作为吸收剂，同时对副产亚硫酸钠溶液进行回收，并将其进行中和、离心脱水、气流干燥后自动包装生产 93%的无水亚硫酸钠产品，排出的烟气符合国家的环保标准	采用动力波洗涤，动力波吸收的形式进行烟气治理，解决了回转窑烟气达标排放问题	技术引进
17	铅锌冶炼	铅高效冶金及资源循环利用技术	铅冶金和资源再生循环利用	通过液态高铅渣直接还原炼铅技术及卧式底吹还原炉以及废铅酸蓄电池物理分选的专门生产系统，实现了废蓄电池铅膏、湿法炼锌产铅泥、铅阳极泥等二次资源循环利用及有价金属综合回收	解决了铅冶炼及二次资源循环利用过程关键技术难题及工程实践问题，形成了高效、清洁、短流程直接炼铅新工艺	自主研发
18	铜冶炼	低品位铜矿生物提铜技术	低品位次生硫化铜矿、低品位原生硫化铜矿废石、低品位氧硫混合铜矿及难处理低品位铜镍钴多金属矿	采用低品位铜矿绿色循环生物提铜关键技术，实现了低品位硫化铜的高效浸出与回收和矿区废水的资源化循环利用	采用生物堆浸－萃取－电积提铜工艺，解决了采用传统浮选-火法冶炼处理低品位铜矿存在的污染大、成本高，以及暴雨地区酸、铁、水平衡的技术难题	自主研发

序号	行业	技术名称	适用范围	技术主要内容	解决的主要问题	技术来源
19	铜冶炼	“双底吹”连续炼铜技术	铜冶炼	利用“双底吹”连续炼铜技术实现了产业化，与传统PS转炉吹炼技术相比，具有工艺流程短、作业率高、热利用率高、漏风率低、无低空污染、能耗低、环保好等优势	解决传统PS转炉吹炼存在的低空污染问题；与PS转炉相比，降低工艺烟气量约60%、环保烟气量约30%，节能减排效果显著	自主研发
20	铜冶炼、铅锌冶炼、锡锑冶炼	金属矿采选废水生物制剂协同氧化深度处理与回用技术	采矿废水、选矿废水的治理和回用	通过生物制剂与氧化剂协同作用产生羟基自由基和高价铁，对废水中残留选矿药剂高效氧化，实现重金属离子和选矿药剂的同时深度脱除	解决了采选矿废水长期COD、BOD不达标排放和不能大规模回用的难题	技术引进
21	铜冶炼、铅锌冶炼、锡锑冶炼	重金属废水生物制剂深度处理与回用技术	有色重金属冶炼、压延加工、矿山、电镀、化工等行业的重金属废水处理	利用细菌代谢产物，制备了深度净化多金属离子的复合配位体水处理剂（生物制剂），开发了“生物制剂配合—水解—脱钙—絮凝分离”一体化工艺和相应设备	解决了传统技术难以同时深度脱除多种重金属的技术瓶颈，及出水重金属离子难以稳定达到国家排放标准、易产生二次污染等难题	技术引进
22	铜冶炼	NGL炉冶炼废杂铜成套工艺及装备	废杂铜冶炼	利用“再生铜冶炼熔体氮气微搅动技术”和氧气卷吸燃烧供热技术，实现了再生铜原料高效、清洁、安全冶炼	工厂主要性能指标达到或超越了国外同类先进技术，提升热效率，降低能耗和烟气排放量	自主研发
23	铜冶炼、铅锌冶炼	永久阴极铜电解高效节能减排技术	有色金属（铜及再生铜、铅、锌、锰等）的电解生产	采用多组可调节喷头喷射铜板表面和冲洗水的多级循环利用技术，实现了动态喷淋功能，喷淋水循环使用	有效降低了水的消耗，达到了节能减排，并使铜板表面清洗达到高纯阴极铜国家标准	自主研发
24	铅锌冶炼	稀贵金属二次物料密闭富氧侧吹强化熔炼技术	二次资源综合回收	通过富氧强化熔炼技术，实现高效、经济、环保处理含重金属二次物料。与基夫赛特闪速炼铅法、QSL、鼓风炉及熔池熔炼等技术相比，具有单独处理稀贵金属二次资源、金属回收率高、处理能力大、能耗低、污染物排放少等优势	解决了单独处理二次资源、综合回收有价金属、处理能力小、能耗高、污染大等问题	自主研发